국제법을 바라보는 13가지 관점

다양한
사고방식에
대한 탐구

국제법을 바라보는 13가지 관점

안드레아 비앙키 지음
윤정인 · 김명우 · 김가희 옮김

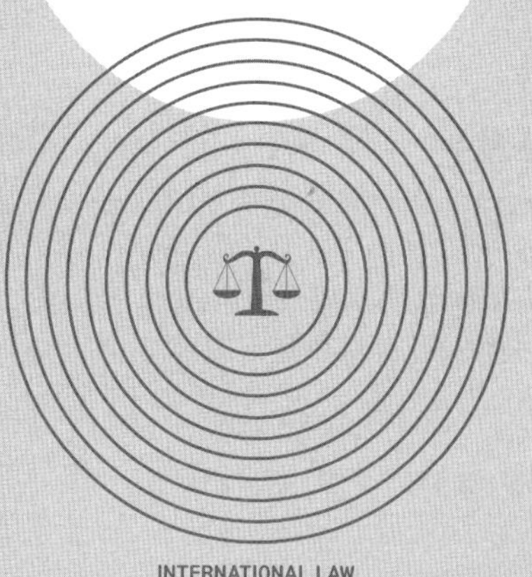

INTERNATIONAL LAW
THEORIES

연암서가

윤정은
이화여자대학교 법학과를 졸업하고 네덜란드 레이던대학교에서 국제공법 전공으로 석사학위를 취득하였으며, 이화여자대학교에서 국제법 전공으로 박사학위 과정을 수료했다. 제54회 사법시험(연수원 45기)에 합격하고 외교부, 국무조정실 민관합동규제개선추진단, 농협은행 준법감시부를 거쳐 현재 LG이노텍 법무실에서 변호사로 일하고 있다.

김명우
이화여자대학교 대학원에서 국제법으로 박사학위를 취득하였고, 국제형사재판소(International Criminal Court) 1심재판부 인턴, 한국해양수산개발원 연구원, 법무부 국제법무과 국제법전문위원, 유엔마약범죄사무소(United Nations Office on Drugs and Crime) 마약범죄대응전문가 등으로 근무하였다.

김가희
이화여자대학교에서 법학을 전공하고 언론정보학을 부전공했다. 같은 대학 대학원에서 커뮤니케이션학 석사학위, 법학(헌법) 박사학위를 취득하였다. 현재는 이화여자대학교 법학연구소 연구원으로 헌법과 미디어 법제·정책을 연구하고 있다.

국제법을 바라보는
13가지 관점

2024년 9월 20일 초판 1쇄 인쇄
2024년 9월 25일 초판 1쇄 발행

지은이 | 안드레아 비앙키
옮긴이 | 윤정은·김명우·김가희
펴낸이 | 권오상
펴낸곳 | 연암서가

등 록 | 2007년 10월 8일(제396-2007-00107호)
주 소 | 경기도 고양시 일산서구 호수로 896, 402-1101
전 화 | 031-907-3010
팩 스 | 031-912-3012
이메일 | yeonamseoga@naver.com

ISBN 979-11-6087-130-2 93360
값 30,000원

이다, 빅토리아, 헬렌에게

한국어판 서문

2022년 1월, 이 책의 번역진 중 한 명인 윤정은 변호사가 내가 쓴 *International Law Theories*를 한국어로 번역하고 싶다고 연락해 왔을 때 나는 이 사실을 믿을 수 없었다. 한국에서 이 책에 관심을 가지고 있다는 사실, 특히 한국어로 번역하는 프로젝트가 시작되었다는 사실에 가슴이 벅찼다. 나에게 이 한국어 번역본의 출간은 특별히 매우 기쁜 일이다. 이 책을 쓰면서 가졌던 유일한 바람은 국제법을 바라보는 다양한 방식에 대한 관심을 독려하는 것이었다. 이 책이 널리 읽히는 것을 넘어, 다른 언어로 번역되는 상황은 상상조차 하지 못했다. 많은 독자들이 국제법을 바라보는 다양한 관점으로의 초대에 응해준 것 같아 큰 보람을 느낀다.

이 분야에서 30년 넘게 일하면서, 나는 우리가 하는 일을 되돌아보는 것의 중요성을 깨달았다. 우리가 국제법을 학문 분야로 생각하든, 사회적 관행으로 다루든 우리의 선택은 항상 일련의 이론적 전제와 방법론적 경향의 영향을 받는다. 그 영향이 직접적이지 않더라도 말이다. 그리고 대부분의 경우 우리는 이 영향을 인식조차 하지 못한다. 왜냐하면 그것들을 당연하게 여기기 때문이다. 그렇기에 더 폭넓은 이해에 기반한 합리적인 선택을 하기 위해서는 이론과 방법론에 대한 자기 인식이 무엇보다도 중요하다.

이 책으로 전달하려는 또 다른 메시지는 국제법을 둘러싼 관점 및 감수성이 다양하며, 이들은 모두 나름의 가치가 있다는 것이다. 이러한 관점 및 감수성은 국제법이란 무엇인지, 무엇을 위한 것인지를 설명하는 데 시간과 에너지를 쏟은 학자들을 통해 확인할 수 있다. 전통적 관점이 지니는 중요성이 크다고 하더라도, 편향적 태도는 지적 자유에 가장 큰 위협이 되는 법이다. 그렇기에 국제법을 이해하는 데 있어 나와 다른 사고방식을 존중하는 것은 매우 중요하다. 이런 다양한 이론 및 관점을 알아가는 것은 지적으로 흥미로운 일일 뿐만 아니라, 직업적으로도 유용하다. 왜냐하면 국제법에 대한 이런 다양한 사고방식은 보이지 않거나 말로 표현되지 않는 것을 드러나게 하고, 막막한 상황에서 해결책을 찾게 하며, 가능성의 범위를 확장하고, 우리의 법조계를 다른 관점에서 숙고해보게 하기 때문이다.

이런 이론들을 설명하는 게 쉬운 작업은 아니다. 이론 하나하나가 그 자체의 우주를 구성하기 때문이다. 그래서 이론들의 복잡성을 내가 잘 반영하지 못할까 항상 두려워하면서도 독자에게 다양한 이론적 관점을 소개하기 위해서 종종 어려운 결정들을 내려야만 하기도 했다. 결국 나는 일련의 짧은 이야기들을 엮어내었고, 그 안에서 나의 역할은 국제법 학자보다는 '내레이터'에 가깝다. 내가 누구인지, 국제법에 대해 어떤 관점을 가지고 있는지는 곳곳에 남겨 놓은 기록들을 통해 알 수 있을 것이다. 하지만 이 프로젝트는 나에 관한 것이 아니라, 그런 흥미로운 이론들을 발전시킨 모든 학자들에 대한 것이다. 그 이론들 중 일부는 완벽하게 이해하기 쉽지 않았다. 그럼에도 불구하고, 그 이론들을 최대한 독자에게 잘 설명하기 위해 노력하였다. 앞서 언급한 바와 같이 이 과정도 결코 쉽지 않았지만, 그중에서도 가장 어려운 것은 '다른' 것을 그 '자신'과 연결 짓는 것이었다.

이런 프로젝트를 수행하기 위해서는 많은 사람의 헌신이 필요하다. 특별히 이 프로젝트에 대한 신뢰를 바탕으로 한국에서의 출판 기회를 주신 연암서가 권오상 대표님께 감사드린다. 영어로 쓰인 원서를 한국어로 번역하는 작업을 맡은 윤정은 변호사, 김명우 박사, 김가희 박사에게도 감사한 마음을 전한다. 책을 번역한다는 것, 즉 하나의 언어 세계에서 쓰인 단어와 개념들을 다른 언어 세계의 것으로 옮긴다는 것은 매우 탄탄한 실력과 문화적 이해가 요구되는 힘든 작업이다. 위에 언급한 모든 분께 다시 한번 깊은 감사의 마음을 전한다. 이 책이 한국 독자들의 지적 호기심을 자극하고, 가능하다면 이 책에 소개된 국제법에 대한 다양한 관점을 이해하게 되는 계기까지 제공할 수 있기를 바란다. 종종 그렇듯 풍부함은 다양성에서 나온다.

안드레아 비앙키

제네바, 2024년 8월 20일

서문

이 책은 내가 지난 몇 년간 제네바국제대학원(the Graduate Institute in Geneva)에서 했던 강의와 안식년이었던 2016년에 킹스 칼리지 런던(King's College London)에서 했던 강의에 기초한다. 나는 그동안 단 한 번도 내 수업과 관련된 책을 쓴 적이 없다. 강의자료는 학생들을 가르치기 위해 지속적으로 다듬어 왔을 뿐 이렇게 출판하리라고는 미처 생각해 보지 못했다. 한편 학생들은 이 책이 자신이 수강했던 강의에서 비롯된 것임을 알아채지 못할 수도 있다. 그 당시 강의명과 이 책의 제목이 다르기 때문이다. 그 강의를 시작한 첫해에는 '국제법 학자들에 의한 국제법의 형성(The Shaping of International Law by Its Scholars)'이 강의명이었고, 수강생은 주로 박사과정 학생들이었다. 나는 국제법 학계가 국제법의 형성 과정에 행사해 온 엄청난 영향력을 학생들이 고찰해 보기를 원했다. 그런데 결과는 그리 훌륭하지 않았다. 강의자료를 준비하는 데 엄청난 시간과 에너지를 들였음에도 불구하고, 겨우 12명의 학생만 수강 신청을 한 것이다. 조교는 이런 실망스러운 결과의 주된 이유가 학생들의 흥미를 끌지 못한 강의명 때문이라고 말했다. 그 강의는 제목부터 너무 지루한데다, 국제법의 '연원'을 형성하는 데 학자들이 미친 영향은 크지 않으며, 학자들이 형성해 온 것이라고는 사전에 읽어오도록 한 강의자료가 전부라고 믿는 학생들에게는 적합하지 않았다. 비록 그게 바로 내가 중요하게 생각한 것이자 이 수업을 개설하려 한 이유였지만 말이다! 나는 학생들에게 우리가 국제법을 바라보고 활용하는 방식이 국제법의 학문적 표현에 크게 좌우됨을 알려주고 싶었다. 더 나아가, 우리가 국제법을 매우 다양한 방식으로 바라보고 서술할 수 있다는 것을 몇 가지 예시로 설명하고자 했었다. 하지만 나는 수강생을 늘리고 싶다면 그저 고학년 법대생들의 비판적 사고에 대한 흥미에만 의존할 수 없음을 인정해야만 했다. 그리고 '마케팅'에 대해 좀 배워야 했다! 그래서 우선은 강의명을 바꿨다.

변경한 강의명은 '국제법 방법론(International Law Methods)'이었다. 그러자 수강생이 약간 늘어났다. 하지만 동시에 이 수업에 대한 심각한 오해가 퍼졌다. '방법론(methods)'이라는 단어로 인해, 이 수업이 국제법 실무에서 적용하기 적합한 방법론을 제공하리라 기대한 것이다. 여기서 나는 단어를 선택할 때, 특히 국제법의 근본적 측면과 관련된 강의명처럼 미묘한 맥락에서는 상당히 신중해야 한다는 교훈을 얻었다! 그간 '방법'이라는 용어가 그렇게 명료하고 풍부한 의미를 함축하고 있을 거라고는 전혀 상상하지 못했다. 하지만 '실용적인'과 '관념적인'이 그러하듯, 방법론과 이론도 나란히 존재한다는 생각이 국제법 학계에 퍼지게 된 데에는 1999년에 「미국국제법저널(American Journal of International Law)」에서 개최한 '방법에 대한 심포지엄'에 어느 정도 책임이 있다고 생각한다. 다시 말해 방법은 국제 사회가 직면하는 구체적인 문제들에 개념적 도구나 틀, 즉 국제법 이론을 적용하는 것과 관련이 있을 수 있다. 나는 그 심포지엄 기획자의 결론이 '방법은 메시지다'임에도 불구하고, 실제로 우리는 그 결론에 다다르지 못했다고 생각한다. 방법에 대한 관심을 고조시키기 위한, 또는 국제법에 대한 다른 이론이나 접근법에 대한 감수성을 기르기 위한 학문적 노력은 거의 없었다. 이게 바로 내가 학생들뿐만 아니라 국제법을 바라보는 다양한 관점에 관심이 있는 사람이면 누구나 활용할 수 있는 책을 쓰기로 한 동기 중 하나이다.

강의명에 들어갔던 '방법'에 대한 1년간의 경험과 이에 대한 조력자들과의 상의 끝에 강의는 '국제법 이론(International Law Theories)'이라는 더 매력적인 제목으로 바뀌었다. 그리고 '국제법 이론'은 가장 성공적인 강의명인 것으로 판명되었다. 더 많은 학생들이 수강 신청을 한 것이다. 비록 그중 일부는 잘못된 동기를 가지고 있었던 것이 유감이지만 말이다. 학생들은 쉽게 적용할 수 있는 이론의 핵심을 배울 수 있을 것이라는 희망으로 그 수업에 등록하였다. 하지만 수업 첫날, 나는 그런 학생들의 기대를 분명하고 거침없이 산산조각 내어 버렸다. 대학원 공부에 대한 초실용주의적인 접근법을 가진 학생들을 안심시킬 수 없었던 결과, 수강생 수는 다시 감소했다. 동시에 나는 이론을 통해 국제법을 바라보는 지적 틀이나 사고방식을 이해해가면서 내가 하고 있는 것을 하기 위한 자격을 얻어가고 있는 것 같다는 생각을 하게 되었다. 그것은 정확히 내가 가르치기 시작한 것, 그리고 서술하고 싶었던 것과 일치한다.

동료 학자들이 설명한 이론에 대해 쓰는 것은 쉬운 작업이 아니다. 심각한 오류나 생략은 나의 책임이자, 나의 불찰이다. 각각의 이론에 대해 설명하면서 언급한 개인적인 이야기에 대한 책임도 전적으로 나에게 있다. 각 장에는 내가 자료를 읽고, 동료들과 이야기하고, 학생들과 상호 작용하며 얻은 통찰이 담겨있다. 또한 특정 이론을 오랜 시간에 걸쳐 바라봐 온 방식도 반영되어 있다. 학문적 해석과 지적 입장은 간혹 무심코 왜곡되거나 잘못 이해되었을 수도 있다. 나의 분석에 상처 입을지도 모를 이들에게 미리 사과한다. 정리하자면, 나의 목표는 많은 이들이 국제법에 대한 다양한 이론들을 알아가는 데 흥미를 갖는 것이다.

많은 사람들이 이 작업을 추진하는 데 중요한 역할을 해주었지만, 특별히 수년간 나를 도와준 나의 수업 조교와 연구 조교를 언급하고 싶다(이름의 알파벳 순서를 엄격하게 따르기보다 도움을 받은 순서에 따랐음을 밝힌다). 멜라니 월(Melanie Wahl), 아딜 하산 칸(Adil Hasan Khan), 줄리아 오텐(Julia Otten), 루카 파스켓(Luca Pasquet), 그리고 오아나 이침(Oana Ichim). 이들 모두는 각자의 감수성을 통해 학생들에게 '국제법을 둘러싼 다양한 견해와 관점을 학습하는 것의 중요성'을 전달하려는 나의 노력에 많은 기여를 하였다. 줄리아는 새로운 영역으로 발걸음을 내딛기 전에 내가 이 책을 쓰는 작업에 착수할 수 있도록 격려해 주었다. 이 책을 구상하고 설계할 때 그녀가 보내준 지지에 감사한다. 푸아드 자르비예프(Fuad Zarbiev)와 토마스 슐츠(Thomas Schultz)에게도 그들의 우정과 지적 지지에 진심 어린 감사를 전한다. 국제대학원 도서관장인 이브 코파토(Yves Corpataux)의 소중한 도움과 댄 피트(Dan Peat)의 피드백과 애정 어린 격려에 감사하고, 이 책의 출판을 위한 아주 즐거운 합작을 할 수 있게 해준 옥스퍼드대학 출판사의 엠마 엔딘-밀스(Emma Endean-Mills)에게도 감사하다. 마지막으로 매트 윈저(Matt Windsor)에게도 감사한 마음을 표현하고 싶다. 윈저의 편집 작업과 조언은 이 프로젝트의 마지막 단계에 매우 중요한 역할을 했다.

암스테르담에 있는 펠릭스 메리티스의 가파른 계단을 내려오는 길에 운 좋게도 메렐 알스테인(Merel Alstein)을 만나지 않았다면 이 책이 옥스퍼드대학 출판사에 의해 출판되는 일은 없었을 것이다. 우연은 늘 인생에서 중요한 역할을 한다.

안드레아 비앙키

제네바

2016년 5월

차례

한국어판 서문 • 7

서문 • 10

1장 국제법을 바라보는 다양한 방식 • 20

목적 • 21

성찰 • 23

법을 다루는 것 v. 법을 연구하는 것 • 28

이론과 실무 • 31

학문 분야 • 35

학제간 연구 그리고 그것의 의미: 국제법 & … • 39

책의 구성과 선택 • 43

세상을 구성하는 방식으로서의 이론 • 47

핵심 아이디어 • 52

참고문헌 • 55

2장 전통적 관점 • 56

전통의 거울 • 56

경계에 관한 법리 • 62

이성이라는 이름으로 세상을 형성하는 자, 데미우르고스 • 72

공식 담론의 쌍둥이 자매? • 78
형식과 태도 • 83
불사조처럼 • 88
참고 문헌 • 96

3장 입헌주의와 글로벌 거버넌스 • 98
독일식 학풍 • 98
국내법 패러다임과 그 이후 • 102
정치의 종말 • 109
방식과 기법 • 114
글로벌 행정법 • 125
글로벌 거버넌스의 비전 • 133
참고 문헌 • 141

4장 마르크스주의 • 142
정치철학자이자 대중문화의 아이콘으로서의 마르크스 • 142
주목할 만한 소비에트 이론 • 144
관심의 부활: '동등한 권리 사이에서' • 150
마르크스주의 분석: 도구 모음 • 155
형식 vs 내용: 마르크스주의 의제 • 165
국제법: 파멸인가 구원인가 • 168
참고 문헌 • 172

5장 뉴헤이븐 학파 • 173
비전을 가진 자 • 173
정책 지향적 접근법 • 178
권위와 권력 사이의 변증법 • 181

국제법의 가치와 목표 • 184
관찰적 관점 • 187
하버드 법절차 학파와의 구별 • 189
새로운 '뉴헤이븐' 또는 초국가적 법절차 • 192
유산과 평가 • 197
참고 문헌 • 202

6장 국제관계학 그리고 사회과학 방법론 • 204
경쟁 관계에 있으면서도 가까운 사이 • 204
이중적인 또는 두 개의 의제? • 210
저항 • 215
상호 작용 • 221
회고록 • 225
경험적 연구로의 전환 • 232
일반적 침투 • 241
참고 문헌 • 247

7장 비판법학운동과 뉴스트림 • 249
법은 정치다 • 249
위계의 재생산에 반대하여 • 258
국제법학계 내의 비판이론: '뉴스트림' • 262
불확정성 테제의 적용: 변명에서 유토피아로 • 270
'뉴스트림' 학파의 유산 • 275
방식과 비판 • 285
주체로서의 국제법률가 • 293
참고 문헌 • 296

8장 헬싱키 학파 • 297

과업을 가진 인간이라는 기원 신화 • 297
비판적 자기성찰과 구조적 편향 • 300
과업을 가진 (다른) 사람들: 역사로의 전환 • 305
관리주의(및 다른 방식들)에 대항하여 • 312
불가지론의 도덕성 • 317
역사로의 회귀 • 325
참고 문헌 • 329

9장 페미니즘 • 331

계보 • 331
객관성에 대항하여: 젠더 편향의 구조를 파헤치다 • 336
페미니즘적 관점 및 감수성 • 341
되풀이되는 이분법과 전통적 주제 • 349
페미니스트 패러독스: 차이의 재입증 • 355
운동, 비판, 그리고 유효성에 대한 탐구 • 362
참고 문헌 • 366

10장 제3세계식 접근법 • 368

국제법의 계층적 성격을 폭로하다 • 368
권능으로서의 주권 • 377
TWAIL 2세대의 등장 • 384
역사적 논쟁: 제국으로서의 국제법 • 388
새로운 식민지주의 질서 • 394
세계의 구성: 국제법의 재정치화와 참여 • 398
참고 문헌 • 402

11장 법다원주의 • 403

파편 • 403
파편화로 인한 불안의 해결책 • 410
글로벌 법에 대한 관점 • 416
사회적 이성의 다양성 • 424
전문가의 기회로서의 다원주의 • 430
참고문헌 • 435

12장 사회적 이상주의 • 436

전통과 단절 • 436
생각의 혁명 • 441
법의 초자연적 존재와 그 기능 • 447
악 • 450
구원의 길 • 453
필연적 서술 방식 • 456
생각해 보지 않은 것에 대해 생각하는 것: 대상과 목적 • 460
참고문헌 • 465

13장 법경제학 • 467

법은 효율적이다 • 467
개념, 기술, 그리고 비유 • 476
검증된 합리적 선택 • 482
연원과 형성과정: 관습과 조약을 설명하다 • 485
월드비전: 법경제학 '아류' • 492
도전받는 합리성: 행동 법경제학 • 499
통조림 따개를 넘어: 현안과 전망 • 504
참고문헌 • 509

14장 법문학 • 510

언어의 공통성과 텍스트의 중요성 • 510
문학에서의 법 • 514
스토리텔링과 내러티브 • 518
청자와 화자 • 528
설득, 방식 그리고 발견의 방법 • 531
수사법 • 537
해석 공동체 • 542
인간의 조건에 대한 탐구 • 545
참고 문헌 • 551

에필로그 • 553
옮긴이의 말 • 554
찾아보기 • 557

1장

국제법을 바라보는 다양한 방식

✦

물고기 두 마리가 연못에서 헤엄을 치고 있었다.

한 물고기가 다른 물고기에게 물었다. "너 그거 알아?"

다른 물고기가 되물었다. "뭘?"

질문했던 물고기가 답했다. "어떤 개구리가 이야기해 줬는데, 우리는 물에 둘러싸여 있는 거래. 더 정확히 말하면, 우리가 물 안에서 살고 있대!"

대답을 들은 물고기가 믿을 수 없다는 표정으로 되물었다. "물? 그게 뭔데? 보여줘 봐!"[1]

---

1 이 이야기의 출처는 확실치 않다. 이 이야기는 약간 변형된 것으로, 고인이 된 미국 작가 데이비드 포스터 월리스(David Foster Wallace)의 졸업식 연설에 큰 영감을 주었다. 월리스는 '가장 명백하고 어디에나 존재하며 중요한 현실은 종종 보고 말하기 가장 어려운 것이다'라는 메시지를 전달하기 위해 연설 서두에 두 마리의 물고기(개구리는 관련 없음)에 대한 우화를 사용했다. David Foster Wallace, *This is Water: Some Thoughts, Delivered on a Significant Occasion, about Living a Compassionate Life* (Little, Brown and Company 2009) 8.

목적

이 책은 더 많은 학자들과 학생들에게 국제법을 바라보는 다양한 방식을 알려주기 위해 집필하였다. 다시 말해, 이 책을 통해 국제법률가로 살아가는 우리가 헤엄치고 있는 공간인 '물'을 휘저어 보고자 한다. 이 책은 국제법에 대한 몇 가지 이론적 접근법을 설명함으로써, 독자들이 하나의 학문 분야이자 전문 직역인 국제법을 여러 관점에서 이해할 수 있는 길로 초대할 것이다.

이아인 스코비(Iain Scobbie)의 타당한 지적과 같이, '국제법은 결코 지식 세계와 동떨어져 존재하는 것이 아니다.'[2] 국제법이 무엇이며, 어떤 역할을 하는지, 또는 어떤 역할을 해야 하는지를 이해하기 위해서는 일련의 이론적 가정과 전제를 기반으로 해야 하고, 이는 매우 어려운 일이다.[3] 그렇기에 우리가 이 이론적 가정과 전제를 밝혀내거나 드러낸다면, 아니 단지 인식하기만 하더라도 국제법에 대한 이해의 폭을 훨씬 넓힐 수 있을 것이다. 더불어 국제법에 대한 우리 자신, 또는 다른 이들의 시각에 내재된 편향성을 이해하는 데도 도움을 얻을 수 있을 것이다. 이런 용기 있는 시도가 그저 학문적 의미만을 가지는 것은 아니다. 이러한 이론적 전제는 우리가 국제법의 영역으로 알고 있는 권력 구조와 권위 체계를 이해하는 방식에도 영향을 미치기 때문이다.

가령 국제법 이론에 대해 우리가 활동하고 있는 법의 세계를 바라보고 해석하는 구체적 방식, 그리고 우리가 법률가로서 무엇을 하고 또 어떻게 해야 하는지를 결정짓는 일련의 규율, 제약, 믿음을 모두 함축하는 것

2 Iain Scobbie, 'A View of Delft: Some Thoughts About Thinking About International Law' in Malcolm Evans (ed), *International Law* (4th edn, OUP 2014) 53.

3 Ibid.

으로 이해한다면 틀림없이 무수히 많은 이론을 만나게 될 것이다. 그러나 이론들이 우후죽순처럼 늘어나는 이런 상황에서는 고도로 훈련된 독자들조차 수많은 이론과 방법론의 홍수 속에서 길을 잃을 수밖에 없다.

많은 경우, 국제법 실무가들은 여전히 국제법이 만국 공통어(*lingua franca*)이기 때문에 국제적 영역에서 국제법을 이용해 서로 의사소통하거나 함께 일할 수 있다고 생각한다. 그러나 이 생각은 사실과 다를 뿐만 아니라, 다소 순진무구한 측면이 있다. 예전에도 주장한 바 있지만, 국제법은 더 이상 진정한 공용어라고 볼 수 없다. 설령 과거에는 그랬다 하더라도 말이다. 오히려 국제법은 다양한 관점들과 밀접한 관계에 있는 전통적 관점으로 이루어져 있다.[4] 어떨 때는 국제법에 하나의 언어가 쓰이는 것처럼 보이기도 하지만, 다른 경우에는 완전히 다른 언어가 쓰이는 것처럼 보이기도 한다. 그러므로 유능한 국제법률가, 또는 학식이 깊은 국제법학자가 되기 위해서는 오늘날 국제법 분야에서 사용되는 다양한 표현 방식과 언어에 친숙해지는 것이 무엇보다 중요하다.

이 책의 주된 목적은 독자들에게 다양한 국제법 이론과 그 이론들의 계보, 그 이론들에 제기된 비판적 시각을 소개하는 것이다. 독자들에게는 각 이론을 전제로 형성된 생각들이 국제법과 관련된 분석, 연구, 실무에 어떤 영향을 미치는지 고찰하는 기회가 될 것이다. 궁극적으로 이 책은 독자들의 지적 호기심을 자극해, 국제법 외에 각 분야에서도 지식이 일반적으로 어떻게 형성되는지 살펴보게 하는 것을 목표로 한다.

우리는 특정 분야에 대한 지식을 확장해 가는 과정에서 종종 혼란을 경험한다. 나 역시 학생들에게 국제법에 대한 여러 이론을 가르치면서 이러한 현상을 목격했다. 새롭고 다양한 관점들을 처음 접하고 난 뒤의 학생

---

4 Andrea Bianchi, 'Looking Ahead: International Law's Main Challenges' in David Armstrong (ed), *Routledge Handbook of International Law* (Routledge 2009) 392, 407.

들은 불변의 진리가 존재하지 않는다는 사실에 반신반의하는 것 같았다. 그 후에 학생들이 보인 반응은 다양했다. 몇몇 학생은 불변의 진리가 존재하지 않는다는 사실을 절대 믿지 않았고, 다른 학생들은 불변의 진리에 대해 가지고 있던 환상이 깨진 것에 대해 혼란스러워하며 낙담하기도 하였다. 일부 학생들은 다소 극단적인 태도를 보이기도 했는데, 이들은 더 이상 이 논의에 참여하지 않으려 했다. 기존 지식을 새로운 틀로 살펴보는 작업에는 분명 자기 자신에 대한 어느 정도의 지적 확신이 필요하다. 확신을 중요시하는 환경에서 의심하는 태도가 연구자의 필수 덕목이라고 말하는 것은 학문 분야를 불문하고 결코 쉬운 일이 아니기 때문이다. 법학 같은 분야에서는 더욱 그렇다. 법학에서 권위라는 개념은 매우 강력한 힘을 가지고 있으며, 이 힘은 법을 공부하기 시작하던 시절 또는 그 이전부터 우리의 내면에 깊게 뿌리 내려 있다. 그래서 법률 규정 자체에 대한 질문이나 의문을 제기하는 것은 그 즉시 법조계에서 용납될 수 없는 배신행위이자 사회에 대한 반항으로 여겨진다.

성찰

매우 일반적인 의미에서 '성찰'은 믿음이나 가치를 포함한 우리의 사고방식이 연구나 일에 영향을 미치는 방식을 비판적으로 평가하는 능력을 의미한다.[5] 그래서 성찰은 연구 주체와 대상 간의 관계에 밀접하게 관련된 관념이다. 여기서 연구의 대상은 사회적 현상 또는 사회적 관행으로서

5 이하의 내용 대부분은 Andrea Bianchi, 'Reflexive Butterfly Catching: Insights from a Situated Catcher' in Joost Pauwelyn et al (eds), *Informal International Lawmaking* (OUP 2012), 200에 있는 내용이다.

의 법을 의미한다. 피에르 부르디외(Pierre Bourdieu)는 학구적인 인간(*homo scholasticus*) 또는 연구하는 인간(*homo academicus*)이 '긴박하게 돌아가는 현실 세계의 밖에서' 이 연구 대상에 대해 '어떤 맥락에도 적용가능한 관행이나 의견을 제공'하는 관찰자라고 말했다.[6] 반면 연구의 주체는 법에 대한 이론적 담론이다. 이 두 가지는 어떤 면에서는 서로 밀접하게 연관되어 있지만, 분명하게 구별되는 것이다. 우리 모두는 연구 대상인 복잡한 사실관계 및 사회적 관행에 하나의 지적 틀을 적용하면서 각자의 입장에 서게 된다. 스탠리 피시(Stanley Fish)가 말했듯, '우리는 절대 하나의 동일한 입장에 서 있지 않다.'[7] 이 주장은 우리가 언제나 각자의 직업적 예단, 문화적 편향, 개인적 경험을 지니고 지적 탐구의 대상에 접근함을 의미한다. 전통적인 법학이 우리로 하여금 믿게 만든 '어디에도 속하지 않는 중립적 관점' 같은 것은 존재하지 않는다.[8] 국제법 또는 이와 관련된 어떤 것에서도 학문적 관찰자의 이론적 담론은 언어로 표현되는 것과 그렇지 않은 것으로 구성된다.[9] 다만 '학문적 편향'[10]이나 그 편향의 전제를 이루는 생각은 언어로 표현되지 않는 경우가 많다.

학문적 편향이 법 이론적 담론에만 특별히 존재하는 것은 아니다.[11] 학문적 편향은 다른 학문에서도 나타나며, '학문적 관점(scientific point of

---

6 Pierre Bourdieu, 'The Scholastic Point of View' (1990) 5(4) *Cultural Anthropology* 381.

7 Stanley Fish, *Is There a Text in This Class? The Authority of Interpretive Communities* (Harvard University Press 1980) 276, 284.

8 Pierre Schlag, *The Enchantment of Reason* (Duke University Press 1998), 126.

9 Michel Foucault, 'Le discours ne doit pas être pris comme…', in *Dits et écrits* (Gallimard 1994) 123.

10 JL Austin, *Sense and Sensibilia* (OUP 1962) 3-4.

11 문학 연구 분야에서는 Roland Barthes, 'Toute critique doit inclure dans son discours… un discours implicite sur elle-même': 'Qu'est-ce que la critique' in *Oeuvres complètes* (Seuil 2002) 504 참조.

view)'이라 불리는 것에 대해 질문 제기하기를 꺼린다는 점이 특징이다. 가장 눈에 잘 띄는 것은 종종 관찰자의 관심에서 벗어나 있다는 점을 고려하면, 학문적 편향의 이러한 특징은 지극히 당연한 것일 수도 있다.[12] 자기 자신의 시각에 대해서 어떤 관점을 갖는 게 쉬운 일은 아니기도 하다. 부르디외는 이렇게 말했다. '엄밀히 말해 관점이란, 역설적이게도 하나의 입장 및 이와 공존하는 다른 입장들로 구성된 공간을 재구성하지 않는 한 스스로를 그대로 드러낼 수도 없고, 그 자체의 본질을 독창적이고 특별한 무엇으로 환원할 수도 없는 하나의 입장이 취한 견해에 불과하다.'[13] 프리드리히 니체(Friedrich Nietzsche)도 이와 유사한 개념을 설명한 적이 있다. 시력이 아무리 좋더라도 우리는 일정한 거리를 볼 수 있을 뿐이며, 그 범위 안에서 활동하며 살아간다. 거미줄에 앉아 먹이를 기다리는

---

12 '우리에게 가장 중요한 것들의 모습은 그것의 단순함과 익숙함 때문에 감추어져 있다. (사람들은 무엇인가를 알아챌 수 없다. 왜냐하면 그것은 항상 사람들의 눈앞에 존재하기 때문이다). 사람들이 가지는 질문의 기저에 실제로 존재하는 것은 그것이 언젠가 그를 엄습하지 않는 이상 사람을 전혀 동요시키지 않는다. 그리고 이는 언젠가 본 적 있는 가장 인상적이면서도 가장 강력한 것이 우리를 감동시키지 못한다'는 것을 의미한다. Ludwig Wittgenstein, *Philosophical Investigations* (Blackwell 1974) § 129, 50. 유사하게, 마르틴 하이데거(Martin Heidegger)는 '실제로 가장 가까이 존재하고 잘 알려진 것은 존재론적으로는 가장 멀리 존재하고 전혀 알려지지 않았으며, 그 존재론적 의미는 계속 간과된다'는 점을 주목했다. Martin Heidegger, *Being and Time* (Harper & Row 1962) 69. 에드거 앨런 포(Edgar Allan Poe)가 쓴 소설 「도둑맞은 편지(The Purloined Letter)」에서, 주인공은 이 역설을 명확하게 설명한다. '퍼즐 게임이 하나 있다… 이 게임은 하나의 지도 위에서 진행된다. 한쪽 편은 다른 편에게 단어 하나를 찾으라고 요청한다. 마을, 국가 또는 제국의 이름 같은 단어나 그 외 어떤 단어든 복잡하게 뒤섞여 있는 지도 위에서 찾으라고 요청한다. 이 게임의 초보자는 일반적으로 상대편에게 가장 작게 쓰인 단어를 찾으라고 함으로써 상대편을 당황하게 하려 한다. 하지만 고수들은 이쪽 끝에서 저쪽 끝에 걸쳐있고 크게 쓰인 단어를 찾으라고 한다. 이런 단어들은 길에 지나치게 크게 쓰인 표지판이나 현수막처럼 지나치게 명백한 덕에 관찰 망에서 벗어난다. 그리고 여기서 이 물리적 간과는 정확하게 정신적 간과와 유사하며, 이 정신적 간과를 통해 지식인은 너무나 노골적이고도 분명하게 자명한 고려사항들을 알아차리지 못한다.' Edgar Allan Poe, *Tales of Horror and Suspense* (Dover Publications 2003) 172-3 참조.

13 Pierre Bourdieu, 'Participant Objectivation' (2003) 9 *Journal of the Royal Anthropological Institute* 284.

거미처럼, '우리는 정확하게 우리의 그물망 안에 스스로 걸려들어 오는 것 외에는 잡을 수 없다.'[14]

학문적 편향을 인식하지 못하는 것에 대한 명백한 예시가 하나 더 있다. 학문적 또는 과학적 관찰자들이 적용하는 패러다임은 외부에 존재하는 장치가 아니다. 오히려 이 패러다임은 관찰자들 자신의 전문가로서의 정체성을 구성하는 요소 중 하나이다. 정체성에 대해 스스로 질문을 제기하기란 절대 쉬운 작업이 아니다. '헬륨의 단일 원자는 하나의 분자인가?'라는 토마스 쿤(Thomas Kuhn)의 질문에 물리학자와 화학자가 내놓은 상반된 대답은 과학적 관찰자가 얼마나 스스로의 학문적 정체성에 깊이 파묻혀 있는지를 보여주는 매우 좋은 예시이다.[15] 질문하는 훈련에 대한 관심이 결여된 것은 전통적으로 존재해 온 학문 간의 경계에 근본적인 원인이 있다. 질문하기는 학문의 범위를 벗어나는 것으로 이해되었으며, 학문의 대상으로서는 낯선 것이었다.[16] 법의 영역에서 질문을 통한 연구 방식은 비록 법학에 관한 것으로는 여겨졌으나, 법학 안에 포함되는 것으로는 여겨지지 않았다. 그리고 이러한 특성은 '배제'라는 사회학적 메커니즘을 발전시켰다. 배제를 통해 사람들은 법학 분야의 기본적 이론에 대해 질문하기를 피할 수 있었고, 법률 실무가들이 가진 전제들을 당연하게 받아들이도록 할 수 있었다.

---

14 Friedrich Nietzsche, *Daybreak: Thoughts on the Prejudices of Morality* (CUP 1982) 73.

15 Thomas Kuhn, *The Structure of Scientific Revolutions* (3rd edn, University of Chicago Press 1996) 50-1. '아마 두 사람 모두 동일한 입자에 대해 이야기하고 있었지만, 그것을 그들 자신이 연구하고 일하는 방식으로 바라보고 있었을 것이다. 그들은 각자의 문제 해결 경험을 통해 분자란 무엇인가에 대해 이해하였다. 그들의 경험이 많은 부분에서 공통점을 가지지만 이번의 경우에 있어서는 두 분야의 전문가에게 동일한 것을 말하지 않았다는 점은 의심의 여지가 없다.'

16 Alan Ryan, *The Philosophy of the Social Sciences* (Macmillan Press 1970) 2; Stanley Fish, 'Truth and Toilets' in *The Trouble with Principle* (Harvard University Press,1999) 303.

성찰이 유용한지에 대해서는 논쟁이 있다. 몇몇 학자들은 우리가 살아가는 상황에는 항상 환경과 믿음에 의한 제약이 있으며, 이를 초월하기란 불가능하므로 자기비판 의식이나 성찰은 불가능한 임무 혹은 쓸모없는 열망이라고 생각한다.[17] 또 일부 학자들은 성찰을 통해 지식으로부터 객관성을 이끌어 내는 것은 불가능하다고 여기면서도, 인간의 경험을 더 잘 이해하는 데 도움이 된다는 점에서 자기 비판적 자세가 우리의 현실을 변화시킬 수 있다고 생각한다.[18] 피시는 이론이 불가능한 것이라고 여겼던 반면,[19] 스티븐 윈터(Steven Winter)는 '우리의 사회 분야를 특징짓는' 결정 및 제약의 존재를 인식한다면 우리가 지금 서 있는 바로 이곳에서부터 그 결정 및 제약을 바꿀 수 있을지도 모른다고 생각했다. 이때 윈터가 말한 '이곳'이란 문화적, 역사적 전통만을 의미하는 게 아니라 창의적이고 헌신적인 노력을 통해 우리가 만들고 보완해 온 물리적, 사회적인 실제 세상까지도 포함하는 개념이다.[20]

---

17 Stanley Fish, *Doing What Comes Naturally: Change, Rhetoric and the Practice of Theory in Literary and Legal Studies* (Duke University Press 1989) 326, 455. '신념이란 당신이 생각하는 대상이 아니고 생각할 때 활용하는 수단이다. 그리고 이론화 활동을 포함한 정신적 활동은 바로 그 신념이 정교화되면서 만들어진 공간에서 이루어진다… 자리를 잡는다는 것은 우리가 자신의 신념으로부터 일정 거리를 확보하기 어렵다는 것을 의미하고, 더 나아가 우리가 그 신념이 지역적(local)이며 결코 보편적(universal)이지 않다는 점을 알기 때문에 그 신념 자체가 스스로의 영향력을 내려놓지 않는다는 것 또한 의미한다.'(Ibid, 466. 원문에서 강조)

18 Stephen Winter, *A Clearing in the Forest: Law, Life and Mind* (University of Chicago Press, 2001) 332-57.

19 Stanley Fish, *Doing What Comes Naturally*, above n 17, 320.

20 Stephen Winter, *A Clearing in the Forest*, above n 18, 357.

법을 다루는 것 v. 법을 연구하는 것

심지어 법학 심화 교육 과정에서도 법을 다루는 것과 법을 연구하는 것 사이의 유의미한 차이를 설명하기가 점점 더 어려워지고 있다. 법학 기초 교육에서 법을 다루는 기술과 능력을 습득한 학생들 대부분은 법학 박사 학위를 취득하거나 학술지에 기고할 논문을 쓰기 위해 필요한 것은 단지 조금 더 정교하게 다듬어진 기술과 능력이라고 생각한다. 그래서 최신 판례를 정리하고, 가장 저명하고 빈번히 인용되는 학술지의 게재 논문 이론을 검토하는 학생들에게서 스스로 무엇을 하고 있는 것인지 의문을 제기하는 모습은 상당히 보기 드물다. 학술지와 그 학술지의 독자 수, 또는 해당 논문의 저자가 누구인지에 의해 부여되는 권위 자체에 대해 의문을 제기하는 것은 인간의 당연한 본능도 아니고 전문가들에게서 찾을 수 있는 공통적인 반응도 아니다. 전 세계의 학생 대부분도 이런 방식으로 교육받고 있다. 이 책에서 내가 국제법에 대한 전통적 관점 또는 주류적 통설이라고 칭하고 있는 관점은 오랫동안 법학 교수법의 원칙 중 하나로 여겨져 왔다. 물론 자신은 그렇게 교육받지 않았음을 주장하면서 이에 동의하지 않는 이들도 있겠으나, 이들이 수학한 교육 기관은 서양 국가에 위치하고 있을 가능성이 높으며, 세상은 이보다 훨씬 넓다는 점을 기억할 필요가 있다.

최근 토마스 슐츠(Thomas Schultz)는 「국제분쟁해결저널(Journal of International Dispute Settlement)」에 한 편의 글을 기고했다. 슐츠는 이 글에서 이 학술지의 임무이자 정체성은 '법을 다루는 방법에 대한 연구'가 아닌, '법 자체에 대한 연구'를 지원하는 것임을 명확히 했다.[21] 구체적으로 말해서 학술지의

---

21 Thomas Schultz, 'Doing Law and Thinking About Law' (2013) 4(2) *Journal of International Dispute Settlement* 217.

임무란 '분쟁 해결 방식'보다는 '분쟁 해결 자체에 대한 숙고와 발전적 사고의 독려'라는 것이다. 이 임무를 수행한다는 것은 곧 우리가 누구인지, 어디서 왔는지, 어디를 향해 가고 있는지, 어떻게 그곳에 가려 하는지에 대해 질문하는 것을 의미한다. 그리고 만약 우리가 이를 위해 법률 문헌 분석의 한계를 넘어서고 다른 분야의 통찰력에 대해 개방적인 자세를 취한다면, 이러한 노력은 법의 의미와 목적, 그리고 적용에 대한 중요한 지적 탐구로 여겨져야 하지 기존의 권위를 포기하는 것으로 여겨져서는 안 된다.

이러한 생각이 모두에게 쉽게 받아들여지지는 않을 것이다. 오늘날의 국제법 학술 저서 대부분은 입법, 판결, 집행의 기술적인 측면에 초점을 맞추고 있기 때문이다. 규정의 내용과 그 적용 범위는 빈번히 논의의 대상이 되고, 사법 해석은 비판을 받든 칭송을 받든 최종적이고 권위 있는 결정으로 여겨진다. 반면 다음과 같은 질문은 국제법 분야에서 인기 없는 연구 주제이다. 왜 사법적 해석이 그렇게 중요하게 여겨지는 걸까? 왜 사법기관은 여러 대안 중에서도 그 결론을 선택한 걸까? 그런 결정의 기저에 자리 잡고 있는 요소들은 무엇일까? 더 근본적인 질문으로, 그 요소들이 형성되고 적용되게 하는 규정과 시스템은 실제로 어떻게 작동되는가?

슐츠는 앞으로도 법은 그저 하나의 큰 엔진이고, 분쟁 해결은 실린더와 밸브로 구성된 폭발성 엔진의 한 부분으로 여겨질 수 있다고 주장했다. 그리고 법학자인 우리는 잘 알지 못하는 운전자가 설정한 방향으로 그 엔진이 더 부드럽고 빠르게 돌아가도록 기여하는 윤활유로 여겨질 것이라 전망했다.[22] 법을 연구한다는 것은 곧 운전자와 운행 시스템에 대해서도 질문을 제기하는 것이다. 누가 그 목적지를 설정했는지, 우리가 왜 그곳에 도달해야 하는지, 어떻게 도달할 수 있는지는 학자들이 회피해서는 안

---

22 Ibid.

될 근본적 질문인 것이다.

피에르 슐라크(Pierre Schlag)는 슐츠의 주장을 논평하며 왜 법을 다루는 것과 법을 연구하는 것이 서로 다른 일(*métiers*)인지에 대해 효과적으로 설명했다.[23] 법관 또는 변호사가 그들의 직무를 수행할 때는 학자들보다 훨씬 많은 제약이 존재한다. 법관과 변호사는 할 수 있거나 하면 안 되는 것들이 학자보다 훨씬 많은 부분에서 이미 정해져 있다.[24] 반면 학자들은 프로젝트에 착수할 때 상당히 많은 자유를 누린다.[25] 그렇지만 학자들에게 부여된 선택의 자유에는 스스로 무엇을 왜 하는 것인지에 대해 질문해야 하는 높은 수준의 책임감이 요구된다. 다시 말해서 우리가 누구인지, 우리가 무엇을 어떻게 성취하고자 하는지를 이해하기 위해서는 우리가 전문가로서 자신을 어떻게 인식하고 있는지에 대한 깊은 성찰이 매우 중요하다.

마지막으로, 법에 대한 지적 활동과 연구를 실무와 무관한 것으로 치부하는 것은 사회적 배제의 메커니즘에 따른 것이기도 하고 집단이 가지는 방어적 태도에 기인한 것이기도 하다. 슐라크는 '이런 성찰적 질문은 광범위한 이론적 고찰이나 실존적 불안 같은 특별한 순간에만 떠오르는 것이 아니고 다음 주장, 다음 문장을 써 내려가는 과정의 어느 때나 떠오를 수 있는 것'이라고 하였다.[26] 다시 말해 법 연구는 일상적인 활동으로 여

---

23 Pierre Schlag, 'A Comment on Thomas Schultz's Editorial' (2014) 5 *Journal of International Dispute Settlement* 235.

24 Ibid.

25 학자들에게도 수많은 제약이 적용되기 때문에 이 부분은 아주 조심스럽게 받아들여져야 한다. 학계에 허용되는 한도가 어디까지인지는 종종 이런 기관들의 문화와 확립된 관행에 따라 정해진다는 것을 깨닫기 위해서는 정성 평가 메커니즘과 보조금 수여 기관의 요구 사항을 생각해 보는 것으로 충분하다. 슐라크는 스스로 '대학의 법인화, 꾸준히 발전하는 정량적 분석, 서열의 지배, 교수진에 대한 행정직들의 승리'와 관련하여 학문의 자유 또는 학계의 자유가 가지는 한계를 언급하고 있다.(Ibid)

26 Ibid, 237.

겨져야 한다는 것이다. 슐라크의 이러한 주장은 이 책과 일맥상통하는 부분이 매우 많다.

이론과 실무

국제법 이론을 가르치면서 가장 꾸준히 가졌던 질문은 이론과 실무의 관계에 대한 것이다. 우리를 둘러싸고 있는 지배적 문화는 실무 지향적인 활동에 중점을 두고 있는 듯 하다. 일례로 「미국국제법저널(American Journal of International Law)」에서 국제법 방법론을 주제로 한 심포지엄을 개최한 적이 있다. 이 심포지엄은 국제법 방법론 중에서도 실무에 적용할 수 있는 이론들을 대상으로 하였는데, 이런 모습은 국제법 분야가 가진 문화적 한계를 잘 보여준다. 이처럼 이론은 직접적인 관련성도 없이 실무 활동을 지나치게 방해하는 것으로 경시되기도 하고, 반대로 실무와 밀접한 위치에서 공존하는 것으로 이상화되기도 한다.

사물을 바라보는 이런 극단적인 방식은 학자와 실무가 모두가 가지고 있는 두 가지 경향으로 설명될 수 있다. 첫 번째 경향은 학자들이 종종 '탁상공론(armchair theorizing)'에 빠지는, 좋지 않은 습관이 있다는 점이다.[27] 여기서 '탁상공론'은 본인이 설명하려는 현실과 동떨어진 이론을 주장해서 혼란을 초래하는 경향을 말한다. 이러한 경향은 어느 정도의 자기 확신적인 태도와 하나의 현상을 하나의 방식으로만 보려는 태도와 같은 특징을 보인다. 이는 '학자를 기계 안에 넣는 것은' 심각한 인식론적

27 Andrea Bianchi, 'The International Regulation of the Use of Force: The Politics of Interpretive Method' (2009) 22 *Leiden Journal of International Law* 651, 653.

실수라고 여겼던 부르디외의 비판을 상기시킨다.[28] 그렇게 탁상공론으로 인해 이론은 더 일반적인 의미에서 비난받으며, 이론가는 실무에서 직면하는 문제에 관심을 두지 않는다고 무시당한다. 두 번째 경향은 이론과 실무의 관련성을 부인하는 것이다. 나의 동료 학자들은 '실무에 어떤 영향도 끼치지 못하는 것이라면 그것이 무엇이든 법 이론에도 영향을 미쳐서는 안 된다'는 리처드 로티(Richard Rorty)의 발언을 여러 차례 인용하곤 했다.[29] 하지만 이런 태도는 현상 유지(*status quo*)에 집착하는 보수적인 태도일 수 있다. 더불어 어떠한 비판적 자기 성찰도 할 의지가 없음의 표현일 수도 있다.[30]

사실 이론은 실무를 이해하고 정당화하기 위한 체계를 제공한다. 때로는 실무가들이 적절한 길을 찾아갈 수 있도록 다양한 가능성의 길을 열어 두는 역할도 한다. '이론가들이 쓸모없는 논쟁에 시간을 쏟는 동안 실무가들은 현장에서 문제를 해결한다'는 표현은 오해이며 잘못된 생각이다. 실무가들은 그들이 의식하지 못하는 순간에도 '이론' 또는 '방법'에 근거하여 생각하고 행동한다. 여기서 이론 또는 방법이란 실무가들이 그들의 전문적 기술을 활용하는 데 필요한 배경을 구성하는 전제와 믿음을 가리킨다. 즉 법을 다루는 사람들은 자신의 선택에 대한 신뢰도와 설득력을 필요한 수준으로 강화하기 위해 이론과 방법을 활용한다. 동시에 이론

---

28 부르디외에 따르면, 이것은 '모든 사회적 행위자를 과학자의 이미지로 묘사하거나 더 정확히는 과학자들이 현실을 설명하기 위해 반드시 만들어 내야 하는 모델을 행위자의 의식 속에 배치하고 과학자들이 현실을 이해하기 위해 반드시 만들어야 하는 그 구성물이 주된 결정적 요인 즉, 그 현실의 실질적 원인인 것처럼 작동되는' 바람직하지 않은 결과를 낳는다. 'The Scholastic Point of View', above n 6, 384.

29 '실용주의자들은 만약 어떤 것이 실무에 어떤 영향도 끼치지 못한다면, 그것은 철학에도 어떤 영향도 끼쳐서는 안 된다고 생각한다.' Richard Rorty, *Truth and Progress: Philosophical Papers* (CUP 1998) 19.

30 Iain Scobbie, above n 2, 54.

가들은 법적 절차에서의 실무적인 측면을 무시할 수 없다. 법학 이론은 사회적 관행과 관련 있는 이론의 한 형태이기 때문에, 신뢰성을 확보하고 타당한 설명을 제공하기 위해서는 그 사회적 관행을 반드시 고려해야 하는 것이다.

이론과 실무의 밀접한 관계는 법이 규율하고자 하는 대상인 현실과 사회적 과정이 가지는 특성을 통해 확인할 수 있다. 물리적인 세상과 데이터는 일반적으로 그들을 위하여 말하지 않는다. 존 설(John Searle)이 구별한 '확고한 사실(brute facts)'과 '제도적 사실(institutional facts)'을 살펴보자. 설은 미식축구 게임을 예로 들어 이 두 가지 개념을 설명하였다. 우선 관찰자들로 구성된 그룹 하나를 택해서 미식축구 게임을 지켜봐 달라고 부탁하였다. 그들은 유사한 색의 셔츠를 입은 생명체들이 규칙적으로 무리를 이루는 모습이 선형적이기도, 순환적이기도 하다고 묘사할 것이다. 그리고 때때로 상호 간 선형적인 침투가 뒤따르는 것도 관찰될 것이다(확고한 사실).[31] 그러나 아무리 많은 데이터를 수집하더라도 관찰자들은 여전히 우리가 미식축구라고 여기는 것을 설명하지는 못할 것이다. 관찰자들이 놓치는 것은 '터치다운', '오프사이드', '포인트', '퍼스트다운' 같은 개념들이다(제도적 사실).[32] 제도적 사실이란 사회적 그룹 또는 집단적 의도에 의해 형성된 개념, 제도, 본질적 규칙을 배경으로 하는 사실을 의미한다. 우리가 이러한 제도적 사실을 활용하지 않는 한, 확고한 사실만으로는 현실에 대해 제한적인 이해만이 가능할 뿐이다. 이와 같은 맥락에서 우리가 국제법을 이해하는 방식은 제도적 사실에 좌우된다. 여기서 제도적 사실이란 이 학문 분야에 광범위한 방향성을 설정하고, 사회적 현상으로서의 국제

---

31 John Searle, *Speech Act: An Essay in the Philosophy of Language* (CUP 1969) 52.

32 Ibid.

법의 의미를 결정하는 사람들이 합의한 것이다.

이론과 실무 간의 관련성은 법의 정신적 성격에 의해 더욱 강조된다. 필립 알로트(Philip Allott)의 지적처럼 '사회와 법은 인간의 마음 외에 어디에도 존재하지 않는다.'[33] 이와 유사하게 폴 암스렉(Paul Amselek)도 법은 본질적으로 별개의 존재가 아니며, 우리가 세상에서 우연히 마주칠 수 있는 것도 아니라는 점을 확언하면서, 법은 단지 '인간의 마음(l'esprit des hommes)'에 존재한다고 하였다.[34] 우리는 이러한 법의 정신적 성격을 인식함으로써 중요한 결론에 도달할 수 있다. 우리가 국제법에 대해 생각하는 방식은 시대와 공간에 따라 다양하다. 이러한 다양성의 원인 중 하나는 국제법이 개념화되는 여러 방식에 있으며, 이는 학자들의 주요 임무이기도 하다. 이론은 행위자가 자신의 행위에 대해 다른 차원의 인식을 갖게 함으로써 법률 세계에 변화를 초래할 수도 있다.[35] 그러므로 학자들은 이론이 중요하다는 점을 반드시 인식하고 있어야 한다. 국제법에 대한 새로운 이론적 관점은 국제법 체계가 기능하는 데 중요한 영향을 미칠 수도 있다. 만약 허무주의적이거나 지나치게 회의적인 관점이 지배적이게 되면 실무에 상당한 위험을 초래할 수 있다.[36] 혹은 법경제학(law and economics), 글로벌 행정법(global administrative law), 법다원주의(legal pluralism)

---

33 Philip Allott, 'The Concept of International Law' in Michael Byers (ed), *The Role of Law in International Politics: Essays in International Relations and International Law* (OUP 2000) 69-70.

34 Paul Amselek, 'Le droit des esprits' in Paul Amselek and Christophe Grzegorczyk, *Controverses autour de l'ontologie du droit* (Presses Universitaires de France 1989) 29.

35 Stanley Fish, *Doing What Comes Naturally*, above n 17, 208.

36 예를 들어, 두 저자는 최근 법경제학 관점을 일반적으로 적용하였는데, 특히 국제법에 합리적 선택 패러다임을 적용하였다. 그 결과 일반적 국제법은 존재하지 않는다는 결론에 이르렀다. Eric Posner and Jack Goldsmith, *The Limits of International Law* (OUP 2005) 40-43, 225.

와 같은 관점이 지배적이고 권위 있는 학문적 담론으로 정립된다면 이 또한 실무에 엄청난 영향을 미칠 것이다.[37]

내가 예전에 주장했던 바와 같이, 특정 이론을 논의함에 있어서 그 이론을 활용 가능한 영역에 통합시킬 목적을 가지고 사회적 관행에 초점을 둔다면 이론의 실용성은 자명해진다.[38] 데이비드 갈런드(David Garland)는 이론이 수사와 설득의 기술을 활용하여 '사람들을 행동하도록 하며… 이때 분석, 주장, 증거의 힘을 빌린다'고 주장했다.[39] 이런 의미에서 우리는 이론을 '실무의 한 형태'로 이해할 수도 있다. 왜냐하면 이론적 연구는 그 연구가 도출한 분석 대상인 상징적 행위를 '사람들과 기관의 행위' 방식에 변화를 야기하게끔 변형시킬 수도 있기 때문이다.[40] 이론이 행위의 한 형태로서 성공하는 것은 바로 '사람들이 사물을 인식하는 방식이나 그 사물에 대한 태도'를 변화시킴으로써 가능하다.[41] 이처럼 이론과 실무는 많은 경우에 동일하다고 표현할 수 있을테지만, 동전의 양면이라고도 표현할 수도 있을 것이다.

학문 분야

논의의 초점을 '학문 분야'에 대한 사회학적 관점으로 옮겨보면 국제법

37 유사한 입장으로 Susan Marks, 'Naming Global Administrative Law' (2004-5) 37 *New York University Journal of International Law & Politics* 995 참조.

38 Andrea Bianchi, 'Reflexive Butterfly Catching', above n 5.

39 David Garland, *Punishment and Modern Society: A Study in Social Theory* (Clarendon Press 1990), 277-8.

40 Ibid.

41 Ibid.

이 현재 겪고 있는 어려움과 이론적 논쟁의 기저에 있는 이슈들을 더 명확히 알 수 있을지도 모른다. 국제법 학계는 지난 20여 년 동안 중요한 변화를 겪고 있다. 쿤의 분석에서 차용한 '정상과학(normal science)'이라는 개념을 과학적인 현상과 그 현상을 설명하는 기본 원리에 대해 단일한 합의가 존재했던 시기들로 이해한다면,[42] 국제법 영역에서의 지난 20여 년간은 결코 그런 시기가 아니었다. 그간 형식주의자들이 지배해 온 전통적 관점에 도전하는 수많은 새로운 관점과 방법론이 공공연하게 등장하였기 때문이다.

다양한 이론 및 관점의 지지자들이 이론적 논쟁의 장에 그들의 이론 및 관점을 소개하는 것을 두고 마치 각자의 이론이 국제법의 현실을 더 잘 설명한다는 점을 설득하기 위해 공정한 경쟁을 하고 있는 것으로 생각한다면, 그것은 너무 순진한 태도이다. 오늘날 학문 분야로서의 국제법 분야는 권력 다툼과 얽혀 있고, 이 다툼 안에서는 학문적 권위와 광범위한 통제(discursive control)에 대해 상반되는 주장들이 제기되고 있다. 그러나 전통적인 국제법 범주에 속하는 용어는 매우 잘 변화하고 있는 반면, 아직 어떠한 새로운 패러다임도 자신을 그 학문의 정체성과 동일시할 수 있을 정도의 학문적 패러다임이라 내세울 충분한 힘을 확보하지는 못했다.

학계에서 형성되는 견해는 발표자 또는 저자가 학문적 위계질서 안에서 가지는 위상에 상응하는 권위를 부여받는다. 부르디외는 학계가 실제로 작동함에 있어 이 분야의 행위자들이 어떤 전략을 활용하는지 설명한 바 있다.[43] 여기서 그의 이론을 자세히 다루다가는 우리가 길을 잃을 우려가 있지만, 국제법을 포함하여 학문 분야의 이론적 논쟁에 관심이 있는

---

42 Thomas Kuhn, *The Structure of Scientific Revolutions*, above n 15, 23.

43 Pierre Bourdieu, 'The Specificity of the Scientific Field and the Social Conditions of the Progress of Reason' (1975) 14 *Social Science Information* 19.

사람이라면 부르디외의 이론에 대해 살펴볼 필요가 있다. 우리는 너무나 자주 학문적 지식 생산을 논쟁의 여지가 없거나, 명백하거나, 더 말할 필요도 없이 당연한 것으로 받아들인다. 그리고 이런 지식은 곧 수없이 다양한 요소들이 상호 작용한 산물임을 무시하는 경향이 있다.

학문 공동체에 대한 타협적 태도는 치열한 경쟁의 장으로 이해되는 학계에 대한 이해와는 대조된다. 학문 공동체에서 중요한 것은 그 분야에 대해 권위를 가지고 발언할 수 있는 정당성이다.[44] 그러니 학문적 권위는 사회적 권력의 문제이기도 하면서 전문가의 자격 문제이기도 하다.[45] 사회로부터 국제법 분야를 대표할 수 있는 자격을 부여받은 학자나 이론은 사회적 권위와 학문적 권위를 가진다. 이때 형식적으로 학문적 권위는 언제나 전문적인 지식과 이성이라는 이름으로 설명되지만, 실질적으로는 해당 학문 분야 내에서 권력관계를 형성하는 다양한 요소의 산물인 것이다.

대학 임용 과정에서의 정치와 출판 전략, 경력 관리, 그리고 이와 유사한 것들이 이론의 운명을 결정한다. 학문적 패러다임에 있어서 변화를 촉진할 수 있는 핵심 요소는 의심의 여지 없이 교육 제도이며, 이는 우리가 다루려는 많은 관점들에 의해 확인할 수 있다. 사람들의 생각을 바꾸거나 직접적인 변화를 만들어 내기 위해서는 학문에 대한 여러 관점들이 교육 과정을 통제하고 유수의 교육 기관에서 자리를 확보해야 한다. 우리는 바로 교육 제도를 통해 공식적인 지식을 체계적으로 가르치고(학문적 습관scientific habitus), 그 과정을 통해 그 지식의 영원성과 신성성을 확보할 수 있는데, 특히 그 분야에 새로 입문하는 사람에게는 더욱 그렇다.[46] 이론에 대해 관심을 갖는다 함은 단지 색다른 지적 체계를 바라보는 게 아니다.

---

44 Ibid.

45 Ibid.

46 Ibid, 30.

현실에서 권력 투쟁이 일어나고 있음을 깨닫는 과정까지 포함하는 것이다. 이는 분명히 '겉으로 드러나지 않는' 학계의 특징 중 하나이다. 드러나지 않는다는 건 아마도 학계의 어떤 불완전하고 불편한 요소를 숨기기 위한 의도적인 전략일 수 있다. 하지만 나는 이러한 과정을 드러내거나 탐구해서는 안 된다고 생각하지 않는다. 그런 요소들도 나에게는 단지 큰 그림의 일부이며, 독자들도 그에 대해 알아야 할 필요가 있기 때문이다.

학문 집단마다 지닌 사회적 결속력이 다르기 때문에, 다양한 이론 및 관점 내에서 일어나는 실제의 역학 관계를 설명하기에 일반화는 유용하지 않다. 그럼에도 사회가 작동하는 원리와 집단적 반응은 대체로 유사한 편이다. 나는 내 인생에 있어 세 번 정도 지적 호기심에 기인하여 매우 비전문가적인 방식으로 특정 이론에 발을 들여놓은 적이 있다. 그럴 때마다 그 이론을 대표하는 사람들은 나를 해당 그룹의 구성원으로 포섭하려는 시도를 했었다.

중요한 것은 학문적 권위를 주장하는 능력이다. 누구든 이러한 형태의 권위를 가지고 있는 사람은 어떤 이슈, 어떤 방법, 어떤 이론이 해당 분야와 '학문적으로 관련이 있는지를' 검토하고 결정할 자격이 있는 것으로 인식된다. 이 권위는 다양한 상황에서 활용할 수 있는 일종의 자산이기도 하다.[47] 부르디외의 주장처럼 만약 어떤 학문의 유일한 기반이 그 학문의 기초에 대한 집단적 믿음이고, 이 믿음이 해당 분야 내에서의 역학 관계를 통해 형성된 것이라면[48] 당연히 여러 경쟁자 간에 치열한 다툼이 있을 것이다. 경쟁자들은 반드시 그 분야를 장악하고 자신의 주장이 다른 사람

---

47 Ibid, 23. 부르디외에 따르면, 다양한 유형의 자본(경제적, 문화적, 사회적)의 분배는 사회적 세계를 구성하는 주된 요소이다. Pierre Bourdieu, 'The Forms of Capital', in John Richardson (ed), *Handbook of Theory and Research for the Sociology of Education* (Greenwood 1986), 241-58.

48 Pierre Bourdieu, 'The Specificity of the Scientific Field',above n 43, 34.

보다 우위에 있도록 만들어야 한다. 이를 성취하는 것은 설득력 있는 지적 구성(intellectual construct)과 수사법을 통해 가능하며, 경쟁자들의 관심을 이끌어 내거나 학생을 교육하는 등 학문적 권위를 다양한 방식으로 활용해서도 가능하다.

학제간 연구 그리고 그것의 의미: 국제법 & …

학계의 통념을 넘는 질문을 하게 하고, 국제법을 바라보는 여러 접근법과 방식에 마음을 열도록 하는 것은 필연적으로 학문의 경계에 대한 탐구로 이어진다. 다양한 관점을 모아 놓은 이 책을 통해 독자들은 두 학문의 지적 동반자 관계를 포함하는 몇 가지 이론들을 만나게 될 것이다. '국제법 & …'을 지향하는 움직임은 더욱 많아지고 있다. 왜냐하면 국제법 스스로가 국제관계학, 경제학, 문학과 같은 다양한 분야와 관계를 형성하고 있기 때문이다. 독자들은 여러 분야 간의 수용이 진실하고도 사심 없이 이루어지기란 아주 드물다는 점에 유의해야 한다.[49] 스탠리 피시는 두 학문 분야가 서로 가까워지면 하나가 다른 하나의 지위와 어휘를 이용하거나, 하나가 다른 하나를 삼켜버릴 수도 있다고 말했다.[50] '국제법 & …'을 지향하는 접근법이 극단적으로 추구되면 후자의 상황이 발생할 터임은 많은 이들이 예상할 수 있을 것이다.

---

49 Jan Klabbers, 'The Bridge Crack'd: A Critical Look at Interdisciplinary Relations' (2009) 23 *International Relations* 119; Martti Koskenniemi, 'Miserable Comforters: International Relations as New Natural Law' (2009) 15 *European Journal of International Relations* 395.

50 Stanley Fish, *Professional Correctness: Literary Studies and Political Change* (Clarendon Press 1995) 83.

쿤의 설명처럼, '과학 교육은 과학계가 어렵게 축적해 온 것, 즉 세상에서 과학이 실제로 작용하는 특정 방식에 대한 깊은 신념을 전달하는 역할을 한다.'[51] 사실 우리가 세상을 바라보는 방식에 학문이 미치는 영향은 상당 부분 그 학문의 전문화 정도에 달려있다.[52] 비단 자연과학에만 해당하는 이야기가 아니다. 사회과학뿐만 아니라 법학에서도 그렇다. 학문이 하는 일은 세상을 해석하는 것이다. 그리고 시대를 불문하고 이 해석은 그 세상을 지배하고 있는 패러다임과 정책 담론에 따른다. 연구 대상이 중복되는 경우, 치열한 게임이 시작된다. 그 게임에서 각 학문 분야는 사회 현실을 바라보는 자신의 고유한 방식을 확립시키기 위해 자신만의 독특한 지적 범주와 어휘를 사용하며 분투한다.

모든 학문 분야는 연구 대상에 대한 정확한 해석을 제공하고, 학문적으로 그 분야를 대표하는 기준을 설정한다. 여기서는 '지식(episteme)'과 '지식 공동체(epistemic community)'의 개념을 활용하는 것이 유용하다.[53] 나는 여기서 '지식'이라는 개념을 우리가 일정한 분야에 대해 가지고 있는 '지식', 그리고 우리가 이론적으로 그 분야를 이해하고 실무적으로 활용하며 설명하는 방식을 의미하는 것으로 사용하였다. 즉 지식은 국제법을 특징짓는 일련의 집단적 믿음과 생각을 의미하며, 이는 이론적 탐구라는 학문 분야이자 사회적 관행 두 가지 모두로 이해된다. '지식 공동체'는 국제법에 대한 우리의 지식(국제법이 무엇이며 어떻게 작동하는지에 대한 이해 등)이 형성되고

---

51 Thomas Kuhn, 'The Function of Dogma in Scientific Research' in AC Crombie (ed), *Scientific Change: Historical Studies in the Intellectual, Social and Technical Conditions for Scientific Discovery and Technical Invention, from Antiquity to the Present* (Heinemann, 1963) 349.

52 Thomas Kuhn, *The Structure of Scientific Revolutions*, above n 15, 50-1.

53 Andrea Bianchi, 'Epistemic Communities', in Jean d'Aspremont et Sahib Singh (eds), *Concepts for International Law - Contributions to Disciplinary Thought* 251 (Edward Elgar 2019).

구체화되는 역동적인 과정에 관여하는 자들의 집단으로 이해하면 적절할 것이다. 학문 분야에 대한 '정확한' 이해를 돕고, 이를 통해 다른 이해나 견해를 주류에서 몰아내는 역할을 하는 게 바로 지식 공동체이다.[54]

지식 공동체의 가장 주된 기능은 국제법 담론에서 쓰이는 용어를 확립하고, 국제법을 바라보고 생각하는 방식을 구체화하는 것이다. 미셸 푸코(Michel Foucault)가 언급한 유명한 말이 있다. '모든 사회에서 담론의 생성은 특정한 몇 가지 수단에 의해 통제되고, 선택되고, 조직화되고, 재분배된다.'[55] '담론을 통제하고 한계를 설정하기 위한 수단' 중 하나는[56] 그 학문이 가지고 있는 문화이다.[57] 학문 공동체의 구성원은 같은 언어를 사용하고 특정한 가치를 공유하는 것이 일반적이다.[58] 그들의 관심사는 대체로 일치하며, 그들은 정당한 해석과 그 분야의 핵심 논리에 대한 독점적인 권한을 확보하고 이를 강화하는 경향이 있다. 결과적으로 이러한 경향은 구성원 간 서로를 정당화하고 지지하는 태도를 갖도록 독려한다.[59] 학

---

54 스탠리 피시는 유사한 맥락에서 '해석 공동체'라는 개념을 사용했다. 다만 '해석 공동체'라는 개념을 규범적 의미가 아닌 사회학적 의미에서 사용했다. 다시 말해, 이 개념은 법에 적용되는 경우 어떤 규범이 '진짜'인지 아닌지를 알려주지는 않지만, 우리가 국제법 분야의 행위자들이 규범을 어떤 제도적 절차를 통해 그렇게 간주하는지를 알려준다. Stanley Fish, 'One More Time' in Gary Olson and Lynne Worsham (eds), *Postmodern Sophistry: Stanley Fish and the Critical Enterprise* (State University of New York Press 2004) 277-9 참조. 피시는 '해석 공동체'라는 개념을 '개개인이 공유하는 경험을 조직화하는 관점이나 방식이라고 정의한다. 해석 공동체가 가정하는 차이, 이해의 범주, 관련성의 유무에 대한 조건은 그 공동체 구성원의 의식을 구성하고 그 결과 그 공동체의 구성원은 공동체의 자산이자 기업(基業)인 범위 내에서는 더 이상 개인이 아니기 때문이다.'(Stanley Fish, *Doing What Comes Naturally*, above n 17, 141) 이 개념에 대한 더 자세한 내용은 Stanley Fish, *Is There a Text in This Class?*, above n 7, 167-73 참조.

55 Michel Foucault, 'The Order of Discourse' in Robert Young (ed), *Untying the Text: A Post-Structuralist Reader* (Routledge & Kegan Paul 1981) 52.

56 Ibid, 56.

57 Ibid, 61. '사람들은 각자의 담론에서 다시 활성화시켜야 하는 광범위한 '통제(policing)' 원칙을 준수함으로써만 '진실 안에' 존재한다. 이것은 담론의 생산에 대한 통제 원칙이다'.

문 분야는 정책 담론의 응집성과 일관성을 더 많이 보여줄수록 다른 분야와의 관계에서 독창성을 지킬 수 있으며, 연구 대상에 대한 자신의 시각과 해석을 확실시하기 위한 더 많은 기회를 얻게 된다.

근래 국제법의 응집성과 학문적 독자성에 대해 많은 의문이 제기되고 있다. 다양한 이론과 접근법이 급격히 쏟아짐에 따라 학문 분야 전체를 대변하려는 분투가 심각한 문제가 되고 있기 때문이다. 다른 관점들의 패러다임보다 자신의 패러다임을 우위에 확립시키려는 경쟁에 대해서는 부르디외의 '학문 분야'에 대한 이론을 검토하면서 이미 다루었다. 독자성의 관점에서 보면, 다른 분야와의 만남이 국제법의 독자성을 실제로 훼손시킬 가능성에 대해서는 주목할 필요가 있다. 이와 유사한 맥락에서 슐라크는 법이 문화, 사회, 경제, 정치와 구분하기 어려워질 수 있다고 우려를 표한 바 있다.[60] 하지만 나는 위와 같은 위험이 존재하더라도, 학제간 연구 방식을 포함해 국제법을 다루는 다양한 방식을 탐구하는 것은 그럴만한 가치가 있다고 생각한다.

---

58 Jacques Chevallier, 'Les interprètes du droit' in Paul Amselek, *Interprétation et droit* (Bruylant 1995) 20. 같은 맥락에서, 오스카 샤터(Oscar Schachter)는 해석 공동체를 '무엇이 법률 문서의 해석과 관련이 있고 무관한지에 대한 의견을 같이하는 '전문가 집단(학자와 법률 보좌관)으로 여긴다. 이들은 보통 특정 주제에 대한 전문가이다.' Oscar Schachter, 'Metaphor and Realism in International Law' in *Studi di diritto internazionale in onore di Gaetano Arangio-Ruiz* (Editoriale Scientifica 2004) 213.

59 Jacques Chevallier, 'Les interprètes du droit', above n 58, 120.

60 Pierre Schlag, 'The Dedifferentiation Problem' (2009) 42 *Continental Philosophy Review* 35. 슐라크에 따르면, 우리는 개별주의 및 지방주의로 후퇴해야 한다. 나아가 문제를 무시하기보다는 탈분화를 고려해야 한다. 특히, 탈분화 문제는 '우리가 적어도 지적으로는 그 자체로 근본적이지 않은 지식 및 확립된 진실을 다루지 않아도 되도록 해준다.'(Ibid, 60) 제2장 '경계에 관한 법리' 이하도 참조.

책의 구성과 선택

이 책에 담길 국제법에 대한 다양한 흐름, 학파, 관점을 선정하기 위해 나는 선택을 해야만 했다. 그리고 이 선택은 국제법 이론에 대한 최상의 진리 또는 특정한 분류 체계에 기반하지 않았다. 생략한 것들을 언급하겠다. 이 책에 자연법 이론(natural law theories)은 포함하지 않았다. 일부 독자들은 자연법 이론을 포함하지 않은 것을 두고 용서받을 수 없는 중대한 잘못이라고 생각할 것이다. 그들에게는 이 책의 다른 이론들보다 자연법 이론이 훨씬 더 중요하기 때문이다. 이 책에는 법률주의(legalism)와 현실주의(realism)도 포함하지 않았다. 이 두 관점은 토마스 만(Thomas Mann)의 소설 『마의 산(The Magic Mountain)』으로부터 영감을 받은 것이다.[61] 게리 심슨(Gerry Simpson)은 이 두 관점을 국제법 사상에서의 대표적인 두 가지 주요 흐름으로 보았다.[62] 마지막으로, 이 책은 철학은 말할 것도 없고 법철학에 관한 책도 아니라는 점을 언급해야 할 것 같다. 이 책이 드워킨(Dworkin), 풀러(Fuller), 라즈(Raz), 브랜덤(Brandom), 롤스(Rawls), 하버마스(Habermas) 같은 저명한 철학자를 다룰 것이라고 기대한다면 실망할 것이다. 많은 사람들은 위에 언급한 사상가들의 업적에 대해서 충분히 교육받지 않고서 법을 이해하기란 어렵다고 생각할 것이다. 나도 이에 동의하며, 모두에게

---

61 Thomas Mann, *The Magic Mountain* (Knopf 1995). 이 소설은 스위스 산속에 이는 요양원을 배경으로 한다. 시대적 배경은 제1차 세계대전 이전이다. 많은 인물과 서사적 요소 중에서, 세템브리니와 나프타 두 명이 특별히 관련이 있다. 세템브리니는 국제 관계에 대한 법률주의적(그리고 이상주의적) 비전을 구현한 인물이고, 나프타는 무조건적 현실주의자이다.

62 Gerry Simpson, 'On the Magic Mountain: Teaching Public International Law', (1999) 10 *European Journal of International Law* 70. 궁극적으로, 심슨은 국제법을 역사와 맥락을 기반으로 가르치는 관점, 즉 '비판적 이론'이 겸비된 일종의 '비판적 법학 교육'을 지지한다. 이는 국제법을 설명하는 데 전통적으로 사용되는 주된 서사 및 이에 대한 낭만주의적 시각에 대한 효과적인 대안이 될 수도 있다.

법철학 및 철학을 공부해 보길 권하고 싶다. 하지만 그러한 목적으로 이 책을 읽는 것은 쓸모없는 일일 것이다.[63]

결국 이론 선택에는 나의 개인적인 선호가 반영되어 있다. 대체로 지적 기여의 산물 중에서도 국제법에 대한 현재의 이론적 논쟁과 가장 관련된다고 생각하는 것을 선택했다. 국제법을 바라보는 다양한 관점에 대한 관심을 고취시키려는 노력과 함께 이 책에 포함된 13개의 글은 나의 개인적 질문과 국제법 이론에 대한 연구의 여정을 담고 있기도 하다. 이 여정을 시작하기 위해 나는 필연적으로 여행 가방을 챙겨야 했다. 그 여행 가방에는 나의 개인적 삶, 학문적 배경을 비롯해 다양한 개인적 소지품들이 담겼다. 결국 여행은 우리가 무엇을 필요로 하는지, 여정 중에 일어날 것이라 예측하기 어려운 모든 일들에 어떻게 대처할 것인지에 대해 상당히 고민하게 한다. 특히 우리는 어떤 안경을 가져갈지에 대해 심사숙고해야 한다. 우리가 보는 것은 착용한 안경 또는 내면에 가지고 있는 패러다임과 생각들에 의해 상당 부분 좌우된다. 비트겐슈타인(Wittgenstein)은 우리가 안경을 착용했다는 사실을 기억하지 못하며, 그것을 벗을 일이 거의 없다는 것이 안경과 관련된 주된 문제라고 말했다.[64]

나는 이 책의 장(章)들 간의 순서도 내 안경이 설명할 수 있는 문제인지 모르겠다. 이 순서는 단지 어떤 면에서만 합리적인 이유를 가질 뿐, 이론 간 우위를 의미하는 것은 전혀 아니라는 점을 알아두었으면 한다. 첫 번째 장에 전통적 관점을 배치한 것은 의도적인 것이다. 전통적 관점은 여전히 대부분의 국제법 물고기들이 헤엄치고 있는 '물'에 해당하기 때문

---

63 국제법의 철학 및 이론에 대한 내 생각은 다음의 글을 통해 알 수 있다. Andrea Bianchi, 'On Asking Questions', in: Andrea Bianchi (ed), *Theory and Philosophy of International Law* (Edward Elgar 2017).

64 Ludwig Wittgenstein, *Philosophical Investigations*, above n 12, § 103.

이다. 독자들의 관심을 이 관점으로 끌어오는 것은 개구리에게 직접 말을 거는 것과 같다. 그러나 대부분의 경우 이 책의 순서는 연대기적이거나 다른 특별한 이유로 결정되었다. 예를 들어, 비판법학운동과 뉴스트림(critical legal studies and the New Stream)에 대한 소개는 '헬싱키 학파(Helsinki School)'—장의 제목으로 한 개인을 언급하는 것을 피하기 위해 구별되게 정한 이름—에 대한 논의 전에 위치한다. 독자들이 헬싱키 학파에서 다루고 있는 마르티 코스켄니에미(Martti Koskenniemi)의 견해를 처음 접하는 경우 그가 영감을 얻은 지적 배경에 대한 이해 없이는 충분한 이해가 어려울 것이라고 생각했기 때문이다. 이와 유사하게, 마르크스주의(Marxism)는 비판법학운동에 대한 장 앞에서 일반적인 지적 흐름으로 다루었다. 이는 후자가 전자를 기반으로 하거나 전자에서 파생된 것이기 때문이기보다는, 단순히 마르크스주의 이론에서 사용된 유형들에 대해 먼저 이해하는 것이 비판법학자의 견해를 이해하는 데 도움이 되기 때문이다. 다른 나머지 장들의 순서에는 특별한 이유가 없다. 다시 말하지만, 장들의 순서는 서열이나 일종의 가치판단을 의미하지 않는다.

내가 불식시키고 싶은 또 다른 것은 국제법 현실을 설명하기 위해 각 이론이 상호 간 교체될 수 있으며 서로 대안적인 지적 프레임으로 활용될 수 있다는 생각이나 믿음이다. 실제로 이론은 하나하나가 서로 다르다. 여기서 다르다는 의미는 그 이론들이 같은 질문에 대해 서로 다른 답을 말한다는 게 아니다. 이론들은 종종 서로 다른 질문을 제기하고, 다른 이론이 주목하는 이슈와는 다른 이슈를 다룬다. 이론들은 다른 이론이 간과한 부분을 강조하거나, 다른 이론의 핵심 논리를 받아들이지 않으면서도 그 이론의 전제를 공유한다. 예를 들어, 법경제학을 지지하는 학자들은 국제법의 법원(法源)이나 국제법의 주체에 대한 이론에 의문을 제기하지 않는다. 그러나 법경제학적 관점과 전통적 관점이 유사하다고 주장하기는 어려울 것이다. 마찬가지로 비판법학운동, 마르크스주의, 정책 지향적 접근법과 같은 다양한 학파들이 정치를 다루는 방식은 서로 너무 다르다. 이 이론들은 모두 정치적 의사 결정의 순간에 초점을 맞춘다는 점만 유사하다.

이게 바로 내가 이 책의 모든 이론에 대해서 동일한 분석의 잣대를 쓸 수 없다고 결론내린 주된 이유이다. 만약 모든 이론에 같은 유형의 질문을 제기했다면 각 이론을 불균형하고 불평등하게 취급하는 정도가 훨씬 컸을 것이다. 나는 각 이론의 기원 또는 계보, 그 이론의 핵심 이론, 그 이론의 내·외부에서 제기되는 비판들에 대해 언급하고자 최대한 노력했다. 서술 방식과 관련해서는 각 이론의 지적 역사를 서술하기보다는 상당히 개인적이면서도 짧은 이야기를 빈번히 활용하였다. 이 책에 소개된 학파 중 일부의 복잡한 부분을 충분히 다루기란 불가능하다. 만약 같은 학파를 지지하는 학자들이 그 공통 지적 체계의 핵심 이론을 설명하도록 요청받는다면, 그들은 설명 방식을 합의하는 데 상당한 어려움을 겪을 것이다. 이 책에서 각 유형에 끼워 넣은 많은 학자들이 내가 자신들을 유형화한 방식에 대해 반대할 것이라는 점도 자신한다. 이와 관련하여 나는 모두에게 양해를 구한다. 국제법 이론에 대한 나의 관심에도 불구하고, 이 분야에 대한 모든 자료를 읽어보고 연구할 충분한 시간을 아직 갖지 못했고 심지어 이와 관련된 동료들의 글도 아직 다 보지 못했다.

각 이론이 반드시 동일한 요청에 응답하는 것도 아니고, 동일한 질문에 답하는 것도 아니라는 점 때문에 이론을 버릴까 하는 유혹이 있을 수도 있다. 이론은 우리가 어떤 문제를 다루는 익숙한 방식으로써 문제를 설명하지 않기 때문이다. 예를 들어, 법문학(law and literature)이라는 관점의 지지자가 주장하는 법률 해석에 대한 접근법은 법 규정에 기초하지 않는다. 이 관점의 지지자는 체계적으로 성문화된 조약법에 관한 비엔나 협약(Vienna Convention on the Law of treaties)이 국제법에서 법률 규정 해석이 어떻게 이루어져야 하는지에 대한 최종 권위를 가진다는 점을 받아들이지 않을 가능성이 높다. '동일함(sameness)'과 '동등함(equivalence)'은 우리가 무엇을 하고, 무엇을 생각하는지에 대해 다른 접근법을 받아들일 수 있는 우리의 능력에 지속적으로 도전하는 강력한 판단 유발 요인이다. 이런 접근법들이 서로 동일하거나 거의 동등한 방식으로 작동하여 우리의 관점을 대체하지 않는 이상, 그 접근법들에 대하여 국제법을 바라보는 관점으로서 동등하게 타당하거나 권위 있다고 간주하기는 상당히 어려울 것이다.

세상을 구성하는 방식으로서의 이론

이론은 세상을 구성하는 방식이다. 이 표현은 넬슨 굿맨(Nelsen Goodman)의 유명한 책에서 영감을 받았다.[65] 이론이 구성하는 세상은 이론 스스로가 만드는 세상이다. 이론은 객관적 실체인 현실을 주관적인 방식으로 설명하지 않는다. 이론은 그 자체에 내재된 전제와 이론적 핵심 원리에 기반하여 현실을 드러내고 구축함으로써 설명하려는 현실을 구성해 낸다. 그래서 각 이론이 구성해 낸 각기 다른 세상을 이해하기 위해서는 내부적인 관점을 취해, 그 이론이 전제로 한 생각과 핵심 이론을 배경으로 바라보려는 노력이 중요하다. 그런데 이런 노력은 결코 쉬운 일이 아니다. 우리는 모두 이미 각자의 관점을 가지고 있기 때문이다. 우리는 모두 각자의 관점에서 국제법을 바라본다. 여기에서 각자의 관점이란 우리의 지적 성장의 산물이며, 우리가 지지하고 있는 생각과 믿음의 집합이다. 또한 그 관점은 특정 이슈에 민감하게 반응하도록 만드는 우리 개개인의 역사

65 Nelson Goodman, *Ways of Worldmaking* (Hackett Publishing Company 1978).

와도 관련되어 있다.[66] 이런 부분에 대해 조금이라도 인지하고 살아가는 것은 자신의 지적 시야를 넓히고자 하는 사람들에게 상당한 도움이 된다. 적어도 이런 다양한 이론과 방법론에 대해 알고 있으면 나와 다른 생각을 가진 사람과의 관계에서 더 겸손한 태도와 인내심을 갖게 됨은 분명하다.

현실을 다른 방식으로 바라볼 수 있다는 생각은 새롭지도 않을뿐더러, 국제법 특유의 것이라고 할 수도 없을 정도로 널리 받아들여지고 있다. 이는 우리의 지적 깨달음이 확장되는 과정을 겪은 후에 얻게 되는 것이다. 국제법의 성격 및 기능에 대한 의문을 허용하지 않는 매우 전통적인 환경에서 훈련받은 법률가라면 이 메시지를 받아들이기가 어려울 수도 있다. 그렇지만 우리는 항상 다른 것을 시도하고, 관계를 형성해야 하며, 우리가 하는 것과 그 방법에 대해 지속적으로 의문을 제기해야 한다. 설령 의문을 제기한 후에 출발점으로 다시 돌아가게 될지라도 말이다. 한편 오랜 시간에 걸쳐 많은 이론들이 발전시켜 온 가장 불편한 핵심 원리 중 하나는 '나머지 다른 것'을 배제하는 경향이다.[67] 하지만 '나머지 다른 것'에 관심을 가지고 관계를 형성하는 것은 학문 분야뿐만 아니라, 자신의 사고방식을 개선하는 데에도 필수적이다. 시도를 하는 당시에는 어려울 수도 있지만, 학문에 대한 다른 접근법을 외면하는 것보다 훨씬 더 정직하고 진지한 태도이다. 이런 태도는 우리의 개인적인 믿음, 직업적 훈련, 실무 경험 등에 의한 각자의 한계를 뛰어넘게 해준다. 이렇듯 다른 방

---

66 아우티 코호넨(Outi Korhonen)은 그녀의 저서에서 '상황성'과 관련된 이슈에 대한 유사한 민감성을 설명하였다. Outi Korhonen, *International Law Situated: An Analysis of the Lawyer's Stance towards Culture, History and Community* (Kluwer, 2000) 참조. 동일 저자의 문헌인 'New International Law: Silence, Defence, or Deliverance?' (1996) 7 *European Journal of International Law* 1도 참조.

67 이와 대조되는 견해는 Anne Orford (ed), *International Law and its Others* (CUP, 2006) 참조.

식을 고려한다는 것은 십중팔구 풍요로움을 선사한다.

개인적으로는 다른 학문의 관점으로 국제법을 바라보는 것이 유용하다고 생각한다. 그리고 나 역시 국제법과 전혀 관련 없는 책을 읽으며 국제법 인식론에 대한 관심이 더욱 커졌다. 앞서 굿맨의 『세상을 만드는 방식(Ways of Worldmaking)』을 언급한 바 있는데, 나는 이 책이 인식론에 대한 구조적 접근법의 측면에서 상당히 흥미롭다고 생각한다. 굿맨은 우리의 현실 인식은 예술·과학 세계에서 일상적 인식 세계에 이르는 다양한 영역을 특징짓는 상징들에 대한 해석에 좌우된다고 주장하였다. 특정한 해석이 지배적이고, 특정한 상징이 현실 구성에 투영된다는 사실에는 기존에 축적되어 있던 객관적 지식보다는 관습, 관행, 광범위한 사회적 수용을 통해서 공동체의 해석과 상징이 생산되고 확립된다는 전제가 깔려 있다. 굿맨의 표현에 따르면, 그 해석과 상징이 세상에 더 잘 들어맞는 것이다.[68]

리처드 로티의 저서인 『철학 그리고 자연의 거울(Philosophy and the Mirror of Nature)』도 실재에 대한 정초주의적(foundational) 설명에 대응하는 강력한 대안으로서 등장했다.[69] 이 책은 실재를 정확하게 설명해 낼 수 있을지는 사회적 관습에 의해 좌우된다고 설명하며, 언어의 우연성을 환기시킨다. 이와 더불어, 이 책은 우리의 정신을 두고 자연의 본질을 반영하는 거울에 비유함으로써 철학의 임무는 실재의 본질을 객관적으로 이해하는 것이라고 여기는 서양 철학의 뿌리 깊은 신화에 반기를 든다. 내가 여기서 리처드 로티의 저서를 소개하는 건 그의 철학적 입장을 무조건적으로 지지해서가 아니다. 단지 로티의 저서 중 하나로부터 국제법에 적용했을 때

68 '들어맞다(fit)'라는 개념에 대해서는, Nelson Goodman, *Ways of Worldmaking*, above n 65, 21, 138 참조.

69 Richard Rorty, *Philosophy and the Mirror of Nature* (Princeton University Press 1979).

흥미롭고 유용할 수도 있을 것 같은 몇 가지 영감을 얻으려는 것이다.

존 버거(John Berger)의 매우 인기 있는 저서 『다른 방식으로 보기(Ways of Seeing)』는 보는 것과 아는 것 사이의 관계를 이해하는 과정에서 겪는 어려움을 예술과 관련지어 다루었다.[70] 그는 우리의 지식과 믿음이 우리가 의식적으로, 그리고 무의식적으로 사물을 바라보는 방식에 얼마나 영향을 미치는지 설명하기 위해 주로 이미지를 활용하였다.[71] 그의 책은 문화적 편향, 전제, 개인적 또는 사회적 가정이 어떤 방식으로 우리가 이미지에서 보게 되는 것에 결정적인 영향을 미치는지 보여주기 위해 BBC 쇼로써 많은 예시를 보여주었다. 그 이미지가 유화인지 홍보용 스틸인지, 그 형태와는 상관없이 말이다.

이미지를 활용한 이런 시도는 월리스 스티븐스(Wallace Stevens)가 시를 활용해 시도했던 것이기도 하다. 일본 전통적 형태의 시, 하이쿠(俳句)로부터 영감을 얻은 「찌르레기를 보는 13가지 방법(thirteen Ways of Looking at a Blackbird)」이라는 시는 『하모니움(Harmonium』)이라는 시 모음집의 일부로 실렸다.[72] 이 시는 관점주의를 설명하기에 매우 효과적인 예시이다. 검은 새가 언급되어 있는 13개의 서로 다른 짧은 연(stanza)은 우리가 동일한 대상에 대해 서로 다른 관점으로 이야기할 수 있는 다양한 방식을 보여준다.

관점주의를 언급하였으니 간략하게나마 니체의 지식에 대한 관점을 소개한다. 니체는 전통적으로 관점주의라는 용어를 연상시키는 철학자이다. 관점주의는 어떤 형태의 절대적인 지식도 존재할 수 없다는 것을 의미할 때 쓰이는데, 지식은 항상 한쪽으로 치우쳐 있는 데다 개인적 관점

---

70 John Berger, *Ways of Seeing* (Penguin Books 1972).

71 Ibid, 8.

72 Wallace Stevens, *Harmonium* (Knopf 1923).

의 영향을 받는 각자의 현실 해석에 기반하기 때문이다. 결국 지식은 문화, 언어, 역사, 배경 같은 요소들에 의해 결정된다.[73]

이 모든 작품의 저자들은 매우 다양한 배경을 가지고 있음에도 불구하고 모두 같은 생각을 지지한다. 그들은 단 하나의 세상만이 존재한다거나, 단 하나의 방식으로 세상을 바라볼 수 있다는 생각과는 거리를 두며, 지적 표상은 객관적인 현실 또는 진실과는 구별된다는 생각을 지지한다. 물론 내가 그들이 주장한 이론의 일부를 심각하게 오해한 것일 수도 있다. 그러나 나는 나만의 방식으로 이해하고자 노력하였으며 그것을 국제법에 적용해 보았다. 이러한 시도는 내가 오랫동안 이해하고 싶었던 것을 이해하는 데 도움을 주었다. 나아가 지식이 생산되는 방식을 중요하게 여김으로써 국제법 관련 지식이 어떤 과정을 통해 형성되는지를 알게 했다. 또한 이 과정에서 알게 된 다양한 관점들은 해당 분야를 바라보는 우리의 방식을 학문적으로나 실무적으로 바꾸는 데에 여러 단서를 제공했다.

나는 이러한 시도가 국제법의 권위와 기능을 훼손시킨다는 생각은 단 한 번도 해보지 않았다. 국제법을 바라보는 다양한 방식이 존재할 수 있다는 사실, 그리고 우리가 각자의 연구 대상에 대해서 서로 다른 입장에서 있다는 사실이 반드시 상대주의로 귀결되는 것은 아니다. 이론과 연결하기를 좋아하지 않는 사람들은 이론 간의 우열을 가릴 방법이 없다면 지적 프레임의 다양성은 '부적절한 것'이라고 치부할 수도 있을 것이다. 이는 모두 관점에 관련된 문제이기 때문이다. 사실 스탠리 피시가 앞서 언급한 것처럼,[74] 우리는 절대로 하나의 동일한 상황에 있지 않기 때문에 이론이라는 개념 자체는 결함이 있으며 이론을 통한 보편화 또는 일반화는

---

73 Friedrich Nietzsche, *The Will to Power* (Random House 1973) § 481.

74 Stanley Fish, *Doing What Comes Naturally*, above n 17, 320.

불가능하다고 생각하는 것도 위와 같은 생각에 기반한다.[75]

그럼에도 나는 이러한 비관적 결론에는 동의하지 않는다. 이러한 시도가 무엇이든 허용된다는 의미는 절대 아니다. 일부 이론은 다른 것보다 사회적으로 더 잘 수용된다. 어떤 지적 견해들은 애초에 포괄적인 이론을 제공하려는 게 아니라 단지 흥미로운 영감 제공을 목적으로 한다. 다양한 이론들이 서로 경쟁하고 우위를 점하거나 아니면 지지를 확보하지 못하게 되는 역학 관계는 앞서 부르디외의 생각을 설명하면서 언급한 사회학적 메커니즘에서 바라보았을 때 가장 잘 이해할 수 있다.[76] 어떤 이론이 다른 이론보다 더 타당한지를 묻는 것은 잘못된 질문이다. 왜냐하면 그 타당성의 기준이 존재하지 않기 때문이다. 그래서 우리는 단순히 어떤 판단 기준을 근거로 하나의 이론이 다른 하나보다 더 낫다고 설명하는 것을 지양해야 하며, 무리하게 판단하려는 태도 역시 피해야 한다.

핵심 아이디어takeaways

일부 독자들은 이 책을 통해 실무의 다양한 상황에서 용이하게 사용할 수 있는 '핵심 아이디어'를 얻어 갈 수 있을 것으로 기대할 수도 있겠다. '핵심 아이디어'가 의미하는 바가 무엇인지에 따라 다를 것이다. 만약 복잡한 이론적 관점들을 추려 캐리커처 수준으로 단순화한 명제들로 생각하거나, 이 관점들에 대해 친숙함을 과시함으로써 본인이 일하고 있는 로펌의 파트너 변호사를 설득하는 데 활용할 수 있는 것으로 생각한다면 나

75 Stanley Fish, *Is There a Text in This Class?*, above n 7, 284.

76 Pierre Bourdieu, 'The Specificity of the Scientific Field', above n 43.

는 지금 당장 이 책 읽기를 멈추라고 권하겠다. 이 책의 주된 목적은 이론에 대한 민감성을 발달시키는 데 있다. 더불어 국제법률가들의 성찰을 독려하는 데 있다. 자신이 하고 있는 것을 근본적인 이론적 전제 또는 방법론에 기반하여 이해할 분석적 능력을 갖춘 사람은 질문 없이 단순히 그것들을 전문적인 기술과 관련된 것으로 치부하는 사람보다 필연적으로 상대적인 우위에 있을 수밖에 없다.

'핵심 아이디어'라는 단어가 내포하고 있는 물질주의적인 함의는 국제법 학계 너머 현대 문화에 더 광범위하게 퍼져 있는 질병 증상이다. 이쯤에서 물질적 또는 경제적으로 의미 있는 결과를 만들어 낼 가능성이 적은 지적 활동이라면 무엇이든 평가 절하하는 경향에 관해 짚어보고자 한다. 최근 출판된 『쓸모없는 지식의 쓸모(usefulness of useless)』[77]라는 책에서 누치오 오르딘(Nuccio Ordine)은 우리에게 아래 세 가지를 상기시켰다. 첫째, 배우는 것 자체를 위한 배움의 중요성. 둘째, '질적 평가보다는 양적 평가를 위해 설계된 도구를 활용할 때는' 경제적인 의미에서의 측량이나 측정이 불가능한 가치를 중시하는 것. 셋째, 금전적 대가가 없는 지적 활동에 투자하는 것. 이처럼 오르딘은 매우 다양한 시대로부터 상당한 양의 근거를 끌어와서 어떤 실용적 목적도 없이 하는 연구, 오히려 물질주의의 족쇄로부터 인간성을 해방시키고 세상을 더 인간적이고 자유로운 곳으로 만들기 위한 연구의 중요성을 강조하였다. 이 주장은 언뜻 스탠리 피시가 「뉴욕타임스」에 쓴 글에 의해 시작되었던 논쟁을 연상시키는데, 오르딘의 책 부제가 '성명서(Manifesto)'인 점을 고려한다면 그리 놀라운 것도 아니다. 피시는 「뉴욕타임스」에 기고한 글에서 '예술과 인문학은 어떤 쓸

77 Nuccio Ordine, *L'utilité de l'inutile* (Les Belles Lettres 2013), 이탈리아어로 번역하면 다음과 같다. *L'utilità dell'inutile – Manifesto: Con un saggio di Abraham Flexner* (Bompiani 2013).

모가 있는가?'라는 질문에 솔직하게 '어디에도 쓸모가 없다'라고 답했다.[78] 오르딘은 이를 두고 단지 지적 활동에 대한 정당화를 거부하는 것은 그 활동이 더 큰 쓸모에서 중요한 역할을 한다고 보지 않는 것과 마찬가지라고 설명했다.[79] 인문학은 그 자체로서 가치가 있으며, 이에 대해서는 더 이상 말할 필요가 없다. 어떤 것이든 말로 표현되는 순간 찬양하고자 했던 대상을 깎아내리게 되기 때문이다.[80] 같은 맥락에서 나는 국제법 이론, 즉 대체로 실용적인 면에 초점을 두고 있는 학문 분야의 이론에 대해 다루기로 한 선택이 정당화될 필요는 없다고 생각한다. 나는 우리가 국제법에 대한 다양한 방식에 개방적인 자세를 취한다면 어떤 지적 프레임이 우리의 지적 활동에 영감을 주는지, 그리고 그 지적 프레임이 서로 어떻게 다른지를 살펴보는 것 자체가 매우 가치 있다고 믿기 때문에 이 여정을 시작했다.

나의 이 여정의 동반자는 누구일까? 이 학문 분야를 다양한 이론적 접근법의 렌즈를 통해 바라보는 데 관심이 있는 사람, 스스로가 국제법과 관련하여 무엇인가를 하거나 생각하는 방식에 대해 의문 제기하기를 좋아하는 사람은 누구든지 이 여정의 동반자이다. 다시 말해, 여행을 좋아하는 사람이라면 누구든지 해당한다. 나는 이 여정의 경우 다른 여행과는 달리 최종 목적지를 설정하지 않았다는 점을 밝히고 싶다. 원한다면 누구든지 멈출 곳을 정할 수 있다. 나는 독자들이 내가 준비한 이 짧은 여정을 뛰어넘어 더 나아갈 수 있길 바라며, 내가 이 책에 포함한 참고 문헌들이 그 과정에 도움이 되길 바란다. 결국 이 책의 궁극적인 목적은 독자들이 다양한 이론에 대해 알게 되고 익숙해지는 것을 돕는 것이며, 이에 대

78 Stanley Fish, 'Will the Humanities Save Us?', *New York Times*, 6 January 2008.

79 Ibid.

80 Ibid.

한 지식을 널리 알려 오늘날 국제법을 바라보고 생각하는 방식이 다양하다는 점을 강조하는 것 외에 다른 목적은 없다. 안전한 여행이 되길!

참고 문헌

Berger, John, *Ways of Seeing* (Penguin 1972).

Bianchi, Andrea, 'Reflexive Butterfly Catching: Insights from a Situated Catcher' in Joost Pauwelyn et al (eds), *Informal International Lawmaking* (OUP 2012) 200.

Bourdieu, Pierre, 'The specificity of the scientific field and the social conditions of the progress of reason' (1975) 14 *Social Science Information* 19.

Cryer, Robert, Tamara Hervey and Bal Sokhi-Bulley (eds), *Research Methodologies in EU and International Law* (Hart Publishing 2011).

Fish, Stanley, *Doing What Comes Naturally: Change, Rhetoric and the Practice of Theory in Literary and Legal Studies* (Duke University Press 1989).

Goodman, Nelson, *Ways of Worldmaking* (Hackett Publishing 1978).

Ratner, Steven, and Anne-Marie Slaughter (eds), *The Methods of International Law* (ASIL 2004).

Scobbie, Iain, 'A View of Delft: Some Thoughts About Thinking About International Law' in Malcolm Evans (ed), *International Law* (2nd ed, OUP 2006) 53.

Van Hoecke, Mark, *Methodologies for Legal Research: Which Kind of Method for What Kind of Discipline?* (Hart Publishing 2011).

Winter, Steven, *A Clearing in the Forest: Law, Life and Mind* (University of Chicago Press 2001).

2장
전통적 관점

전통의 거울

국제법의 주류 이론을 한마디로 설명하기는 결코 쉬운 일이 아니다. 국제법에 대한 다양한 접근법과 이론적 이해 방식까지 고려한다면, 그 '주류' 이론을 콕 집어내기는 더욱 어려운 일이 될 것이다. 심지어 오랜 시간 동안 국제법이라는 학문에 기여해 온 많은 관점 중 주류를 찾아내서, 이에 대한 지적 분석을 하는 건 쓸모없다고 보는 사람도 있을 것이다. 실증주의(positivism), 현실주의(realism), 형식주의(formalism), 도구주의(instrumentalism), 그리고 실용주의(pragmatism). 이 모든 관점들은 '낡은 것(old)'일 수도 있고 '새로운 것(new)'일 수도 있다. 다만 모두가 국제법 분야의 주류적인 흐름에 다양한 영향을 미쳐왔기에 그동안 깊이 있게 다루어져 왔다. 인식의 다양성은 세계 각지의 다양한 법문화와 역사적 발전 과정에 기인한 정도로 설명할 수도 있을 것이다. 하지만 나는 국제법을 바라보고 연구하는 특정 방식을 찾아내는 것은 어떤 인식론적 야심이 없더라도 가능하다고 확신한다. 이는 너무 쉽게 그 관점들을 동일시하지만 않는다면, 나뿐만 아니라 많은 사람들에게도 가능한 일이다.

국제법은 국가들의 의지에 의해 성립된 객관적 원칙과 중립적 규칙들로 구성되어 있는 시스템이며 국가의 의지는 직접적으로는 조약을 통해, 간접적으로는 관습을 통해 드러난다는 생각, 그리고 국제법 질서의 주된 주체는 국가라는 관념은 전통적 관점의 일부를 구성한다. 어떤 규칙이 법적 구속력을 가지기 위해서는 법적 타당성에 대한 엄격한 테스트를 통과해야 하고, 법적인 것 이외의 고려사항(경제적, 사회적, 도덕적, 정치적인 요소)은 법적 분석 대상이 아니라는 조건도 일반적으로 전통적 관점에 속한다. 한편 가치 자체와 법체계 간의 관련성은 그 둘을 모두 부인하는 경우가 아닌 한 드러내놓고 다루어지지 않는다. 일반적으로 법체계는 단일의 시스템으로 이해되며, 이 체계 안에서 다루어지는 문제들은 하나의 법적인 정답을 갖는다고 여겨진다. 법체계 안에서의 정답은 이렇게 찾아져야 한다. 내가 지금 설명하고 있는 것은 잘 알려진 국제법 연구 방식이다. 부연하자면 이는 고전적 국제법 실증주의에 대한 정의에서 찾아볼 수 있는 관점이다.[1] 누군가는 '교리주의적(doctrinal)'이거나 '성문법주의적(Black-letter law)' 접근법과 같은 특징들을 활용하여 전통적 관점을 설명하려고 할 수도 있지만, 국제법률가들에게 전통적 관점을 설명하기에는 위와 같은 설명만으로도 충분할 것이다.[2]

---

1 Bruno Simma and Andreas L. Paulus, 'The Responsibility of Individuals for Human Rights Abuses in Internal Conflict: A Positivist View' (1999) 93 *American Journal of International Law* 302, 304-5.

2 이는 국제법 실증주의 또는 약간 경멸적인 어조로써 '제너럴리스트의 교과서 서술'이라 불릴 수도 있다. Jörg Kammerhofer, 'International Legal Positivism', in Florian Hoffmann and Anne Orford (eds), *The Oxford Handbook of the Theory of International Law* (OUP 2016), 407, 411 footnote 23.

주류 이론을 찾는 과정에서 내 머릿속에 떠오른 것은, 대부분의 시기에 대부분의 국가와 로스쿨에서 가르치는 국제법이라는 표현으로, 이는 루이스 헨킨(Louis Henkin)이 한 유명한 말을 달리 표현한 것이다.[3] 물론 이것은 다소 일반화된 측면이 있다. 오늘날은 국제법에 대한 상당히 다양한 관점들이 존재하며 이것이 교육되는 방식 또한 다양하기 때문이다. 하지만 나는 많은 학생들이 여전히 매우 유사한 방식으로 국제법 교육을 받고 있다고 생각한다. 내가 읽을 수 있는 언어로 쓰인 국제법 교과서들만 훑어봐도 그 교과서들이 어느 정도로 유사한 생각을 담고 있는지 충분히 알 수 있다(물론 많은 교과서는 아니지만 적어도 대표적인 국제법 교과서들은 살펴보았다). 이런 교과서들은 여러 파트로 나뉘는데 보통 국제법의 법원(法源), 국제법의 주체, 국제법과 국내법의 관계, 책임 등이 그 예시이다. 또 교과서에 따라 무력 사용에서부터 국제인권법, 국제환경법에 이르기까지 국제법의 실질적인 영역에 대한 여러 개의 장(章)을 포함하고 있는 경우도 있다. 물론 이와 다른 구조로 서술된 국제법 교과서도 있지만, 내가 아는 대다수의 국제법 교과서는 여기서 크게 벗어나지 않았다. 누군가는 국제법 교과서들이 유사한 설명 방식을 취하는 것은 그게 바로 국제법이기 때문이라고 반박할지도 모르겠다. 하지만 나는 그러한 유사성 자체가 국제법이라는 말에 동의하지 않는다. 오히려 그것은 전통적으로 국제법이 연구되고 가르쳐진 방식이다.

마지막에 언급한 부분을 조금 더 살펴볼 필요가 있다. 예를 들어, 매우 동질적인 접근법들을 설득력 있게 구별하여 설명하는 문제는 처음에 어려워 보이지만 전통과 같은 법 외적인 영역을 활용하면 해결할 수 있기도 하다. '전통'은 어떤 세계관에 대한 일종의 신념을 의미하는데, 이러한 신

---

3 Louis Henkin, *How Nations Behave: Law and Foreign Policy* (2nd edn, Columbia University Press 1979) 47. '거의 모든 국가들은 거의 모든 국제법 원칙을 따르며 거의 항상 그들의 거의 모든 의무를 이행한다.'

념은 개별적인 의사소통 과정에서 반복되며 국제법률가들의 한 세대에서 다른 세대로 전달된다. 우리 대부분은 그렇게 선생님과 멘토로부터 지식을 전달받아 왔으며, 이것은 진리라고 전제해 왔다. 좀 더 온건하게 표현하면 우리는 이것을 국제법과 관련하여 반드시 알아야 하는 것으로 여겨왔다. 이 문화적 과정이 내가 여기서 말하고자 하는 바를 잘 설명한다. 서두에 거의 모든 사람들이 가지고 있는 국제법에 대한 기본적인 이해로 설명하고자 했던 것이 바로 국제법을 바라보는 전통적인 방식이다. 인류학적 시각에서 전통은 진실된 주장으로 여겨지고, 이를 후대에 전달하는 게 목적인 사회적 관습으로 이해된다.[4] 이 신념은 특정 사회적 그룹에서 전통을 만들어 내거나 진리에 대한 주장을 입증하는 데 활용되며, 이를 위한 구체적 역할은 주로 자격을 가진 전문가들이 한다.[5] 이 전문가들은 관련 지식에 접근할 권한이 있다고 여겨지기 때문에 그들이 하는 발언, 행동, 의식은 전통을 구성하는 믿음과 사회적 관행이 반복되는 데 기여한다.

국제법에 대한 전통적인 관점은 '이론적'이거나 '인식론적'인 질문에는 거의 관심이 없으며 법 기술 및 법 실무와는 완전히 동떨어진 것으로 여겨지는 지적 산물이 반영된 질문에도 거의 관심이 없다. 몇몇 예외적인 사람들(그러나 이들은 주류 멤버가 아닌 경우가 많다)을 제외한 대부분의 국제법률가들은 법의 성격, 기능 등 기저에 깔려 있어 잘 드러나지 않는 구조적인 측면에 대한 지적 질문을 멀리한다. 최근에 이론적인 논쟁에 대한 중요성이 어느 정도 부각되고는 있지만, 여전히 전통적 관점을 취하는 전문가들의 관심을 크게 얻지는 못하고 있다. 전문가 집단은 여전히 이 분야에 대한 새로운 관점을 제공하고자 하는 지적 활동에 대해 회의적인 시각을 드러

---

4 Pascal Boyer, *Tradition as Truth and Communication: A Cognitive Description of Traditional Discourse* (CUP 1990).

5 Ibid, viii.

내고 있으며, 그런 논의를 쓸모없는 것으로 치부하고 있다. 이러한 태도는 법안에도 구조가 있다거나, 정책적인 선택 및 선호의 토대가 되는 규칙들의 기저에 가치적인 요소가 있다는 점을 거부하는 견해와 궤를 같이 한다. 이처럼 방법론적인 전제와 저자의 성향에 대해서는 거의 논의되지 않는다. 왜냐하면 법은 그 자체로 중립적일 뿐만 아니라 법질서 안에서 그것을 적용, 집행하는 주체에 의해 공평하게 운영되고 있다고 믿기 때문이다. 이런 태도를 희화화할 필요까지는 없을 것이다. 이런 태도는 구전된 관습, 사회적 타당성, 정치적 정당성을 곁눈질기식으로 들여다볼 준비만 되어도 그 일에 종사하는 법률가에게서 쉽게 발견할 수 있기 때문이다.

(국제)법을 흥미롭고 생산적인 지적 연구의 장으로 여기는 것을 경계하는 이러한 태도를 이해하기 위한 핵심 요소는 교육이다. 법학 교육이 이루어지는 학부와 대학원 과정 모두에서 사회 분야와 국제법 학문 분야에 대해 더 깊은 지식을 습득하는 것은 더 세밀한 지식 및 기술을 익히는 것과 같다. 내가 국제법 학문에 처음 발을 들였을 때, 젊은 연구자들에게 요구되었던 역할 중 하나는 저명한 국제법학자들이 형성해 놓은 국제법 학문 세계에서 논의되는 이슈 몇 가지에 대해 더 예리한 관심을 가지고 들여다보는 것이었다. 통설에서 벗어나는 의견을 제시하면, 부적절한 행동으로 여겨지거나 치밀함이 부족한 것으로 평가받을 가능성이 다분하다. 이미 확립되어 있는 학문적 견해에 이의를 제기하는 반항적 태도로 여겨지는 것은 말할 필요도 없다. 어떤 경우에는 이러한 태도로 인해 학자로서의 경력 관리에 불이익을 받거나 자신의 글이 검열될 수도 있다. 이에 대해 불쾌감이나 분노를 느끼는 독자도 있을 수 있겠다. 나 또한 이런 일이 어떤 독자에게도 일어나지 않길 바라고, 그렇게 믿고 싶다. 하지만 정규 교육 과정으로 교육받지 않은 사람이라면 내가 언급한 부분들을 이미 잘 알고 있을지도 모른다. 결국 전통은 어떤 것보다도 특정 사회적 집단

의 결속력을 유지하는 데 중요한 역할을 한다. 그 사회적 집단이 공유하는 신념을 만들어 내고, 그 믿음을 사회적·문화적 관행으로 변형시키는 것이다. 그리고 결과적으로는 그 집단의 정체성을 규정한다. 의미상으로는 당연하게도 전통은 기존 질서를 유지시키는 것이며 전복시켜서는 안 된다. 물론 전통이 가끔 변화를 야기할 수도 있다. 하지만 이때의 변화는 해당 사회적 집단이 공유하는 근본적인 신념을 바꾸려는 것 같지 않게 일어난다. 전통은 그 집단의 결속력을 유지하려 하기 때문이다.

전통적 관점은 지속적으로 재검토되고, 보완되며, 광범위하게 공유되고 있는 전문가의 자아상을 전문가의 자기 인식이라는 거울에 반영하고 있다. 일종의 '폭로된 진실'을 보관하는 자로서의 변호사, 문제 해결을 위해 고도화된 기술을 보유한 기술자로서의 변호사, 성공적인 실무 관리자로서의 변호사, 그리고 사회적으로 눈에 띄는 사업가로서의 변호사 등은 동일한 직군에서의 다양한 모습이다. 국제법률가는 과학적인 의심과 지적인 질문의 여지를 거의 허용하지 않는 직업적 자아상에 의해 권한을 부여받는다. 국제법률가는 권력 지식(power-knowledge)과 사회적 성공의 직업 모델에 반영되어 있는 권위와 자기 확신을 품어야 한다.[6] 또한 '법을 다루는 것'을 '법을 연구하는 것'보다 핵심적인 것으로 여기는 경향도 그 직업에 대한 집단적 이미지에 어느 정도는 잘 들어맞는다. 다시 말해 국제법의 존재론(ontology)은 전통적 관점의 관심에서 벗어나 있는 대표적인 주제이다. 어쩌면 국제법의 존재론은 전통적 관점에 당연히 내재된 채로, 더 이상 연구할 것이 남아 있지 않다고 치부되고 있을지도 모른다.

---

6 여기서 푸코 학파(Foucauldian)의 '권력 지식'이라는 표현은 지식은 권력을 생산하며, 이는 결국 진실을 구성한다는 사실을 지칭하기 위해 사용하였다. Michel Foucault, 'Orders of Discourse' (1971) 10 *Social Science Information* 7, 9-11; Michel Foucault, *The Archaeology of Knowledge & The Discourse on Language* (A. M. Sheridan Smith (trans), Pantheon Books 1972), 178-98.

경계에 관한 법리

정체성과 공동체의 신념은 전통적 관점의 법리가 형성되는 데 중요한 역할을 한다. 여기서 법리라는 표현은 국제법의 성격과 관련된 근본적 질문, 국제법의 기능에 대한 분석 및 설명 방식 모두에 대한 전통적 관점의 지적 태도를 의미한다. 나의 관심은 이 법리의 핵심 원리를 규명하는 데 있지 않다. 오히려 전통적 관점이 생각하고 작동하는 방식을 보여줄 수 있도록 국제법에 대한 전통적 관점의 기본적인 태도 및 사고방식을 설명하고자 한다. 가장 주목할 만한 전통적 관점의 특징 중 하나는 경계를 설정하는 경향이다. 실질적이면서도 상징적인 경계를 설정하는 행위는 다양한 목적하에 행해질 수 있다. 경계는 범위를 설정하고, 정의하고, 포함하고, 배제하는 역할을 한다. 그렇기에 경계의 설정은 해양 수역, 국경 등과 같은 국제법적인 주제 그 이상을 의미한다. 이는 일종의 통치 기술, 낯선 지역을 탐험하는 감성적 여정, 지적 모험, 제도적인 관점에서 필수적인 통치 도구 등과 관련된다. 또한 그 경계를 설정하는 주체에게는 그가 누구든 경계선이 문자 그대로, 그리고 은유적으로 어디에 그려져야 하는지를 결정할 권한이 있다.

국제법에 대한 전통적 관점이 설정한 대표적인 경계선은 법과 법이 아닌 것 사이에 그어진 것이다. 전통적 관점은 규칙의 타당성을 확립하거나 그 규칙들의 규범적 효력을 설명하기 위해서 혈통(formal pedigree)에 의존한다. 이런 맥락에서 규칙의 기원은 일련의 공식적인 근거로 거슬러 올라간다.[7] 대부분 국제사법재판소 규정(Statute of the International Court of Justice) 제38조를 무분별하게 인용해 온 것에 기인한다. 동 규정 제38조는 국제

---

7 Hugh Thirlway, *The Sources of International Law* (OUP 2014).

사법재판소가 사건을 결정할 때 근거로 활용할 수 있는 적용 법규에 관한 조항 그 이상의 어떤 의미도 가지지 않음에도 불구하고, 대부분의 경우 전통적으로 그 조항을 관습, 조약, 법의 일반 원칙을 포함한 국제법 법원(法源)의 일람표로 활용해 왔다.

규범성에 관한 논의는 특별히 국제법 학계에서 많이 논의되지 않은 영역이며, 이와 관련한 논의는 법적 구속력 있는 규칙('경성법')과 법적 구속력이 없는 규칙('연성법')을 구분하는 데 그치는 경우가 많다. 규범성이 가지는 전략적 측면은 거의 인정되지 않는다. 많은 국제법률가들이 규범성의 정치는 모순된 표현이라고 생각할 것이다. 이것은 매우 놀랄만한 일이다. 규범성과 정치는 분명히 관련이 있기 때문이다. 1970년대에 제3세계 국가들이 국제연합 총회 결의에 준법률적(quasi-legislative)인 지위를 부여하려 했던 시도나, 현재 일련의 이질적 주체들이 다양한 비공식적 규범 제정 과정을 활용하기 위해 고군분투하고 있는 것만 생각해 봐도 알 수 있다.[8] 얀 클라버스(Jan Klabbers)는 전통적 관점의 법적 구속력 있는 규칙과 그렇지 않은 규칙에 대한 이분법적 구분을 필사적으로 옹호하기 위해 이렇게 말했다. '법은 이분법적인 구분 내에서 조금 구체적이고, 조금 정확하고, 조금 확정적이고, 조금 범위가 넓고, 조금 중요하고, 조금 심각하고, 조금 영향을 미칠 수는 있다. 하지만 절대로 조금의 구속력을 가지는 상태일 수는 없다.'[9] 이처럼 규범성을 기준으로 하는 경계를 강하게 지지하는 것은 아마도 전통적 관점 내에서는 널리 공유되고 있는 입장일 것이다. 그리고 이는 법의 독자적이고 특별한 지위가 약화되는 것에 대한 두

---

8 Joost Pauwelyn, Ramses A. Wessel, and Jan Wouters (eds), *Informal International Lawmaking* (OUP 2012).

9 Jan Klabbers, 'The redundancy of soft law' (1996) 65 *Nordic Journal of International Law* 167, 181.

려움에서 기인한다.[10]

현재의 법(*lex lata*)과 있어야 할 법(*lex ferenda*)의 구분에 대해서도 언급할 필요가 있다.[11] 전통적 관점은 이 구분이 기대만큼 명확하게 적용되지 않는 영역이 존재할 수 있음에도 이 둘을 구분한다. 이러한 경향은 특히 국제법위원회(International Law Commission)의 성문화 작업 과정과 다른 규범 제정·조정 절차에서 국제법의 점진적 발전을 촉진하는 경우에 두드러진다.[12] 나는 이 구분의 중요성을 상당히 강하게 체감한 적이 있는데, 그건 변호사들과 학자들이 그 구분을 활용하여 국가면제와 인권에 대한 나의 주장을 폄하하였을 때이다. 이번 한 번은 내가 사적인 이야기를 하더라도 독자들이 용서해 주길 바란다. 왜냐하면 이 이야기를 통해 그 구분이 어떻게 작동하고 활용되는지를 효과적으로 보여줄 수 있기 때문이다.

유니버시티 칼리지 런던(University College London)에 한 학기 동안 방문했던 때, 나는 영국 국제법·비교법 연구소(British Institute of International and Comparative Law)에서 주최하는 컨퍼런스의 논문 발표를 요청받은 적이 있다. 주제는 국가면제와 인권이었는데, 아주 시의성이 높았다. 당시는 영국 국내 법원이 외국 정부의 고문 행위에 관한 '알 아드사니 대 쿠웨이트(Al-Adsani v. Kuwait)' 사건을 심리하는 중이었기 때문이다. 법원의 결정은 컨퍼런스가 열리기 바로 며칠 전에 내려졌다. 나는 컨퍼런스에서 국가면제에 대한 나의 견해를 자세히 설명했고, 이 문제에 대한 관습법이 불명확한 상태인 점을 고려하면 법원은 상위 가치와 국제법 체계의 존재 이유에 부

---

10 이러한 두려움의 초기 형성에 대해서는 Prosper Weil, 'Towards Relative Normativity in International Law?' (1983) 77 *American Journal of International Law* 413 참조.

11 Hugh Thirlway, 'Reflections on lex ferenda' (2001) 32 *Netherlands Yearbook of International Law* 3.

12 Michel Virally, 'À propos de la "lex ferenda"', in *Mélanges offerts à Paul Reuter. Le droit international: unité et diversité* (Pedone 1981) 519.

합하는 방향으로 법을 해석해야 한다고 주장했다.[13] 이를 전제로 법원은 인권의 중대한 위반과 관련된 상황에서는 외국의 면제를 인정하지 않는 방향으로 국가면제에 대한 국제법과 국내법을 해석해야 한다고도 주장했다. 그 당시 상황이 여전히 눈앞에 선하다. 쿠웨이트를 대리했던 변호사들은 나의 주장을 '있어야 할 법'으로 치부하면서 맹비난하였으며, 청중들도 무자비하게 공격했다. 그 당시 나는 그 공격 뒤에 자리 잡고 있는 거대한 배경을 미처 깨닫지 못했다. 한 법률가가 다른 법률가에 대해 '있어야 할 법'을 주장하고 있다고 비난하는 것은 후자 법률가가 법이 무엇인지를 무시하고 있다고 말하는 것과 같았다! 나는 이유를 알기 어려운, 그리고 다소 폭력적인 공격에 상당히 충격을 받았지만, 아직도 주최 측의 마우리스 멘델슨(Maurice Mendelson)에게 감사한 마음을 간직하고 있다. 멘델슨은 영국의 실체법과 절차법에 대해 자세히 설명하며 내가 당황스러운 상황으로부터 벗어날 수 있도록 이야기를 이끌어 주었다. 하지만 여전히 나는 뭐가 문제인지 이해하기가 상당히 어려웠다. 왜냐하면 사법적 추론과 해석 방법에 초점을 맞추는 것은 '법이어야 하는 것'에 대한 논의와는 거의 관련이 없기 때문이다.

당시 나는 로절린 히긴스(Rosalyn Higgins)가 현재의 법과 있어야 할 법의 구분에 대해 쓴 글을 읽으며 약간의 위안을 얻었던 것으로 기억한다.[14] 그녀의 글에 따르면, 그 구분은 '규정을 중시하는' 법률가들 즉, 법을 그저 일련의 규칙으로 보는 실증주의적 틀 안에서 사고하고 판단하는 법률가들에게만 의미가 있으며, 법을 일종의 과정으로 이해하는 사람들에겐 그

---

13 Andrea Bianchi, 'Denying State Immunity to Violators of Human Rights' (1994) 46 *Austrian Journal of Public and International Law* 195.

14 Rosalyn Higgins, *Problems and Process: International Law and How We Use It* (Clarendon Press 1994) 10.

렇지 않다. 히긴스는 후자 그룹에 속하는 법률가들에게는 그 구분이 대체로 잘못된 이분법으로 여겨지며 우리 스스로 제거할 수 있는 틈에 불과하다고 주장했다.[15] 나는 한동안 그것이 어떻게 그렇게 쉽게 가능한지에 의문을 가지고 있었다. 그러다 그 구분이 법과 관련 있는 것과 관련 없는 것을 구분하는 데도 활용된다는 점에 주목하게 되었다.

전통적 관점은 종종 법률적인 사항과 비법률적인 사항도 구분한다. 비법률적인 사항은 국제법과 관련이 없는 것으로 여겨진다. 이에 대한 적절한 예시는 1962년 국제사법재판소에서 판결한 '남서아프리카(South West Africa)' 사건 판결문에 덧붙여진 판사 피츠모리스(Fitzmaurice)와 스펜서(Spencer)의 공동 반대의견에서 찾아볼 수 있다.[16] 두 판사는 다수 의견에 대한 반대 의견에서, 에티오피아와 라이베리아는 국제사법재판소에서 심리되고 있는 이 사건에 당사자 적격을 갖는다고 주장하였다. 두 국가가 위임통치 협정과 국제연맹 규약(League of Nations' Covenant)에서 부과하고 있는 남아프리카 공화국의 법적 의무의 이행에 이해관계를 가지고 있기 때문이었다. 그들은 반대 의견을 내면서 다음의 내용을 강조했다. '우리는 법률적이지 않은 성격의 다양한 고려 사항들에 대해 무관심하지도 않고 그것들을 의식하지 않는 것도 아니다…. 하지만 그것들은 법률적인 영역보다는 정치적인 영역에 관한 문제이다. 그 고려 사항들로 인해 우리가

---

15 Ibid. 이와 관련된 전체 구절은 다음과 같이 읽힌다. '실증주의와 규칙으로부터 멀어질수록 현재의 법과 있어야 할 법 간의 구별은 덜 중요해진다. 존재하는 법과 존재할 수도 있는 법. 만약 법이 규칙으로서 구시대적이고 부적절한 규범의 적용을 요구한다면, 과정으로서의 법은 우리가 추구하는 가치와 달성하고자 하는 목표에 더 부합하는 해석과 선택을 장려한다. 하지만 이는 규정 중심의 법률가들에게는 '현재의 법'과 대조되는 '있어야 할 법'으로 분류될 뿐이다. 과정으로서의 법에 있어 이는 상당히 잘못된 이분법이며, 우리가 스스로 제거할 수 있는 틈이다.'

16 *South West Africa Cases (Ethiopia v South Africa; Liberia v South Africa)* (Preliminary Objections), ICJ Reports 1962, 465.

철저히 법적 판단이라고 믿는 것에 근거해 결론을 내야 할 의무를 방해받는 것은 바람직하지 않다.'[17]

위 의견은 두 가지 이유에서 흥미롭다. 첫째, 이 의견은 일관되게 대부분의 전통적 관점이 전제하는 것을 따르고 있다. 즉, 판사는 법적 견해를 정확히 법의 테두리 안에서 발견해야 한다는 명제를 가정하고 있다. 둘째, 위 의견은 인도주의적, 사회적, 경제적, 정치적 요소들 같은 법 외적인 고려 사항들을 법적 영역에 포함되는 것들과 구별한다.[18] 다시 말하지만, 이런 입장의 사람들은 법이 다른 학문 영역이나 사회적 관행으로부터 독자적으로 존재한다고 여긴다. 이들에게 독자성은 법이 객관적이고 중립적이기 위한 필수 조건이다. 여기서 중립성이란 실질적 가치가 법을 만들고 적용하고 집행하는 모든 과정에 대해 가지는 관련성을 부인하는 개념이다. 법은 그 자체로 명령이며, 편파적이기는 커녕 특정 가치에 의해 좌지우지되지 않으며, 다른 학문 분야에 의해 분석될 수 없다.[19] 그렇

---

17 Ibid, 466.

18 1966년에는 의아하게도 피츠모리스와 스펜서의 견해가 다수의견이 되는 상황의 반전이 일어났다. 국제사법재판소는 1962년 판결에서 취했던 에티오피아와 라이베리아는 당사자적격(*locus standi*)을 가지지 않는다는 입장을 뒤집었다. 국제사법재판소의 1962년 판결의 근거는 위임통치 제도하에서 남아프리카공화국의 의무 이행에 대해 에티오피아와 라이베리아는 단순한 법적 이해관계를 가지는 것에 불과하며 '문명의 신성한 사명'의 확인은 국제연맹과 그 회원국들의 역할이라는 점이었다. 그러나 1966년 국제사법재판소는 다음과 같이 판단했다. '… 이러한 이해관계가 특별한 법적 성격을 가지게 되려면 신성한 사명이 도덕적 또는 인도주의적 이상 그 이상의 것임에 틀림없거나 그 이상의 것이 되어야 한다. 법적 권리와 의무를 발생시키기 위해서는 반드시 법적인 표현이 부여되거나 법적 용어로 표현되어야 한다.' 더 나아가, '도덕적 이상과 실제로 효력을 부여할 의도로 만들어진 법률 규칙을 혼동하지 않아야 한다.' *South West Africa (Second Phase)* Cases (*Ethiopia v South Africa*)(*Liberia v South Africa*), ICJ Reports 1966, 6, at 32 (§51) and 35 (§52).

19 Hans Kelsen, *Pure Theory of Law* (Max Knight (trans), University of California Press 1967) 192. '법은 질서이다. 그래서 모든 법적 문제는 질서의 문제로 놓고 해결되어야 한다. 이런 방식으로 법 이론은 윤리적-정치적 가치판단으로부터 자유로운 실증법의 정확한 구조적 분석이 된다.'

지 않다면 법이 스스로 객관적이며 공정하다는 주장은 신뢰성을 잃게 될 것이다. 피츠모리스는 국제법률가들이 하지 말아야 할 것을 다음과 같이 표현했다. '법률가들의 진짜 잘못은... 법률가로서 충분히 외골수가 아니었다는 점 그리고 다른 분야로 빠지는 유혹에 저항하지 않았다는 점이다.'[20]

마지막으로, 연구 방법론으로도 경계선을 그을 수 있다. 올리비에 코르텐(Olivier Corten)은 법이 역사, 철학, 사회학, 인류학, 언어학 등 다른 학문 분야의 연구 대상이 될 수 있음을 인정하면서 두 가지 방법론을 구분했다. 그것은 다른 학문 분야가 제시하는 학문적 주장의 타당성에 대한 기준을 국제법 영역 안에서 찾는 것을 목적으로 하는 방법론과 그 타당성 기준을 반드시 법의 바깥 영역에서 찾아야 하는 방법론이다.[21] 다시 말해, 안팎에 대한 이 구분은 법적 분석과 법을 연구 목적으로 하는 다른 형태의 과학적 탐구 간의 차이를 떠오르게 하고 이를 정당화한다. 코르텐은 각각의 학문 분야는 모두 자신만의 연구 방법론을 갖기 때문에, 우리는 각자 하나의 학문 분야를 정하고 그에 따라 적절한 방법론적 도구를 사용해야 한다고 주장했다. 원칙적으로 모든 연구자는 자신의 연구 영역을 선택할 자유가 있음을 인정하면서도, 일단 그 영역을 선택한 후에는 가능한 한 엄격하게 그 분야의 핵심적 방법론을 따라야 한다는 것이다.[22] 이 모

---

20 Gerald Fitzmaurice, 'The United Nations and the Rule of Law' (1953) 38 *Transactions of the Grotius Society* 142. 이 의견은 법과 법적인 문제에 대한 국제연합의 태도를 평가하는 맥락에서 제시되었다. '법이 수행해야 하는 사회적 기능은 인간사에서와 같이 국제 사회에 반드시 필요한 법적 요소를 정확하게 제공하는 것이다… 하지만 법적 요소의 가치는 그 요소가 다른 요소들로부터 독립적으로 존재하는지에 좌우되며 그렇지 않으면 법적 요소는 법적 성격을 잃게 된다. 정치와 그와 유사한 문제들은 그 문제의 해결을 주로 담당하는 사람들에게 맡겨지고, 법률가들은 그들의 법적인 업무에만 전념했을 때만 이는 성취될 수 있다.'(Ibid, 149)

21 Olivier Corten, *Méthodologie du droit international public* (Editions de l'Université de Bruxelles 2009) 31.

든 것은 학문 분야 및 방법론을 분류할 때와 분석의 틀 및 그 틀 안에서 합리적으로 제기될 만한 연구 질문의 유형 간의 관련성을 확립할 때 존재하는 어느 정도의 경직성을 분명 전제하고 있다. 그리고 이는 학문 분야와 연구 방법의 엄격하고도 명확한 구분을 전제로 한다. 이런 분류는 충분히 받아들일 수 있으나, 여기서 핵심적인 질문은 이런 것들이다. 누가 어떤 기준으로 학문 간 경계를 설정하는가? 어떤 연구 질문이 가치가 있는지, 어떤 연구 방법론이 활용되어야 하는지 권위를 가지고 결정할 수 있는 자격은 누구에게 있는가? 하지만 이런 주제들은 빈번히 간과되고, 법적 연구의 범위를 넘어서는 것으로 간주된다.

과학적 방법, 문헌, 기관의 행위, 행동 양식 등을 법적인 것과 법적이지 않은 것으로 구분하는 상징적·정신적 경계는 곧 배제라는 사회학적 메커니즘으로 변질되기 쉽다. 무엇이 법적 담론에 중요한 것이며, 특정 담론을 법적인 것으로 만드는지를 구분하는 것과 관련해서는 특히 그렇다. 사실 어떤 견해나 한 편의 학문적 글을 폐기하기 위한 기술로 가장 잘 알려진 것 중 하나는 간단히 '그것이 법적이지 않다'고 하는 것이다. 대부분의 경우 이런 주장은 단지 화자가 친숙한 국제법 개념들과 일치하지 않은 무언가를 의미하는 경우가 많은데, 이는 전통적 관점에 부합하지 않는 발언이나 저서를 그 학문의 지식 체계 밖에 존재하는 것으로 떼어 놓는 데 중요한 역할을 한다. 이러한 방식으로 주류와 다른 견해를 주장하거나 지지하는 사람들은 배제되거나 외면당하게 된다. 그런데 이 사회학적 메커니즘은 전통적 관점에 대해서는 배타적이지 않다. 또한 그 사회학적 메커니즘은 대체로 다른 학문 분야의 사조와 학파에 의해서도 활용된다. 여기서 특이한 것은 이 배제 방식이 상충되는 견해와 해당 학문 분야 및 직무 분

---

22 Ibid, 43-4. '따라서 일단 하나의 학문을 선택했다면 가능한 한 철저하게 그 분야와 관련된 방법론을 따라야 한다… 그래서 하나의 학문 분야 안에 머물러있는 것이 낫다.'

야와의 관련성을 부인하는 방식으로 이루어진다는 것이다.

경계의 설정은 엄밀히 말해서 명시적으로 드러나지는 않지만, 전통적 관점에 뿌리 내린 생각과 깊게 관련된다. 바로 (국제)법의 독자성이다. 이런 점은 더 이상 누구에게도 새롭지 않다. 스탠리 피시(Stanley Fish)가 법은 해석 및 도덕으로부터 독립적이며 '구분'될 수 있을 뿐만 아니라 '명료'하며 스스로의 독자성을 정당화하기 위한 어떤 '보충적 담론'도 필요로 하지 않는 공식적인 실재를 가지고 싶어 한다는 점을 강조했음은 익히 알려져 있다.[23] 법이 본질적으로 수사적 성격을 가진다고 여기는 피시의 입장에서 법이 독자성을 가진다는 주장은 그 자체로 불가능한 것이다. 하지만 독자성은 구실증주의, 신실증주의를 불문하고 여전히 실증주의적 연구의 핵심에 자리하고 있다.[24] 법의 타당성과 정체성은 법에 내재하는 기준에 의해 결정되어야 한다는 생각은 국제법에 대한 전통적 관점 내에서는 이미 널리 공유된 확신이다. 부연하자면, 학문적 독자성 주장에 내재되어 있는 스스로 정당성을 입증하는 태도와 지식에 대한 학문적 주장은 모두 그 학문 분야의 정책 담론을 통제하는 사람들의 유익을 위해 작동하는 권력 메커니즘을 휘두르는 것과 마찬가지이다.[25]

---

23 Stanley Fish, 'The Law Wishes to Have a Formal Existence', in Stanley Fish, *There's No Such Thing as Free Speech, and It's a Good Thing Too* (Oxford University Press 1994) 141. '법은 공식적인 실재를 가지고 싶어 한다. 이것이 의미하는 바는 다음과 같다. 첫째, 법은 법과 무관한 다른 관심사의 체계에 흡수되거나 종속되는 것을 원하지 않는다. 다시 말해, 법은 스스로 다른 무언가 정도가 아닌 뚜렷하게 구분되는 것이길 원한다. 둘째, 법은 그 구별됨이 명확하길 원한다. 즉, 법은 법의 독자적 존재의 구성요소가 자기 선언적이고 다른 보충적 담론들에 의해 보완될 필요가 없길 원한다. 만약 보완될 필요가 있다면, 그 담론은 무엇이 법인지 구체화하는 역할을 하게 될 것이고 결과적으로 법의 독자성은 간접적으로 훼손될 것이다.'

24 Robert P. George (ed), *The Autonomy of Law: Essays on Legal Positivism* (Clarendon Press 1996).

25 Sionaidh Douglas-Scott, *Legal Theory Today: Law after Modernity* (Routledge 2013) 36. 추가적으로 Michel Foucault, *The Archeology of Knowledge*, above n 6 참조.

독자성에 대한 주장은 법과 다른 학문 분야나 사회적 현상이 가지는 인접성을 강조하는 경향이 있는 포스트모던 주장과 정반대의 입장에 있다.[26] 피에르 슐라크(Pierre Schlag)는 법을 사회적 관행으로 축소시키는(결과적으로는 법과 사회 관행의 구분을 어렵게 하는) 법사회학 관점(Law and society approaches)으로부터 영감을 얻어 스스로가 '탈분화 문제(dedifferentiation problem)'라고 지칭한 것에 대해 경고했다.[27] 이미 확립되어 있던 정체성을 뒤집어 상호 간 발견(법과 문화, 법과 경제, 법과 문학 등)에 상당히 의존하면 학문 영역과 사회 현상 모두 모호해져 각자의 독자성을 잃을 위기에 처한다는 것이다. 이 점에서 탈분화 문제는 융합되어 있던 것과 구분이 어려웠던 것들 간의 차이를 재정립하는 문제가 될 것이다.[28]

경계는 상당히 중요한 의미를 가진다. 그 경계의 설정이 목적하는 바가 자아 인식이든, 정체성 구축이든, 다양성과 다름을 구분 짓기 위함이든 경계는 언제나 포함과 배제, 안과 밖, 자신과 타자로 이루어진 각 쌍을 구분하는 메커니즘으로 작동한다. 경계를 설정하는 방식이 명백한 규정에 의

---

26 Margaret Davies, *Delimiting the Law: 'Postmodernism' and the Politics of Law* (Pluto 1996); Costas Douzinas and Ronnie Warrington, Postmodern Jurisprudence: *The Law of Text in the Texts of Law* (Routledge 1991).

27 Pierre Schlag, 'The dedifferentiation problem' (2009) 42 *Continental Philosophy Review* 35, 37. '법과 문학 같은 서로 분리되어 있으며 구분된다고 여겨졌던 것들은 서로 불가분의 관계로 엮여있는 것으로 드러난다. 이것들은 각각 이미 불가분하게 다른 하나이기도 하기 때문에 어떤 정의, 설명, 명문화 또는 이론화를 통해서도 그 불가분의 관계에서 벗어날 수 없다. 물론 최종적인 결과는 다음과 같다. 우리가 만약 그 둘을 구분하지 못하여 서로 다른 두 개의 대상을 구분하지 못한다면 우리에겐 연결시킬 것이 아무것도 없다. 요약하면, 우리는 그 둘 간의 관계에 대해 이야기할 어떤 확실한 것도 가지고 있지 않다.'

28 Ibid, 60. 슐라크는 마치 탈분화 문제가 '정체성, 관계, 구별을 이해하고 형성하는 것을 내용으로 하는 미적 사업'인 것처럼 접근할 것을 제안했다. 우리는 구별이 '확인되고 받아들여질 수 있다'고 생각하기보다는 구별을 '공동으로 형성되고 유지되는' 것으로 보아야 한다. 이런 방식의 접근은 '우리 모두가 적어도 지적으로는 근본적으로 그리고 그 자체로서 그렇지 않은 것을 지식 및 확립된 진실로 대우하는 것을 유예시킨다.'

한 것이든, 태도 및 사회적 관행에 의한 것이든 간에도 그렇다. 경계의 설정은 어느 정도 우리가 자기 정체성을 발견하고 다양성을 정의하는 과정에서 본질적인 부분에 해당한다. 이는 경계가 상징적인 형태를 띠는 경우에도 그렇다. 에밀 뒤르켐(Emile Durkheim)은 성스러운 것을 세속적인 것으로부터 분리하는 경계가 없다면 우리는 성스러운 것이 무엇인지 이해하기 어려울 것이라는 점을 강조했다.[29] 그 반대의 경우도 자명하다. 종교의 역할은 성스러운 것과 세속적인 것, 둘의 거리를 유지하는 것이다. 법률가도 유사한 임무를 가지고 있다고 말할 수 있을 것이다. 그 역시 법적인 것과 법적이지 않은 것을 잘 분리하여 유지하는 역할을 하기 때문이다.

이성이라는 이름으로 세상을 형성하는 자, 데미우르고스

『티마이오스(Timaeus)』에서 플라톤은 우주를 데미우르고스(demiurge)라고 알려진 조물주 신이 형성한 것이라고 말했다. 데미우르고스는 세계에 아름다움과 질서를 제공한다.[30] 지성(nous)과 지력으로 혼돈(chaos)을 정리하고 조절하면 제멋대로인 세상은 질서 정연한 세상인 우주가 된다. 플라톤의 우주생성론에 대해서는 많은 논쟁이 있지만 그중에서도 데미우르고스라는 인물이 가장 흥미롭다. 공예가처럼 행동하는 이 신성한 인물에게 플라톤이 부여한 특징들 때문이다. 데미우르고스의 우주 형성은 기존에 존재하던 이상적 모델에 따라 물질세계를 형성하는 방식을 취하고 있으며, 이것이 바로 지성이다. 지성은 세상을 질서 정연하고 바람직한 모

29 Emile Durkheim, *The Elementary Forms of Religious Life* (Free Press 1995).

30 Plato, *Timaeus and Critias* (OUP 2008). 이에 대한 논의는 Sarah Broadie, *Nature and Divinity in Plato's Timaeus* (CUP 2014) 참조.

습으로 구체화하는 '형태'를 제공한다. 이 비유에는 흥미로운 측면이 있다. 물질세계 이전의 존재를 전제하고, 지적 해석을 통하여 그를 다듬고 말끔하게 배치할 필요성을 일깨워 주기 때문이다. 이는 누구나의 임무가 아니라, 반드시 데미우르고스 같은 신적 인물이 수행해야 하는 임무이다. 흥미롭게도 원래 자애로웠던 데미우르고스의 본성은 이후의 철학적 전통에서 악의로 바뀐다. 아마도 이것은 지적 창조와 현실 형성을 위한 활동과 관련된 문제일 것이다. 이 문제는 결국 만들어 내는 것이 무엇인지, 그리고 그 창조가 나중에 어떤 쓸모가 있는지에 좌우된다.

전통적 관점은 유사한 용어들 사이에서 그들의 이론적 역할을 생각하는 경우가 많다. 그들은 법적 문서를 만들고 그 문서에 기존의 법적 합리성 모델에 따른 형태를 부여한다. 그런데 이 과정은 좀처럼 의식되지 않고 당연하게 여겨지는 경우가 많다. 다듬어지지 않은 국제법 문서(예를 들어, 구체적인 법적 상황에서 관련 행위자가 한 규범적 진술, 판결, 선언)로 이루어진 무질서한 세상을 다루는 데 있어서, 그런 문헌들을 질서 정연하고 일관성 있게 합리화 및 체계화하는 작업은 학계의 몫이다. 국제법의 세상을 하나의 일관된 시스템으로 설명하는 역할이 학계의 몫이라는 생각은 전통적 관점에 잘 부합한다. 푸코(Foucault)에 따르면, 체계적이고도 깊이 뿌리내려 있는 통일성의 원칙(principle of cohesion)은 '일관성의 법칙(law of coherence)'을 향한 열망을 증명하며, 해당 담론 내의 모순을 제거하기 위해 이 원칙을 탐구하는 것은 이런 류의 이론적 분석들이 보이는 특징이다.[31] 충돌하는 판례나 법리를 양산할 위험을 의미하는 파편화에 대한 모든 두려움은 어느 정도 일관성과 통일성에 대한 열망이 의식적으로 투영된 것으로 볼 수 있다. 모순되는 부분들은 설명되고, 가능한 한 올바르게 교정된다. 그리고

---

31 Michel Foucault, *The Archaeology of Knowledge*, n 6, 149.

그 법체계는 그 안에서 생기는 모든 법적 이슈에 대한 모든 답을 제공할 것으로 여겨진다.[32]

잘 알려져 있는 것처럼, 국제재판소의 사법적 판단은 국제법에 대한 중앙집권적인 입법기관이 존재하지 않는다는 이유에서 특별한 주목을 받아왔다. 그 판단은 마치 그것이 성서라도 되는 것처럼 분석된다.[33] 실무적으로는 국제재판소가 판결을 내릴 때마다 블로그나 법률 저널에 수많은 코멘트가 실린다. 기술적인 진보는 그 결정들에 대한 의견을 제공해야 한다는 강한 압박하에 '신속할 것'이라는 요건을 추가한 것 같다. 한 줄 그리고 한 단어조차 쪼개어 분석되고, 종종 맥락에서 완전히 벗어나 국제법상의 권리, 자격, 의무 등의 존재를 증명하는 근거로 활용된다.[34] 법학 이론의 궁극적인 기능은 그 법적 체계에서 생산해 낸 법적 문서를 합리적이고 일관된 방법으로 체계화하는 것이다. 이게 국제법 학계만이 가지는 독특한 특징은 결코 아니다. 프랑스 최고행정재판소(*Couseil d'Etat*)에서 발표

---

32 Duncan Kennedy, 'The Disenchantment of Logically Formal Legal Rationality or Max Weber's Sociology in the Genealogy of the Contemporary Mode of Western Legal Thought' (2004) 55 *Hastings Law Journal* 1031, 1065-6. '따라서 [공식적으로 논리적인 법적 합리성]에서, 법체계는 "틈이 없는 것으로 간주된다"는 언급은 특별한 의미를 가진다. 이는 법규나 일련의 입법절차를 거친 법률이 법관이 심리하는 모든 사건에 바로 적용 가능한 규정들을 포함한다는 것을 의미하지는 않는다. 오히려 [논리적으로 공식적인 합리성]은 법관이(또는 교수가) 일련의 입법절차를 거친 법률에서 사건의 구체적 사실관계에 적용 가능한 어떤 구체적인 규정도 찾지 못하는 경우가 종종 있을 것이라고 전제한다. 하지만 법체계는 법관이나 교수가 의미의 논리적 분석을 통해 적용 가능한 규정을 연역적으로 찾아낸다는 의미에서는 틈이 없다. 다시 말해 이는 전체 법규의 일관성을 감안할 때 하위 규정을 끌어낼 법률로 제정되어 있는 추상적 관념을 찾고 새로운 추상적 관념이 논리적으로 반드시 필요한 경우에 그 관념을 "구축하는 것" 모두와 관련된다.'

33 Robert Jennings, 'The Role of the International Court of Justice' (1997) 68 *British Yearbook of International Law* 1, 41-2; Robert Jennings, 'The Judicial Function and the Rule of Law in International Relations' *in International Law at the Time of its Codification: Essays in Honour of Roberto Ago* (Giuffrè 1987) 142-3.

34 Andrea Bianchi, 'Gazing at the Crystal Ball (again): State Immunity and Jus Cogens beyond Germany v Italy' (2013) 4 *Journal of International Dispute Settlement* 457, 463.

한 법 이론과 판례의 관계에 대한 글에서, 장 리베로(Jean Rivero)가 '시스템 메이커'를 찬양했던 것은 유명하다.[35] '시스템 메이커'라는 그의 표현은 판결문에 언급된 법을 명료하고 확실히 하기 위해 판례를 체계화하는 법학자를 지칭한 것이었다. 법학자의 보다 구체적인 역할은 법, 판결과 같이 깨져있는 파편들을 이해할 수 있고 일관성 있는 하나의 완전체로 구성하고, 외부 세계에 명료하게 설명될 수 있는 것으로 변형시켜서 법적 문서를 이해하게 하는 것이다. 어떤 결정이 가지는 구체적인 특성은 공통의 특징을 포함하는 법 원칙의 추상적 성격 및 일반적 적용 가능성으로 바뀌고, 이는 어떤 특징을 공유한다. 그 외에 법 실무에서의 최근 경향으로 바뀌기도 한다. 법체계 전체가 학문적 체계화라는 지적 작업의 위에 세워져 왔다고 볼 수 있다. 실을 짜고 시스템에 질서, 조화 그리고 일관성을 세우는 역할을 하는 학자들은 데미우르고스를 연상시킨다. 리베로의 표현에 따르면 모든 학자는 '시스템 메이커'이다!

이러한 체계화 과정이 어떻게 이루어지는지에 대한 이야기로 넘어가 보자. 나는 처음에 '법적 합리성(legal rationality)'이라는 개념, 더 간단히 말해 '이성(reason)'이 질서와 타당성을 부여하는 요소로서 중요함을 발견했다. 이성은 전통적 관점이 법을 설명하는 방식인 것 같다. 이성은 법적 논증과 법적 해석을 가능케 하는 매개체이며, 법적 견해나 학문적 글은 대개 그 매개체를 통해 표현된다. 이성은 법적 주장을 객관적이고 중립적으로 표현하고 감성, 흥미, 권력 등이 접근하지 못하게 막는다. 법조계 전체는 이성에 매료되어 있다.[36] 이성은 초월적이면서도 질서를 부여하는 요

35 Jean Rivero, 'Apologie pour les "faiseurs de systèmes"' (1951) Chronique XXIII *Recueil Dalloz* 99.

36 Pierre Schlag, *The Enchantment of Reason* (Duke University Press 1998). 슐라크는 논의 범위와 중요성을 미국법에 대한 것으로 제한하고 있지만, 나는 그의 통찰이 국제법에도 역시 완벽하게 적용될 수 있다고 생각한다.

소로서 기능한다. 또한 '이론, 편향, 편견, 경험, 인식, 계시, 전통과 같은 다른 믿음의 근원'보다 우월하다고 여겨진다. 반면 일상에서는 법적 문서의 체계화와 관련된 내재적 역할을 한다. 후자의 역할은 이성에 부합되도록 합리적인 방식으로 면밀히 조사하고, 종합하고, 요약하고, 발표하는 작업을 의미한다. 즉 이성은 다양한 재판소들의 결정이 조화롭게 공존하도록 여러 실타래를 통합하는 탐구를 의미한다. 이처럼 이성은 인권감독기구가 택한 입장이 최근 실무 경향과 연결되게 하고, 관습의 구성 요소에 대한 다양한 이론들이 파편화된 관행과 관련되게 하는 도구이다. 판결문도 가능한 한 이성의 시각에서 분석된다. 틀은 마치 추상적 합리성의 산물인 것처럼, 국제법 절차를 설명하기 위해 지속적으로 형성되고 활용된다. 그리고 이러한 과정은 이미 내려진 결정을 정당화하는 기준이 된다. 이성이 요구하는 것은 대부분 말할 필요도 없이 분명하다. 이는 이성의 요구 사항을 정당화하지 않아도 된다는, 어찌 보면 다소 미심쩍은 이점을 가지고 있다.

문제는 이성이 형성한 프레임이 이성에 의해서 형성된 것으로 인정되지 않으며, 시간이 흐른 뒤에 그 프레임은 현실을 걸러내는 역할을 하고 있음에도 감지되지 않는다는 점이다. 이 특정 프레임에 부합하지 않는 것은 무엇이든 '보이지' 않고 무관한 것이 된다. 슐라크는 다음과 같이 말했다. 프레임은 '발견을 돕는 역할(heuristic) 또는 지도 역할, 이해를 돕는 역할을 한다기보다는 … 현실 자체를 구성하는 한 요소가 되며 이것은 살아있는 것이다. 프레임은 더 이상 지도가 아니며, 오히려 프레임 자체가 설명될 필요가 있다.'[37] 물론 여기에는 일정한 대가도 따르게 될 것이다. 인식의 가능성이 줄어들고 이미 확립된 이성적 프레임을 강요하게 되기 때

---

37 Ibid, 75.

문이다. 그리고 이는 현실에 대한 빈약한 이해와 좁은 시야로 이어진다. '그리고서 이성은 끝없는 법 미로를 만들고, 법의 우월성을 끊임없이 쌓아 올리고, 훨씬 더 정교한 이론적 분류 체계를 갈고 닦기 위한 이름, 수단, 핑계 그리고 정당화 근거가 된다. 법적인 행위자, 사상가 모두가 작은 프레임, 작은 사고에 갇힌 죄수가 된다. 그리고 그들은 다른 작은 이론적 프레임을 수정하기 위해 또 다른 작은 이론적 프레임을 만든다.'[38]

그런데 훨씬 더 중요한 것은, 이런 사고방식이 비판적 사고를 방해한다는 점이다.[39] 통념은 수용되고, 전통적 사고와 글쓰기는 청중들이 듣고 싶은 것을 말해줌으로써 그들을 기쁘게 하는 데 활용된다. 국제법률가들은 다양한 실체와 법적 인공물에 대해 굳건한 믿음을 가지고 있다. '재판소(Court)', '위원회(Committee, 종류 불문)', '국제법위원회(International Law Commission)', '상소기구(Appellate Body)' 등은 의인화되었다는 특징이 있다. 이 기관들은 그 구성원들의 신념이나 확신과는 독립된 스스로의 의지와 정체성을 가진다. 우리는 상상 속의 가족 구성원 같은 이 기관들에 친숙해지게 된다. 이 기관들은 천천히 우리 안에서 살아가게 되고, 우리는 그들을 냉정하고 비판적인 관점에서 바라보기 위한 거리를 더 이상 유지하지 못하게 된다. 우리는 법치주의를 존중하고 파편화를 피함으로써 법의 확실성, 예측 가능성을 장려해야 한다는 점, 그리고 국제법의 점진적인 발전을 장려해야 한다는 점에 있어서 그 기관들과 의견을 같이한다. 비판적 사고의 종말, 시스템과 그 시스템이 실재화된 조직 간의 동일시는 슐라크가 '신성한 속임수(divine deception)'라고 부르는 결과를 초래할 수 있다. 이 신성한 속임수는 이성 스스로가 싸워 승리해야 할 적들로 여겼던

38 Ibid, 144.

39 Ibid, 97.

바로 그것으로 변함으로써 그 적들에게 패배했을 때 일어난다.[40] 그 적들은 믿음, 이론, 편향, 편견을 포함한다. 그 후 시스템의 존재론에 대해서는 의문이 제기되지 않으며, 이성의 틀로 문제를 바라보는 전통을 위험에 빠뜨릴 수도 있는 외부적인 요소로부터도 지속적으로 보호받는다. 사람들은 이런 기관들의 실체가 무엇인가, 이 기관들이 어디서 그런 권위를 얻는가, 그리고 이 기관들은 어떤 것을 추구하는가에 대해 더 이상 궁금해하지 않게 되는 것이다.[41]

공식 담론의 쌍둥이 자매?

이러한 맥락에서 전통적 관점과 국제법에 대한 공식 담론(official discourse)의 관계를 살펴보는 것은 상당히 의미가 있다. 여기서 '공식 담론'은 국제법 실무에 관여하고 있는 사회적 단체들에 의해 형성되는 자기표현(self-representation)을 의미한다. 다시 말해, 각국의 공무원, 정부 변호사, 국제기구 직원, 국제재판소 법관 등 국제법과 관련된 실무에 참여하는 모든 사람이 자신이나 자신의 직무를 표현하는 방식이다. 국제법이 하나의 사회적 관행이며, 관련된 여러 주체들 간의 관계가 복잡하게 얽혀 있음은 명백하다. 그 안에서 공통점을 찾아내기가 쉽지만은 않지만, 나는 여전히 공식 담론 모델의 설명하는 힘을 믿는다. 그 힘은 사람들이 참여하는 사회적 관행을 바라보고, 표현하는 공통된 방식으로 이해된다. 공식 담론이라는 개념은 다음과 같은 실무상의 예시와 연결 지을 수 있다. 국제재판소

40 Ibid, 92.

41 Ibid, 111.

또는 임시 중재판정부에서의 심리·숙의(deliberations)·판결, 뉴욕의 제6위원회가 수행하는 업무, 제네바의 인권이사회, 국제연합 법률자문관들의 일상 업무, 각국의 외교부 또는 국제기구의 법률자문관들의 활동을 들 수 있을 것이다. 이런 기구 혹은 종사자 대부분에게 국제법은 이미 정해진 것이고, 국제법의 근본적인 부분에 대한 질문은 거의 제기되지 않는다. 유일하게 전문적인 일이라고 할 수 있는 것은 권한 있는 것을 말하고, 주어진 상황에 적용할 수 있는 법률 규칙 또는 원칙을 언급하고, 정부나 법원을 상대로 하여 정교한 방식으로 논증하는 것이다. 그들은 법을 다룬다.

법을 연구하는 일에 종사하는 사람들은 관찰의 대상인 현실로부터 거리를 유지하면서, 법을 다루는 사람들의 강력한 통제와는 동떨어진 관찰자적 관점으로 이론을 고찰하고 발전시킬 것이라고 기대할 수도 있다. 그러나 전통적 관점은 법을 다루는 사람들의 관행에 일정한 제약을 가해 공식 담론을 재생산하고 모방하는 경향이 있다. 법은 법이 다루어지는 방식과 정확히 동일한 방식으로 연구된다. 즉 법과 관련된 이성과 의식(ritual)에 복종하는 기술로서 연구된다. 학자들은 심지어 '사법적'이라는 아름다운 표현을 실무에서 빌려와 사용한다.[42] 학자들이 스스로가 마치 재판관인 것처럼 사물을 바라보는 것이다. 학자들은 법적 분석을 할 때면 소송에서 양 당사자가 제출한 주장 중에서 결정해야 하는 문제인 듯 접근한다. 학자들은 관련된 상황에 구애받지 않고 명확히 법과 이성(reason)에 따라서 결정하고 그들의 결정에 대한 근거(reasons)를 제시해야 한다. 슐라크의 지적처럼, 학자들은 스스로가 법관처럼 이성의 일을 하고 있는 것처럼 표현하곤 한다.[43] 이 특별히 아름다운 표현은 분명 법을 다루는 사람과 연

---

42 Ibid, 135. '이성의 미학은 판사의 미학이다.'

43 Ibid.

구하는 사람이 활동하고 있는 전문적, 제도적 또는 문맥상의 많은 제약은 차치하고라도 그들의 일에 영감을 주는 많은 전제들을 숨기고 있다. 그러나 이 표현은 법과 법률가 모두가 주장하는 중립성 및 객관성에 대한 전문적 이미지와는 일치한다.

법을 설명하는 근본적인 역할이 평가 절하되어서는 안 된다. 학자들은 이 작업을 수행하기 위해 이브 데살라이(Yves Dezalay)가 '순수한 법(pure law)'이라고 명명한 것을 구체화한다.[44] 학자들은 그들이 가지는 법률 해석에 대한 독점적 권위를 활용하여, 판례법에 의해 형성되는 순수한 법을 형성하고 발전시킨다. 또 학자들은 판결문 및 다른 법률 문서를 해석하고, 그 해석이 통과 의례로 작동하게 하여 지배적 논리의 재생산에 집단적으로 참여한다. 이를 통해 '법 영역을 지배하는 자들은 그 영역의 정치적 성향을 흔들 수 있고', 무엇이 타당한 법인지 결정할 수 있으며, 법의 타당성이라는 개념이 무엇인지 정할 수 있다.[45] 학자들은 '승인된 그들의 법적 기술의 이름으로' 활동한다. 그들은 실무 관행을 성문화하고 사후적으로 합리화하기 위해 기술과 대원칙을 원용한다.[46] 이러한 '공식적 교정(formal correction)' 기능은 '일반적이고 추상적인 규칙에서 법적 표현을 끌어낸다는 구실로 실무적 관행에서 법적 표현을 분리한 다음, 그 법적 표현에서 일상 언어를 제거'하는 방식으로 수행된다.[47] 이 방식은 문법학자들이 언어에 있어 실제 담화를 두고 사후에 규칙을 선정하고, 그 규칙을 바람직한 담론의 필수 요소로 변환시키는 작업에 비유할 수 있다.[48] 그런

---

44 Yves Dezalay, 'From Mediation to Pure Law: Practice and Scholarly Representation within the Legal System' (1986) 14 *International Journal of the Sociology of Law* 89, 92.

45 Ibid, 102.

46 Ibid, 101.

47 Ibid.

48 Ibid.

데 이 작업은 눈에 띄는 사회적 결과들을 남긴다. 즉, 합법성을 터득하게 하는 것은 수준 높은 언어와 예의범절을 터득하게 하는 것과 마찬가지로 사회적 계층의 강화에 기여하면서도 기술적, 사회적 무자격의 증거를 남기는 실수를 범하곤 한다.[49]

공식 담론과 전통적인 관점 간의 긴밀한 관계는 법률가 집단에도 뿌리박혀 있으며, 결국 '시스템 메이커' 또는 '순수한 법의 생산자'는 국제법의 전통적 이미지 형성을 위해 이 법률가들의 실무를 합리화하고 활용한다. 한 학술회의의 출판된 의사록을 살펴보면, 모하메드 베드자위(Mohammed Bedjaoui)는 국제재판소 재판관으로서 그의 학문적 상대방에게 다음과 같이 넌지시 표현하였다. 사법기구 간의 대화는 국제재판소의 법리에 있어서 논리적 일관성을 향상하는 데 많은 기여를 한다. 이를 통해 파편화의 위험을 제한할 수 있을지도 모르지만, 이는 국제법 학계의 '통제하에서만' 일어날 수 있는 일이다.[50] 베드자위는 역할을 바꿔서 국제재판소 재판관이 국제법 학계라는 재판소 앞에 서서 그의 행위가 어떻게 판단될지 두려워하며 학계와 명성을 가진 전문가들로부터 인정받기를 원하는 상황을 비유적으로 묘사하였다. 그는 학계와 어울리고 학회에 참석하는 국제재판소 재판관에 대해, 마치 그들이 보잘것없는 수상식에 가거나 행동 교정을 위한 교화원에 들어가기라도 하는 것처럼 이야기했다.[51] 여기서 흥미롭기도 하고 모순된다고도 볼 수 있는 것은 반대의 상황이 현실에서 일어날 가능성이 더 높다는 것이다. 내가 다른 글에 썼던 것처럼, '다른 학문분야와 달리 국제법 분야에서는 국제재판소(즉, 실무)에서 고문 또는 변호인

---

49 Ibid.

50 Mohammed Bedjaoui, 'La multiplication des tribunaux internationaux ou la bonne fortune du droit des gens', in Société française de droit international, *La juridictionnalisation du droit international* (Colloque de Lille)(Pedone 2003) 529, 545.

51 Ibid, 543.

의 역할을 하는 것이 그의 지적, 학문적 활동의 신성화로 여겨진다.' 법률 전문가(실무가)들이 국제적 업무를 수행하기 위해 선택하는 방법을 잘 알고 있는 사람이라면 누구나 틀림없이 이것이 매우 특이하다는 점을 인정할 것이다. 하지만, 깊게 뿌리박혀 있는 믿음과 관행은 쉽게 바뀌지 않는다. 그들이 전문가 집단의 일부를 구성하고 있는 한 더욱 그렇다.[52]

이런 다소 도발적인 발언은 실무에서의 공식 담론과 전통적 관점에 의한 학문적 대표성이 어떤 관련성에 의해 연결되는지 살펴볼 만한 계기를 제공한다. 사회적 관행을 만드는 자들과 전통적 지적 합리화를 제공하는 자들, 이중 주도적인 역할을 하는 건 누구일까? 누가 법의 권위를 책임지고 있는 것일까? 국제법률가가 종종 그들의 모자를 바꿔 쓰고 학자, 변호사, 정부나 국제기구 법률자문관, 재판관, 국제연합 보고관, 국제법 제도적 프레임 안에서 가능한 어떤 것이든 될 수 있음은 잘 알려진 사실이다. 따라서 위의 질문은 잘못되었다고 볼 수도 있다. 그러나 나는 국제법 실무를 하는 것과 학문적 표현을 하는 것에는 차이가 있다고 생각한다. 하나가 다른 하나에 종속된다는 뜻이 아니다. 오히려 그 둘을 상호 필요성에 의해 불가분의 관계에 있는 쌍둥이 자매로 보는 것이 바람직할 것이다.[53] 공식 담론과 전통적 관점은 그들의 강점과 타당성을 서로에게서 끌어온다. 그들 모두 실무에서 지속적으로 행해지고, 합리화된 다음 학문적 담론에서 재확인되는 선택들에게 정당화를 제공한다. 쌍둥이의 경우 흔히 있는 일이지만, 한쪽은 다른 한쪽의 이미지다. 훈련된 연구자의 미세한 눈으로 철저히 조사하면 감지하기 어려운 둘 간의 차이를 찾아낼 수도 있지만 말이다. 그러나 전반적인 인상은 두 부분으로 구성된 하나와 같은 이미지이다.

---

52 Andrea Bianchi, 'Gazing at the Crystal Ball (again)', above n 34, 9.

53 나는 이 맥락에서 이 표현을 사용하는 것과 관련하여 푸아드 자르비예프(Fuad Zarbiyev)에게 신세를 졌다.

형식과 태도

나는 처음 프레드 로델(Fred Rodel)의 논문, '법학 학술지여 안녕(Goodbye to Law Review)'을 읽었을 때, 이 글이 최근에 작성된 것이라고 생각했다.[54] 한 번도 이 글이 1930년대에 작성되었을 것이라고 생각하지 못한 것이다. 약 20년 후에 그 속편(sequel)이 출판되었는데, 원래의 글에 4페이지 정도가 새로 추가된 것이었다.[55] 이 글에서 로델은 법학 학술지 논문에서 활용되는 법적인 글쓰기 방식에 대해 신랄하게 비판했다. 그의 비판은 상당히 포괄적이었지만, 특히 대부분의 법적인 글쓰기에서 잘못된 두 가지를 지적하였다. 그것은 형식과 내용이었다! 그의 설명에 따르면, 법학 학술지 논문 대부분은 '1파운드의 형식 뒤에 감춰진 1페니 정도의 내용'을 포함하고 있다. 장황한 데다 종종 난해하기까지 한 문장들, 이상한 구조, 그리고 불필요한 각주가 끝없이 연속적으로 나오는 것 등이 그 형식적 특징이다.[56] 게다가 이런 글의 저자들은 관련 쟁점에 대한 대단한 입장은 차치하고라도, 입장을 확실히 밝히는 것조차 피하면서 위와 같은 형식은 매우 자랑스럽게 활용한다. 직접적이지 않으면서 사적이지 않은 형식이 표준이 되는 규칙이며, 유머나 반어법이 활용되는 경우는 거의 드물다. 일부 학술지가 이러한 형식을 표준화시켰고, 전반적으로는 그러한 학문적 글쓰기 방식으로부터의 일탈을 꺼리는 경향이 있다. 내용의 측면에서는, 열정을 과하게 드러내지 않으며 지적으로 겸손한 태도가 이제 막 학자가 된 경력이 짧은 이들에게 높게 평가되며, 심지어 이들에게 요구되는 것처럼

---

54 Fred Rodell, 'Goodbye to Law Reviews' (1936) 23 *Virginia Law Review* 38.

55 Fred Rodell, 'Goodbye to Law Reviews – Revisited' (1962) 48 *Virginia Law Review* 279. 지금부터는 참조의 편의상 속편을 인용한다.

56 Ibid, 280.

보인다. 학문적 엄격함은 논쟁 기술의 습득보다는 직업적 위계와 통설에 대한 존중과 더 관련이 있어 보인다.

법적인 글쓰기에 대한 로델의 비난을 그냥 무시하기는 매우 쉽다. 물론 그가 법학 학술지의 논문들이 작성되는 방식을 지나치게 과장하여 묘사하고 있기도 하다. 그러나 이는 일부 학자들의 태도를 표현한 진실이기도 하다. 전문적인 분야의 많은 사람은 비판적 의견을 직설적인 방식으로 명확히 표현하는 게 부적절하다고 여긴다. 재판소가 내린 결정에 이견이 있을 때는 이런 방식이 선호될 수도 있다고 생각할지 모르겠다. 하지만, 재판소가 분명히 실수했으며 완전히 틀린 논리에 근거하여 잘못된 결정을 내렸다고 말하는 것은 전문가의 수준에서 적절하지 않다고 여겨질 수 있다. 그리고 그렇게 여기는 것은 기준과 형식의 부재로 여겨질 가능성이 크다. 다시 말해, '어떤 것도 단호하게 표현되지 않고 어떤 것도 호의적으로 표현되지 않을 수 있다.'[57]

내가 비공식적이고 일상적인 언어로 설명하고자 했던 것도 방법론의 선택에 관한 문제와 관련이 있다. 방법론의 선택은 과학적인 함의를 가질 수 있으며, 더 공식적으로는 인식론적 기반에서 설명될 수도 있다. 예를 들어, 올리비에 코르텐은 국제공법의 방법론을 다룬 저서에서, 연구하는 학자들에 대한 지침으로 '가치중립성(axiological neutrality)' 원칙을 중요하게 설명하였다.[58] 이 원칙은 적극적 인식론에 깊이 내재되어 있고, 적극적 인식론은 학자들을 관찰, 묘사, 설명함에 있어서 절대 자신의 개인적, 정치적, 도덕적 신념에 기반해 현실을 평가하지 않는 사람들로 생각한다. 탐구 대상에 대해 사람이 가지는 열정은 절대 중립적인 관

57 Ibid.

58 Olivier Corten, *Méthodologie de droit international public*, above n21, 118.

찰자가 현실을 바라보는 이성적이고 객관적인 방식에 영향을 줘서는 안 된다.[59] 가치중립성 원칙의 준수 요청은 학자들에게 공정한 방식으로 현실을 관찰할 것 즉, 중립성과 공정성을 해할 수 있는 요소를 사용하지 않을 것을 요구한다. 선호를 드러내는 형용사를 사용하거나 특정 의견이나 판결문에 대한 선호를 드러내지 않도록 조심해야 한다. 하지만 연구주제에 대한 개인적인 의견을 펼치지 않을 것을 요구하는 것은 아니다. 왜냐하면 '주장하고자 하는 바가 실정법인 국제법과 일치한다는 점은 사실에 근거한 논증 방식으로써 이성적으로 충분히 설명할 수 있기 때문이다.'[60]

이러한 입장은 법률 교육에 대한 전통적인 관점을 반영하고 있으며, 많은 사람들이 '변호사처럼 생각하는 것'으로 묘사하는 것과 관련된다. 슐라크는 전통적인 법률 교육이 우리에게 '법은 공식적이고, 보편적이며, 중립적이고 공정하기 때문에 우리는 공식적이고 보편적이고 공정하게 생각해야 한다'라고 가르치는 것을 비판했다.[61] 이런 교육으로 우리는 우리 자신에게서 편향, 열정, 신념들을 비우도록 훈련받고, 잠재적으로 우리 자신을 지우며 어떤 것의 영향도 받지 않은 견해를 얻는 것처럼 실현 불가능한 이상향을 추구한다.[62] 누군가에게는 실현 불가능한 이상향 혹은 오류가 있는 방법론적 입장으로 생각될 수도 있는 것이 다른 이에게는 학문적인 작업을 수행하는 체계적이고 단단하며 정확한 방법이다.

다시 말하지만, 이 책은 누가 옳고 누가 그른지를 말하고자 하는 게 아니다. 단지 모든 사람에게 다양한 관점의 존재를 알리려는 것이다. 혹자

---

59 Ibid, 119.

60 Ibid, 123.(저자의 번역)

61 Pierre Schlag, *The Enchantment of Reason*, above n 36, 126.

62 Ibid.

는 전통적 관점이 방법론적 전제를 숨기고 있다는 이유로 비판을 가할 수도 있다. 하지만 이러한 비판은 과학적 방법론이 요구하는 것 외에 어떤 방법론적 전제도 존재하지 않아야 하며 어떤 다른 고려사항도 의도적으로 배제하여야 한다는 점을 전통적 관점은 분명히 밝히고 있다는 점에서 재반박될 수도 있을 것이다. 데살라이는 '법 실무자 입장에서 법률 분야는 자주 주어가 없는 분야이고, 특히 판사는 법률 규정 앞에서 그들 스스로를 지우는 분야인 반면, 학문적인 영역에서는 법률 실무자들이 한 것에 대해 침묵한다'고 말하였다.[63] 그의 말은 분명히 일리가 있다. 결국 모든 절차의 마지막에 누가 결정했는지, 그리고 누가 그 결정을 우리에게 설명하고 정당화해야 하는지에 대해서는 어떤 것도 설명되지 않는다.

법률 세계의 비인격화(depersonalization)는 법인(legal entity)의 의인화 및 실체화와 관련이 있다. 법은 '강요'하거나 '요구'할 수도 있으며, 일반적으로 그러기를 꺼리지 않는다. 규칙은 '제한'하고 원칙은 '지시'할 수 있다. 관습법상 규칙들은 마치 화학작용 이후에 양질의 순수한 결정체를 획득할 수 있는 것처럼 조약에 '성문화'될 수도 있다! 국제 사회, 상소기구, 안전보장이사회는 마치 단일의 무형 단체로서 스스로의 의사를 가지는 것처럼 지칭된다. 국제법의 세계에는 거의 마술 같은 창조물이 살고 있다. 가끔 인류는 거의 존재감이 느껴지지 않는다. 여기서 역설적인 것은 이 단체들이 이성의 이름으로 만들어졌으며, 이 모든 단체들의 행위가 합리적이며 이성적이라고 여겨진다는 점이다.

이 실체화된, 그리고 객관적이라고 주장되는 법에 대한 견해는 특별한 태도를 전제로 한다. 전통적 관점은 국제법의 객관적 실체가 이미 정해져 있으며, 영원히 지속되는 질서 형태라고 설명한다. 시간이 흐르면 개별

---

63 Yves Dezalay, 'From Mediation to Pure Law', above n 44, 89.

규정에 변화가 생길 수도 있지만, '법' 자체는 늘 같은 상태로 존재한다는 것이다. 법을 구성하는 구조와 근본적인 내용은 당연하거나 말할 필요도 없는 것으로 여겨진다. 이 논의는 전적으로 어떤 법적 제도 또는 개별 규정의 세부적인 내용에 의해 결정되며, 이에 대한 논쟁은 종종 규정을 해석하는 것 또는 규범과 제도의 변경을 제안하는 것에 국한된다. 구체적인 논쟁 기술과 관련하여 널리 사용되는 도구로는 귀납적 논리를 활용하는 것, 공유되는 합리성을 판단 기준 또는 설득을 목적으로 하는 추론의 배경으로 인용하는 것이 있다. 특별히 논증에 있어서 그 가치가 높게 평가되는 것은 말할 필요도 없이 당연한 것으로 주장될 수 있다. 왜냐하면 그것은 그 자체의 합리성과 학문적이고 전문적인 기준에 부합하는지를 추가로 설명하도록 요구되지 않기 때문이다. 논증에서 입증 책임을 전환하기 위한 수단으로 법률상 추정에 의지하고 일반적 원칙/예외 패러다임을 구축하는 것은 논증의 수사법적 기술에 속하는 또 다른 예시이다.[64]

전반적으로 특별히 이러한 체계를 구성하는 '질서'에 대해서는 질문하지 않는 경향이 있다. 게다가 이러한 경향은 곧잘 사회적 배제 구조로 이어지곤 하는데, 이는 국제법에 대해 발언할 자격을 얻기 위해서는 학계 주류와 가까운 관계임을 보여주어야 한다는 생각에 근거하여 이루어진다.[65] 한 유명한 국제법률가는 두 명의 동료가 벌인 파편화 논쟁을 두고, 지적 기여의 중요성을 깎아내리면서 대부분의 국제법률가들이 두 동료를 주류 학파의 구성원으로 인정하지 않을 것이라고 지적했다. 그가 말한 것 처럼, 집단 구성원의 폐쇄성에 대한 요구는 국제법의 단일성과 완전무결함을 유지하는 방법으로 여겨졌다. 나에게 이것은 전통적 관점이 인지적 폐쇄의 필요성을 표현한 하나의 예시로 이해되었다. 이러한 인지적 폐

64 Andrea Bianchi, 'Gazing at the Crystal Ball (again)', above n 34, 11.

쇄에 대한 필요는 인지적 문제에 대해 확고한 답을 가질 필요성을 입증하며, 이는 거의 항상 체계적인 사고와 연결되어 있다. 동시에 인지적 폐쇄는 보통 사람들이 불확실성과 모호함 그리고 스스로 확립한 믿음에서 벗어나게 할 해결책을 거부하게 한다. 특히 전통적 견해의 기본 원리를 매우 강하게 주장하는 경향은 종종 이 견해가 버려진다면 무정부상태나 혼란이 따라올 것이라는 주장도 함께한다는 점에 주목해야 한다. 이것은 수사법적 기술의 하나로 공백공포 주장(*horror vacui* argument)으로 알려져 있다. 공백공포 주장은 현실을 설명하는 기존의 지적 프레임을 버리는 경우 수반될 것으로 예상되는 위험을 내세워 무질서와 불확실성에 대한 두려움이 만연하게 만든다. 더불어 현상 유지(*status quo*)와 전통적 관점의 유지를 지지하게 만든다.

불사조처럼

불사조는 보통 눈부시게 불타는 깃털을 가진 아름답고 장엄한 새를 말한다. 이 새는 날개를 펄럭거리며 날아올라 앞으로의 길을 알려준다고 전해진다. 그리스 신화에서 불사조는 정기적으로 다시 태어나는 전설 속 창

65 내가 생각하고 있는 것은 본문의 다음 구절에 나오는데, 여기서 브루노 심마(Bruno Simma)는 안드레아스 피셔 레스카노(Andreas Fischer Lescano)와 귄터 퇴브너(Gunther Teubner)의 국제법의 파편화에 대한 견해를 옳지 않으며 하찮은 것이라고 비판하며(Andreas Fischer Lescano and Gunther Teubner, 'Regime Collisions: the Vain Search for Legal Unity on the Fragmentation of Global Law (2004) 25 Michigan Journal of International Law 999), 다음과 같이 말한다. '하지만 대부분의 국제법률가들은 이 두 저자를 이 분야의 '주류' 구성원으로 여기지 않을 것이라는 점을 주목해야 한다. 이러한 집단 구성원의 폐쇄성은 국제법의 통일성을 유지하는 또 하나의 더 '의인화된' 방법이다.' (Bruno Simma, 'Fragmentation in a Positive Light' (2004) 25 Michigan Journal of International law 845, 847).

조물이다. 스스로 만든 불 속에서 죽은 뒤에, 그 재에서 다시 태어나 새로운 생명을 갖는 것이다. 이런 불사조의 아름답고 초연한 이미지는 장수와 부활을 상징한다. 불사조는 인간의 삶과 죽음이 순환하는 과정을 보여주는 동시에, 한편으론 부활과 불멸의 상징으로 여겨진다. 신화에 따르면, 불사조는 항상 그 자신의 재로부터 다시 나타나고 날개를 펄럭이며 불사조만의 모습으로 아름답고 장엄하면서도 가볍게 날아간다.[66] 이 비유에서 전통적 관점을 일종의 불사조라고 볼 수 있을까? 항상 그 자신을 새롭게 해야 하고, 재에서 다시 태어나야 하는 운명에 처해있는 불사조로? 생각해 보면 이 질문이 그렇게 엉뚱한 것은 아닐 수도 있다.

다른 무엇보다도 전통의 매력은 대부분 법학 담론에서의 분열과 파편화의 시기에 느껴진다. 이 책에서 다루고 있는 관점들을 포함하여 국제법에 대한 수많은 관점이 존재한다는 것은 곧 오늘날의 국제법 분야에 널리 공유되고 있는 하나의 정체성이 없음을 입증한다. 포스트모던 시대의 이론과 감수성은 거대한 이론들을 뒤로 제쳐두고, 법 영역에 대한 메타 내러티브적이며 근본적인 설명을 향한 믿음에 대해 경고한다. 사실 정체성 결여 및 희미한 확실성이라는 특징을 가진 이 시나리오는 역설적으로 전통의 가치로 회귀하는 것을 더 쉽게 만든다. 데살라이는 이에 대해 상당히 적절하게 표현한 바 있다. '이교도적인 도전은 파괴적인 새로움이 점진적으로 받아들여지도록 하는 합법성에 과잉 투자한 대가이며, 통설적 이론을 다시 살려내는 역할을 한다.'[67] 국제법에 대한 포스트모던 이론과 동시대의 다른 이론들을 전통 또는 통설에 대한 이단으로 이해한다면, 데살라이의 예측은 아마 국제법 영역에 있어서도 참이라고 볼 수 있겠다.

---

66 Roelof van den Broek, *The Myth of the Phoenix-According to Classical and Early Christian Traditions* (Brill 1971).

67 Yves Dezalay, 'From Mediation to Pure Law', above n 44, 104.

동시대의 비평들이 타고 남은 '재'로부터 전통적 견해를 재건해 내는 것은 몇몇 학자들에 의해 이미 수행되어 왔다. 「미국국제법저널(American Journal of International Law)」 주최의 1999년도 방법론에 관한 심포지엄에서 심마(Simma)와 파울루스(Paulus)는 '실증주의에 대한 진보적인 견해'를 지지했다. 이 견해는 흔히 법이라 일컬어지는 것에 대한 핵심 원리를 변경하지 않으면서도, 새로운 발전에 비추어 전통적 관점의 일부분을 재고찰한 것이었다.[68] 이 핵심 원리는 공식적 근거의 중요성을 포함하는 것이다. 이 공식적 근거는 국제 사회에 의해 구속력을 가지는 것이자, 법률 문제에 대해 정확한 답을 찾는 기준으로 간주된다.[69] 이때 가치 또한 고려되어야 하지만, 가치가 법적인 형태로써 충분히 표현할 수 있을 때에 한한다. 이에 대해서는 국제사법재판소도 '남서아프리카' 사건에서 동일한 입장을 밝힌 바 있다.[70]

가장 최근에는, 예르크 캄메르호퍼(Jörg Kammerhofer)와 장 다스프레몽(Jean d'Aspremont)이 공동으로 그리고 독립적으로 실증주의에 대한 두 개의 주요 전통적 견해를 재검토했다.[71] 이 두 견해는 각각 한스 켈젠(Hans Kelsen)과 H.L.A. 하트(H.L.A. Hart)에게 영감받은 것이다.[72] 캄메르호퍼는 켈젠의 핵심 작업에 현대 국제법에 대한 자신의 이론을 적용하여 재고찰했다. 켈젠의 핵심 통찰은 국제법에서의 규범성을 설명하기 위한 것이었으

68 Bruno Simma and Andreas L. Paulus, 'The Responsibility of Individuals for Human Rights Abuses in Internal Conflict', above n 1, 303, 308.

69 Ibid, 316.

70 South West Africa (*Ethiopia v South Africa; Liberia v South Africa*), Second Phase, Judgment, 1966 ICJ Rep. 6, 34 § 49.

71 Jörg Kammerhofer and Jean d'Aspremont (eds), *International Legal Positivism in a Post-Modern World* (CUP 2014); Jean d'Aspremont, *Formalism and the Sources of International Law: A Theory of the Ascertainment of Legal Rules* (OUP 2011); Jörg Kammerhofer, *Uncertainty in Law: A Kelsenian Perspective* (Routledge 2010).

며 규범을 법적 규범으로 인식하는 것은 다른 지적 영역과 구별되게 하는 근본규범(*Grundnorm*)이나 기본 원칙(basic rule)의 존재,[73] '존재(is)'와 '당위(ought)'의 구분 또는 현실과 가치의 구분[74], 그리고 법의 과학으로서의 개념화가 전제될 때만 가능하다는 주장을 포함하고 있다.[75] 게다가 켈젠의 '순수 법학 이론(pure theory of law)' 또는 법학(science of law)의 구체적 방법론이 가지는 배타적 목적은 '법의 인식'이며 '법학(legal science)'이 스스로 그 자체의 목적을 설명하도록 해야 한다는 생각은 국제법에 대한 실증주의적 관점의 형성에 상당한 영향을 주었다.[76]

다음으로 장 다스프레몽은 하트의 실증주의에 대해 국제법 관점에서

---

72 Hans Kelsen, *General Theory of Law and State* (Anders Wedberg (trans), Harvard University Press 1945); Hans Kelsen, *Pure Theory of Law* (M. Knight (trans), University of California Press 1967); H.L.A. Hart, *The Concept of Law* (Clarendon Press 1961). 두 명의 편집자가 그들의 최근 논문 모음집에 언급한 두 개의 장 참조: Jörg Kammerhofer, 'Hans Kelsen in today's international legal scholarship' in *International Legal Positivism in a Post-Modern World*, above n 71, 81 ff; Jean d'Aspremont, 'Herbert Hart in today's international legal scholarship' in *International Legal Positivism in a Post-Modern World*, above n 71, 114 ff.

73 Jörg Kammerhofer, *Uncertainty in International Law*, above n 71, 241 ff.

74 Jörg Kammerhofer, 'Hans Kelsen in today's international legal scholarship', above n 72, 86.

75 Hans Kelsen, *General Theory of Law and State*, above n 72, xiv. 캄메르호퍼가 설명하였듯이, '독일어 'Wissenschaft'의 사용은 'Rechtswissenschaft'('법학legal science' 혹은 '법학legal schoarship')에서의 쓰임처럼 '과학(science)'과 '학문(scholarhip)' 모두를 의미하며, 자연 과학과 다른 학문 분야를 구분하지 않는다. 켈젠이 영어로 쓸 때 또는 그의 저서가 영어로 번역되었을 때, '법학(legal science)'이라는 단어는 진정한 '법학(science of law)'을 발견하고자 한 켈젠의 의도를 표현하기 위해 사용된 것이다.' Jörg Kammerhofer, 'Hans Kelsen in today's international legal scholarship', above n 72, 83, footnote 5.

76 순수 법학 이론은 '법의 형성이 아닌 법의 인식만이 유일한 목적인 학문의 특정 방법론에 이질적인 모든 요소들로부터 독립적으로 존재하는 것을 목적으로 한다. 과학은 스스로의 목적을 실제로 존재하는 대로 설명하여야 하며, 어떤 구체적인 가치 판단을 기반으로 어떠해야 하는지 또는 어떠하면 안 되는지를 설명해서는 안 된다.' Hans Kelsen, *General Theory of Law and State*, above n 72, xiv.

심층적으로 연구했다.[77] 하트의 환원주의자적 관점은 실증주의를 법률 규정에 대한 공식적 확인을 위한 핵심적인 이론으로 본다. '승인의 규칙(Rules of recognition)'은 규정이 가지는 법적 성격을 확인하게 하는 것으로 법 적용 당국에서 사용하는 사회적 관습에 기초한다.[78] 다스프레몽에 따르면, 여기서의 사회적 관습은 무엇이 법인지 확인할 수 있는 기준을 제공하는 공동체주의적 의미론(communitarian semantics)을 공유한다. 언어학적인 지표는 법적인 것과 법적이지 않은 것을 구분하는 데 적절히 사용될 수 있다. 형식주의는 진리의 추구 또는 법 개념에 내재하는 본질적인 요소의 추구와 동의어로 여겨지지 않는다. 형식적 근거의 체계가 매우 중요함을 주장하는 것도 국제법에서의 '권위'를 설명하는 데 중요하다. 그리고 법이 다른 영역과 구별되게 하는 혈통을 제공하는 데도 기여한다. 캄메르호퍼에 의해 활용되고 조정된 켈젠의 규범적 관점과 반대로, 다스프레몽은 국제법에 견고한 규범적 이론을 제공하기 위해 하트의 사회법적 법리에서 영감을 받아 언어학적 요소를 가미했다. 그래서 궁극적으로는 이를 실증주의의 현대이론으로 바꾸었는데, 이는 탈형식화와 급진적 회의주의에 대한 하나의 해결책이 되었다. 이를 바탕으로 그는 하트의 이론을 더 구체적으로 밝히기 위해 국제법 학자들이 시도해 볼 만한 미래 연구 주제를 제안했다.[79]

---

77 '형식주의와 국제법의 법원(Formalism and the Sources of International Law)'에 대한 그의 2011년 논문 외에 Jean d'Aspremont, 'Wording in International Law' (2012) 25 *Leiden Journal of International Law* 575도 참조.

78 Jean d'Aspremont, *Formalism and the Sources of International Law*, above n 71, 195 ff.

79 그 연구 주제는 다음과 같은 연구 분야를 포함한다. i) '승인의 규칙에 필요한 의미론(semantics)을 생성하는 사회적 관행의 인식', ii) '국제법 질서에서의 법 적용 당국의 확인', iii) 환원주의(reductionism)의 선택 뒤에 있는 정치적 동기', iv) '사회적 주장에 내재되어 있는 사회학과 자연주의(naturalism).' (Jean d'Aspremont, 'Herbert Hart in today's international legal scholarship', above n 72, 133.

이 관점들은 실증주의 관점과 상당히 다른 것으로 보일 수도 있지만, 나는 이 관점들이 실증주의 관점과 몇 가지 공통점이 있다고 생각한다. 가장 중요한 공통점은 그 이론들이 법의 내용보다는 그 '형태'에 초점을 맞추고 있다는 것이다.[80] 다음으로, 이 관점들은 명확하게 하나의 구별되는 영역으로서의 법의 독자성을 주장한다. 학제간 통합적인 연구는 지양하고 단호하게 법과 다른 영역 간의 경계를 긋고 있다.[81] 결론적으로, 무엇이 법을 확인하거나 인식하게 하는지를 확인하는데 공유되는 독특한 관심이 있는 것으로 보인다. 법률 규정에 대해 형식적인 의미에서의 타당성을 부여하기 위한 기준을 설정하고자 하는 것도 또 다른 공통점 중 하나이다. 어휘와 개념적 구분에 있어서 차이가 있음에도 불구하고, 법을 확인하는 방법을 정립하기 위한 형식적인 법 확인 메커니즘이 존재한다는 생각은 공통적이다.[82] 마지막으로, 현대 실증주의자들의 분석은 고전적 실증주의 입장으로부터 거리를 두려 하는 것처럼 보인다. 본질주의자들의 주장을 변두리로 제쳐놓으려 하는 가장 주된 이유는 그들이 포스트모더니즘 및 반정초주의(anti-foundationalism) 관점의 비판을 경험했기 때문일 가능성이 높다. 현대 실증주의는 실증주의에 의해 인식된 법체계가 선택 및 편견에 의해 결정된 특정 프레임에 따라 세상을 만들고 구성해가야 함

---

80 이는 Jörg Kammerhofer, 'International Legal Positivism', above n 2에서 인정된다. '현대 실증주의의 초점은 … 법적 형태에 있는데, 이는 형식주의로 불릴 수 있고 그렇게 부르는 것은 적절하다.'(원문에서 강조)

81 Jean d'Aspremont and Jörg Kammerhofer, 'Introduction – The Future of International Legal Positivism', in Jörg Kammerhofer and Jean d'Aspremont (eds), *International Legal Positivism in a Post-Modern World*, above n 71, 1, 9.

82 예르크 캄메르호퍼는 Hans Kelsen in today's international legal scholarship', respectively at above n 72, 94 ff and 97 ff에서 켈젠의 기본 규범(Grundnorm) 이론과 하트의 승인의 규칙 이론 간의 차이점을 상세히 설명하고 있는데 너무 극단적으로 단순화하여 유추하는 경우가 종종 있다.

을 아는 듯 하다.[83] 이 관점들은 이처럼 지적으로 겸손한 고백을 하면서도 이론적으로 정제된 모델을 선호한다. 이러한 공통 특징들은 국제법에 대한 현대의 실증주의적 분석에 대한 개요를 제공하고자 모아 놓은 최근의 학문적 결과물에서 다수 찾아볼 수 있다.[84]

국제법 분야에 대한 급진적 비판이 이루어지는 시기에는 형식주의, 실증주의 또는 전통이 자리 잡고 있는 어떤 형태로든지 회귀하고 싶은 유혹이 더욱더 강력할 것이다. 그리고 비판적 분석에 귀 기울이고 학문적 훈련을 위해 해체의 효과를 견뎌내는 것에 어떤 피로가 느껴질 것이다. 여기서 많은 사람들이 학문적 훈련을 실용주의로 여긴다. 결국 매기(Magee)의 설명처럼, 만약 지식인들이 전제와 기능적 양식에 대해 지속적으로 의문을 제기한다면 어떤 형태의, 어떤 특징의 삶이든 실제로 무언가를 하고 그게 잘되게 하는 그 삶의 역량은 큰 차질을 겪게 된다.[85] 하트만(Hartman)은 형식주의가 점차적으로 다양한 방향에서 공격받고 있는 시기에 글을 쓰면서 사람들은 형식주의를 넘어서고 싶은 열망이 있지만, 형식주의는 일정 부분에서 우리와 항상 함께할 것이라고 주장했다.[86] 이

83 Jean d'Aspremont and Jörg Kammerhofer, 'Introduction – The Future of International Legal Positivism', above n 71, 17.

84 Jörg Kammerhofer and Jean d'Aspremont (eds), *International Legal Positivism in a Post-Modern World*, above n 71. 매우 흥미롭게도, 이 편집자들은 저자들을 '고전적 법실증주의가 다다른 '막다른 길'에 대한 공통된 주장'을 하고 '법실증주의 접근법에 대한 대부분의 비판이 가지는 매우 급진적이고 경멸적인 태도'를 거부하는 학자들로 구성하였다고 설명하고 있다.(Ibid, 3)

85 '당신이 만약 적극적으로 어떤 삶의 형태에 관여하고 있고, 그 행위가 억제한다면, 아마 결국에는 마비시키는 결과를 초래한다면, 당신이 '당신은 왜 이것을 하고 있는가? 당신은 당신이 추구하는 목표가 진정한 목표라고 확신하는가? 당신은 당신이 하고 있는 것이 어떤 면에서든 당신이 믿는 도덕 규칙, 원칙 또는 이상을 위반하지 않는다고 확신하는가?' 같은 질문을 끊임없이 받는다면… 만약 사회 구성원 전부가 그들의 신념의 전제에 대해 지속적으로 검토하는 회의적인 지식인들이라면 아무도 어떤 행동도 할 수 없을 것이다.' Bryan Magee, 'Dialogue with Isaiah Berlin' in *Talking Philosophy* (OUP 1978) 2-3.

와 유사한 맥락에서 샤우어(Schauer)는 '형식주의를 개념적 추방에서 구출하고자' 하는 시도로서 어떤 것이든 법이라는 관념의 중심에 놓여 있다면 그것은 '규칙'이라는 관념에 해당한다고 주장했다.[87] 어떤 것을 규칙으로 만드는 것은 그것이 가지는 '문맥상의 경직성(acontextual rigidity)'이다. 다시 말하면, 샤우어와 마찬가지로 우리가 형식주의를 '규칙에 따른 의사 결정'으로 이해한다면, '형식주의는 정확히 형식주의의 실패로 여겨지는 것 즉, 민감한 결정권자라면 고려할 수 있는 요소들을 결정권자로부터 차단함으로써 규칙이 "규칙다움"을 성취하는 방법이다.'[88] 이를 바탕으로, 샤우어는 새로운 종류의 형식주의를 제안했다. 그는 이 형식주의를 '추정적 실증주의(presumptive positivism)'라고 칭하였다. 이 추정적 실증주의는 '그 상황에 적용하기 가장 적절한 규칙을 글자 그대로, 그리고 대개는 맥락과 상관없이 해석하여 도출한 결과에 호의적인 추정'으로 구성된다.[89] 형식주의에 대한 이렇듯 열렬한 방어가 제럴드 피츠모리스(Gerald Fitzmaurice)가 주장한 학문적인 영역 및 실무적인 영역에서의 국제법에 대한 전통적 견해와 관련해 큰 반향을 불러일으킬 것임에는 의심의 여지가 없다.[90]

형식주의와 실증주의의 전통을 다시 세우려는 시도가 국제법에 대한 전통적 관점에 다시 힘을 불어넣을 수 있을지 여부는 단정 짓기 어렵다. 결국 전통은 스스로 설명하던 것을 없애지 않고서는 과거와의 연결고리

---

86 Geoffrey H. Hartman, *Beyond Formalism: Literary Essays* 1958-70 (Yale University Press 1971).

87 Frederick Schauer, 'Formalism' (1988) 97 *Yale Law Journal* 509.

88 Ibid, 510.

89 Ibid, 547. 샤우어는 '그 상황에 적용하기 가장 적절한 규칙'은 당면한 상황과 가장 근접한 관련성을 가지는 규칙을 의미한다고 본다.'(Ibid, 517, footnote 29)

90 footnotes 16-18과 뒤따르는 텍스트 참조.

를 완전히 끊을 수 없다. 동시에 과거와 현재라는 정체성을 기반으로 하되, 미래를 지속적으로 인도하기 위해서 전통은 반드시 비판을 흡수하고 불필요한 것은 걸러내야 한다. 이를 통해 전통은 그 지적 매력을 법률 세계에 대한 설득력 있는 설명으로 재탄생시키고, 스스로를 지속적으로 쇄신해야 하는 것이다. 불사조처럼!

참고 문헌

Bianchi, Andrea, 'Gazing at the Crystal Ball (again): State Immunity and Jus Cogens beyond Germany v Italy' (2013) 4 *Journal of International Dispute Settlement* 457.

Corten, Olivier, *Méthodologie du droit international public* (Editions de l'Université de Bruxelles 2009).

D'Aspremont, Jean, *Formalism and the Sources of International Law. A Theory of the Ascertainment of Legal Rules* (OUP 2011).

Kammerhofer, Jörg, 'International Legal Positivism' in Florian Hoffmann and Anne Orford (eds), *The Oxford Handbook of the Theory of International Law* (OUP 2016), 407.

Kammerhofer, Jörg, and d'Aspremont, Jean (eds), *International Legal Positivism in a Post-Modern World* (CUP 2014).

Rodell, Fred, 'Goodbye to Law Reviews – Revisited' (1962) 42 *Virginia Law Review* 279.

Schlag, Pierre, *The Enchantment of Reason* (Duke University Press 1998).

Simma, Bruno and Paulus, Andreas L., 'The Responsibility of Individuals for Human Rights Abuses in Internal Conflict: A Positivist View' (1999) 93 *American Journal of International Law* 302.

Thirlway, Hugh, *The Sources of International Law* (OUP 2014).

Weil, Prosper, 'Towards Relative Normativity in International Law?' (1983) 77 *American Journal of International Law* 413.

3장
입헌주의와 글로벌 거버넌스

독일식 학풍

국제법의 기원과 발전에 유럽이 중심적인 역할을 해왔다면, 그중에서도 국제법 학계에서 중심적인 역할을 해 온 이들은 독일 학자와 사상가들이다. 마르티 코스켄니에미(Martti Koskenniemi)는 '17세기 국정 운영을 위한 (세속적) 언어로서의 자연법 출현'에서부터 '20세기 세계적인 근대성의 기반 마련'에 이르기까지, 국제법 발전의 근본적인 분기점마다 논쟁의 조건은 독일 학자와 사상가에 의해 결정되었다고 주장했다.[1] 독일 학자들은 '독일의 법률가이자 지식인으로서의 경험을 반영한' 범주와 개념을 사용함으로써 유럽식 정치 어휘를 발전시키는 데 결정적인 역할을 했으며, 이는 국제법의 근간이 되었다.[2] 창의적인 지적 능력으로 인해 종종 견해가

---

1 Martti Koskenniemi, 'Between Coordination and Constitution: International Law as a German Discipline' (2011) 15 *Redescriptions* 45-6.

2 Ibid.

대립하기도 했다. 이러한 대립은 트리펠(Triepel), 카우프만(Kaufmann), 슈미트(Schmitt), 모겐소(Morgenthau)와 같은 법현실주의자들과 전문적 기술 및 국제기구, 보편주의, 인권적 가치에 대한 신념을 옹호하고자 했던 그들의 숙적 켈젠의 국제주의적 전통 등을 떠올려 보면 충분히 알 수 있다. 제1차 세계대전과 제2차 세계대전 사이에 독일 국제법 학계가 학술적 논쟁을 통해 남긴 중요한 유산은 1930년대에 유대계 독일 학자들이 다른 유럽 국가와 미국으로 이주하면서 퍼져나갔다.

독일 법학계는 다양한 이론적 입장과 감수성에도 불구하고 그 지적 역사 전체에 걸쳐 되풀이되어 온 몇 가지 주제로 설명할 수 있다. 첫 번째는, 국제법을 하나의 시스템으로 이해하며, 그로 인해 — 거의 반드시— 국제법의 단일성 주장으로부터의 일탈과 내용에 있어서의 모순을 치유의 대상인 결점이나 단점으로 다루어야할 필요성이 뒤따른다는 점이다.[3] 두 번째로, '국제법의 학문적 교육이 전통적으로 공법과 연결'되어 있는데, 공법은 '국제기구의 기능 수행과 같은 분야에서 발견되는 헌법적, 행정법적 함의에 대한 관심을 지속적으로 설명하고 상기시킨다'는 점이다.[4] 그런 차원에서 독일 법률가들은 조약을 계약이 아니라 법으로 여긴다. 이러한 시각은 합리적인 행동이 아니라, 국제법을 '법적 공동체(Rechtsgemeinschaft)'로 보는 관점에 기인한 것이다. 코스켄니에미에 따르면, 칸트(Kant)에서 켈젠(Kelsen)의 『순수법학이론(Pure Theory of Law)』과 페어드로스(Verdross)의 『보편적 국제법(Universelles Völkerrecht)』을 거쳐, 하이델베르크에 있는 막스 플랑크 비교공법 및 국제법연구소(Max Planck Institute for Comparative Public Law and International Law)의 헌법화와 거버넌스에 대한 현

3 Ibid, 63.

4 Ibid, 64.

대 프로젝트에 이르는 내내, '독일 변호사들은 국제 문제가 공법과 헌법의 어휘로 표현할 수 있는 "법체계" 안에서 일어난다는 가정하에 논쟁을 계속한다.'[5] 이러한 의미에서, 국제법 전반은 아니더라도 국제법에 대한 입헌주의와 그 밖의 공법적 접근은 현저하게 독일적인 색채를 띠고 있다.

마지막으로, 독일에서의 국제법에 관한 학술적 논쟁에는 철학자들이 종종 참여한다. 철학적 아이디어와 지적 입장(intellectual stance)이 진지하게 받아들여지고 토론에 통합되는 것이다. 철학자마다 영향력은 다양할 수 있지만, 적어도 국제법적 학술 논쟁에 철학자가 개입하는 것을 부적절하게 보는 입장은 없다. 위르겐 하버마스(Jürgen Habermas)의 최근 저술이 좋은 예시이다.[6] 그는 칸트가 『영구 평화를 위하여(Toward Perpetual Peace)』[7]라는 에세이에서 확립한 오랜 지적 전통의 발자취를 따르면서도, 3단계 글로벌 거버넌스 체계(세계적, 지역적, 국가적)에 대한 이론적 토대를 마련하였다. 이로써 하버마스는 칸트의 세계국가연맹(a world league of states)에 대한 구상과 세계공화국(a world republic) 개념 모두로부터 스스로를 차별화하였다.[8] '정치적으로 구성된 세계 사회(politically constituted world society)'는 다양

---

5 Ibid. 시스템으로서의 국제법에 대한 이러한 방식의 접근은 Hersch Lauterpacht, *The Function of Law in the International Community* (Clarendon Press 1933)에 소개되어 있다.

6 Jürgen Habermas, 'The Constitutionalization of International Law and the Legitimation of a Constitution for World Society' (2008) 15 *Constellations* 444; Jürgen Habermas, 'A Political Constitution for the Pluralist World Society' in Jürgen Habermas, *Between Naturalism and Religion* (Polity Press 2008) 312-52; Jürgen Habermas, *The Divided West* (Polity Press 2006). 하버마스의 정치 및 법률 철학에 대한 더 일반적인 설명은 Jürgen Habermas, *Between Facts and Norms: Contributions to a Discourse Theory of Law and Democracy* (Polity Press 1996) 참조.

7 Immanuel Kant, 'Toward Perpetual Peace: A Philosophical Sketch' in Immanuel Kant, *Toward Perpetual Peace and Other Writings on Politics, Peace and History* (David L. Colclasure (trans); Pauline Kleingeld (ed), Yale University Press 2006) 67-109.

8 Kjartan Koch Mikalsen, 'Kant and Habermas on International Law' (2013) 26 *Ratio Juris* 302.

한 수준의 정치적, 법적 권한으로써 상호 작용하는 시민과 국가로 구성되어야 하므로, 하버마스는 개인과 국가 모두를 국제법의 주체로 인정한다.[9] 정부와 개인은 현재의 경험으로부터 '학습'해야 하며, 특히 유럽연합에서 영감을 얻을 수 있다.[10] 여전히 하버마스의 주된 관심사는 세계 정치의 민주적 정당화이다. 규제, 표준 설정 및 정책 조정을 담당하는 초국가적 기능 네트워크는 기술적 성격이 강하며 주로 전문지식과 전문가에 의존하여 활동하지만, '진정한 국제 정치 영역의 문제'를 다룰 수 있는 기관이나 절차는 없다.[11] 이처럼 정치 철학과 국제법적 고려는 독일 특유의 이론적 감성과 어우러져 현대 국제기구의 정당성 부족에 대한 우려를 드러내곤 한다.

이 장에서는 다양한 입헌주의적 시각이 국제법의 다양화와 확장에 대한 우려를 누그러뜨리고 파편화에 대응하는 데 크게 기여하고 있음을 보여주고자 한다.[12] 더 이상 복잡성을 완화시키기 어려워 보이는 상황에 질

9 Jürgen Habermas, 'The Constitutionalization of International Law', above n 6, 448-9. 국제연합헌장은 일종의 국제 헌법 역할을 할 수 있으며, 국제연합은 글로벌 거버넌스의 세 가지 계층 또는 수준 중 하나로서 국제적 차원에서 운영된다. 특히 안전보장이사회는 국제 평화와 안보 문제에 대한 감독과 인권 존중을 보장해야 한다. 총회는 각각 국가와 개인으로 구성된 총 두 개의 조직으로 구성되어야 한다. '세계 국내 정치가 지향해야 할 초국가적 정의의 원칙'을 명확히 하는 데 필요한 '의지 형성'과정이 총회에서 이루어지는 것이다.(Ibid 449) 국가는 폭력 사용에 대한 독점권을 유지하고 여전히 민주적 정당성의 주요 원천을 제공하겠지만, 근본적인 중요성은 '전 대륙을 위해 협상하고 넓은 영토에 필요한 이행 권한을 행사할 수 있는 충분한 대표성을 갖춘' 지역 또는 대륙 체제에 기인할 것이다. Jürgen Habermas, *Between Naturalism and Religion*, above n 6, 324-5.

10 하버마스에게 유럽연합은 역사의 도전과 '출신 국가와의 유대를 유지하는 이민자 집단의 통합' 덕분에 이미 '시민 통합의 기초로서 제대로 이해된 헌법적 애국심의 징후'를 보여줄 것이다. Jürgen Habermas, 'The Constitutionalization of International Law', above n 6, 453.

11 Jürgen Habermas, 'The Constitutionalization of International Law', above n 6, 451. 또한 현재 '이러한 문제에 대한 타협을 협상하고 공정한 협상을 통해 도달한 결정의 이행을 보장할 수 있는 적절한 행위자'도 존재하지 않는다(Ibid). 그러나 당분간은 '비공식적인 글로벌 의견이 현재 국제기구가 충족시킬 수 없는 정당화의 필요성을 충족시킬 수 있다.'(Ibid)

서를 부여하는 것이 가지는 치유적 효과에 대해서는 이견이 없을 것이다. 그러나 그러한 시각이 수반하는 계층적 어휘가 국제법을 구성하는 사회적 행위자들의 관행과 신념에 의해 적절히 뒷받침되고 있는지에 대해서는 의문이 들 수도 있다.[13] 많은 영역에서 전통적인 국제법과 그 국제법을 운용하는 국제기구들의 한계를 보완하는 것으로 여겨지는 전문화와 파편화라는 질병에 다시 입헌주의라는 치료법이 개입할 수 있다는 것 또한 일종의 아이러니이다.[14]

국내법 패러다임과 그 이후

그간 국제법률가에게서 국내법을 유추하는 것은 자연스러웠다.[15] 국내 변호사로서의 훈련을 받은 국제법률가 대부분은 그들에게 익숙한 범주, 개념, 사고방식을 국제법에 적용하기를 당연시했다. 이는 다른 변호사와 소통하거나 변호사가 아닌 이들에게 변호사의 일을 알릴 때도 그렇다. 그리고 이는 국제법률가들이 국내법의 권위를 이용하게 하는 동시에, 국제법 분야에 대한 대안적이면서 신뢰할 수 있는 이론적, 인식론적 토대를

---

12 본문의 문구는 분열에 관한 국제법위원회의 연구를 명확하게 반영한다. 'Fragmentation of International Law: Difficulties Arising from the Diversification and Expansion of International Law', Report of the Study Group of the International Law Commission, Finalised by Martti Koskenniemi (UN Doc A/CN.4/L.682 (13 April 2006)).

13 Martti Koskenniemi, 'The Fate of Public International Law: Between Technique and Politics' (2007) 70 *Modern Law Review* 1, 18.

14 Ibid, 19: '결국 파편화(Fragmentation)는 일반 법률의 용납할 수 없는 특징과 이를 적용하는 기관의 권한에 대한 의식적인 **도전**이다.'(원문에서 강조)

15 Hersch Lauterpacht, *Private Law Sources and Analogies of International Law with Special Reference to Arbitration* (Longmans Green & Sons 1927).

구상하도록 시간을 벌어준다. 어느 쪽이든 국내법은 국제법의 필수적인 보완재가 되어왔다. 이를 고려하면 국제법 학계의 일부가 '헌법'이라는 개념에서 영감을 얻어, 저자가 '입헌주의'라는 제목하에 재편성한 다수의 이론적 관점들을 발전시켰음은 그리 놀라운 일이 아니다.[16]

국제 사회가 헌법을 가질 수 있다는 생각에는 역사적 배경이 있다. 1926년에 출판된 알프레드 페어드로스(Alfred Verdross)의 주요 저서인 『국제 공동체 헌법(Die Verfassung der Völkerrechtsgemeinschaft(The Constitution of the International Community))』을 떠올리는 것만으로도 국제법에 입헌주의 개념이 얼마나 뿌리 내리고 있는지를 알 수 있다.[17] 모든 법질서가 그 구조적 특성을 규정하는 기본 원칙을 중심으로 구성되어 있거나 구성되어야 함은 많은 법률가들에게 주지의 사실이다. 국제법 체계 내에서 그러한 구조를 찾는 사람이라면 형식적인 성문법이건, 실질적인 불문법이건 간에 국내법 체계 내에 존재하는 헌법과 유사한 무언가를 찾고자 하는 유혹이 분명히 있을 것이다. 실제로, 몇몇 논평가들은 국제연합 헌장이 국제 사회 전체의 헌법과 같은 것으로 여겨질 수 있다고 주장했다.[18] 국제연합 헌장은 공식적으로 다자 조약임에도 불구하고, 독특한 특징과 상징적 가치로 인해 특별한 지위를 획득하게 된 것으로 여겨진다.[19] 헌장은 국제법 체계

---

16 나는 '헌법', '헌법화', '입헌주의'에 대한 앤 페터스(Anne Peter)의 실무적 정의가 매우 유용하다고 생각한다. 'Compensatory Constitutionalism: The Function and Potential of Fundamental International Norms and Structures' (2006) 19 *Leiden Journal of International Law* 579, 581. 특히 글로벌 또는 국제적 입헌주의는 '국제법 질서의 효율성과 공정성을 향상시키기 위해 국제법 체계에서 법치, 견제와 균형, 인권 보호, 민주주의와 같은 헌법적 원칙의 적용을 옹호하는 사상적 흐름(전망 또는 관점)과 정치적 의제'를 의미한다.(Ibid, 583)

17 Alfred Verdross, *Die Verfassung der Völkerrechtsgemeinschaft* (Springer 1926). 국제 사회의 헌법에 대한 페어드로스의 생각에 대해서는 Bardo Fassbender, *The United Nations Charter as the Constitution of the International Community* (Brill, Nijhoff 2009) 28 ff 참조.

의 기본 원칙을 포함하고 있으며, 법률 제정 및 법적 주장의 판결과 같은 거버넌스의 기본 기능을 수행하기 위한 양식을 명시하고 있다.[20] 가장 핵심적인 것은 헌장이 규범의 위계를 제공한다는 것이다. 국내법 체계에서 헌법은 일반 법령이나 다른 규범적 관습에 우선한다. 마찬가지로, 제103조에 의해 헌장의 법은 충돌하는 다른 국제 협정보다 우선시된다는 점에서 다른 국제법 규칙에 대한 국제연합법(UN law)의 형식적 우월성 또는 우위를 주장하는 것이다.[21]

이러한 자칭 헌법적 지위는 특정한 조직 내에 입법, 사법 또는 집행 메커니즘이 존재하는 경우에 해당 기관이 이를 주장하거나, 학술 논문이 이러한 지위를 해당 기관에 부여하는 경우에 빈번히 논의된다.[22] 특별한 법질서에 대한 근거 문서로 기능함을 나타내고자 전문 기구의 설립 조약에

---

18 특히 바르도 파스벤더(Bardo Fassbender)는 국제연합헌장을 헌법으로 볼 수 있다는 논리를 옹호하는 데 앞장서 왔다. 'The United Nations Charter as Constitution of the International Community' (1998) 36 *Columbia Journal of Transnational Law* 529. 유사한 견해로 Ronald St John Macdonald, 'The Charter of the United Nations in Constitutional Perspective' (1999) 20 *Australian Yearbook of International Law* 205; Pierre-Marie Dupuy, 'The Constitutional Dimension of the Charter of the United Nations Revisited' (1997) 1 *Max Planck Yearbook of United Nations Law* 1 참조.

19 피에르 마리 뒤피(Pierre-Marie Dupuy)는 국제연합헌장이 '새로운 국제질서를 구성하는 창설 행위이자 유례없는 조약'으로서의 지위를 가진다고 보았다. Pierre-Marie Dupuy, 'L'unité de l'ordre juridique international' (2002) 297 *Recueil des Cours* 9, 217.

20 Bardo Fassbender, 'The Meaning of International Constitutional Law' in Nicholas Tsagourias, *Transnational Constitutionalism: International and European Perspectives* (CUP 2007) 847. 기본 원칙에는 국제 평화와 안보의 유지, 무력 사용 금지, 분쟁의 평화적 해결 원칙, 국가의 주권 평등, 민족자결원칙, 인권 존중의 증진, 협력의 원칙이 포함된다. Christine E.J. Schwöbel, 'Situating the debate on global constitutionalism' (2010) 8 *International Journal of Constitutional Law* 611, 623.

21 파스벤더는 제103조에 근거한 형식적 논증을 넘어 '헌장은 모든 국제법을 지탱하는 기반이며, 헌장 옆에 독립적으로 존재하는 "일반 국제법"이라는 범주를 위한 여지를 남기지 않는다고 한다.' Bardo Fassbender, 'The Meaning of International Constitutional Law', above n 20, 848.

"헌법"이라는 명칭을 붙이기도 한다는 점에서, 조약에 기반한 체제에 준헌법적 구조를 투영하는 것 또한 상당히 일반적이다.[23] 세계무역기구(World Trade Organization)를 헌법적 질서로 설명하려 한 시도와 이에 대한 반발은 잘 알려져 있다.[24] 더욱 눈에 띄는 것은, 유럽연합의 헌법 제정 과정에 대한 오랜 논쟁이 다양한 이론들을 시험하는 흥미로운 실험실 역할을 했으며, 그중 일부는 국제적인 수준으로 확장될 가능성이 있다는 것이다.[25] 이러한 맥락에서, 통합과 위계질서를 특권으로 하는 입헌주의의 소명조차도 '헌법적 다원주의(constitutional pluralism)'라는 개념에 의해 도전을 받아

---

22 characterization of the European Convention on Human Rights as 'a constitutional instrument of European public order', by the European Court of Human Rights: *Loizidou v Turkey* (preliminary Objections), Application no. 15318/89 (1995) § 75; *Al-Skeini and Others v United Kingdom*, (Grand Chamber), Application no. 55721/07 (2011) § 141 참조. '녹색환경당(Les verts)' 사건 (Case C-294/83) 'Les Verts v Parliament' ([1986] 1339)에서만 유럽연합 설립 조약에 '헌법적 성격'을 부여한 것처럼 보이나, '카디(Kadi)' 사건을 포함한 후속 판결에서도 유럽사법재판소는 유럽연합의 법체계가 가지는 헌법적 성격을 인정하고 있다. Kaarlo Tuori, *European Constitutionalism* (CUP 2015), 57 참조.

23 Christine E. J. Schwöbel, 'Situating the debate on global constitutionalism', above n 20, 624.

24 Ernst-Ulrich Petersmann, 'The WTO Constitution and Human Rights' (2000) 3 *Journal of International Economic Law* 20. '다층적' 입헌주의의 조금 더 나중의 형태에 대해서는, Ernst-Ulrich Petersmann, 'Multilevel Governance in the WTO Multilevel Constitutionalism' in Christan Joerges and Ernst-Ulrich Petersmann (eds), *Constitutionalism, Multilevel Trade Governance and International Economic Law* (Hart 2011) 5; Deborah Z. Cass, *The Constitutionalization of the World Trade Organization: Legitimacy, Democracy, and Community in the International Trading System* (OUP 2005); Jeffrey L. Dunoff, 'Constitutional Conceits: The WTO's "Constitution" and the Discipline of International Law' (2006) 17 *European Journal of International Law* 647 참조.

25 개괄적인 내용에 대해서는, Joseph H.H. Weiler and Marlene Wind (eds), *European Constitutionalism beyond the State* (CUP 2003) 참조. 유럽공동체의 입헌주의에 대한 논의는 보다 더 정치적으로 통합된 형태를 향한 설립 조약의 발전 이전에 시작되었다. 초기에는 유럽사법재판소가 이 과정을 주도했다. Eric Stein, 'Lawyers, Judges, and the Meaning of a Transnational Constitution' (1981) 75 *American Journal of International Law* 1.

거의 한계점에 다다랐다. 헌법적 유럽연합 법체계 내 복잡한 제도들 간의 균형에 대한 설명뿐만 아니라[26], 잠재적으로는 부문별, 기능별로 구분된 정치조직에 대해 최종적인 법적 권한을 행사하는 주장들이 동등하게 경쟁하는 세상의 새로운 질서 요소를 제공할 수 있는 이론으로 주장되었다.[27] 입헌주의의 어휘는 법체계에 대한 담론에 구조와 중요한 서사를 재도입하기 위해 널리 사용되었다. 제도적 장치(Institutional arrangements)는 국내 헌법 질서와 유사하다는 점에서 이러한 유형의 담론이 확산되고 수용되는 데 필연적으로 선호되었지만 그렇다고 필수불가결한 것으로 인식되지는 않았다.

국제법에 대한 입헌주의 관점의 또 다른 학파는 제도보다는 규범의 구조화 능력에 그 뿌리를 두고 있다. '국제 공동체 학파(international community school)'로 알려진 이 학파는 주로 독일 학자들의 지지를 받았다.[28] 비록 접근법에 있어서 서로 다른 감성과 미묘한 차이가 항상 작용하고 있지만, 이 접근법에 대한 공통적인 영감은 국제 사회가 규범적 구조 내에서의 변화 작용을 통해 통합의 과정을 겪어왔다는 것이다. 국제 사회는 더 이

---

26 Matej Avbelj and Jan Komárek, *Constitutional Pluralism in the European Union and beyond* (Hart 2012). 이론의 초기 형성 과정에 대해서는, Neil MacCormick, *Questioning Sovereignty: Law, State and Nation in the European Commonwealth* (OUP 1999) 참조.

27 Neil Walker, 'The Idea of Constitutional Pluralism' (2002) 65 *Modern Law Review* 317.

28 Hermann Mosler, 'The International Society as a Legal Community' (1974) 140 *Recueil des Cours* 1; Christian Tomuschat, 'Obligations Arising for States Without or Against Their Will' (1993) 241 *Recueil des Cours* 195; Christian Tomuschat, 'International Law: Ensuring the Survival of Mankind on the Eve of a New Century: General Course on Public International Law' (1999) 281 *Recueil des Cours* 237; Bruno Simma, 'From Bilateralism to Community Interest in International Law' (1994) 250 *Recueil des Cours* 217 Pierre-Marie Dupuy, 'L'Unité de l'ordre juridique international' (2002) 297 *Recueil des Cours* 9; Erica de Wet, 'International Constitutional Order' (2006) 55 *International and Comparative Law Quarterly* 51.

상 독립 국가의 동의에서 정당성을 확보하고 주로 상호주의를 기반으로 작동하며 합의된 권리, 의무를 가지는 주권 독립 국가의 총체(ensemble of sovereign and independent states)로 설명될 수 없다. 최근 국제법에서 일어나고 있는 구조적 변화는 대단히 중요하고도 계층화된 원칙과 규칙을 통해 국제 사회의 '수직화'를 입증한다. 이러한 발전을 이해하는 열쇠는 규범의 '헌법적' 위계를 전제로 하는 강행규범(*jus cogens*) 개념을 국제법에 도입하는 것이다.[29] 마찬가지로, 한 국가의 다른 특정 국가에 대한 의무가 아니라 국제 사회 전체에 대한 의무인 대세적 의무(obligations *erga omnes*)[30]를 인정하는 것은 국제법적 의무의 전통적인 쌍무적 구조에서 벗어나고, 국제 사회에 다른 것보다 더 중요한 일련의 가치들이 있음을 전제로 한다. 같은 맥락에서, 국제법위원회의 국가책임법 성문화 과정에서 발생한 논쟁 즉, 국제 사회의 근간을 이루는 국제법 규칙을 심각하게 위반하는 행위(일반적인 국제법상의 불법 행위가 아닌, 소위 '국제법상의 범죄')에 대한 '가중된 국가 책임(aggravated state responsibility)' 유형의 도입에 대한 논쟁을 언급할 수도 있다.[31] 국제인권법의 꾸준한 공고화, 국제형사사법제도의 출현, 그리고 오랫동안 기다려 온 세계무역 규제에 관한 협정의 발효는 모두 같은 방향을 가리키고 있다. 국제 사회는 공동의 가치와 기대에 의해 형성된 통합 공동체로 여겨진다. 이 맥락에서 중요한 것은, 국제법을 처음 접한 학생이라면 누구나 알 법한 발전상에 대한 설명이 아니라 이러한 사고방식의 출현을 불러일으킨 최근의 시대정신(*zeitgeist*)을 전달하려는 노력이다. 흥미롭게도, 위에서 설명한 규범적 발전은 적절한 제도적 메커니즘의 뒷받침

29 강행규범의 의미와 역사적 발전 과정에 대해서는, Andrea Bianchi, 'Human Rights and the Magic of Jus Cogens' (2008) 19 *European Journal of International Law* 491 참조.

30 *Barcelona Traction, Light and Power Company, Limited (Belgium v. Spain)*, Second Phase, Judgment of 5 Feb. 1970 [1970] ICJ Rep 3, at 32, para. 34.

31 [1976] *Yearbook of the International Law Commission*, ii (Part Two), 95.

없이도 헌법적 기능을 수행하기에 충분하다고 생각되었다.[32]

헌법은 성문의 것이거나 불문의 것일 수 있으며, 형식적이거나 실질적일 수 있고, 길거나 짧을 수도, 수정하기 쉽거나 어려울 수도 있다. 그러나 시민(*a demos*) 없는 헌법을 생각하는 것은 문제가 있다고 생각될 수 있다. 국제 사회가 의인화된 특징(anthropomorphic features)을 가지고 있는지에 대해서는 의문의 여지가 있다. 대부분 그것은 규칙, 절차, 메커니즘으로 이루어진 가치 공동체(a community of values)라고 불린다. 사회학적 또는 인간적 의미에서 '사람(people)'의 공동체로 제시되는 경우는 드물다. 이러한 점은 일부 비평가들의 주장에 따라 정당성에 대한 질문을 간접적으로 불러일으키기도 한다.[33] 예를 들어, 크리스찬 토무샤트(Christian Tomuschat)도 국제 사회가 국가의 국내 정치 과정으로부터 파생된 것 외에 다른 유형의 정당성으로부터 이익을 얻을 수 있다고 생각하지는 않는 것 같다.[34]

국내에서 입헌주의가 '불안정한 상황'에 있는 것 처럼 보이는 시점에 국제법에 대한 접근법으로 입헌주의가 유행하게 된 것은 다소 아이러니하다고 생각할 수 있다.[35] 또한 세계화의 구심력과 정치적, 법적 절차가 국내 무대 바깥으로 꾸준히 이전한 경향으로 미루어 봤을 때, 입헌주의의 렌즈가 국제법의 현대적 발전을 틀에 넣기에는 불충분하다고 생각할 수도 있다. 그럼에도 불구하고, 앤 페터스(Anne Peters)가 국제법에서 입헌주의를 생각한 이유는 국내 법체계에서 증가하는 비헌법화를 보완하기 위함일 수 있다.[36] 그런 맥락에서 '보완적 입헌주의(Compensatory

32 Anne Peters, 'Compensatory Constitutionalism' above n 16, 599.

33 Armin von Bogdandy, 'Constitutionalism in International Law: Comment on a Proposal from Germany' (2006) 47 *Harvard International Law Journal* 223, 233.

34 Ibid, 236.

35 Jan Klabbers, 'Setting the Scene' in Jan Klabbers, Anne Peters and Geir Ulfstein, *The Constitutionalization of International Law* (OUP 2009) 1, 4.

constitutionalism)'는 국제법이 지나치게 형식만 있고 가치나 의미가 없게 되는 경향을 방지하고, 현대 글로벌 거버넌스 과정에서 정당성에 대한 근본적인 문제를 정면으로 다루게 하는 장점을 가질 수 있다.[37]

정치의 종말

입헌주의의 주요 매력 중 하나는 정치적 논쟁과 정책 선택이 가지는 우발성과 불확실성으로부터 우리를 해방시키겠다는 약속에 있다. 얀 클라버스(Jan Klabbers)가 말했듯이, 입헌주의는 '모든 위대한 이념에 내재된(항상 명시적이지는 않더라도), 정치 종말에 대한 약속을 활용한다.'[38] 법령과 다른 법률이 전문적인 로비, 정당 정치, 그리고 다른 우발적 요소들에 의해 쉽게 영향을 받는 반면, 헌법은 보통 일련의 기본 규칙에 내재된 가치와 원칙들에 대한 정치적 합의를 승인한다. 헌법의 안정적인 특성은 그 틀 안에서 이루어질 수 있는 다른 규범적 선택의 우발성보다 오래 지속되는 데 있다. 헌법은 이러한 고려 사항들을 상회하며, 법적 힘이나 가치 면에서 더 높은 지위를 누리고 있는 것이다. 그러니 정치의 변동성(volatility)은 이를 방해할 수 없다.

또 다른 상징성은 '법에 의한 권력의 제한'이라는 헌법의 개념에 의거한다. 헌법에 명시된 '법치주의에 대한 현실 세계의 종속'은 정치에 대한 통제를 행사하는 '중립적'(이미 합의된 의미에서의) 틀의 관점에서 사고하게 한

---

36 Anne Peters, 'Compensatory Constitutionalism', above n 16 579.

37 Ibid, 610.

38 Jan Klabbers, 'Constitutionalism Lite' (2004) 1 *International Organizations Law Review* 31, 47, Bart Tromp, *Het einde van de politiek?* (1990)을 인용.

다. 정치에 대한 법적 통제는 일반인과 법률가 모두의 집단적 상상 속에서 매우 강력한 개념이다. 사람들은 정치가 더 이상 공동의 이익을 가장하여 기득권을 강요할 수 없다는 사실에 안도감을 느끼고, 법률가들은 헌법을 구성하는 공유된 가치의 수호자로 널리 인정받음으로써 힘을 얻는다. 바우터 베르너(Wouter Werner)는 특히 이런 측면을 강조하며, 대부분의 입헌주의 담론은 국제주의, 통합, 정치에 대한 법의 통제라는 규범적 의제를 발전시키기 위해 국내 입헌주의에서 차용한 어휘를 활용해 국제법의 기존 발전상을 설명하려는 시도[39]가 지배적이라고 하였다. 국내 헌법 논쟁의 모방에도 불구하고, 법적 담론을 통해 권력을 제한하려는 열망은 '국제법률가의 영원한 생존 불안'을 지울 수 있는 내러티브다.[40] 이러한 통찰은 원래 조셉 와일러(Joseph Weiler)와 조엘 트라흐트만(Joel Trachtman)이 유럽의 입헌주의가 유럽 법률가들에게 제공한 권한 의식을 설명하고자 고안한 것인데 국제 입헌주의와 국제법률가들에게 적용될 때 역시 유효하다. 국내법과 마찬가지로 법원이나 법조계 전반에서 '실질적인 법(real law)'으로 인정받는다는 기쁨은 그 일에 종사하는 모든 구성원들이 경험하고 싶은 감정이다. 인정에 대한 갈망은 국제와 국내를 비교함으로써 다시 한번 충족될 수 있다.

정치가 헌법에 의해 길들여지고 억제될 수 있다는 생각은 그 두 가지의 완전한 분리 가능성을 전제한다는 점에서 순진한 생각이다. '일상 정치 위에' 법의 영역이 있을 수 있다고 제안하는 것은 그렇다 치더라도[41],

---

39 Wouter Werner, 'The Never-ending Closure: Constitutionalism and International Law' in Nicholas Tsagourias (ed), *Transnational Costitutionalis: International and European Perspectives* (CUP 2007) 329, 330.

40 Joseph H.H. Weiler and Joel P. Trachtman, 'European Constitutionalism and its Discontents' (1996-1997) 17 *Northwestern Journal of International Law and Business* 354, 356.

법과 정치는 별개의 사회적 과정이기 때문에 교차할 수 없다고 주장하는 것은 초현실에 가깝다. 앤 피터스가 지적했듯이, '법과 정치'는 별개의 영역이 아니라 구조적으로 결합된 시스템으로 봐야 한다. 법은 정치 활동의 산물이며, (다른) 정치적 행위을 조직하고 제한하기 위해 확립되어 있다.'[42] 이러한 정치와 헌법의 자명한 상호 관계를 부정하거나 무시하는 태도는 권력자들이 반대 의견을 잠재우고, 상위법인 헌법의 이름으로 반대 측이 논쟁의 영역에 접근하지 못하게 한다는 '사악한' 암시를 내포할 수 있다. 또한 이것은 공동체의 우선순위와 가치에 대한 논쟁을 '동결'시킬 수 있다. 입헌주의 지지자들이 잘 알고 있듯, 정치 논쟁의 기본을 당연시하는 지식 엘리트와 의사결정권자의 패권적 반사 행위는 입헌주의가 내포한 위험이다. 정치의 종말이 공동의 가치, 공유된 선호, 공동선의 이름으로 제국을 건설하려는 시도와 일치할 수 있음은 놀랍지 않을 것이다. 종종 긴급한 문제에 대한 정치적 논쟁을 연기함으로써 차이와 다양성은 쉽게 침묵되거나 무시될 수 있다.[43]

클라버스가 다소 도발적으로 '정치의 종말'이라 부른 것은 헌법의 구조 내에서 정치의 가치와 우선순위가 끊임없이 논쟁되거나 재협상되는, 끝없는 정치 과정의 시작일 수 있다. 헌법은 문헌 속에 있는 것이 아니라, 넓은 의미에서 정치적 과정이 일어날 수 있는 틀을 제공한다. 입헌주의의 추구가 정치, 이념, 의견의 불일치가 없는 공간을 만들 수 있다는 환상에 빠지는 것이 비록 위험하지는 않더라도 오해를 일으킬 수는 있다. 클라버스가 지적했듯이, '확립된 핵심 가치를 고수함으로써 정치를 극복하려는

41 Anne Peters, 'Compensatory Constitutionalism', above n 16 579, 609.

42 Ibid.

43 Jan Klabbers, 'Constitutionalism Lite', above n 38, 46; Anne Peters, 'Compensatory Constitutionalism', above n 16, 609.

생각은 실패할 수밖에 없다. 왜냐하면 그러한 가치들에 대한 언급 자체가 엄청나게 그리고 강렬하게 정치적이기 때문이다.'[44] 미국 헌법과 관련된 특정 논쟁의 격렬한 적대감과 끝없는 논란의 성격은 헌법과 정치가 불가분의 관계에 있다는 증거를 추가로 제공한다.[45] 다른 맥락에서 만들어졌으나 유명한 인용문을 바꾸어 말하자면, 헌법은 다른 수단을 통한 정치의 연속이라고 볼 수 있다.[46]

입헌주의 담론에서 법과 정치의 결합은 종종 정당성의 논쟁으로 이어진다.[47] 근본적으로 법의 어휘와 동떨어진 정당성은 글로벌 거버넌스에 대한 담론에서 중요한 역할을 맡게 되었다.[48] 다양한 의미와 뉘앙스를 가진 정당성은 권력에 책임을 부여하고 법을 공정하게 만드는 능력을 의미한다. 그것은 법이 준수되어야 하는 이유를 설명하고, 법이 준수되지 않아도 되는 경우를 정당화한다.[49] 정당성은 규칙과 정책이 만들어지는 과

---

44 Ibid, 54.

45 이에 대한 개괄적인 내용은 Howard Gillman, Mark A. Graber and Keith E. Whittington, *American Constitutionalism* (OUP 2012) 참조.

46 Carl von Clausewitz, *On war* (Michael Howard and Peter Paret (eds and trans); Princeton Univeristy Press 1989) 87.

47 '입헌주의자의 언어는 상당히 가치 판단적인 어휘인 "헌법"을 남용하여 이 어휘가 가지는 긍정적인 어감에서 이익을 취하고 국제법 질서에 위엄을 높인다. 그러나 이러한 비판을 뒤집어 보면, 현재의 국제법 절차에 대한 입헌주의적 이해는 매우 이롭고도 중요한 잠재력을 가진다고 주장할 수도 있다. 헌법에 대한 생각은 정당성에 대한 탐구와 연결되어 있기 때문에 입헌주의적 재구성은 글로벌 거버넌스의 정당성에 대한 의문을 불러일으키기 때문이다.' Anne Peters, 'Global Constitutionalism Revisited' (2005) 11 *International Legal Theory* 39, 66.

48 이에 대한 개괄적인 내용은 Mattias Kumm, 'The Legitimacy of International Law: A Constitutionalist Framework' (2004) 15 *European Journal of International Law* 907; Chris Thomas, 'The Uses and Abuses of Legitimacy in International Law' (2014) 34(4) *Oxford Journal of Legal Studies* 729 참조.

49 법에 대한 존중을 보장하는데 정당성에 대한 인식이 가지는 중요성에 대해서는, Tom R Tyler, *Why People Obey the Law* (Princeton University Press 2006) 참조.

정을 의미하는 절차적 정당성일 수도 있고, 규칙이나 제도의 공정성이나 타당성을 평가하기 위한 기준으로 사용되는 실체적 정당성일 수도 있다. 의사 결정 과정의 대표성 또는 투명성에 대해 말할 때면 '투입된' 정당성('input' legitimacy)의 관점에서 말할 수도 있다. 반대로, '산출된' 정당성('output' legitimacy)은 결과와 행동의 효과에 초점을 맞춘다. 이처럼 정당성은 그 자체로 권위의 한 형태가 되어 순수하게 법적 형태의 실행 가능성에 의문이 제기되는 세상에서 종종 합법성(legality)을 대체한다.[50]

만약 입헌주의가 그렇게 고도로 정치화될 수 있고, 분열에 대한 치료제로서의 그 가치에 의심의 여지가 있다면—서로 다른 법체계의 역할과 위계를 고정함으로써 질병을 치료하려고 하면 할수록 그들 사이의 싸움은 더욱 고착화되고 분열을 촉진할 것이기 때문에—무엇을 중시해야 할 것인가?[51] 여전히 우리 주변의 '모든 광기'에서 합리적인 질서 요소를 찾기 바랄 수 있을까?[52] 많은 사람들이 기대치와 기준이 얼마나 높게 설정되어 있는지에 따라 다르다고 대답할 것이다. 헌법화는 '과정이자 수반되는 담론'[53]으로 볼 수 있으며, 정치 행위자로서의 국회의원과 학자들은 국제 법체계의 정당성을 개선하기 위한 전략을 설계하고 실행한다. 법치주의 지

---

50 '법적 권위에 의문이 제기되는 경우에는 정당성이 등장하게 되고 어느 때보다 정당성에 의존하게 된다. 더 정확히 말하면, 법적인 권위는 점점 더 다른 형태의 권위로부터 멀어지게 된다. 초기의 법적 권위는 거의 그 자체로 정당한 권위였으나, 최근에는 법적 권위가 쉽게 내던져질 정도로 법적 권위와 정당한 권위의 관련성이 점점 희미해졌다. 정당성은 합법성보다 높게 평가된다.' Jan Klabbers, 'Setting the Scene', above n 35, 42.

51 핵심 내용은 Jan Klabbers, 'Constitutionalism Lite', above n 38, 53 참조. '이것은 궁극적으로는 입헌주의의 역설이다. 통제를 추구한다는 것은 통제를 포기한다는 것을 의미한다. 마찬가지로 입헌주의에 의한 파편화와 싸우는 것은 단지 그 파편화를 더 심화시킬 뿐이다. 왜냐하면 경쟁하는 다양한 체제들과 단체들이 헌법의 공간에 견고하게 자리잡고 서로 싸울 것이기 때문이다.'

52 Ibid, 49.

53 Anne Peters, 'Global Constitutionalism' in Michael T. Gibbons (ed), *The Encyclopedia of Political Thought* (Wiley & Sons 2015) 1484, 1485.

지지자들은 법치주의, 권력 분립, 기본적 인권 보호, 민주주의, 연대 등 일련의 헌법적 원칙을 견지한다. 그리고 이를 실천하기에 적합한 제도를 장려함으로써 '실천에 대한 새로운 이해'를 제안하고, '개혁 열망에 대한 규범적 지평'을 연다.[54] 클라버스와 같이 입헌주의를 '다른 스타일의 정치'[55] 또는 '태도나 사고방식'[56]으로 보는 사람들의 견해는 덜 야심적이지만, 입헌주의는 '헌법에 대한 존중으로 대표되는 어떤 형태의 정치적 정당성을 향해 노력하는 철학'[57]이다.

방식과 기법

헌법적 접근의 다양성(variety)과 포괄성(diversity)에도 불구하고, 그것들이 대부분 '자유 민주주의 정치 사상의 궤적'과 밀접하게 연결됨은 부인할 수 없다.[58] 이는 필연적으로 서구의 법문화와 자유주의적 법이론 특유의 민감성(sensitivity)과 연결되지만, 특정 형태의 헌법 질서에 대한 지지를 강요하는 것은 아니다. 범세계적 연방 국가 또는 강행규범의 출현과 발전 등이 암시하는 '규범적 위계질서를 통한 국제 사회의 수직화' 비전은 곧 다양한 헌법적 제도나 환경이 변형된 것이다. 그러나 중요한 것은 헌법적 관점의 다양한 학파들이 종종 유사한 기술을 사용한다는 것이다. 국내 헌

54 Ibid, 1486.

55 Jan Klabbers, 'Constitutionalism Lite', above n 38, 57.

56 Jan Klabbers, 'Setting the Scene', above n 35, 10. 나는 제8장 '불가지론의 도덕성'에서 마르티 코스켄니에미의 입헌주의에 대한 생각을 하나의 사고방식으로 다루고 있다.

57 Ibid.

58 Christine E.J. Schwöbel, 'Situating the debate on global constitutionalism', above n 20, 611.

법 담론에서 사용되는 원리와 원칙(doctrines and principles)은 국제적/세계적 수준에서 명시적으로 적용되도록 의도된 몇 가지 기술과 함께 헌법 어휘를 구체화하고, 규범적인 프로젝트를 전개할 수 있는 흥미로운 도구 세트를 구성한다.

보충성 원칙(The principle of subsidiarity)은 서로 다른 권한 계층의 관계를 명확히 할 수 있는 도구 중 하나이다. 이 원칙의 기원이 오래되어 보이지만,[59] 규범적 정책 수단으로 발전한 것은 가톨릭교회 내의 사회 교리에 기인한 것으로 봐야 한다.[60] 주로 연방 국가와 초국적 기관에서 다양한 수준의 정부에 권한을 배분하는 절차적 메커니즘으로 사용되는 이 원칙[61]은 1992년 마스트리히트 조약(Maastricht Treaty)에 헌법적 원칙으로 포함되면서 최근 각광받고 있다. 이 원칙은 현재 유럽연합 조약(Treaty on European Union) 제5조 제3항에 성문화되어 있는데, '연합은 제안된 행동의 목표가 회원국에 의해 충분히 달성될 수 없는 경우에만 행동해야 한다'고 규정한다.[62] 사실 이 원칙은 일반적으로 사법심사가 적합하지 않게 만드는 강력한 정치적 함의를 담고있다. 지금까지 유럽연합 사법 기관에 제출된 '진정한 보충성 항변(real subsidiarity challenge)' 사례는 거의 없었

---

59 Chantal Million-Delsol, *L'Etat subsidiare: Ingérence et non-ingérence de l'Etat: le principe de subsidiarité aux fondaments de l'histoire européenne* (PUF 1992).

60 Paolo G. Carozza, 'Subsidiarity As A Structural Principle of International Human Rights Law' (2003) 97 *American Journal of International Law* 38, 41-2. 보충성은 원래 자본주의의 영향으로부터 근로자의 보호를 장려하는 도구로 여겨졌으나(Leo XIII's Encyclica Letter *Rerum Novarum* (1891) 참조), Pius XI's Encyclical Letter *Quadragesimo Anno* (1931)에서는 국가의 최고 권위와 덜 중요한 문제를 다루는 하위 단체의 권한 간의 관계를 정하는 지배 원칙으로서 일반화되었다.

61 George A. Bermann, 'Taking Subsidiarity Seriously: Federalism in the European Community and the United States' (1994) 94 *Columbia Law Review* 331.

62 유럽연합의 헌법적 구조하에서 보충성 개념의 특성과 이 개념이 가지는 거대한 상징적 의미에 대해서는, Nicholas W. Barber, 'The Limited Modesty of Subsidiarity' (2005) 11 *European Law Journal* 308 참조.

다.[63] 보충성 원칙은 지역적인 것을 선호한다. 그것은 종종 더 낮은 단계의 의사 결정에 유리한 추정을 하게 한다. 보충성은 국제법의 실질적인 영역에서도 사용될 수 있다. 예를 들어 파올로 카로자(Paolo Carozza)는 국제인권법의 구조적 원칙으로서의 보충성은 '인간의 존엄성과 인간 사회의 다양성'[64] 모두를 보호하기 위해 활용되어야 하며, 이는 사회의 어느 단계에서 인권이 가장 효과적으로 그 의미와 실제 효과를 가지는지를 결정함으로써 가능하다고 주장하였다.[65] 보다 일반적으로, 보충성 원칙의 역동적이고 유연한 특성은 글로벌 거버넌스 과정을 조정하기 위한 잠재적 도구로 주목받고 있다.[66]

보충성 원칙은 또한 최근 유럽인권재판소의 법리에서 유럽 협약 시스템의 한 축으로 확인된 후[67] 유럽 인권 협약(European Convention on Human Rights)에 성문화되었다.[68] 재판소는 보충성 원칙이 협약 전문에 포함되기 전에 제1조(인권존중의무), 제13조(실효적 구제를 받을 권리), 제35조 제1항(재판 적격성 요건으로서의 국내 구제수단의 완료)에서 보충성 원칙의 근거를 찾았고,[69] 이를 판례법에 일관되게 적용해왔다.[70] 유럽 협약 시스템의 보충성은 협약에

63 Paul Craig, 'Subsidiarity: A Political and Legal Analysis' (2012) 50 *Journal of Common Market Studies* 72, 80.

64 Paolo G. Carozza, 'Subsidiarity As A Structural Principle of International Human Rights Law', above n 60, 40.

65 Ibid, 79.

66 Markus Jachtenfuchs and Nico Krisch, 'Subsidiarity in Global Governance' (2016) 79(2) *Law & Contemporary Problems* 1.

67 Alastair Mowbray, 'Subsidiarity and the European Convention on Human Rights' (2015) 15 *Human Rights Law Review* 313.

68 보충성은 제15의정서(CETS 213, 24 June 2013)의 발효에 따라 유럽 협약(European Convention) 전문의 말미에 포함되었다.

69 In *Austin v United Kingdom*, Applications Nos. 39692/09 and 41008/09, Merits and Just Satisfaction, 15 March 2012. 재판소는 사실관계의 확정은 국내 법원의 권한이라는 점을 확인하면서 제19조(재판소의 설립)와 보충성의 관련성을 강조했다.(§61)

규정된 인권 보호 기구가 회원국의 국내 법체계에 보조적이라는 것을 의미한다. 우선적으로 인권을 보호해야 하는 주체는 회원국인 것이다.

이와 밀접하게 관련되거나 부수적인 개념은 소위 '판단의 재량 이론(margin of appreciation doctrine)'[71]이다. 초기 이 이론은 유럽재판소(European Court)의 협약 제10조의 해석을 통해 정교화되었으며, 추후에는 제15조 예외조항(derogation clause)을 포함한 다른 영역에도 확장 적용되었다.[72] 이 이론은 특정한 권리와 자유의 향유가 제한되거나 축소될 수 있는지, 제15조의 목적을 위해 국가 비상사태 선포를 정당화할 만한 사정이 있는지를 초기에 평가하기에 국내의 관련 당국이 더 유리한 위치에 있는 경우가 많다는 것을 의미한다. 하지만 이것이 국가가 판단의 재량을 행사할 때 협약상의 기준에 부합하게 판단하였는지에 대한 유럽재판소의 최종 판단 권한을 침해하지는 않는다. 판단의 재량은 재판소가 일관되게 사용하는 방법은 아니지만, 무수히 많이 사용하는 매우 유용한 사법 정책 수단이 되었다.[73] 그러면서도 이 이론은 협약상의 기준이 특정 감성이 작용하는 영역에서 국가들의 반감을 사지 않으며 조화를 이룰 수 있게 하였다.[74] 이 이론이 유럽에서 거둔 성공과 기능적 유용성은 일부 비평가들이

---

70 그 예로 *Kudla v Poland*, Application No 30210/96, Merits and Just Satisfaction, 26 October 2000; *De Souza Ribeiro v France*, Application No. 22689/07, Merits and Just Satisfaction, 13 December 2012 참조.

71 Herbert Petzold, 'The Convention System and the Principle of Subsidiarity' in Ronald St. John Macdonald, Franz Metscher, and Herbert Petzold (eds), *The European System for the Protection of Human Rights* (Nijhoff 1993) 41, 59.

72 *Handyside v United Kingdom*, Application No 5493/72, Merits, 7 December 1976 (art.10); *Ireland v United Kingdom*, Application No 5310/71, 18 January 1978 (art.15).

73 개괄적인 내용에 대해서는, Andrew Legg, *The Margin of Appreciation in International Human Rights Law* (OUP 2012) 참조.

74 예로, *Lautzi and others v Italy*, Application No 30814/06, (Grand Chamber Judgment, 18 March 2011) (crucifix in Italian public school classrooms); *S.A.S. v France*, Application No 43835/11, Merits and Just Satisfaction, 1 July 2014 (full-face veil wearing in France) 참조.

거버넌스의 국제적 수단으로 주장하게 하는 원인이 되었는데, 이는 다른 수준의 권한이 공존하는 환경에서 이 이론이 권력을 효과적으로 분배하는 능력을 입증한 결과였다.[75]

헌법적 접근법에 의해 사용되는 또 다른 전형적인 기법은 비례성 분석 또는 이익 균형이다. 사법부를 통해 상충되는 가치나 이해의 균형을 맞추려는 생각은 '세계 입헌주의의 기본 요소'로 정의되어 왔다.[76] 독일 헌법에서 유래한 이 비례성 분석은 주로 제도적 발전을 위해 헌법적 특징을 나타내는 세 가지 국제법 체제(유럽연합, 유럽 인권 협약 시스템 및 세계무역기구)에 통합되었다. 전통적으로는 네 단계로 표현된다—취해진 조치나 정책의 **정당성**, 목적 달성을 위한 수단의 **적합성**(합리적 관련성), 수단의 **필요성**(덜 제한적인 수단의 존재 확인), 엄격한(stricto sensu) **이익형량**(해당 조치나 정책과 그로 인한 권리 침해가 야기한 대가의 비교)—비례성 분석은 의사 결정 절차 또는 법관이 양쪽에서 각기 주장하는 '가치'와 '이익' 간의 긴장을 다루기 위해 사용하는 분석 구조이다.[77] 비례성은 헌법상 관련되고 보호되는 가치들 간의 갈등을 효과적으로 해결하기 위한 만병통치약이 아니라, '헌법재판관이 직면한 일련의 일반적인 딜레마를 즉시 해소할 수 있는 비교적 안정적인 해결책을 제공한다.'[78] 비례성이 적절하게 사용되는 한, 법원은 헌법적 선택을 함에 있어서 그들의 정책적 선택을 정직하고 공개적인 방식으로 인정하고 설명하도록 요구된다.[79]

---

75 Yuval Shany, 'Toward a General Margin of Appreciation Doctrine in International Law?' (2006) 16 *European Journal of International Law* 907.

76 Alec Stone Sweet and Jud Mathews, 'Proportionality Balancing and Global Constitutionalism' (2008) 47 *Columbia Journal of Transnational Law* 72, 160.

77 Ibid, 74-5.

78 Ibid, 77.

79 Ibid.

마지막으로, 입헌주의는 국제 법원과 재판소가 확산되고 국가 및 국제적 수준에서의 사법심사 메커니즘이 강화되는 것을 긍정적으로 본다.[80] 사법심사는 권력의 행사를 심사의 대상으로 삼음으로써 권력을 제한하는 효과적인 방법으로 간주된다. 클라버스가 말했듯이, '사법심사는 정치의 야수를 길들이는 것을 목표로 한다: 그것은 정치가 어떤 결정을 내리든 법의 테두리를 넘을 수 없다는 메시지를 전달한다.'[81] 안보리 행위의 합법성을 법원에서 심사하는 것은 국제적이든 국가적이든 보통은 바람직한 것으로 간주된다.[82] 사법심사에 대한 믿음이나 불신은 국내법에서의 헌법 논쟁을 불러일으키는 반면, 국제적 또는 글로벌 입헌주의에서 유럽사법재판소와 유럽인권재판소는 이에 대해 가장 경외할만한 예시를 제공한다.[83] 두 재판소의 법리는 세계적 수준의 사법심사 모델이 될 수 있는 영감의 원천으로 여겨진다. 법원과 재판소는 국제 사회를 형성하는 가치의 공통성을 강제하는 도구로 여겨진다. 절차적 공정성과 법치주의에 대한 그들의 헌신은 입헌주의가 갈망하는 추진력을 가져올 것이다. '초국가적 사법 대화'를 구축하기 위한 국내 법원의 역할도 과소평가될 수 없다. 그들은 공유된 가치와 공통의 정책을 이행하거나[84], 서로 다른 법질서나 기관의 기본권 보호 정도에 따라 서로 다른 사법권 층위 간에 사법심사의 범위

80 Erica de Wet, J'udicial review as an Emerging General Principle of Law and its Implications for the International Court of Justice' (2000) 47 *Netherlands International Law Review* 181; Geffrey Watson, 'Constitutionalism, Judicial Review, and the World Court' (1993) 34 *Harvard International Law Journal* 1.

81 Jan Klabbers, 'Setting the Scene', above n 35, 27.

82 Erika de Wet, *The Chapter VII Powers of the United Nations Security Council* (Hart 2004); Mohammed Bedjaoui, *The New World Order and the Security Council: Testing the Legality of its Acts* (Nijhoff 1995).

83 Laurence R. Helfer and Anne-Marie Slaughter, 'Toward a Theory of Effective Supranational Adjudication', (1997) 107 *Yale Law Journal* 273.

를 조정할 수 있다.[85] 어느 쪽이든 사법심사를 헌법적 질서 요소로 활용하는 데 효과적으로 기여할 수 있는 것이다. 유럽인권재판소는 재판소의 사법심사 권한을 전략적으로 활용하여 '동등한 보호 원칙(equivalent protection doctrine)'을 적용하곤 하는데,[86] 이 원칙은 국제기구의 구속력 있는 조치를 이행하는 행위를 사법심사의 대상으로 삼을 수 있는지 여부가 해당 국제기구의 법질서 내에 '상응하는(comparable)' 수준의 인권 보호 의무가 존재하는지 여부에 따라 결정된다는 것을 의미한다.[87] 체약 당사국들은 유럽협약에 따른 인권 존중 의무를 피하려는 목적으로는 국제기구가 제정한 조치의 보호막 뒤에 숨을 수 없다고 경고받는다. 동시에, 자제권 행사를 거절하고 국가의 국내 이행 행위가 적극적으로 사법심사를 받도록 함으로써 국제기구의 결정을 간접적으로 검토하고, 국제기구가 자국 법질서 내에서 적절한 인권 보호 시스템을 개발하도록 하는 토대를 제공할 수도 있다. 이런 사고방식은 의심할 여지 없이 헌법적 사고방식이다!

---

84 Anne-Marie Slaughter, *A New World Order* (Princeton University Pres 2004) 268; Anne-Marie Slaughter, 'A Global Community of Courts' (2003) 44 *Harvard International Law Journal* 191. 이에 대한 비판으로는, Alex Mills and Tim Stephens, 'Challenging the Role of Judges in Slaughter's Liberal Theory of International Law' (2005) 18 *Leiden Journal of International Law* 1 참조.

85 한 헌법 질서가 다른 헌법 질서의 결정을 '기본 헌법 조항을 위반하지 않는 한' 수용할 것이라는 생각은 '솔랑주 원칙(Solange doctrine)'으로 알려지게 되었다. 이 원칙은 독일 헌법재판소(Bundesverfassungsgericht)가 독일의 헌법과 유럽공동체 법의 관계에 대해 다룬 두 개의 판결문에서 유래하였다. 두 판결의 영어 번역본은 [1974] 2 CMLR 540 (Solange I); [1987] 3 CMLR 225에서 확인할 수 있다. '솔랑주' 원칙과 헌법적 가치 간의 비교형량에 대해서는, Juliane Kokott and Christoph Sobotta, 'The Kadi case – Constitutional Core Values and International Law – Finding the Balance' (2012) 23 *European Journal of International Law* 1015 참조.

86 *Bosphorus Hava Yollari Tourizm ve Ticaret Anonim Sirketi v Ireland*, Application no 45036/98, Judgment of 30 June 2005; *Al-Dulimi and Montana Management Inc. V Switzerland*, Application no 5809/08, Judgment 26 November 2013.

87 '법원이 "동등한"을 통해 의도하는 것은 "상응하는"이다. 조직의 보호가 동일해야 한다는 요구는 국제협력의 이익에 반할 수 있다.'(Bosphorus, § 155)

마찬가지로 '카디(Kadi)' 사건에서 인권 강행규범과 일치하지 않을 경우 안보리의 반테러 결의를 심사할 수 있다고 유럽공동체(European Communities) 제1심 재판소가 판단하였을 때, 사법심사 대상 여부가 논의의 중심에 있었다.[88] 몇 년 후, 유럽사법재판소가 완전히 반대되는 관점에서 '재판소는 유럽연합법에 근거한 모든 행위에 대해 무조건적이며 무제한적인 사법심사 권한을 가지며, 그 행위가 안보리 결의를 이행하기 위한 것인지와는 무관하다'고 판단했을 때, 사법심사는 헌법적 위계질서를 명확히 하는 도구로 주장되었다.[89] 물론 헌법 프로젝트나 표현은 매우 다양하지만 사법심사는 입법 도구로서 그리고 헌법적 질서의 도구로서 모든 경우에 활용된다. 1심 법원이 보기에 국제법 질서는 유일무이한 것으로, 강행규범은 국제 규범 서열의 최상위에 있다. 국제 평화 및 안보 문제에 있어서는 국제연합헌장 제103조에 근거하여 국제연합법이 유럽연합법보다 우선하는 것으로 간주되어야 하지만,[90] 안전보장이사회가 강행규범을 위반하는 경우에도 이러한 위계가 인정되는 것은 아니다.[91] 강행규범

---

88 다음 사건의 유럽 1심재판소(지금은 일반법원(the General Court)) 판결 참조. September 21, 2005 in *Ahmed Ali Yusuf and Al International Foundation v Council of the EU and Commission of the EC* (*Al Barakaat* CFI Judgement), Case T-306/01, and *Yassin Abdullah Kadi v Council of the EU and the Commission of the EC* (*Kadi* CFI Judgment), Case T-315/01 (OJ 2005 C 281, at 17).

89 다음 사건에 대한 유럽사법재판소의 판결 참조. C-402/05 P and C-415/05 P, *Yassin Abdullah Kadi and Al Barakaat International Foundation v Council of the EU and Commission of the EC* (ECJ Judgment), Sept. 3, 2008). 이 판결은 나중에 다음 사건에 대한 일반법원 판결에서도 확인되었다. *Yassin Abdullah Kadi v European Commission*, Case T-85/09, Judgment of the General Court of 30 September 2010; 그리고 마지막으로 다음 사건에 대한 유럽사법재판소 판결에서도 확인되었다. *European Commission & the Council of the European Union v Yassin Abdullah Kadi*, joined Cases C-584/10 P, C-593/10 P (2013), Judgment of the Court of Justice of the European Union of 18 July 2013.

90 Kadi (CFI Judgment), §§ 183-4.

91 Ibid, §§ 230-1.

은 국제법상 어떤 규정보다도 상위에 존재하는 규범이기 때문이다. 이와 달리 유럽사법재판소는 유럽연합이 자체적인 헌법 질서를 가지며,[92] 기본 인권을 보호하고 외부 질서에 종속되지 않는다는 입장을 취하였다.[93] 이러한 자신의 헌법적 법질서에 대한 '내향적' 시점에서 유럽사법재판소는 유럽연합법의 영향을 받는 개인의 기본권을 보호하기 위해 사법심사 권한을 행사해야 하며, 국제연합법과 관계없이 자신의 '헌법적 질서' 안에서 법치를 지켜야 한다. 이러한 몇 가지 예가 증명하듯이, 전반적으로 사법심사는 정치적 행동을 견제하는 것뿐만 아니라 규범적 프로젝트와 헌법적 포부를 명확히 하기 위해 판사가 활용할 수 있는 강력한 도구이다.

입헌주의의 렌즈를 통해 현실을 해석하는 데 사용할 수 있는 다양한 방식과 기법을 고려했을 때, 두 가지 최종적인 문제를 언급해야겠다. 첫 번째는 '이 학파를 특징짓는 매우 다양한 지향과 감성 속에서 어떤 근본적인 특징들을 구별할 수 있는가?' 하는 것이다. 만약 어떤 본질적인 요소를 찾는 것이 헛된 일이라면, '입헌주의'라는 제목 아래 논의되는 대부분의 접근법이 관여하는 몇 가지 공통된 주제를 지적할 수 있다.[94] 정치권력 억제에 대한 집착은 의사결정권자의 책임성을 확보하려는 시도와 함께 분명히 공유되고 있는 것이다. 또한 공동체는 사회 집단의 근본으로 인식되는 사회적 가치에 따라 구성되어야 한다는 생각, 법체계는 그러한 선호를 반드시 반영하기 위해 헌법이 공동체의 질서있는 삶의 기준이자 기준 설

---

92 Kadi (ECJ) § 285. '이에 따르면, 국제 협정에 의해 부과된 의무는 모든 공동체 행위가 기본권을 존중해야 한다는 원칙을 포함하는 유럽공동체 조약의 헌법 원칙을 침해하는 효과를 가질 수 없으며, 이러한 존중은 조약이 정한 완전한 법적 구제 체계의 틀에서 법원이 검토해야 하는 적법성의 조건을 구성하는 것이다.'

93 Ibid, §§ 317-18.

94 Christine E. J. Schwöbel, 'Situating the debate on global constitutionalism', above n 20, 634.

정자 역할을 할 수 있도록 정교화하여야 한다는 생각은 또 하나의 공통적인 특징이다. 마지막으로 기본적 인권의 존중에 대해 방금 언급한 바와 같이, 제도의 정치적 정당성에 대한 일반적인 관심 또한 입헌주의와 관련된 대부분의 프로젝트에서 두드러지게 나타난다. 이것들은 단지 지표(*indicia*)일 뿐이며, 그중 하나 또는 그 이상이 학술적 기록에 나타나는 것은 저자가 입헌주의 담론에 민감하다는 증거를 제공하는 것일 수도 있다. 동시에, 그들이 포착하고자 하는 사회적 현실만큼 찾기 힘든 다소 모호하고 불확정한 기준이기도 하다.

위의 마지막 문장은 두 번째 인식론적 질문을 던질 수 있는 길을 열어준다. 몇 년 전, 나는 9/11 테러 이후 안보리와 집단 안보를 담당하는 다른 국제 및 국내 기관들의 권력 응집에 대한 광범위한 반응을 입헌주의의 관점에서 평가해달라는 요청을 받았다.[95] 안보 조치의 범위를 제한하기 위한 인권 관련 이론의 사용, 그러한 조치에 대해 국가 및 국제적 수준에서 행사된 법적 도전, 후속 사법심사로 구분가능한 패턴은 헌법화 과정이 촉발되었던 것인지를 의심하게 하는 근거를 제공했다. 결국, 나는 분석에 설명된 사건들이 견제와 균형으로 구성된 초헌법적 체계의 불협화음을 암시하는 전조적 징후를 드러내는지, 아니면 오히려 상당히 전례가 없는 권력의 집적에 대한 사회 기구의 자발적 반응을 나타내는지에 대한 질문은 명백한 해답이 없다고 결론지었다.[96] 이것은 마치 비트겐슈타인(Wittgenstein)을 비롯한 과학철학자들이 우리의 인지가 지각, 성향, 선호에 달려 있다는 것을 보여주기 위해 사용한 오리/토끼 착시[97]와 같다. 관찰자의 대답은 그

95 Andrea Bianchi, 'International Law, Counterterrorism and the Quest for Checks and Balances: Why the Calling Sirens of Constitutionalism Should be Resisted' in Andrea Bianchi and Alexis Keller (eds), *Counterterrorism: Democracy's Challenge* (Hart 2008) 395.

그림 3.1 오리/토끼 착시
출처: Joseph Jastrow, 'The Mind's Eye' (1899) 54 Popular Science Monthly 299, 312.

들의 눈을 사로잡거나, 그들이 우세한 것으로 인지하거나, 단순히 그 상황에서 더 눈에 띄는 특성이 무엇인지에 따라 달라질 수 있다.

이것이 곧 입헌주의를 기반으로 한 발전이나 어떤 다른 이론을 기반으로 한 발전을 모두 동일한 것으로 치부하고자 하는 것은 아니다. 단지 지각과 지적 표현 어느 것도 물질세계에 대한 진실이나 객관적 현실과 같지 않다는 것을 보여주기 위한 것이다. 우리가 보는 것은 우리가 누구이고, 어디에 위치해 있는지(관찰자적 관점에서), 우리가 조사의 대상을 바라보는 방식, 그리고 우리가 묻는 질문들에 의해 매우 많이 달라진다.

---

96 나는 안전보장이사회의 권력 집중에 대한 통제 시스템이 자연스럽게 출현한 것일 수도 있다는 생각을 발전시키는 과정에서 로베르토 아고(Roberto Ago)의 논문으로부터 영감을 얻었다. Roberto Ago, 'Positive Law and International Law' (1957) 51 *American Journal of International Law* 691. 잘 알려진 바와 같이, 아고는 국제법의 형성이 법의 성질을 부여하는 어떤 연원이나 입법과정 없이 자연스럽게 이루어질 수도 있다고 주장한다. 오히려 규칙의 법적 성격을 인정하고 증명함으로써 국제법으로 간주되는 것을 검증하는 것이 '법학(legal science)'일 것이다.

97 Ludwig Wittgenstein, *Philosophical Investigations* (Blackwell 1955) 193. 오리/토끼 이미지는 미국의 심리학자 조지프 재스트로(Joseph Jastrow)가 처음 사용한 것으로 알려져 있다. Joseph Jastrow, 'The Mind's Eye' (1899) 54 *Popular Science Monthly* 299, 312. 재스트로가 인정한 바와 같이, 오리/토끼 이미지는 독일 잡지인 *Fliegende Blätter* (23 October, 1892)에 출처 불명의 그림으로 처음 게재되었으며, 몇 주 후에 *Harper's Weekly* (19 November, 1892)에 게재된 것으로 보인다.

글로벌 행정법Global administrative law

글로벌 행정법은 뉴욕대학교(New York University)의 국제법 및 정의연구소(Institute for International Law and Justice)의 연구 프로젝트로 등장했다. 이 관점의 지지자들은 학문적인 방식으로 이 작업에 착수하였는데, 일련의 심포지엄과 다양한 과학적 이니셔티브를 통해 많은 수의 청중들에게 그들의 메시지를 빠르게 전파할 수 있었다.[98] 글로벌 행정법의 핵심 통찰은 글로벌 거버넌스의 많은 과정을 행정 및 행정법 원칙과 관행의 관점에서 이해하고 설명할 수 있다는 것이다. 이 가설을 입증하기 위해 제시된 예시는 직접적인 거버넌스 권한과 초국가적 정부 네트워크를 가진 전통적인 국제기구에서 혼합형 민관 규제 파트너십 및 표준 설정 기관에 이르기까지 다양하다.[99] 이러한 다양한 글로벌 거버넌스 양식이 가지는 공통점은 참여, 협의, 투명성, 합리적인 결정, 검토 및 책임에 대한 증가하는 요구를 해결하기 위한 적절한 메커니즘을 개발할 필요에 기초를 두고 있다는 것이다. 이에 따라 글로벌 행정법은 그 지지자들에 의해 사회 통념을 지지하면서도 법적 메커니즘, 원칙, 관행을 포괄하는 법으로 정의되었는데, 특히 글로벌 행정기관들이 투명성, 협의, 참여, 합리성, 합법성의 적정 기준

---

98 Benedict Kingsbury, Nico Krisch, Richard B. Stewart and Jonathan Wiener, 'Foreword: Global Governance as Administration – National and Transnational Approaches to Global Administrative Law' (2005) 68 *Law & Contemporary Problems* 1; Benedict Kingsbury, Nico Krisch and Richard B. Stewart, 'The Emergence of Global Administrative Law' (2005) 68 *Law & Contemporary Problems* 15; Nico Krisch and Benedict Kingsbury, 'Introduction: Global Governance and Global Administrative Law in the International Legal Order' (2006) 17 *European Journal of International Law* 1.

99 전통적 국제법 개념과 달리, 비공식적인 제도적 장치 및 기타 규범적 관행 및 법원(法源)을 포함하고, 종종 비국가 행위자(non-state actors)의 역할이 두드러진다는 점이 '글로벌'이라는 용어를 채택하게 된 이유를 설명해 준다. Benedict Kingsbury, 'The Concept of "Law" in Global Administrative Law' (2009) 20 *European Journal of International Law* 23, 25-6.

을 충족하도록 하고 그 기관들이 만든 규칙이나 내린 결정에 대한 효과적인 심사가 가능하도록 함으로써 해당 기관의 책임을 강화하거나 다른 방식으로 영향을 주는 것으로 이해되었다.[100]

글로벌 행정의 다양한 유형은 이질적인 행위자 집단, 다양한 규제 계층과 함께 이러한 모든 다양한 행위자가 역동적이고 복잡한 방식으로 상호작용하는 '글로벌 행정 공간'을 형성한다. 이러한 공간은 '정부 및 비정부 행위자뿐만 아니라 국제 체제 내에서 운영되거나 국경을 초월하는 규제 효과를 일으키는 국내 행정 기관을 포함한 국제기구 및 초국가적 네트워크'를 의미한다.[101] 글로벌 규제의 매우 다양한 체계와 패턴에도 불구하고, 이러한 글로벌 행정 공간에서 상호 작용하는 많은 기관들은 '인정할 수 있는 행정 및 규제 기능'을 행사한다.[102] 즉, 그들은 입법 기관이나 사법 기관이 아니면서 규칙을 제정하고 적용한다. 이러한 글로벌 규제 관행의 효과와 정당성은 글로벌 행정법 분석의 핵심이다.

글로벌 행정법 프로젝트는 궁극적으로 행정법이 '정부 권력의 행사를 견제하고 조정할 수 있다'는 확신에 따라 글로벌 거버넌스 연구에 행정법 원칙과 기법을 도입하는 것을 목표로 한다.[103] '공권력의 무단 또는 자의적 행사로부터 개인을 보호하고, 더 광범위한 공공의 이익에 대한 행정적 대응을 촉진함으로써' 의사 결정 과정에서의 투명성, 참여, 책임의 요소가 '민주주의 시스템의 필수적인 부분을 형성하며, 공권력 책임의 일반적

---

100 Benedict Kingsbury, Nico Krisch, Richard B. Stewart & Jonathan Wiener, 'Foreword', above n 98, 5.

101 Ibid, 3.

102 Nico Krisch and Benedict Kingsbury, 'Introduction: Global Governance and Global Administrative Law in the International Legal Order', above n 98, 3.

103 Benedict Kingsbury, Nico Krisch, Richard B. Stewart and Jonathan Wiener, 'Foreword', above n 98, 4.

인 기본 형태를 보장한다'는 것이다.[104] 물론 행정법 메커니즘이 어디에서나 동일한 방식으로 작동하는 것은 아니지만, 글로벌 행정법의 지지자들은 시간이 지나면 글로벌 거버넌스의 투명성, 참여, 이유 제시, 검토 및 책임 원칙에 대한 약속이 점점 커질 것이라고 믿는다. 이 접근법의 설명적 측면과 규범적 측면은 밀접하게 연결되어 있다. 글로벌 행정법의 원칙과 관행은 현재 진행 중인 국내법의 분리 과정과 국제적 차원에서의 거버넌스 과정을 설명하면서, 새로운 책임 문제를 강조하고 이를 다루는데 더욱 빈번히 활용되고 있다.[105]

'국제 행정법(international administrative law)'의 계보는 19세기와 20세기 초로 거슬러 올라간다. 국제 행정법은 노동 분쟁과 같은 내부 문제에 관한 국제기구의 규칙과 절차를 검토했던 학계 흐름 외에도, 외국 또는 외부 기관의 행위를 국내법에 구현하기 위해 채택된 규칙에 대한 연구를 의미할 수도 있다.[106] 그러나 글로벌 행정법 운동은 파울 네굴레스코(Paul Négulesco)와 같은 학자들의 저술에 더 많은 빚을 졌다. 네굴레스코는 헤이그 국제법 아

---

104 Ibid.

105 에얄 벤베니스티(Eyal Benvenisti)는 '글로벌 거버넌스 기관에 대한 연구는 설명적 이론과 규범적 이론을 제안한다고 명시적으로 말한다. 설명적 이론은 공식적인 정부 간 조직에서 비공식적인 정부 간 네트워크와 민관 파트너십을 거쳐 민간 표준 설정 관행에 이르기까지 글로벌 거버넌스의 탈형식화 과정이 진행 중이라는 것을 시사한다. 규범적 이론에 따르면 비공식성의 증가는 책임 문제를 증가시키고 심화시킨다. 따라서 글로벌 거버넌스 규제는 공공 규제 기관의 규모와 다양성의 증가, 그리고 점점 더 비공식적인 운영 방식(*modus operandi*)에 따른 복합적인 영향에 대응해야 한다.' Eyal Benvenisti, *The Law of Global Governance* (The Hague Academy of International Law 2014) 24-5.

106 독립된 연구 분야로서 '국제 행정법'의 오랜 전통에 대해서는 Benedict Kingsbury, Nico Krisch and Richard B. Stewart, 'The Emergence of Global Administrative Law', above n 98, 27-8 참조. 또한 José Gascón y Marin, 'Les transformations du droit administrative international' (1930) 34 *Recueil des Cours* 4; Paul S. Reinsch, 'International Administrative Law and National Sovereignty' (1909) 3 *American Journal of International Law* 1 참조.

카데미에서 '국제 행정을 구성하는 법적 현상을 검토함으로써 이러한 행정을 규율하는 규범을 발견하고, 구체화하고, 체계화하고자 하는 국제공법의 한 분야'로 국제 행정법을 정의했다.[107] 이러한 접근 방식은 확실히 현대의 글로벌 거버넌스의 과정을 설명하기 위해 행정법 원칙과 관행에서 영감을 얻으려는 글로벌 행정법의 현대적 노력과 더 가까운 것 같다.

국제적 차원에서 활용할 수 있는 행정법의 제도적 메커니즘에는 국제연합 안전보장이사회의 테러방지결의안에 대한 국내 및 지역 인권재판소의 검토 혹은 국제 제도에 대한 국내 기관의 견제(국제 표준 설정에 참여하는 연방규제기관에 대한 미국 의회의 보고 요건 등)가 포함될 수 있다. 또한 세계은행 조사 패널과 같이 참여와 책임을 위해 국제 기관에서 채택한 내부 메커니즘은 글로벌 행정법 제도 관행의 일부로 간주될 수도 있다. 행정의 원칙과 관련하여, 초국적 환경에서 적용할 수 있는 한 이것들은 국내법의 다양한 행정 관행에서 귀납적으로 추론될 수 있다. 이러한 배경에서 비례성, 목표-수단 간의 합리성, 정당한 기대와 같은 실체적 기준뿐만 아니라 행정절차에의 절차적 참여, 투명성 요건, 합리적 결정과 행정 결정에 대한 사후 재검토를 요구할 수 있는 권리까지 모두가 새로운 글로벌 행정법 체계의 윤곽을 형성하기에 적절한 도구가 될 수 있다.[108]

글로벌 행정법은 국제법과 국내법의 전통적인 경계를 흐리게 하고, 국제법 체계의 정당성에 의문을 제기하며, 무엇보다도 전통적인 범주를 넘어 국제법의 새로운 연원과 주체의 필요를 창출함으로써 전통적인 국제법 구조에 몇 가지 도전을 제기한다.[109] 실제로 글로벌 행정법이 글로벌

107 Paul Négulesco, 'Principes de droit international administratif' (1935) 51 *Recueil des Cours* 579, 593.

108 제도적 메커니즘과 원칙 모두에 대해서는 Benedict Kingsbury, Nico Krisch & Richard B. Stewart, 'The Emergence of Global Administrative Law', above n 98, 32 ff 참조.

거버넌스 과정을 분석하는 데 사용하는 많은 규칙과 관행은 국제법의 원천에 대한 전통적인 실증주의 체계와 조화를 거의 이루지 못한다. 이것은 몇 가지 추가적인 설명이 필요한 중요한 문제이다. 지지자들이 인정한 바와 같이, 글로벌 행정법은 그러한 원칙과 관행이 법률인지, 단순히 행정인지에 대한 문제를 최소한으로만 다루었기 때문에 상대적으로 약한 규범적 기반을 가지고 있다.[110] 이는 이 이론의 약점 또는 발전되지 않은 측면으로 남아 있지만, 글로벌 행정법이 '여전히 그럴듯한 출처를 필요로 할 수 있다'는 주장은 과도해 보인다.[111] 실제로 베네딕트 킹스베리(Benedict Kingsbury)는 불확실성과 현대판 만민법(jus gentium)이 개정된 버전을 분명히 고수하고 난 후[112], 글로벌 행정법에 적절한 지적 지원을 제공하기 위한 규범 이론의 밑그림을 그렸다.[113]

---

109 Nico Krisch and Benedict Kingsbury, 'Introduction: Global Governance and Global Administrative Law in the International Legal Order', above n 98, 10 ff.

110 Nico Krisch, 'Global Administrative Law and the Constitutional Ambition' in Petra Dobner and Martin Loughlin (eds), *The Twilight of Constitutionalism?* (OUP 2010) 263, referring to the critical view taken by Alexander Somek, 'The Concept of "Law" in Global Administrative Law: A Reply to Benedict Kingsbury' (2009) 20 *European Journal of International Law* 985.

111 Jan Klabbers, 'Setting the Scene', above n 35, 1, 28.

112 Benedict Kingsbury, Nico Krisch and Richard B Stewart, 'The Emergence of Global Administrative Law', above n 98, 29-30. '글로벌 행정에서 논의되는 기존의 규범적 관행의 법원(法源)을 국가 간의 합의에 기반한 민족 간의 법(*Jus inter gentes*)에서 찾기 보다는 매우 다양한 환경에서 그리고 다양한 행위자들 사이에서 발생하는 규범을 포괄할 수 있는 새로운 버전의 만민법(*jus gentium*)에서 찾는 것이 더 나은 설명이 될 수도 있다… 그러나 글로벌 행정법의 만민법을 발전시킬 수 있는 토대는 여전히 불확실하다. 자연법적 접근법이 아닌 관행에 기반한 접근법을 반영할 것이 제안된다면, 불확실성은 그러한 규범과 그 규범의 법적 지위를 결정하는 근거에 대한 것으로 남게된다.'

113 Benedict Kingsbury, 'The Concept of "Law" in Global Administrative Law', above n 99, 23. 킹스베리는 '합법성' 판단에 사용되는 기준이 론 풀러의 '법의 내재적 도덕성 판단 요건'에 근접해 있음을 인정하고 있다. Lon L. Fuller, *The Morality of Law* (Yale University Press 1964).

킹스베리에 따르면 글로벌 행정법의 규범적 쟁점은 규범이나 결정에 부여되는 무게에 관한 것이지, 법 자체의 타당성에 관한 것은 아니다.[114] 그럼에도 불구하고, 킹스베리는 하트(Hart)의 실증주의를 바탕으로 글로벌 행정법과 관련된 법의 개념을 상세히 설명했으며, 이것이 공공성의 몇 가지 근본적인 요건에 기반한다고 주장했다. 다시 말해, 무엇이 법이고, 법이 아닌지를 결정하는 것은 '공공성'의 요건에 부합하는지 여부이다. 공공성 요건은 하트의 2차 승인규칙과 유사할 것이며, '공법에 내재된 (그리고 비교 자료를 통해 입증된) 공공성 요건을 충족하는 규칙과 제도만이 법으로 간주될 수 있다'고 규정하는 효과를 가져올 것이다.[115] 이러한 공공성 요건에는 법치와 인권에 대한 존중뿐만 아니라 합법성, 합리성, 비례성의 원칙이 포함될 것이다. 국제적 차원에서 글로벌 행정법의 짜임새를 구성하는 공법 기관은 '자체 헌법에 따라 운영되고, 자체 공법을 준수하며, 법의 요건으로서 공공성을 지향하는, 그 자체로 공적인 것'이다.[116] '민간 규제(private ordering)' 기관(예를 들어, 표준설정기관, 다국적 기업의 내부 규범 질서, 조직편성, 상사중재 등)은 공법 요건을 벗어날 수 있지만, 공공기관과 관계를 맺고 규제 활동을 하는 한 글로벌 행정법의 법 개념에 포함된다. '공공성 요건을 준수해야 한다는 압력과 동기'가 이러한 기관에 더 많이 작용할수록, '확고하게 확립된 법과 법적 승인에 의존하여 그들의 활동을 뒷받침하고 문제를 해결'하는 일은 줄어들 것이다.[117] 국제적 차원의 공공기관 상호 공공법이 바로 글로벌 행정법의 법 개념이다.

이 규범적인 설명은 주목을 받기도 하였으나 몇몇 비판을 받기도 했다.

114 Ibid, 27.

115 Ibid, 30.

116 Ibid, 55.

117 Ibid, 57.

예를 들어 궈밍성(Ming-Sung Kuo)은 새로운 '법(*nomos*)'을 설계하는 데 있어 글로벌 행정법이 합법성 문제와 정당성 문제를 과도하게 결합시켰다고 지적했다.[118] 글로벌 행정법은 타당성(validity)보다 '무게'를 우선시함으로써 법과 정치를 융합시켰다.[119] 거버넌스 관행의 적법성 판단을 '원칙에 입각한 실용적 논증을 활용하는 사법부 입법(judicial lawmaking)보다는 정치적 계산을 통해 그 무게를 저울질 하는 통상의 입법절차'에 맡기는 것은 정치를 법의 내적 기능에 통합시키는 것과 다름없다.[120] 따라서 이어지는 새로운 패러다임은 킹스베리가 주장하는 '공공간 합법성(inter-public legality)'이 아니라 '포스트 공공적 정당성(post public legitimacy)'인 것이다.[121]

글로벌 행정법에 대한 비판은 다른 시각에서도 제기되었다. 예를 들어, 수잔 막스(Susan Marks)는 '정치적인 것으로 간주되어야 할 것을 기술적 또는 문화적인 것으로 취급'하는 것의 위험에 대해 경고했다.[122] 막스는 '글로벌 행정법' 현상을 잠재적으로 제도 및 정책 재설계를 위해 조정된 학

---

118 Ming-Sung Kuo, 'Inter-public Legality or Post-public Legitimacy? Global Governance and the Curious Case of Global Administrative Law as a New Paradigm of Law' (2012) 10 *International Journal of Constitutional Law* 1050, 1053.

119 Ibid, 1071-2. '글로벌 행정법의 조정 기능은 사법부의 조정과 정치적 협상이 구분될 수 있는 잘 설계된 제도적 환경을 떠남으로써, 담론 구조의 제약에서 자유로워진다. 제한을 받지 않는 조정은 결국 정치로 귀결된다.'

120 Ibid, 1073.

121 정당성 개념이 어떻게 실제 공적인 의미를 박탈당하고 각 개별 규제 체계 내에서 전적으로 수용 가능한 의미를 갖게 되는지에 대한 논의는 Ming-Sung Kuo, 'The Concept of "Law" in Global Administrative Law: A Reply to Benedict Kingsbury', above n 110, 1003-4 참조.

122 Susan Marks, 'Naming Global Administrative Law' (2004-2005) 37 *N.Y.U. Journal of International Law and Politics* 995, 996. 또한 궈밍성은 '소입헌주의(small-c constitutionalism)'로 규정된 글로벌 행정법이 글로벌 거버넌스 과정의 정당성 문제에서 벗어난 '기술적 합리성'을 대표한다고 지적한다. Ming-Sung Kuo, 'Taming Governance with Legality?' (2011-2012) 44 *N.Y.U. Journal of International Law and Politics* 55, 103.

술 연구 및 경험적 연구의 의제로 '명명'하는 것의 장점을 인정한다. 그러나 현대의 글로벌 의사 결정 과정에서 통제와 책임의 문제를 해결하기 위해 개념을 '명명'하고 구체화하면, 정치적 선택과 사회 정의의 문제를 간과한다는 바람직하지 않은 결과가 너무 쉽게 발생할 수 있다. 이에 절차 강화에 초점을 맞추고 싶은 유혹을 느낄 수 있지만, 여기서 염두에 두어야 하는 것은 실질적 규범의 분배적 결과이다. 또한 특정 '진보적 개념이 평화적 이데올로기가 될 수 있는' 방식이 특별히 투명성 개념을 언급하면서 강조되었다.[123] 비슷한 맥락에서 캐롤 할로(Carol Harlow)는 행정법 개념에 내재된 강한 문화적 편향을 언급하면서 이 프로젝트가 가진 세계적 야망에 대한 회의적인 견해를 드러냈다.[124] 일련의 행정법 원칙을 식별하는 어려움 외에도, 그녀는 그러한 법(*corpus juris*)의 바람직성(the very desirability)에 대해 의문을 제기해야 한다고 주장한다. 그녀의 주장에 따르면 행정법은 주로 서구에서 만들어진 것이기에, 다른 지역과 다른 문화로부터 오는 가치들을 손상하면서까지 뛰어난 서구 가치들의 보호를 방어하고 영구화하는 도구에 불과할 수 있다. 나아가, 정치 과정의 '법치화(juridification)'는 '서구식 관료주의나 적법 절차의 증가가 반드시 시민들에게 이익이 된다고 잘못 믿게 만드는 반면', '경제 자유주의자들이 선호하는 판결 절차는 유능한 변호사를 보유한 국가와 다국적 기업 등 이러한 절차를 활용할 여력이 있는 사람들에게 유리하도록 의도적으로 편향되어 있다.'[125]

---

123 Ibid, 998. 투명성 개념의 어두운 면에 대해서는, Andrea Bianchi, 'On Power and Illusion: The Concept of Transparency in International Law' in Andrea Bianchi and Anne Peters (eds), *Transparency and International Law* (CUP 2013) 1 참조.

124 Carol Harlow, 'Global Administrative Law: The Quest for Principles and Values' (2006) 17 *European Journal of International Law* 187.

125 Ibid, 211.(원문에서 강조)

글로벌 거버넌스의 비전

모든 사람이 글로벌 거버넌스가 무엇인지에 대해 동의하는 것은 아니다. 전통적인 헌법이나 공법 감성은 아마도 '공익의 문제를 규제하고 명령하는 전반적인 과정'에 그런 꼬리표를 붙일 수 있다고 생각할 것이다.[126] 그러나 초국가적 의사결정 과정에 수 많은 방식들이 활용되고 있다는 사실은 결국 공적인 성격의 의사결정과 민간차원에서 수행되는 규제 기능을 구분하는 전통적인 방식만으로는 현대의 사회적, 법적 현상을 설명하기에 어려움이 있다는 결론에 다다르게 할 것이다. 오늘날 권력이 서로 다른 수준의 공동체에서 스스로를 드러내고, 사람과 활동에 미치는 영향도 다르게 나타나는 방식은 복잡한 거버넌스 과정에 대한 철저한 연구의 필요성을 정당화한다. 후자는 상당히 미스터리하게 남아 있으며, 데이비드 케네디(David Kennedy)의 말을 빌리자면 '우리가 어떻게 통치되고 있는지에 대해 우리가 실제로 알고 있는 것은 얼마나 적은가'를 깨닫는 것은 놀라운 일이다.[127] 우리가 국내법 수준에서 더 익숙한 헌법 모델과 같은 제도적 구조로 돌아가고 싶어 하는 유혹은 어디에나 존재한다. 초국가적 환경에서의 현대 거버넌스 메커니즘을 형성하는 드러나지 않는 힘보다는 눈에 보이는 권력 기관에 초점을 맞추려는 반사작용이 존재하기 때문이다. 물론 입헌주의에 의지하는 것이 '해결 편향(settlement bias)', 즉 '헌법적 어휘로 상황을 재구성할 수 있다는 생각이나 환상'이 우리에게 '상

---

126 Anne Peters, 'Global Constitutionalism Revisited' (2005) 11 *International Legal Theory* 39, 41(James N. Rosenau, 'Governance, Order, and Change in World Politics', in James N. Rosenau and Ernst-Otto Czempiel (eds), *Governance Without Government: Order and Change in World Politics* (CUP 1992) 1, 7 인용.

127 David Kennedy, 'The Mystery of Global Governance' (2008) 34 *Ohio Northern University Law Review* 827.

황이 **해결되었다**'는 느낌을 줄 수 있다.[128]

세계 통치의 느슨한 끝을 어떻게 묶고, 그것들이 어떻게 함께 어울릴 수 있는지에 대해 설명하는 것은 오랫동안 국제법률가의 역할로 여겨져 왔다. 동시에, 존재하는 수많은 비전과 접근법, 감성의 큰 차이로 인해 시스템에 대한 이해는 약화된 것으로 보인다. 전통적으로 정치적 입헌주의와 공법에 기반을 둔 거버넌스 개념, 권위와 법적 질서의 느슨하게 상호 연관된 원천에 기반한 개념 사이의 진자가 흔들리면서 거버넌스 모드와 기본 프로세스를 묘사하는 방법에 대한 불일치가 드러나고 있다. 입헌주의적 설명에 기반한 세계 통치에 대한 글로벌 비전은 수없이 많고 종종 이질적이다. 이러한 맥락에서 크리스틴 슈뵈벨(Christine Schwöbel)은 학문의 분파를 구별하는 분류법을 제시했다.[129] 헌법 민주주의, 참여, 제도 및 법 구조의 대표성 및 정당성 문제에 몰두하는 사회 및 제도적 입헌주의 외에도 기본 규범에 따라 형성되고 구조화된 보편적 가치 체계로 국제법 체계를 개념화하는 규범적 형태의 입헌주의가 존재한다. 마지막으로 유럽연합과 같은 국내 또는 지역적 입헌주의의 기존 모델에서 영감을 얻는 유사한 형태의 입헌주의가 확인될 수 있다. 앞서 강조했던 것처럼 입헌주의의 모든 분파가 서로 다른 측면을 강조하지만, 권력을 억제하고 의사결정권자들에게 책임을 물을 필요성, 공유된 가치에 기반한 사회의 이상, 법의 체계화, 헌법 모델을 설계하는 데 있어서 인권의 기초적인 역할과 같은 공통된 주제들도 확인할 수 있다.[130] 세계 입헌주의 이론을 분류하는 것이 각 이론들이 포착하고자 하는 과정만큼이나 찾기 어려울 수 있지만, 공통

---

128 Ibid, 857.(원문에서 강조)

129 Christine E.J. Schwöbel, 'Situating the debate on global constitutionalism' above n 20. 보다 일반적으로는 Christine E.J. Schwöbel, *Global Constitutionalism in International Legal Perspective* (Brill 2011) 참조.

130 Ibid, 634.

요소의 발견을 통해 헌법적 관점의 글로벌 거버넌스 비전에 영감을 준 각 이론 특유의 민감성을 더 잘 이해할 수 있을지도 모른다.

헌법 패러다임을 명시적으로 비판하는 사람들조차도 결국 헌법의 일부 측면을 지지한다. 예를 들어, 퇴브너(Teubner)의 사회 입헌주의(societal constitutionalism)는 국내 정치 입헌주의에 대한 전통적인 사고에서 분명히 벗어나 있다.[131] 퇴브너는 부문별 경계를 따라 깊은 사회적 분열이 존재한다는 자신의 개념에 일관되게, 국제 사회는 그 기능에 의해 정의된 여러 개의 헌법 체제로 분열되어 있다고 주장했다. 그렇다면 세계적인 정치 헌법이 없는 상황에서 경제, 통신, 예술, 건설, 언론, 보건, 과학 등의 자치 정권이 살아남고 번영할 수 있는 역량은 무엇일까? 퇴브너는 이미 '국가 없는 세계 질서의 자기 헌법화' 과정을 목격하고 있으며, '세계 사회의 하부 체제들이 그들만의 헌법적 법률 규범을 개발하기 시작했다'고 주장했다.[132] 각각의 모든 기능적 체제는 자기 구성적이고 자기 제한적이며, 다른 것에 비해 자율적이고 구별된다. 심판뿐만 아니라 헌법화하려는 정권의 능력은 규제 및 분쟁 해결 이외의 역할을 수행하는 능력, 사회적 맥락에서 규범의 내재성, 여론에 의해 정치적 과정과 자발적인 사회 과정의 장을 식별할 수 있는 가능성, 타인에 대한 특정 규칙의 우위 및 검토 메커니즘과 같은 헌법 구조와 원칙의 존재를 포함한다.[133] 퇴브너는 국가가 아닌 사회 체제에 기반한 이러한 작은 헌법은 초국가적 법적 환경의 복잡성과 파편화 문제를 다루기에 더 적합할 것이라고 하였다. 퇴브너에게는 '헌법적 파편'만 있을 수 있다. 세계 정치 시스템이 분열된 사회 세계나 국제연

131 Gunther Teubner, *Constitutional Fragments: Societal Constitutionalism and Globalization* (OUP 2012).

132 Ibid, 53.

133 Ibid, 74 ff.

합과 같은 특정 정책 영역에서 입헌주의의 파편을 생산할 수 있었던 것처럼, '하위 시스템…'은 특정 '글로벌 부문' 내에서 '사회 문제 압박'에 대응하기 위해 자체 헌법적 법률 규범을 개발하고 있다.[134] 비록 많은 사람들이 원칙적으로는 시민(a demos)의 부재와 모든 이해관계자로부터의 민주적 정당성의 결여 때문에 초국가적 체제를 헌법적 주체와 유사한 것으로 보기를 주저할 수 있지만, 초국가적 체제가 가지는 사회헌법의 특징과 그 안에서의 헌법화 과정은 국내 법체계의 유사 과정과 닮음 그 이상이다. 입헌주의는 정치와 구별되는 사회적 특징을 가진다고 평가할 수 있으나, 그 자체의 국내 기반이 가지는 핵심 특징을 여전히 가지고 있다.

글로벌 거버넌스의 글로벌 행정법 비전에도 유사한 고려 사항이 적용된다. 글로벌 행정법은 단호하고도 자랑스럽게 입헌주의와 자신을 구별하지만, 글로벌 거버넌스 시스템의 정당성 제고라는 목표는 입헌주의와 공유하고 있다.[135] '현대 정치사상의 중심 축인 법치, 개인의 권리, 집단적 자치'를 중심으로 구성된 법치주의의 전체론적 야망은 '국내 행정학'을 청사진으로 하여 '현존하고 부상하는 책임 관행을 탐구하고 지도화하고자 한다'는 글로벌 행정법의 보다 제한적 야망과 맞닿아 있다.[136] 글로벌 행정법은 글로벌 거버넌스 과정에서 책임 메커니즘의 상당히 무질서한 혼돈과 관련된 소규모 프로젝트로 자신을 표현함으로써 제도적 관행을 강조하고, 원칙과 최종 권한 등의 다루기 어려운 문제는 멀리한다.[137] 그것은 당연한 것으로 받아들여지는 제도적, 사회적 구조의 제약 안에서 작동한다. 크리쉬(Krisch)는 원칙의 문제를 제쳐두는 것이 실제에서 어떻게

---

134 Ibid.

135 Nico Krisch, 'Global Administrative Law and the Constitutional Ambition', above n 110, 245-6.

136 Ibid, 252, 256-7.

도덕적으로 선호되고 정치적으로 유리할 수 있는지를 제시함으로써 '글로벌 행정학의 다원적 구조'라는 아이디어를 더욱 밀어붙이고 있다. 특정한 제도적 환경을 안정시키기보다는, 정당성과는 거리가 먼 글로벌 거버넌스 구조의 정치적 전환을 위한 공간을 다원적 질서가 열어줄 수 있다는 것이다.[138] 다원적 접근에 대한 크리쉬의 민감성[139]은 그렇지 않으면 이질적인 상태로 존재할 거버넌스 영역들의 통합을 목표로, 행정법 류의 원칙 및 관행들의 공통적 특성의 증가를 강조하는 경향이 있는 주류 글로벌 행정법 프로젝트와는 차이를 보인다.[140] 여기서 입헌주의와 공유된 통합과 질서에 대한 공동의 열망이 다시 한번 수면 위로 떠오른다.

에얄 벤베니스티(Eyal Benvenisti)는 글로벌 행정법의 관점에서 글로벌 거버넌스의 법칙을 설명하면서, '글로벌 거버넌스의 병폐와 위험에 대한 해결책'의 토대를 마련했다.[141] 그의 비유는 책임 문제에 초점을 맞추는 글로벌 행정법의 전형적인 모습을 드러낸다. 국제기구에서 비공식 정부 간 네트워크, 하이브리드 공공/민간 파트너십에서 민간 표준 설정 기관에 이르기까지 다양한 글로벌 거버넌스 기관들이 조정과 협력 문제를 해결하고 세계 복지를 증진하기 시작한 이 시점에서, 그들에게도 법적인 책임을

---

137 Benedict Kingsbury, Nico Krisch and Richard B Stewart, 'The Emergence of Global Administrative Law', above n 98, 50. '글로벌 행정법은 덜 야심적이고 실용적인 접근법을 추구하는 것이 바람직할 것이다. 예를 들어, 현재 상황에서 글로벌 행정을 위한 만족스러운 민주적 기반은 없지만, 그럼에도 불구하고 국가 민주주의가 스스로 해결할 수 없는 문제를 처리하기 위해 글로벌 행정 체계가 필요하다는 점을 인정할 수 있다.'

138 Nico Krisch, 'The Pluralism of Global Administrative Law' (2006) 17 *European Journal of International Law* 247, 278. '명확한 결정보다는 실용적인 조정에 기반한 국제 행정법의 다원주의적 구조'와 '현대 입헌주의와 국내 행정법의 일관성과 통일성의 이상.'(Ibid 247)

139 제11장, '글로벌 법에 대한 관점' 참조.

140 Benedict Kingsbury, 'The Concept of "Law" in Global Administrative Law', above n 99, 23, 25.

141 Eyal Benvenisti, *The Law of Global Governance*, above n 105, 22.

물어야 할 필요성이 높아지고 있다. 헌법적 성격은 아니더라도 전통적인 국내법적 제약이 더 이상 적용되지 않기 때문에, 규제 기능이 국내 수준에서 글로벌 수준으로 이전하며 발생하는 민주주의의 결핍은 우려할만한 이유가 되고 있다. 글로벌 차원에서는 오랫동안 '국가 내 민주적 참여와 인권'을 보장해 온 권력 분립 원칙, 견제와 균형, 공권력 행사 제한 등의 제약이 존재하지 않는다.[142] 세계화가 치유될 수 없는 민주주의의 상실을 수반했다면,[143] 최소한 '책임의 문화'가 개발되어야 하며, '글로벌 거버넌스 기구를 길들이기 위해 특히 국내 법원 판사들이 점진적으로 상향식' 법을 구축하려는 시도가 이루어져야 한다.[144] 이에 대한 연구는 대표성과 책임성, 투명성 참여 요건, 이성과 책임성, 재량권의 한계, 사법심사 메커니즘 등의 의사 결정 과정에서 그 성격과 구성에 관계없이 글로벌 거버넌스 규제 기관의 권한에 초점을 맞추고 있다. 글로벌 거버넌스의 법칙이 스스로 설정한 사명은 '법으로 전환함으로써 영구화를 꾀하는 권력을 길들이는 것'이다.[145]

글로벌 거버넌스를 공적 권한(pulic authority)으로 이해하는 것은 다양한 접근 방식들 사이에서 잠재적으로 통일된 요소로 확인되었다.[146] 글로벌 입헌주의와 글로벌 행정법 외에도 하이델베르크 막스 플랑크 연구소의 '국제 공적 권한 행사(The Exercise of International Public Authority)' 프로젝트도 언급할 만하다.[147] 이 프로젝트의 배경에는 국제기구가 공익을 추구해야 하고, 국제법의 어휘를 국제공법으로 만들어야 한다는 생각이 있다. 국

142 Ibid, 17.

143 Ibid, 24.

144 Ibid, 287.

145 Ibid.

146 Nico Krisch, 'Global governance as public authority: An introduction' (2012) 10 *International Journal of Constitutional Law* 976.

제공법은 몇 가지 뚜렷한 특징을 보인다.[148] 국제법은 국내법과 상호의존적이기는 하지만 독자적일 것이다. 국제법의 집행 과정에서 종종 국내법으로부터 영향을 받을 수도 있지만, 국내법과 합쳐져 초국가적인 단일의 법체계를 구성하게 되지는 않을 것이다. 그러므로 국제법과 국내법의 고유 영역은 각각의 독자성을 지켜갈 것이다. 그리고 국제 법률 기구는 세계 여론의 기대에 부합하게 공익을 권위적으로 추구하는 권한을 가질 것이다. 그러한 국제기구들이 공공의 이익을 추구하기 위해 다른 사람의 자유에 영향을 미치는 결정을 내릴 때마다 그들의 행동은 효과적이어야 하고, 정당한 것으로 인식되어야 한다.[149] 국제 공적 권한에 대한 바로 그 생각은 공동의 이익을 위해 행해지는 것으로 알려진 행위들이 정당성을 보장받도록 공법 체계에 포함될 것을 요구한다. 나아가 공적 권한은 그 개별적 차원에서뿐만 아니라 사람들이 집단으로 공권력을 행사할 자격을 의미하는 정치적 차원에서도 자유의 원칙을 존중해야 한다. 이는 개인의 인권에 대한에 존중을 의미한다. 마지막으로, 국제공법 학계의 이 새로운 흐름은 '복잡한 사회적 관계를 합법성의 언어로' 설명해냄으로써 학문적 재구성의 궁극적 목표인 실천의 방향을 재설정하는데 전념할 것이다.[150]

국가를 초월한 거버넌스의 역동성을 담아내기 위한 프레임으로서 입헌주의, 공법, 행정, 공적 권한 등에 대한 지속적인 관심은 익숙한 시야와 안

---

147 Armin von Bogdandy, Rüdiger Wolfrum, Jochen von Bernstorff, Philipp Dann and Matthias Goldmann (eds), *The Exercise of Public Authority by International Institutions: Advancing International Institutional Law* (Springer 2010).

148 Armin von Bogdandy, Matthias Goldmann and Ingo Venzke, 'From Public International Law to International Public Law: Translating World Public Opinion into International Public Authority' (15 November 2015). Available at: http://papers.ssrn.com/abstract=2662391 (last visited 12 March 2016).

149 Ibid, 3-4.

150 Ibid, 23.

정감을 향한 끊임없는 탐구를 증명한다. 뉘앙스와 미묘함에 따른 범주와 어휘의 끊임없는 변화와는 상관없이, 핵심 아이디어와 근본적 지적 패러다임은 새로운 형태로 과거의 확실한 것을 재확인한다. 주지의 법적 프레임은 재활용되어 사회에서 끊임없이 발생하는 새로운 현실에 재사용된다. 과학 담론의 상호 정당화라는 끝없는 게임에서 신구(新舊) 형태가 함께 나타날 수 있다. 최근 「헌법국제저널(International Journal of Constitutional Law)」 편집부의 주도로 국제공법학회(International Society for Public Law)가 창립된 것은, 필요하다면 법학계 내 일부 학파들의 공법적 민감성은 여전히 활발하게 유지되고 있다는 점에 대한 추가적인 증거로 볼 수 있을 것이다. '전통적인 범주를 존중하면서도 더 이상 현실을 반영하지 않는 지적 노동의 과도한 분할을 거부하는 새로운 분야'[151]로 제시되는 이 새로운 분과는 종종 공법의 이름으로 정치 이론과 사회과학을 포함하는 다양한 지적 프로젝트 간의 새로운 연합의 가능성을 예고한다.[152] 이전의 '독일' 전통은 이제 세계화되었고, 계속해서 살아있다!

---

151 Joseph H.H. Weiler, 'The Founding of the International Society for Public Law' (2014) 12 *International Journal of Constitutional Law* 1, 2.

152 다양한 관점에서 공법 개념을 재정의하는 것에 대한 흥미로운 토론은 「헌법국제저널」에 담긴 주제에 대한 학술대회 참조. Michel Rosenfeld, Alain Supiot, Peter Goodrich, Judith Resnik: (2013) 11 *International Journal of Constitutional Law* 125-99.

참고 문헌

Benvenisti, Eyal, *The Law of Global Governance* (Hague Academy of International Law 2014).

De Wet, Erika, 'The International Constitutional Order' (2006) 55 *International Comparative Law Quarterly* 51.

Fassbender, Bardo, 'The United Nations Charter as Constitution of the International Community' (1998) 36 *Columbia Journal Journal of Transnational Law* 529.

Habermas, Jürgen, 'The Constitutionalization of Internationl Law and the Legitimation Problems of a Constitution for World Society' (2008) 15 *Constellations* 444.

Kingsbury, Benedict, Krisch, Nico, and Stewart, Richard B., 'The Emergence of Global Administrative Law' (2004-5) 68 *Law and Contemporary Problems* 15.

Klabbers, Jan, Peters, Anne and Ulfstein, Geir, *The Constitutionalization of International Law* (OUP 2009).

Peters, Anne, 'Compensatory Constitutionalism: The Function and Potential of Fundamental International Norms and Structures' (2006) 19 *Leiden Journal of International Law* 579.

Schwöbel, Christine E.J., *Global constitutionalism in international legal perspective* (Brill 2011).

Teubner, Gunther, *Constitutional Fragments: Societal Constitutionalization and Globalization* (OUP 2012).

Von Bogdandy, Armin, 'Constitutionalism in International Law: Comment on a Proposal from Germany' (2006) 47 *Harvard International Law Journal* 223.

4장
마르크스주의

정치철학자이자 대중문화의 아이콘으로서의 마르크스

만약 지식인의 인기와 문화적 기여를 측정한다면, 카를 마르크스(Karl Marx)가 높은 점수를 받을 것임에는 의심의 여지가 없다. 실제로 BBC의 한 설문조사에 따르면 아인슈타인, 뉴턴, 다윈, 데카르트, 칸트와 같은 저명한 인물들을 제치고 마르크스가 '천년의 가장 위대한 사상가'로 선정되었다.[1] 흥미롭게도, 저명한 인물의 인기가 과학, 문학, 정치 이론과 같은 분야에의 기여도와 반드시 일치하는 것은 아니다. 특정 인물이 영향력을 발휘하고 다양한 분야에서 그 이름을 널리 알리는 방식은 궁극적으로 사회 공동체에서 문화적 과정이 진행되는 방식과 여러 관련 요인의 영향을 받는다. 어찌되었든 마르크스는 전 영역에 걸친 유명인이고, 특히 정치이론에 대한 그의 기여는 오랜시간에 걸쳐 다양한 정치운동, 학파, 정치체

1 Susan Marks, 'Introduction' in Susan Marks (ed), *International Law on the Left: Re-examining Marxist Legacies* (CUP 2008) 1, 27.

제에 의해 활용되어 왔으며 지금의 인지도를 얻는데 중요한 역할을 했을 것으로 짐작해 볼 수 있을 것이다.

문화적 아이콘은 시대에 흔적을 남긴다. 그들 중 일부는 시대를 뛰어넘는 '고전'이 되기도 한다. 마르크스는 확실히 이 범주에 속한다. 물론, 이러한 높은 인기에는 대가가 따른다. 다양한 사람들에 의해 다양하게 해석될 수 있고, 사회 집단에 따라 다른 이상을 구현할 수도 있다. 마르크스의 독창적인 이론과 글에서 영감을 받은 사람들의 수는 헤아릴 수 없을 정도로 많다. 그러나 마르크스가 그의 글에서 제시한 독창적인 개념, 사상, 이론을 가리키는 '마르크스주의(Marxist)' 통찰과 다른 사람들에 의해 나중에 발전된 아이디어를 가리키는 '마르크스주의적(Marxian) 통찰'을 구분하는 것은 쉽지 않을 수 있다. 마르크스를 정치철학자가 아닌 대중문화의 아이콘으로 본다면 이는 중요하지 않을 수 있지만, 그렇다면 마르크스의 업적이 완전히 비문맥화되고 탈정치화될 위험이 있다. 혹은 마르크스를 정치, 경제 또는 법률에 대한 좌파적 사고와 동일시하는 것은 지나치게 단순화한 것일 수 있다.[2] 논쟁의 여지가 있을 수 있지만, 더 중요한 것은 이것이 그가 남긴 정교한 작업에 대한 정확한 설명이 아닐 수도 있다는 것이다.

마르크스가 국제법에는 특별한 관심을 기울이지 않았기 때문에, 국제법 학계에서 마르크스주의 전통을 추적하기는 어렵다. 하지만 몇몇 학자들은 마르크스의 이론적 통찰력으로부터 국제법 이론을 도출해 냈다. 실제로 마르크스 정치 철학의 기초가 되는 주요 사상과 개념 일부는 개별적으로 또는 공동으로 국제법의 다양한 측면 또는 국제법 체계 전반을 분석하기 위한 도구로 사용될 수 있다. 예를 들어, 역사적 유물론의 영향, 변증법적 방법론, 논쟁적인 이데올로기 개념은 마르크스에 의해 명시적으로

2 Ibid, 28.

영감을 얻은 학파뿐만 아니라 때로는 매우 다른 운동과 관련된 사상가들과 학자들에게도 매우 중요하다.

마르크스주의 국제법 이론은 소비에트 학자들이 제시한 국제법 이론과 오랫동안 동일시되었다. 서양에서 가지고 있는 이 이론에 대한 부정적 인식은 이 이론이 구소련의 외교정책 목표에 종속되어 있다는 주장에 근거를 두고 있다. 이를 소비에트 학자들의 기여 외에 국제법에 대한 마르크스 관점을 다룬 학문적 기여가 부족한 이유 중 하나로도 볼 수 있을 것이다. 나는 여기서 소련 역사와의 관련성을 불문하고, 소련 학자들의 기여에 대해 간략하게 설명할 것이다. 이는 국제법 분야에 관심이 있는 것으로 여겨질 수 있는 마르크스주의적 통찰과 마르크스주의의 통찰에 대한 이후의 분석을 위한 것이다.

주목할 만한 소비에트 이론

소비에트의 국제법 이론은 서구 학자들에 의해 다양하게 설명되어 왔다.[3] 이 이론을 두고 어떤 이들은 국제법에 대한 자연법적 접근으로 간주했고, 또 다른 이들은 정치적이라고 보거나 사회학적 법학의 변형으로 간주했다. 그러나 대체로 소비에트 이론은 거의 실증주의의 캐리커처라고 볼 수 있을 정도로 실증주의의 극단적 형태이며, 이 이론은 국가의 의지와 더불어 국가의 동의가 국제적 의무의 배타적 근거로서 가지는 의미를 강조한다고 보는 것이 지배적 경향이다. 마르크스주의 접근법과 소비에트 이론의 가장 중요한 특징 중 하나가 국제법의 형성 과정뿐만 아니라

3 Rein A. Müllerson, 'Sources of International Law: New Tendencies in Soviet Thinking' (1989) 83 *American Journal of International Law* 494, 495-6.

국제법의 규범적 내용에도 영향을 미치는 '법 외적 요소'에 관심을 기울인다는 점임을 고려할 때, 국가 동의(state consent)와 관련된 이러한 자격 조건의 부정확성은 자명하다.[4] 국제적 의무를 설명하는데 국가의 의지가 여전히 중요하긴 하지만 그 의지가 법 외의 고려 사항들에 의해 형성되고, 다른 법과 마찬가지로 국제법도 그를 둘러싼 주변의 사회적 환경에 의해 결정된다는 사실은 소비에트식 접근법을 다룰 때 법 외적 요소나 과정을 고려하기를 꺼리는 주류 실증주의와 명확하게 구분된다.

소비에트 이론을 '단순히 실증주의의 극단적 형태에 대한 하나의 역사적 예시에 불과한 것, 현대의 관심사가 아닌 것'으로 무시하는 건 서구에서 이러한 이론에 대한 지식이 제한적이기 때문이다.[5] 오랫동안 서구에서 합리적으로 알려진 것이 윌리엄 버틀러(William Butler)가 번역한 그리고리 툰킨(Grigory Tunkin)의 글뿐이었다는 사실[6]도 소비에트 이론에 대한 서구의 인식이 얼마나 빈약한 근거에 기반하고 있는지를 잘 보여준다.

역사적으로 볼 때, 소비에트 학계는 혁명 이후부터 제2차 세계대전 기간과 소위 평화 공존의 법칙이 등장했던 1950년대로 구별할 수 있다.[7] 첫 번째 시기에 국제법은 주로 계급 투쟁의 수단으로 간주되었다. 법은 지배 계층의 의지를 반영한다는 생각과 일관되게, 코로빈(E.A. Korovin)은 한편에는 자본주의 국가의 법적 상부구조가, 다른 한편에는 사회주의 국가의 법적 상부구조가 존재한다고 주장하면서 이중의 상부구조(a double superstructure)를 인정했다.[8] 결국 계급 투쟁의 긴급성은 필연적으로 다른

---

4 Ibid, 496.

5 Bill Bowring, 'Positivism versus self-determination: the Contradictions of Soviet International Law' in Susan Marks (ed), *International Law on the Left*, above n 1, 133.

6 Grigory Tunkin, *Theory of International Law* (Harvard University Press 1974).

7 John Quigley, 'Perestroika and International Law' (1988) 82 *American Journal of International Law* 788, 788-789.

계급 제도 간의 충돌로 이어졌을 것이고, 이는 결과적으로 자본가 계급을 나타내는 민족 국가의 종말과 새로운 사회 질서의 확립을 의미했겠지만, 국제법은 자본주의 국가들과 소련의 일시적인 타협에 불과했을 것이다. 이 '계급 간 타협(inter-class compromise)' 이론은 소련이 사회주의와 자본주의의 상부구조가 합의한 규범에 기초한 규칙들로 구성된 국제법 체계에 참여하는 것을 정당화했다. 따라서 국제 규범은 사회주의 국가와 자본주의 국가의 지배 계급의 의지를 대표했을 것이다.[9]

이 이론은 1950년대 초 당시에 소련 외무부의 조약법률국장이었던 툰킨이 추진한 이론에 의해 대체되었다. 툰킨은 자본주의와 사회주의라는 상반된 두 체제에 속한 국가 간의 합의에 기초하여 규정되고 명문화된 국제법이라는 상부구조는 단 하나뿐이라고 생각했다. 이 생각은 툰킨의 국제법 이론이 후대에 평화 공존 시스템으로 발전하는 데 기여하였고, 꽤 오랫동안 소련을 대표하는 국제법에 대한 접근법이었다.[10] 툰킨에 따르면, 국제법은 서로 다른 사회 제도를 가지고 있는 국가들의 합의에 의해 형성된 규범이 합쳐진 것이다. 그렇기 때문에 이 규범은 국가들의 합치된 의지를 반영하고, 일반적으로 민주적인 성격을 가지며, 평화 공존과 개인의 자유 및 독립성을 확보하기 위해 투쟁하고 협력하는 과정에서 국가들의 관계를 규율한다. 이 규범의 효력은 국가들의 개별적 또는 집단적 압박에 의해 보장된다.[11] 평화 공존의 필요성은 사회주

---

8 John Quigley, 'The New Soviet Approach to International Law' (1965-1966) 7 *Harvard International Law Club Journal* 1, 2.

9 Ibid, 3.

10 Grigory Tunkin, 'Coexistence and International Law' (1958-III) 95 *Recueil des Cours* 1; Grigory Tunkin, *Theory of International Law*, above n 6; Grigory Tunkin, 'International Law in the International System' (1975-IV) 147 *Recueil des Cours* 19; Grigory Tunkin (ed), *International Law* (Progress Publishers 1986).

11 Grigory Tunkin, *Theory of International Law*, above n 6, 251.

의 국가와 자본주의 국가 간의 상호 이익을 위한 합의를 촉진할 것이다. 주권, 타국의 내정 불간섭, 무력 사용 금지, 자결 원칙,[12] 국가의 주권 평등 원칙, 분쟁의 평화적 해결 원칙과 같은 '원칙에 대한 존중'은 국제법 체계의 설립을 의도하면서 기반으로 하였던 원칙 중 일부이다. 이 원칙들은 1970년 국제연합헌장에 따른 국가 간의 우호 관계 및 협력에 관한 국제법 원칙 선언(Declaration on Principles of International Law concerning Friendly Relations and Cooperation among States in Accordance with the Charter of the United Nations)으로 성문화되었다.[13]

소비에트 학자들은 국제법을 '세계 공동체가 인정하는 국제법의 공식적인 연원, 특히 조약과 관습에서 찾을 수 있는 원칙과 규칙의 체계'로 보았다.[14] '국가들은 국제법 규범을 만들며, 스스로 무엇을 하고 있는지를 충분히 인식하고 의식적으로 그렇게 한다'는 사실은 '국가와 국제법의 다른 주체들의 의지를 조정하는 것'을 국제법의 유일한 입법 과정으로 만든다.[15] 그러나 국가들의 의지를 조정하는 과정은 기계적으로 진행되지 않는다. 국가의 의지를 결정할 때는 국내적 요소, 국제적 요소를 포함한 수없이 다양한 요소들을 반드시 고려해야 한다. 국가가 의지에 기반한 행

---

12 소련이 레닌(Lenin) 초기부터 자결 원칙을 지지했던 것의 의의에 대해서는 Bill Bowring, 'Positivism versus self-determination: the contradictions of Soviet international law', above n 5, 166 참조. 보링은 레닌이 미국 대통령 우드로 윌슨(Woodrow Wilson)보다 이 원칙에 대해 더 광범위하게 지지했던 것이 인정받지 못한 것을 유감스럽게 생각한다. 보링이 소비에트 실증주의의 '외설적 타인(the obscene other)'이라 칭하는 소비에트의 자결 원칙에 대한 지지는 이 원칙을 20세기 국제법의 중심에 두는 데에 크게 기여했다.

13 GA Res. 2625, 24 October 1970.

14 Rein A. Müllerson, 'Sources of International Law: New Tendencies in Soviet Thinking', above n 3, 499. 국제관습법에서 동의라는 요건은 암묵적인 동의의 형태로 또는 규범의 확인보다는 규범의 형성에서 중요한 역할을 하는 법적 확신(*opinio juris*)이라는 요건을 통해 정당화된다.: at 502.

15 Ibid, 508.

위를 통해 국제법에서 취하는 입장은 '사회경제적 구조, 정치 체제, 국내법 및 기타 내부 요인'의 영향을 받는다.[16] 마찬가지로 '국제법의 기존 구조와 규범, 다른 국가의 입장'과 같은 외부 요인도 국가의 국제적 행위에 영향을 미친다.[17] 의지의 조정은 새로운 국제법 규범을 만들기 위해 '상호 양보와 타협'이 요구되는 역동적 과정인 셈이다.[18]

페레스트로이카(Perestroika)의 등장으로 소비에트 이론은 세계 정치에서 국제법의 우위를 인정하는 쪽으로 급격히 방향을 틀었다.[19] 고르바초프(Gorbachev)는 평화 공존의 개념을 고수하면서, 상호 의존적인 국제 사회에서 점점 더 국가 간 협력을 강조하여 계급 투쟁의 개념을 손상시켰다. 툰킨도 미국국제법학회(American Society of International Law)에서 '인류의 이익이 국가나 계급의 이익보다 우선되어야 한다'고 말했다.[20] 사회주의 국가와 자본주의 국가 간의 전쟁은 불가피하다는 생각을 포기하고 국제연합과 제도화된 분쟁 해결 메커니즘의 중요성을 전례 없이 인정한 것은 소련의 마지막 국면을 특징짓는다. 툰킨은 1993년 사망하기 전에 「유럽국제법저널(European Journal of International Law)」에 발표한 마지막 논문에서 '법의 지배에 기초한 새로운 세계 질서를 창조하려는 시도'에 대해 언급했다.[21]

최근 로리 말크수(Lauri Mälksoo)는 그의 저서에서 국제법에 대한 러시아

---

16 Ibid, 501.

17 Ibid.

18 Ibid.

19 John Quigley, 'Perestroika and International Law', above n 7, 788.

20 Grigory Tunkin, cited in John Quigley, 'Perestroika and International Law', above n 7, 791.

21 Grigory Tunkin, 'Is General International Law Customary Law Only?' (1993) 4 *European Journal of International Law* 534.

식 접근 방식을 시간의 흐름에 따라 살펴봤다.[22] 러시아식 접근법의 눈에 띄는 특징은 학술적 담론이 공식적인 정부의 담론에 맞추려는 경향이 있다는 점이다. 그러나 말크수는 러시아의 학계가 항상 그들의 전통적 사고방식(관점)을 특정 문화와 '문명'을 나타내는 것으로 여겨왔다는 점을 고려할 때, 러시아 국제법 학문은 연속성을 가진다고 주장하였다. 특히 서구의 국제법 관점과 비교했을 때 이러한 '타자성(otherness)'은 오늘날까지 지속되고 있다. 러시아의 '예외주의(exceptionalism)'는 여러 영역에서 나타날 수 있다. 첫째, 러시아는 인권보다 국가 주권의 원칙을 우선시하는 것으로 보인다. 유럽인권재판소에 대한 비판적이고 종종 비협조적인 태도가 그 예가 될 것이다. 러시아가 크림 사태(Crimea crisis)와 관련하여 무력사용 규칙에 대한 견해를 격렬하게 주장하였고, 투자중재나 제3자에 의한 국제 분쟁 해결 메커니즘에 참여하기를 꺼리는 것도 러시아식 접근 방식의 특수성을 반영하는 것이다.[23] 말크수의 연구 결과는 특히 문화와 법 사이의 밀접한 연관성을 강조하고, 국내법 이론과 관행이 국제법을 바라보는 방식에 미치는 영향을 강조했다는 점에서 흥미롭다. 그러나 서구를 비롯한 다른 나라의 학문 및 관행과 비교했을 때 이런 태도가 얼마나 독특한 것인지는 의문이다. 역사, 문화, 종교 및 국내법 이론과 실제의 발전과 같은 다른 요소들의 영향이 한 국가가 국제법을 다루는 방식에 깊은 영향을 미칠 수 있다는 것은 미국의 '예외주의'에 대한 논쟁만 살펴봐도 알 수 있기 때문이다.[24]

---

22 Lauri Mälksoo, *Russian Approaches to International Law* (OUP 2015).

23 Ibid, 153 ff.

24 Harold H. Koh, 'On American Exceptionalism' (2003) 55 *Stanford Law Review* 1479.

관심의 부활: '동등한 권리 사이에서'

지금까지 소비에트의 국제법 이론에 대한 대부분의 논의는 냉전의 맥락에서 이루어졌다. 서구와 구사회주의권 사이의 이념적 분열은 상호 인식의 틀을 형성했다. 서방은 1968년 소비에트의 체코슬로바키아 침공을 정당화하기 위해 정교화된 브레즈네프 독트린(the Brezhnev doctrine)에 비판적으로 반응했지만,[25] 소비에트 학자들은 국제법에 불확실성을 가져오고 평화 공존의 법칙을 위협한 뉴헤이븐 학파(New Haven School)에 대해 극도로 신중한 자세를 취했다.[26] 소비에트가 국제법을 검토한 방식은 특정 이론과 지적 입장에 대한 진정한 과학적 논쟁이라기보다는 소비에트의 사고와 권력 이동의 경향을 해석하려는 서구의 정치 분석과 관련되어 있었다. 그러한 이론에 관심이 있는 전문가는 거의 없었고, 순수하게 학문적 또는 지적 관심의 대상으로 보는 전문가는 더욱 적었다.

학술적 관점에서 소비에트의 국제법 이론에 대한 관심은 차이나 미에빌(China Miéville)의 저술에 의해 새롭게 바뀌었다. 미에빌은 공상 과학 소설 작가로 대중에 잘 알려져 있다. 뉴위어드 문학 운동(the New Weird literary movement)의 일환으로,[27] 미에빌은 만화책과 단편 소설을 포함한 많은 문학 장르의 작품을 쓴 절충주의 작가이다. 그의 베스트셀러 판타지 소설

---

25 잘 알려진 바와 같이, 당시 소련의 제1서기였던 레오니트 브레즈네프(Leonid Brezhnev)는 체코슬로바키아와 같은 사회주의 국가에서의 자본주의 체제의 재건이 공산주의 연방이나 사회주의 '주권'에 대한 위협이 될 수 있다는 점을 근거로 군사 개입을 정당화했다.

26 Rein A. Müllerson, 'Sources of International Law: New Tendencies in Soviet Thinking', above n 3, 497-9.

27 Ann and Jeff VanderMeer (eds), *The New Weird* (Tachyon Publications 2008) xvi 참조. '뉴위어드는 전통 판타지 공간에 대해 낭만적으로 미화된 생각을 뒤엎는 도시적인 이차 세계의 일종인데 주로 현실적이고 복잡한 실제 세계 모델을 출발점으로 선택하여 공상과학소설과 판타지 모두를 결합한 것일지도 모르는 배경을 만들어 낸다.'

로는 『쥐의 왕(King Rat)』, 『퍼디도가(街) 정거장(Perdido Street Station)』, 『상흔(The Scar)』, 『이중 도시(The City & The City)』, 『크라켄(Kraken)』, 『엠버시타운(Embassytown)』 등이 있다.[28] 미에빌은 런던정치경제대학교(London School of Economics and Political Science)에서 국제관계학으로 박사학위를 받았다. 그의 논문은 나중에 『동등한 권리 사이에서: 마르크스주의 국제법 이론(Between Equal Rights: A Marxist Theory of International Law)』[29]이라는 제목으로 출판되었는데, 이 논문은 소비에트 학자 에브게니 파슈카니스(Evgeny Pashukanis)의 국제법 이론을 검토하고 있다.[30] 파슈카니스는 소비에트과학아카데미법학연구소(the Institute of Law of the Soviet Academy of Sciences) 소장으로서, 큰 영향력을 가진 인물이었다. 1937년에 스탈린(Stalin)이 그를 '파괴자들의 무리(band of wreckers)'와 '트로츠키-부하린 파시스트 세력(Trotsky-Bukharin fascist agents)'의 일원으로 폄하할 때까지 그는 사실상 국가 법률 연구와 교육의 책임자였다.[31]

파슈카니스 이론의 기본 개념은 상품이 자본주의의 기본 형태라는 마르크스의 통찰에서 비롯되었다.[32] 자본주의 사회는 상품으로 구성되며, 상품은 부와 근본적인 구조를 나타낸다. 파슈카니스는 법적 주체가 상품

---

28 China Miéville, King Rat (Macmillan 1998); China Miéville, *Perdido Street Station* (Macmillan 2000); China Miéville, *The Scar* (Macmillan 2002); China Miéville, *The City & the City* (Macmillan 2009); China Miéville, *Kraken* (Macmillan 2010); China Miéville, *Embassytown* (Macmillan 2011).

29 China Miéville, *Between Equal Rights: A Marxist Theory of International Law* (Brill 2005).

30 Evgeny Pashukanis, 'The General Theory of Law and Marxism' in Piers Beirne and Robert Sharlet (eds), *Evgeny Pashukanis: Selected Writings on Marxism and Law* (Academic Press 1980) 40-131. 이 글은 1924년에 러시아어로 처음 출판되었다.

31 Bill Bowring, 'Positivism Versus Self-determination: The Contradictions of Soviet International Law', above n 5, 146.

32 Karl Marx, *Capital: Volume I* (Penguin 1976) 125.

소유자와 같다고 주장하면서 상품을 법의 형태에 비유했다. 상품 형태의 논리는 법 형태의 논리이다.[33] 상품이 교환되어야 함은 상품 형태의 논리(the logic of commodity-form)에 내재되어 있다. 시스템이 지속적으로 작동하기 위해서는 각 행위자나 대리인이 사유 재산의 소유자여야 하며, 다른 행위자나 대리인과 동등해야 한다. 상품 교환에 관련된 주권적이고 공식적으로 동등한 대리인들 사이에 분쟁이 있을 수 있다는 점을 고려할 때, 이 법은 효력을 발휘한다. 이 법은 '어느 한쪽의 주권이나 평등을 훼손하지 않고, 그러한 분쟁을 해결하는 방법을 공식화하는 것'을 의미하는 사회적 규제의 추상적 형태이다.[34] 그러므로, 분쟁이 핵심이다. 즉, 분쟁이 잠재적이거나 실제 발생하지 않는다면, 법이 필요하지 않을 것이다.

자본주의 사회는 '상품의 거대한 집합체'일 뿐만 아니라 '법률관계의 끝없는 사슬'이기도 하다.[35] 실제로, 내용과 무관하게 핵심적인 것은 법률관계이다.[36] 이처럼 형식의 우선성은 실제 규칙을 부차적이고 우발적인 것으로 만든다. 법적 주체가 재산권을 중시하는 상품 소유자와 같다는 점을 고려할 때, 법의 근본적인 형태는 공법이라기보다 사법에 가깝다. 법률관계의 패러다임적 형태는 '경제적 관계를 반영하는' 두 의지의 만남인 계약이다.[37] 교환이 재산권의 상호 인정을 요구하여 동등한 주체 간의 계약 관계의 기초를 형성한다는 사실도 자본주의의 부상과 국제 무역의 확대를 설명한다. 법적 형태는 보편화되기 시작했다. 미에빌에 따르면, '무역이 세계화되고 주권 국가가 명확해지면서, 국제 질서는 국제법 질서

---

33 China Miéville, 'The Commodity-Form Theory of International Law: An Introduction' (2004) 17 *Leiden Journal of International Law* 271, 282.

34 Ibid.

35 Karl Marx, *Capital*, above n 32, 125.

36 Evgeny Pashukanis, 'The General Theory of Law and Marxism', above n 30, 63.

37 Karl Marx, *Capital*, above n 32, 178.

가 되지 않을 수 없었다.'[38]

대부분의 논평가는 '자유롭고 평등한 개인 간의 시장 관계가 갖는 특징은 부르주아 국가의 출현을 요구한다'는 파슈카니스의 생각에 동의하는 듯 하다. 이 시장 관계는 법적 거래에서 모든 당사자의 이익을 위해 권리를 집행할 권한을 부여받은 추상적인 집단 주체에 의해 중재되고 감독되며 보장되어야 한다.[39] 물론 파슈카니스의 이론은 지배 계급이 국가의 비인격적인 성격을 왜, 어떻게 받아들이며 자신의 의지를 강요하는지를 설명하는 부분에서 모호한 면이 있다. 강제성이 제도에 필요하지 않다는 그의 발언은 애매하다.[40] 미에빌은 시스템이 작동하기 위해서는 재산권의 집행이 필요하기 때문에 폭력과 강제는 상품 형태에 내포되어 있고, 상품 관계 자체에 내재되어 있다고 주장했다. 그러나 탈중앙화된 시스템에서도 집행은 보장될 수 있기 때문에, 국가의 형태를 띠지 않아도 집행 제공은 가능하다. 비록 불안정성이라는 대가가 따르지만 개별 청구권의 집행 권한을 부여받은 주권자나 압도적인 권위가 없는 법적 시스템이 존재할 수도 있다는 것은 충분히 상상할 수 있다.[41] 국제법에서 일어나는 일은 국가 시스템에서 사용되는 비인격적인 강제력이 그 특수성 즉, '동등한 권리 사이에서, 힘이 결정한다'[42]는 특성을 되찾는 것이다.

파슈카니스의 국제법 이론을 상품 형태로 재검토한 미에빌의 의견은 국제법의 특정 영역에 대한 유사한 분석에 영감을 주었다. 예를 들어, 클

38 China Miéville, 'The Commodity-Form Theory of International Law: An Introduction', above n 33, 285.

39 예로 Bob Jessop, *State Theory: Putting the Capitalist State in its Place* (Polity 1990) 53 참조.

40 China Miéville, 'The Commodity-Form Theory of International Law: An Introduction', above n 33, 287.

41 Ibid, 288.(국제법에 대한 파슈카니스의 글을 언급하고 있음)

레어 커틀러(Claire Cutler)는 서비스 무역에 관한 일반 협정(General Agreement on Trade in Services, GATS)이 공공 책임의 상품화 영역으로 볼 수 있다고 주장하면서, 상품 형태 이론을 끌어냈다.[43] 국가가 특정 지역의 서비스 무역을 자유화할 수 있는 조약의 적용 범위는 상수도 제공이나 교육 기관의 유지와 같은 서비스로 광범위하게 확장될 수 있다. 그러한 공공재는 가정과 학생들에 의해 시장에서 교환될 상품으로 바뀔 수 있다. 상품 형태의 법은 결국 서비스를 맹목적으로 숭배하게 하여 법 제정에서의 인간적 차원과 사회적 맥락을 제거한다. 시장 이념에 대한 광범위한 비판을 배경으로 한 커틀러의 발언은 바로 이런 문제의 핵심을 찌른다. 국제법은 무역에 대한 '당연한(natural)' 법적 규제를 하는 것이라고 주장하면서 국가로부터 국내 공공정책과 사회적 규제 기능을 빼앗아간다. 이러한 관점에서, 국제통상법은 초국가적 상황에서 운영되는 새로운 제국주의의 한 형태이며, 특정 초국가적 기업체가 다른 비국가적 집단에 피해를 주거나 그들을 배제할 수 있는 권한을 부여한다.

미에빌의 말에 따르면 국제법에 대한 마르크스주의 이론의 필요성은 현대 국제법학의 몇 가지 특징에 의해 강조된다.[44] 첫째, '경영주의의 병폐(blight of managerialism)'는 국제법의 많은 이론적 문제를 '검토되지 않은' 것으로, 그에 따라 그 어느 때보다 '이념적(idealogical)'인 것으로 만들었

---

42 Karl Marx, *Capital*, above n 32, 344. China Miéville, *Between Equal Rights*, above n 26, 142도 참조. '이것이 국제법이 역설적인 형태인 이유이다. 그것은 동등한 사람들 사이의 진정한 관계이자, 약한 국가들이 이기기를 바랄 수 없는 형태이다. 그것은 권력 정치로의 단순한 붕괴라기보다는 "평등한 권리 사이에서, 힘이 결정한다"는 마르크스의 말의 의미이다.'(원문에서 강조)

43 A. Claire Cutler, 'Toward a radical political economy critique of transnational economic law' in Susan Marks (ed), *International Law on the Left*, above n 1, 199.

44 China Miéville, 'The Commodity-Form Theory of International Law: An Introduction', above n 33.

다.[45] 둘째, '불확정성에 대한 통찰(insights of indeterminacy)'은 많은 사람으로 하여금 법적 논쟁의 가역성, 즉 법의 가역성을 믿게 했다.[46] 셋째, 마르크스주의 이론은 '이상주의의 한계'를 밝히고 국제법의 신화가 국제법을 사실성이 제거되고 비판이 받아들여지지 않는 추상적 형태로 설명하는 것을 제한하는데 기여할 수 있다. 이러한 맥락에서 마르크스주의 분석은 자본주의 사회에서 개인의 행동을 규제하는 논리와 동일한 논리에 의해 지배되는 현대 국제법을 더 잘 체계화하고 이해하는 데 도움이 될 수 있다. 국가는 개인과 마찬가지로 '재산 소유자로서 상호 작용'한다.[47] 그러나 미에빌이 재고한 바와 같이, 파슈카니스의 상품 형태 이론에만 국한하여 국제법에서 마르크스주의의 유산과 통찰력을 살펴보는 것은 환원적일 수 있다. 마르크스주의 통찰과 분석 도구는 국제법 이론과 방법론에 훨씬 더 다양하게 적용될 가능성을 내포하고 있다.

마르크스주의 분석: 도구 모음

마르크스의 사회에 대한 근본적인 접근은 역사적 유물론(doctrine of historical materialism)에 기초한다. 삶의 물질적 조건은 사회의 조직과 그 기반이 되는 권력 구조를 설명하는 결정적인 요소이다. 그러한 조건들은 역사적으로 소위 '생산 방식'에 기초한다. 자본주의 사회에서 생산관계는 생산 수단의 소유에 의해 형성되며, 이는 자본주의 지배 계급과 억압받는 노동자 계급을 구분할 수 있게 한다. 경제적 하부구조 또는 기반은 사회의

45 Ibid.

46 Ibid, 272-3.

47 Ibid, 274.

기본 구조를 구성한다. 이것은 차례로 사회적 의식과 계급 체계, 즉 정치적, 제도적, 법적, 문화적 상부구조를 결정한다.[48] 하부구조와 상부구조는 서로 영향을 주고받기 때문에 직접적인 인과관계는 없지만, 사회의 경제 구조가 가지는 우위는 분명하다. 이러한 통찰과 현대 국제법의 관련성은 과소평가 될 수 없다. 무역 자유화의 패러다임에 기반한 현재의 세계 경제 구조는 종종 당연한 것으로 여겨진다. 마찬가지로, 국제 금융 규제에서 국제법이 수행하는 역할도 큰 의문 없이 받아들여지는 경향이 있다. 마르크스주의적 접근은 특정 경제 구조의 역사성과 우연성에 대한 민감성을 자극하고, 특정 규범적 선택의 사회적 결과에 의문을 제기하게 한다.

마르크스주의 이론에서 끌어낼 수 있는 또 다른 유용한 통찰력은 사고 방법으로서 변증법의 중요성이다. 변증법적 방법은 반대되는 쌍을 통해 현실을 조사하는 것으로 구성된다. 이를 통해 끊임없이 움직이는 사물의 구체적인 상호 작용을 이해할 수 있다. 개념의 우연성, 가변성, 유연성에 초점을 맞춘 이러한 유형의 추론은 물질세계의 모순과 일시적인 성격을 파악하는 데 도움이 된다. 절대적인 이데아를 향한 지성의 피할 수 없는 진보를 보장하는 정언 명령과 그에 따른 종합을 통해 해결해야 할 반대의 병치를 기반으로 하는 헤겔(Hegel)의 변증법과는 달리, 마르크스의 변증법은 갈등을 중심에 놓는다. 대립하는 요소들의 긴장은 변증법 개념에 내재되어 있으며, 그러한 긴장의 결과가 반드시 둘을 종합하여 화해시

---

48 이러한 주장은 마르크스와 엥겔스의 공저 『독일 이데올로기(The German Ideology)』에서 시사된 바 있다. Karl Marx and Friedrich Engels, *The German Ideology* (Progress Publishers 1976, 1845년에 처음 출판됨). 그리고 이 이론은 마르크스의 『정치경제학 비판 요강(A Contribution to the Critique of Political Economy)』 서문에서 공식화되었다. Karl Marx, *A Contribution to the Critique of Political Economy* (International Publishers 1979, 1859년에 처음 출판됨) '이러한 생산관계의 총체는 법적, 정치적 상부 구조를 발생시키고 사회의식의 확실한 형태에 해당하는 사회의 경제 구조, 진정한 기반을 구성한다. 물질적 삶의 생산 방식은 사회적, 정치적, 지적 삶의 일반적인 과정을 조건화한다.'

키는 것으로 귀결되는 것은 아니다. 국가 대 시민 사회, 부르주아 대 노동자 계급이라는 두 요소는 서로 도전하며, 두 요소 중 하나가 소멸하거나 붕괴할 수도 있는 방식으로 서로는 충돌한다. 마르티 코스켄니에미(Martti Koskenniemi)는 흥미롭게도 국제법률가들이 마르크스주의로부터 배워야 할 것에 대한 에세이에서 변증법(dialectics)과 해체(deconstruction) 사이의 직접적인 관계를 언급했다. '변증법이 사회의 역사적 우연성을 보여준다면, '해체'는 상징의 급진적 불확정성(radical indeterminacy)(또는 '결정 불가능성 undecidability')을 지적하고 사회적 갈등을 사회적 상징이 무엇을 의미해야 하는가에 대한 (정치적) 갈등, 즉 누구의 행동을 지지해야 하고 누구의 행동을 규탄해야 하는가에 대한 갈등으로 재설명한다'는 것이다.[49] 이러한 배경에서 '해체란 현실을 재현하는 형식의 급진적 불확정성을 보여줌으로써 변증법의 작업을 수행한다'고 할 수 있다.[50]

샤를 쇼몽(Charles Chaumont)은 마르크스주의적 변증법을 이용하여 국제법을 설명했다.[51] 이는 에마뉘엘 주아네(Emmanuelle Jouannet)가 전통 이론과 '인식론적 단절(epistemological rupture)'이라고 묘사한 것이다.[52] 쇼몽은 국제 규범이 끊임없는 변증법적 운동(초기 모순, initial contradiction)에서 국가 의지로 표현되는 모순되는 기본적 사회 현실에 의해 형성된다고 주장했다. 새롭게 형성된 국제 규범은 초기 모순을 극복하려는 시도를 하면서 사회 현실과의 또 다른 모순(후속 모순, subsequent contradiction)을 만들어 내고, 그

---

49 Martti Koskenniemi, 'What Should International Lawyers Learn from Karl Marx?' (2004) 17 *Leiden Journal of International Law* 229, 236.

50 Ibid.

51 Charles Chaumont, 'Cours general de droit international public' (1970-I) 129 *Recueil des Cours* 333-527.

52 Emmanuelle Jouannet, 'La pensée juridique de Charles Chaumont' (2004) 37 *Revue Belge de Droit International* 259.

모순은 또 다른 규범의 극복 대상이 될 것이다. 이 역동적인 변증법적 과정에서, 법은 끊임없이 움직이고 그것의 근원인 모순에서 근본을 찾는다. 사회 체제에 존재하는 모순은 국가들이 서로 다른 권력 지위를 누리고 투쟁하는 불협화음의 국제 시스템을 증명한다. 권력관계는 국가의 경제 및 사회 구조에 의해 결정된다. 마르크스주의적 분석에 따르면, 국제법은 그것을 형성하고 통제하는 세력을 감추며, 권력자의 지배 도구로 만드는 경향이 있는 사회의식이나 이데올로기의 한 형태로 간주된다. 국제법은 그 자체로 진보, 정의, 평화를 향한 추진력으로 표현되지만, 국제 현실의 폭력성을 은폐하고 강대국의 이익을 우선시하는 임무를 더 잘 수행하기 위해 존재한다. 국제 사회의 공동 이익을 위해 채택된 것으로 생각되는 규범과 규칙은 지배적인 경제 및 사회 세력의 이익을 위해 채택된 것이다.[53]

마르크스주의적 변증법은 '평등한 권리 사이에서 힘이 결정한다'는 결론을 내리기 위해 적용하든, 쇼몽의 분석처럼 법의 근본적 순간을 파악하기 위해 적용하든, 법의 역동적 성격을 강조하고 갈등과 선택의 순간에 주목할 수 있다는 장점이 있다. 변증법적 방법은 전통적인 접근법이 숨기는 경향이 있는 '결정의 순간'을 가시화한다.[54]

법적 구조와 규칙을 포함한 특정 현상의 역사성과 우연성에 초점을 맞추는 것은 마르크스주의에서 끌어낼 수 있는 또 다른 통찰이다. 그러나 최근에 수잔 마크스(Susan Marks)는 그녀가 '거짓 우연성(false contingency)'이라고 부르는 것에 대해 경고했다.[55] 역사적 과정은 '결정된' 만큼이나 '개방적'이다. 그것들은 '예상치 못한' 것일 수도 있지만, 확실히 '설명할 수

53 쇼몽의 현대 국제법에 대한 이론이 가지는 특징에 대해서는, Monique Chemillier Gendreau, 'Actualité de la pensée de Charles Chaumont et perspectives du droit international' (2004) 37 *Revue Belge de Droit International* 259 참조.

54 Martti Koskenniemi, 'What Should International Lawyers Learn from Karl Marx?', above n 49, 237.

없는' 것은 아니다.[56] 그녀는 '루이 보나파르트(Louis Bonaparte)가 선출직 통령에서 자칭 황제로 변신한 것'이 '필연적인 것'도 아니고 '순전히 우연한 것'도 아니라고 설명하는[57] 마르크스의 「루이 보나파르트의 18번째 브뤼메르(The Eighteenth Brumaire of Louis Bonaparte)」에서 영감을 얻어,[58] '사물이 있는 그대로일 필요가 없는 것처럼 역사도 단순히 우연과 의지의 문제가 아니다'라며 우리가 사는 현실은 '자의적이거나 우연한 것'이 아니라는 점을 이야기하고 있다.[59] 이는 또한 '분석적 프레임 내에 반드시 포함되어야 하는 시스템의 논리'에 따른 결과이기도 하다.[60] 국제법 학계에서는 매우 드물게 자기반성을 시도한 이 글에서 마크스는 자신의 연구를 인용했다. 또한 그녀는 민주적 통치의 자명한 특성을 비판하고, 민주주의 개념의 매우 논쟁적이고 우발적인 성격을 강조함으로써 자신이 분석한 바로 그 개념이 독립적인 문제가 아니라 시스템 논리의 산물이자 '더 큰 그림'의 일부라는 사실을 간과했다고 인정했다.[61] 그녀는 '거짓 우연성'에 대한 자신의 통찰력이 (마르크스주의를 포함한)모든 '-주의(-ism)'에 위배

---

55 이 용어는 로베르토 웅거(Roberto Unger)의 '거짓 필요성(false necessity)' 개념에서 영감을 받았는데, 웅거는 전형적인 비판법학운동 입장에서 사물이 있는 그대로일 필요는 없다고 주장한다. Roberto Unger, *False Necessity* (Verso 2004) xx 참조: '거짓 필요성에 대한 환상이 생기는 이유는, 우리가 확립된 질서를 당연하거나 필요하거나 권위 있는 것처럼 보이게 하는 생각과 태도를 받아들이면서 세상에 항복하고 더 나아가 실현 가능한 인간성을 현재 사회로 오인하기 때문이다.'

56 Susan Marks, 'False Contingency' (2009) 62 *Current Legal Problems* 1.

57 Susan Marks, 'False Contingency', above n 56, 20.

58 Karl Marx, 'The Eighteenth Brumaire of Louis Bonaparte' in T Carver (ed), *Marx: Later Political Writings* (CUP 1936) 32. '사람들은 자기들만의 역사를 만들지만, 자기들이 스스로 선택한 상황에서 자기 마음대로 만들지는 않는다. 오히려 주어진, 물려받은, 현재의 상황에서 그 역사를 만든다.'

59 Ibid, 10.

60 Ibid.

61 Susan Marks, *The Riddle of All Constitutions* (OUP 2000).

되기 때문에 '마르크스주의'로 규정할 수 없음을 부정하면서도, 거짓 우연성에 대한 자신의 개념이 '이데올로기'와 중첩될 수 있음을 인정했다. 끝으로, 이데올로기는 '우발적인 상황에서 더 높은 필요성을 분별하는 행위'이지만, '단순히 우발적인 상황으로 보이는 것에서 숨겨진 필연성을 인식하는 것'으로 구성될 수도 있다는 슬라보예 지젝(Slavoj Žižek)의 견해에 동의하면서[62] 마크스는 이데올로기에 대한 비판은 거짓 필요성과 거짓 우연성 모두에 대한 연구가 필요하다고 결론지었다.[63]

이념 비판을 한 방향으로만 사용하지 말라는 지젝의 경고는 훌륭한 통찰이다. 이데올로기 비판이 우발적인 것을 보편적이고 필요하며 합리적인 것으로 바꾸려는 시도뿐만 아니라, 국지적이거나 특수한 것의 잠재적 보편적 가치로부터 관심을 돌리는 것에 대해서도 지향되어야 한다는 생각은 이데올로기에 대한 비판적 탐구의 관련성에 대한 뚜렷한 마르크스주의 통찰이다.[64] 테리 이글턴(Terry Eagleton)의 말을 빌리자면, '이데올로기는 구취와 마찬가지로… 상대방이 가진 것!'이라는 점을 감안할 때, 이 이중적인 연구는 더욱 필요해 보인다.[65] 이데올로기는 다양한 의미로 사용되지만, 이데올로기는 지배 계급이 자신의 권력을 정당화하고 이익을 도모하기 위해 사용하는 사상과 신념으로 구성되며, 이를 '유일하게 합리적인 것, 유일하게 보편타당한 것'[66]으로 내세운다는 마르크스와 엥겔스의 독창적인 통찰은 오늘날에도 여전히 가치가 있다. 국제법이 제시하는

62 Slavoj Žižek, 'Introduction' in Slavoj Žižek (ed), *Mapping Ideology* (Verso 1994) 1, 4.

63 Susan Marks, 'False Contingency', above n 56, 14.

64 Terry Eagleton, *Ideology: An Introduction* (Verso 1991) 2.

65 Ibid.

66 Karl Marx and Friedrich Engels, 'The German Ideology' in Karl Marx, *Early Political Writings* (CUP 1994) 146. 마르크스가 죽은 후 엥겔스는 이데올로기를 '거짓 의식'이라고 불렀다: Susan Marks, 'Introduction', above n 1, 8.

보편성의 외피가 특정 이해관계를 숨기고 있는 것은 아닌지, 국제 사회의 이익이라고 주장되는 특정 규칙과 원칙이 실제로는 기득권과 지배적인 경제 및 사회 구조의 표현은 아닌지 의심하게 된다.[67] 따라서 이데올로기 비평은 지배를 끝내기 위해 사용될 수 있고, 국제법 연구는 해방 지식의 한 형태, 카를 마르크스가 이름을 붙이고 수행한 일종의 "실용적/비판적 활동"이 될 수 있으며, 그에 대한 영감의 잠재적 원천으로 남아 있다.'[68]

제국주의의 개념은 종종 마르크스주의 이론과 관련된다. 사실 마크스가 강조했듯이, 이 개념은 로자 룩셈부르크(Rosa Luxemburg)에 의해, 그리고 몇 년 후에는 레닌(Lenin)에 의해 처음 사용되고 발전되었다.[69] 룩셈부르크에게 무력의 사용은 자본의 축적에 내재된 것이었지만, 레닌은 제국주의를 자본주의의 역사적 단계인 '독점'의 단계로 보았다. 독점 단계에서는 자본의 집중이 증가하면 은행과 다른 금융 행위자들이 모여 독점적 지위를 형성하는 국제적 지주회사가 형성되는 경향이 있다. 이러한 독창적인 통찰력에도 불구하고, 제국주의와 자본주의의 관계는 여전히 비옥하고 흥미로운 연구 분야로 남아 있다. 마이클 하트(Michael Hardt)와 안토니오 네그리(Antonio Negri)는 포스트 구조주의(post-structuralist)와 포스트 마르크스주의 학파(post-Marxist scholarship)에서 권력의 본질이 변했기 때문에 오늘

---

67 법과 권력의 이분법을 분석하면서 셜리 스콧(Shirley Scott)은 객관적인 규칙으로서의 국제법의 개념은 '국제 정치에서 권력의 중요한 형태'라고 주장하고 있으며, 국제법률가들은 이러한 국제법의 이미지를 전달하는 데 전적으로 전념하고 있다. Shirley V. Scott, 'International Law As Ideology: Theorising the Relationship Between International Law and International Politics' (1994) 5 *European Journal of International Law* 313, 324.

68 Susan Marks, 'Big Brother is Bleeping Us – With the Message that Ideology Doesn't Matter' (2001) 12 *European Journal of International Law* 109.

69 Susan Marks, 'Introduction', above n 1, 10. Rosa Luxemburg, *The Accumulation of Capital* (Routledge 2003, 초판은 1913년에 출판됨) 참조; V.I. Lenin, Imperialism: *The Highest Stage of Capitalism* (International Publishers 1939, 초판은 1917년에 출판됨).

날 어떤 국가도 제국주의적 권력이 될 수 없다고 주장했다.[70] 제국주의와 달리 현대에는 영토의 중심과 경계가 없다. 다만 다양한 수준의 조직들이 '단일한 통치 논리하에서 연합'하고 국가 주권을 대신하고 있다.[71] 권력이 분산되어 있고 전통적으로 이해되는 주권의 범위 내에 포함될 수 없는 '생명정치적 세계(biopolitical world)'에서 개인의 삶은 더 이상 주권 국가에 의해 통제되지 않는다.[72]

앤서니 카티(Anthony Carty)는 하트와 네그리에 대한 평가에서 '국제 정치 경제가 국제법 일반 구조에 미치는 영향에 대한 마르크스주의 분석은 현재 가장 설득력 있게 남아 있다'고 주장했다.[73] 카티는 하트와 네그리가 산업과 금융의 힘에 경외심을 가지고 있어 희망이나 저항의 여지를 남기지 않았다고 보았다. 카티에 따르면, 미국 자본주의의 경제적 모순은 제국주의 프로젝트와 군국주의를 설명한다. 그러나 미국의 광범위한 국제법 위반은 '협상과 대화를 통해 도달하지만 힘의 균형에 의존해야 하는 국가 평등 원칙과 경제 및 사회 정의에 기반한 질서 있는 인류로 돌아가는 길'을 가리킨다.[74] '제국'에 기반하든 '제국주의'에 기반하든, 마르크스주의 분석은 계속된다.

마르크스주의 전통에서 광범위하게 영감을 받은 다른 흥미로운 지적 통찰들도 국제법 이론에 활용할 수 있다. 첫째, 국제법에 대한 마르크스주의 접근법에서의 분석적 관점은 하위 계층(subaltern)의 관점이다. 중요

---

70 Michael Hardt and Antonio Negri, *Empire* (Harvard University Press, 2000).

71 Ibid, xii.

72 이 통찰력은 푸코(Foucault)의 '생명권력(bio-power)' 개념에서 영감을 받았는데, 이는 현대의 군주들이 신체를 규율하고 인구에 대한 통제를 행사하기 위해 사용하는 기술이다. Michael Foucault, *The History of Sexuality*, Vol. 1 (Vintage Books, 1978), 133 ff.

73 Anthony Carty, 'Marxism and International Law: Perspectives for the American (Twenty-First) Century?' (2004) 17 *Leiden Journal of International Law* 247, 270.

74 Ibid, 248.

한 국제법적 문제에 대한 입장은 명백하고도 단호하게 '무산자들(have-nots)', 피지배 계층, 세계의 억압받는 자들에게 호의적이다. 정확하게 어떤 용어를 채택하고 있는지와는 무관하게 국제법에 대한 마르크스주의 접근이 지배 계급과 부유하고 힘 있는 사람들의 이익에 동조하지 않는다는 점은 분명하다.

둘째로, 마르크스주의는 현실을 상호 연관된 전체로 보는 경향이 있다. 마크스가 강조한 바와 같이, '세계를 총체로서 파악해야 한다는 생각은 마르크스주의 이론의 독특한 주제이다'.[75] 현상은 서로 분리하여 개별적으로 분석할 것이 아니라 '국제법적 아이디어와 개념이 출현, 발전, 배치되는 조건'을 결정하는 경제적, 사회적 힘에 주의를 기울이면서 더 큰 전체 중 일부로 분석되어야 한다.[76] 현대 법률 문화에서 기술적이고 전문화된 것을 우선시하는 경향을 고려할 때, 이러한 감수성은 오늘날 더 두드러진다. 법을 내포하고 있으며 법으로 표현되는 사회적 경제적 구조에 초점을 맞추는 것은 법이 중립적이고 외부의 힘에 영향을 받지 않는다는 통념을 거스르는 것이다.

셋째, 상품이 마치 객관적 실재인 것처럼 의인화되어 독자적인 삶을 살게 되는 자본주의 사회에서 상품 '맹목적 숭배(페티시즘)'에 대한 마르크스주의적 발상도 고려할 가치가 있다.[77] 국제법에서 '국가(States)', '국제사법재판소(International Court of Justice)', '국제법위원회(International Law Commision)', '인권이사회(Human Rights Council)' 등을 마치 자신의 삶과 의지를 가질 수 있는 자율적인 대상인 것처럼 비인칭적으로 표현하는 경향은

---

75 Susan Marks, 'Introduction', above n 1, 14.

76 Ibid, 15.

77 Karl Marx, Capital, above n 32, 163. 물화라는 개념은 1920년대 게오르크 루카치(Georg Lukacs), *History and Class Consciousness* (Merlin Press 1974)에 의해 개발되었다.

마르크스주의적 물화(reification) 개념을 연상시킨다. 제도를 물화함으로써, 우리는 더 이상 그것에 의문을 제기하지 않고, 또는 그것이 사회적 힘과 그 역동성의 표현이라는 것을 계속 깨닫지 못하고 우리의 우주에 그것들이 존재하는 것에 익숙해진다. 마르크스에게 있어서 물화는 소외의 기초가 되는데, 물화된 대상은 원래 그것을 창조한 사람들을 지배하게 되기 때문이다. 같은 이유로, 국제법률가들은 소외될 수 있으며 '세상을 고정되고 변하지 않는 것으로, 행동의 영역이 아닌 관조의 대상으로 바라 볼 수 있다.'[78]

마지막으로, '인간의 권리'에 대한 마르크스의 비전은 현대 국제법에 중요한 의미를 갖는다. 『유대인 문제에 대하여(On The Jewish Question)』에서 마르크스는 1789년 프랑스 인권 선언(French Declaration of the Rights of Man and of the Citizen)에서 인간의 이상적인 유형으로 시민(*citoyen*)이 아닌 부르주아 남성(the bourgeois man)을 내세웠다고 문제 삼았다. 특히 마르크스는 '소위 인간의 권리'가 '이기주의적 인간을 넘어, 시민 사회의 일원으로서 인간, 즉 자신 속으로, 자신의 사익과 사적 변덕(caprice)의 경계로, 공동체로부터 분리된 개인'으로 나아가지 못한다고 비판했다.[79] 그러한 비판에 동의할 필요는 없지만, 서구 문화에서 인권이 표현되고 국제 법규에서 성문화된 방식은 집단적 개념이 아닌 개인주의적 개념, 공동체 일부로서의 개인이 아닌 개인 그 자체로서의 개인과 관련된 개념이라는 것을 부인할 수 없다.

---

78 Susan Marks, 'Big Brother is Bleeping Us', above n 68, 112.

79 Karl Marx and Friedrich Engels, *Collected Works* (International Publishers 1975) 146, 164.

형식 vs 내용: 마르크스주의 의제

파슈카니스와 미에빌의 설명에서 법의 형태가 아니라 법의 내용으로 초점을 옮기면, 국제법 규칙과 원칙의 실체를 비판하는 마르크스주의 이론을 발견할 수 있다. 이러한 비판은 실증주의와 그 지적 범주를 지지하면서도, 하위 계급의 필요에 비추어 재고될 필요가 있는 규범적 명령의 내용과 관련성을 가진다. 따라서 개혁적 의제는 국제법 이념의 체계적인 해석과 함께 진행될 수 있다. 마르크스주의 통찰과 감수성을 바탕으로 한 이러한 접근법은 국제법의 사회적, 경제적 구조와 그 규칙을 밝히고, 계급 투쟁에 대한 고려를 제도 분석에 활용한다. 형식주의와 형식의 정치를 넘어서는 것은 국제법의 규범적 내용의 '부당한(iniquitous)' 특성을 더 잘 이해하는 데 도움이 될 수 있다.[80]

이것은 B.S. 침니(B.S. Chimni)가 국제법에서 마르크스주의 과정(Marxist course)이 어떤 모습일지에 대한 개요를 스케치할 때 채택한 접근 방식이다.[81] 침니는 마르크스주의 접근에 기초한 과정을 도입하는 것이 매우 어렵다고 주장했다. 이는 '다양한 사회적, 정치적 관행을 국제법의 영역에서 제외한다'는 실증주의 패러다임과 객관적으로 확인 및 적용할 수 있고 지속적인 진보의 논리에 따라 진화하는 중립적 규칙으로서 국제법에 대한 광범위한 개념을 고려하면 당연한 결과이다.[82] 마르크스주의의 비판적 접근법은 국제법의 다양한 시대와 단계에 특별한 감수성을 도입하고, 국제법의 구조적 제약과 규칙의 수혜자를 주목할 것이다. 마르크스주

---

80 이 표현은 차이나 미에빌의 'The Commodity-Form Theory of International Law: An Introduction', above n 33, 280에서 차용한 것이다.

81 B.S. Chimni, 'An Outline of a Marxist Course in International Law' (2004) 17 *Leiden Journal of International Law* 1.

82 Ibid, 3-4.

의 비평은 누가 어떻게 착취당하는지 살펴봄으로써, 일반적인 사례로 나열되는 소수의 인권 침해를 뛰어넘어 착취에 대한 사고의 범위를 확장할 수 있다.[83] 법적 객관성(legal objectivity)과 법적 불확정성(legal indeterminacy)이라는 양극단과 동등하게 거리를 두고 있는 마르크스주의적 관점은 '하위 계층의 복지에 기여하는 해석 규칙과 전략을 위한 공간을 만드는 것'을 목표로 한다.[84]

현 단계의 국제법이 부르주아 민주주의의 법에서 부르주아 제국주의의 법 즉, 국경을 초월하여 활동하는 새로운 초국가적 자본가 계급(transnational capitalist class)의 이익을 보호하는 법으로 변해가고 있다는 점[85]을 고려한다면, 하위 계층에게 권한을 부여해야 할 필요성은 더욱 자명해진다. 실제로 현대의 '초국가적 자본가 계급은 재산권의 국제화를 통해 생산과 금융의 세계화를 촉진하고 종속국과 지배국의 자율성을 제한하는 국제법과 제도를 확립하고자 한다'고 명시하고 있다.[86] 국제 통치의 만병통치약으로 환영받는 법치주의는 '초국가적 자본가 계급과 그것을 명확히 하는 강대국들의 이익'을 보호한다.[87]

따라서 국제법은 마르크스주의의 렌즈를 통해 다양한 실체적 영역이 불평등으로 가득 차 있고, 국제법 규칙이 종종 하위 계층을 지배하고 억압하는 도구로 작용한다는 것을 입증할 수 있다. 관할권 및 관할권 면제의 국제법은 자본주의 국가의 관할권이 생산의 자본 형태를 보존하기 위해 다른 국가의 상업 활동으로 확장될 때 그 자본주의적 특성을 드러낸

---

83 Susan Marks, 'Exploitation as an International Legal Concept' in Susan Marks (ed), *International Law on the Left*, above n 1, 281 참조.

84 B.S. Chimni, 'An Outline of a Marxist Course in International Law', above n 81, 4.

85 Ibid, 7.

86 Ibid, 8.

87 Ibid, 11.

다. 반독점, 수출 통제 및 증권 규제에서 국가가 일방적으로 관할권을 주장하는 것은 패권 프로젝트를 위한 도구가 된다. 비슷한 맥락에서, 국제형사법의 보편적 관할권(universal jurisdiction) 원칙은 강대국이 개발도상국의 국민을 기소하는 방식으로 그 국가에 권력을 행사하게 하여 또 다른 패권 프로젝트를 가능하게 만든다.[88] 국제법은 국제경제법 영역에서 초국가적 자본가 계급의 이익을 촉진하는 데 더 중요한 역할을 한다. 초국가적 자본주의 주체와 행위자에게는 투자유치국(host states)과 제3세계 국민에 대한 의무가 거의 부과되지 않는다. 국제 금융기관의 조건부 정책은 북반구(North)와 남반구(South)의 격차를 점점 더 크게 만들고, 자본주의 국가와 그 지배 엘리트의 신자유주의 경제 의제 이행에 결정적으로 기여하고 있다. 심지어 인권 운동도 사회의 진정한 변화를 촉진할 수 없었다. 많은 해방 프로젝트가 인권의 관점에서 구성되고 표현된다는 사실은 프로젝트를 실제로 실현시키는 것에 대한 관심을 다른 곳으로 옮길 수 있기 때문에 그 효과를 위태롭게 할 수 있다.[89]

마르크스주의 의제 중에서 적어도 공정한 이행 시스템이 없는 상황에서 대응책에 대한 반대와 국제법에서 무력이 사용될 수 있는 사례의 범위를 확장하는 것에 대한 강한 저항도 중요한 의미를 가진다. 전통적으로 무력의 사용은 강력한 자본주의 국가가 제국주의 프로젝트를 추진하기 위한 도구였으며, 뚜렷한 계급적 함의를 가지고 있었다. 선제공격과 인도주의적 개입과 같은 이론은 강대국의 세계적인 정치적 지배를 위한 부르주아 제국주의 국제법 전략의 일부로써 정당화된다. 침니에 따르면, 전반

88 이러한 보편적 관할권 남용 가능성에 대해서는, Cherif M. Bassiouni, 'Universal Jurisdiction for International Crimes: Historical Perspectives and Contemporary Practice' (2001) 42 *Virginia Journal of International Law* 81, 155 참조.

89 이러한 관점에 대해, David Kennedy, 'The International Human Rights Movement: Part of the Problem?' (2002) 15 *Harvard Human Rights Journal* 101, 108 참조.

적으로 '우리가 계급적 특성을 강조하면서도 '대지의 저주받은 자들'의 이익을 증진시키기 위해 기존의 국제법과 제도를 창의적이고 상상력 있게 사용하는 것이 요구된다'고 한다.[90] 이에 대해 침니는 체제의 한계에 대한 '위기 경보'를 옹호하는 한편, '실현되지 않은 가능성에 대한 상상적 참여'를 장려하였다.[91]

국제법: 파멸인가 구원인가

이 마지막 소제목은 마르크스주의 접근법이 보다 정의로운 세상을 추구하는데 국제법이 해결책이 될지 걸림돌이 될지에 대한 이슈를 제기한다. 침니 자신은 이전에 국제법이 '급진적인 변화를 위한 투쟁이 시작될 수 있는 장'이 될 수 있는지 의심했다고 한다.[92] 파슈카니스도 희망보다 적대감을 가지고 법을 바라보았다. 법은 계급의 이익과 자본주의적 재산 관계를 반영하는 것에 불과하며, 경제 및 사회 구조에 종속되어 있는 것이다. 파슈카니스는 법보다 시장이 주도권을 가진 것으로 보았다. 미에빌은 근본적으로 법에 대한, 특히 국제법에 대한 이러한 비관론에 동의하였다.

국제적 차원에 깊이 뿌리 내려 있는 법 형식의 폭력성은 제국주의의 본질인 '법적 평등'과 '불평등한 폭력'의 형태를 취한다.[93] 법은 공산주의 사회와 양립하기 어렵다. 국내법이든 국제법이든 법은 시장이 최고인 계급

90 B.S. Chimni, 'An Outline of a Marxist Course in International Law', above n 81, 30.

91 Susan Marks, 'Introduction', above n 1, 19.

92 B.S. Chimni, *International Law and World Order: A Critique of Contemporary Approaches* (Sage 1993) 208.

93 China Miéville, 'The Commodity-Form Theory of International Law: An Introduction', above n 33, 298.

사회를 따라 조직된 자본주의 구조를 반영한다. 국제법의 맥락은 자본주의 국가들 사이의 끊임없는 자원 쟁탈전이며, '정치적 제국주의의 힘의 역학 관계는 주권의 법적 평등에 내재되어 있다'는 것이다.[94] 강대국들은 그들의 주장이 약한 국가들의 주장보다 우세할 것이라는 것을 알고 있기 때문에, 형식적 평등은 국가 간에 정의로운 질서를 보장하는 것 보다는 지배를 위한 것이다. 미에빌은 '국제법에서 체계적인 진보적 정치 프로젝트나 해방 운동에 대한 가능성은 없다'고 본다.[95] 자유주의적 세계주의 프로젝트에 대한 그의 비판에 따르면, '우리 주변의 혼란하고 피비린내 나는 세상은 법치주의'이다.[96] 국제법의 형태 및 관계는 국가들이 자본의 논리에 따라 권력을 쟁취하기 위해 다투는 제국주의의 형태 및 관계와 다르지 않다. 법률관계는 '사회적 맥락에서 추상화되고, 사유 재산에 기초한 관계에서 서로 마주하며, 본질적으로 강요에 의존하는' 법적 주체들 사이의 공식적인 관계이다.[97] 제도를 개혁하기 위해서는 정치, 경제의 근본을 개혁해야 한다. 이것은 결국 우리가 알고 있는, 그리고 파슈카니스와 미에빌이 정의한 바 있는 법의 종말을 의미한다.[98]

근본적인 경제 및 사회 구조의 급진적이고 폭력적인 변화가 없다면 국제법이 긍정적인 변화를 위한 도구가 될 희망이 거의 없다는 이 파멸 시나리오와 함께 다른 견해도 제시되고 있다. 예를 들어, 로버트 녹스(Robert Knox)는 현재 국제법의 내용이 진보적인 비국가 세력에 의해 이용될 수 있다고 보았다.[99] 국제법의 형식상 그 변화 가능성은 다소 제한적이지만,

---

94 Ibid, 297.

95 China Miéville, *Between Equal Rights*, above n 29, 316.

96 Ibid, 319.(원문에서 강조)

97 China Miéville, 'The Commodity-Form Theory of International Law: An Introduction', above n 33, 301.

국제법은 때때로 '원칙적 기회주의(principled opportunism)'를 통해 이러한 가능성을 현실로 바꿀 수 있다는 것이다. 녹스는 이 표현을 통해 진보 세력이 국제법을 통해 그들의 목표를 성공적으로 실현할 수 있는 '법적 기회'를 이용할 가능성을 말했다.[100] 국제법은 '이용하지 않을 때 버려지는 단순한 도구로 의식적으로 사용'되어야 하며, 국제법률가들은 '사회 변화에서의 법의 역할에 대한 유토피아적 희망을 버리고 구체적인 형태의 정치적 헌신'을 해야 한다.[101]

코스켄니에미는 또한 마르크스주의 관점이나 감수성에서 국제법을 사용할 때 잠재적이고 제한된 도구적 가치가 있다고 본다. 코스켄니에미는 마르크스주의가 세계 혁명을 일으킬 가능성은 낮지만, '국제 사회에서 정당한 이유를 지지하고 진보적인 정치적 헌신의 대상이 될 수도 있다'고 했다.[102] 첫째, 마르크스주의는 어떤 대안적 신학이 아니라 현실과 그 구조의 내재성을 바라봄으로써 국가라는 종교와 인권이라는 교리가 불

98 이러한 시각은 거의 법의 형태에만 초점을 맞추고 내용은 거의 무관하다고 판단하였다는 점을 이유로, 그리고 법이 이미 존재했던 자본주의 이전의 역사를 설명하지 않는다는 이유로 비판을 받아왔다. Bill Bowring, 'Positivism versus self-determination: the contradictions of Soviet international law', above n 5, 148. 후자의 비판은 파슈카니스가 법의 역사적 출현 과정을 탐구하며 최상위의 권위가 존재하지 않았던 시대까지 거슬러 올라갔던 점을 고려하면 타당하지 않다. Piers Beirne and Robert Sharlet (eds), *Evgeny Pashukanis: Selected Writings on Marxism and Law*, above n 30, 175. 파슈카니스에 따르면, '하나의 단일한 권위 하에 있지 않은' 다양한 집단과 부족들 간에 상업적 관계가 필요로 된다는 점은 '만민법(jus gentium)의 출현을 설명하고, 이는 법의 순수한 형태로서의 법적 상부구조의 전형을 보여준다. 시민법(jus civivle)이 흔들림없고 무거운 것과 달리, 만민법은 경제적 관계의 자연적 기초를 근거로 목적과 관련없는 모든 것을 폐기한다.'(Ibid, 69)

99 Robert Knox, 'Marxism, International Law, and Political Strategy' (2009) 22 *Leiden Journal of International Law* 413.

100 Ibid, 433.

101 Ibid.

102 Martti Koskenniemi, 'What Should International Lawyers Learn from Karl Marx?', above n 49, 230.

가분의 유대를 형성하는 '현대 정치 신학의 감옥(the prison-house of modern political theology)'을 해체하는 데 도움이 될 수 있다.[103] 둘째, 그리고 아마도 더 중요한 것은, 국제법이 '특정한 불만을 보편적인 것으로 표현할 수 있는 도구로 사용될 수 있으며, 이러한 방식으로 신화처럼 그것을 호출하는 행위를 통해 보편적인 인류애를 구성할 수 있다'는 것이다.[104] 코스켄니에미는 미국의 이라크 침공에 대한 반응과 대규모 군사 행동에 대한 국제 사회와 시민 사회의 불법성 주장을 예로 들며, 그러한 위반이 '특별히 누구에게도 영향을 미치지 않고 일반적으로 모든 사람에게 영향을 미치는' 보편적인 불만 수준으로 올라갈 수 있다고 보았다.[105] 이러한 '보편적 위반(universal violations)'을 통해 국제법의 '해방적 약속(emancipatory promise)'을 경험할 수 있으며, '보편적 정의의 프로젝트(project of universal justice)'를 지평선에 드러낼 수 있다.[106]

마르크스주의는 또한 단순히 현재의 경제 및 사회 구조의 불평등을 폭로하거나 비난하는 데 그치지 않고, 마르크스주의적 프로젝트가 이론과 행동 사이의 긴밀한 관계를 제공한 것처럼 '변혁적 행동을 위한 발판을 마련하는' 관점에서 '헤게모니적 이데올로기 좌표'[107]에 의문을 제기하는 데 생산적으로 사용될 수 있다.[108] 부정의(injustices)가 '무작위적이고 우발적이며 자의적인' 것이 아니라 만들어지고 대물림된다는 인식은 변화의 가능성을 상상해보는 데 중요하다.[109] 이러한 통찰은 국제법률가들에게

103 Ibid, 235.

104 Ibid, 246.

105 Ibid, 246.

106 Ibid.

107 Susan Marks, 'Introduction', above n 1, 29.

108 Karl Marx, *Theses on Feuerbach* (1845), Thesis IX 참조. '철학자들은 오로지 세상을 해석하는 것에만 집중해왔다. 하지만, 중요한 것은 세상을 바꾸는 것이다.'

전략적 기회로 다가오고 있다.[110] 전 세계적 계급 혁명을 통한 구원을 제외하면, 이것이 바로 마르크스주의 이론가들에게 비판하고 변화시켜야 할 대상으로 여겨지는 것이다.

참고 문헌

Carty, Anthony, and Danilenko, Gennady, *Perestroika and International Law* (Edinburgh University Press 1990).

Chaumont, Charles, 'Cours general de droit international public' (1970) 129 *Recueil des Cours* 333.

Chimni, B.S., 'An Outline of a Marxist Course on Public International Law' (2004) 17 *Leiden Journal of International Law* 1.

Knox, Robert, 'Marxism, International Law, and Political Strategy' (2009) 22 *Leiden Journal of International Law* 413.

Koskenniemi, Martti, 'What Should International Lawyers Learn from Karl Marx?' (2004) 17 *Leiden Journal of International Law* 229.

Mälksoo Lauri, Russian Approaches to International Law (OUP 2015).

Marks, Susan (ed), *International Law on the Left: Re-examining Marxist Legacies* (CUP 2008).

Marks, Susan, 'False Contingency' (2009) 62 *Current Legal Problems* 1.

Miéville, China, *Between Equal Rights: A Marxist Theory of International Law* (Brill 2005).

Mullerson, Rein A., 'Sources of International Law: New Tendencies in Soviet Thinking' (1989) 83 *American Journal of International Law* 494.

---

109 Susan Marks, 'False Contingency', above n 56, 20.

110 Ibid.

5장

뉴헤이븐 학파

비전을 가진 자

이론이 창시자의 성격과 비전에 큰 영향을 받는 것은 드문 일이 아니다. 이 책에서 살펴볼 가장 영향력 있고 논란이 많은 운동 중 하나인 뉴헤이븐 학파(New Haven School)가 이에 해당한다. 마이어스 맥두걸(Myres McDougal)이 뉴헤이븐 학파에 미친 영향을 이해하기 위해서는 그의 작업의 맥락을 살펴보고, 그의 지적 여정에서의 몇 가지 근본적인 만남을 설명하는 것이 중요하다. 예일 로스쿨에서 거의 모든 학문적 삶을 보낸 마이어스 맥두걸은 여러모로 시대를 앞서간 사람이었다. 미시시피주 출신으로 미시시피대학교를 졸업한 그는 옥스퍼드대학교 세인트 존스 칼리지(St. John's College)에서 로즈 장학생(Rhodes Scholar)으로 법학을 공부했다. 옥스퍼드에 있는 동안, 맥두걸은 『영국법의 역사(A History of English Law)』의 저자인 윌리엄 설 홀즈워스 경(Sir William Searle Holdsworth)의 영향을 받았고, 제임스 L. 브리어리(James L. Brierly)와 함께 국제법을 공부하기도 했다.[1] 미국으로 돌아온 후,

그는 예일대학교에서 국제법을 전공했다. 제2차 세계대전 중 미국 국무부와 법무부에서 잠시 일한 경험도 맥두걸이 세계 문제에 집중하기로 결정한 이유가 되었다. 그러나 그는 자신이 훈련받은 실증주의 법률가로서가 아닌 정치학자 해럴드 라스웰(Harold Lasswell)과 협력하여 발전시킨 정책 지향적인 법학 관점을 통해 그렇게 했다.[2]

당시 미국의 법학 논쟁은 전통적인 법실증주의에 대한 법현실주의의 도전으로 설명할 수 있다. 예일대학교는 실증주의에 의해 제안된 중립적인 규칙의 집합으로서 법에 대한 전통적인 생각에 근본적으로 도전한 매우 다양한 운동인 법현실주의의 본고장이었다.[3] 이 도전은 올리버 웬델 홈스 주니어(Oliver Wendell Holmes Jr)의 책인 『보통법(The Common Law)』[4]에서 수년 전에 소개되었다. 홈스는 법은 논리의 문제가 아니며, '그 시대에 필요한 것들, 널리 퍼진 도덕적·정치적 이론, 공공 정책의 직관, 공언된 것이든 무의식적이든, 심지어 판사들이 동료들과 공유하는 편견들'까지도 우리를 지배하는 법의 규칙을 결정하기 위한 삼단 논법보다 훨씬 중요하다고 단언했다.[5] 이러한 홈스의 이론은 19세기 후반에 등장한 다른 사상들과 함께 미국 실용주의가 형성되는 데 기여했다.[6] 법적 개념을 포함한 사상과 개념은 본질적으로 '사회적'이며, 생산되고 번영하는 인간의 환경과 문화에 그것들이 의존한다는 개념은 실용주의를 이해하는 데 핵심적이다. 지금까지도 실용주의는 계속해서 미국 지적 문화의 중심에 놓여 있다.

---

1 Eugene V. Rostow, 'Myres McDougal' (1975) 84 *Yale Law Journal* 704 참조.

2 W. Michael Reisman, 'Myres S. McDougal: Architect of a Jurisprudence for a Free Society' (1997) 66 *Mississippi Law Journal* 15, 17; W. Michael Reisman, 'International Lawmaking: A Process of Communication' (1981) 75 *ASIL Proceedings* 101, 105.

3 W. Michael Reisman, 'Myres S. McDougal', above n 2, 17.

4 Oliver Wendell Holmes Jr, *The Common Law* (Little Brown & Co 1881); Oliver Wendell Holmes, 'The Path of the Law' (1897) 10 *Harvard Law Review* 457.

5 Oliver Wendell Holmes Jr, *The Common Law*, above n 4, 1-2.

법현실주의는 지식의 다양한 분야를 가로지르는 광범위한 실용주의 운동의 결과 또는 자연스러운 발전으로 볼 수 있다. 법현실주의자들은 법이 만들어지는 것이 아니라 '발견된다'는 생각에 반대하고, 사법적 의사 결정에 의해 법질서의 안정성과 예측 가능성이 보장될 수 있다는 데 의견을 모았다. 법현실주의는 맥두걸이 법률가로 훈련받을 당시에 학문적 논쟁의 장으로 스며들었다. 로스코 파운드(Roscoe Pound)의 사회학적 법학(sociological jurisprudence)은 법이 사회적 관계에 기반을 두고 있으며, 주로 사회 공학(social engineering)의 도구로 운영된다고 생각했다.[7] 벤저민 카도조(Benjamin Cardozo)는 법이 원하는 결과에 따라 의미를 부여할 수 있는 가변적인 개념이라고 보았다.[8] 제롬 프랑크(Jerome Franck)의 주관주의(subjectivism)는 법관의 주관적 입장과 선호를 사법적 의사 결정의 결정적 요소로 강조했다.[9] 그들의 미묘한 생각 차이에도 불구하고, 법현실주의자들은 입법자들과 마찬가지로 판사들이 정책적 선택을 해야 하고, 법이 사회적으로 바람직한 특정 목적을 달성하기 위해 도구적으로 사용될 수 있다는 관점에 거의 동의했다. 그러나 법현실주의자에게는 그러한 의사 결정의 건전성, 공정성, 적절성을 평가하기 위한 '과학적 방법론'이 부족

6 미국 실용주의의 출현에 유리한 문화적 환경에 대한 흥미로운 연구는 Louis Menand, *The Metaphysical Club: A Story of Ideas in America* (Farrar, Straus and Giroux 2001) 참조. 특히 올리버 웬델 홈스 주니어, 윌리엄 제임스(William James), 찰스 샌더스 피어스(Charles Sanders Pierce), 존 듀이(John Dewey) 등 실용주의의 기원과 관련된 인물들의 삶과 작업에 대한 통찰력은 실용주의의 지적 구조를 드러내며, 법현실주의는 실용주의의 자연스러운 발전으로 볼 수 있다.

7 Roscoe Pound, 'The Scope and Purpose of Sociological Jurisprudence' (1911) 24 *Harvard Law Review* 591; (1912) 25 *Harvard Law Review* 140 참조. 파운드의 관점에 대해서는 Linus J. McManaman, 'Social Engineering: The Legal Philosophy of Roscoe Pound' (1958) 33 *St John's Law Review* 1 참조.

8 Benjamin N. Cardozo, *The Nature of the Judicial Process* (Yale University Press 1921).

9 Jerome Frank, *The Law and the Modern Mind* (Anchor Books 1930)

했다. 즉, 선택이나 결정이 좋은지 나쁜지를 결정하는 방법과 그러한 결정이 어떠한 기준에 의해 이루어져야 하는지에 대한 합의가 존재하지 않았다는 것이다. 맥두걸은 일련의 가치를 배경으로 그러한 판단을 허용하거나 촉진할 수 있는 '과학적 방법'을 제공함으로써 이 빈틈을 메우고자 했다.[10]

맥두걸의 지적 비전의 윤곽과 뉴헤이븐 학파의 기여를 가장 잘 파악하려면 맥두걸과 동시대의 운동을 참조하면 된다. 뉴헤이븐 학파는 법현실주의에 대한 반작용인 동시에 한스 모겐소(Hans Morgenthau), 조지 케넌(George Kennan) 등에 의해 구체화된 정치적 현실주의의 강력한 대항 세력이 되었다.[11] 정치적 현실주의자들은 국제 관계에서 법의 역할을 거의 존중하지 않았고, 세계 정세가 권력 정치에 의해 지배된다고 생각했다. 엄격하게 국가 중심적이고 국가의 주권 및 국익에 집착했던 정치적 현실주의자들은 국제 관계와 미국 외교정책 수행에 강력한 영향을 미쳤다. 맥두걸은 세계 질서의 기반으로서 공유되고 있는 가치를 바탕으로 의사결정권자들이 내린 결정을 평가할 수 있는 가치 기반 과학적 방법을 제안함으로써, 세계 문제의 경영에 대한 이러한 불균형적인 시각을 바로잡으려 했다.

위에서 간단히 언급한 바와 같이 맥두걸의 정책 지향적인 법학을 이해하는 열쇠는 해럴드 라스웰과의 만남과 지적 파트너십이다.[12] 개인을 사

10 Eugene V. Rostow, 'Myres McDougal', above n 1, 714-15.

11 마이어스 맥두걸이 한스 모겐소와 조지 케넌의 저서(Hans Mrgenthau, *In Defense of the National Interest: A Critical Examination of American Foreign Policy* (Alfred A. Knopf 1951), 그리고 George Kennan, *American Diplomacy 1900-1950* (University of Chicago Press 1951))에 대해 남긴 비판에 대해서는, Myres S. McDougal, 'Law and Power' (1952) 46 *American Journal of International Law* 102 참조. 잘 알려진 바와 같이 모겐소는 현실주의 국제 관계 이론을 정립하는 데 핵심적인 역할을 했다. Hans Mogenthau, *Politics Among Nations: The Struggle for Power and Peace* (Alfred A. Knopf 1948). 모겐소의 삶과 지적 여정에 대한 흥미로운 재구성에 대해서는 Oliver Jütersonke, *Morgenthau, Law and Realism* (CUP 2010) 참조.

회 및 법적 절차의 중심 요소로 간주한 두 사람의 학문적 비전이 갖는 상호 보완적인 성격과 풍요로운 관계는 국제법에 대한 가장 지적으로 혁신적이고, 진정한 학제간 접근법을 만드는 데 기여했다. 맥두걸의 설명과 같이 정치학자로서 권력 개념에 익숙한 라스웰은 국제 관계의 의사 결정 과정을 더 잘 설명하기 위해 필연적으로 권위라는 법적 개념을 활용하였다.[13] 반면 라스웰이 맥두걸에게 끼친 영향은 주로 '방법론'의 중요성을 심어준 데 있었다. 일부 법현실주의자들이 법률 제정과 판결 과정을 설명하기 위해 사용했던 다소 구별되지 않은 일련의 외인성 요소(exogenous factors)와 개별 요소들은 체계화가 부족했다. 맥두걸은 과학적 방법에 따라 의사 결정을 내리는 가치 지향적 시스템을 설명하는 새로운 개념화를 인간의 존엄성이라는 근본적 가치에 기반한 새로운 세계 질서로 나아가는 길로 고려하였다.[14]

뉴헤이븐 학파 창시자들은 크게 두 가지의 목표를 세웠다. 한 가지는 인간의 존엄성이라는 근본적인 가치에 헌신하고, 의사결정권자에게 조언을 제공하는 새로운 유형의 법률가를 양성하는 것이었다. 맥두걸과 그의 동료들은 법률 교육이 개혁의 씨앗을 뿌리고, 필요한 직업적 변화를 전향적으로 가져올 수 있는 핵심이라는 점을 분명히 했다.[15] 관련 가치에

---

12 맥두걸과 라스웰의 상호 작용과 협력에 대한 각자의 인식에 대해서는 Harold D. Lasswell and Myres S. McDougal, *Jurisprudence for a Free Society: Studies in Law, Science and Policy - Volume 1* (Martinus Nijhoff 1992) xxix and xxxv. 참조

13 *Reflections on the New Haven School: An Interview of Professor Myres S. McDougal by Professor W. Michael Reisman* (UN Audiovisual Library of International Law Lecture Series, 9 June 1982). Available at: http://legal.un.org/avl/faculty/McDougal.html (accessed 29 October 2015).

14 Myres S. and Feliciano, Florentino P., *Law and Minimum World Public Order* (Yale University Press 1961).

15 Harold D. Lasswell and Myres S. McDougal, 'Legal Education and Public Policy: Professional Training in the Public Interest' (1943) 52 *Yale Law Journal* 203.

비추어 올바른 선택을 할 수 있는 과학적 방법으로써 적절히 뒷받침되는 이런 새로운 법률가적 '사고방식'은 새로운 세계 공공질서의 도래를 촉진할 것으로 기대되었다.[16] 법률가의 조언자로서의 역할을 강조하면서도 목표로 삼았던 또 다른 것은, 법학 교육의 개혁을 통해 '오늘날 당면한 문제를 인간 존엄의 가치를 실현하기 위한 투쟁으로 이해할 수 있는 계몽 시민을 배출'하는 것이었다.[17] 여러 면에서 맥두걸의 세계 공공질서 개념은 근대주의적 비전이며, 이후 많은 이론적 논쟁과 지적 경향을 예상할 수 있는 메타 내러티브였다. 전통적인 실증주의자들의 법에 대한 형이상학은 사회과학적 방법론으로 대체되고 있었다. 숭배의 대상은 달랐지만, 그 속에 있는 두 부류 신자들의 믿음은 흔들리지 않고 확고했다.[18]

정책 지향적 접근법

뉴헤이븐 학파의 계보와 그것이 성장하고 번창한 문화적 기반에 대한 앞선 논의는 뉴헤이븐 학파의 근본 사상을 더 잘 이해하게 해줄 것이다. 정책 지향적 법학 또는 접근법은 법과 정책의 연관성을 살펴보는 것으로 구성된다.[19] 법은 전통적인 접근법에서처럼 일련의 규칙으로 간주

16 W. Michael Reisman, Siegfried Wiessner and Andrew R. Willard, 'The New Haven School: A Brief Introduction' (2007) 32 *Yale Journal of International Law* 575, 577.

17 Richard Falk, 'Casting the Spell: The New Haven School of International Law' (1995) 104 *Yale Law Journal* 1991, 1993.

18 Ibid, 2002. '문화적 측면에서 맥두걸과 라스웰의 노력은 종교를 과학, 이 경우에는 사회과학으로 대체함으로써 인간이 무조건적인 진리에 접근할 수 있도록 하려는 근대주의적 시도에 자리 잡고 있다.'(각주 생략)

되는 것이 아니라[20], 독특한 특징을 가진 결정의 과정으로 간주된다. 맥두걸과 함께 예일대에서 공부한 로절린 히긴스(Rosalyn Higgins)는 영국에서 '국제법이 여전히 주로 규칙과 중립적인 규칙에 관심 갖는 것으로 여겨지는 반면', 미국에서는 '규칙에 대한 관심보다는 의사 결정의 한 측면인 과정으로서의 법, 즉 의사소통에 더 많은 관심을 기울인다'고 말함으로써 국제법에 대한 영미권의 상이한 태도를 설명했다.[21] 다시 말해, 히긴스에 따르면 미국에서는 법과 정책 간의 관계가 쉽게 받아들여지고 있다는 것이다.[22] 국제법에 정책적 고려를 도입하는 경우 정책이 정치로 변질되거나 서서히 표류할 위험이 있다는 인식 때문에 전통적인 접근법 지지자 대부분은 이에 대해 신중한 태도를 취할 것이다.[23] 이처럼 문화적으로 상반되는 이 두 가지 법 개념에는 상호 이해를 위한 공간이 거의 없다. 미국의 전통적인 법은 사회 공학의 합법적인 도구로 간주되는 반면, 전통적인 접근법에서는 법이 사회적 가치로부터 중립적인 것으로 생각되고 표현된다.

위의 고려 사항들은 뉴헤이븐 학파의 매우 혁신적인 면에서 벗어나려는 것이 아니다. 단지 맥두걸과 그의 동료들이 발전시킨 정책 지향적 법

19 W. Michael Reisman, Siegfried Wiessner and Andrew R. Willard, 'The New Haven School', above n 16, 577. '법이 곧 정책이라는 것은 진리이지만, 이것은 훨씬 더 넓은 의미에서 정책 지향적인 접근법이다. 특정 문제와 관련하여 의사 결정 과정을 매핑하고, 종종 모순되는 경향과 이를 조절하는 요인을 평가하며, 가능한 결과의 범위를 예측하고, 우려되는 의사 결정 과정에 영향을 미치는 데 필요한 기술을 향상시켜 바람직한 결과가 도출되도록 노력한다. 또한 의사 결정 과정 자체의 성과를 개선하고 인간의 존엄성에 더 부합하는 결과를 달성할 수 있는 역량을 강화하기 위해 노력한다.'

20 제2장 '전통의 거울' 참조.

21 Rosalyn Higgins, 'Diverging Anglo-American Attitudes to International Law' (1972) 2 *Georgia Journal of International and Comparative Law* 1, 2.

22 Ibid.

23 Ibid.

학 유형이 뉴헤이븐 학파의 출현을 가능하게 한 기존의 문화적, 법적 전통에 자연스럽게 스며들었다는 것을 보여주고자 하는 것이다. 법을 더 넓은 사회적 맥락에 내재된 의사 결정의 역동적인 과정으로 보는 것은 법이 정적이고 불변적인 것이 아니라, 사회적으로 바람직한 목적을 달성하기 위한 도구라는 생각을 전달한다. 해럴드 고(Harold Koh)에 따르면, 법과 정책의 연결 고리와 '국제법 규칙은 국제 정책의 요구를 반영해야 한다'는 생각은 법이 하나의 과정이라는 생각만큼이나 이 운동의 핵심 이론에 해당한다.[24]

맥두걸의 주요 공동연구자 중 한 명이자 예일에서의 수제자인 마이클 리스먼(Michael Reisman)은 변화하는 국제법의 현실에 맞게 뉴헤이븐 학파의 교훈을 조정한 것으로 평가받는다.[25] 특히 리스먼은 '소통의 과정'으로서의 국제법 제정 개념을 개척했는데, 이는 '정책 내용(policy content), 권위적 신호(authority signal) 및 통제 의도(control intention)'[26]라는 세 가지 요소로 구성된다. 리스먼은 법률 제정을 공동체를 위한 권위 있는 정책의 규정으로 생각함으로써, 의사소통 과정의 다양한 측면을 강조했다. 첫째, 많은 사람이 규범이라고 부르는 '어떤 가치의 생산과 분배에 관한 정책'이 있어야 한다. 둘째, 입법자가 전달하는 내용이 권위 있다는 청중의 인식이 있어야 한다. 마지막으로, 의사소통 과정의 마지막 요소는 힘, 즉 '우선적 표현을 효과적으로 만들 수 있는 능력과 의지'를 강조한다.[27] 리스먼은 위

---

24 Harold H. Koh, 'Michael Reisman, Dean of the New Haven School of International Law' (2009) 34 *Yale Journal of International Law* 501, 503.

25 Ibid, 502. '마이클 리스먼은 평생에 걸친 노력으로 뉴헤이븐 학파에 새로운 통찰력을 불어넣고 21세기에 맞게 변화시켰다. 맥두걸의 업적만큼이나 뉴헤이븐 학파에 현대적 타당성과 활력을 불어넣은 것은 마이클이었다.'

26 W. Michael Reisman, 'International Lawmaking', above n 2, 113.

27 Ibid, 110.

에서 설명한 세 가지 '동일한 축을 가진 메시지(coaxial messages)'에 의해 조절되며, '대상 청중의 권위와 통제에 대한 기대'를 생성하고 유지하는 커뮤니케이션 과정으로서의 법 제정의 특성은 학자와 실무자 모두에게 세계 공공질서와 관련하여 그들의 역할과 기능에 대한 '현실적 방향성을 위한 가이드'를 제공한다고 하였다.[28]

권위와 권력 사이의 변증법

뉴헤이븐 학파가 제시한 가장 잘 알려진 법의 정의는 법을 '권위적이고 통제적인 결정의 연속적인 흐름'으로 파악한다.[29] 전통적으로 훈련된 법률가에게는[30] 분명 낯설 이 정의에는 이 운동이 방법론을 통해 화해시키려 한 두 가지 기본 개념인 권위와 권력 사이의 변증법적 과정이 표현되어 있다. 위의 정의에서 '통제하는(controlling)'이라는 형용사에 의해 포착된 권력(power)의 개념은 '타인의 바람직한 행동 양식을 확보하기 위해 사용될 수 있는 자원'[31]으로 광범위하게 이해되지만, 권위의 정의는 훨씬 더

---

28 Ibid, 119. 뉴헤이븐 학파의 방법론을 현대의 국제법에 적용한 예로, Lung-chu Chen, *An Introduction to Contemporary International Law: A Policy-Oriented Perspective* (3rd ed, OUP 2015) 참조.

29 이 개념과 관련하여, W. Michael Reisman, Siegfried Wiessner and Andrew R. Willard, 'The New Haven School', above n 16, 579-580 참조.

30 Siegfried Wiessner and Andrew R. Willard, 'Policy-Oriented Jurisprudence and Human Rights Abuses in Internal Armed Conflict: Toward a World Public Order of Human Dignity?' (1999) 93 *American Journal of International Law* 316, 319. '실증주의 법학은 이러한 경험적이고 역동적인 법의 개념에 반대되는 이미지를 제공한다. 동등하게 '주권자'로 간주되는 주체에 의해서만 발생하는 '기존' 규칙에 초점을 맞추는 실증주의는 법이 만들어지고 적용되고 변경되는 현실을 제대로 반영하지 못한다. 실증주의는 과거에 집착하여 법이 작성된 맥락과 상관없이 현재 또는 미래에 매우 다른 상황에서 발생하는 문제에 대한 해결책을 과거에 내려진 단어에서 얻으려 한다.'

복잡하다. 맥두걸, 라스웰과 리스먼은 권위를 '효과적인 의사 결정 과정의 단계들과 관련된 적절성에 대한 기대'로 정의한다.[32] 기대는 '의사 결정 권한을 적절하게 부여받은 사람들, 그들이 추구해야 하는 목표, 합법적인 의사 결정이 이루어지는 상황의 물리적·시간적·제도적 특징, 의사 결정을 유지하는 데 사용될 수 있는 가치 등'과 직접적으로 관련되어 있다'.[33]

사회과학의 영향은 특히 권위의 정의에서 두드러진다. 특히, 공식적인 출처에 대한 언급과 지역 사회 기대와의 연결을 간과하는 것은 뉴헤이븐의 접근 방식을 반영하는 것이다. 이 정의의 핵심 생각은 권한을 부여받은 개인이 내린 특정 결정이 제도의 목표와 과거의 결정 등 관련 상황에 비추어 보았을 때 공동의 가치에 따라 정해진 절차에 부합하는지 여부를 판단할 수 있는 적절성 기준이 있다는 것이다. 이 것이 결정에 권위를 부여하는 것이자 지극히 합법적인 의사 결정 과정의 일부를 확정하는 것이다.[34]

국제법에 대한 뉴헤이븐 학파의 접근법에서 다음의 세 가지 요소를 강조할 필요가 있다. 첫 번째는 결정의 순간에 대한 관심이다. 마르크스주의와 같은 다른 이론적 접근법에서 결정의 순간은 특정 운동이 법에 부여하는 본질적인 특성을 이해하는 데 핵심적 역할을 한다. 경쟁하는 주장들 사

---

31 W. Michael Reisman, *Nullity and Revision: The Review and Enforcement of International Judgments and Awards* (Yale Unviersity Press 1971); W. Michael Reisman, Siegfried Wiessner and Andrew R. Willard, 'The New Haven School', above n 16, 580.

32 Myres S. McDougal, Harold D. Lasswell and W. Michael Reisman, 'The World Constitutive Process of Authoritative Decision' (1967) 19 *Journal of Legal Education* 253, 256.

33 Ibid.

34 Rosalyn Higgins, *Problems and Process: International Law and How We Use It* (Clarendon Press 1994), 4 참조.

이에 폭력이 자리잡고 있는 마르크스주의와 달리,[35] 뉴헤이븐 학파의 경우 의사 결정 단계에서 보호해야 하는 사회적 가치를 지키기 위한 결정을 내릴 수 있다. 이러한 가치는 결정의 적절성을 판단하는 기준으로도 사용된다.[36] 의사 결정 과정에 집중하는 것은 결정을 내릴 권한이 있는 개인과 그들이 그들의 임무를 수행해야 하는 맥락에 주의할 것임을 의미하기도 한다. 둘째로, 맥락성(contextuality)을 매우 강조한다. 의사결정권자와 조언자는 과거의 축적된 의사결정 경향과 상황의 제도적 및 시간적 측면, 추구하고 지향해야 하는 가치와 목표 등 여러 가지 요소를 고려해야 한다.

마지막으로, 어떤 결정이든 거의 항상 정책 선택을 전제로 한다는 생각이 있다. 제럴드 피츠모리스 경(Sir Gerald Fitzmaurice)과 퍼시 스펜더 경(Sir Percy Spender)이 1962년 국제사법재판소의 '남서아프리카(South-West Africa)' 사건에서 공동 반대 의견으로 주장한 것처럼, 법은 정답을 아는 숙련된 법률가가 '저 밖(out there)'에서 찾을 수 있는 것이 아니다.[37] 결정의 과정은 선택의 과정이다. 마찬가지로 허쉬 라우터파흐트 경(Sir Hersch Lauterpacht)은 사법 활동과 관련하여 대부분의 경우 재판관은 서로 다른 주장 사이에서 선택해야 한다고 강조했다. 선택은 일반적으로 법적 근거가 명확한 주장과 그렇지 않은 주장 사이에서 이루어지는 것이 아니라, 각각 어느 정도의 법적 타당성을 가진 서로 다른 주장 사이에서 이루어진다.[38] 그리고

35 제4장 참조.

36 W. Michael Reisman, 'Theory About Law: Jurisprudence for a Free Society' (1999) 108 *Yale Law Journal* 935, 939.

37 *South West Africa Cases (Ethiopia v. South Africa; Liberia v. South Africa)*, Preliminary Objections, Judgment of 21 December 1962, ICJ Reports 1962, 319. Joint Dissenting Opinion of Sir Percy Spender and Sir Gerald Fitzmaurice, 465, 466. 제2장 각주 16-18 및 본문 내용 참조.

38 Hersch Lauterpacht, *The Development of International Law by the International Court* (Praeger 1958) 399.

뉴헤이븐 학파는 그러한 결정을 평가하는 방법론을 제공하는 것을 목표로 한다.

국제법의 가치와 목표

법현실주의 운동은 뉴헤이븐 학파가 '살아있는 법의 좋고 나쁨을 판단할 수 있는 기준과 가치를 파악하고, 우리가 생각하는 법이 지향하는 법으로 진화하도록 함으로써 미국의 법사상을 한 단계 더 발전시킬 수 있는 기반을 닦았다.'[39] 1930년대와 1940년대의 비극적인 사건 이후, 법에 윤리적 차원이 필요하다는 것이 보다 분명해졌다. 맥두걸과 그의 동료들은 새로운 세계 질서의 확립을 위한 분석적 방법을 제안함으로써, 자연법의 종교적 현대 부흥과 같이 세속적인 것을 창조했다. 이 새로운 공공질서는 국제법의 궁극적인 목표가 되었다. 새로운 공공질서는 인간의 존엄성이라는 최고의 가치를 바탕으로 '권력, 부, 계몽, 기술, 웰빙, 애정, 존중, 정직과 같이 모든 인간이 소중히 여기는 모든 것에 접근하는 것'으로 정의되었다.[40] 이 8가지 가치는 인간의 존엄성이라는 근본적이며 최상위인 가치를 구성하면서, 뉴헤이븐 학파의 정책 지향적 탐색과 문제 해결 방식을 이끌었다.[41]

인간의 존엄성을 위한 세계 공공질서라는 개념은 뉴헤이븐 학파에 있

39 Eugene V. Rostow, 'Myres S. McDougal', above n 1, 715.

40 W. Michael Reisman, Siegfried Wiessner and Andrew R. Willard, 'The New Haven School', above n 16, 576.

41 Harold D. Lasswell and Myres S. McDougal, *Jurisprudence for a Free Society*, above n 12, 339; W. Michael Reisman, Siegfried Wiessner and Andrew R. Willard, 'The New Haven School', above n 16, 580.

어 법의 기본 목표일 뿐만 아니라, 특정 결정을 평가하는 기준이 되었다. 특정 결정이 인간의 존엄성에 기초한 공공질서를 달성하는 데 기여한다면, 법률가들은 그 결정을 긍정적으로 평가하고 장려할 것이다.[42] 사실, 특정 결정이 인간의 존엄성을 위한 공공질서에 얼마나 기여하는지를 평가하는 것은 법률가의 임무이다. 뉴헤이븐 학파는 다양한 학문과 사회과학 방법론, 특히 문화인류학의 위상 분석 양식(cultural anthropology's modality of phase analysis)을 활용하여 '5가지 지적 과업의 실천(a praxis of five intellectual tasks)'으로 분석 그리드(analytical grid)를 정교화했는데,[43] 이는 파생된 논리를 활용해 규칙을 다루는 법률가의 전통적인 방식을 뛰어넘었다.[44]

첫째, 무엇보다도 목표를 세우고 공동체 정책을 명확히 해야 한다. 둘째, 과거의 의사 결정 동향은 '시간과 국경을 초월하여' 체계적으로 분석되어야 한다.[45] 셋째, 의사 결정에 영향을 미치는 요인에 대한 분석은 '현대 과학의 적절한 절차'를 바탕으로 가능한 한 포괄적으로 수행되어야 한다.[46] 넷째, 미래에 대한 현실적이고 명시적인 예측을 통해 미래 의사 결정의 방향을 예측한다. 마지막으로, 대안적 정책, 제도적 구조 및 절차는 원하는 목표에 잘 부합하도록 창의적으로 고려되고 평가한다.[47]

---

42 예를 들어 W. Michael Reisman and Myres S. McDougal, 'Humanitarian Intervention to Protect the Ibos' in Richard Lillich (ed), *Humanitarian Intervention and the United Nations* (University Press of Virginia 1973) 167-95; W. Michael Reisman, 'Sovereignty and Human Rights in Contemporary International Law' (1990) 84 *American Journal of International Law* 866(비민주적 정권을 수정된 주권 개념을 근거로 무력 사용 등의 방식으로 제거하는 것에 대한 승인) 참조.

43 Ibid.

44 Myres S. McDougal, Harold D. Lasswell and W. Michael Reisman, 'Theories About International Law: Prologue to a Configurative Jurisprudence' (1968) 8 *Virginia Journal of International Law* 188, 204.

45 Myres S. McDougal, Harold D. Lasswell and W. Michael Reisman, 'Theories About International Law', above n 44, 205

46 Ibid.

이전에 서로 구분되었던 법률가와 정치학자라는 두 인물 유형을 정책 지향적 국제법률가라는 독특한 인물로 통합하는 것은 필연적으로 국제 법률가가 의사 결정 과정의 여러 단계를 이해하고,[48] 국제적 결정을 인간의 존엄성이라는 공공질서를 배경으로 적절한 맥락에서 평가할 수 있는 능력을 전제로 한다. 이를 통해 뉴헤이븐 학파는 국제적 결정은 참여자들과 각자의 관점, 그들이 상호 작용하는 상황, 그들이 의존하는 권력 기반과 그러한 권력을 사용하는 전략 그리고 일련의 포괄적 가치에 대한 상호작용 과정의 총체적 결과를 고려하여 그 복잡성 속에서 검토되어야 한다고 본다.[49] 그러한 포괄적인 분석 프레임워크는 '사회적 및 결정적 맥락의 매핑(mapping of social and decisional contexts)'을 가능하게 하여, 관찰자 또는 그 결정에 영향을 미치려는 사람이 관련 절차에 적응하는 것을 허용한다.[50]

---

47 '5가지 지적 과업'에 대한 자세한 내용은 다음 참조. Myres S. McDougal, Harold D. Lasswell and W. Michael Reisman, 'Theories About International Law', above n 44, 205-6; W. Michael Reisman, Siegfried Wiessner and Andrew R. Willard, 'The New Haven School', above n 16, 576.

48 결정은 정보수집(intelligence), 홍보(promotion), 규정(prescription), 청원(invocation), 적용(application), 종료(termination), 평가(appraisal) 등 7가지 개별 기능으로 구성된다. Harold D. Lasswell, *The Decision Process: Seven Categories of Functional Analysis* (University of Maryland Press 1956) 참조. 뉴헤이븐 학파의 지지자들은 모든 단계를 조명함으로써 각자의 성과를 향상시키고자 한다. Myres S. McDougal, Harold D. Lasswell and W. Michael Reisman, 'The World Constitutive Process of Authoritative Decision', above n 32; W. Michael Reisman, 'The View From the New Haven School of International Law' (1992) 86 *ASIL Proceedings* 118, 120. 7가지 기능에 대한 간단한 설명은 다음 참조. W. Michael Reisman, 'International Lawmaking', above n 2, 105. '정보 수집, 선호의 홍보 또는 로비, 권위 있는 정책 또는 입법, 규정으로부터의 일탈 특정, 규정의 적용, 규정을 종료하고 지역 사회 목표의 관점에서 지역 사회 의사 결정 과정에 대한 종합적 성과 평가.'

49 W. Michael Reisman, Siegfried Wiessner and Andrew R. Willard, 'The New Haven School', above n 16, 577-8; Myres S. McDougal, Harold D. Lasswell and W. Michael Reisman, 'Theories About International Law', above n 44, 198.

50 W. Michael Reisman, Siegfried Wiessner and Andrew R. Willard, 'The New Haven School', above n 16, 579.

이런 배경에서 국제법률가는 숙련된 전문가가 되고, 의사결정권자가 내린 결정을 해석·적용·평가하는 방법을 숙지하는 대리인이 된다. 조언자의 자격으로, 어떤 위치에 있든 권위적인 의사 결정 과정에 영향을 미칠 수 있는 사람으로 볼 수 있는 것이다. 국제법률가는 뉴헤이븐 학파가 제시하는 방식에 따라 권위 있는 언어를 사용하고, 권위 있는 절차에 근거한 조언을 통해 지역 사회의 목표에 비추어 의사 결정, 의사 결정의 종료 및 평가에 영향력을 행사한다. 이를 통해 국제법률가는 인간의 존엄성에 기초한 세계 공공질서를 형성하는 데 설계자 역할을 할 수 있는 막강한 권한을 갖게 된다

관찰적 관점

방법론적 문제에 민감한 뉴헤이븐 학파는 현상을 관찰하는 관점 확립의 필요성과 다양한 관점에서 현상을 관찰했을 때의 결과에 특히 중점을 두었다. 뉴헤이븐 학파에서 흔히 '관찰적 관점'이라고 부르는 이 문제는 성찰이라는 중요한 문제를 다루고 있다.[51] 우리가 보는 것은 우리가 어디에 위치하느냐에 따라 크게 달라진다. 우리의 입장은 관찰된 사회적 과정에서의 지위와 역할에서부터 개인의 선택과 성향에 이르기까지 다양한 요소에 의존한다.[52] 현재 이론적 담론에서 통용되는 인식론적 관점은 1960년대 뉴헤이븐 학파가 국제법 학계에서 이를 주장했을 때만 해도 분

51 Myres S. McDougal, Harold D. Lasswell and W. Michael Reisman, 'Theories About International Law', above n 44, 199.

52 W. Michael Reisman, 'The View From the New Haven School of International Law', above n 48, 120.

명 혁신적이었다. '관찰자가 관찰 대상인 시스템의 구성원으로서 그 민속, 신화, 미란다(*miranda*)를 내재화했는지, 아니면 외부인인지'에 따라 관찰의 결과가 달라질 수 있다는 것이다.[53] 법적 제도의 공식 기관 내에서 '관찰자가 입법자인지, 판사인지, 검사인지, 배심원인지, 변호인인지, 피고인인지, 피해자인지에 따라 근거와 내용이 달라진다'.[54]

뉴헤이븐 학파는 '권위적 의사 결정과 공동체 과정의 다양한 측면의 총체적 상호관계'에 관심이 있는 '학문적 관찰자'와 '주로 권력에 관심이 있고, 요구되는 공공질서에 부합하며 효과적인 선택을 하는 보다 적극적인 의사결정권자'를 구분했다.[55] 뉴헤이븐 학파는 학자, 의사결정권자, '이해관계 있는 공동체 구성원'이 합리적인 탐구와 결정을 계몽하는 지적 과정에 참여할 수 있음을 인정하면서도, 학자는 항상 인류 전체의 공동 이익을 밝히고 구현하기 위해 '인류 전체와 자신을 동일시'하는 기능(이른바 '계몽enlightenment')을 유지해야 한다고 주장한다.[56] 공동체적 가치에 비추어 주장과 결정을 평가하는 것은 학자이기 때문에 학자 자신의 관점은 다른 사람들, 특히 권위 있는 결정을 내리도록 임무를 위임받은 사회적 대리인의 관점과 구별되어야 한다. 학자의 임무는 그들 스스로는 인식할 수 없었을 수도 있는 공동의 이익을 발견하고 명확하게 하여, 공동체 과정의 다양한 참여자들에게 이를 설명할 수 있는 자격으로까지 확장되기 때문에 광범위하고 어마어마한 것이다.[57]

---

53 W. Michael Reisman, Siegfried Wiessner and Andrew R. Willard, 'The New Haven School', above n 16, 579.

54 W. Michael Reisman, Siegfried Wiessner and Andrew R. Willard, 'The New Haven School', above n 16, 579.

55 Myres S. McDougal, Harold D. Lasswell and W. Michael Reisman, 'Theories About International Law', above n 44, 199.

56 Ibid.

57 Ibid, 200.

따라서 국제법률가는 권한을 부여받는다. 그들의 관찰자적 관점은 인류의 관점이고, 그들의 임무는 의사결정권자가 인간 존엄성의 세계 공공질서를 달성하도록 이끄는 것이다. 이미 강력한 학문적 관찰자의 힘에 대한 흥미로운 추가 사항은 관찰적 관점을 확립하고 유지하기 위해, 관찰자가 '선택을 성취하고 정당화하는 데 권위 있는 의사결정권자들에 의해 사용되는 법의 기술적 언어(the technical language of law)와 구별되는 법에 대한 메타언어의 개발(the development of a meta-language about law)의 도움을 받을 수 있다는 것이다'.[58]

하버드 법절차 학파와의 구별

1960년대 미국의 국제법학에 영향을 미친 또 다른 운동과 뉴헤이븐 학파를 구별해보는 것도 의미가 있다. 1968년 아브람 체이즈(Abram Chayes), 토마스 에를리히(Thomas Ehrlich), 안드레아스 로웬펠드(Andreas Lowenfeld)가 쓴 책은 국제적 법절차 학파(International Legal Process School)를 잘 설명하고 있다.[59] 이 운동은 특히 많은 로스쿨에서 사례집으로 활용하는 책인 하트(Hart)와 색스(Sacks)의 교재 『법절차: 입법과 법 적용에 있어서의 기본 문제점들(The Legal Process: Basic Problems in the Making and the Application of the Law)』[60]을 사용하고, 나중에 하트와 색스의 법절차를 채택함으로써 후대 미국 법률가 세대에 영향을 미친 법절차 학파에 뿌리를 두고 있다. 원래 하트와 색스에 의해 하버드 로스쿨에서 개발된 이 방법은 '법은 단순한 규칙이

58 Ibid.(원문에서 강조)

59 Abram Chayes, Thomas Ehrlich and Andreas Lowenfeld, *International Legal Process* (Little Brown & Co 1968).

아니라 법적 규칙과 공공 정책이 만들어지는 과정'이라고 강조했다.[61]

체이즈, 에를리히, 로웬펠드는 이 방법을 각각의 관심 분야에 적용했다. 하트와 색스와는 달리, 그들은 국제법 체계에 영향을 준 사회적 가치에 대해 설명하지 않았다. 대신에, 그들은 국제적 법절차가 어떻게 진행되는지, 어떻게 더 효과적일 수 있는지, 무엇보다도 정부 관리들이 한 나라의 외교 관계를 수행하는 데 국제법이 어느 정도로 사용되는지를 설명했다. 국제적 법절차 학파의 방식에는 규범적인 요소가 거의 없다. 즉, 있는 그대로의 법에 초점을 맞추고 있다. 국제적 법절차 학파는 법이 단순한 규칙이 아니라 과정이라는 생각을 뉴헤이븐 학파와 공유하지만, 행동을 규정하지는 않는다. 대부분의 경우, 법은 의사 결정 과정에서 결정적인 요소가 아니며, 국제적 차원에서 행동하는 정부가 고려하는 요소 중 하나에 불과하다. 국제적 법절차 학파 학자들은 전통적 접근 방식이 '법 외적인 것'이므로 법과는 무관한 것이라고 여겼을 외생적 요소가 법이 작동하는 데 미칠 영향을 고려할 준비는 되어 있으나, 고전적 국제법의 규범적 범주에 대해서는 절대 의문을 제기하지 않으며 그 결과 국가 간 상호 작용 과정에서 국가들이 원용하는 규정의 유형에 대해서도 그렇다.

대부분의 경우 국제적 법절차 학파의 주요 관점은 지지자들의 관심 분

---

60 Henry M. Hart Jr. and Albert M. Sacks, *The Legal Process: Basic Problems in the Making and Application of the Law* (Foundation Press 1994). '법절차(The Legal Process)'라는 제목으로 하트와 색스가 모은 자료집은 저자의 생전에 출판된 적이 없다. 그러나 두 하버드대 교수가 수집한 교재 세트는 1994년 사례집으로 출간되기 전까지 하버드 로스쿨뿐 아니라 미국의 다른 로스쿨에서도 광범위하게 사용되었다. Anthony J. Sebok, *Legal Positivism in American Jurisprudence* (CUP 1998), 129 참조.

61 하트와 색스의 방법의 주요 이론과 그들에 의해 모아졌지만 실제로 그들이 생전에 출판되지 않은 교재의 독특한 역사에 대해 아래 참조. William N. Eskridge, Jr. and Philip P. Frickey, 'The Making of The Legal Process' (1994) 107 *Harvard Law Review* 2031. 하트와 색스에 따르면, 각 기관의 역할과 의무를 정의하고 '재량통제와 자기 수정을 위한 메커니즘'을 제공함으로써 기관 시스템의 원활한 기능을 보장하는 과정이다.(Ibid, 2044-5)

야와 실무에 국한되었다. 에를리히는 키프로스 위기(Cyprus crisis)를 설명했고,[62] 체이즈는 케네디 행정부의 법률 고문으로서 자신이 개인적으로 관여한 쿠바 미사일 위기에 관하여 썼다.[63] 분석 대상은 일반적으로 특히 위기 상황에서 의사결정권자들이 국제법을 사용하는 방식이었다. 왜 다른 것보다 특정한 법적 규칙이나 결과가 선택되었는지 궁금해하고, 정치적·제도적 제약에서부터 그 과정에 관여한 개인의 성격에 이르기까지 법적 결정이 내려진 더 큰 그림을 이해하는 것은 국제적 법절차 학파의 방식을 지지하는 이들에게 끊임없는 관심의 대상이었다. 때때로 관심이 확장되어 에를리히와 메리 엘런 오코넬(Mary Ellen O'Connell)의 무력 사용에 대한 연구[64]나 아브람과 안토니아 체이즈(Antonia Chayes)의 잘 알려진 책에서처럼 행위자들이 합의를 준수하는 이유 등 법의 실질적인 영역에 관한 분석이 이루어지기도 한다.[65] 비록 국제적 법절차 학파를 명시적으로 지지하는 학자는 많지 않지만,[66] 국제적 법절차 학파의 기본 이론이 여전히 국제법 학계에서 널리 사용되고 있다는 것은 의심의 여지가 없다. 의사 결정 과정에서 그 결정이 이루어지는 맥락을 고려한 국제법의 역할에 대한 연구와 국제법 규칙이 정치적 행동을 정당화하거나 제약하는 데 어떻게 이용되는지에 대한 이해는 미국과 다른 지역에서 법학의 많은 요소에 지속적으로 영감을 주는 특별한 감성이다.[67]

---

62 Thomas Ehrlich, Cyprus 1958-1967 (OUP 1974).

63 Abram Chayes, *The Cuban Missile Crisis* (OUP 1974).

64 Thomas Ehrlich and Mary Ellen O'Connell, *International Law and the Use of Force* (Little Brown & Co 1993).

65 Abram Chayes and Antonia Handler Chayes, *The New Sovereignty: Compliance with International Regulatory Agreements* (Harvard University Press 1995).

66 Harold H. Koh, 'Why Do Nations Obey International Law?' (1997) 106 *Yale Law Journal* 2599, 2620.

새로운 '뉴헤이븐' 또는 초국가적 법절차

뉴헤이븐 학파가 뿌린 씨앗이 훗날 그 방법론에 동조하는 다른 운동이 등장하고 번성하도록 문화적 기반을 만드는 데 크게 기여했음은 의심의 여지가 없다. 이처럼 뉴헤이븐 학파는 국제법에 대한 다양한 사고방식에 지속적으로 영향을 미치고 있다. 오코넬은 해럴드 고가 국제적 법절차 학파의 초기 물결[68]에서 영감을 받아 새로운 국제적 법절차 학파(a New International Legal Process School)를 제안했다고 주장했지만, 해럴드 고는 '새로운' 뉴헤이븐 학파가 있는지 자문했다.[69] 그는 이 질문에 긍정적으로 답변하고 뉴헤이븐 학파의 감수성을 공유하는 다양한 접근 방식의 중요성을 역설하면서, '초국가적 법절차(Transnational Legal Process)' 연구에 대한 자신의 학문적 헌신을 강조했다.[70]

해럴드 고는 뉴헤이븐 학파의 설립자와 후계자들 사이의 연속성을 유지하는 몇 가지 요소를 확인했다. 첫째는 학제간 연구에 대한 합의이다. 법률가와 정치학자의 협업은 뉴헤이븐 학파의 핵심이기 때문에, 이는 놀라운 일이 아니다. 다른 학문의 통찰력과 방법론적 도구를 사용하는 경향은 이 학파의 추종자들에게 자연스러운 일이다. 이 과정에서 학문의 경계를 끊임없이 재고하고 외부로부터의 교차 수정과 영감의 가능성을 기꺼이 탐구하며, 전통적으로 이해되는 학문의 자율성을 지키려는 집착을 버

---

67 Charles L. Barzun, 'The Forgotten Foundation of Hart and Sacks' (2013) 99 *Virginia Law Review* 1.

68 Mary Ellen O'Connell, 'New International Legal Process' (1999) 93 *American Journal of International Law* 334.

69 Harold H. Koh, 'Is There a "New" New Haven School of International Law?' (2007) 32 *Yale Journal of International Law* 559.

70 Ibid, 567.

리게 된다.

두 번째 요소는 규범적 목적을 중요하게 여겼다는 점이다. 뉴헤이븐 학파는 보편적이거나 적어도 가장 중요한 가치에 기초한 메타 내러티브를 제공했다. 뉴헤이븐 학파에서 영감을 받은 강력한 규범적 틀은 현대의 학계에도 여전히 존재한다. 가치에 대한 규범적 헌신은 뉴헤이븐 학파의 지지자들이 국제법 절차의 행위자와 참여자들이 국제법을 준수하는 이유와 그 방식에 초점을 맞추게 한다. 이처럼 국제법률가들은 의사결정권자의 행동과 사고방식의 변화를 유도하기 위해 그들에게 조언할 의무를 가진 도덕적 행위자들이다.[71]

그러나 초국가적 법절차 학파의 가장 중요한 특성은 초국가적 법에 대한 확고한 신념이다. 사실, 초국가적 법절차의 출현은 서로 다른 감수성과 개성의 결합에 의해 촉진되었을 가능성이 높다. 밀턴 카츠(Milton Katz)와 킹맨 브루스터(Kingman Brewster)의 『국제거래 및 관계에 관한 법(The Law of International Transactions and Relations)』[72]과 헨리 스타이너(Henry Steiner)와 데틀레프 박츠(Detlev Vagts)(나중에 헤럴드 고가 공동편집자로 참여함)의 『초국가적 법률 문제(Transnational Legal Problems)』에 관한 사례집을 생각하면 충분하다.[73] 하버드대 법학 교수들이 저술한 이 두 권의 책은 이미 국제법과 국내법 그리고 법의 공적 영역과 사적 영역 사이의 전통적인 경계가 모호해진 초국가적 문제에 대한 접근법을 제시하고 있다. 더 이상 두 개의 서로 다른

---

71 Melissa A. Waters, 'Normativity in the "New" Schools: Assessing the Legitimacy of International Legal Norms Created by Domestic Courts' (2007) 32 *Yale Journal of International Law* 455, 460.

72 Milton Katz and Kingman Brewster Jr., *The Law of International Transactions and Relations: Cases and Materials* (Foundation Press 1960).

73 Henry J. Steiner and Detlev F. Vagts, *Transnational Legal Problems* (Foundation Press 1968). 헤럴드 고는 1994년 출판된 제4판의 공동 편집자로 참여하였다.

법적 질서를 깔끔하게 구분할 수 없게 된 것이다. 여러 주체들이 각기 다른 수준의 법적 권한으로 주제별 이슈를 다루고, 각자의 맥락에서 문제가 되는 이슈를 다루게 되었다. 초국가적 법절차에 대한 헤럴드 고의 이론은 '공적 및 사적 행위자들이 다양한 공적 및 사적, 국내 및 국제 포럼에서 어떻게 상호 작용하면서 초국가적인 법의 규칙을 만들고, 해석하고, 집행하며, 궁극적으로 내면화하는지에 대한 이론과 실제를 설명하는' 보다 명료하고 복잡한 지적 틀을 제공했다.[74] 초국가적 법절차는 '절차의 설명하는 역할뿐만 아니라 그 절차의 규범성'을 고려함으로써 '법이 국가가 국제법을 준수하는 이유에 어떻게 영향을 미치는지'를 살펴본다.[75]

이러한 점에서 초국가적 법적 절차는 인권, 이민 및 난민법, 경쟁법, 국제상거래법 등 다양한 분야에서 초국가적 사회 현상을 규제하는 실체적 규칙의 존재를 넘어 국내법, 때로는 지역법의 운영을 통해 국제 규범 표준이 내재화되는 것을 의미한다.[76] 초국가적 법절차의 핵심 아이디어는 국제법 규범이 '상호 작용-해석-내재화'의 반복적인 사이클을 통해 내재화되며, '적용할 수 있는 글로벌 규범의 특정 독해가 결국 각국의 국내 법체계에 내재화'된다는 것이다.[77] 이 과정은 민간 당사자[헤럴드 고의 용어로는 초국가적 규범 기업가(transnational norm entrepreneurs)], 정부 관계자(정부 규범 후원자), 초국가적 이슈 네트워크, 해석 커뮤니티 등 이른바 '내재화의 주체(agents of internalization)'의 상호 작용에 의해 형성된다.[78] 앞서 언급한 주체 중 하나

---

74 Harold H. Koh, 'Transnational Legal Process' (1996) 75 *Nebraska Law Review* 181, 183-4.

75 Ibid, 184. 국가가 국제법을 준수하는 이유에 대한 질문은 Louis Henkin, *How Nations Behave. Law and Foreign Policy* (2nd ed, Columbia University Press, 1979)의 주요 연구 주제를 반영한다.

76 Harold H. Koh, 'Is There a "New" New Haven School of International Law?', above n 69, 566-7.

77 Ibid, 567-8.

가 국제적 수준에서 상호 작용을 촉진하여 규범의 특정 해석을 추진하고 다른 내재화 주체들과 협력하여 국가들을 설득하면, 그 규범은 아래로 흘러내려 국내 법체계에 내재화된다.[79] 헤럴드 고에 따르면, '합리적 이기주의와 규범 내재화라는 복잡한 과정을 통해 — 때로는 초국적 소송에 의해 촉진되는 — 국제법 규범이 국내의 법적, 정치적 과정에 스며들어 내재화되고 정착된다'는 것이다.[80]

국내 법원이 중요한 역할을 할 수 있다는 생각은 헤럴드 고가 제안한 초국가적 법적 접근의 일부이자 핵심이다. '사법적 구제를 통해 공공의 권리와 가치를 옹호하기 위해' 원고와 소송당사자들이 국내 법원을 점점 더 많이 이용하고 있다는 사실은 '초국적 공법 소송'으로 알려진 것의 핵심이다.[81] 이 현상은 민간 당사자, 정부 관계자 및 국가가 국내 법원에 서로를 고소하고 '국내법이나 국제법뿐만 아니라 두 가지를 혼합한 '초국가적인' 법에 근거한 권리 주장'을 하는 것으로 구성된다.[82] 이 과정에서

---

78 Ibid.

79 이 절차에 대한 설명은 다음 참조. Harold H. Koh, 'The 1998 Frankel Lecture: Bringing International Law Home' (1998) 35 *Houston Law Review* 623. 이 과정의 역사적 예시는 영국 관습법에서 어휘 사용의 내재화, 그리고 나중에 미국통일상법전(US Uniform Commercial Code)과 국제물품매매계약에 관한 국제연합 협약(UN Convention on Contracts for the International Sale of Goods)으로 대표된다. Harold H. Koh, 'Is There a "New" New Haven School of International Law?', above n 69, 568. 더 현대적인 예로는 고문 금지와 공정한 재판을 받을 권리가 있다.

80 Harold H. Koh, 'Transnational Legal Process', above n 74, 199. 초국가적 법절차의 기능에 대해서는 다음 참조. Harold H. Koh, 'Why Do Nations Obey International Law?' (1997) 106 *Yale Law Journal* 2599; Oona Hathaway and Harold H. Koh, *Foundations of International Law and Politics* (Foundation Press 2005) 173-204.

81 Harold H. Koh, 'Transnational Public Law Litigation' (1991) 100 *Yale Law Journal* 2347. 헤럴드 고는 약 15년 전에도 용어를 사용한 아브람 체이즈의 이전 연구인 'The Role of the Judge in Public Law Litigation' (1976) 88 *Harvard Law Review* 1281에 경의를 표한다.

82 Ibid, 2348-9.

초국가적 규범은 법원에 의해 끊임없이 정교화되고 선언되고 검증되며, 서로 다른 법적 권위 계층 간의 상호 침투는 그 유통을 촉진하고 초국가적 제도 간의 대화에 스며든다.[83] 국제법 이행에 있어 국내 법원의 역할에 대한 믿음이 새로운 것은 아니지만,[84] 이 접근법의 특성은 국제법 기준과 국내 법원 간의 상호 작용 과정을 법 만드는 과정과 동일하게 생각하는 데 있다. 일반적으로 의사 결정 과정보다는 사법적 판단을 더 전통적으로 강조하는 이러한 학계의 입장은 아마도 미국 국내 법원에서 외국인불법행위법(Alien Tort Claims Act)을 적용하면서 촉발되었을 것으로 추측할 수 있다. 이 법에 근거한 소송에는 인권, 환경 보호 및 기타 국제 규범과 관련된 주장이 자주 포함되었다.[85] 그러나 유사한 법적 수단이 존재하는 다른 국가는 거의 없다. 대부분의 경우, 제도적 문화와 법관의 개인적 성향은 차치하고 국제법의 국내법 편입을 규율하는 헌법 및 법률 규정이 그러한 편입을 쉽게 허용하지 않는다.[86] 이는 역시 초국가적 법절차의 내재화 단계에서 추가적인 방해물로 작용할 수 있다.

---

83 Ibid, 2371: '초국가적 법의 특징은 다음과 같다. (1) 국가와 비국가 실체가 동등하게 참여하는 초국가적 당사자 구조(a transnational party structure); (2) 국내법과 국제법, 민간법, 공법의 위반이 모두 단일 행위로 주장되는 초국가적 청구 구조(a transnational claim structure); (3) 전향적 초점(a prospective focus), 과거 분쟁을 해결하는 것만큼 초국가적 규범의 사법적 선언을 얻는 것에 고정되어 있다. (4) 사법적 해석이나 정치적 협상에 사용하기 위해 그러한 규범(the transposability of those norms)이 다른 국내 및 국제적 목적으로 이전될 가능성에 대한 소송 당사자들의 전략적 인식, 그리고 (5) 궁극적인 해결을 위한 국내외, 사법 및 정치 포럼 간의 제도적 대화(institutional dialogue)의 후속 과정.'(원문에서 강조)

84 Benedetto Conforti, *International Law and the Role of Domestic Legal Systems* (Martinus Nijhoff 1993).

85 Andrea Bianchi, 'International Law and US Courts: The Myth of Lohengrin Revisited' (2004) 15 *European Journal of International Law* 751, 777.

86 Rosalyn Higgins, *Problems and Process: International Law and How We Use It* (Clarendon Press 1994) 206.

유산과 평가

뉴헤이븐 학파가 기성학계와 조우하게 된 주요한 사건 중 하나는 맥두걸이 미국 공식 대표단의 일원이었던 조약법에 관한 비엔나 회의(Vienna Conference on the Law of Treaties)였다. 가장 치열한 '격전지' 중 하나는 조약 해석 규칙에 대한 논쟁이었다. 맥두걸은 조약 해석 과정에서 당사자 의사의 중요성을 끝까지 주장하며, 협약이 제안한 방식을 공개적으로 비판했다.[87] 맥두걸은 미국을 대표하여 조약의 의미는 공통의 의도를 확인하고 명확히 하는 데 도움이 되는 모든 관련 요소를 고려해서 당사자들의 의도에 비추어 확립되어야 한다는 견해를 제시했다. 잘 알려진 대로 미국은 견해를 관철하지 못했고, 영국의 문언주의 전통(British textualist tradition)[88]이 미국의 의사주의(American intentionalism)와의 싸움에서 승리했다.[89] 모텐슨(Mortenson)에 따르면, 회의는 의사주의와 입안 과정의 중요성이 아니라, '조약 해석에 대해 현명한 해석자가 좋은 공공 정책으로 볼 수 있는 모든 것을 원시적으로 재구성하는 것으로 보는 마이어스 맥두걸의 관점'을 거부했다.[90] 그렇더라도 뉴헤이븐 학파의 중요성과 영향력을 조약법에 관한 비엔나 외교 회의 일화와 당시 맥두걸의 견해가 패배했다는 주장으로 축소하는 것은 부적절하며, 사안을 지나치게 단순화하는 것이다.

---

87 United Nations Conference on the Law of Treaties, First Session, Vienna 26 March-24 May 1968, Official Records. Summary records of the plenary meetings and the meetings of the Committee of the Whole (New York, 1969), 167.

88 Gerald Fitzmaurice 'The Law and Procedure of the International Court of Justice 1951-4: Treaty Interpretation and Other Treaty Points' (1957) 33 *British Yearbook of International Law* 203, 212. 어떻게 문언주의가 조약 해석에 대한 지배적인 접근법이 되었는지에 대해, Fuad Zarbiyev, 'A Genealogy of Textualsim in Treaty Interpretation', in Andrea Bianchi, Daniel Peat, and Matthew Windsor (eds), *Interpretation in International Law* (OUP 2015), 251 ff. 참조.

뉴헤이븐 학파는 형식적 실증주의와 법현실주의에서 벗어나 국제법을 불변의 것이 아니라, 권위 있는 결정의 연속적 흐름에 의해 형성되는 과정으로 파악함으로써 사회적 목적 측면에서 국제법을 비판했다.[91] 뉴헤이븐 학파는 정치적 현실주의에 격렬하게 맞서며 법적 의사 결정이 법제도의 전체적인 목표에 부합하도록 하는 과학적 분석 방법을 도입하여 법현실주의의 한계를 넘어서려 노력하였다. 리처드 포크(Richard Falk)가 비판적으로 지적했듯이, 뉴헤이븐 학파는 '종교를 사회과학으로 대체함으로써 인간이 무조건적인 진리에 접근할 수 있도록 하는 시도'에서 근대주의적 메타 내러티브를 제공했다.[92] 그럼에도 불구하고, 뉴헤이븐 학파는 사회과학 방법론을 법적 분석에 통합함으로써 다른 학문에 대한 전통적인 법

---

89 가치가 없는 것은 아니지만, 본질적인 것은 아니지만, 맥두걸은 국제법위원회의 준비문서(preparatory work)가 있었음에도 불구하고 험프리 월독(Humphrey Waldock, 국제법위원회의 전 특별보고관)이 그 외교회의에 전문 컨설턴트로 참석한 것 바로 그 자체가 문언주의적 접근법에는 중대한 한계가 있다는 증거라며 문언주의를 비판했다!(United Nations conference on the Law of Treaties, Official Records), above n 87, 167-8. '45. 해석에 문언주의적 접근법을 적용하는 것이 불가능하다는 사실은 그 전문 컨설턴트가 회의에 참석한 것 바로 그 자체 그리고 그에게 초안 규정의 표현이 가지는 "원래" 의미에 대한 설명이 빈번히 요청되었던 것에 의해 설명되었다. 국제법위원회의 모든 준비문서가 활용 가능한 상황이었음에도 불구하고 말이다. 그가 의미를 명확히 설명할 때 그의 언어적 능력이나 논리적 능력에 기반하지 않고 조약법에 관한 국제법위원회 작업 당시 특별보고관으로서 초안 작성에 참여하여 경험한 모든 제반 사정에 대한 그의 지식에 기반하는데도 그의 권위에 대해 어떤 이의도 제기되지 않았다.'

90 Julian Davis Mortenson, 'The Travaux of the Travaux: Is the Vienna Convenion Hostile to Drafting History?' (2013) 107 *American Journal of International Law* 780, 781.

91 Myres S. McDougal, Harold D. Lasswell & W. Michael Reisman, 'The World Constitutive Process of Authoritative Decision' (1967) 19 *Journal of Legal Education* 253. '모든 법률은 단순히 전통적인 규칙으로서가 아니라 보다 포괄적인 용어로, 결정으로서, 관점과 운영 모두로 구성되어, 권위 있는 결정(authoritative decision)으로서, 권한과 통제의 요소들을 결합하여, 때때로의 선택으로서가 아니라, 권위적인 결정의 연속적인 과정(continuous process)으로서, 공동체 가치의 형성과 공유를 위한 공공질서 결정의 흐름을 예측하고 확립하는 구성요소를 유지하는 것'으로 여겨진다는 것을 깨닫는 것은 중요하다. W. Michael Reisman; Siegfried Wiessner and Andrew R. Willard, 'The New Haven School: A Brief Introduction', above n 16, 579-80

률가들의 혐오감에서 벗어나 국제법 학계에서 중요한 발전을 이루었다. 물론 그 방식에 이의를 제기할 수도 있다. 하지만 이 운동이 다른 학문의 방법론적 교리(methodological tenets)에 영감을 받은 뒤, 그에 맞게 조정된 법적 접근법의 후속 발전을 위한 길을 열었다는 사실에는 의심의 여지가 없다. 사실, 학제간 연구는 뉴헤이븐 학파의 특징 중 하나이며 시간이 지남에 따라 유산이 되었다.[93]

뉴헤이븐 학파는 법이 사회에 내재되어 있는 방식을 인식했고, 의사 결정 과정을 포함한 사회적 과정의 중요성을 인정했다. 규칙에서 의사 결정 과정에 관심을 두는 것은 전통적인 접근 방식에서 벗어나는 것이기 때문에 중요하다. 인간의 존엄성을 세계 공동체의 공공질서 중심축으로 보는 사회적 비전의 맥락 안에서 법적 분석에 가치를 도입하는 것도 마찬가지다. 공동체의 기대가 공공질서의 긴급상황에 맞는 결정의 적합성을 평가하는 역할을 한다는 생각은 상당히 강력한 개념이다. 법은 집단적 기대에 부합하고 공유된 가치에 따라 사회적 변화를 가져오는 도구가 된다.[94] 이를 통해 뉴헤이븐 학파는 공공 대 민간, 국제 대 국내와 같은 전통적인 법적 이분법에서 벗어나 권위 있는 결정이 동일한 방식으로 이루어지는 지리적으로 제약받지 않는 법적 공간이라는 아이디어를 제시한다.[95] 전통

92 Richard Falk, 'Casting the Spell: The New Haven School of International Law' (1995) 104 *Yale Law Journal* 1991.

93 Harold H. Koh, 'Is There a "New" New Haven School of International Law?', above n 69, 565-6. 경제학, 국제관계학, 정치학, 인류학, 역사학, 지리학, 사회학 등 뉴헤이븐 학파 학자들이 국제법을 바라볼 때 선택한 다양한 학제간 관점을 언급하고 있다.

94 Janet K. Levit, 'Bottom-Up International Lawmaking: Reflections on the New Haven School of International Law' (2007) 32 *Yale Journal of International Law* 393, 참조. 특히 로버트 커버(Robert Cover)의 '새로운 세계를 초대하는 것'이라는 개념을 언급할 때 다음 참조. 'The Supreme Court, 1982 Term – Foreword: Nomos and Narrative' (1983) 97 *Harvard Law Review* 4, 68.

적인 법적 공간의 구분을 흐리게 만드는 것이 뉴헤이븐 학파의 유산을 계승하고 국제적 법절차의 현대적 현실에 대한 통찰력을 가져온 초국가적 법절차의 가장 두드러진 특징일 것이다.

뉴헤이븐 학파는 의사 결정 과정에서 국제법률가의 역할을 강조함으로써 해당 직역과 구성원 개개인의 가시성과 책임감을 높이는 데 크게 기여했다. 이 운동은 관찰자적 관점에서 국제법률가들의 역할과 권위 있는 결정에 대한 이들의 입장에 대해 어느 정도 반성할 수 있는 계기를 마련했다. 국제법률가의 적극적인 역할을 강조하는 것은 필연적으로 더 큰 틀에서 전문가 개인의 책임을 강조하는 것으로 귀결될 수밖에 없다. 전통적인 접근 방식에서 법을 찾는 일을 맡아 눈에 잘 띄지 않은 국제법률가는 과학적 방법과 전문지식을 사용하여 중요한 가치에 무조건적으로 헌신하는 전문가의 모습으로 변모한다.

뉴헤이븐 학파가 냉전 시대와 그 이후, 미국 외교 정책을 정당화하는 지적 도구로 인식되어 온 것은 안타까운 일이다.[96] 비록 법적 분석의 과정적 측면과 높은 수준의 맥락성이 외교 정책의 목적을 위한 도구로써 사용하기에 적합했을 수 있다는 점을 인정하더라도, 나는 이 운동이 국제법 분야에 진정 혁신적인 방법론을 도입했다고 본다. 세계 질서를 위한 새로운 구조로서 일련의 가장 중요한 가치들에 크게 의존했던 미국의 지적 운동에서, 전반적인 공리적 구조가 오랫동안 미국 자유주의에 영감을 주고

---

95 Eisuke Suzuki, 'The New Haven School of International Law: An Invitation to a Policy-Oriented Jurisprudence' (1974) 1 *Yale Journal of World Public Order* 1, 30. '뉴헤이븐 학파는 세계의 다양한 공동체의 의사 결정 과정을 국내법과 국제법의 이분법을 통해 설명하지 않는다… 대신 다양한 영역에서 권위 있는 결정이 내려지는 데는 여러 의사 결정 과정 간의 상호 침투가 존재한다는 관점에서 이를 설명한다.'

96 예를 들어, Myres S. McDougal, 'The Soviet-Cuban Quarantine and Self Defense' (1963) 57 *American Journal of International Law* 597; W. Michael Reisman, 'Self-Defense in the Age of Terrorism' (2003) 97 *ASIL Proceedings* 142 참조.

형성해 온 가치와 일치한다는 것은 놀랍지 않다. 그럼에도 불구하고, 맥두걸과 그 동료들의 입장에 영향을 끼친 것으로 보이는 국가 편향(national bias)은 오스카 섀터(Oscar Schachter)와 리처드 포크 등의 다른 구성원들이 이 운동에서 멀어지게 된 이유였다.[97]

마지막 비판은 맥두걸과 그의 동료들이 채택한 특별한 방식에 대한 것이다. 이는 여러 면에서 전통적인 법학의 정석과 대조되었다. 뉴헤이븐 학파의 분석은 주로 사회과학에서 차용한 독특한 어휘를 사용함으로써, 독자들이 권위적인 의사 결정 과정에 대한 복잡한 분석에 참여할 것을 요구했다. 맥두걸은 복잡한 어휘들을 능수능란하게 다루었으며, 많은 학술적 결과물을 남겼다. 그러나 많은 사람이 새로운 접근법에 거부감을 느끼고 뉴헤이븐 학파를 무시했다.[98] 로절린 히긴스가 적절하게 지적했듯이, 맥두걸의 학문을 '접근하기 어렵게' 만든 것은 종종 무거운 '방법론적 상

---

97 심포지엄에서 오스카 섀터와 리처드 포크가 한 비판적 발언은 다음 참조. Oscar Schachter, 'McDougal's Jurisprudence: Utility, Influence, Controversy' (1985) 79 *ASIL Proceedings* 266. 오스카 섀터는 맥두걸이 '민족주의적 편향성을 가진' 그의 법학 이론을 적용함으로써 그 이론은 '법의 특정 제약'을 무시하고 그가 애초에 세계 공동체에 대해 가지고 있던 개념 즉, 법과 정책이 '보편적 목적을 달성하기 위해' 존재한다는 생각을 버리는 이상적 도구가 되어 버린다고 비판하였다. 여기서의 보편적 목적은 '법은 부수적인 역할을 하고 정책은 특정 국가가 자국의 이익을 인식하는 것에 의해 결정된다는 정책 법제에 대한 일방주의적 견해'에 부합하는 것을 말한다.(Ibid, 273) 결과적으로 리처드 포크는 '맥두걸의 법리가 가지고 있는 "기적적 요소", 즉 8가지 가치를 지속적으로 미국의 외교 정책과 일치하는 방식으로 적용하는 그의 놀라운 능력'을 강조했다.(Ibid, 281)

98 콜린 워브릭(Colin Warbrick)은 다음과 같이 회상한다. '1960년대 케임브리지에서 학생이었을 때 두 가지가 금지되어 있었는데, 하나는 하룻밤 동안 자신의 방에서 여성을 접대하는 것이었고, 다른 하나는 마이어스 맥두걸과 그의 동료들의 방대한 저서를 참고하는 것이었다. 맥두걸은 지구가 평평하다거나 악천후가 독일군에 의해 발생한다는 "이론을 가진" 사람에 대해 비하하는 방식으로 말할 수 있는 것처럼 "이론이 있다"는 표현을 사용했다. 케임브리지에 만연한 호기심 많은 사고방식에 따라 낮 시간 동안 육체적 활동을 하는 것은 괜찮았지만… 맥두걸은 밤만큼이나 낮에도 위험했다.' Colin Warbrick, 'Introduction', in Philip Allott et al., *Theory and International Law: An Introduction* (British Institute of International and Comparative Law, 1991), xi.

부구조(methodological superstructure)'였다.[99] 맥두걸에게 이 방법은 진정한 메시지이자 자의성에 대한 해독제였지만, 많은 비평가들과 비판자들에게 이 방법은 너무나 불확실해서 쉽게 변하고 조작될 수 있는 것이었다.

참고 문헌

Chen, Lung-chu, *An Introduction to Contemporary International Law: A Policy-Oriented Perspective* (3rd ed, OUP 2015).

Falk, Richard, 'Casting the Spell: the New Haven School of International Law' (1995) 104 *Yale Journal of International Law* 1991.

Koh, Harold Hongju, 'Transnational Legal Process' (1996) 75 *Nebraska Law Review* 181.

Lasswell, Harold D. and McDougal, Myres S., *Jurisprudence for a Free Society: Studies in Law, Science and Policy* (Springer 1992).

McDougal, Myres S., 'International Law, Power and Policy: a Contemporary Conception' (1953) 82 *Recueil des Cours* 137.

McDougal, Myres S. and Feliciano, Florentino P., *Law and Minimum World Public Order* (Yale University Press 1961).

McDougal, Myres S., Lasswell, Harold D. and Reisman, W. Michael, 'The World Constitutive Process of Authoritative Decision (pts I and II)' (1967) 19 *Journal of Legal Education* 253.

McDougal, Myres S., Lasswell, Harold D. and Reisman, W. Michael, 'Theories about International Law: Prologue to a Configurative Jurisprudence' (1968) 8 *Virginia Journal of International Law* 188.

---

99 Rosalyn Higgins, 'Obituary: Professor Myres McDougal', *The Independent* (8 May 1998).

Reisman, W. Michael, 'International Lawmaking: A Process of Communication: The Harold D. Lasswell Memorial Lecture' (1981) 75 *Proceedings of the American Society of International Law* 113.

Reisman, W. Michael, Wiessner, Siegfried, and Willard, Andrew R., 'The New Haven School: A Brief Introduction' (2007) 32 *Yale International Law Journal* 575.

6장

국제관계학 그리고 사회과학 방법론

경쟁 관계에 있으면서도 가까운 사이

많은 사람이 국제법과 국제관계학이 연구 분야와 기본 용어를 공유하고 있다는 데 동의한다. 두 분야가 공유하는 연구 분야는 매우 다양한 국제적 문제들의 현상에 관한 것이고, 두 분야에서 공통으로 사용되는 기본적 용어들은 주로 국가와 국가의 행위를 다루는 것과 관련된다. 이 분야에 친숙하지 않은 이들에게는 이 정도 설명이면 두 분야 간의 긴밀한 관계와 공통의 관심사를 이해하기 충분할지도 모른다. 하지만 이 두 분야에 속해 있는 사람들은 훨씬 더 미묘한 접근 방식을 취할 수 있으며, 두 분야가 긴밀히 연결되어 있다는 점을 쉽게 인정하려 하지 않을 것이다. 이것은 학제간 연구의 맥락에서는 상당히 일반적인 태도이다. 학문 분야는 세상의 지식에 대한 독특한 관점을 표현하는 것만 뜻하는 게 아니며, 심지어 이것이 주된 일도 아니다. 학문 분야는 다른 무엇보다도 사회적 그룹에 해당한다. 학문 분야의 구성원은 믿음과 신념을 공유하고, 이 믿음과 신념은 이들이 공유하는 방법론에 의해 뒷받침된다. 이들의 정체성은 세상에 대한 다른 의견을 제시하고, 세상을 연구하기 위해 다른 방법론을 활용하는 다른 사회적 단체에 대한 반대를 통해 정립된다. 정리하면 학제 간의 대화는 학문 연구에 수반되는 당연한 과정이 아니다.

흔히 있는 일이지만 긴장감과 악감정은 완전히 낯선 관계보다 긴밀한 관계에서 더 일반적이다. 국제관계학과 국제법 사이에서 빈번히 문제 되는 관계 역시 그렇다. 이는 국제관계학의 현실주의 학파를 대표하는 가장 저명하고 성공적인 학자인 한스 모겐소(Hans Morgenthau)에 대해 살펴보는 것만으로도 충분히 알 수 있다. 그는 학자로서의 경력을 국제법률가로 시작했다. 바스케즈(Vasquez)가 강조한 것처럼 '모겐소의 저서는 국제관계학(국제관계학 교육) 분야에서 현실주의가 지배적 입지를 확보하는 데 가장 중요하고도 유일한 수단이었다.'[1] 그의 저서 『국가 간의 정치(Politics Among Nations)』[2]는 교과서로 자리매김하고, 2판에 짧은 원칙 목록[3]이 첨부되면서 빠른 속도로 고전의 반열에 올랐다.[4] 하지만 오늘날의 대부분 국제관계학 이론은 아마 모겐소의 저서를 경시할 수도 있다. 그 이유는 모겐소의 의식적인 반과학적 현실주의 때문이다. 하지만 그가 남긴 유산이 평가절하되어서는 안 된다. 독일에서 태어나 변호사로 교육받은 모겐소는 나

---

1 John A. Vasquez, *The Power of Power Politics: From Classical Realism to Neotraditionalism* (CUP 1998) 36.

2 Hans Morgenthau, *Politics Among Nations: The Struggle for Power and Peace* (Knopf 1948).

3 첫 두 개의 원칙은 '정치는 인간의 본성에 뿌리를 둔 객관적인 법에 의해 지배된다'와 '국가이익은 권력과의 관계에서 정의된다'는 것으로 이른바 현실주의 학파의 핵심이다. 이 원칙은 '국제정치학의 현실주의 이론'이라는 새로운 도입부 챕터에서 설명되고 있다.

4 인문학과 사회과학에서 이른바 '고전(classics)'이라 불리는 것의 역할에 대해서는 Jeffrey C. Alexander, 'The Centrality of the Classics' in Anthony Giddens and Jonathan H. Turner (eds), *Social Theory Today* (Polity Press 1987) 11-57 참조.

치 시대에 유럽을 떠나 미국으로 망명했다. 많은 독일 출신의 유대계 망명 학자들처럼, 그도 새로운 땅과 그 땅의 학문적 문화에 적응해야 했다. 그렇게 모겐소는 미국 학계에 어렵게 발을 들여놓은 후, 결국에는 시카고 대학에서 정치학을 가르쳤다.[5]

최근 정치학자들과 국제법률가들은 세계 정치에 대한 모겐소의 저서에 담긴 법적 기원을 인정하고 깊이 연구하고 있다. 또한 이들은 모겐소와 국제법 간의 좋지 않은 관계를 권위 있는 방식으로 기록하고 있다.[6] 국제정치학의 탄생이 국제 문제를 법률주의자—도덕주의자 또는 유토피아적 접근법으로 바라보는 것에 대해 나타난 극단적으로 부정적인 입장에 기인한다는 그의 믿음은 널리 퍼져 있으며 매우 확고하다. 법률주의자—도덕주의자 또는 유토피아적 접근법은 제1차 세계대전과 제2차 세계대전 동안 미국과 다른 서양 민주주의 국가들의 국제 관계에 많은 영향을 미쳤다고 전해진다.[7] 하지만 위와 같은 믿음에는 추가적인 설명이 필요하다.

---

5 '해외로 이주한 학자들 중 대부분은 법학계에 머물 수 없었다. 운이 좋은 이들은 정치학, 특히 국제법에 기반을 둔 이들은 새로운 분야인 국제관계학으로 옮겨갔다. 모겐소도 이들 중 한 사람이다.' Oliver Jütersonke, *Morgenthau, Law and Realism* (CUP 2010) 125; Alfons Söllner, 'From Public Law to Political Science? The Emigration of German Scholars after 1933 and Their Influence on the Transformation of a Discipline' in Mitchell G. Ash and Alfons Söllner (eds), *Forced Migration and Scientific Change: Émigré German-Speaking Scientists and Scholars After 1933* (CUP 1996) 246-72 참조.

6 Oliver Jütersonke, *Morgenthau, Law and Realism*, above n 5; William E. Scheuerman, *Hans Morgenthau: Realism and Beyond* (Polity Press 2009); Martti Koskenniemi, *The Gentle Civilizer of Nations: The Rise and Fall of International Law 1870-1960* (CUP 2002) 413-509; Martti Koskenniemi, 'Carl Schmitt, Hans Morgenthau and the Image of Law in International Relations' in Michael Byers (ed), *The Role of Law in International Relations: Essays in International Relations and International Law* (OUP 2000) 17-34.

7 Francis A. Boyle, 'The Irrelevance of International Law: The Schism Between International Law and International Politics' (1980) 10 *California Western International Law Journal* 193, 199.

나중에 현실주의 학파에서 통용되는 화폐가 되어버린 법과 정치의 관계에 대한 논의들은 사실 19세기 후반에서 20세기 초 독일의 공법 분야에서 이루어진 법적, 철학적 논쟁을 되풀이했다.[8] 법적인 것과 정치적인 것의 구분은 모겐소가 생산한 많은 학문적 결과물들의 기저를 이루고 있는데, 이는 이미 모겐소의 박사 학위 논문에 명확하게 설명되어 있다. 그의 박사 학위 논문은 법적 분쟁의 정당성과 국가들 간의 정치적 긴장의 부정당성에 관한 것이었다.[9]

라우터파흐트(Lauterpacht)[10]와 구겐하임(Guggenheim) 같은 논평가들의 날카로운 비판을 받은 뒤 모겐소는 그에 대한 반박 글을 출간하였다. 라우터파흐트와 구겐하임은 국제법이 국가의 행위에 영향을 미치도록 하기 위한 국제적 분쟁 해결 방식의 잠재력에 대해 훨씬 더 낙관적이었다.[11] 모겐소는 그의 저서 『정치의 개념(La notion du 'politique')』에서 법적인 분쟁과 정치적인 긴장의 차이를 다시 설명하면서 정치적 투쟁의 촉매제로서의 권력에 대한 개인의 의지를 강조했다.[12] 이를 국제적 차원으로 옮겨 이야기하면, 모겐소는 이 권력에 대한 의지는 국가들이 그들의 권력을 유지하고 증대하며 증명하는 것을 목적으로 하는 외교 정책을 추구하게 한다고 주장했다.[13] 그의 국제법과 국제적 분쟁 해결의 한계에 대한 고려뿐만 아니라 국제 관계의 정치적 차원에 대한 지대한 관심은 그를 그의 동료 국

---

8 Martti Koskenniemi, *The Gentle Civilizer of Nations*, above n 6, Chapter 6.

9 Hans Morgenthau, *Die internationale Rechtspflege, ihr Wesen und ihre Grenzen (The Judicial Function in International Law, Its Nature and Its Limits)* (Noske 1929).

10 (1931) 12 *British Yearbook of International Law* 229-30.

11 (1929) 58 *Juristische Wochenschrift* 3469-70.

12 Hans Morgenthau, *La notion du 'politique' et la théorie des differents internationaux* (Sirey 1933).

13 Ibid, 61.

제법률가들보다 두드러지게 만들었다. 한스 켈젠(Hans Kelsen)의 형식주의가 법에 대한 모겐소의 생각에 영향을 미쳤다는 사실에도 불구하고[14] 모겐소는 법, 도덕, 정치를 신중하게 구분하는 법실증주의에 극렬히 반대하는 입장에 있었다. 그는 1940년에 그의 국제법과 관련된 마지막 작업 중 하나로 「미국국제법저널(American Journal of International Law)」에 한 편의 글을 기고했으며, 그 글에서 그는 이익과 힘의 균형을 고려하는 국제법에 대한 현실주의 이론을 옹호했다.[15]

시카고대학에서의 정치학 종신 교수직을 받아 안정적인 삶과 더불어 유명세를 얻었음에도 불구하고, 모겐소의 현실주의 이론이 엄청난 성공을 이루게 된 것은 흔히 그렇듯이 우연적인 요소에 기인했을 가능성이 높다. 특히 그는 정책 입안자 및 영향력이 있는 사람들이 미국에서 듣기 원했던 것을 적절한 타이밍에 제시했던 것 같다.[16] 모겐소가 국무부의 조지 케넌(George Kennan)이 만든 미 국무부 정책기획실의 자문위원을 맡고, 미국 외교 정책에 대한 논의에서 영향력을 갖게 되면서 국제법과의 연결고리는 끊어졌다.[17] 주디스 슈클라(Judith Shklar)의 표현에 따르면, 아이러니하게도 '정치 현실주의의 이상은 사실 시들어 버린 법률주의의 이상'이다.[18] '상식'에 정통하고 과학적이면 어떤 것이든 명백히 반대하는 정치평론가

---

14 켈젠의 영향에 대한 분석에 대해서는, Oliver Jütersonke, *Morgenthau, Law and Realism*, above n 5 참조.

15 Hans Morgenthau, 'Positivism, Functionalism and International Law' (1940) 34 *American Journal of International Law* 260.

16 '모겐소의 인기는 학문적 혁신이나, 최신의 연구, 정교한 이론 구성 같은 것에 기반을 두고 있지 않고, 사회 참여 지식인으로서의 그의 능력에 기반하고 있다.' Oliver Jütersonke, *Morgenthau, Law and Realism*, above n 5, 188. 모겐소가 지식인의 기능은 전문가(목표에 대해 질문을 제기지 않고 그 목표를 달성하기 위한 수단을 향상시키는 것을 돕는)와 이상주의자(정책이 덕과 지혜를 겸하여 매력적일 수 있도록 하는) 그리고 선구자(비평가 겸 선견지명이 있는 사람으로서)로 구성된다고 말한 인터뷰의 내용을 인용하고 있다.

로서 스스로를 변신시키는 모겐소의 능력은 더 많은 대중에게 다가가고 정책 전문가가 되는 것을 가능하게 했다.[19]

현실주의는 국제법이 자기 이익을 좇는 국가의 행위를 제한하는 것과는 무관하다고 주장하면서 오랜 시간 동안 법과 국제관계학 이론 간의 멀어진 관계를 강조했다. 국제관계학 분야의 역사가 여전히 다소 불명확하지만,[20] 시간이 지남에 따라 다양한 관심사를 가진 방법론과 민감성이 다른 학파(제도주의, 자유주의, 구성주의)의 출현을 야기하고 있음은 타당한 이야기이다. 새로 출현한 학파들은 국제관계학 이론이 국제법을 선험적으로 배척하는 것으로부터 탈피하고 있다. 하지만 국제법에 대한 편견은 국제관계학의 이론적 논쟁에서 상당히 강한 회복력을 가진 것으로 보인다. 그리고 이 국제관계학의 이론적 논쟁은 주로 미국 학자들에 의해 주도되고 있다.[21] 동시에 국제법 주류 학파는 종종 의사 결정 과정에서의 정치적 요소

---

17 Hans Morgenthau, *In Defense of the Natioanl Interest: A Critical Examination of American Foreign Policy* (Knopf 1951); Hans Morgenthau, *The Purpose of American Politics* (Vintage 1960); Hans Morgenthau, *A New Foreign Policy for the United States* (Praeger 1969). 유터종케(Jütersonke)는 모겐소가 『과학적 인간과 권력정치(Scientific Man vs. Power Politics)』(University of Chicago Press 1946)를 출판하면서 그의 국제법적 사고방식과 결별하였다고 주장한다. 이 저서에서 모겐소는 '국정운영기술을 예술의 한 형태로 보는 독특한 견해'를 피력하고 있다. Oliver Jütersonke, *Morgenthau, Law and Realism*, above n 5, 145.

18 Judith N. Shklar, *Legalism: Law, Morals, and Political Trials* (Harvard University Press 1986) 126.

19 Oliver Jütersonke, *Morgenthau, Law and Realism*, above n 5, 135, 158.

20 Brian C. Schmidt, 'On the History and Historiography of International Relations' in Walter Carlsnaes, Thomas Risse and Beth A. Simmons (eds), *Handbook of International Relations* (2nd edn, Sage 2012) 3-28.

21 Gunther Hellmann, 'International Relations as a Field of Study' in Bertrand Badie, Dirk Berg-Schlosser and Leonardo Morlino (eds), *International Encyclopedia of Political Science* (Sage 2011) 1296-314; Steve Smith, 'The Discipline of International Relations: Still an American Social Science?' (2000) 2 *British Journal of Politics and International Relations* 374.

와 비교했을 때 법이 가지는 독자성을 강조할 필요가 있다고 주장한다. 또한 내부적으로는 전통적으로 이해되고 활용되었지만 학문 분야에는 생소한 것으로 여겨지는 분석 도구에 대해 수용하기를 빈번히 무시하거나 거부해 오고 있다. 두 학문 분야가 협력적 체계 안에서 함께 연구를 수행하려 시도한 것은 최근의 일이다.

이중적인dual 또는 두 개의double 의제?

국제법에 대한 현실주의의 무지와 비난은 시간이 지남에 따라 몇 가지 반향을 일으켰다.[22] 국제법 이론의 측면에서는 정책 중심의 이론을 기반으로 하는 뉴헤이븐 학파(New Haven school)가 국제법에서의 권위와 권력의 관계를 다시 개념화하려는 혁신적인 접근법을 도입하였다.[23] 국제관계학 분야에서는 점차 다양한 학파들이 출현하였다. 첫 번째 학파는 제도주의이다. 제도주의는 국제기구와 국제 제도에 대해서 관심을 가지며,[24] 특정 분야에서 행위자의 기대가 수렴되는 규칙, 원칙, 규범, 의사결정 과정에도 관심을 둔다.[25] 후자는 자국의 이익을 쫓는 국가 간의 잠재적인 협력 사례로 볼 수도 있다.[26] 두 번째 구성주의 학파는 국제 관계를

---

22 Anne-Marie Slaughter Burley, 'International Law and International Relations: A Dual Agenda' (1993) 87 *American Journal of International Law* 205, 209.

23 제4장 참조.

24 국제법에 대한 제도주의에 대해서는 Barbara Koramenos, 'Institutionalism and International Law' in Jeffrey L. Dunoff and Mark A. Pollack (eds), *Interdisciplinary Perspectives on International Law and International Relations: The State of the Art* (CUP 2012) 59-82 참조.

25 Stephen D. Krasner, 'Structural Causes and Regime Consequences: Regime as Intervening Variable' (1982) 36 *International Organization* 395.

사회적으로 구성된 것으로 이해하며, 규범의 생산 및 변화에 특별한 관심을 가진다. 이 학파는 현실주의에 대한 대안적 내러티브로 등장하였다.[27] 마지막으로 자유주의 이론은 사회의 구성원으로 존재하는 개인과 단체를 국제 관계의 기본적인 단위로 보고, 이 분야에 다른 분석 방식을 적용하고자 한다.[28] 특별히 국제기구의 사회적 대표성이나 민주적 정당성과 같은 문제를 다루는 데 있어서 다양한 자유주의 이론들은 권력 정치가 국제 관계를 규율한다는 생각을 거부하며, 국제기구가 국제 협력을 발전시키고 사회적 진보를 보장하는 열쇠라는 것을 강조한다는 점에서 의견을 같이한다.[29]

학제간의 대화와 협력을 요청한 최초의 시도는 1989년 케네스 애보트(Kenneth Abbott)가 「예일국제법저널(Yale Journal of International Law)」에 게재한 한 편의 글에서 비롯되었다.[30] 애보트는 국제법률가들이 국제관계학의 개념 안내서와 분석 도구를 활용할 수 있도록 하고자 했다. 이 두 분야의 통합으로 법률가들은 그들의 분야에서 이론적, 분석적 체계를 향상할 수 있을 것이며, 동시에 국제관계학 학자들도 그들의 이론이 기초하고 있

26 Robert O. Keohane, *After Hegemony: Cooperation and Discord in World Political Economy* (Princeton University Press 1984).

27 Alexander Wendt, 'Anarchy is What States Make of It: the Social Construction of Power Politics' (1992) 46 *International Organization* 396; Friedrich Kratochwil and John G. Ruggie, 'International Organization: A State of the Art on an Art of the State' (1986) 40 *International Organization* 753.

28 Andrew Moravcsik, 'Taking Preferences Seriously: A Liberal Theory of International Politics' (1997) 51 *International Organization* 513.

29 자유주의 이론에 대한 개괄적인 설명은 Andrew Moravcsik, 'Liberal Theories of International Law' in Jeffrey L. Dunoff and Mark A. Pollack (eds), *Interdisciplinary Perspectives on International Law and International Relations: The State of the Art* (CUP 2012) 83-118 참조.

30 Kenneth W. Abbott, 'Modern International Relations Theory: A Prospectus for International Lawyers' (1989) 14 *Yale Journal of International Law* 335.

는 법 제도에 대한 상당히 유용한 정보를 얻을 수 있을 것으로 기대했다.[31] 이 글은 그다음 단계로 합리적 선택(rational choice)과 게임 이론(game theory), 레짐 이론(regime theory), 거래 비용(transaction costs), 시장 실패(market failures)를 비롯해 정치학자들이 활용하는 모든 분석 도구들을 설명해 나갔다. 이때 정치학자들은 주로 제도주의와 레짐 이론을 지지하는 사람들이었다. 애보트는 수년간 소원했던 국제법과 국제관계학의 재통합이 이루어질 때가 왔다고 생각했다.

그 직후 앤마리 슬로터(Anne-Marie Slaughter)는 한 편의 글을 게재하면서 비슷한 의견을 피력했으며, 진정한 학제간 협력은 두 학제 모두에 도움이 되며 이보다 더 좋은 것은 없다는 점을 강조했다.[32] 완전히 동일하지는 않지만, 이와 같은 긍정적 전망은 몇 년 후 슬로터가 '같은 언어 또는 같은 언어들'로 말하는 새로운 학제간 연구 세대를 열렬히 환영하면서 다시 확인되었을 것이다.[33] 한편 슬로터는 제도주의 관점에 대해서는 비판하면서도 국제관계학의 자유주의 이론은 강하게 지지했다. 그녀는 국내에서는 개인과 사회의 우위를 강조하고, 국제적으로는 민주주의 국가의 우위를 강조했다. 국가가 국내적으로 민주적 정부 형태를 취하고 있다면 국제사회에서 법을 더 잘 준수할 것이다. 이것은 수년간에 걸친 슬로터의 연구 주제에 담겨있는 그녀의 주된 메시지이자 신념이다.[34]

---

31 Ibid, 340.

32 Anne-Marie Slaughter Burley, 'International Law and International Relations Theory: A Dual Agenda', above n 22, 238.

33 Anne-Marie Slaughter, Andrew S. Tulumello and Stepan Wood, 'International Law and International Relations Theory: A New Generation of Interdisciplinary Scholarship' (1998) 92 *American Journal of International Law* 367, 393.

34 Anne-Marie Slaughter, 'International Law in a World of Liberal States' (1995) 6 *European Journal of International Law* 503; Anne-Marie Slaughter, *A New World Order* (Princeton University Press 2004).

마지막으로 학제간 대화를 촉구했던 운동이 국제관계학 주요 학술지 중 하나인 「국제기구(International Organization)」를 통해 반향을 일으켰다는 것을 상기할 필요가 있다. 이 학술지는 '법제화'에 대한 심포지엄을 개최하였다.[35] 이 심포지엄에 글을 기고하였던 저자들은 '법으로의 전환이 가시화되고 있는' 세상에서 법제화란 정부에 대해 다양한 분야에서 국제법적 제한을 부과하기로 하는 결정을 표현하는 제도화의 구체적인 한 형태라고 정의했다.[36] 국제법 학술지에 게재된 글들과는 달리, 「국제기구」에서 개최한 심포지엄은 국제관계학 학자들에게 학제간 연구를 명시적으로 권유하지는 않았다. 이 심포지엄은 단지 국제관계학 이론에 있어서 국제법적 현상들과 법률 문서의 중요성을 부각했다.

돌이켜보니, 그 당시 토론은 다소 균형을 잃은 모습이었던 것 같다. 애초에 국제관계학의 이론과 방법론을 적용한 것부터 '지적 거래 조건(intellectual terms of trade)'이 불평등했다.[37] 국제법에서 대두된 문제는 더 능수능란하고 지적으로 정교한 분야인 국제관계학에서 다루어져야 한다는 것처럼 느껴졌다. 그렇게 되면 이중적인 의제(dual agenda)가 '두 개의' 의제(double agenda)가 될 수도 있고, 국제관계학 학자들은 새로운 영토를 확장하려 시도해서 국제법률가들(그들 중 일부)이 예상치 못한 피식민지인 역

---

35 Judith O. Goldstein, Miles Kahler, Robert O Keohane, and Anne-Marie Slaughter, 'Introduction: Legalization and World Politics' (2000) 54 *International Organization* 385. 이 심포지엄에 제출된 에세이들은 나중에 한 권의 책에 담겨 출판되었다. Judith O. Goldstein, Miles Kahler, Robert O. Keohane, and Anne-Marie Slaughter (eds), *Legalization and World Politics* (MIT Press 2001).

36 Ibid, 385-6.

37 Jeffrey L. Dunoff and Mark A. Pollack, 'International Law and International Relations: Introducing an Interdisciplinary Dialogue' in Jeffrey L. Dunoff and Mark A. Pollack (eds), *Interdisciplinary Perspectives on International Law and International Relations: The State of the Art*, above n 24 10.

할을 하게 될 수도 있다. 그러나 이러한 다른 분야 간의 만남이 전례가 없는 것은 아니며, 다른 사례들도 이 책에서 다루게 될 것이다. 잘 알려진 것처럼, 스탠리 피시(Stanley Fish)는 학제간 연구를 선호하지 않는다. 서로 다른 학문 분야가 만나면 일반적으로 한 분야가 다른 분야에 대해 제국주의적 본능을 보일 것이라고 믿기 때문이다. 아주 드문 경우에만 두 개의 오래된 분야의 만남에서 새로운 분야가 탄생한다.[38] 하지만 학문 분야는 각자 구성해 온 경계를 가지고 있으며, 이런 경계는 다양한 방식으로 설정될 수 있다. 정서(emotions)와 정체성도 거의 항상 관련되어 있다. 여기서 심리적, 문화적인 방식으로 이런 것들을 생각하고 싶어 하는 데이비드 케네디(David Kennedy)의 방식을 공유하고 싶은 사람이 있을 수도 있다. 어쩌면 국제법은 체제 및 규정 준수의 굴레에 대한 새로운 엉터리 대학 강연에 빠져 있는 정치학자를 위해서는 로빈슨 부인(Mrs Robinson) 역할을 하고, 한때는 기력 넘치고 엄청난 능력을 가졌으나 지금은 지쳐 있는 변호사들을 위해서는 맛깔스럽게 더스틴 호프만(Dustin Hoffman) 역할을 하고 있을지도 모른다. 사람들은 다른 것에 대해 환상을 가지고 그것을 꾀어내려 하고 좇으려 한다. 하지만 사람들이 그것을 얻었을 때면 무슨 일이 일어나는가?[39]

38 Stanley Fish, 'Being Interdisciplinary Is So Very Hard To Do' (1989) 89 *Profession* 15, 19.

39 David Kennedy, 'The Disciplines of International Law and Policy' (1999) 12 *Leiden Journal of International Law* 9, 108. 내가 이 부분에 관심을 가지게 해준 배리 샌더(Barrie Sander)에게 감사를 표한다. 더스틴 호프만이 한 중년 여성인 로빈슨 부인의 유혹에 넘어간 젊은 대학생 역의 주연을 맡았던 영화 '졸업(The Graduate)'(1967)에 대한 언급이 전달하고자 하는 바가 지나치게 모호하지는 않다고 생각한다.

저항

학제간 시도했던 일부 대화에 대해서는 국제법 학계의 저항이 있었다. 이러한 저항은 부분적으로 구체적 쟁점들에 대한 견해 차이에서 비롯된 것이었다. 한 가지 예는 앤마리 슬로터가 했던 주장이다. 그녀는 자유주의 국가가 다른 국가에 비해 법을 잘 지킬 것이고, 그 결과 국가들이 국내에서 정치적으로 어떤 방식으로 조직되어 있는지에 따라 국제법에 대한 존중 여부도 달라질 것이라고 주장했다.[40] 이 주장은 앤드류 모라브칙(Andrew Moravcsik) 같은 국제관계학 이론가들에 의해 뒷받침되었으며[41], 자유주의의 새로운 형태 또는 새로운 자유주의 이론을 제안하기 위한 학제간 공동의 노력을 지지했다. 이 주장은 국내 개인 및 단체의 선호가 국가의 국제적 행위를 결정한다는 생각에 기반한다. 동시에 세계 공공질서의 새로운 양상들은 국가의 해체로 인한 결과이며, 국가의 해체는 개별 영역의 이슈들을 함께 논의하는 '해체된' 국가의 행위자들로 구성된 네트워크를 통해 국제적 협력 방식의 다양화를 이끌어 낼 것이라고 주장하였다.[42] 이 관점에 대해 이의를 제기한 몇몇 국제법률가들은 이런 방식의 자유주의에 대해 일반적인 비판[43]을 하거나, 단순히 서구 민주 자유주의 국가들이 다른 형태의 정치 체계를 취하는 국가들보다 국제법을 더 많이 존중한다는 부분은 논쟁의 여지가 있다고 주장하였다.[44] 국제법률가들은

---

40 Anne-Marie Slaughter, 'International Law in a World of Liberal States', above n 34.

41 Andrew Moravcsik, 'Taking Preferences Seriously', above n 28.

42 Anne-Marie Slaughter, 'The Real New World Order' (1997) 97 *Foreign Affairs* 183; Anne-Marie Slaughter, *A New World Order*, above n 34.

43 Gerry Simpson, 'Two Liberalisms' (2001) 12 *European Journal of International Law* 537.

44 José E. Alvarez, 'Do Liberal States Behave Better? A Critique of Slaughter's Liberal Theory' (2001) 12 *European Journal of International Law* 183.

올바른 '정치 체제(colour of politics)'를 가지고 있지 않은 국가를 배제하거나 소외시키는 이런 자유주의 이론의 강력한 배타적 성향이야말로 모든 국가를 동등하게 여기고 적어도 국제법 문제에서는 그렇다는 생각을 폐기하지 않아야 할 중요한 이유라고 강조하였다.[45]

하지만 가장 중요한 점은 국제법과 국제관계학 사이의 학제간 대화에 대한 뚜렷한 반란의 움직임이나 저항의 물결이 증가하는 게 단순히 특정 주장이나 관점에 대한 반대보다는 더 일반적인 이유에 근거하였다는 점이다. 얀 클라버스(Jan Klabbers)는 슬로터의 학제간 연구에 대한 요청의 기반이 된 바로 그 전제를 비판하였다. 그 전제는 국제법과 국제관계학은 동일한 개념적 영역을 공유하고 있을 것이라는 생각이다. 국제법과 국제관계학이 동일한 현상을 관찰한다는 사실이 반드시 그 두 분야가 동일한 개념적 영역을 공유한다는 것을 의미하는 것은 아니다. 해결책을 제시하기 위한 문제의식과 방법론이 근본적으로 다르기 때문이다.[46] 개개의 연구자들 사이에서 개별적인 방식으로 인식론적 가정, 방법론, 감수성을 교환하는 일은 있을 수 있다.[47] 하지만 이런 일이 특정 인식론에 의존하는 학문의 거시적 영역에서 일어날 것이라고 가정하거나 기대하는 것은 비현실적이다. 클라버스는 학제간 연구가 대부분 힘겨루기이며, '국제법과 국제관계학 간의 관계에 있어서는 힘의 균형이 후자 쪽으로 현저히 기울어져 있다'고 보았다.[48] 이것은 클라버스가 추측하듯이 '현존 권력이 진지

---

45 Ibid, 241.

46 Jan Klabbers, 'The Bridge Crack'd: A Critical Look at Interdisciplinary Relations' (2009) 23 *International Relations* 119, 120.

47 Ibid, 124. '학제간 연구는 연구의 공동 목표보다는 배경 감수성(background sensibilities)의 영향을 더 많이 받는다. 왜냐하면 배경 감수성(방법론적, 인식론적 가정)만이 특정 분야에서 훈련받아 정통한 사람들 간의 의사소통을 원활하게 하기 때문이다.'

48 Ibid, 120.

하게 고려해 주었으면 하는 욕망은 국제법 훈련 과정의 당연한 부산물에 가깝다'라는 사실과 연관될 수 있다. 우리는 교육 과정에서 지속적으로 국제법은 늘 효율성이 부족하고 결코 영향력이 없음을 상기하게 되기 때문이다.[49] 만약 학제간 연구에 대해 '누가 무엇을 언제 어떻게 얻는가?'라는 정치학의 격언격인 질문을 던진다면, 그 대답이 국제법률가들이 그리 달가워할 만한 것은 아닐 것이다.[50] '국제관계학 전문가들은 법적인 사고를 깊이 파헤치기를 대개 거부하는 반면, 법률가들은 국제관계학을 진지하게 받아들이도록 요청받는다는 점'에 주목하지 않을 수 없다.[51]

따라서 국제법률가들은 그들의 동료 국제관계학 학자들에 의해 삼켜지거나 배제되는 것을 거부해야 하며, 법의 독자성을 지키는 데 집중해야 한다. '독자성을 잃어버린 법은 더 이상 법이 아니기 때문이다.'[52] 이것은 단지 자신의 기득권을 지키기 위한 편협한 요청이 아니다. 이것은 학제간 연구의 기저에 깔린 힘겨루기의 존재를 명백히 인정하는 것이고, 학제간 연구의 실현 과정에서의 현실적인 어려움을 과소평가하지 말라는 간청이다. 국제관계학 동료와 학제간 연구를 가르쳐 본 적이 있는 사람이면 누구나 현실주의자, 구성주의자, 제도주의자 또는 자유주의자일지도 모르는 당신의 동료와의 상호 작용은 차치하더라도 자신의 전문 분야를 희화화하지 않고 표현하는 것이 얼마나 어려운지 알고 있을 것이다. 학제간 연구가 빈번히 '관련 있는 학문 분야의 평면적인 1차원적 형태'를 전제로 한다는 점을 인정하지 않기란 어렵다.[53] 그렇다면 대안은 학자들의 시야

49 Jan Klabbers, 'The Relative Autonomy of International Law or the Forgotten Politics of Interdisciplinarity' (2004-2005) 1 *Journal of International Law & International Relations* 35, 41.

50 Ibid, 46.

51 Ibid, 44.

52 Ibid, 42.

를 넓히고, 그들이 각자의 분야 내에 있으면서도 다른 학문 분야를 탐구해서 그 분야로부터 영감을 얻게 하는 데 있을지도 모른다. 결국 클라버스의 주장처럼 '훌륭한 학계는 정확히 자기 분야의 특성을 유지하면서도 다른 곳에서 영감을 얻기 때문에 대체로 훌륭하다.'[54]

마르티 코스켄니에미(Martti Koskenniemi)는 법이 그 자체의 목적론(teleology)을 가지고 있고, 그 목적론은 사회과학 방법론과 과학적 주장으로 단순화시킬 수 없다는 점을 부연하면서 학제간 연구를 비판했다. 코스켄니에미는 다소 낭만적인 어조로 국제법률가들이 국가의 행위를 조율하는 것보다는 '인류의 선 자체'와 더 관련성을 가지는 목표(*telos*)를 국제법 분야 역사 전체에 걸쳐 탐구해왔음을 강조했다.[55] 법의 보편성은 우리가 모든 사람을 평등하게 대하도록 요청한다.[56] 규칙, 권리 및 절차의 언어는 보편성을 열망하고 어떤 예외에 대해서도 정당화를 요구한다. 동시에 법은 법의 증거로 간주되는 과거에 일어난 일과 그 일이 미래에 선례로써 미치는 영향 간의 논쟁을 왔다갔다하면서 '매우 역사적인 방식으로 그 자체의 보편성을 구축한다.'[57] 이때 법률가들은 이 보편적 개념과 구체적인 역사를 한 가닥의 실로 엮어내는 역할을 한다. 국제법의 논증적 구조가 가지는 개방성은 정확히 '모든 사람이 인류의 공동체적 목표(*telos*)를 꿈꾸는 데 참여하는 것'이 가능하게 한다.[58] 코스켄니에미에 따르면, 국제법은 기본적으로 '역경이 특징인 제도적 맥락에서 작동하는 논증 관

---

53 Ibid, 37.

54 Ibid, 45.

55 Martti Koskenniemi, 'Law, Teleology and International Relations: An Essay in Counterdisciplinarity' (2012) 26 *International Relations* 3, 5.

56 Ibid, 22.

57 Ibid, 23.

58 Ibid, 25.

행'이다.[59] 법률가는 법률적 문제에 대해 '법은 무엇이라고 말하고 있는가?', '법은 이 사안에 어떻게 적용되어야 하는가?'와 같은 법률적 질문을 한다.[60] '제도적 관행'으로서의 국제법은 '그 기준과 성과가 내부적으로 검증되며' '도덕철학(moral philosophy)'도 아니고 '기술적 사회학(descriptive sociology)'도 아니다. 이와 다르게 생각하는 것은 법을 일종의 자연법으로 재정립하는 것과 같다.[61]

이것은 정확하게 코스켄니에미가 가장 두려워한 위험이다. 그는 17세기 말에 있었던 사건을 들어 어휘의 변화로 인한 새로운 화자들이 힘을 얻게 될 것이라고 경고했다. 또한 국제적 합법성에 대한 목소리가 권력의 이익에 헌신하는 완전히 도구주의적인 학문 분야에 의해 도용될 것이라 경고했다.[62] 17세기 말, 베스트팔렌 평화조약이 체결되고 가톨릭의 지배가 막을 내린 후 찾아온 근본적인 사회 변혁의 시기에 자연법학자(natural lawyers)들은 보편법의 전문가로서 발언하며 권위를 얻었다. 이때는 신학자나 철학자보다 오히려 법률가들이 정치적 프로젝트의 일부를 구성하던 전문적 용어를 사용함으로써 보편성을 주장했다. 사회적 현상으로서 법은 새로운 어휘를 요구했다. 이런 모습은 그로티우스(Grotius), 푸펜도르프(Pufendorf), 바텔(Vattel)과 같은 자연법학자들에게서 발견된다. 칸트(Kant)는 이들을 '위로는커녕 괴로움만 더하는 자들(miserable comforters)'

---

59 Ibid, 19.

60 Ibid, 20.

61 Ibid.

62 Martti Koskenniemi, 'Miserable Comforters: International Relations as New Natural Law' (2009) 15 *European Journal of International Relations* 395. '말은 정치다. 어휘가 바뀌면 이전에 말할 수 없었던 것이 지금은 모두가 말하는 것이 된다. 어제는 명백해 보이던 것이 더 이상 타당한 표현이 아니다. 어휘가 바뀌면 새로운 발화자가 권위를 가지게 된다. 모두가 영어를 말할 때 영어를 모국어로써 말하는 사람들은 다른 모든 사람의 말을 교정할 수 있는 자격을 느낄 것이다.'

이라고 경멸적인 어조로 평가했다.[63] 코스켄니에미는 정치적 판단에 내재된 도덕책 책임을 회피하고 의사 결정 순간의 비정치화를 위한 기교에 의존하려는 시도와 유사한 시도가 오늘날 어떻게 일어나고 있는지 설명하기 위해 칸트의 표현을 사용하였다. 국제관계학 이론가들이 새로운 어휘로써 국제법률가들의 어휘를 밀어내려 한다는 것이다. 국제법률가들의 어휘는 기능적으로 다양한 글로벌 거버넌스 체제의 영감을 받은 어휘들로 가득하다. 자연법학자들의 오래된 기반인 '자연 상태(state of nature)'는 오늘날 무역, 인권, 환경, 안보, 외교 등의 자율적으로 기능하는 무질서한 시스템으로 표현된다.[64] 국제관계학 전문가는 체제, 규제, 거버넌스 및 정당성과 관련된 새로운 어휘를 통제하고 있다. 국제관계학은 통치세계(managerial world)의 최고재판소(the Supreme Tribunal)이다.[65] 코스켄니에미는 학제간 연구, 그리고 특히 국제관계학과 국제법의 관계는 항상 정치학자와 국제관계학 이론가들이 '법의 규범적 목소리'를 지배하는 것에 대한 것으로 여겨왔다. 코스켄니에미는 1980년대와 1990년대에 미국 정치학과에서 국제법의 학제간 연구를 시작하기 위해 착수한 캠페인이 실패한 것은 법률가들이 그들의 모국어가 아닌 새로운 어휘를 배우는 이유를 전혀 이해하지 못했기 때문으로 보았다.[66]

63 Immanuel Kant, 'Perpetual Peace: A Philosophical Sketch' in Immnauel *Kant, Political Writings* (Hans Reiss (ed) 2nd edn, CUP 1991) 103.

64 Martti Koskenniemi, 'Miserable Comforters', above n 62, 411.

65 Ibid.

66 Martti Koskenniemi, 'The Mystery of Legal Obligation' (2011) 3 *International Theory* 319.

상호 작용

1990년대에 두 학문 간 대화의 촉구가 있고 난 뒤, 직접적인 상호 작용은 산발적이었고 그다지 쌍방향적이지도 않았다. 대부분의 시도가 국제관계학 이론가들과 정치학자들이 국제법에 대한 학제간 연구 관점을 제시하는 방식으로 구성되었기 때문이다. 국제법률가들이 학제간 연구에 착수했던 몇 안 되는 시도 중 하나로 언급할 만한 것은 쥐타 브뤼네(Jutta Brunnée)와 스티븐 툽(Stephen Toope)의 상호 작용 국제법 이론이다.[67] 브뤼네와 툽은 법률 규칙과 그 외 유형의 규범적 명령을 구분하는 방법에 초점을 맞추었다. 브뤼네와 툽은 그들의 이론에서 법률 규칙을 특별한 것으로 만드는 것은 법적 의무라는 관념이라고 주장했다. 법률 규칙은 그것의 타당성을 그 연원으로 추정되는 것에서 찾지 않으며, 정부가 그 규칙에 부여하는 동의에서 찾지도 않는다. 브뤼네와 툽에 따르면, 법적 규범성은 오히려 상호 작용의 결과이다. 이 상호 작용의 과정에서 합법성이라는 특별한 특성을 지니고 광범위하게 받아들여진 합의는 지속적으로 반복되며, 여러 행위자가 그 합법성을 실행하는 데 참여할수록 강화된다.[68]

브뤼네와 툽은 각 분야의 프레임워크를 한곳에 모았다. 국제관계학에서는 구성주의, 특히 엠마누엘 애들러(Emmanuel Adler)의 '실천 공동체(communities of practice)'에 대한 아이디어에서 끌어왔고,[69] 법에서는 론 풀러

67 Jutta Brunnée and Stephen J. Toope, *Legitimacy and Legality in International Law: An International Account* (CUP 2010).

68 Jutta Brunnée and Stephen J. Toope, 'Interactional International Law: An Introduction' (2011) 3 *International Theory* 307, 308.

69 Emmanuel Adler, *Communitarian International Relations: The Epistemic Foundations of International Relations* (Routledge 2005). '실천 공동체'라는 개념의 확인에 사회 학습 이론가 에티엔 벵거(Etienne Wenger)가 기여한 바를 인정하여야 한다. Etienne Wenger, *Communities of Practice: Learning, Meaning and Identity* (CUP 1998).

(Lon Fuller)가 법의 도덕성에 대해 기술하고자 본인의 저서에서 설명한 합법성의 기준을 채택하였다.[70] 상호 작용 이론의 출발점은 규범성과 구체적 행동 기준의 채택에 대한 필요성을 지지하는 일련의 공통적인 이해가 존재한다는 점에 있다. 이런 이해는 사회적 상호 작용으로 인해 나타나고 변화할 수 있으나, 일단 스스로 자리를 잡은 후에는 행위자가 그들 스스로와 세상을 인식하는 방식, 그들이 이해관계를 형성하고 우선순위를 정하는 방식, 그들이 주장하거나 평가하는 방법을 형성하는 배경지식과 규범이 된다.[71] 보호책임(responsibility to protect)과 관련되거나[72] 기후 변화 체제에서의 공통적이지만 차별화된 책임의 기반을 이루는[73] 공통의 규범적 근거가 훌륭한 예시 중 하나이다.

공통의 이해를 바탕으로 형성된 사회적 규칙은 일종의 법적 규범성 기준을 충족하면 법률 규칙으로 발전되는데, 법적 규범성 기준은 풀러의 합법성에 대한 8가지 기준을 갖춘 규칙들이 충족시킬 수 있다.[74] 만약 이 합법성의 기준이 충족된다면 법률 규칙이 형성되고, 그 규칙이 의사 결정을 도울 것이다. 법률 규칙을 만들어 내는 이 과정은 법에 대한 "충성심"을 낳는다. 브뤼네와 툽은 '법에 대한 충성심(우리가 사용하는 용어로는 "의무")'이 생기는 이유가 규범의 형성 및 적용에 있어서 합법성의 기준을 준수하는 것

---

70 Lon Fuller, *The Morality of Law* (Yale University Press 1969); Lon L. Fuller, 'Human Interaction and the Law' (1969) 14 *American Journal of Jurisprudence* 1.

71 Ibid, 310. 상호 작용 이론에 대한 (온건한) 비판에 대해서는 Christian Reus-Smit, 'Obligation through Practice' (2011) 3(2) *International Relations* 339, 344 참조.

72 Jutta Brunnée and Stephen J. Toope, *Legitimacy and Legality in International Law*, above n 67, 323-342.

73 Ibid, 151-166.

74 8개의 기준은 일반적이고, 공적으로 공표되고, 소급하여 적용되지 않고, 명확하며, 모순되지 않으며, 실행 가능하고, 지속성을 가지며, (법률 규정과 법 집행이) 일치하는 것을 말한다. Lon Fuller, *The Morality of Law*, above n 70, 46-90.

이 법의 적용 대상인 사람들의 눈에 정당하다고 여겨지는 법을 만들기 때문이다'라고 말하였다.[75] 이로써 법적인 의무는 더 이상 준수하지 않았을 때 제재의 위협을 통해 외부에서 부여되는 의무가 아니며, 오히려 그 법을 만든 행위자들이 공유하는 내재된 신념이 된다.[76] 마지막으로, 상호 작용 과정을 완성하기 위해서는 공통된 이해에서 비롯된 법률 규칙이 집단적으로 정립되고 유지되며, 법적인 이해가 확립되는 영역인 실천 공동체에 의한 합법성의 실행이 있어야 한다.[77] 실천 공동체는 도덕적 가치 측면에서 결속력이 강할 필요는 없다. 그 공동체의 구성원들이 무엇을, 왜 하고 있는지에 대해 집단적 이해를 공유하고 있는 것으로 충분하다. 이를 통해 특정 분야의 실천 공동체는 일련의 실질적인 가치 약속을 특징으로 하게된다. 브뤼네와 툽에 따르면, 이는 바로 글로벌 기후 변화 체제와 관련된 경우이다. 모든 참여자는 서로 다른 외양과 우선순위를 가지고 있음에도 왜 이 기업이 중요한지에 대한 상식을 그들이 관련된 기업과 공유한다.[78] 그들은 '기후 정책에 대한 기술적·법적 용어나 적어도 과학적 배경지식에 대한 실무 지식, 주요 협상 및 정책 문제에 대한 이해를 포함하는 "기후 관련 전문지식"의 레퍼토리를 공유한다.'[79]

상호 작용 이론의 과정에는 다양한 행위자들이 관여한다. 국가에 한정되지 않아 NGO, 시민 사회, 전문가 집단, 개개인의 적극적인 참여도 가능하다. 이러한 특징은 많은 측면에서 입법 절차의 정당성을 강화하고, 국

75 Jutta Brunnée and Stephen J. Toope, 'Interactional International Law', above n 68, 312.

76 Ibid.

77 Ibid, 313.

78 Jutta Brunnée and Stephen J. Toope, *Legitimacy and Legality in International Law*, above n 67, 142-6. 사실, 저자들은 이 체제가 '놀랍도록 견고하며 명백하게 성장하고 있는 합의점의 기초'에 의지하고 있다고 생각한다.(Ibid, 142)

79 Ibid, 143-144.

제법의 규율 대상인 사회 단체에 더 나은 대표성을 부여한다. 게다가 브뤼네와 툽에 따르면 공통된 이해, 합법성의 기준, 합법성 실행의 상호 작용은 전통적으로 규칙이 형성되는 주된 방식을 완벽하게 설명한다. 하지만 연성법(soft law)에서의 법적 의무가 관습, 조약에서만큼 또는 그보다 더 강할 수 있다는 인식은 이 상호 작용 이론이 관습, 조약, 연성법에 적용되었을 때야 가능하다. 규범이 공통된 이해에 뿌리를 두고 합법성의 조건을 준수하는 경우, 그 규범은 쉽게 흔들리지 않는 충성심과 법적 의무감을 만든다.[80] 국제사법재판소에서 청구 원인으로 이런 규범을 원용하는 것은 허용되지 않을 수도 있지만 국제환경법 분야의 사전주의 원칙, 공동의 차별적인 책임 원칙과 같은 예시들에 의해 입증되었듯이 그것의 규범적 효력은 상당히 클 수 있다.[81]

브뤼네와 툽의 상호 작용 국제법 이론이 학제간 연구를 촉진하는 큰 프로젝트의 중심에 '법적 의무'라는 개념을 두려 한 노력은 칭찬받을 만함에도 불구하고, 코스켄니에미는 이 이론이 법적 의무라는 개념을 둘러싸고 있는 '신비'를 제거하려 하였다는 이유로 비판하였다.[82] 코스켄니에미는 법의 주된 임무는 공무원의 행위를 포함하여 행위에 대한 비판 기준을 제공하는 것이어야 함에도 이 두 저자는 '공식적 행동을 설명하고 예측하는 데 있어서' 상호 작용 이론을 도구로 사용했다고 비난했다.[83] 상호주의 국제법은 활용할 수 있는 규칙을 제정하고, 그 규칙들을 관리하는 관행인 것처럼 보인다. 이러한 개념하에 "의무"는 지배적 위치에 있는 사람들의 목적에 항상 굴복한다.[84] 따라서 국제관계학의 영향은 법이 결코 문

80 Ibid, 51.

81 Ibid

82 Martti Koskenniemi, 'The Mystery of Legal Obligation', above n 66, 319.

83 Ibid, 324.

제 삼거나 비판하지 않는 목적을 위한 수단으로써 사회적 과학주의와 기술적 이성의 탈을 쓰고 다시 한번 등장한다.

회고록 Dialogue reviewed

학제간 연구를 촉진하기 위한 많은 노력이 동원된 후 20여 년이 지나고 나서, 국제법과 국제관계학 학자들은 학제간 연구 현황을 보여주기 위해 최근 주목할 만한 공동 작업을 수행하였으며 이 작업은 출판으로까지 이어졌다.[85] 이 책에 의하면 정치학자는 법적 제도에 기반한 개념과 지적 도구를 적용함으로써 법적인 현상에 과거보다 더욱 관심이 있고, 몇몇 법학자도 정치학과 국제관계학의 방법론과 분석 도구들을 법학에 도입하고 있음은 분명하다. 반면 이슈가 되는 영역에 있어서 진정한 학제간의 대화는 여전히 산발적이고 파편화되어 있다. 따라서 이를 전반적으로 되돌아보는 작업의 목적은 하나의 학문적 관점으로서의 '국제법 & 국제관계학'이 독립적인 것으로 여겨지는 각 학문 분야에 어떤 부가 가치를 가져왔는지, 국제법 & 국제관계학의 문헌에 어떤 빈틈 또는 약점이 남아 있는지, 무엇보다도 미래의 연구 의제는 어떤 모습일지 평가하기 위함이다.[86]

---

84 Ibid, 325.

85 Jeffrey L. Dunoff and Mark A. Pollack (eds), *Interdisciplinary Perspectives on International Law and International Relations*, above n 24.

86 Jeffrey L. Dunoff and Mark A. Pollack, 'Reviewing Two Decades of IL/IR Scholarship: What We've Learned, What's Next' in Jeffrey L. Dunoff, and Mark A. Pollack (eds), *Interdisciplinary Perspectives on International Law and International Relations*, above n 24, 626-61.

이 책은 국제법 & 국제관계학이 국제법의 이론적 영감과 경험적 지식을 자극했다고 대략적인 결론을 내린다. 하지만, 동시에 차세대 국제법 & 국제관계학 학자들을 위해 그들이 관심을 기울여야 하는 공백과 사각지대도 보여줄 것이다. 이 학자들은 '두 학문의 통찰력과 방법론을 보다 균형 잡힌 방식으로 활용하는' 보다 균형 잡힌 학제간 연구에 대한 접근법을 필요로 할 수 있으며, 실제로 이를 얻기 위해 노력할지도 모른다.[87] 국제법 & 국제관계학의 실질적인 기여는 특정 영역에서 두드러지게 나타나는데 법적·제도적 설계 문제, 흔히 법률 용어로 '법의 파편화'라고 언급되는 '체제의 복잡성 문제', 그리고 준수 및 실효성 문제에서 그렇다. 실제로 이 관점을 취하는 학자들은 '다양한 영역에 걸친 국가의 국제법 준수 정도, 인과적 메커니즘, 상관관계에 대한 집중적인 연구에 착수했다.'[88] 반면 법률 규정의 실질적인 적용과 해석 또는 관습법 형성 과정 같은 다른 이슈들은 외면되었다. 국제법 & 국제관계학은 법률 행위에 대한 이슈에 초점을 맞추는 것에는 익숙하지만 법률 해석 이슈를 다룰 준비는 되지 않은 것 같다. 이는 또한 이 관점의 지지자 대다수가 국제법에 대해 제한적인 지식을 가지고 있음을 보여준다.

1990년대 초에 시작된 대화로 두 학문 간에 존재하던 긴장이 완전히 사라진 것은 아니다. 오히려 정반대다! '국제법/국제관계학 학계가 주로 국제법상의 주제에 국제관계학을 적용하는 데 치중하고 있다'는 사실이 부분적인 이유이다.[89] 데이비드 레이크(David Lake)의 표현에 따르면, 서로 다른 '주의(ism)'들 간의 전쟁이라고도 불리는 국제관계학 주요 학파들 사이에서의 이론 비대화와 방법론 균열은 오랫동안 학파별 이해관계에 따

87 Ibid, 626.

88 Ibid, 639.

89 Ibid, 643.

른 논쟁을 양산했다.[90] 심지어 더노프(Dunoff)와 폴락(Pollack)도 이 책의 전반적인 기획 과정에서 그러한 이해관계를 중요하게 서술하면서 찬사를 표한 바 있다.[91] 국제법과 국제관계학 두 분야 모두에 대한 무지는 종종 다른 분야에 대한 지나친 단순화를 초래한다. 하지만 대개 진정한 이해를 방해하는 것은 두 학문을 특징짓는 것으로 보이는 서로 다른 인식론이다. 이 인식론적 차이를 이해하는 게 쉽지는 않지만, 지식이 어떻게 형성되며 어떤 기준에 근거하여 학문적 지식이 주장되는지에 대하여 두 학계의 생각이 완전히 다르다는 점은 분명하다.[92] 사회과학에서의 주된 인식론적 특징은 실증주의이다. 이는 '세상 지식에 대한 주장을 정당화할 수 있는 유일한 방법으로서의 경험(관찰과 테스트)에 대한 강조, 그리고 그런 이유로 과학적 요소를 이해하기 위한 열쇠로서의 검증 방법에 대한 강조'로 정의할 수 있다.[93] 국제관계학의 다양한 학파에 걸친 저명한 학자들은 실증주의적 인식론을 수용해 왔다. 이 인식론에서는 일반적인 인과적 주장에 대한 경험적 테스트가 핵심 목표가 되었다.[94] 사회과학은 과학적 주장의 타당성을 '외부의' 증거자료에 의해 판단하는 일종의 '조사 패러다임(enquiry paradigm)'을 추구하는 반면, 법학은 법적 주장의 타당성을 법 자체

---

90 David A. Lake, 'Why "isms" are Evil: Theory, Epistemology, and Academic Sects as Impediments to Understanding and Progress' (2011) 55 *International Studies Quarterly* 465.

91 Jeffrey L. Dunoff and Mark A. Pollack (eds), *Interdisciplinary Perspectives on International Law and International Relations*, above n 24.

92 Jeffrey L. Dunoff and Mark A. Pollack, 'International Law and International Relations', above n 37, 15.

93 Martin Hollis and Steve Smith, *Explaining and Understanding International Relations* (OUP 1990) 12.

94 Jeffrey L. Dunoff and Mark A. Pollack, 'International Law and International Relations', above n 37, 15. 이 인식론적 입장에 대해 참고할 만한 연구는 다음과 같다. Gary King, Robert O. Keohane, and Sidney Verba, *Designing Social Inquiry: Scientific Preference in Qualitative Research* (Princeton University Press 1994).

를 통해 내부적으로 결정하는 '권위' 패러다임('authority' paradigm)에 의존한다.[95] 국제법률가들이 사회과학 방법론을 못마땅해하는 이유는 실증주의자들의 외부 검증 모델에 대해 가지게 된 당연한 반감 때문이다. 같은 맥락에서 국제관계학 이론가들은 종종 그들 스스로가 법을 실무 분야뿐만 아니라 학문 분야로 여기는 것을 꺼리는데, 이는 법이 신뢰할 만한 인식론이 없기 때문이라고 설명한다.

이쯤에서 이중적인 의제의 주요 지지자들이 열렬히 독려했던 학제간 대화에 대해 어떤 입장을 취하고 있는지 살펴보는 것은 흥미롭다. 일례로, 케네스 애보트는 협력과 통합이라는 주제에 대한 자신만의 독창적인 주제를 추구했다.[96] 그는 국제법 & 국제관계학의 학자들이 법률 실무, 법률 행위자, 법률 제도에 대해 더 이해할 필요가 있다는 점을 인정하면서도 여전히 이 학자들이 법적 현상을 이론화하고 이에 따라 그 현상에 대한 일반화된 이해를 제공할 수 있다고 믿었다.[97] 애보트와 던컨 스나이덜(Duncan Snidal)은 이 과정에서 국제법 & 국제관계학 미래 세대 학자들의 연구 주제에 포함할 수 있는 많은 주제 중에서도 합리주의 분석 방식을 대표하는 이익 기반 메커니즘과 법의 더 규범적인 차원을 통합할 수 있는 하나의 '정치 형태'로서 '합법화'라는 개념을 주장했다.

매우 흥미롭게도 슬로터는 자신이 한때 지지했던 프로젝트를 추진하는 데 있어 열의를 잃은 듯하다.[98] 슬로터는 공식적으로 이 프로젝트에

95 Geoffrey Samuel, 'Interdisciplinarity and the Authority Paradigm: Should Law Be Taken Seriously by Scientists and Social Sciences?' (2009) 36 *Journal of Law and Society* 431.

96 Kenneth W. Abbott and Duncan Snidal, 'Law, Legalization, and Politics: An Agenda for the Next Generation of IR/IL Scholars' in Jeffrey L. Dunoff and Mark A. Pollack (eds), *Interdisciplinary Perspectives on International Law and International Relations*, above n 24, 33-56.

97 Ibid, 52.

헌신하고 있음에도 불구하고[99], '국제관계학 학계의 지적 헤게모니에 대해 큰 열의가 없다'고 고백하며, '무엇보다도 학계의 많은 부분이 점점 더 편협해지고 종종 정보의 낮은 질을 외면하는 것으로 보이는 방법론적 문제에 사로잡혀 있다'고 밝혔다.[100] 나아가 이제 이중적인 의제의 초점을 바꿀 것이며 '적어도 처음에는 국제관계학보다는 법학자들의 전통적 영역에 속하는' 일련의 이슈들에 노력이 집중되어야 한다고 제안했다.[101] 슬로터는 개인이 중요한 지위를 차지하는 인권법, 인도법, 형법을 포함한 다양한 법 영역 및 체계에 일련의 통일된 원칙이 영향을 미치는 인류법,[102] 민관 협력(public-private partnership) 및 정부는 민과 관을 연결하는 플랫폼 역할을 할 것이라는 생각, 그리고 가상 공간에서의 자유와 안보에 우선순위를 두고 있다.[103] 이 분야에서 제기되는 중요 질문들 대부분은 자신들만의 '법률적 업무를 위한 전통적 도구'를 지닌 법률가들에 의해 답해질 것이다.[104]

슬로터가 학제간 대화에 대한 자신의 명시적인 지지를 재고하는 부분에서, 그 당시 국제법 학자들보다는 국제관계학 학자들 사이에서 일어나고 있는 논쟁이 더 생기 있고 흥미롭다고 믿었던 것에 대해 일종의 환멸

---

98 Anne-Marie Slaughter, 'International Law and International Relations Theory: Twenty Years Later' in Jeffrey L. Dunoff and Mark A. Pollack (eds), *Interdisciplinary Perspectives on International Law and International Relations*, above n 24, 613-25.

99 Ibid, 624. '요약하자면, 나는 20년이 지난 지금도 지적이고 실용적인 상호 작용은 물론, 심지어는 국제법과 국제관계학 학계와 실무의 통합에도 헌신하고 있다.'

100 Ibid.

101 Ibid, 618.

102 Slaughter refers to Ruti G. *Teitel, Humanity's Law* (OUP 2011).

103 Anne-Marie Slaughter, 'International Law and International Relations Theory: Twenty Years Later', above n 98, 618-22.

104 Ibid, 622. 이는 설령 그 과정에서 '변호사, 입법자, 법관이 질문에 답하거나 주장을 뒷받침하기 위해 경험적 연구에 의존할 가능성이 상당하다'고 해도 그러하다.(Ibid, 623)

감을 느꼈음을 알아차릴 수 있다.[105] 그녀는 공직에 종사한 이후[106] 이제 '법이 규범적이라는 것은 불가피하며' 그렇게 이해되고 공부되어야 한다고 강조하는 것처럼 보인다.[107] 더 나아가 국제관계학과 달리 국제법은 학문 분야가 되는 것을 넘어 하나의 '직역'이며 '법학자가 생각하고 쓰는 것은 바로 그들이 연구하는 현실에 영향을 미칠 수 있다. 법에서의 학문적 글쓰기는 법이 될 수 있고 결국 국제관계학 학자들의 연구 대상이기도 한 세상을 형성할 수 있다.'[108] 이로부터 슬로터는 국제관계학 학자들이 법이 실제로 어떻게 만들어지는지, 법학자들이 국제법/국제관계학 전문가로서가 아닌 법학자로서 무엇을 하는지 더 잘 이해할 필요가 있다고 주장하였다.[109]

학제간 연구에 대한 열의를 다소 잃은 이런 입장은 더노프와 폴락이 국제법 & 국제관계학 학문 영역의 불만족스러운 상황에 대해 분석한 내용과 일치한다. 국제법 & 국제관계학 운동은 주로 '정치학과 법학 간의 극도로 불균형한 학문적 거래 조건'과 '국제법/국제관계학 전통에서의 고전적 연구는 대체로 주제로서의 국제법에 학문 분야로서의 국제관계학을 적용하는 것을 지지해 왔다'는 사실 때문에[110] 몇 가지 예외를 제외하고는 상당히 일방적인 모습을 보여왔다. 정치학자들은 '법학 문헌이 종종 규범적이나 좀처럼(또는 부적절하게) 실증주의적이지 않기 때문

---

105 Ibid, 613.

106 앤마리 슬로터는 2009년부터 2011년까지 오바마 행정부의 국무부 정책기획실장을 지냈다.

107 Anne-Marie Slaughter, 'International Law and International Relations Theory: Twenty Years Later', above n 98, 624.

108 Ibid.

109 Ibid.

110 Jeffrey L. Dunoff and Mark A. Pollack (eds), 'Reviewing Two Decades of IL/IR Scholarship', above n 86, 649.(원문에서 강조)

에 법학 이론 및 법학 방법론이 강제집행이 불가능한 법률 규칙에 상당한 관심을 쏟으면서도 권력에 대해 적절히 설명하지 못하는데, 이런 측면은 정치적으로 순진무구하거나 방법론적으로 의심스럽다'며 법학 이론 및 법학 방법론을 종종 홀대하거나 무시한다.[111] 그들은 국제법도 이론적이며 형식주의적이라는 이유로 종종 무시하곤 한다. 따라서 더노프와 폴락이 강조한 것처럼 국제관계학 학자들이 법률가들이 가지고 있는 국제법의 작동 방식에 대한 지식을 무시함으로써 자기 자신도 모르는 사이에 국제적인 법질서가 어떻게 작동하는지에 대한 실제 현실에 충분히 관심을 기울이지 않는 일종의 형식주의에 사로잡힐 수도 있다는 것은 일종의 아이러니이다.[112] 이를 설명하는 한 가지 예시로, 국제관계학의 국제법 형성 과정에 대한 설명은 거의 전적으로 조약과 형식적인 법제정 절차에만 맞춰져 있으며, 분명히 오늘날의 국제적 규범성을 설명하는 데 관련은 있지만 덜 형식적인 과정들은 무시한다는 점을 들 수 있다.[113] 국제법이 거의 예외 없이 정치학자들에 의해 경시되는 다른 근거는 법이 권력의 요소에 대해 무관심하다는 사실이다. 결국 이에 대해서 법률가들은 법의 권위가 권력의 힘과는 반드시 구분되어야 한다고 반박할 것이다. 그리고 이는 아마 양측 모두가 '법이 곧 권력'이라는 것을 깨닫는 데 도움을 줄 것이다.

미래 연구 의제에 대한 전망에 있어서, 학제간 협력에 대해 더 균형 잡힌 관점을 확보하는 것은 유익해 보일 수 있다. 국제법과 국제관계학 간의 추가적인 파트너십(partnership)과 공동연구(joint venture)를 밀어붙이기보

111 Ibid. 이런 맥락에서 '실증주의자'는 전통적으로 사회과학 용어 즉, 경험적 증거와 과학적 방법론에 기반한다는 점은 말할 필요도 없다.

112 Ibid.

113 예로 Joost Pauwelyn, Ramses Wessel, and Jan Wouters (eds), *Informal International Lawmaking* (OUP 2012) 참조.

다는 이른바 개별 연구의 필요성 및 감성적 측면에서 공유되는 개념적 공간에서 야심 찼던 원래의 통합 프로젝트를 재고해 보는 것이 합리적일 수도 있다. 국제법 이론을 국제관계학 이론 옆에 두는 것, 국제관계학이 파편화되고 연구 범위가 지나치게 좁아지게 하는 배타적인 '주의(isms)'에 대한 의존을 지양하는 것, 방법론과 분석 도구를 구체화된 특정 연구 주제에 맞추는 것은 모두 앞으로의 학제간 의제에 효과적인 요소가 될 수 있다. 더노프와 폴락이 '실용적이면서도 다방면으로 분석적이며 국제관계학 내에서 점차 지지를 얻고 있는 종합적 관점(tool-kit approach)의 학제간 버전'을 명시적으로 언급한 것을 고려했을 때, 그들 역시 이와 같은 방향으로 여행하고 있는 것처럼 보인다.[114]

경험적 연구로의 전환

어떤 문제가 해당 학문 분야와 관련이 있는지, 그리고 그 문제들은 어떻게 표현되고 설명되어야 하는지를 결정하는 데는 명성, 권위, 판매 부수, 유통 측면에서 주요 국제 출판사나 법학 학술지가 핵심적인 역할을 한다. 어떤 이슈를 부각할지 또한 학술지가 부여하는 비중에 의해 결정되고, 논쟁은 편집장이 특별히 다른 이슈보다 가치 있거나 중요하다고 여기거나 해당 학술지 독자들의 기대에 부합한다고 여기는 대상, 분야, 주제를 강조하기 위해 다소 인위적으로 형성된다. 예를 들어, 「미국국제법저널」은

---

114 Jeffrey L. Dunoff and Mark A. Pollack (eds), 'Reviewing Two Decades of IL/IR Scholarship', above n 86, 653. 절충적 이론에 대해서는 Peter J. Katzenstein and Sil Rudra, 'Eclectic Theorizing in the Study and Practice of International Relations' in Christian Reus-Smit and Duncan Snidal (eds), *The Oxford Handbook of International Relations* (OUP 2008) 109-30 참조.

최근 그레고리 샤퍼(Gregory Shaffer)와 톰 긴스버그(Tom Ginsburg)가 국제법 학계에서의 경험적 연구로의 전환에 대해 쓴 논문을 학술지에 실었다.[115] 이 논문은 상당한 논쟁을 불러일으켰고, 국제법에서 사회과학 방법론이 해야 할 역할에 대한 논의에 기여하였다.

이 두 저자는 초반부터 국제법 학계에서의 경험적 연구로의 전환을 단호하게 확신했다. 두 저자에게 이는 일종의 필연이다. 저자들은 이러한 확신에 찬 전개가 '변화된 구조적 맥락, 더 큰 이념적 융합, 더 큰 기능적 필요'에 의해 정당화된다고 주장하였다.[116] 샤퍼와 긴스버그의 주장에 따르면 '국제법은 중요한가?'라는 '진부한' 논의를 탈피해서 나아가야 할 방향은 국제법이 어떤 조건에서 '형성되고 효력을 가지게 되는가?'이다.[117] '조건적' 국제법 이론이라 불리는 이 이론은 국제법에 대한 사회과학적 접근법의 새로운 세대에서 출발하였다. 이 이론은 더 많은 경험적 연구를 요구한다. '경험적 연구'는 양적 방법론과 질적 방법론 모두를 의미한다.[118] 양적 연구는 통계 기법과 통제 변인으로 가공된 많은 양의 데이터를 활용하여 연구 가설을 경험으로써 검증할 수 있는 수단을 제공한다. 사회적 현실을 측정하고 인과적 추론을 확립하는 것이 가끔 어렵기도 하지만, 양적 연구는 여전히 사회과학뿐만 아니라 법학에서도 널리 활용되는 방법론이다. 반대로 질적 연구는 더 평가적이며 종종 현장 인터뷰에 의존한다. 여러 기법이 연구자와 인터뷰 대상자 모두의 편견과 가정의 통

115 Gregory Shaffer and Tom Ginsburg, 'The Empirical Turn in International Legal Scholarship' (2012) 106 *American Journal of International Law* 1.

116 Ibid, 6. 특히 국제법은 냉전이 종식되고 경제적·사회적 세계화가 '국제법의 실현을 촉진' 시키자 더 큰 명성을 얻었다.(Ibid, 5)

117 Ibid, 1.

118 Henry Brady and David Collier (eds), *Rethinking Social Inquiry: Diverse Tools, Sacred Standards* (2nd edn, Rowman & Littlefield 2010).

제를 목적으로 발전해 왔다. 연구자는 스스로 양적 방법론과 질적 방법론 중 무엇을 활용할지 결정할 수 있고, 많은 경우 그들이 연구에 착수한 연구 주제에 의해 좌우될 것이다.

샤퍼와 긴스버그는 국제법에 관한 경험적 방법론과 관련된 방대한 문헌을 조사했다. 먼저 법률 문서 및 재판소의 설계, 그리고 그것들의 역할에 공통되는 연구가 분석되었다.[119] 그 다음으로 그들은 인권, 인도법과 형사법, 통상, 투자 및 환경법 같은 국제법의 실질적 영역과 관련된 경험적 연구를 들여다보았다. 이러한 다양한 영역에서 법이 어떻게 형성되고, 어떤 조건에서 법이 중요한지를 평가하기 위해서였다.[120] 마지막으로는 그들의 '조건적' 국제법 이론을 '국제법이 작동하는 다양한 맥락에 민감하면서, 국제법이 형성되고 효력을 가지는 조건을 설명하는 중간 단계의 이론'이라고 평가했다.[121] 이론적 겸손함에도 불구하고, 이 방법론은 광범위하게 영향을 미쳤다. 국제법이 작동하는 방식에 대한 거대 이론이 제시된 것은 아니지만, 국제법이 작동하게 하는 메커니즘과 국제법이 작동하고 있는 구체적인 맥락상의 조건에 대한 경험적 평가는 그 범위에 있어 상당히 포괄적이다.[122]

샤퍼와 긴스버그가 제시한 중간 단계의 '조건적 국제법' 이론은 법현실주의에 대한 새로운 이론을 세우고 다듬기 위한 광범위한 노력의 일부이다. 샤퍼는 이전에 이런 새로운 이론에 대한 윤곽을 잡아놓았는데[123], 최

---

119 Gregory Shaffer and Tom Ginsburg, 'The Empirical Turn in International Legal Scholarship', above n 115, 11-19.

120 Ibid, 19-41.

121 Ibid, 41.

122 Ibid, 44. 게다가 저자들에 따르면, 언제 그리고 어떻게 국제법이 작동하는지에 대한 이해는 궁극적으로 '유용한 규범적 연구'를 가능하게 한다.(Ibid, 46)

123 Victoria Nourse and Gregory Shaffer, 'Varieties of New Legal Realism: Can A New World Order Prompt a New Theory?' (2009) 95 *Cornell Law Review* 61.

근 들어 여기까지 확장하면서 이 새로운 이론과 국제법 학계에서의 경험주의로의 전환과의 관계를 명확히 하였다.[124] '새로운 법현실주의'는 '경험적이고 문제 중심적'이라고 설명되지만, '무엇이 법인가' 또는 '법이 도덕과 어떤 관계에 있는가'와 같은 전통적인 분석적 법학 문제는 다루지 않는다. 이 이론은 오히려 '법원이나 행정기관 관련 문제인지 또는 보다 넓은 사회적 맥락에서 민간 당사자와 관련된 문제인지와 상관없이 법이 실제로 어떻게 의미를 갖게 되고, 작동하며, 변화하는지'에 대한 문제에 관심을 가졌다.[125] 이 이론의 두 가지 핵심 상호 작용 요소는 '법이 실제로 사회적, 정치적 힘과의 관계에서 어떻게 작동하는가에 대한 경험적 연구와 실용적 문제 해결 방법으로서의 법'이다.[126]

샤퍼에 따르면 '새로운 법현실주의'의 계보는 미국의 법사회 이론과 철학의 두 가지 독특한 전통으로 거슬러 올라간다. 그중 한 가지는 미국의 전통적 법현실주의 특히, 법 규칙은 변화하는 사회적 맥락에 내재되어 있다는 핵심적 통찰에서 도출된다.[127] 새로운 법현실주의를 지탱하고

---

124 Gregory Shaffer, 'The New Legal Realist Approach to International Law' (2015) 28 *Leiden Journal of International Law* 189.

125 Ibid, 190. 형용사 '새로운'과 접근법의 새로움은 두 가지 근거로 설명될 수 있다. 첫 번째, 이용 가능해졌으며 현재 법학에서 활용되는 사회과학 방법론, 두 번째, 새로운 사회적 맥락, 특별히 '경제적, 문화적 세계화의 강도, 확장성, 속도의 결과인 초국가적인 사회적 유대감의 등장.'(Ibid, 197)

126 Ibid, 194. 또한 Victoria Nourse and Gregory Shaffer, 'Empiricism, Experimentalism, and Law: Toward a Dynamic New Legal Realism' (2014) 67 *Southern Methodist University Law Review* 101 참조.

127 제5장 참조. 유럽의 현실주의는 스칸디나비아의 국제법 전통으로 거슬러 올라갈 수 있는데, 이는 알프 로스(Alf Ross)의 연구에서 그 예시를 찾을 수 있으며 오늘날에는 미카엘 라스크 마센(Mikael Rask Madsen)에 의해 설명된다. 샤퍼의 저서에 대한 유럽의 반응에 대해서는, Jakob V.H. Holtermann and Mikael Rask Madsen, 'European New Legal Realism and International Law: How to Make International Law Intelligible' (2015) 28 *Leiden Journal of International Law* 211(이 논문에서 '진정한 경험적 연구의 대상으로서의 일반적인 법적 타당성 개념'을 기반으로 한 유럽 특유의 새로운 법현실주의에 대해 확인할 수 있다) 참조.

있는 나머지 핵심 요소는 철학적 실용주의이다.[128] 존 듀이(John Dewey)와 찰스 샌더스 퍼스(Charles Sanders Peirce) 같은 사람들은 반정초주의적(anti-foundationalist) 지적 태도에서 법을 '사회 질서와 사회 복지를 형성하기 위한 특별한 수단으로 여겼다. 실용주의자들에게 있어서 개념은 '진실'을 표현하기 때문이 아니라 사회적 행동에 있어서 그들의 쓸모 때문에 중요하다'[129] 는 것이다. 일부 비평가들은 이 두 개의 일반 지식론(theories of knowledge)에 의존하는 것은 어떤 진지한 인식론(serious epistemology)에서도 현실적으로 불가능하다고 여기는 반면,[130] 다른 비평가들은 오랜 법현실주의의 유산을 지나치게 단순화하게 될 위험을 경고한다.[131] 현실주의자 진영 자체에서 나오는 일부 비판적 입장은 새로운 법현실주의가 법의 도구성과 실용주의에 초점을 맞추고 있어서 '법의 존엄성(law's majesty)'과 신화적 장치 같이 변화를 일으키는 법의 권위와 능력의 중요 요소들을 경시하고 있을지도 모른다고 주장한다.[132]

---

128 Louis Menand, *The Metaphysical Club: A Story of Ideas in America* (Farrar, Straus and Giroux 2001).

129 Gregory Shaffer, 'The New Legal Realist Approach to International Law', above n 124, 193. 게다가 실용주의는 '구체적인 사회적 맥락에서의 문제 해결을 목적으로 하는 실험 실습(experimental practice)과 함께 경험적 연구의 중요성을 강조하였다.'

130 Ino Augsberg, 'Some Realism About New Legal Realism: What's New? What's Legal, What's Real?' (2015) 28 *Leiden Journal of International Law* 457.

131 특히, 앤드류 랭(Andrew Lang)은 신현실주의에게 구현실주의가 경험주의와 실용주의를 '결합시켰던' 모호한(ambiguous) 방식에서 영감을 얻으라고 충고한다. 법현실주의자들은 사회과학의 새로운 권위를 차용하려는 시도로 그것들 보다 법의 권위가 우위에 있음을 재차 강조하면서도 '자기 정당화 담론'으로서 매우 실용적인 단계에서 일종의 '상대적 객관성'을 기반으로 하는 거버넌스의 방식을 제공하는 준형식주의와 준경험주의의 혼합을 자주 활용했다. 상대적 객관성은 초월적인 해결책은 존재하지 않으며 오히려 선택이 생산된다는 것을 의미한다. '이는 특정 맥락에서 특정 목적을 위해, 그리고 현재에만 객관적인 것으로 여겨지는 선택이 제공된다는 것을 의미한다.' Andrew Lang, 'New Legal Realism, Empiricism, and Scientism: The Relative Objectivity of Law and Social Science' (2015) 28 *Leiden Journal of International Law* 231, 253-4.

새로운 법현실주의는 스스로를 국제법의 새로운 학파라고 소개하며, 경험적 연구가 무엇보다도 중요하다고 말한다. 하지만 이 관점의 지지자들이 보이는 태도에는 일부 양면적인 특성이 있다. 국제법 학계가 경험적 연구로 돌아섰다거나, 돌아서고 있다는 주장을 피력하고 있는 문헌의 압도적인 다수는 정치학자와 국제관계학 학자들이 쓴 것이다. 행간을 신중하게 읽어보면 샤퍼는 '새로운 법현실주의'는 법, 현실, 사회과학 사이에 다리를 놓는다고 명확히 말하고 있다.[133] 이 장에 법현실주의를 포함시킨 것 역시 이러한 이유 때문이다. 이 관점의 경험적 연구에 대한 기초 지식과 실용적인 문제 해결 추론방식은 법현실주의 법리의 전통을 부활시킨 것을 넘어서 사회과학 방법론의 영향을 증명한다. 특히 법은 '확실성 및 예측성을 촉진하고 규범적 가이던스를 제공하며, 제도적으로 책임을 분배하고 추론을 끌어내어 분쟁을 해결할 수 있는 기술의 한 형태'로 여겨진다.[134] 새로운 법현실주의자들의 연구 범위는 '행위자가 사회적 맥락에서 그 맥락을 변화시키기 위한 도구로써 법을 사용하는 방식을 연구하는 것을 포함한다. 그들은 이해관계자들이 처음 직면하는 상황을 설명하기 위해 개념을 발전시키고 경험론을 적용한다.'[135] 다른 학문 분야에서 과학

---

132 Daniel Bodansky, 'Legal Realism and its Discontents' (2015) 28 *Leiden Journal of International Law* 267, 281 (Harvey Mansfield, 'On the Majesty of the Law' (2012) 36 *Harvard Journal of Law and Public Policy* 117, 123. '법의 존엄성이 진부한 부조리가 아니라 법 현상의 대표적인 특징이라면?' 보단스키는 만약 이것이 그런 경우라면 '법현실주의자들은 법의 마법에서 깨어남으로써 법이 실제로 작동하는 방식을 모르는 사람들일 것이라고 결론을 내린다.'(Ibid, 280) '신화 체계'에 대해서는, W. Michael Reisman, *Folded Lies. Bribery, Crusades and Reform* (Free Press 1979) 참조. 이 저서는 '신화 체계'(법에 대해서 이야기되는 것은 공식적 '스토리'이다)와 '작동 코드'(현실에서 법이 작동하는 방식)를 구분한다.

133 Gregory Shaffer, 'The New Legal Realist Approach to International Law', above n 124, 210.

134 Ibid, 202.

135 Ibid.

주의와 식민지화에 대한 위험성에 대해 밝힌 바 있음에도 불구하고[136] 샤퍼는 이것이 법학계의 새로운 지평을 열 것이라고 여긴다.

새로운 법현실주의를 통해 법과 사회과학을 연결해 보려는 노력은 클라버스의 비판을 받았다.[137] 클라버스는 이 신생 이론이 오랜 시간 지속될 수 있을지, 오히려 학문적 유행의 묘지에 안치되는 것은 아닐지에 대한 불확실성 외에도[138] 충분히 고민해 볼 만한 몇 가지 이슈를 지적했다. 첫째, 실제 세상에 중요한 질문만을 던지는 실용주의적 입장은 막상 무엇이 실제 세상인가라는 질문은 회피한다. 실제로 어떤 관점으로 바라보느냐에 따라 세상은 매우 다르게 보일 수 있다. 클라버스는 베스 시몬스(Beth Simmons)와 미셸 푸코(Michel Foucault)의 연구는 경험주의적이지만, 그들이 말하는 세상에는 상당한 차이가 있다고 주장한다.[139] 이 주장은 방법론적 논쟁이 필연적으로 '세계관 및 정치적 견해와 관련'되어 있을 뿐만 아니라 '권력의 행사'이기도 하다는 점을 상기시키며[140], 추가적인 영감을 얻도록 길을 여는 데 기여한다. 둘째, 경험주의적이라는 개념은 별도의 증명이 필요 없는 '자명한 개념'이 아니다.[141] 사실은 사회적 맥락 속에 내재되어 있으며, 대부분의 경우 연속된 사건 속에서 일어난다. 어떤 사실과 사건이 포함되는지, 그 이유는 무엇인지, 사소한 일도 포함되는지 그렇지 않은지, 그리고 데이터 수집 및 선택 편향은 어떻게 다루어야 하는지

136 Ibid, 209.

137 Jan Klabbers, 'Whatever Happened to Gramsci? Some Reflections on New Legal Realism' (2015) 28 *Leiden Journal of International Law* 469.

138 Ibid. 클라버스가 한 말의 경솔함에도 불구하고 이론의 운명 즉 이론의 실패 또는 성공을 결정하는 메커니즘은 학제간 연구 각도에서 연구해 볼 만한 가치가 있을 것이다!

139 Ibid, 474.

140 Ibid.

141 Ibid, 474.

등 이 모든 것은 그 활동 자체의 중립성 결여를 설명하는 방법론적 과제이다.[142] 마지막으로, 이미 언급한 바와 같이 클라버스는 국제법에서의 경험주의적 연구를 지지하기 위해 언급되는 관련 연구의 양적 우세가 실제로는 사회학자와 경제학자들에 의한 연구인 게 대부분이며, 드물게 아주 강한 사회과학 배경을 가진 법률가에 의한 연구가 있을 뿐이라고 강조한다.[143] 이런 점을 고려하면 이런 연구 주제들이 법률가들에게는 보통 '법률 문제'로 여겨지지 않는다는 점은 놀랄 일도 아니다.

위의 마지막 부분은 우리에게 다른 이슈에 대해서도 생각해 보게 한다. 「미국국제법저널」도 샤퍼와 긴스버그의 '경험주의로의 전환'에 대한 논문과 동일한 쟁점에 대해 국제법에 대한 정치학의 연구 현황에 대한 논문을 발행했다.[144] 이 논문의 저자는 두 명의 교수와 미국에서 국제관계학을 공부하고 있는 한 명의 박사과정 학생이다. 이 논문은 정치학과 국제관계학이 국제법 분야에 제공하는 학문적 통찰에 대한 유용한 설명을 제공하고 있다.[145] 이 논문의 저자들은 국제법과 관련된 문제에 대한 정치학자들의 활발한 연구가 진행되고 있으며, 정치학의 연구 및 방법론에 관심을 가지는 국제법률가들의 수도 늘어나고 있다는 점을 인정한다. 한편 두 분야 간에는 여전히 '상당한 거리가 있다는 점을 주목할 필요'가 있으며, 두 분야는 '목적과 청자가 달라' '같은 현상을 연구하면서도 상당히 다른 연

142 Ibid, 474-5.

143 Ibid, 478.

144 Emilie Hafner-Burton, David G. Victor, and Jonathan Lupu, 'Political Science Research on International Law: The State of the Field' (2012) 106 *American Journal of International Law* 47.

145 정치학은 '정부'를 다루는 반면, 국제관계학은 '정부들'을 다룬다고 종종 말하곤 한다. 다시 말해, 학문으로서 정치학은 정부 시스템, 정부 정책, 정치적 행동에 대한 연구가 많은 부분을 차지하는 반면, 국제관계학은 국제적 또는 글로벌 수준에서의 정치적 실체들 간의 관계에 초점을 맞춘다.

구 주제, 방법, 결론'을 가진다고도 주장한다.[146] 정치학자들은 세상을 '정치의 렌즈를 통해' 바라보며 국제적 차원에서의 정치를 분석하기 위한 '기본 구성요소'는 권력, 문제 해결, 국내 정치라는 것이다.[147]

정치학이 국제법 이슈에 가장 크게 기여한 영역을 살펴보면, 두 분야에서 사용하는 용어가 여전히 동떨어져 있음을 알 수 있다. 법 제도가 행동에 미치는 영향은 정치학자들의 주요 관심사로서 국제법률가들이 쉽게 이해할 수 있는 영역인 반면, 국제법 제도의 설계와 내용 그리고 국제법 규범의 발전과 전파는 이해하기 어려운 경우가 종종 있다. 하지만 친숙한 단어가 낯선 악센트로 발음되었을 때 촉발될 수 있는 짜증을 극복한다면, 표현하고 전달하고자 하는 세계관이 우리의 것과 다를지라도 연구 주제와 연구 결과를 이해할 수 있다는 것을 깨닫기는 어렵지 않다. 구속력을 가지는 법과 구속력을 가지지 않는 법 간의 선택이 국내 정치 그리고 당면한 일종의 협력 문제에 좌우된다고 여기는 것은 법률가가 경성법과 연성법의 차이를 설명하는 방식이 아니다. 이는 단지 세상을 바라보는 두 개의 구별되는 방식일 뿐이고, 그 결과 우리가 보는 세상은 십중팔구 매우 다르다.

전반적으로 국제법에 대한 정치학의 연구를 다루고 있는 이 논문의 일반적인 어조는 지금까지 국제법 & 국제관계학이라는 제목으로 연구된 대부분의 문헌과는 다르다. 이 논문에 따르면, 학제간 연구는 무조건적 헌신도 아니고 신념에 기반한 행위도 아니다. 이 논문은 협력 기회를 상상하며 집행, 유연성, 사적 행위자, 관습법 같은 공동연구가 가능한 분야를 확인하고 있다.[148] 저자들의 목적은 학문적으로 기여할 수 있는 것 중

146 Emilie Hafner-Burton, David G. Victor, and Jonathan Lupu, 'Political Science Research on International Law: The State of the Field', above n 144, 48.

147 Ibid, 49.

다른 학문 분야에서도 관심을 가질만한 것을 찾아내고, 학파나 방법론적 비난을 넘어 다른 학문 분야의 구성원들이 그것을 이해할 수 있도록 돕는 개념적 범주를 제공하는 것이다. 이는 학제간 대화에 접근하는 또 다른 방법이며, 아마 가능한 모든 방법을 동원하는 총력전보다 눈에 띄지 않는 방법이면서도 충분히 탐구해 볼 만한 방법일 것이다. 현재 학제간 대화의 범위는 특정 주제에 관심이 있는 개별 연구자들 간의 파트너십에 제한된다. 이런 접근법에서는 투자 의도 없이 특정 분야에 대한 단순 호기심과 '그냥 둘러보기'식의 태도만 장려될 것이다. 그렇다면 두 학문 분야 간 유대 관계를 형성할 필요가 없을 것이며, 두 학문을 관통하는 공동 연구는 개별 연구자들 간의 진정한 친밀감이 있는 경우에만 실현될 수 있을 것이다. 방금 막 살펴본 이 논문은 다른 학문 분야의 연구 주제와 방법론에 대한 이해를 돕고 학문적 자원을 공유할 준비가 되어 있음을 보여준다.[148]

일반적 침투 Generic inroads

국제관계학에서 유래한 몇 가지 개념들이 국제법 분야에서 통용되고 있다는 점에 주목할 필요가 있다. 오늘날 많은 국제법률가는 그들의 학문적 배경과 상관없이 특정 개념이나 범주의 사용이 국제법과 관련된 것이라고 인식할 수 있다. 나는 여기서 대체로 사회과학에서 그 유래를 찾을

148 Emilie Hafner-Burton, David G. Victor, and Jonathan Lupu, 'Political Science Research on International Law: The State of the Field', above n 144, 97. '국제관계학이 지난 20여 년 동안 한 기여 중 가장 중요한 것은 정치학자들이 가설을 검증하기 위해 증거를 동원하는 방법일 것이다. 많은 새로운 데이터 세트와 경험적 연구가 등장했다.'

수 있는 특정 개념들이 국제법화되는 '일반적 침투(generic inroads)'를 설명하고자 한다. 모든 개념의 계보를 명백하게 확인하기는 어렵겠지만, 대부분의 개념이 국제관계학 이론가 또는 정치학자들에게 매우 친근하게 들릴 것이라 믿는다! 이를 확인하는 과정이 처음에는 과학적 방법론 측면에서 지나치게 허술한 것처럼 보일 수도 있지만, 국제관계학 이론이 국제법학계에 미친 영향을 평가하는 것과의 관련성은 분명할 것이다.

이에 대한 첫 번째 예로 떠오른 것은 '행위자(actor)'라는 용어의 사용이다. 주류 학계는 여전히 '주체(subject)'와 국제적 법인격의 관점에서 생각하는 경향이 있지만, '행위자(actor)'라는 용어는 정치학의 언어에서 차용되어 국제법률가들 사이에 통용되는 말로 자리 잡았다.[149] 언제 그리고 어떻게 행위자라는 용어가 국제법으로 침투하게 되었는지에 대해서는 논쟁의 여지가 있다. 확실한 것은 로절린 히긴스(Rosalyn Higgins)의 주체 이론(theory of subjects)에 대한 비평과 국제적 의사 결정 과정에서의 참여자 개념에 대한 지지가 이 새로운 용어에 정당성을 부여하는데 아주 큰 기여를 했다는 점이다.[150] 하지만 이론적 관점에서는 '행위자'라는 개념이 그다지 큰 관심을 끌지 못했다. 국제법률가들은 행위자라는 개념을 이론적으로 체계화하는 것을 꺼렸는데, 일견 이러한 태도가 이해되기도 한다. 사실 이는 이론과 실무, 법과 정치가 맞닿아 있는 지점에 있는 이슈이고 어느 한쪽을 지지하는 입장을 취하는 경우 이는 법 제정 및 집행과 같은 다른 제도적 이슈에까지 영향을 미칠 수 있기 때문이다. 클라버스의 말을 빌리면, '주체 이론은 연원과 실체 사이의 청산소(clearing house)를 형성한

---

149 Andrea Bianchi, 'Relativizing the Subjects or Subjectivizing the Actors? That is the Question' in Andrea Bianchi (ed), *Non-State Actors and International Law* (Ashgate 2009) xi-xxx.

150 Rosalyn Higgins, *Problems and Process: International Law and How We Use It* (Clarendon Press 1994) 49-50.

다: 가치를 국제적으로 배분하는 것은 바로 주체 이론을 통해 이루어지며, 모든 정치학자가 알고 있듯이 가치에 대한 권위적 배분은 주된 정치적 기능 중 하나이다.'[151]

국제법률가들의 일상어로 침투한 개념의 또 다른 예로는 '정당성(legitimacy)'이 있다. 정당성은 유사한 개념인 합법성과 구분이 어려울 정도로 '흐릿하고 부정확함'으로 가득 차 있지만[152], 그럼에도 국제법 학계에서는 빈번히 사용된다. 이 개념의 유래는 확실치 않다. 하지만 잘 알려져 있으면서도 역사적인 뿌리를 가지고 있고 문맥에 입각한 카를 슈미트의 에세이는 법 이전의 도덕적 가치에 대한 법의 일치(정당성)와 형식적 규정과 법적 질서의 존중(합법성)의 차이에 대한 실용적 이해를 확실하게 제공한다.[153] 이 구분은 무력 사용과 관련된 상황에서도 이런 의미로써 사용될 가능성이 높다.[154] 하지만 정당성은 매우 다양한 방식으로 광범위하게 사용되기도 한다. 앞서 살펴본 바와 같이 브뤼네와 툽이 그들의 국제법 이론을 설명하면서 정당성 개념을 사용한 것이나, 토마스 프랑크(Thomas Franck)의 국제법 준수를 유도하는 요소로서의 정당성에 대한 이론 외에도[155] 이 개념은 권위의 정당화와 수용을 둘러싼 논의를 설명하기 위해 사용되어 왔다.[156]

유사한 모습은 '책임(accountability)'이라는 개념에서도 보인다. '책임

---

151 Jan Klabbers, '(I Can't Get No) Recognition: Subjects Doctrine and the Emergence of Non-State Actors' in Jarna Petman and Jan Klabbers (eds), *Nordic Cosmopolitianism: Essays in International Law for Martti Koskenniemi* (Nijhoff: Brill 2003) 351, 369.

152 James Crawford, 'The Problems of Legitimacy-Speak' (2004) 98 *Proceedings* 271.

153 Carl Schmitt, *Legality and Legitimacy* (Duke University Press 2004).

154 Andrea Bianchi, 'The International Regulation of the Use of Force: The Politics of Interpretive Method' (2009) 22 *Leiden Journal of International Law* 651, 673.

155 Thomas M. Franck, *The Power of Legitimacy among Nations* (OUP 1990).

(accountability)'이라는 개념이 정통 법률 용어가 아니라는 점은 널리 알려졌다. 법률가들이 개인이나 단체가 법에 대한 책임을 질 방법을 설명하기 위해 선호하는 용어는 책임(responsibility)과 책임(liability)일 것이다. 그리고 책임(accountability)이라는 용어는 특히 기업이나 비정부 기구(NGO)와 같은 국제법 관련 행위자의 행위를 통제하는 다양한 메커니즘을 망라하여 설명할 때 더 적합해 보인다. 위와 같은 평가를 수행할 때 반드시 고려해야 하는 기준들은 매우 다양하나, 그 기준들 모두가 적절하게 해석된 법의 영역 안에 있는 것은 아니다. 그렇다고 하여도 책임(accountability)이 법적 책임(legal responsibility)과 대조되는 개념이라고 보는 것은 오해의 소지가 있다. 책임(accountability)은 지속적으로 국가, 국제기구, 개인과 같은 국제법상 행위자들의 책임 형태와 가장 높은 관련성을 가져왔기 때문이다. 아직 전문용어까지는 아니더라도, 국제법 학계에서 책임(accountability)이라는 용어의 사용 증가는 이 용어가 더 이상 법률 용어로의 번역이 필요하지 않다는 것을 의미한다.[157]

국제법률가들에 의해 현재 사용되고 있는 다른 용어 중 국제관계학의 인접 학문 분야에서 차용된 것들도 있다. 그 예로 그 자체의 원칙, 규칙, 제도 같은 것들로 특징지어지는 국제법 영역들을 언급할 때 광범위하게 사용되는 '체제(regime)'가 있다. '다양한 체제로의 국제법의 파편화'라는 표현은 국제법 분야의 어떤 이론을 지지하는지를 불문하고 누구에게나 친숙할 것이다. 나는 '준수(compliance)'라는 용어 사용의 급격한 증가도 국제관계학과 매우 깊은 관련이 있다고 생각한다. 이 용어의 초기 사용은

156 Daniel Bodansky, 'The Concept of Legitimacy in International Law' in Rüdiger Wolfrum and Volker Röben (eds), *Legitimacy in International Law* (Springer 2008) 309-17.

157 Andrea Bianchi, 'Looking Ahead: International Law's Main Challenges' in David Armstrong (ed), *Routledge Handbook of International Law* (Routledge 2009) 392, 401.

국제법 학계로 거슬러 올라가지만,[158] 최근에는 국제법 준수를 확보하고 그 효율성의 조건을 향상하기 위한 메커니즘을 탐구하는 연구가 급증하였다. '거버넌스(governance)'라는 용어의 빈번한 사용도 예외는 아니다. 국제법 질서의 관점에서보다는 '글로벌 거버넌스(global governance)' 측면에서 이야기하는 것은 종종 개념적 범주에서의 진정한 차이보다는 학문적 충성도 문제에 관한 것일 수 있다. 하지만 다양한 이론적 설득을 시도하는 여러 국제법 학자들은 거버넌스 개념을 현재의 세상을 운영하는 일련의 복잡한 과정을 지칭하기 위해 사용하며, 거기서 국제법이 자신의 목소리를 낸다.[159]

마지막으로 '인식 공동체(epistemic communities)'라는 개념을 설명하기 위해 나의 개인적인 경험을 이야기하고자 한다.[160] 곧바로 국제관계학 분야에서 유명한 피터 하스(Peter Haas)의 논쟁을 떠올리는 독자들이 많을 수도 있으나, 나는 하스의 정의를 받아들이지 않고 나만의 정의를 제안하고자 한다. 국제법이 무엇이며 어떻게 작동하는가에 대한 우리의 이해를 구체화하는 다양한 개인 및 단체를 포괄하기 위해, 인식(episteme)이라는 개념을 광의적으로 정의하겠다.[161] 나는 '해석 공동체(interpretive communities)'[162], '실천 공동체(communities of practice)'[163]와 같은 유사 개념과

---

158 Abram Chayes and Antonia Handler Chayes, 'On Compliance' (1993) 47 *International Organization* 175.

159 Eyal Benvenisti, The Law of Global Governance (Hague Academy of International Law 2014); David Kennedy, 'The Mystery of Global Governance' (2008) 34 *Ohio Northern University Law Review* 827. 제3장 '글로벌 거버넌스의 비전'도 참조.

160 Andrea Bianchi, 'Epistemic Communities' in Jean d'Aspremont and Sahib Singh (eds), *Concepts for International Law – Contributions to Disciplinary Thought* 251 (Edward Elgar 2019)

161 Andrea Bianchi, 'Epistemic Communities', above n 161, 256. 상세한 정의는 제1장의 각주 53 및 본문에서 확인할 수 있다.

는 구별되는 인식 공동체(epistemic communities) 개념을 만든 것과 다른 출처 중에서도 푸코의 담론 개념과 정책적 담론에서 영감을 얻어 활용한 것은 유용했다고 생각한다.[164] 국제법률가들에게 이 개념이 유용한지를 평가하는 데 있어 이 개념의 유래는 중요치 않았다. 나에게는 단지 지식이 어떻게 형성되는지를 이해하고 누가 국제법의 담론 형성을 통제하는지 확인한 것이 유용했다.[165]

나는 위에서 언급된 개념들을 가지고 자신의 연구에 사용했을지 모를 누군가를 국제법 & 국제관계학 학자로 평가하려는 의도는 없다. 사람들에게 꼬리표를 붙인 뒤 아무도 없는 곳에서 소속을 확인하려는 게 아니다. 오히려 밀접한 관계가 어떻게 범주와 개념이 흘러넘쳐 다른 학문 분야에서 사용되게 만드는지를 보여주는 것에 목적이 있다. 분명히 일방적인 흐름은 우리가 진실한 학제간 연구의 노력을 목격하고 있는 것인지를 의심하게 만든다. 스탠리 피시가 경고했듯이,[166] 권력 전략은 종종 두 학문 분야가 합쳐질 때 중요한 역할을 한다. 하지만 해당 학문 분야 밖에서 차용되었거나, 학문적 연구의 구체적 대상에 대한 더 나은 이해를 제공하기 위해 조정된 개념과 범주를 산발적으로 사용하거나, 해당 학문 분야에

---

162 해석 공동체 개념에 대해서는, Stanley Fish, *Is There a Text in This Class? The Authority of Interpretive Communities* (Harvard University Press 1980); Stanley Fish, *Doing What Comes Naturally: Change, Rhetoric, and the Practice of Theory in Literary and Legal Studies* (Duke University Press 1989) 참조.

163 Jutta Brunnée, and Stephen J. Toope, *Legitimacy and Legality in International Law*, above n 67.

164 Michel Foucault, 'The Order of Discourse' in Robert Young (ed), *Untying the Text: A Post-Structuralist Reader* (Routledge 1981) 48; Michel Foucault, *The Archaeology of Knowledge* (Routledge 2002).

165 이 책의 제1장 '학제간 연구 그리고 그것의 의미: 국제법 & …' 참조.

166 Stanley Fish, Professional Correctness: *Literary Studies and Political Change* (Clarendon Press 1995) 83.

서의 특정 정책 담론이나 심지어는 그 학문 내의 과학적 패러다임의 지속적인 타당성에 대해 의문을 제기하는 것을 두려워할 필요는 없다. 물론 국제법 & 국제관계학 학제간 대화에 가장 격렬히 반대하는 사람 중 일부가 우려한 것처럼, 그 의도가 국제법에서 기초를 이루는 핵심 요소를 박탈하는 데 있지 않은 한 말이다. 두 학문 분야 간의 관계가 지나치게 불공평하고 불균형하게 된다면, 어떤 학문 분야도 다른 학문 분야에 의해 삼켜지는 대가를 치르고자 하지 않을 것이다. 그러므로 내가 일반적 침투라고 지칭한 것이 코스켄니에미가 말한 국제관계학에 의한 국제법 '정복'이 가능하게 만드는 도구와 거의 정확하게 일치한다는 점은 주목할 필요가 있다.[167]

참고 문헌

Brunnée, Jutta and Toope, Stephen J., *Legitimacy and Legality in International Law: An Interactional Account* (CUP 2010).

Dunoff, Jeffrey L. and Pollack, Mark A. (eds), *Interdisciplinary Perspectives on International Law and International Relations: The State of the Art* (CUP 2013).

Hafner-Burton Emilie, Victor, David G. and Lupu, Jonathan, 'Political Science Research on International Law: The State of the Field' (2012) 106 *American Journal of International Law* 47.

Keohane, Robert O., 'International Relations and International Law: Two Optics' (1997) 38 *Harvard Journal of International Law* 487.

---

167 Martti Koskenniemi, 'Miserable Comforters', above n 62, 410.

Klabbers, Jan, 'The Relative Autonomy of International Law or the Forgotten Politics of Interdisciplinarity' (2004-2005) 1 *Journal of International Law & International Relations* 35.

Koskenniemi, Martti, 'Law, Teleology and International Relations: An Essay in Counterdisciplinarity' (2012) 26 *International Relations* 3.

Morgenthau, Hans, 'Positivism, Functionalism and International Law' (1940) 34 *American Journal of International Law* 260.

Shaffer, Gregory and Ginsburg, Tom, 'The Empirical Turn in International Legal Scholarship' (2012) 106 *American Journal of International Law* 1.

Slaughter, Anne-Marie 'International Law and International Relations Theory: A Dual Agenda' (1993) 87 *American Journal of International Law* 205.

Slaughter, Anne-Marie, 'International Law in a World of Liberal States' (1995) 6 *European Journal of International Law* 503.

7장
비판법학운동과 뉴스트림

법은 정치다

로베르토 웅거(Roberto Unger)의 『비판법학운동(The Critical Legal Studies Movement)』의 마지막 문단은 비판법학운동이 1970년대 미국에서 등장했을 때 법학계에 무엇을 가져다주려 하였는지를 밝히고 있다. 웅거는 비판법학자들의 출현을 그들이 동료 학자들에게 미친 영향을 중심으로 서술하고 있다. '우리가 등장했을 때, 그들은 믿음을 잃은 채 자신들의 직무를 계속하는 사제들 같았다. 그들은 밀려드는 당혹감 속에서 차가운 제단 앞에 서 있었다. 그러나 우리는 그 제단에서 등을 돌렸고 마음속 깊이 감춰두었던 복수의 기회가 찾아왔음을 알게 되었다.[1] 이 짧은 발췌문은 그 운동의 주요 특징들을 명료하게 요약하고 있다. 비판법학운동은 주로 학문적 성격, 지적·학문적 기득권(더 이상 믿음을 명령하거나 정당화할 수 없는 종교를 섬기

1 Roberto Mangabeira Unger, *The Critical Legal Studies Movement* (Harvard University Press 1986), 119.

는 성직자로 대표됨)에 대한 급진적인 비판이었으며, 내용과 형식 모두에서 그 비판을 표현하는 파격적이면서 종종 격렬한 방법을 사용했다.

비판법학운동은 미국 학계에서 처음에는 지적 감수성으로 시작되었고, 나중에는 운동으로 확장되었다. 하버드 로스쿨과 위스콘신 로스쿨은 가장 저명한 비판법학운동 학자들 중 몇 명을 배출했다. 마크 투쉬넷(Mark Tushnet)은 공감대를 지닌 동료들을 한데 모으자는 구상에 두 기관의 학자들, 특히 데이비드 트루벡(David Trubek)과 던컨 케네디(Duncan Kennedy)가 누구보다도 조직적인 지원을 제공했다고 회상한다.[2] 첫 비판법학회의(Critical Legal Studies Conference)는 1977년 위스콘신대학교 매디슨 캠퍼스에서 개최되었다. 이 운동은 (특히 위스콘신에서 강했던) 법사회학과 마르크스주의를 포함한 다양한 배경의 법학자들뿐만 아니라 민권 운동가에서 반전(反戰) 투사에 이르는 지식인 운동과 시민사회운동을 한데 모았다. 여러 면에서 비판법학운동은 좌파 내에 위치한 상당히 이질적인 집단을 대표했다. 정의를 찾는 것, 비판법학운동의 위치와 그 영감의 원천에 대한 운동 내의 강한 의견차를 감안하여, 투쉬넷은 '법학계에서 좌파의 영역을 지지하고 확장하는 프로젝트를 공유하는 좌파의 정치적 집단'이라고 폭넓게 정의한다.[3] 비판법학운동이 미국 학계에 미친 영향은 강력했으며, 일부에서는 거센 반발에 부딪혔다. (당시 듀크 로스쿨 학장이었던) 폴 캐링턴(Paul Carrington)은 로스

---

2 Mark Tushnet, 'Critical Legal Studies: A Political History' (1990-1991) 100 *Yale Law Journal* 1515.

3 Ibid, 1516. 투쉬넷은 이 운동의 다른 지지자들이 민감하게 반응하는 것을 막기 위해 결국 '가족 유사성(family resemblances)'에 대해 이야기함으로써 도그마나 교리와 같은 다른 표현을 피하고 있다.(Ibid, 1524) 초기 비판법학운동에 대한 참고자료로는 Ducan Kennedy and Karl E. Klare, 'A Bibliography of Critical Legal Studies' (1984) 94 *Yale Law Journal* 461 참조. 케네디와 클레어는 비판법학운동에 대하여 일반적으로 정의 내리는 것을 자제하면서, '비판법학운동은 대체로 보다 인도적이고 평등하며 민주적인 사회를 만들기 위한 투쟁에 대한 법학계와 법조계의 관계에 관심을 가져왔다'고 언급하고 있다.

쿨에는 비판법학운동을 위한 자리가 없다고 주장하며 그 운동에 대한 반대 의사를 격렬하게 표현했다.[4]

'법은 정치다'는 아마도 비판법학운동에 의해 만들어진 가장 유명한 주장일 것이다. 이 구호는 신중하게 고려되어야 하는데, '법은 정치다'라는 것이 단순히 법률관계를 형성하는 데 있어서 권력 정치의 역할을 인정하는 공식으로 받아들여질 수 있기 때문이다. 오웬 피스(Owen Fiss)는 비판법학운동에 대한 그의 초기 비판에서 바로 이 실수를 범했다는 것을 인정했으며,[5] 후에 이 구호의 '정치적' 주장은 단순히 '관심과 선호의 표현'에 불과한 것이 아니라고 재고했다.[6] 사실, '법은 정치다'는 소위 주장되는 법의 객관성과 중립성에 대한 근본적인 비판을 표현하기 위한 것이었다. 법적 주장은 외부와 단절된 진공상태에서는 존재하지 않고, '도덕적, 인식론적, 경험적 가정'의 복합적인 요인들로 특징지어지는 특정 환경에서 발생하는 경우가 대부분이기 때문에 반드시 그 맥락에서 분석되어야 한다.[7] 게다가, 대부분의 경우 법적 주장은 '일부 특정할 수 있는 정치 집단의 이익을 증진시키는 것'을 목표로 한다.[8] 많은 사람이 정치가 법을 오염시키고 그 시행을 방해하기 위해 '외부' 환경으로부터 침입한다고 믿으려는 유혹에 빠질 수 있다. 특히, 자율성과 독립성을 강조하기 위해 정치 및 다른 사회적, 경제적, 도덕적 맥락으로부터 법을 구분하는 데 익숙한 전통적인 접근법은 정치가 바로 그 법의 구조 안에 있다는 주장을 이해하기 어려울 수 있다. 정치는 외부의 도구가 아니라 법의 내부에 있다.[9]

---

4 Paul Carrington, 'Of Law and the River' (1984) 43 *Journal of Legal Education* 222.

5 Owen Fiss, 'Death of Law' (1986) 72 *Cornell Law Review* 1.

6 Owen Fiss, 'The Law Regained' (1989) 74 *Cornell Law Review* 245, 246.

7 Mark Tushnet, 'Critical Legal Studies', above n 2, 1517.

8 Ibid.

비판법학운동에 의해 제시된 다른 테제 중 '법은 정치다'라는 주장과 밀접한 관련이 있는 것이 소위 '불확정성(indeterminacy)' 테제이다. 이 불확정성 테제 뒤에 숨겨진 근본적인 생각은 자유주의적 법체계가 본질적으로 결함이 있다는 것이다. 규칙이 '이성적이면서 필요한 객관적인 방법에 따라' 적용된다는 세심하게 구축된 신화는 추방되어야 한다. 자유주의는 규칙이 갈등을 해결할 수 있다고 주장하지만, 규칙은 불확정적이기 때문에 스스로 해결책을 제시할 수 있는 능력이 없다. 따라서 규칙은 법률문제에 하나의 정답을 제공할 수 없다. 동등하게 정당한 주장들이 법의 다양한 영역들을 특징짓는 한 쌍을 이루는 두 가지 조건들로 구성되기도 하고, 한 쌍을 이루는 서로 반대되는 요소들로 구성되기도 한다. 예를 들면, 계약법에는 취약한 당사자에게 손해를 입히는 거래를 정당화할 수 있는 계약의 자유와 이타주의를 선호하고 약한 당사자에 대한 우려를 표명하는 소위 '비양심성' 및 '부당한 영향' 원칙 간의 긴장이 있다.[10] 마크 켈먼(Mark Kelman)에 따르면, 자유주의 법 이론의 문제는 '상반되고 양립할 수 없는 방법으로 사건을 해결하고 인간의 본성 및 인간의 성취에 대한 별개의 비전에 대응하는 수사적인 주장을 한 쌍으로 짝을 지어' 구성했다는 점이다.[11] '법 규칙과 주장이 법적 분쟁에 대한 확실한 답을 강요하거나 정당화하지 못하므로',[12] 법은 부득이하게 불확정적이다.

사실, 자유주의는 개인의 자율성과 공동체의 힘 내지 그것의 행사를 보장하기 위해 필요한 단체행동 사이에, 자유와 안보 간의 '근본적인 모순'

---

9 Martti Koskennienmi, 'Letter to the Editors of the Symposium' (1999) 93 *American Journal of International Law* 351, 354.

10 Denise Meyerson, *Understading Jurisprudence* (Routledge 2006), 112.

11 Mark Kelman, *A Guide to Critical Legal Studies* (Harvard University Press 1987), 3.

12 J. Paul Oetken, 'Form and Substance in Critical Legal Studies' (1991) 100 *Yale Law Journal* 2209, 2211.

에 의해 오염되어 있다.[13] 케네디는 계약법의 형식과 내용에 대한 그의 획기적인 연구에서 상반되는 수사적 방식의 형식과 내용은 '법적 자유주의(legal liberalism)의 더 깊은 수준의 모순을 반영한다'는 주장을 유지했다.[14] '규칙과 기준에 대한 모순된 수사법'은 '개인주의와 이타주의에 대한 모순된 실체적 의무들'과 상응한다.[15] 마찬가지로, 「블랙스톤 주석의 구조(The Structure of Blackstone's Commentaries)」에서 케네디는 그 시대의 제도와 사회 구조를 설명하기 위해 법적 자유주의가 기초하고 있는 가장 영향력 있는 저술 중 하나를 비판했다.[16] 법치주의를 자연과 주권, 개인의 자유와 공공복리, 개인과 공동체 간의 필수적인 타협으로 인식함으로써, 블랙스톤은 여러 세대에 걸쳐 자유주의 법사상가들에게 권리 간의 충돌과 권리와 권력 간의 충돌 문제에 대한 법적 해답을 찾을 것을 촉구했다. 케네디는 '강자는 힘을 권리로, 그리고 그에 대한 복종을 의무로 변형시키지 않는 한 항상 최강자가 될 만큼 충분히 강하지 않다'는 장-자크 루소(Jean-Jacques Rousseau)의 말을 인용하며 자신의 에세이를 마무리 지었다.[17] 케네디에 따르면, 블랙스톤에게서 영감을 얻은 법적 자유주의의 기본 원칙은 변하지 않았으며, 사회 제도를 유지하기 위해 법치를 이용하려는 '기도(企圖, enterprise)'는 '오늘날까지 이어지고 있다.'[18]

개인의 자율성과 공공복리 사이, 자유와 안전 사이의 근본적인 모순은

---

13 Duncan Kennedy, 'The Structure of Blackstone's Commentaries' (1979) 28 *Buffalo Law Review* 205, 209.

14 Duncan Kennedy, 'Form and Substance in Private Law Adjudication' (1976) 89 *Harvard Law Review* 1685.

15 J. Paul Oetken, 'Form and Substance in Critical Legal Studies', above n 12, 2209.

16 Duncan Kennedy, 'The Structure of Blackstone's Commentaries', above n 13.

17 Ibid, 382.

18 Ibid.

법적 자유주의의 중대한 모순의 일부에 불과하다.[19] 자유주의 프로젝트의 모순을 보여주는 대립되는 한 쌍의 예시를 몇 가지 더 언급하자면, 자유의지와 결정론, 공(公)과 사(私), 개인주의와 이타주의, 주관성과 객관성, 규칙과 기준을 들 수 있다.[20] 법적 자유주의는 부정하지만, 법은 이러한 모순에 대한 객관적인 해결책이 아니며, '어떠한 수준에서든지 법적 판단에는 가치와 정책적 선택이 포함된다.'[21] 비판적 학자의 역할은 그러한 허구의 가면을 벗겨 정체를 폭로하고, 법적 객관성의 외관에 주목하게 만들고, 법적 질서의 부조리를 고발하는 것이다. '우리의 모든 규범 체계는 법이 중립적으로 또는 객관적으로 해결할 수 없는 모순을 내포'하고 있기 때문에, '비판법학운동은 법적 담론과 일반적인 도덕적·정치적 담론 간에 흥미로운 차이가 없다는 일반적인 인식을 계속 고수하였다.'[22]

비판법학운동의 영감의 지적 원천은 무수히 많다. 이 운동은 미국의 법현실주의(legal realism)에서 자신의 태생적 기반을 찾았으며,[23] 마르크스주의와 그 분석 도구가 이 운동의 많은 지지자들에게 영향을 미쳤다. 그러나 전반적으로 비판법학운동에 가장 관련성이 있는 영감의 원천은 프랑크푸르트 학파와 자크 데리다(Jacques Derrida), 미셸 푸코(Michel Foucault)와

19 케네디와 비판법학운동은 '모순(contradictions)'이라는 용어를 '상반되는 담론, 가치, 또는 이분법에 동시에 충실하다는 의미로 사용한다는 점에 유의해야 한다. 이는 연역적 논리에서 이 용어의 보다 엄격한 기술적 의미인 상반되면서 배타적인 두 명제의 결합과는 구분되어야 한다. J. Paul Oetken, 'Form and Substances in Critical Legal Studies', above n 12, 2209, footnote 5.

20 Ibid, 2212.

21 Ibid.

22 Mark Tushnet, 'Critical Legal Studies', above 2, 1524.(원문에는 cls라고 소문자로 표기되어 있는데, 이는 해당 논문 1516쪽 각주 4에 설명되어 있는 바와 같이, 문법적으로 critical과 legal은 명사인 studies의 형용사에 불과하며, 딱히 대문자로 표기할 필요가 없는 법학 연구에 대한 일반적인 접근법이라는 인상을 전달하기 위해 투쉬넷이 의도적으로 선택한 것이다.)

23 제5장 '비전을 가진 자' 참조.

같은 프랑스 포스트 구조주의(post-structuralist) 철학자들이다. 프랑크푸르트 학파는 자신의 뿌리를 부유한 사업가의 아들인 펠릭스 바일(Felix Weil)의 기부로 1920년대에 설립된 사회연구소(Institute for Social Research)에서 찾는다.[24] 이 연구소의 설립 목적은 마르크스주의 연구, 특히 노동운동과 관련된 연구를 촉진하는 것이었다. 막스 호르크하이머(Max Horkheimer)는 1930년 동 연구소의 소장이 되었으며, 그는 나치(Nazi) 시대에 연구소가 독일을 떠나야 했던 1933년부터 1935년까지 제네바로, 이후 뉴욕의 컬럼비아대학으로 연구소의 이전을 감독했다. 1937년 호르크하이머의 책 『전통이론과 비판이론(Traditional and Critical Theory)』[25]은 초기 비판이론운동의 기본 논리를 설명하고 있다. 호르크하이머는 지식(knowledge)이 지성(intellect)에 의해 객관적으로 이해될 수 있는 자연의 거울이라는 발상을 문제 삼았다. 호르크하이머에 따르면, 지식은 그 자체로 역사적·사회적으로 결정되는 것이다. 지식은 사회적 행위에 실용적이어야 하며, 사회 변화를 위한 해방의 도구로서 기능할 수 있다. 사실, 프랑크푸르트 학파 내의 다양한 감성(sensibilities)에도 불구하고,[26] 비판이론을 사회정의(社會正義)의 이상(理想)을 배경으로 사회 제도의 합리성을 비판하는 방식의 하나로

---

24 프랑크푸르트 학파의 역사에 대해서는 Rolf Wiggershaus, *The Frankfurt School: Its History Theories, and Political Significance* (MIT Press 1994) 참조.

25 Max Horkheimer, *Critical Theory: Selected Essays* (Continuum 2002), 188.

26 중요한 지적 감수성 및 연구 분야 중 하나는 정신분석학이었다. 특히 프로이트와 마르크스의 공동연구는 독일 학파의 독특한 특징이었다. 사회 심리학자이자 정신분석가인 에리히 프롬(Erich Fromm)의 연구(*Escape from Freedom* (1941); *Man for Himself: An Inquiry Into the Psychology of Ethics* (1947); *Art of Loving* (1956); the international bestseller *To Have or To be* (1976)) 외에도 헤르베르트 마르쿠제(Herbert Marcuse)의 저서 *Eros and Civilization: A Philosophical Inquiry Into Freud* (Beacon Press 1955)에서 마르쿠제는 프로이트의 이론, 특히 욕망(*eros*)의 중심적인 역할이 욕망을 이성(*logos*)에 종속시켜 온 서구 문화와 어떻게 서로 충돌하는지를 강조하였다. 마르쿠제는 에로스를 인간 행위의 한 요소로서 로고스와 동등한 지위로 복원하고자 하였다.

간주하는 공통된 경향을 발견할 수 있다.[27] 프랑크푸르트 학파의 다수는 변증법적 방법을 사회이론에 적용하는 것에 지속적으로 관심 가지면서 법에 의한 사회적 불의(social injustices)의 합리화를 폭로하는 것이 그 운동의 우선 과제라고 여겼을 것이다.[28]

또한 거대 이론에 대한 반발과 숨겨진 가정(hidden assumptions)과 기득권을 은폐하는 진실 주장(truth claims)을 드러내고자 하는 열망과 함께, 프랑스의 포스트 구조주의도 비판법학운동에 큰 영향을 미쳤다. 우리가 현실을 구성하고 이해하는 도구로서의 언어에 대한 관심 또한 그 외 다방면에 걸친 운동의 특징이다. 데리다의 해체주의(deconstructionism)는 텍스트의 근본적인 전제를 밝히기 위한 텍스트 비판을 통해 발전했다. 우리의 사고 및 신념 체계의 하부구조에 대한 분석은 일반적으로 널리 적용되는 지적 탐구의 기술이 되었다.[29] 진실(truth)과 언어에 대한 전통적인 가정에 의문을 제기하는 것은 포스트 구조주의 문학 비평(post-structural literary criticism)으로부터 많은 영향을 받았다. 롤랑 바르트(Roland Barthes)는 문학 연구의 초점을 작가에서 독자로 전환하는 데 찬성했으며,[30] 데리다는 기호학에

---

27 Herbert Marcuse, *One-Dimensional Man: Studies in the Ideology of Advanced Industrial Society* (Beacon Press 1964). 여기서 마르쿠제는 기술적 합리성이 사회적 지배의 이익을 위해 이용된다는 입장을 고수하였다.

28 이에 관해서는 Max Horkheimer and Theodor W. Adorno, *Dialectic of Enlightenment: Philosophical Fragment* (Stanford University Press 2002); Theodor W. Adorno, *Negative Dialectics* (Continuum 1973) 참조. 아도르노(Adorno)는 1950년대 중반 호르크하이머의 후임자로 연구소 소장이 되었다.

29 Michael Naas, *Derrida From Now On* (Fordham University Press 2008); Michael Naas, *Taking on the Tradition: Jacques Derrida and the Legacies of Deconstruction* (Stanford University Press 2003).

30 Roland Barthes, 'The Death of the Author' in *Image-Music-Text* (Hill & Wang 1977) 142-8. 탐구의 대상을 저자에서 독자로 전환함으로써 바르트는 텍스트 해석에 있어서 의미와 권위에 다른 근거가 있을 수 있으며, 의미의 일관성이 불가능할 수 있음을 제시하여 문학 비평에 혁명적인 움직임을 가져왔다.

서 기의(signified)와 기표(signifier) 사이의 고정성 또는 절대적 일관성에 대한 깊은 확신에 분열을 일으켰다.[31] 두 사람 모두 비판이론의 발전에 그들이 쓴 글의 구체적인 범위 이상으로 많이 기여했다. 마찬가지로, 미셸 푸코는 지식의 계보에 주목하여 전통적인 인식론적 접근법을 근본적으로 혁신했다.[32] 푸코에 따르면, 현대 사회에서 합리적이고, 과학적으로 타당하며, 필요한 진실은 사실 역사적, 사회적 권력 내지 특정한 윤리적, 정치적 가치에 대한 사회적 약속의 우연한 산물이다.[33] 지식의 형성을 구체화하고 규율 정책을 통제하는 '담론적 실천(discursive practices)'에 대한 푸코의 분석은 지식의 생산과 권력 구조 간의 밀접한 관계를 명확히 하는 데 도움을 주었다. 사회 구조로서의 섹슈얼리티에 대한 연구[34]와 생명 권력(bio-power)에 대한 연구[35]는 사회이론과 인식론에 대한 그의 중대한 기여를 보여주는 좋은 예시이다.

---

31 Jacques Derrida, *Of Grammatology* (Johns Hopkins University Press 1974).

32 권력을 통한 도덕의 발전을 밝힌 프리드리히 니체(Friedrich Nietzsche)의 저서 『도덕의 계보학(On the Genealogy of Morals: A Polemic)』(Douglas Smith (trans), OUP 2009)으로부터 영감을 얻은 계보학(Genealogy)은 푸코에게 '사건의 분야와 관련하여 초월적이거나 역사의 과정을 통해 공허한 동일성 속에서 진행되는 주제를 참조하지 않고도 지식, 담론, 대상의 영역 등의 구성을 설명할 수 있는 역사의 특정한 형태'이다. Michel Foucault, 'Truth and Power' in *Power/Knowledge: Selected Interviews and Other Writings 1972-1977* (Pantheon 1980) 117 참조. 따라서 계보학은 현재에 대한 비판적 통찰로 사용될 수 있으며, 광기(狂氣)나 섹슈얼리티와 같이 역사가 없는 것처럼 여겨지는 지적 범주와 사회 현상을 설명하는 데 사용될 수 있다.

33 Michel Foucault, *The Archaeology of Knowledge* (Harper and Row 1972).

34 Michel Foucault, *The History of Sexuality. Vol. 1: An Introduction* (Vintage 1990).

35 즉, 바이오파워는 현대 국가가 사람들의 신체에 대한 통제권을 행사하여 전체 인구를 통제하고 예속시킬 수 있음을 의미한다. 국가는 기술을 사용하여 개인의 삶과 건강 측면에 대한 규제 권한을 주장하며, 사람들의 삶에 개입한다. 푸코가 그의 저서 『섹슈얼리티의 역사(The History of Sexuality)』에서 처음으로 이 개념을 살짝 언급했으며, 그의 지적 잠재력은 다른 논평가들에 의해 입증되고 발전했다. Vernon W. Cisney and Nicolae Morar (eds.), *Biopower: Foucault and Beyond* (University of Chicago Press 2016) 참조.

지금까지 간략하게 살펴본 이론들만 비판법학운동 학자들에게 영향을 준 것은 아니다. 비판법학운동 학자들 간에 서로 영향을 미쳤을 수도 있고, 다른 이들로부터 영향을 받았을 수도 있다. 그러나 비판법학운동 학자들이 주로 법의 영역 외에서 발전한 지식 운동에 의해 영감을 받았음은 분명하다. 비판법학운동은 이러한 운동에서 차용한 법적 추론 분석 도구 및 논증 기법을 도입하였으며, 이후 페미니즘 연구에서부터 제3세계식 접근법에 이르기까지 다양한 분야에 영향을 미쳤다.

위계의 재생산에 반대하여

법적 자유주의의 주장(종종 '신화'라고 언급되는)에 반대하는 비판법학운동의 비판은 광범위하다. 그 비판은 법조문 및 판례에만 국한되지 않는다. 때때로 비판적 추론은 법령이나 결정과 같은 특정한 법률 자료를 다루지만, 비판의 주요 대상은 법학 교수법을 포함한 전체로서의 법률체계이다. 내가 여전히 보물처럼 여기며 학생들에게 자랑스럽게 보여주는, 학창 시절 케임브리지(매사추세츠)에서 산 작고 빨간 소책자에서 던컨 케네디는 법학 교육과 직업적, 사회적 위계의 재생산을 비판했다. 흥미롭게도 부제는 '체제 비판(A Polemic against the System)'이었다.[36] 그 소책자는 미국 로스쿨을 '지나치게 정치적인 장소'라고 부르며, 그곳에서의 법학 교육에 문제를 제기하고 있다.[37] 케네디에 따르면, 겉보기에는 학생 스스로가 주도하는 토론 수업을 통해 학생들을 가르치면서 '법은 일반인이 이해할 수 없는

36 Ducan Kennedy, *Legal Education and the Reproduction of Hierarchy: A Polemic against the System* (Afar 1983).

37 Ibid, i.

"법적 추론(legal reasoning)"이라는 엄격한 분석 과정을 통해 도출된다'[38]고 믿게 만드는 방식은 로스쿨에서 사용되는 교수법의 좋은 예시이다. 케네디가 지적한 미국 로스쿨 교육 체계의 주목할 만한 또 다른 특징은 직업에서 필요한 실무 기술로부터 학습 과정을 분리하여 학생들을 '무력하게 만든다'는 점이다. 더 교묘하게, '자신은 약하고, 게으르고, 무능하고, 불안정하다' 그리고 '만약 자신들이 운이 좋고, 기꺼이 의존성을 받아들인다면, 큰 기관에서 무슨 일이 있어도 그들을 돌봐줄 것이다'라고 배우기 때문에 로스쿨생은 무력해진다.[39] 로스쿨생이나 로펌의 신입 변호사는 같은 처지이며, 로스쿨이나 로펌과 같은 기관은 그들에게 주어진 업무를 수행한 대가로 그들의 요구를 수용해 준다. 그 거래의 대가로 로스쿨생이나 신입 변호사는 자신의 업무를 통제하기를 전적으로 포기하고, '윗사람들에게는 존경을, 아랫사람에게는 겸양을 적절한 형태로 보여주는 것'에 동의하는 것이다.[40] 학생들은 대학 시절 주입된 이러한 위계질서를 내면화한 후, 이를 로펌에서 재현한다. 따라서 교육적 위계는 끝나지 않는 자기 지시적(self-referencing) 과정을 통해 직업적·사회적 위계로 전환된다고 하겠다.

교육은 학생들이 '어떻게 변호사처럼 생각하는지' 그리고 '모든 변호사는 비슷하게 생각한다'라는 것을 어떻게 배우는지를 이해하는 핵심이다. 법적 합리성에 대한 강력한 비판에서, 피에르 슐라크(Pierre Schlag)는 변호사들이 로스쿨에서 교육받는 방식에 책임을 묻는다. 학생들은 '스스로를 감추는 법을 배웠다.' 그들은 법이 형식적이고, 보편적이고, 중립적이며, 공정하다고 배웠을 뿐만 아니라, 형식적이고, 보편적이며, 공정하

---

38 Ibid, 16.

39 Ibid, 31.

40 Ibid.

게 생각하도록 배웠다.[41] 던컨 케네디는 법학 교육의 문제점에 대한 이상적인 극복 방안으로 더 많은 학제간 연구와 실습 프로그램이 포함된 새로운 모델 커리큘럼을 제안했다. 이 새로운 커리큘럼에는 규칙과 법적 판단(rules and legal decisions)의 정치적인 성격을 분석하기 위해 다양한 관점에서 토론이 이루어질 것이다. 나아가, 학생 모집과 등급 매기기, 학력 위계, 급여 수준에 있어서 교육 기관의 위계 구조를 축소하거나 제거하려는 시도가 있어야 한다. 그러나 무엇보다도 그의 소책자는 책임을 통감하고, 법학 교육의 정치적, 이념적 성격을 인정하고 이에 저항할 것을 주문하고 있다. 실제로, 그들이 법조계에 대해 듣고 배운 것을 믿음으로써 학생들은 '자신에 대한 제도(system)의 예언을 실현하는' 방식으로 행동하게 된다.[42] 이러한 '위장된 동의와 모든 이들의 삶을 공모관계로 끌어들이는 것'을 피하고자 케네디가 주장하는 유일하게 가능한 대응은 단호한 거부와 적극적인 저항이다.[43]

마크 켈먼(Mark Kelman)은 로스쿨에서의 위계를 폭로하면서, 이를 '폐기'할 필요성에 공감했다.[44] 그는 법조계와 사회를 지배하고 있는 부당한 권력 구조의 근원을 로스쿨로 보았다. 또한 '특권적 사상에 접근할 수 있는 성직자들의 위대한 비밀을 지키는 사람들 앞에서 느끼는 것과 유사한, 교수들이 초기에 종종 주는 영감에 대한 경외감'을 비판했다.[45] 이는 종종 '진정한 관심사를 모호하게 만들고, 초심자들이 머리를 조아리면서 자신이 매우 부적합하고 열등하다고 믿게 만드는 기술적 안개를 만들어

---

41 Pierre Schlag, *The Enchantment of Reason* (Duke University Press 1998) 126.

42 Ducan Kennedy, *Legal Education and the Reproduction of Hierarchy*, above n 36, ii.

43 Ibid.

44 Mark Kelman, 'Trashing' (1984) 36 *Stanford Law Review* 293, 321.

45 Ibid, 325.

냄으로써' 달성된다.[46] 대부분의 신분 계층 구조는 '허위적인 구분'에 기반하고 있으며, 특권은 '허황된 계층적 정당성'에 기반하고 있다.[47] 그러나 켈먼도 인정하듯 지위와 명성의 매력에 민감한 우리 모두에게도 문제는 있다.[48]

켈먼의 공격은 단지 '위계의 허구성'을 증명하려는 학문적 시도일 뿐만 아니라, '적극적이고 변혁적인 아나르코-생디칼리즘 정치 프로젝트(Anarcho-syndicalist political project)'에 대한 공개적이면서 노골적인 참여 행위였다.[49] 이것은 단순히 디테일에 불과한 것이 아니다. 비판법학운동은 종종 비판을 위한 비판을 제기한다는 혐의도 받는다. 이것은 운동 내의 일부 구성원들과 관련해서는 사실일 수 있으나, 가장 저명한 대표자 중 일부는 사회개혁을 위한 정치적 프로젝트를 명시적으로 구상하고 있다. 비판법학운동의 지적 지도자 중 한 명인 로베르토 웅거는 잘 알려진 바와 같이 법이 사회, 정치 그리고 경제를 재구성하는 우선 수단이 되어야 한다고 주장했다. 만약 법적 사고가 현행 제도의 규칙을 정당화하고 과도하게 심판에만 집중하는 현행 제도의 유지를 중단한다면, 법과 법적 추론은 제도 및 사회를 설계하는 데 기여할 수 있다. 상상력을 활용한다면, 법적 사고는 대의민주주의, 시장경제, 시민 사회를 재구성하기 위한 제도적·사회적 변화를 위한 대안적 시나리오를 모색하고 제시하는 도구가 될 수 있다.[50] 결국, 웅거가 자유 민주주의와 대조하여 정교하게 설명한 '강화된

46 Ibid.

47 Ibid, 325, 322.

48 Ibid, 326.

49 Ibid.

50 Roberto Mangabeira Unger, *What Should Legal Analysis Become?* (Verso 1996). 이 책에 제시된 사상보다 간결한 버전은 Roberto Mangabeira Unger, 'Legal Analysis as Institutional Imagination' (1996) 59 *Modern Law Review* 1 참조.

민주주의(empowered democracy)' 개념은 야심 차고 미래지향적인 정치 프로젝트이지만 그 자체를 위한 비판은 거의 하지 않고 있다.[51]

국제법학계 내의 비판이론: '뉴스트림'

다수의 주요 미국 로스쿨에서 이 운동이 일어났음을 고려하면, 국제법에 비판법학 이론이 도입되는 것은 필연적이었다. 데이비드 케네디(David Kennedy)는 국제법학계에 비판적 감성을 도입한 주요 인물인데, 아마도 그가 젊은 조교수로 재직했던 하버드 로스쿨에서 저명한 비판법학운동 학자들과 가까웠던 것이 영향을 미쳤을 것이다. 케네디는 1980년대 초 국제법에 전문적으로 입문하면서부터 이 분야에 큰 불만을 느꼈다. 국제법은 로스쿨에서 단순히 국내법 규율의 투영 내지 반대쪽의 스펙트럼, 정규적인 법률 교육 과정과는 다소 무관한 이질적인 과목이라 여겨졌다. 나아가 케네디에게 국제법이라는 학문은 '상당히 단순화된 서술구조의 강박적인 반복'에 갇혀 있는 것처럼 보였고, 그 결과 국제법은 '상상 속의 기원으로부터 희망하는 실체적 목표를 향해 팽창하는 과정을 거치는 움직임'들로 구성된 것처럼 보였다.[52]

미국에서 자연주의(naturalism)와 실증주의(positivism) 간의 끝없는 싸움의 잿더미에서 온건한 개념의 실용주의(pragmatism)의 출현은 다양한 학문이 발전할 수 있는 비옥한 토양을 제공했다. 국제법 학계에서는 규범에 근거한 접근법들과 정책 지향적인 접근법들이 이상주의자 및 회의론자와 함

51 Roberto Mangabeira Unger, *Politics: The Central Texts* (Verso 1997).

52 David Kennedy, 'A New Stream of International Legal Scholarship' (1988-1989) 7 *Wisconsin International Law Journal* 1, 2.

께 공존했다.[53] 서로의 차이에도 불구하고, 이들은 모두 '국제법의 기원, 법으로서의 지위, 규범적 내용, 그리고 변화 가능성'을 설명하는 공통된 논증 패턴을 가지고 있었다.[54] 순수한 열정과 신랄한 냉소 사이에서 국제법 학계의 지속적인 동요는 이 학문의 한계를 숨기지 않았다.[55] 케네디는 보다 일반적으로, 국제법이 비생산적이며, 특히 지적 탐구가 부족한 영역으로 보았으며, 이 영역에서 법학 이론은 '길을 잃고 제 자리를 지키고 있는 학문에 대한 나태한 변명과 오만한 은어(patois) 이상'으로 생각하기 어려웠다.[56]

케네디에 따르면, 주류의 이론 연구에 대한 거부감, 원칙으로의 도피, 그리고 법률 문서를 단순히 합리화시키는 경향이 법학 교육에 반영되어 있었다. 그들은 시간이 지남에 따라 국제법의 성과를 통해 인류의 조건을 향상시키는 선형적인 진보의 움직임이 꾸준히 분명하게 있었고, 국제법이 더 많은 규칙 및 보다 넓은 영역과 함께 매일 성장하고 있다고 깨달았다. 따라서 초기 국제법 학자들 또는 국제법의 '아버지'들은 당대의 '선각자들'이라고 소개되었다. 미성숙하고, 불완전하며, 일관성이 없는 특징을 가졌다고 알려진 이들의 연구는 현대 법질서의 성숙함, 완전성, 그리고 일관성과 대조되었다.[57] 사실, 케네디에 의하면, '초기 국제법학자들은 상

53 '이러한 절충주의의 결과로 1970년대에 학계에 온 사람들은 국제법 이론과 실무에 대해 상당히 복잡하고 모순적인 메시지를 보내는 국제법에 대해 매우 다양한 접근법과 해석에 직면했다.' David Kennedy, 'International Legal Education' (1985) 26 *Harvard International Law Journal* 351, 365.

54 Nigel Purvis, 'Critical Legal Studies in Public International Law' (1991) 32 *Harvard International Law Journal* 81, 86.

55 Ibid, 87.

56 David Kennedy, 'A New Stream of International Legal Scholarship', above n 52, 6.

57 David Kennedy, 'Primitive Legal Scholarship' (1986) 1 *Harvard International Law Journal* 1.

대적으로 다양한 이론적이고 교리적인 텍스트에서 권위에 대한 일관된 비전을 정교하게 설명했으며,'[58] 좀 더 일반적으로는 '너무 미묘하게 일관적이면서 그러한 일관성에 대한 관심이 너무 적었다.'[59] 사실, 데이비드 케네디가 국제법에 가져온 새로운 비판적 감성의 주요 특징 중 하나는 학문의 역사를 다소 전기(傳記)적으로 재구성한 것을 문제 삼는 국제법의 역사와 역사학에 대한 관심이었다.

'진보에 대한 설명을 변증법적 투쟁에 대한 설명으로 대체함으로써 법률 교리와 이론이 주장하는 전통적인 주장'에 대한 비판적인 접근은 비판이론의 보다 넓은 구조의 일부이다.[60] 사실, 비판이론 (대략 프랑크푸르트 학파와 비판법학운동을 포함하는), 그리고 구조주의는—문학 비평, 포스트 구조주의, 포스트모더니즘과 함께—이 세대의 국제법 학자들의 작업에 가장 관련 깊은 영감의 원천으로 보인다. 데이비드 케네디는 앞서 언급한 학문과 문화적 트렌드의 영향 및 그들과의 관련성을 인정하면서 자신의 지적 원천을 초기 저술에서 공개적으로 밝혔다.[61] 프랑크푸르트 학파의 영향과 변증법적 방법론을 인정한 후, 케네디는 비판이론의 본질을 (법학에 적용되듯이) '법률 문화의 소재로부터 비판적 거리를 두는 습관을 장려'하는 데서 찾았다.[62] 비판 학자들은 현실을 정상적이고 불가피한 것으로 보이게 하는 동시에 사회적, 법적 관계의 더 깊은 구조를 감추는 '거짓 의식' 또는 '거짓 필요성'의 위험을 인식하고 있었다. 또한 그들은 사회 정당화의 도구로서의 법의 전략적 사용에 대해서도 경계하였으며, 결과적으로 그들은

58 Ibid, 96

59 Ibid, 98.

60 David Kennedy, 'Critical Theory, Structuralism and Contemporary Legal Scholarship' (1985-1986) 21 *New England Law Review* 209, 246.

61 Ibid.

62 Ibid, 245.

전통적인 법학자들에 의해 사용되었던 합리적이고 정규화된 수사법을 통해 말할 수 없었다. 아울러 비판이론은 학계 구성원 간의 자아성찰(self-reflexivity)을 촉진함으로써 '이 이론을 뒷받침하는 세계관에 대한 논의를 회피하는 사회구조의 상호 강화된 속박'을 끊어낸다.[63]

이 학문에 영향을 미친 탈분야적 성격의 또 다른 지적 운동은 구조주의였다. 클로드 레비-스트로스(Claude Lévi-Strauss)에 의해 연구된 문화 및 신화 창조의 더 깊은 층위 탐색을 목적으로 하는 문화인류학적 형태이건,[64] 또는 페르디낭 드 소쉬르(Ferdinand de Saussure)가 제시한 언어학적 변형이건[65] 간에 구조주의는 마르티 코스켄니에미(Martti Koskenniemi)를 비롯한 많은 학자들의 영감의 원천이었다.[66] 케네디가 언급한 것처럼, 비판이론과 구조주의 모두 '외형과 행동의 천박한 수준'을 비판하고, 대신 더 명백한 수준의 이해를 가능하게 만들어 주는 의식과 언어의 심층 구조에 집중하였다. 마지막으로, 포스트 구조주의는, 거의 무한하게 다양한 지적 발현에서,[67] 또한 본질적으로 반정초주의(anti-foundationalist)적인 태도와 모든 형태의 거대 이론에 대한 깊은 반감에서, 그리고 그 독특한 방식으로 가까운 세대의 학자들에게도 영향을 미쳤다. 포스트모더니즘 텍스트들은 종

63 Ibid, 243.

64 Claude Lévi-Strauss, *Structural Anthropology* (Basic Books 1963).

65 Ferdinand de Saussure, *Course in General Linguistics* (Philosophical Library 1959).

66 Martti Koskenniemi, 'Letter to the Editors of the Symposium', above n 9, 355. 구조주의는 일반적으로 특정 연구 분야를 구성하는 구조에 대한 연구에 관심을 갖는 초학문적 운동(transdisciplinary movement)이다. 구조주의 언어학은 의미 생산 체계로서의 언어의 구조 및 형태를 다룬다.

67 케네디는 일반적으로 메타 서사, 객관적 현실, 진실 주장에 대해 회의감을 표출하는 20세기 학문 간의 경계를 넘은 광범위한 운동이었던 포스트모더니즘과 미셸 푸코, 자크 데리다, 자크 라캉(Jacques Lacan), 그리고 롤랑 바르트와 같은 프랑스 철학자들로 위시되는, 비록 구조주의에서 시작했지만 구조주의가 너무 경직되고 관련 구조의 우연성과 불안정성을 설명할 수 없다고 비판하게 된 포스트 구조주의 간의 구분을 정확히 하고 있지 않고 있는 것으로 보인다.(David Kennedy, 'Critical Theory', above n 60, 277-8)

종 '분석 중인 주장을 천천히 읽으면서 길게 인용하는 다른 저술의 정교한 모방 내지 재구성'이다. 그리고 여기서 '극도로 진지하고 치밀한 비판적 읽기'는 종종 '결과에 대한 명백한 헌신 부족 또는 인습 타파적인 어조의 비판과 함께 보다 전통적인 연구의 유희적 모방'과 대조를 이루었다.[68]

이러한 지적 에너지와 다방면에 걸친 학제간 문화의 공존 및 상대적으로 정체되어 있었던 당시 국제법 학계의 특성은 1980년대 후반 국제법 학계의 이른바 '뉴스트림(New Stream)'이 등장하고, 이 후 번창할 수 있는 완벽한 조건을 제공하였다. 현존하는 학문적 패러다임을 폐기하고자 하는 강렬한 충동은 그 패러다임이 겪은 많은 실패를 고려할 때 불가피한 선택으로 여겨졌다. 새로운 초점은 국제법 담론의 내용보다는 구조에 맞춰져야 한다고 느꼈다.[69] 구체적으로, '법적 담론의 주제보다는 담론 뒤에 숨겨진 이념, 태도, 그리고 구조'에 집중해야 한다.[70] 그 접근법은 국제법을 담론으로서 고려하는 것을 수반한다.[71] 이러한 관점에 의하면, 국제법은 수사학이며, 변증법적 과정을 특징으로 한다. 따라서 국제법의 원칙과 텍스트는 변증법적 방법의 렌즈를 통해 분석되어야만 이치에 맞는 모순들로 가득 차 있다. 국제법이라는 학문 전체를 정의하기 위해서는 다음의 세 가지 주요 범주를 고려하면 충분하다. 법원(法源), 절차, 그리고 실체. 각각의 범주는 서로 명백히 반대되는 이분법적 구분 (법원으로서 경성법 vs 연성법, 절차법에 있어서 참여 vs 관할권, 그리고 실체법에 있어서 국가주권 vs 공동체적 의무)을 특징으로 하지만, 이들은 사실상 '공존하고 서로 섞일 수밖에 없는' 운명이다.[72]

---

68 Ibid, 286-7.

69 David Kennedy, 'These about International Law Discourse' (1980) 23 *German Yearbook of International Law* 353, 388.

70 Ibid, 355.

71 David Kennedy, *International Legal Structures* (Nomos 1987).

이러한 범주들의 경계는 빈틈이 많고, 마치 '상호 관통하는 원'이나 저글링 쇼의 공처럼 끊임없이 상호 작용하기 때문에 우리는 그 경계들을 확실하게 구분할 수 없다.[73] 사실, 담론의 결론이 존재할 수 없기에 데이비드 케네디가 '국제법의 영속성[interminability of international law]'이라 부르는 이원성과 범주의 변증법에 무한히(*ad infinitum*) 의존할 수 있는 국제법의 잠재력이 바로 그 성공의 열쇠이다.[74]

데이비드 케네디의 논문에서 이름을 딴 뉴스트림은,[75] 세상 모든 것에 대한 실질적 또는 제도적 관리와는 거리가 먼 국제법이 지적 학문으로서 활기를 되찾을 수 있고, 그 전체를 다시 상상할 수 있다는 것을 보여주기 위해 실용주의의 반성하지 않는 소심함과 법적 자유주의의 모순과의 싸움을 시작했다.[76] 나이젤 퍼비스(Nigel Purvis)는 뉴스트림을 광범위한 비판법학운동의 일부로 본다.[77] 이상하게도, 운동으로서의 비판법학운동은 뉴스트림의 대표적인 지식인인 데이비드 케네디와 마르티 코스켄니에미의 저서에서 두드러지게 나타나지 않는다. 그러나 나는 적어도 그들의 초기 저작에 대한 영감의 원천이 비판법학운동이라고 보는 것이 타당하다고 본다.[78]

뉴스트림이 '주류(Mainstream)'라 불리는 지배적인 학문적 담론에 맞서 시작한 이론적 투쟁은 어느 정도 일반화될 수 있는 일련의 주장과 분석

72 David Bederman, 'Stalking Phaedrus' (1988) 18 *Georgia Journal of International and Comparative law* 527, 532.

73 Ibid, 529.

74 David Kennedy, 'A New Stream of International Legal Scholarship', above n 52, 39.

75 Ibid.

76 Martti Koskenniemi, 'International Law in a Post-Realist Era' (1995) 16 *Australian Yearbook of International Law* 1, 18.

77 Nigel Purvis, 'Critical Legal Studies in Public International Law', above n 54, 89.

도구를 사용한다. 예를 들어, 데보라 카스(Deborah Cass)는 뉴스트림의 학자들이 개념적, 방법론적, 전략적 수준에서 혁신적인 분석 방법들을 소개했다고 본다.[79] 개념적 수준에서, 그들은 국제법이 어떻게 구성되었고 작동하는지를 이해하는 데 있어서 문화의 역할을 강조했다. 문화는 타인에게 손해를 끼치는 특정 개념과 집단을 포함시키기 위해 국제법의 공식 담론에서 의미(meanings)가 어떻게 이용되는지를 이해하는 데 핵심이다.[80] 예를 들어, 주류 국제법 학계가 원주민들을 묘사하는 방식, 또는 테러리즘을 정의하는 방식은 종종 편향된 국제법 규칙의 채택을 이끌어 낼 수도 있는 문화적 편향을 반영한다. 또한 뉴스트림의 학자들은 국제법의 역사와 주권 이론에 대해 비판적인 접근 방식을 취했다. 그들은 주류가 기득권 내지 어떠한 경우라도 순수하게 합법적인 것과는 거리가 먼 이익을 은폐하려는 목적을 가진 '이기적이고, 반복적이며, 초점이 지나치게 1차원적이고, 불안정한' 국제법의 역사를 생산해 왔다고 비난했다.[81]

뉴스트림에 따르면, 주권 이론은 항상 '유동적인 상태'였으며, 이 학문의 역사에서 매우 불안정한 기준을 제시하고 있다. 그들은 종종 과거를 그리워하는 주류의 태도가 현재에 대한 비판적 판단을 보류하는 결과를 초래하는 마취 효과와 유사하다고 비난했다. 또한 국제법이 국가 행위를

---

78 데이비드 케네디는 비판법학운동 학자들을 '법학에 대한 기본적인 접근 방식을 재평가하는 극단적인 절충주의의 한 형태에 대한 헌신으로 뭉친 학자들의 불안정한 연합'이라고 다소 광범위하게 정의한다.(David Kennedy, 'Critical Theory', above n 60, 210) 마르티 코스켄니에미는 자신이 비판법학운동의 대표자라고 느낀 적이 거의 없으며, '비판가'들이 하는 일과 그들의 글 쓰는 방식에 대해 설명할 '자격이 없다'고 말하면서 겸손을 가장해 비판법학운동과 거리를 두고 있다.(Martti Koskenniemi, 'Letter to the Editors of the Symposium', above n 9, 351)

79 Deborah Z. Cass, 'Navigating the Newstream: Recent Critical Scholarship in International Law' (1996) 65 *Nordic Journal of International Law* 341.

80 Ibid, 346.

81 Ibid, 354.

규율하는 세속적인 제도로서 종교를 대체하기 위해 등장했다는 통념은 부정확한 역사적 재구성이다. 사실, 종교는 여전히 다양한 방식으로 존재하면서, 신성함과 불경함에 대한 자신의 태도를 '세속적인 열쇠'로 재현하여 국제법에 끊임없이 알려주고 있다.[82] 마지막으로, 언어와 언어의 사용에 대한 관심, 특히 언어가 단순히 법을 기술하는 것이 아니라 실제로 법을 구성하고 생성한다는 인식은 뉴스트림이 국제법 학계에 가져다준 가장 중요한 지적 기여 중 하나이다. 이는 주권의 언어와 그 언어의 사용이 특정 사람들의 범주에 대한 포함 내지 배제라는 측면에서 시사하는 엄청난 결과를 생각해 보면 충분히 알 수 있다.[83]

방법론적 수준에서, 뉴스트림은 자유주의 이론과 국제법의 구조 내에 존재하는 개념적 불일치와 모순을 찾아내고 분석하기 위해 이분법, 중복, 또는 이항 대립을 자주 이용했다. 쉬운 예로, 국가의 주권과 세계 질서의 비전 간의 갈등, 국가-동의에 근거한 관할권과 보편적 관할권 간의 갈등을 들 수 있다. 그들은 국제법 시스템의 모순과 불안정성을 드러냄으로써, 국제법의 보편적 가치보다는 우연성을 강조한다. 그들은 소위 시스템의 보편성과 객관성에 대한 의문을 보다 더 부각하기 위해 객관적이고 중립적인 스타일을 버렸다. 카스는 법률문제의 개인화(personalization)와 국제법 개선 방안에 대한 개별적 모색인 '개인적 탐구(a personal quest)'에 대해 말한다.[84] 개인적인 목소리를 이용하는 것은 주류의 부적절함에 대한 분노를 전달하는 데 효과적이다.

전략적인 면에서 뉴스트림은 통상의 온건한 법률 개선을 거부하고 급

---

82 David Kennedy, 'A New Stream of International Legal Scholarship', above n 52, 23.

83 특히 이러한 관점에 기반한 신랄한 비평으로는 Antony Anghie, *Imperialism, Sovereignty, and the Making of International Law* (CUP 2005) 참조.

84 Debora Z. Cass, 'Navigating the Newstream', above n 79, 365.

진적인 변화를 추구한다. 국제법에 이질적인 관점들은 국제법에 통합되어 새로운 탐구의 장을 여는 통찰력을 제공한다. 학제성(interdisciplinarity)은 전통적으로 자신의 독자성에 의문을 제기하는 것에 그다지 우호적이지 않은 학문의 벽을 무너뜨린다. 그렇게 뉴스트림은 그들의 정치적·문화적 배경에 기반한 문제들을 분석하거나 그것을 새롭게 고쳐 쓰고, 정치적 고려를 법적 분석에 통합시켰다.[85]

불확정성 테제의 적용: 변명에서 유토피아로

1989년 마르티 코스켄니에미가 자신의 박사 학위 논문인 『변명에서 유토피아로(From Apology to Utopia)』를 책으로 출간하였을 때, 단지 몇몇 사람만이 이 책이 국제법 학계에서 가장 영향력 있는 책이 될 것으로 예측했을 것이다.[86] 이 책이 원래 세계적인 유통망을 보유하고 있는 유명한 학술서적 출판사가 아닌, 핀란드 변호사회에서 출간하였다는 점을 고려하면 더욱 놀라운 업적이다. 국제법 학계에 대한 환멸 속에서 비판이론의 길을 걷기 시작한 데이비드 케네디와는 달리, 코스켄니에미는 정부 소속 변호사로서의 경험을 통해 혼란과 흥미를 느꼈다고 한다. 특히, 핀란드 외교부에서 국제법 실무를 경험하면서 그는 법률가들이 동일한 규범에 대해서도 다른 결론, 심지어는 정반대의 결론을 도출할 수 있음을 눈치챘다. 그들은 모순되는 규범을 이용하여 법조문이나 국가 관행을 해석할 수도 있었었다.[87] 국제법의 불확정성은 시스템 외부가 아닌 내부에 있다는 그

85 Ibid, 349.

86 Martti Koskenniemi, *From Apology to Utopia: The Structure of International Legal Argument* (Finnish Lawyers' Publishing Company 1989).

의 전문가적 직관은 하버드 로스쿨에서 수학하며 강화되었다. 그곳에서 데이비드 케네디는 그에게 '법적 논쟁은 엄격하게 형식적인 언어에 의해 제한받는 동시에 거침없으면서도 다소 예측할 수 있게 어떠한 입장이든 방어할 수 있게 허용한다'고 가르쳤다.[88] 그러한 언어를 자신 있게 말하는 법을 배우는 것이 모든 성공한 전문가들에게 중요하다. 보다 일반적으로 국제법이 어떻게 운용되는지 이해하기 위해서, 코스켄니에미는 국제법의 피상적인 징후보다는 이 학문의 언어(*langue*)를 밝히려고 노력하면서 국제법의 심층 구조 분석에 집중했다.

코스켄니에미는 국제법의 자유주의 이론에 대한 비판을 제공한다. 사실, 자유주의는 국제법의 내용을 지배하는 규범 체계이다.[89] 우리가 주권이라는 렌즈를 통해 국제 관계를 바라보게 하고, '자유에 기반한 통치 방식과 법의 지배에 기반한 분쟁해결절차를 제공'하는 것이 자유주의 이데올로기이다.[90] 실제로 국제법은 법의 지배에 복종하는 동등한 자격의 주권 국가들로 구성되어 있다는 것이 자유주의 이론의 기본 원리이다. 법의 지배는 정치에 적대적이고 심지어 반대되는 것으로 인식되면서, 통제 불가능한 무정부 상태에 대한 유일한 해독제로 여겨지기 때문에 자유주의 이데올로기의 핵심이다. 코스켄니에미는 이를 매우 초기부터 국제법을 형성한 '정치에서 탈출하고자 하는 자유주의적 충동'이라고 불렀다.[91] 그러나 코스켄니에미에 따르면, 국제 질서가 법의 지배에 기반하고 있다는 생각은 '사회적 갈등은 여전히 정치적인 수단을 통해 해결되어야 하며,

---

87 Martti Koskenniemi, 'Letter to the Editors of the Symposium', above n 9, 354-5.

88 Ibid.

89 Nigel Purvis, 'Critical Legal Studies in Public International Law', above n 54, 102.

90 Ibid, 101.

91 Martti Koskenniemi, 'The Politics of International Law' (1990) 1 *European Journal of International Law* 4, 6.

국제법률가들 간에 공통의 법적 수사법이 존재한다고 하더라도 그 수사법은 **그 이상(理想) 자체에 내재된 이유로 인해** 국제 분쟁의 결과를 정당화하기 위해 본질적으로 논쟁의 여지가 있는—정치적—원칙에 의존해야 한다는 사실'을 숨길 수 없다.[92]

또 다른 법에 대한 자유주의적 관점의 특징은 법적 규칙을 통한 사회의 구성은 오직 그 규칙이 객관적인 경우에만 발생할 수 있다는 것이다. 그 법은 반드시 정의에 대한 추상적인 이론과 거리를 둘 수 있을 정도로 '구체적'이어야 하는 동시에, 개인의 주관적인 선호와는 무관하게 모든 이들에게 적용되기 쉽게 '규범적'이어야 한다. 그러나 코스켄니에미에 따르면, 구체성과 규범성을 조화시키는 작업은 불가능함이 입증되었다. 왜냐하면 어떠한 규칙, 원칙 또는 주장도 구체적이면서도 규범적일 수는 없기 때문이다. 이 둘은 서로를 상쇄시킨다.[93]

국제법 논증 체계의 불확정성에 대한 논의는 비교적 쉽게 확인할 수 있다. 국제법에 관한 주장(또는 이론)이 더욱 구체적이고 국가 관행에 더 가까울수록, 국제 공동체의 현존하는 권력 구조에 대한 변명으로 여겨질 위험도 커진다. 따라서, 그것은 가장 힘 있는 자들을 위한 정치적 도구로 보일 것이다. 동시에, 그러한 주장이나 이론이 더 규범적이고, 규제하고자 하는 사회적 맥락에서 멀어질수록, 더 유토피아적으로 보일 것이다. 다시 말해, 국제법은 의도대로 조작할 수 있는 자연적 정의의 개념과 밀접하게 연결되어 정치적 도구로 여겨질 것이다. 따라서, 정치는 국제법 논의 체계 그 자체에 내재되어 있는 불가피한 것이다. 국제법 논쟁에는 객관성이란 존재할 수 없으며, 모든 주장이나 이론은 상충하는 주장이나 이론에

---

92 Ibid, 7.(원문에서 강조)

93 Ibid, 8.

의해 상쇄될 수 있다.[94] 불확정성은 '국제법 언어 그 자체의 구조적 속성'이다.[95] 법적 논쟁의 가역성(reversibility)은 불확정성 테제의 일부이다. 이는 어떠한 국제법 원칙도 다른 결과를 정당화할 수 있음을 의미한다.[96] 궁극적으로, 국제법은 정치적 선택의 산물이 아닌 실질적인 결정으로 이어질 수 없다.[97] 이는 코스켄니에미의 초기 저작들을 지나치게 단순하게 해석한 일부가 주장하는 바처럼 국제법이 무의미하다거나 존재하지 않는다고 말하는 것이 아니다. 코스켄니에미는 국제법이 국제법률가 대부분이 말하는 것과는 다르다고 주장하였을 뿐이다. 국제법 이론의 이원적 구조 덕분에 어떠한 결론도 도출할 수 있는 것과 같이, 서로 다른 관점들이 그 안에서 수용될 수 있고 그러한 시스템이 규범적 결과라는 측면에서 분명하지 않다는 사실은 국제법이 국제 무대에서 국가 간의 협상과 청구의 언어로 사용되기에 적합하게 만들어 준다.

자유주의 이론의 모순은 국제법 이론 체계에서도 자명하게 드러난다.[98] 규범적 규칙 기반 접근법과 법의 구체성을 강조하는 정책적 접근법 사이의 불일치는 이상주의와 회의주의 간의 해결할 수 없는 모순을 증명한다. 주류는 구체성과 규범성 사이의 중간 지점을 찾을 필요성에 대한 일반적인 진술로 후퇴함으로써, 국제법 이론 체계의 깊은 모순을 회피한다.[99] 진실은 구체성과 규범성이라는 두 가지 요건이 다시 한번 상쇄되기 때문에 국제법 이론에 대한 진실이나 객관적 정당성이 존재할 수 없다는 것이

94 Ibid.

95 Martti Koskenniemi, *From Apology to Utopia*, above n 86, 44.

96 Ibid, 449-57.

97 Martti Koskenniemi, 'The Politics of International Law', above n 91, 9.

98 Martti Koskenniemi, *From Apology to Utopia*, above n 86, 131.

99 Ibid, 46. '결과적으로, 원칙(doctrine)은 어느 위치에서도 영구적으로 자리 잡지 못한 채 **구체성과 규범성 사이를 끊임없이 오갈 수밖에 없다.**'(원문에서 강조)

다.[100] 이항 대립 내지 이원적 구조가 유사한 기능을 수행하고 있는 국제법의 실체적 구조 내에서도 동일한 긴장을 관찰할 수 있다.[101] 실체적 국제법 원칙 및 규칙의 구조적 불확정성의 예로는 주권 원칙과 세계 질서 간의 긴장, 관습의 성립에 관한 국가 관행과 법적 확신(*opinio juris*) 간의 돌고 도는 논쟁, 일방적 구속 의지와 신의성실 및 정당한 기대 원칙 사이를 왔다 갔다 하는 특징을 가진 국가의 일방적 의무에 대한 독트린의 이중성, 그리고 영토 보전과 자기 결정권 원칙 사이의 해결할 수 없는 긴장을 들 수 있다.

코스켄니에미에 따르면, 주권 원칙—국제법상 국가의 지위를 국내법상 개인과 동일시 하는 '국내법적 비유(domestic analogy)'의 전형적인 예시[102]—은 국제법의 불확정성에 대한 또 다른 사례를 제공한다.[103] 평등하게 독립적인 주권 국가의 존재를 상정함으로써, 국제법은 그들 간의 분쟁 해결이 불가능하게 만든다. 왜냐하면 한 주권 국가의 자유가 다른 주권 국가의 자유보다 우선할 객관적인 근거가 없기 때문이다. 사실, 주권이 서로 충돌하는 경우, 그 분쟁은 형평(equity)에 따르거나 양측의 권리가 어떻게든 균형을 이루는 방식으로 해결된다. 그러나, 두 경우 모두 해결 방안에는 자유주의 이론이 주장하는 바와 같이 정치적 판단과 가치 판단이 수반된다.[104]

코스켄니에미는 포스트 현실주의 시대에 국제법은 '현대 국제법을 특징짓는 일종의 보편화된 수사법과 확고한 기반 찾기'를 포기해야 한다고 보았다.[105] 국제법률가들은 국제법을 '하나의 통일된 방법을 세상에 적용

---

100 Martti Koskenniemi, 'The Politics of International Law', above n 91, 8.

101 Ibid, 13.

102 Martti Koskenniemi, *From Apology to Utopia*, above n 86, 68.

103 Ibid, 192.

104 Martti Koskenniemi, 'The Politics of International Law', above n 91, 18.

105 Martti Koskenniemi, 'International Law in a Post-Realist Era', above n 76, 19.

하는 것'으로 보기보다는 '사회적 관행과 직업 문화, 그리고 정치적이고, 친숙하고, 주관적인 것을 끊임없이 상기시키는 특정 상황에서 해야 할 옳은 일에 대한 대화'로 보아야 한다.[106] 국제법에서 규범적 문제 해결은 '특정 상황에서 가장 수용할 수 있는 해결책에 도달하려고 시도하는 실천에 불과하다. 이는 기존의 일반 규칙이나 원칙의 적용이 아니라 지금 여기서 무엇을 해야 하는지에 대한 대화'이다.[107] 국제법에는 '국제법률가들이 어떤 일을 하고, 그들이 하는 일에 대해 어떻게 생각하는지' 외에 본질적인 요소나 무게 중심 같은 것이 없다.[108]

'뉴스트림' 학파의 유산

뉴스트림 학파가 국제법 이론에 상당한 영향을 미쳤다는 것은 과언이 아니다. 최근 얀 클라버스(Jan Klabbers)가 비판적 학술 연구는 국제법 학계의 '주류'가 되어 이제는 그 역할이 뒤집혔다고 쓸 정도로 케네디와 코스켄니에미의 저술들은 젊은 세대의 국제법학자들에게 특히 엄청난 영향을 미쳤다.[109] 클라버스가 한 말이 얼마나 설득력이 있을지는 관찰자의 시점에 따라 달라질 수 있다(다른 지역보다도 헬싱키, 멜버른 또는 제네바에서는 다르게 인식될 수도 있다). 그러나 비판이론이 국제법 학계의 단조로움을 흔들어서

106 Ibid, 17.

107 Martti Koskenniemi, *From Apology to Utopia*, above n 86, 486.(원문에서 강조)

108 Martti Koskenniemi, 'International Law in a Post-Realist Era', above n 76, 17.

109 Jan Klabbers, 'Whatever Happened to Gramsci? Some Reflections on New Legal Realism' (2015) 28 *Leiden Journal of International Law* 469, 471. '이제 비판법학은 확고하게 자리 잡아서 비판적 연구가 이론 연구나 규범 연구보다 학문적으로 훨씬 더 진지하게 받아들여지고 있다. 정치적으로는 아니더라도, 최소한 학문적으로는 '뉴스트림'이 주류가 되었다.'

다른 감성과 접근에 개방하지 않았다면 최근의 많은 이론적 기여는 존재하지 않았을 가능성이 크다.[110] 그렇다면, 이론적 논쟁의 장에서 경쟁에 뛰어들지 않는 것이다. 개인적 성향과 좋고 싫음을 떠나, 1980년대 후반과 1990년대 초반에 국제법 이론에 대한 학문적 관심이 쇄신된 것은 일차적으로 뉴스트림의 저작들 덕분임을 인정하지 않을 수 없다.[111] 개인적 재능, 학식, 카리스마, 몸담은 기관의 권위(특히 많은 미래의 뉴스트림 학자들이 유입되었던 당시 하버드 로스쿨의 명성), 그리고 사회의 다른 직업 분야나 영역과 마찬가지로 우리 학계 내에서 작동하는 '유명 인사 메커니즘(celebrity mechanisms)'이 뉴스트림의 학문적 성공에 기여했을지도 모른다. 그러나 중요한 점은 비단 핀란드와 미국에서뿐만 아니라 국제법을 업으로 삼는 많은 사람이 이제는 국제법에 관한 이론적 관점을 자유롭게 선택할 수 있게 되었다는 것이다.[112] 이러한 이론적 감수성의 본질적인 장점이나 부가가치 외에도 뉴스트림 학파의 성공을 설명할 수 있는 다른 우연한 요인들을 생각해 볼 수 있다. 첫째, 이 직역에는—특히, 유럽에는—뉴스트림이 타 학문과 지적 전통에서 차용한 주장과 연구 방식에 대한 반박은 커녕 이 논의에 제대로 참여할 준비가 되어 있는 사람이 거의 없었다. 둘

---

110 특정 학계, 특히 국제법의 관행에 깊이 관여하고 있는 학계의 현저한 반지성주의는 영향을 받지 않았다. 같은 시기에 이안 브라운리는 국가 승인에 대해 언급하면서 '이론이 법률 연구에 끼치는 해악에 대해서는 의심의 여지가 없다'고 썼다. Ian Brownlie, 'Recognition in Theory and Practice', in R. St J MacDonald and D. M. Johnston (eds), *The Structure and Process of International Law: Essays in Legal Philosophy, Doctrine and Theory* (Nijhoff 1986) 627.

111 반대되는 견해로, Tomas Skouteris, 'Fin de NAIL: New Approaches to International Law and its Impact on Contemporary International Legal Scholarship' (1997) 10 *Leiden Journal of International Law*, 419-20(국제법 학자들은 국제법에 대한 새로운 접근(New Approaches to International Law, NAILs)에 실제로 관여하지 않으며 '압도적으로 다수의 국제법률가들은 뉴스트림의 비판에 대해 들어본 적도 없거나 관련한 의견을 형성한 적도 없다'고 주장한다) 참조. 개인사, 경력, 그리고 다른 관심사가 이러한 관점의 차이를 유발한 것으로 보인다.

째, 주류 국제법 학계는 어떤 것이 '비법률적'이거나 '순수하게 이론적'이라는 이유로 다양성과 '타자성'을 배제하는 통상적인 사회학적 배제 메커니즘에 의존하기는 어렵다고 생각했다. 핀란드 외교부에서 변호사로 근무하면서 전통적인 국제법 담론의 '수용된' 언어('received' language)로 말한 마르티 코스켄니에미는 이러한 협의에서 자유로울 것이다.

비판이론을 적용함으로써 뉴스트림은 국제법이 자유주의 이념을 뒷받침하는 깊은 구조를 반영하고 있음을 증명하기 시작했다. 주로 이분법과 이항 대립(규범성/구체성, 이상주의자/옹호주의자, 공동체주의자/자유주의자, 객관성/주관성), 배타적, 상호 배타적으로 표현되는 논쟁의 반복되는 패턴이 국제법의 모순적인 깊은 구조를 보여준다는 발견[113]은 뉴스트림이 남긴 불후의 유산의 중요 부분이다. 국제법의 핵심 문제, 즉 주권 국가가 어떻게 법에 구속받게 되었는가에 대한 케네디의 분석은 코스켄니에미의 접근 방식과 사뭇 다르다. 케네디의 관점에서는 주권 국가를 존중하는 동시에 그의 행위를 규제해야 할 필요성은 '어떠한 방법으로도 문제를 해결할 수 없으며, 모든 해결책의 조합이 불안정해 보이기 때문에' 해결될 수 없는 자율성과 실효성 사이의 긴장을 보여준다.[114] 이는 학문의 연구 과제와 그로 인한 결과인 학설 논쟁에서의 근본적인 불일치를 야기한다. 비록 유사한 생

---

112 마르티 코스켄니에미는 학계가 '자유주의적이면서 다원적인' 핀란드의 국제법학자로서 '실증주의자, 해석학자, 마르크스주의자, 법 현실주의자, 비판적 실증주의자, 또는 기타 등등' 중에서 무엇이 될지를 자유롭게 선택할 수 있었다고 한다.(Martti Koskenniemi, 'Letter to the Editors of the Symposium', above n 9, 353) 비록 몇몇 미국 로스쿨에서의 학내 정치과 지적 사조가 연구 방법의 선택에 특정한 환경적 압력을 가했을 수는 있으나, 미국도 이러한 상황이었다. 그러나 나는 코스켄니에미가 자신의 경력을 시작했을 때만큼이나 최근까지도 유럽 내의 많은 학문적 환경은 이와 다르다고 본다.

113 Nigel Purvis, 'Critical Legal Studies in Public International Law', above n 54, 104.

114 David Kennedy, 'When Renewal Repeats: Thinking Against the Box' (1999-2000) 32 *New York University Journal of International Law and Politics* 335, 407.

각에서 영감을 얻었지만, 코스켄니에미는 국제법의 또 다른 측면인 '현상 유지(*status quo*)에 대한 옹호와 국제적 유토피아를 향한 움직임 사이'의 긴장에 더 날카로운 초점을 두었다.[115]

서로 다른 내용과 개인적 스타일에도 불구하고 케네디와 코스켄니에미는 뉴스트림의 주요 인물들이며, '국제법에 대한 새로운 접근(New Approaches to International Law, 이하 'NAILs')'이라 불리는 1990년대의 학자 세대에게 영감을 주었다. 전통적인 의미에서 NAILs는 학문적 운동이었던 적이 없다. NAILs는 국제법의 역사에서부터 포스트-식민지 연구, 페미니즘 비평, 국제법에 대한 제3세계식 접근법, 그리고 포스트-모던 경제법에 이르기까지 다양한 연구를 수행하는 매우 혼성적인 집단이었으며, 지금도 그러하다.[116] 이 그룹에 포함될 사람들의 엄청나게 다양한 프로필과 관심 연구 분야는 1994년에 출판된 「하버드국제법저널(Harvard Journal of International Law)」의 참고 문헌에 잘 나타나 있다.[117] NAILs는 공동의 학문적 과업이나 아이디어를 제시하지는 않은 반면, 공유된 비판적 감수성을 제공했다. 그럼에도 불구하고, 데이비드 케네디는 학자로서 '학문적 비판과 쇄신을 위한 국제적인 공동 프로젝트를 구축하기 위해 의식적으로 노력'했다.[118] 국제법이 '프로젝트를 함께 하는 사람들'이며, 그들이 '서로 옳고 그름을 다툰다'는 점을 수긍하면서도,[119] 국제법에 대한 새로운 생각에 관심이 있거나 비슷한 생각을 가진 비판적 이론가 집단을 만들 목적으로 젊은 동료 및 외국인 대학원생과 대화하겠다는 자신의 의지를 부끄러

115 Ibid.

116 Thomas Skouteris, 'FIN de NAIL', above n 111, 415, 417.

117 David Kennedy and Chris Tennant, 'New Approaches to International Law: A Bibliography' (1994) 35 *Harvard Journal of International Law* 417.

118 David Kennedy, 'When Renewal Repeats', above n 114, 489.

119 Ibid, 466.

워하지 않은 것이다.[120] 가끔 이렇게 혼성적인 집단의 사람들이 함께할 수 있도록 유지하는 데서 오는 어려움에 좌절하기도 하지만,[121] 케네디는 정치 프로젝트나 연구 과업에 있어서 결국엔 이 구성원들에게 공통점이 있어 그것을 경험하고 공유할 수 있었다고 밝혔다.[122]

이 분야의 악동(*enfant terrible*)이라는 평판이 자신의 학문적 업적을 영구적으로 대표할 것을 우려한 동시에 NAILs 운동의 영도자라는 이미지를 유지하는 게 자신의 업(業, *métier*)이 될 수도 있음을 인지한 케네디는 1990년대 말 NAILs의 죽음을 선언했다.[123] 그는 국제법이 컨센서스와 쇄신의 시기, 불안과 논쟁의 시기 사이에서 끊임없이 오가는 모습을 발견한 뒤, 그는 새로운 사고를 생산하려는 자신의 노력을 '행위예술 작품(performance artwork)'이라 정의하였다.[124] 이 표현을 통해 그는 국제법을 마치 다른 학문처럼 보이게 하고, 사람들이 '지적 참여의 순간'을 공유하게 하는 감성적이고 지적인 맥락을 언급한다.[125] 이 행위예술이라는 아이디어는 무엇인가 흥미로운, 그리고 새로운 것이 등장하면 신기 위해 닦아둔 '댄싱슈즈' 비유로 다시 설명된다.[126]

'새로운 사고'의 유산은 복합적이기에 몇몇 선언이나 구호로 축소될 수 없다. 그러나 몇 가지 주제는 다수의 뉴스트림 학자들 사이에서 공통적이

120 Ibid, 467.

121 Ibid, 494. '내부에서, 나는 많은 이질적인 구슬들이 테이블에서 굴러떨어지는 것을 막는 어려움, 서로에게 배우고자 하는 그룹 내에서의 저항, 다른 사람의 아이디어를 명확하게 다시 설명하기 위해 그룹 내부자를 찾는 어려움에 끊임없이 부딪혔다.'

122 Ibid, 495.

123 Thomas Skouteris, 'FIN de NAIL', above n 111, 417.

124 David Kennedy, 'When Renewal Repeats', above n 114, 497. 사실, 케네디는 국제법이 일련의 규칙, 이론 및 제도라기보다는 '일련의 전문적인 역할수행'이라고까지 말한다.(Ibid, 337)

125 Ibid, 498.

고, 다른 학문에 편입될 가능성이 있음을 강조할 필요가 있다. 가장 중요한 점은, 뉴스트림이 지배적인 자유주의 패러다임에 맞서는 강력한 반대 서사를 생산해 냈다는 것이다. 뉴스트림은 다른 모든 목표가 달성될 수 있는 중립적인 통치 체제로서의 자유주의 이론과 그 무조건적인 자유 예찬의 한계를 드러냈다. 국제 관계를 주권의 관점에서만 생각하는 등 국제법에서 자유주의 이론의 근본 논리에 의문을 제기하지 않고 주권이 마치 정당화할 필요가 없는 것처럼 가정함으로써, 뉴스트림은 국제법의 자유주의적 비전이 그것과 충돌하는 국제법의 대안적 개념을 '본질적으로 선점하고 배제한다'고 주장한다.[127] 비록 비판이론이 비평가로서의 신뢰를 잃을 두려움에 국제법 시스템을 구조화하는 데 참여하지는 못했지만, '뉴스트림은 국제법을 연구할 수 있는 도전적인 지적 탐구 방법을 제공함으로써 국제법이라는 학문을 주류로 끌어 올렸다.'[128] 학문의 수많은 맹점과 편향성 그리고 그 제도의 배후 조건 및 규범에 주목함으로써,[129] 뉴스트림은 국제법의 패러다임에 의문을 제기했다. 실제로, 방법론 및 비평에 대한 감수성은 뉴스트림이 남긴 유산의 가장 중요한 측면이다.

또 다른 뉴스트림의 중요하면서 영향력 있는 통찰은 정치의 중요성과 법질서 형성에 있어서 정치적 선택의 관련성을 강조한 것이다. 데이비드

---

126 Ibid, 500. '만약 당신이 비판과 혁신의 흥미진진한 프로젝트를 가지고 있는 스스로를 발견한다면, 혹은 당신이 어떤 길에서 멀리 떨어진 곳의 빛을 보고 뭔가 대단한 일이 일어나고 있다는 생각이 든다면, 나에게 전화해라. 나는 내 댄싱슈즈를 닦아 두었고, 당신과 함께 가고 싶다.' 나는 자신들의 급진적인 개혁 프로젝트에 예나 지금이나 이성적으로 (가끔은 감성적으로) 전념하고 있는 동료들이 반짝이는 댄싱슈즈를 신은 예술 공연이라는 아이디어를 어떻게 바라볼지 항상 궁금했다.

127 Nigel Purvis, 'Critical Legal Studies in Public International Law', above n 54, 100.

128 Ibid, 126-7.

129 David Kennedy, 'When Renewal Repeats', above n 114, 402, 408-9.(배후 조건 및 규범의 개념을 사법, 경제생활 그리고 지역 문화에까지 확장하면서)

케네디는 비록 우리가 '탄탄한 법체계와 "거버넌스"를 갖추고 있으나', 경쟁하는 사회 세력과 정치 세력 사이에서 분배와 정의 문제가 다투어질 수 있는 '국제 정치'를 놓치고 있다고 발언함으로써 국제법의 전통적인 통념을 뒤집어 놓았다.[130] 뉴스트림의 다른 유산에는 진보로서의 역사를 비판적으로 다시 쓰기, 학제적 관점과 문화적 배경을 고려한 국제법 체제 구축에 대한 특별한 관심, 법의 '어두운 면'을 보려는 경향,[131] 그리고 법적 현상의 심층 구조를 파헤치려는 성향이 포함된다.[132]

당연하게도, 시간이 지남에 따라 뉴스트림/NAILs의 우산 아래 합쳐진 수많은 프로젝트와 연구 과제들은 각자의 길을 가게 되었다. 데이비드 케네디의 연구 관심사는 글로벌 거버넌스, 정치경제학, 그리고 의사 결정 과정에서의 전문가 역할 문제에 더욱 집중되었다. 면밀히 살펴보면, 다른 맥락에서 정교하게 다듬어졌던 많은 통찰들이 지금까지 국제법률가들에 의해 거의 탐구되지 않았던 현재의 관심 이슈들에 적용되고 있기 때문에, 그의 과거 연구와 현재 연구 사이에는 분명한 연속성이 존재한다. '글로벌 거버넌스의 미스터리'와 관련하여, 만약 우리가 실제로 통치받고 있다면 그 통치 방식에 대해 우리가 얼마나 아는 바가 없는지에 대해 케네디가 충격적으로 놀랄만한 이유가 있다.[133] 세계를 통치하는 보이지 않는 손은 있는가, 아니면 단순히 혼돈(chaos)뿐인가? 기업 변호사, 투자은행가, 그리고 사업가들이 무엇을, 어디서, 어떻게 해야 할지에 대하여 정부나

---

130 David Kennedy, 'When Renewal Repeats', above n 114, 418.

131 예를 들면, David Kennedy, *The Dark Side of Virtue: Reassessing International Humanitarianism* (Princeton University Press 2004) 참조.

132 주류와 구별하기 위해 NAIL이 사용한 어휘의 예시로 데이비드 케네디가 제안한 '구호(slogans)'의 목록은 David Kennedy, 'When Renewal Repeats', above n 114, 496-7 참조.

133 David Kennedy, 'The Mystery of Global Governance' (2008) 34 *Ohio Northern University Law Review* 827.

국제기구보다 더 잘 판단하는 것처럼 보이는 세상에서 국내외의 제도적 체계가 유효한 거버넌스 메커니즘을 제공하는가?[134] 계속되는 국제 분쟁, 빈곤, 사회적 불평등과 불공정, 그리고 안보적 우려와 기본 인권 존중 간의 균형 필요성 등 국제적으로 우려되는 몇 가지 문제만 생각해 보아도, 이러한 근본적인 질문을 던지는 건 다른 무엇보다도 중요하다. 케네디는 규범적 관점을 통해 개입하기에 앞서 이렇게 복잡한 세상이 어떻게 돌아가는지에 대한 이해가 선행되어야 한다고 주장했다.

케네디의 핵심적인 견해는 거버넌스의 외관, 우리가 보는 것과 알고 있는 것, '우리가 이해하는 구조 안에서' 행위 하는 '대리인의 권한'에 우리가 너무나 많은 초점을 두고 있다는 것이다.[135] 대신해서, '권력이 사회의 모세혈관을 통해 흐르는 수많은 방식, 특히 국제적 차원'에서 이러한 부분에 주목해야 한다.[136] 이러한 흐름의 일부(금융, 자원, 무기)는 잘 알려진 반면, '신념의 흐름, 지식의 유형, 소속감과 박탈감의 유형, 권력을 향한 의지의 사회 운동, 복종하려는 욕구, 승리와 희생의 경험, 자부심과 수치심'과 같은 다른 것들은 상대적으로 잘 알려지지 않았다.[137] 비록 글로벌 거버넌스의 유형에 대한 '종합적인 재해설(totalizing re-descriptions)'이 제시되었지만,[138] 전문가에 대한 연구와 거버넌스 메커니즘으로서 전문지식이 형성, 전달, 그리고 이용되는 양상에 대한 연구가 중요하다고 케네디는 주장했다. 한편 정치인, 고위 공직자, 그리고 여론을 의사 결정의 핵심 주체로 내세운다면 결국 의사 결정 과정에 종종 결정적인 영향을 미치는 모

134 Ibid, 834.

135 Ibid, 851.

136 Ibid.

137 Ibid.

138 Ibid, 841.

든 배후 참가자(background players)와 규범을 간과하게 된다.[139] 이러한 배후 참가자 중에서도 전문가가 두드러진다.[140] 이처럼 공유된 지성사와 어휘, 뚜렷한 스타일, 직업적 양심과 함께 '공통의 언어로 프로젝트를 진행 중인 사람들'의 집단[141]은 결과를 도출하는 주장을 생산한다. 그들은 문제에 대한 인식을 형성하고, '고려되는 해결책의 범위를 좁힌다.'[142] 전문가들은 통치자에게 조언하고, '이익이나 이데올로기의 언어로 말하지 않는다. 그들은 모범 사례, 경험적 필요성, 분별력, 또는 합의된 가치에서 비롯된 전문적인 언어로 말한다. 그들에게는 재량권이 없다. 그들은 자신의 전문성에 의해 강요받고 있다.'[143] 이 사람들이 세상을 어떻게 바라보고, 무엇을 보고, 그리고 무엇을 걱정하고 있는지 아는 것은 국제법에서 결정이 내려지는 과정과 그 결과를 이해하는 데 유용한 도구가 된다.[144]

법조계의 창조적 재구성을 위한 새로운 사고의 필요성은 국제법의 부

---

139 배후 규범(background norms)에 대해 케네디는 전통적으로 국제법률가들의 영역에 속하는 '사법(private law), 기업 표준(corporate standards), 초국가적 사무 처리, 기업의 지배구조 및 책임에 관한 규칙'을 언급한다. David Kennedy, 'Challenging Expert Rule: The Politics of Global Governance' (2005) 27 *Sydney Law Review* 5, 12.

140 케네디는 서로 다른 국제법 분야에 있어서 전문가와 전문성에 대한 연구에 헌신한 바 있다. David Kennedy, *Of War and Law* (Princeton University Press 2006); David Kennedy, *The Dark Side of Virtue*, above n 131; David Kennedy, 'The Politics of the Invisible College: International Governance and the Politics of Expertise' (2001) 5 *European Human Rights Law Review* 463; David Kennedy, *A World of Struggle: How Power, Law, and Expertise Shape Global Political Economy* (Princeton University Press 2016) 참조.

141 David Kennedy, 'Challenging Expert Rule', above n 139, 18.

142 Ibid, 17.

143 Ibid, 15.

144 David Kennedy, 'The Mystery of Global Governance', above n 133, 846. 전문가에 대한 연구와 '전문지식의 본질, 전문가들이 가지고 있는 지식, 무엇이 그들의 영역이고 무엇이 아닌지에 대한 그들의 배후 의식(background conciousness), 그들이 논쟁할 때 사용하는 용어, 그리고 그들이 알고 있는 바를 현실로 만드는 과정(channels)을 이해'하기 위한 노력을 장려하고 있다.

재가 두드러지는 정치경제학 영역에서 특히 긴요하다. 여기서 다시 한번, 정확한 '전문성에 의한 통치의 지적(知的), 제도적 체제의 지도(地圖)는 혁신과 정치적 논쟁을 위한 새로운 기회를 열어줄 수도 있다.'[145] 문제는 이 분야의 법이 '편협한 정밀 분석'에 묶여서 가장 필요한 '글로벌 정치경제의 미시적인 그림'을 한 번도 경험하지 못했다는 점이다.[146] 국제법은 '최고의 보편적 가치 체험, 국제정치 행위자들에게 있어서 최고의 지도(地圖), 그리고 정책적 해결의 도구 세트'라는 자신의 이미지를 버릴 필요가 있다.[147] 산업 규제, 지역 표준, 그리고 비공식적 합의 등 글로벌 정치경제의 배후에 있는 법은 사법(私法)의 세계에서 유연하면서 정교해야 한다. 무엇보다도, 국제법은 스스로가 '정치·경제와는 별개'라고 생각하는 버릇을 버려야 한다.[148] 국제법은 권력과 부의 행사를 정당화하면서 그 권위를 감추는 '정당성의 방언(方言)(a vernacular of ligitimacy)'이 되어 중앙과 주변의 관계를 명확히 함으로써 글로벌 경제의 통치에 기여해야 한다.[149] 국제법은 글로벌 경제에 무관심한 '정치적 선택을 위한 규범적 또는 기술적 대안이 아닌 정치적·경제적 투쟁을 위한 지형'으로 재고될 필요가 있다.[150]

국제법에 있어서 가능한 시나리오를 기획하고, 경외심을 불러일으키는 방식으로 표현하는 데 있어 데이비드 케네디의 역량은 독보적이다. 그가 미국 뉴스트림 학파의 발전에 있어서 선두 주자임에는 의심의 여지가 거의 없다. 만약 케네디가 설정한 '유용성을 위해 현장의 용어를 재구성하

---

145 David Kennedy, 'The Law and the Political Economy of the World' (2013) 25 *Leiden Journal of International Law* 7, 39.

146 Ibid, 9.

147 Ibid, 37.

148 Ibid, 38.

149 Ibid, 43, 7.

150 Ibid, 7.

는 세대 간의 혁신가'라는 기준[151]에 따라 그를 평가한다면, 많은 젊은 동료들이 그를 따르며 이 분야를 새롭게 보았으므로, 그는 아마 합격할 것이다. 그렇게 국제법 이론 연구에 대한 관심은 쇄신되었다.

방식과 비판

국제법 학계에서 비판법학운동과 뉴스트림은 방법론과 비전의 측면에서 상당한 새로움을 가져왔을 뿐만 아니라, 다양한 논증 및 작문 스타일을 도입했다. 사실 언어와 언어 구조에 대한 감수성은 국제법에 접근하는 비판법학운동과 뉴스트림의 특징이었기 때문에, 여기 학자들이 수사법 등의 색다른 표현법을 의식적으로 사용한 것은 놀라운 일이 아니다. 때로는 파격적이고, 심지어는 우상 파괴적이기도 하면서, 거만하거나 신비로운 그들의 작문 및 논증 스타일은 그들이 비판하는 대상이기도 한 이분법과 모순을 사용하기도 한다.

마크 켈먼은 비판법학운동 학자들의 전형적인 스타일을 가리켜 '깎아내리기(trashing)'라고 불렀다. 이에 대한 그의 묘사는 상당히 흥미롭다. '특정 주장을 그들만의 방식으로 매우 **심각하게** 받아들인다. 그 주장이 사실은 **어리석다**는 것을 밝혀낸다(희비극적인). 그리고 나서 우리가 폭로한 내부적으로 모순되고, 일관성 없는 혼돈 속에서 어떠한 (외부 관찰자의) **질서**(일말

151 David Kennedy, 'When Renewal Repeats', above n 114, 461. '그러나 만약 당신의 연구가 개혁을 위해 학문적 용어를 벗어나려 하거나, 혹은 당신의 연구를 가상의 실무자라는 존재에 맞추지 않는다면, 당신은 유용하진 않고 '더 급진적'이라고 여겨질 것이다. 또는 당신이 유용성을 위해 현장의 용어를 재구성하는 세대 간의 혁신가가 되는 데 성공한 경우에만 유용하다고 여겨질 것이다. 1980년대 초 내 지인 중 한 명이 나에게 "우리 세대의 맥두걸(McDougal)"이 되어 보라고 권하면서 이러한 생각을 내게 전했다.'

의 진실도 아닌)를 찾는다.[152] 비판법학운동은 이 깎아내리기 기법을 '비합법적인 권력을 확인하는 (그리고 훼손하는) 기술'로 사용한다.[153] 주류 자유주의자들은 이러한 '깎아내리기'에 대해 다음과 같이 대응했다. '비판법학운동은 주장을 너무 심각하게 받아들인다. 그 주장들은 실제로 그렇게 나쁘지 않다. 비록 그 주장들이 인간이 만든 산물이기에 불완전하여 잘난 체하는 조롱의 대상이 된다고 할지라도, 각각의 주장에는 일말의 진실과 진정한 지혜의 핵심이 존재한다.'[154] 자유주의 법학 이론을 깎아내리느라 바쁘지 않을 때, 비판법학운동은 곧잘 '쓸데없이 일반적인 유토피아적 이론으로 전환'하는데, 자유주의자들은 비판법학운동이 스스로의 요구를 충족할 수 있는 구체적인 단계에 대해 설명하지 않는다고 비판한다. 비판법학운동은 설명이 전혀 없다고 자유주의자들이 비판하는[155] '쓸모없는 일반적인 유토피아 이론화로 전환'할 것이다.[156] 켈먼은 비판법학운동이 자신의 신랄한 스타일과 깎아내리기 기법으로 '전통적인 법학 담론의 익숙한 먼지 속에서 태연히 옛 가락을 흥얼거리며 뒹구는 것이 불가능하도록' 만들었으며, 이것이 '법무 관행 개혁에 도움이 될지' 여부에 상관없이 학자로서 그들의 주요 관심사는 인간의 행동을 이해하고 설명하는 것이라고 자랑스럽게 주장했다.[157] 그러나 비판법학운동의 학문적·지적 적대자들은 비판법학운동이 깎아내리기와 '구체적인 계획이 없는 유토피아적 구

152 Mark Kelman, 'Trashing', above n 44, 293.(원문에서 강조)

153 Ibid, 321.

154 Ibid, 295-6.

155 나는 누군가는 로베르토 웅거가 사용한, 특히 그가 사회적, 정치적 이론에 대한 연구에서 사용한 준-신비주의적이고 종종 따라가기 어려운 글쓰기 방식을 떠올릴 수 있다고 본다. Roberto Unger, *Knowledge and Politics* (Free Press 1975); Roberto Unger, *Law in Mordern Society: Toward a Criticism of Social Theory* (Free Press 1976) 참조.

156 Ibid, 296.

157 Mark Kelman, 'Trashing', above n 44, 297, 303.

호 사용'이라는 간극을 항상 오간다고 보았다. 그런 면에서 비판법학운동은 '쓸모없는 파괴자이면서 동시에 절망적으로 모호한 선지자'라 할 수 있다.[158]

오이켄(Oetken)은 법적 논쟁의 형식과 실체가 분리될 수 없다는 비판법학운동의 입장을 감안하여, 그의 관점에서 가장 관련성이 깊은 비판법학운동 학파의 '모순되는 수사학적 공약들'[159]을 종종 발견했다.[160] 그에 따르면 비판법학운동의 수사법은 일상적인 언어를 사용하는 '포용적 평등주의'와 배타적이고 지적 엘리트의 소속감을 기반으로 하는 언어인 '배타적 계층주의' 사이를 계속해서 오간다.[161] 마찬가지로 자유주의적 법률 체계의 불확정성에 대한 비판이 휘몰아친 후, 비판법학운동도 결국에는 케네디처럼[162] '경직되고, 한정된 규칙에 대한 광범위한 맥락적 기준의 개선 가능성'을 높게 평가할 때 '불확정성을 가치로써 보존'하기로 한 듯 하다.[163] 구체성과 추상성을 동시에 사용하는 것은 비판법학운동이 가진 모호성의 또 다른 예시이다. 이는 데이비드 케네디의 에세이 「봄 방학(Spring Break)」에서 잘 드러나는데, 그는 당시 학문의 맥락 속에 이 에세이를 적절히 배치하기 위해 당황스러울 정도로 많은 각주를 달면서도, 자신의 우루과이 감옥 방문을 기술할 때는 매우 주관적이고 일상적인 언어를 썼다.[164] 마지막으로, 비판법학운동의 휴머니즘과 초월주의(transcendentalism) 간 모순에 주목할 필요가 있다. 오이켄은 '웅거의 신비주의적이고, 초월적인 수

158 Ibid, 297.
159 J. Paul Oetken, 'Form and Substance in Critical Legal Studies', above n 12, 2227.
160 Ibid, 2216.
161 Ibid, 2217.
162 Duncan Kennedy, 'Form and Substance in Private Law Adjudication', above n 14.
163 J. Paul Oetken, 'Form and Substance in Critical Legal Studies', above n 12, 2221.
164 David Kennedy, 'Spring Break' (1985) 63 *Texas Law Review* 1377.

사법'과 '대중 문화와 무례함의 산물을 이용한 비판법학운동 학자들의 휴머니즘적이고 풀뿌리 지향적인 호소'를 대조시켰다.[165]

던컨 케네디는 비판법학 이론의 기호학을 설명하려는 시도에서 비판법학운동의 논고(topoi, 論庫)로 쓰였거나 연관이 있는 4개의 계보를 찾아냈다. 유기주의(organicism), 도덕폐기론(antinomianism), 구조주의(structuralism), 그리고 기호학(semiotics).[166] 케네디에게 있어서, 비판법학 이론을 한다는 것은 (혐오를 정당화하기 위해 사용되는) 이를 구분하는 작업과 기준에 따라 일정한 형질과 특성을 찾아내는 일을 수반한다. 다음으로는, 비판법학 이론의 다른 계보에 해당하는 '유기주의, 도덕폐기론, 구조주의, 기호학 중 하나 내지 여러 가지에 연결함으로써' 이러한 구분의 결과를 분석해야 한다.[167]

국제법 학계와 관련하여, 비판법학운동과 뉴스트림은 스타일에 있어서 독특한 특징을 보인다. 양자 모두 비판 대상인 이론을 대할 때 캐리커처에 가깝게 축약하거나, 극단적으로 보거나, 이항 대립을 이용한다. 글 쓰는 스타일에서도 개인별로 구분되는 특징을 발견할 수 있다. 케네디의 매혹적이고 기교 넘치는 글쓰기 스타일[168]이나 마르티 코스켄니에미의 통찰력이나 예리한 비판을 효과적으로 전달하는 고도로 정교한 산문 스타

---

165 J. Paul Oetken, 'Form and Substance in Critical Legal Studies', above n 12, 2223.

166 Duncan Kennedy, 'A Semiotics of Critique' (2001) 22 *Cardozo Law Review* 1147. 유기주의는 헤겔(Hegel), 러스킨(Ruskin), 파슨스(Parsons)와 도덕폐기론은 키르케고르(Kierkegaard), 니체(Nietzsche), 사르트르(Sartre)와 구조주의는 마르크스(Marx), 프로이트(Freud), 푸코와 기호학은 소쉬르, 레비-스트라우스(Lévi-Strauss), 데리다와 관련이 있다.

167 Ibid, 1189.

168 Denorah Z. Cass, 'Navigating the Newstream', above n 79, 367-8. 현실주의와 이상주의 간에 '분열의 순간(split moment)'을 향한 데이비드 케네디의 여정을 설명하고 있다. David Kennedy, 'Autumn Weekends: An Essay on Law and Everyday Life' in Austin Sarat and Thomas Kearns (eds), *Law and Everyday Life* (University of Michigan Press 1993) 191-235 참조. '이 여정은 로맨스와 섹슈얼리티, 냉소와 평범함으로 특징 지어진다. 여기서 저자는 자신의 영달을 탐닉하면서, 거의 역설적으로 어조를 뒤집는다, 그리고 의도적인 부도덕함으로 독자들에게 충격을 주려고 시도한다.'

일은 아무나 따라 하기 어려운 심미적 기준을 달성했다. 절제와 통제가 학문적 미덕으로 여겨지고, 자극적인 것과는 거리를 두는 전통적인 스타일이 지배적인 직업 환경에서는 특히 그러했다. 만약 법률 저널에 실린 글들이 극도로 지루하다는 로델(Rodell)의 신랄한 비판이 다소 과장된 것이라면, 법률 저널의 저자가 여전히 '특별히 별말도 하지 못하면서 잘난 척하고 있음'에는 의심의 여지가 없다.[169] 그러나 지루한 글쓰기 스타일이 다른 학파(특히 주류나 전통적인 접근 방식)만의 특징이라고 믿는 것도 틀린 생각이다.[170] 로델의 비판처럼, 비판법학운동과 뉴스트림 저자들도 때때로는 전통적인 글쓰기 스타일만큼이나 지루하고 짜증 나면서 겉만 번드르르한 스타일을 취한다. 사실 현란하기만 하고 실질적 논증에 의해 설득력 있게 뒷받침되지 않는 글쓰기라면 숙련된 독자에게 깊은 인상을 남길 수 없을 것이다.[171] 또한 일시적으로 청중들의 관심을 끌 수는 있더라도, 학술 토론의 장에 각인을 남기기는 어려울 것이다. 같은 이유로, 자신의 동료만을 대상으로 하거나 심하게는 오직 그 운동의 내부자만을 대상으로 하는 난해하고 자기 지시적인 글쓰기 스타일은 일반 독자들의 반감을 사 빠르게 소외당할 것이다.

비판법학운동의 스타일에 대한 비판은 비판법학운동 이론이 가지는 가치에 대한 비판으로 이어졌다. 가장 빈번하게 제기된 비판은 해체가 분석

169 Fred Rodell, 'Goodbye to Law Reviews – Revisited' (1962) 48 *Virginia Law Review* 279, 280. 이 글은 Fred Rodell, 'Goodbye to Law Reviews' (1936) 23 *Virginia Law Review* 38에 최초로 게재되었다.

170 나는 여기서 잘 알려진 테리 이글턴(Terry Eagleton)의 이데올로기란 '다른 사람이 가진 것'이라는 발언을 암시하고 있다. Terry Eagleton, *Ideology: An Introduction* (verso 1991), 2.

171 Thomas Skouteris, 'Fin de NAIL', above n 111, 419 참조. '국제법률가들은 뉴스트림의 비판에 꽤 당혹했다. 몇몇 저자들의 메시아적 어조는 확실히 짜증 나고, 법적 글쓰기에는 상당히 부적절하다. 그렇지 않은가? 그들의 언어는 풍부하다고 인정할 만하지만, 부자연스럽다. 같은 주장을 더 간결한 방식으로 표현할 수는 없을까?'

의 도구로 사용되고, 불확정성 테제가 규범적 결과의 측면에서 '무엇이든 허용된다(anything goes)'는 것을 정당화하기 위해 남용되고 있다는 것이다. 피스는 비판법학운동 학자들은 '법의 가면을 벗기고 싶어 하지만, 법을 좋은 공공정책이나 평등을 위한 효과적인 도구로 만들기는 원하지 않는다고 주장하며 비판법학운동을 정면으로 공격했다. 그들은 비판을 위한 비판을 할 뿐이다.'[172] 문제는 현재의 법률 체계를 대체할 그 무엇이 구체적인 프로젝트나 비전으로 뒷받침되지 않을 경우, 비판은 '정치적인 호소력이 없고 정치적으로 무책임하다'는 점이다.[173] 다른 사람들도 무책임함에 대해 비판한다. 힐러리 퍼트넘(Hilary Putnam)은 '10년의 정치적 무책임은 수십 년 후 현실 세계의 정치적 비극이 될 수 있다. 그리고 재건 없는 해체는 무의미하다'고 썼다.[174] 더 일반적으로는, 비판법학운동과 뉴스트림 학자들의 단순 독해(simplistic readings)는 법의 불확정성을 명목으로 자유주의 법학의 패러다임을 포기하면 거침없이 혼돈, 무질서, 무정부 상태로 이어질 것이라는 일종의 공백 공포(*horror vacui*) 논쟁으로 종종 이어졌다. 이러한 비판에 대해서는 반론이 제기될 수 있다. 몇몇 비판법학운동 주요 인사들은 파괴적 주장(*pars destruens*)에 그치지 않고, 나아가 계획적인 비전(a programmatic vision)인 건설적 주장(*pars construens*)을 발전시켰다.[175] 그러나 데리다에 따르면, 해체주의에 의지하는 것은 주체의 부정을 의미하는 것이 아니라, 단순히 그것을 재배치하는 것이다.[176]

---

172 Owen Fiss, 'The Death of the Law', above n 5, 10.

173 Ibid.

174 Hilary Putnam, *Renewing Philosophy* (Harvard University Press 1992) 133.

175 이는 던컨 케네디와 어떻게 로스쿨 지도를 개혁할 것인가에 관한 그의 유토피아적 비전을 떠올리기에 충분하다. Duncan Kennedy, *Legal Education and the Reproduction of Hierarchy*, above n 36, 120. 또한 재판에 대한 케네디의 이론에 대해서는 Duncan Kennedy, *A Critique of Adjudication* (Harvard University Press 1997) 참조.

나는 여기서 가장 극단적인 유형의 불확정성 이론에 대한 또 다른 비판이 떠오른다. 비판법학운동 학자들이 강조하는 모순이 사실이어도, 사실이 모순들은 그들의 주장처럼 법체계에 유해하지 않을 수도 있다. 이 모순들은 법의 일관성을 전제하는 형식주의적 입장을 취할 경우에만 해로울 것이다. 다시 말해, 실제로 소유하지 않고 있으며 소유할 수 없는 수준의 일관성을 법에 요구한다면 '내재적 명료성'을 가진 사회적 관행으로서의 법의 실용적 특성을 간과할 위험이 있다.[177] 따라서, 법은 그 자체의 실행 논리에 의해 이해될 필요가 있다. 부르디외(Bourdieu)가 적절히 설명했듯이, '실천은 논리학자의 논리가 아닌 논리를 가지고 있다. 이를 인정해야 그것이 제공할 수 있는 논리에서 벗어나 일관성 없게 글을 쓰거나, 억지로 일관성을 유지하는 글쓰기를 피할 수 있다.'[178]

자유주의 법학자 중 일부는 비판법학운동과 건설적으로 지내려 시도해 왔다. 그중 앤드류 알트만(Andrew Altman)은 자유주의 법학 이론의 관점에서 비판법학운동을 면밀하게 비판했다.[179] 그는 개인을 보호하기 위해

---

176 자크 데리다는 항상 자신의 담론이 진실과 반대되는 것은 아니며('우리는 진실을 알아야 한다'): Jacques Derrida, *Poitions* (University of Chicago Press 1981) 105, 주체를 부정하는 것도 아니라고 설명하는 데 주의를 기울였다. ('나는 주체(subject)가 제거되어야 한다고 말한 적이 없다. 단지 그것이 해체되어야 한다는 것이다. 주체를 해체한다는 게 그것의 존재를 부정한다는 의미가 아니다. 주체성에는 "작동(operations)" 또는 "노력(efforts)"이 있다. 이것은 논란의 여지가 없는 사실이다. 그러나, 이를 인정한다고 하여 주체가 곧 그것이 말하는 것인 것은 아니다. 주체는 언어 외적인 실체나 정체성이 아니라 자기-존재의 순수한 **코기토**(*cogito*)이다. 그것은 항상 언어에 새겨져 있다. 그러므로 내 연구는 주체를 파괴하지 않는다. 단지 그것을 재배치하고자 한다.' Richard Kearney, 'Dialogue with Jacques Derrida' in *Dialogues with Contemporary Continental Thinkers: The Phenomenological Heritage* (Manchester University Press 1984).

177 표현은 다음에서 차용: Stanley Fish, Professional Correctness, *Literary Studies and Political Change* (Clarendon Press 1995) 80.

178 Pierre Bourdieu, *The Logic of Practice* (Polity Press 1990) 86.

179 Andrew Altman, *Critical Legal Studies: A Liberal Critique* (Princeton University Press 1990).

권력을 견제하는 객관적인 시스템을 제공할 수 있는 법의 역량에 대한 자신의 자유주의적 신념을 재진술하면서, 불확정성 테제의 핵심에 있는 사회 구조에 대한 비판법학운동의 이해에 결함이 있음을 강조했다. 비판법학운동은 다음과 같이 주장할 수 있을 것이다. '법이나 법적 담론에는 객관적인 체계가 없다. 왜냐하면 사회 현실의 어떠한 요소도 존재하지 않기 때문이다.'[180] 비록 법적 추론에 정치적 판단의 역할이 있다고 인정하더라도, 알트만은 '법과 정치 간에는 상당한 차이가 존재하며,'[181] 법은 더 넓은 사회 구조의 일부로서 권력을 제한하고 '사람들을 불관용, 편견, 억압의 악으로부터 보호하는' 능력을 유지한다고 믿는다.[182] 이와 유사하게, 닐 맥코믹(Neil MacCormick)은 법을 판사와 결정권자의 의사 결정에 적절한 도구를 제공하는 '일관된 사고의 산물'이라고 여기게 만든 법률 관련 자료들의 '합리적 재구성(rational reconstruction)'에서 자유주의 연구의 장점을 찾았다.[183] 흥미롭게도, 맥코믹은 비판법학운동을 주류 학계가 '진부'해지거나 '사실상 침체된 상태일 정도로 부진'해질 때를 대비한 해독제로 간주했다.[184] 이러한 맥락에서 비판법학자들과 그들의 해체주의적 방식은 '더 나은 재구성'을 위한 길을 열었을 수도 있다.[185]

이러한 평가는 내가 다음에 말하고자 하는 것으로의 좋은 전환점이 될

180 Ibid, 169.

181 Ibid, 186.

182 Ibid, 201.

183 Neil MacCormick, 'Reconstruction after Deconstruction: A Response to CLS' (1990) 10 *Oxford Journal of Legal Studies* 539, 556-8. 맥코믹에 따르면, '합리적 재구성(rational reconstruction)은 원칙적인 측면에서 성문법과 판례를 설명하고, 실제 또는 가상의 결정을 사실적 근거 및 권위 있는 근거에서 비롯된 정교화된 지배 규범과 연결하는 명확하고 체계적인 법학 이론의 생산을 의미한다.(Ibid, 556)

184 Ibid.

185 Ibid.

수 있다. 해체주의적 방식을 통한 비판이론의 핵심은 법률가들의 가능성의 영역을 확장하는 데 있다. 만약 '법적 추론과 해석이 기계적 훈련이 아니라면, 법학자들은 새로운 한계와 가능성에 직면하게 된다.' 그리고 그들은 스스로를 탐구해야 함은 물론이고, 자신의 '정체성(직업적으로 그리고 개인적으로)과 책임'에 대해 새롭게 정의해야만 한다.[186] 이와 관련하여 퍼비스가 언급한 바와 같이, '비판은 본질적으로 건설적이다'.[187] 실제로 비판이론은 국제법률가들이 더욱 정의로운 법질서를 구축하기 위한 분투 속에서 전문가로서의 역할에 대한 비전을 개발하게 만들었다.[188] 따라서 비판법학운동은 국제법을 더 높은 수준의 직업적 자기성찰과 국제법률가로서의 역할(그리고 의무)에 대한 깊은 탐구로 이끌었다고 하겠다.

주체로서의 국제법률가

법이 중립적인 규칙의 객관적인 적용이 아닐 수도 있다는 법률가들의 생각은 전통적인 직업수행 방식에 어두운 그림자를 드리웠다. 국제법률가들이 '자신의 직업적 자아상을 다시 생각해 봐야 한다'고 말할 정도였다.[189] '맥락적 정의(contextual justice)의 문제는 이미 만들어진 규칙이나 원칙의 적용으로는 해결할 수 없기 때문에, 이와 같은 필요성의 논리는 설득력이 있다. 이 해결책은 법적 논의가 법적인 성격을 유지하기 위해 형식적으로 그어 둔 경계 너머에 있는 정치, 사회, 경제적 궤변의 영역을 모

186 Thomas Skouteris, 'Fin de NAIL', above n 111, 419.

187 Nigel Purvis, 'Critical Legal Studies in Public International Law', above n 54, 122.

188 Ibid.

189 Martti Koskenniemi, 'The Politics of International Law', above n 91, 31.

험하게 한다.'[190] 직업적 자기 평가가 피할 수 없는 결과는 그 직업이 좋든 나쁘든 간에 권한을 부여받는다는 것이다. 동시에 (학계에서 또는 실무에서) 전문적 직무 수행에 대한 개인적, 집단적 책임에서 벗어날 수 없다. 따라서 사람들이 기대하는 국제법의 모습이 아니라면, 이는 그것을 만들고 이용하는 사람, 즉 국제법률가가 해결책이 아닌 문제의 일부이기 때문일 것이라는 점을 다소 겸허히 인정하게 만드는 것이 이 직업의 핵심이다.[191]

뉴스트림이 가져온 '코페르니쿠스적 전환'은 '법은 정치다'라는 비판법학운동의 핵심 결론에 있다기보다는, 직업이 이 학문의 핵심이라는 아이디어에 있다. 본질적으로 옳거나 틀린 것은 아무것도 없다. 적어도 해석가(interpreter), 판사 또는 의사결정권자가 반드시 찾아야 하는 법률 내에 존재하는 관점이라는 측면에서 '정확한(correct) 법적 견해'라는 것은 존재하지 않는다. 사실 '국제법은 스스로가 사멸하지 않고서는 이탈할 수 없는 초점이나 중심이 없다.'[192] 때로는 국제법을 일련의 규칙이나 사회적 관행으로 보는 것이 유용하거나 편리할 수도 있지만, 결국 국제법은 '국제법률가는 무엇을 하는가, 그리고 그들이 하는 일에 대해 어떻게 생각하는가?'를 담고 있다.[193]

직역으로서의 국제법이 무엇에 관한 것인지에 대해 모든 사람이 동의하지 않을 수 있다. 어떤 사람들은 국가, 외교관, 학자 등이 참여하여 국제관계에서 발생하는 문제들과 씨름하는 일종의 '대화(conversation)'라고 생각할 수도 있다.[194] 다른 이들에게 '직역으로서의 국제법은 단순한 전문

190 Ibid, 31-2.

191 David Kennedy, 'When Renewal Repeats', above 114, 460.

192 Martti Koskenniemi, 'International Law in a Post-Realist Era', above n 76, 17.

193 Ibid.

194 Ibid.

용어집 그 이상의 것이다. 프로젝트를 함께 추진하거나 서로 반대로 밀고 나가는 많은 사람인 것이다.'[195] 대부분의 견해가 언어와 어휘, 전문적인 도구와 전문지식, 감수성의 관점, 그리고 사명 내지 헌신을 공유하는 전문가 공동체로 모이기 때문에, 불일치성은 거의 문제가 되지 않는다. 해당 공동체는 더 이상 국가만으로 구성된 추상적인 국제 공동체가 아니라, 일부 다른 행위자 내지 주체를 포함하도록 확대될 수 있다. 이 공동체에서 국제법의 진정한 '주체'인 공동체는 다양한 양상으로 나타나는 국제법률가라는 직업이다. 이러한 인식은 이 직업의 학문적 요소에 의해 내면화된 것으로 보인다. 2013년 유럽국제법학회(European Society of International Law)는 암스테르담 리서치 포럼(Amsterdam Research Forum)의 주제로 '직업으로서의 국제법'을 선택한 바 있다.[196] 그러니 국제법률가의 직업이 무엇인지에 대해 다른 견해가 있다고 하더라도, 국제법에 대한 학술적 논의에서 '직업'이 확고한 위치를 획득하였음에는 의심의 여지가 없다.

국제법 학계에서 직업의 핵심은 그 구성원들의 유연성에 관한 우려에서 나온다. 만약 국제법률가들이 더 이상 법의 객관성이라는 익명성 뒤에 숨어 단순히 인격이 없는 대리인으로서 행위를 할 수 없다면, 이 직업 구성원들의 페르소나(*persona*)는 연구 대상이 되어야 한다. 우리가 누구인지, 무엇을 하는지, 그리고 왜 특정한 방식으로 일을 하는지를 이해한다는 것은 기본적인 직업적 의무이다. 자신의 실행을 평가하는 데 있어서의 비판적 거리(나는 실행의 개념에 수행 행위로서의 이론을 포함시킨다)를 갖는 것, 그 직업에 있어서 다른 스타일 및 감성에 대해 더 많이 배우는 것에 대한 관심은 모두 자기성찰적 본능을 발전시키는 데 필요한 요소들이다. 직업적 편향과

195 David Kennedy, 'When Renewal Repeats', above n 114, 466.

196 Jean d'Aspremont, André Nollkaemper, Tarcisio Gazzini, and Wouter Werner (eds), *International Law as a Profession* (CUP 2017) 참조.

맹점에 분명한 초점을 유지하는 것은 뉴스트림의 또 다른 특징이자 지속되는 유산의 중요한 일부라고 볼 수 있다.[197]

참고 문헌

Cass, Debora Z., 'Navigating the Newstream: Recent Critical Scholarship in International Law' (1996) 65 *Nordic Journal of International Law* 341.

Kennedy, David, 'A New Stream of International Legal Scholarship' (1988-1989) 7 *Wisconsin International Law Journal* 1.

Kennedy, David, *International Legal Structure* (Nomos 1987).

Kennedy, David, 'The Mystery of Global Governance' (2008) 34 *Ohio Northern University Law Review* 827.

Kennedy, David, 'When Renewal Repeats: Thinking Against the Box' (1999-2000) 32 *New York University Journal of International Law and Politics* 335.

Kennedy, Duncan, *Legal Education and the Reproduction of Hierarchy: A Polemic against the System* (Afar 1983).

Koskenniemi, Martti, *From Apology to Utopia: The Structure of International Legal Argument* (Reissue with a new Epilogue, CUP 2006).

Koskenniemi, Martti, 'The Politics of International Law' (1999) 1 *European Journal of International Law* 4.

Purvis, Nigel, 'Critical Legal Studies in Public International Law' (1991) 32 *Harvard International Law Journal* 81.

Unger, Roberto Mangabeira, *The Critical Legal Studies Movement* (Harvard University Press 1986).

---

197 David Kennedy, 'The Disciplines of International Law and Policy' (1992) 12 *Leiden Journal of International Law* 9, 133.

8장
헬싱키 학파

과업을 가진 인간a Man with Projects이라는 기원 신화

국제법에 대한 다양한 사고방식을 재편하려는 나의 노력이 해당 분야에 있는 학자들의 불만을 야기할 것으로 예상된다. 이 합리적인 예측은 필자가 그 분야에 지대한 공헌을 한 마르티 코스켄니에미(Martti Koskenniemi)의 저술만을 다루는 이 장을 쓰기 시작하면서 더욱 확실해졌다. 나는 학문적 감수성을 개인화시키고 싶지 않았기 때문에 의도적으로 이 책의 어느 장도 특정 학자의 이름을 제목으로 삼지 않았다. 그렇기에 이 장에서 코스켄니에미에 대해 구체적으로 서술하기를 피하는 데 어려움을 겪었다. 나는 코스켄니에미의 동료 중 두 명이 코스켄니에미의 50번째 생일을 기념하여 출간된 책의 서문에서 '헬싱키 학파(Helsinki School)'라는 표현을 사용했다는 사실을 발견하고서 매우 기뻤다.[1] 이러한 전례에 비추었을 때, 이

1 Jarna Petman and Jan Klabbers (eds), *Nordic Coimopolitanism: Essays in International Law for Martti Koskenniemi* (Martinus Nijhoff 2003) 3.

두 사람은 물론 코스켄니에미 본인도 내가 이 책에서 이렇게 표현하는 것을 불쾌해하지는 않겠다고 생각했다. '헬싱키 학파'는 지적 또는 지리적 공통성을 지닌 사람들의 집단을 정확하게 식별하기 위한 것이 아니다. 그보다는 주인공인 코스켄니에미를 등장시키는 완곡한 방법이다.

국제법의 '쇼핑몰'식 "방법론"에 대한 코스켄니에미의 적대적인 발언은 이 프로젝트에 그림자를 드리웠다.[2] 「미국국제법저널(American Journal of International law)」이 개최한 심포지엄 '국제법에서의 방법론(Method in International Law)'에서 코스켄니에미는 '글 쓰는 방식이 마치 고객의 취향에 따라 선택할 수 있는, 나란히 진열된 세제 브랜드와 같다는 가정'에 대해 경멸을 표했다.[3] 그러나 이 책에서 다루고 있는 프로젝트는 방법론을 분류하는 것보다 국제법에 대한 다양한 감성과 이론들에 대한 인식을 제고하는 데 더 관심이 있다. 코스켄니에미는 여전히 국제법 이론을 생산할 의도가 전혀 아니었다고 주장하고 있지만,[4] 그의 연구가 지난 25년간 국제법 이론에 대한 관심을 획기적으로 쇄신하는 데 기여했음을 고려하면 이는 매우 아이러니하다. 코스켄니에미는 단순히 거만한 이론가나 국제법 철학자가 아닌, 실무가 중 한 사람인 국제법률가로서 다른 국제법률가들에게 말하고 싶었던 것 같다.

이 장에서 나는 '프로젝트를 가진 인간'으로서의 코스켄니에미에 대해 이야기해보려 한다.[5] 코스켄니에미를 상대주의자나 허무주의자, 그리

2 Martti Koskenniemi, 'Letter to the Editors of the Symposium' (1999) 93 *American journal of International Law* 351.

3 Ibid, 352.

4 Emmanuelle Jouannet, 'Koskenniemi: A Critical Introduction' in Martti Koskenniemi, *The Politics of International Law* (Hart 2011) 1.

5 국제법이 '프로젝트를 가진 인간'이라는 아이디어는 다음 논문에서 유래하였다. David Kennedy, 'When Renewal Repeats: Thinking against the Box' (2000) 32 *New York University Journal of International Law & Politics* 335, 466.

고 비판법학자로서 보고 그의 초기 행보를 희화화하여 평가하는 방식으로는 시간이 지남에 따라 괄목할 만하게 진화한 복잡다단한 그의 지적 여정을 설명하지 못한다. 나는 코스켄니에미가 방법론, 이론, 학파에 반대한 이유 중 하나가 이들이 종종 학문적 정체(停滯)를 의미하기도 하고, 그가 다른 사상과의 교류 및 상호 작용이 거의 없었기 때문이 아닌가 짐작한다. 하지만 코스켄니에미는 오히려 광범위한 학술 프로젝트에 참여해 온 헌신적인 지식인이다. 구조주의 인류학에 대한 그의 부채 의식과 문화, 언어, 법의 심층 구조에 대한 관심을 고려하면, 그가 한때 스스로를 '신화-창조(myth-creation)'에 관여했다고 설명한 것, 즉 국제법을 '편협한 관료주의적 학문'이라는 족쇄에서 벗어나 본래 사명의 존엄성과 중요성을 회복하려는 정치적 행동주의 활동에 관여했음은 놀랍지 않다.[6]

코스켄니에미의 '신화-창조' 노력에 대해 설명하기에 앞서 살펴볼 이야기가 있다. 코스켄니에미는 종종 전형적인 비판법학운동(Critical Leal Studies movement)의 일원으로 여겨지곤 한다. 그의 초기 연구 특히 『변명에서 유토피아로 (From Apology to Uptopia)』에서의 법적 불확정성에 관한 논의는 분명 비판법학운동 방법론에 영향을 받은 것이지만,[7] 국제법에 대한 코스켄니에미의 이런 관심은 그가 비판법학운동과 그 주요 인사들을 접해서 생긴 것이 아니다. 일찍이 알려진 바와 같이,[8] 코스켄니에미는 핀란드 외교부의 외교관이자 법률자문관으로 활동하는 동안 국제법의 논증 전략에 이끌렸다고 한다. 이러한 직업적 노출에도 불구하고, 코스켄니에미는 그의 연구에서 자기성찰적인 화법을 사용하는 것을 꺼렸으며, 개인

---

6 Ibid.(2004년 2월 소르본대학 법학과에서 열린 학술회의 중 코스켄니에미의 발언을 인용하며)

7 Martti Koskenniemi, *From Apology to Utopia: The Structure of International Legal Argument* (Reissue with New Epilogue, CUP 2005).

8 이 책 제7장 '불확정성 테제의 적용: 변명에서 유토피아로' 참조.

적인 일화 및 자전적인 이야기에 대해서 언급하기를 대체로 피하고 있다. 그러나 그의 글에서 국제법 실무에 대한 성찰은 놀라울 만큼 규칙적으로 등장한다. 이는 코스켄니에미의 사고가 그의 초기 연구를 특징짓는 비판법학운동 방법론으로 축소될 수 있다는 주장을 약화한다. 그렇기에 코스켄니에미의 국제법적 관점이 비판법학운동에서 유래되었다는 '기원 신화'를 불식시키고, 그 안에서 공통의 연결점과 분기점을 확인하는 식으로 그의 지적 여정을 평가하는 작업은 여전히 흥미롭다.

만약 국제법이 '국제법률가들이 국제법이라고 여기는 것(what international lawyers make of it)'[9]이라면 이론과 실무는 동전의 양면과 같다. 그러나 에마뉘엘 주아네(Emmanuelle Jouannet)가 날카롭게 관찰한 바와 같이, 코스켄니에미는 가능한 자주 실무로 돌아간다.[10] 그는 이 학문의 산만한 구조를 귀납적으로 설명하고자 국제법 실무를 이야기 한다. 그의 관점은 근접성과 거리감, 친밀감과 단절 사이를 오간다. 코스켄니에미에게 있어서 이론과 실무는 '각각 (정치적) 사상과 (정치적) 행위로서의 국제법'이다.[11] 이론과 실무가 각기 관련되는 '국제법'의 제3의 실체는 없다.

비판적 자기성찰과 구조적 편향

코스켄니에미가 『변명에서 유토피아로』에서 사용한 논증 구조에 쏟은 헌신은 시간이 지나도 변하지 않는다. 그러나 국제법의 언어적 구조가 가

9 Martti Koskenniemi, *From Apology to Utopia*, above n 7, 615.

10 Emmanuelle Jouannet, 'Koskenniemi: A Critical Introduction', above n 4, 4.

11 Martti Koskenniemi, 'International Law in a Post-Realist Era' (1995) 16 *Australian Yearbook of International Law* 1, 15.

진 이분법적 특성과 불가피한 정치적 성격, 그리고 근본적인 불확정성이 코스켄니에미의 최종 목적지라고 보기는 어렵다. 문제는 불확정성 테제가 설명할 수 있는 것이 아니라, 오히려 그것이 포착할 수 없었던 것에 있다. '실무의 법률가들이 매우 잘 알고 있듯이, 완전히 무작위인 것은 거의 없다.'[12] 『변명에서 유토피아로』를 회고하며, 코스켄니에미는 자기 이론적 분석의 핵심은 국제법의 언어 구조였다고 밝혔다. 이후 몇 년 동안 그는 이 서술적 프로젝트가 처음에는 실무자로서, 그리고 나중에는 학자로서 그가 직면했던 의문 중 일부에 대한 답을 내리지 못했음을 깨달았다. '항상 매혹적인 약속을 전달하는 데 실패하는 전문 용어에 갇혀 있는' 느낌은 코스켄니에미가 반복적으로 좌절하는 원인이었으며, 국제법이 그 문제의 일부일지도 모른다는 의심[13]은 그의 탐구 정신 속으로 서서히 스며들었다.

『변명에서 유토피아로』는 '국제법의 가능성을 위한 조건'을 명시하기 위해 시작되었다.[14] 국제법 논쟁의 이분법적 구조는 이 책의 중심 사상으로, '이 학문의 유동성과 개방성'을 설명하는 동시에 '주장이 받아들여지기 위해서는 관습적인 전문 직역의 문화와 전통을 따라야 한다는 형식적인 엄격함'을 설명하는 데도 도움이 되었다.[15] 이 프로젝트는 주로 학문에 만연한 '가짜 필요성'으로부터 전문가들을 해방시키고,[16] 국제법 언어의 문법이나 심층 구조를 밝혀내는 것이었다. 이 언어의 원어민인 국제법률가들은 어떠한 분쟁에서도 훌륭한 논거를 가지고 반대쪽과 논쟁할 수 있

---

12 Martti Koskenniemi, 'The Politics of International Law—20 Years Later' (2009) 20(1) *European Journal of International Law* 7, 9.

13 Martti Koskenniemi, *From Apology to Utopia*, above n 7, 563.

14 Ibid, 565.

15 Ibid.

16 Ibid, 572.

었다.[17] 국제법 언어의 원어민으로서 그들의 언어적 감수성은 '승패'에 상관없이 그들의 전문적 능력의 핵심이다.[18] 사실, 이 시스템의 결함과는 거리가 먼 불확정성은 '국제법의 수용성의 절대적인 핵심 측면'으로 설명된다.[19] 국제법의 정치(politics of international law)는 국제법률가들이 능력 있는 전문가로서 무엇을 하는가에 있다.[20]

코스켄니에미는 『변명에서 유토피아로』의 마지막 장인 '실증주의를 넘어(Beyond Objectivism)'에서 제도 개혁을 위해 잘 정리된 건설적인 논증(*pars construens*)이나 확실한 제안을 생산해 내지 못했음을 인정했다. 이 연구에 영감을 준 비판적 방법론을 고려했을 때, 그는 '제도 건설에 관여하여 정책 관련성을 제공한 것은 독이 든 성배였다'고 밝혔다.[21] 달리 말해, 만약 그가 제도 개혁 제안에 가담했다면 그의 이전 비판은 그 주장 자체보다는 단순히 그 제안을 '배제'하는 것으로 해석되었을 수도 있다.[22] 몇 년 사이에 코스켄니에미는 더 강력한 비판이론을 전개할 때가 되었다고 느꼈다고 한다. 이에 따라 재발간된 『변명에서 유토피아로』의 새 에필로

---

17 『변명에서 유토피아로』에서 코스켄니에미가 지속적으로 사용한 이분법적 구조는 '법률가는 항상 특정 관점에서 의뢰인, 이익, 이론을 변호하기 위해 규범적 문제에 도달하게 된다는 사실을 반영한다. 이게 바로 법적 논쟁이 대립적인 방식으로 구성되는 이유이다.'(Martti Koskenniemi, *From Apology to Utopia*, above n 7, 598)

18 Ibid, 569. 이것은 법률가를 양심의 가책 없는 냉소적인 실무가로 보는 대중의 인식을 종종 부정적으로 반영한다. 법률가들의 전문적인 기술의 모호함에 대해서는, Martti Koskenniemi, 'Between Commitment and Cynicism: Outline for a Theory of International Law as Practice' in *Collectian of Essays by Legal Advisers of States, Legal Advisers of Internatianal Organizatians and Practitioners in the Field of International Law* (United Nations 1999) 495 참조.

19 Martti Koskenniemi, *From Apology to Utopia*, above n 7, 591.

20 코스켄니에미는 주권과 국제법의 법원(法源)을 구체적인 예로 들어 문법이 작동하는 방식에 대해 효율적으로 설명하고 있다.

21 Martti Koskenniemi, *From Apology to Utopia*, above n 7, 603.

22 Ibid, 604.

그에서 그는 '구조적 편향성'에 관한 주장을 전개했다.

구조적 편향성 논의는 '시스템이 여전히 사실상 다른 결과나 선택보다 특정한 결과나 분배적 선택을 선호한다'는 깨달음을 전제로 한다.[23] 법적 논쟁을 통해 서로 다른 관행을 정당화할 가능성과 상관없이, 제도는 '전형적이면서 깊이 내재된 선호를 충족시키고, 우리가 정치적으로 잘못되었다고 느끼는 무엇인가가 그 편견에 의해 생산되거나 뒷받침되'는 구조적 편향성을 가지고 있다.[24] 국제법에서 '어떠한 기관도 과거나 이념이 무엇이든, 정치적 선(善)을 향해 "자연스럽게" 일하고 있다고 주장할 수 없다.[25] 보다 일반적으로, 코스켄니에미의 주요 관심사는 '특정 제도적 모델에 대한 전문가의 선험적 확신, 특히 다자간 외교를 공법이 지배하는 세계연맹(world federation)의 초기 형태로 이해하는 것'과 관련되는 것으로 보인다.[26] 구조적 편향성은 특정 제도와 관행에 있어서 고질적이며, 그중 일부는 코스켄니에미가 설명 및 비판적 평가를 시도하고 있다.[27]

구조적 편향은 '완전히 무작위인 것은 거의 없다(very little is fully random out there)'는 말을 설명하는 데 도움을 준다.[28] '법률 실무의 세계는 특별한 이익과 특별한 가치관(ethos)을 지닌 특별한 청중을 대상으로 하는 제도적 프로젝트로 세분화되고 있는 것'이 현실이다.[29] 모든 프로젝트는 고유의

---

23 Ibid, 606-7.

24 Ibid, 607.

25 Ibid, 604.

26 Ibid, 605.

27 코스켄니에미는 '무역법', '운송법', '해양법', '화학법', 그리고 인권법적 관점에서 다루어지고 법적으로 개념화될 수 있는 유해화학물질의 해상 운송을 예로 들어 구조적 편향이 어떻게 작동하는지를 설명하고 있다. Martti Koskenniemi, 'The Politics of International Law-20 Years Later', above n 12, 11.

28 Ibid, 9.

29 Ibid.

구조적 편향과 어휘를 가지고 있으며, 이는 다른 것들을 배제하는 동시에 특정 관점에서 문제와 상황을 한정하는 용어를 제공하는 역할을 한다. 그러나 서로 다른 편향의 혼돈 속에서도 국제법의 문법은 경쟁과 혁신을 위한 언어를 제공할 수 있다. 법의 새로운 해석 또는 비전통적인 선택에 의해 '새로운 편향'이 설정될 수 있다.[30]

구조적 편향에 대한 코스켄니에미의 주장은 더 폭넓은 학술 연구를 통해 발전하였다. 어떤 이는 코스켄니에미가 그의 글에서 다룬 이슈의 범위에 충격받았다. 아마도 행위의 구조적 편향에 대한 연구의 일환으로, 국제 관행의 다면적인 모습과 그들의 우연성(contingencies)에 주목한다. 국제법 이슈들에 새로운 통찰을 가져온 코스켄니에미의 역량에 대해서는 반박의 여지가 없지만, 그는 그것들을 거대 이론의 틀에서 설명하거나, 심지어는 전문가들에게 무엇을 해야 하는지 지시하려는 시도조차 하지 않는다. 특정한 방법과 실무에서 행해지는 것에 대한 비판적 검토가 이 전환 단계에서 그의 연구를 특징짓는 것으로 보인다.

안전보장이사회에 대한 코스켄니에미의 논문인 '경찰(the Police)'은 상당히 좋은 예시이다. 이 논문은 1990년대 초 안전보장이사회의 '적극주의[activism]'로 촉발된 비유를 이용하여, '정의의 사원(Temple of Justice)'에 침입했다.[31] 안전보장이사회는 국제연합헌장 제7장에 광범위한 권한을 배치하고 적법 절차와 기본 인권을 마음대로 다루면서, 헌장의 제도적 균형과 전체 시스템의 기초인 '관할권 원칙(competence principles)'을 훼손했다. 여기서 코스켄니에미의 독자적인 글쓰기 스타일이 완전히 드러난다. 주제 선정 및 논증 선택에 있어서 박식함과 자기 확신, 법과 제도의 역사적

30 Martti Koskenniemi, *From Apology to Utopia*, above n 7, 615.

31 Martti Koskenniemi, 'The Police in the Temple: Order, Justice and the UN-A Dialectical View' (1995) 6 *European Journal of International Law* 1.

측면에 대한 감수성, 주류 학계와 상호 작용하면서도 비판을 제공하는 독보적인 능력과 같은 특징이 담겨 있는 것이다.

『변명에서 유토피아로』에서부터 이어져 온 '화', '분노', '고통'은 대체로 사라진 듯 하다.[32] 그러나 부와 권력의 분배 측면에서, 세계의 불의와 이 문제에 긍정적인 영향을 미치지 못하는 국제법의 무능함에 대한 감성은 여전하다. 십중팔구로 이런 점이 비판적인 학자가 좀 더 공공연하게 헌신적인 지식인으로 진화하는 계기가 되었을 것이다. 코스켄니에미는 '법은 정치'라는 것을 증명하는 것만으로는 더 이상 충분하지 않았다. 지금 이야기하려는 문제는 바로 그러한 불평등을 변화시키기 위해 정확히 어떤 정치가 필요한지에 관해서다. 다시 한번, 국제법을 만드는 사람들과 국제법인 사람들(those who are international law)로 구성된 직역이 코스켄니에미의 성찰에서 중심이 된다.

과업을 가진 (다른) 사람들: 역사로의 전환

『변명에서 유토피아로』에서부터 이어지는 '냉소적인 구조주의'와 거리를 둔 코스켄니에미의 다음 대표작은 '그 직업 전성기의 지성사'였다.[33] 인정하건대, 이 새로운 프로젝트의 주된 목적은 '국제법 연구에 역사적 움직임과 정치적, 심지어는 개인적인 투쟁'에 대한 지각을 불어넣는 것이었다.[34] 2001년 『국가의 친절한 문명인(The Gentle Civilizer of Nations)』이 등

32 데이비드 케네디(David Kennedy)는 『변명에서 유토피아로』에 대한 서평에서 이러한 형용사들을 사용하고 있다: David Kennedy, 'The Last Treatise: Project and Person' (2006) 7 *German Law Journal* 982, 990-1.

33 Martti Koskenniemi, *From Apology to Utopia*, above n 7, 617.

장했을 때, 이 분야의 많은 이들은 주제와 스타일적 측면에서 나타난 상당히 급격한 변화에 놀랐다. 『국가의 친절한 문명인』은 그의 초기 연구와 연속성을 띠고 있다.[35] 그 직업이 국제법률가들이 일하고 생각하는 바로 그 직업이라고 주장하면서, 역사적으로 그 직업군에서 중요한 인물들이 어떻게 행동하고 생각했는지를 기술한 아이디어는 코스켄니에미에게 있어 상당히 자연스러운 발전이다. 그 직업의 정치를 조명하고자 하는 열망은 국제법 이론과 실무에 성패(成敗)가 걸린 정치를 파헤치려는 그의 일반적인 프로젝트와 궤를 같이했다.

그 직업의 정치를 재구성하기 위해, 코스켄니에미는 핵심 구성원을 연구했다. 학문의 '아버지'는 그로티우스(Grotius), 비토리아(Vitoria), 수아레즈(Suarez), 푸펜도르프(Pufendorf) 등 전통적으로 국제법의 역사적 선구자로 여겨졌던 인물들이 아니라 1873년 겐트(Ghent)에서 설립된 국제법학술원(*Institut de Droit International*)으로, 코스켄니에미는 이와 함께 현대 국제법이라는 학문이 시작되었다고 보았다. 국제성의 정신(*ésprit d'nternationalité*)에 영감을 주는 이 학회 창립 멤버들의 지적 열정은 오랫동안 국제법의 기초가 되어 온 감수성을 확립하는 데 도움이 되었다. 유럽에서 민족주의가 강화되고 있던 시기에 이 창립자들은 민족국가를 초월하여 인간 사회를 통합하는 일련의 공유된 원칙을 확고하게 믿었다.[36] 그들은 '"철학자-법률가"가 아니라, 실천가(men of action)였다. 법률가의 역할은 학문적인 거리에서 관찰하는 것이 아니라, 사회의 진보에 기여하는 것이라고 믿는 실용적이고 적극적인 사람들이었던 것이다.'[37]

---

34 Martti Koskenniemi, *The Gentle Civilizer of Nations: The Rise and Fall of International Law 1870-1960* (CUP 2001) 2.

35 Emmanuelle Jouannet, 'Koskenniemi: A Critical Introduction', above n 4, 6.

36 Martti Koskenniemi, *The Gentle Civilizer of Nations*, above n 34, 12.

이상의 이른바 '1873년의 사람들'은 '온건한 민족주의와 자유주의적 국제주의 간의 균형'을 위해 노력했다. 나아가 '국가의 이기주의적인 정책에 반대하면서 통합, 자유무역, 인권을 포함한 국제 사회의 다양한 측면에 대한 국제 규제에 찬성'했다.[38] 전문 협회의 출범과 학술지 「국제법 비교평론(*Revue de droit international et de législation comparée*)」을 통해 벨기에인 국제법률가들을 주축으로 한 이 창립자들은 국제법 프로젝트를 특징짓는 국제 정신의 완벽한 본보기다. 그러한 정신은 이후 여러 세대의 국제법률가들에게 영감을 주었지만, '탈정치화된 실용주의와 제국주의 정치 어젠다'가 분명하게 자리 잡았던 1960년에 이르러서는 사라졌다.[39] 1873년부터 1960년까지 국제법이 흥망성쇠 하는 동안, 서로 다른 분파의 학문과 서로 다른 프로젝트를 가진 다양한 사람들은 이 학문을 발전시켰다.

『국가의 친절한 문명인』은 개별 국제법률가들의 삶과 저술의 지적 전통과 정치적 맥락에 대해 자세히 들여다보고 있다. 코스켄니에미는 국제법의 '부상'을 이끈 유럽 사회의 열기에 대해 논의한 후, 유럽 국가들의 제국주의 정책을 정당화하는 데 있어서 주권 이론과 국제법의 일반적인 역할을 다루었다. 이러한 지배와 억압의 관계는 국제법 기술의 발전을 통해 형성되었다. 평등을 이루기 위해, '비유럽 공동체는 유럽을 주인으로 받아들여야만 했다. 그러나 주인을 인정한다는 것은 평등하지 못함의 증거였다.'[40] 코스켄니에미는 독일과 프랑스의 국제법 전통에 대한 연구를

37 Andrew Lang and Susna Marks, 'People with Projects: Writing the Lives of International Lawyers' (2013) 27 *Temple International and Comparative Law Journal* 437, 445.

38 Martti Koskenniemi, *The Gentle Civilizer of Nations*, above n 34, 4.

39 George Rodrigo Bandeira Galindo, 'Martti Koskenniemi and the Historiographical Turn in International Law' (2005) 16 *European Journal af International Law* 539, 542.

40 Martti Koskenniemi, *The Gentle Civilizer of Nations*, above n 34, 136.

계속했다. 현저하게 철학적인 독일의 전통은 국제법과 국가 및 공법의 관계를 강조했는데, 이러한 접근법은 오늘날까지도 유지되고 있다.[41] 반면, 프랑스의 사회학적 전통은 개인을 우선시했으며, 국가는 '기껏해야 도구이거나 때로는 은유적인 "기능"에 불과했다.'[42]

그다음 장(章)은 허쉬 라우터파흐트 경(Sir Hersch Lauterpacht)의 공헌과 빅토리아 시대의 국제법 전통에 할애했는데, 이론과 학설에서 정교한 형태의 실용주의 법학으로의 전환 과정을 기록하고 있다.[43] 이러한 전환은 라우터파흐트가 국제재판소 재판관에게 부여한 핵심적인 역할로 인해 발생한 것이다.[44] 라우터파흐트에 따르면, 세계 질서의 주요 문제점 중 하나가 국가들이 국제법 규칙을 자의적으로 해석하는 것이기 때문에, 국제재판관은 '이익충돌의 실용적인 관리자'가 될 운명이었다.[45] 국가들의 주장은 '완전히 옳거나 틀린 것은 절대 아니지만, "다양한 수준의 법익(legal merit)"을 가지고 있다.[46] 전통적으로 국제법과 관련된 '진보의 이미지'는 처음으로 더 이상 규칙, 원칙, 그리고 국제기구와 연결되지 않았다. 이제

---

41 독일이 국제법 학계에 기여한 바에 대해서는 Martti Koskenniemi, 'Between Coordination and Constitution: International Law as a German Discipline' (2011) 15 *Redescriptions: Political Thought, Conceptual History and Feminist Theory* 45 참조.

42 Martti Koskenniemi, *The Gentle Civilizer of Nations*, above n 34, 268.

43 이 전에 다음의 학술지에 기고한 바 있다. Martti Koskenniemi, 'Lauterpacht: the Victorian Tradition in International Law' (1997) 8 *European Journal of International Law* 215.

44 갈린도(Galindo)는 이것이 앤서니 카티(Anthony Carty)가 맥네어(McNair)와 라우터파흐트를 영국 내 국제법 이론의 종말을 초래한 원흉으로 지목한 이유일 수 있다고 관측한다. Anthony Carty, 'Why Theory? The Implications for International Law Teaching' in Philip Allott et al., *Theory and International Law: An Introduction* (British Institute of International and Comparative Law 1991) 77.

45 Martti Koskenniemi, *The Gentle Civilizer of Nations*, above n 34, 406.

46 Ibid, 405. Hersch Lauterpacht, *The Development of International Law by the International Court* (2nd edn, Praeger 1958) 398에서 인용.

는 '자신의 직무에 대한 실용적인 태도를 통해 법률적 제약의 세계를 구축할 수 있는 능력을 가진 법률전문가'와 연결된 것이다.[47]

마지막으로, 코스켄니에미는 미국에서 국제관계학이 발생하도록 이끈 발전을 검토하였다. 카를 슈미트(Carl Schmidt)와 한스 모겐소(Hans Morgenthau)—두 사람 모두 국제법과 관련된 많은 업적을 남겼으며, 한스 모겐소의 경우 그의 배경이나 초기 직업을 고려할 때 국제법률가라 할 법하다.[48]—같은 유럽 사상가들의 영향 덕분에 국제관계학은 국제법의 전통적인 서사에 성공적으로 도전하여, 이를 새로운 어휘와 범주들로 대체하려 시도했다. 권력과 국익을 강조한 현실주의적 통찰은 결국 '법의 제국(Empire of the Law)'을 '제국의 법(Law of the Empire)'으로 대체했다. 그들은 또한 미국과 같은 강대국의 외교 정책은 물론, 영원한 불안감에 사로잡힌 채 '미국의 정통 국제관계학의 정책 의제에 하부 노동자로서의 자아상을 받아들이라고' 유혹을 당하는 국제법률가들에게도 상당한 영향력을 행사했다.[49]

『국가의 친절한 문명인』은 형식주의 문화를 요청하면서 마무리 짓는다.[50] 형식주의 문화는 '특정 이익과 정체성 정치를 넘어선 무언가, 또는 더 이상 좁혀질 수 없는 차이 찾기'를 계속하기 위해 원용된다.[51] 여기서 형식주의는 '법적 타당성에 대한 흑백 논리'도 아니고, '문명화 사명과 같

47 Ibid, 406.

48 국제법에 대한 그의 초기 저술을 포함한 한스 모겐소의 지적 여정에 대한 흥미로운 재구성에 대해서는 Oliver Jütersonke, Morgenthau, *Law and Realism* (CUP 2010) 및 이 책 제6장 '경쟁 관계에 있으면서도 가까운 사이' 참조.

49 Martti Koskenniemi, *The Gentle Civilizer of Nations*, above n 34, 494.

50 Ibid, 494-509. 코스켄니에미는 코소보 개입에 대한 비평에서도 이 내용을 언급한 바 있다. Martti Koskenniemi, '"The Lady Doth Protest Too Much": Kosovo, and the Turn to Ethics in International Law' (2002) 65 *Modern Law Review* 159.

51 Martti Koskenniemi, *The Gentle Civilizer of Nations*, above n 34, 500.

은 유럽의 특수주의(particularism)를 일반화'하는 데 도움이 되는 '(보편적인) 이성에 대한 칸트 사상'을 지지하는 것도 아니다.[52] 코스켄니에미에게 권력은 반드시 제한되어야 하고, 권력자는 반드시 책임을 져야 하며, 약자는 반드시 보호되어야 했다. 무엇이 합법적이고 무엇이 아닌지에 대하여 논쟁할 때면, 국제법률가들은 반드시 공동체가 특정 기득권에 우선하는 정치에 참여하고, '합법적인 제약과 노골적인 권력의 적용 사이'에 명확하게 선 긋기를 추구한다.[53]

이 접근법의 참신함은 형식주의를 '권력에 저항하는 문화, 책임에 대한 사회적 관행, 개방성, 그리고 분쟁 당사자 일방의 정치적 입장으로 환원될 수 없는 평등'으로 여기는 데 있다.[54] 형식주의는 결코 실질적인 정책으로 환원될 수 없다. 제국주의를 회피하기 위해서 형식주의는 '긍정이 아닌 부정'적인 "빈 공간"으로 남아 있어야 한다.[55] 궁극적으로 형식주의의 '이상적 순간은 구조 또는 순수한 주관주의로 환원되는 것에 저항할 때, 그리고 형식주의 스스로를 오랜 시간 지속되어 온 의사 결정의 관행과 동일시하고 이를 통해 자결권을 가진 공동체에 대한 열망이 살아있을 때 존재한다. 그 열망이 상징하는 보편성이 "한계(horizon)"에 불과하더라도 말이다.[56] 실질적인 정책에 반대하는 형식주의 문화는 법조계의 새로운 지평을 열었으며, 국제법률가들은 이를 받아들여야 했다.

『국가의 친절한 문명인』은 어떤 종류의 역사학을 대표하는가? 그것은 사상사(思想史)와 국제법률가의 삶에 대한 전기(傳記)적 서술 사이의 어떤

52 Ibid.

53 Ibid, 502.

54 Ibid, 500.

55 Ibid, 504.

56 Ibid, 508.

것으로 여겨질 수 있다. 최근 인터뷰에서 코스켄니에미는 현대의 청중들과 효과적인 의사소통을 위한 기술로 주로 전기적인 접근 방식을 사용했다고 밝혔다. 코스켄니에미는 '오래전에 죽은 누군가의 이야기, 즉 그 인물을 운영 구조의 한 요소로서 채택하고 우리에게 익숙한 문제를 다루는 그럴듯한 존재로 부각하는 이야기를 들려주면',[57] 독자들은 이러한 등장인물들과 그들의 지적 프로젝트에 쉽게 공감하거나 동일시할 수 있고, 더 일반적으로는 역사적 서사에 반응할 수 있을 것이라 기대했다. 국제법을 '국가의 친절한 문명인(a gentle civilizer of nations)'으로 묘사한 그의 발상은 국제법이라는 학문을 바라보는 독특한 방법을 드러냈다. 코스켄니에미는 국제법이 '국익(national self-interest)에 대한 온건한 계몽가로서 겸손한, 거의 여성스러운 기능'을 가지고 있다고 믿었던 조지 케넌(George Kennan)의 표현을 차용했다.[58] 사실, 코스켄니에미가 하고자 한 것은 '사상과 실천을 모두 함축하고 있을 뿐만 아니라, 정치적 신념, 자아, 사회적 이미지의 더 넓은 측면과 국제법률가들이 살아가며 일하고 있는 구조적 제약을 포함하는 감성'으로서의 국제법을 연구하는 것이었다.[59]

『국가의 친절한 문명인』에서 독자에게 소개되는 국제법률가들은 버림받아야 할 우상도 아니고, 비난받을 이상주의자나 현실주의자도 아니다. 그들은 오직 법을 통해 국제 관계를 개선 내지 '문명화'하기를 원한 프로젝트를 가진 사람들이다. 여러 측면에서 그들은 현대 국제법률가들의 여행 동료로 여겨질 수 있다. 수잔 마크스(Susan Marks)와 앤드류 랭(Andrew

57 Alexandra Kemmerer, '"We do not need to always look to Westphalia…": A Conversation with Martti Koskenniemi and Anne Orford' (2015) 17 *Journal of the History of International Law* 1, 9.

58 George F. Kennan, *American Diplomacy 1900-1950* (University of Chicago Press 1984) 54.

59 Martti Koskenniemi, *The Gentle Civilizer of Nations*, above n 34, 2.

Lang)은 '생각, 가정, 성향의 학문적 습관을 통해 우리의 전문적 감성이 어떻게 고착, 전달, 전파되는지를 보여주어 우리가 살고 있는 집단적으로 생산된 학문 체계에 소속되어 구체화되어 가는 과정을 직면하게 한다. 이는 우리가 더 성찰적이고 비판적인 방식으로 이러한 과정에 참여하도록 권장할 수 있다.[60] 코스켄니에미는 이 국제법률가들이 '자신의 모든 행동이 법적인 동시에 정치적이며, 냉철함과 열정, 즉 원리에 통달함과 동시에 그 원리를 사용하는 것에 대한 민감성을 모두 요구하는 개념적이고 전문적인 세계에서 어떻게 행동해 왔는지'를 독자들에게 보여주는 것이 유익하다고 생각한다.[61] 아마도, 이것이 코스켄니에미가 현대의 국제법률가들에게서 보고 싶어 하는 전문성일 것이다.

관리주의(및 다른 방식들)에 대항하여

구조적 편향이라는 개념과 국제법의 '몰락'이라는 발상은 코스켄니에미의 관리주의에 대한 비판과 긴밀하게 얽혀있다. 코스켄니에미는 국제법을 '글로벌 세계의 문제들을 관리하고, 도전 과제들에 대응하는 데 사용할 수 있는 특정한 형태의 기술적 전문지식'이라고 여기는 전문가들 사이에 만연한 사고방식을 관리주의로 지칭했다. 그러한 세계에서 국제법은 가치, 목적, 근본적인 이해관계가 의문시되지 않는 체제의 효율성을 제고하기 위해 요구된다. 행위자에게는 해당 규칙이나 기준이 어떻게 적용할 수 있는 법규가 되었는지에 대해 의문을 제기하기보다는 관련 규칙

60 Andrew Land and Susan Marks, 'People with Projects', above n 37, 449.

61 Martti Koskenniemi, *From Apology to Utopia*, above n 7, 617.

과 기준을 준수하는 것이 더 중요하다. 규범적 측면은 당연하게 여겨진다.[62] 이행에 대한 집착은 정치적 선택의 규범적 측면에 대한 관심을 대체했다.[63] 국제법은 더 이상 정치적 투쟁과 논쟁의 장이 아니다. 관리주의적 사고방식의 핵심에 자리 잡고 있는 것은 국제법률가 및 기타 전문가들이 지배하는 기술적 전문성이다.

또한 관리주의적 사고방식의 채택은 권력의 어휘에도 변화를 불러왔다. 국제법의 언어는 '최적의 효과를 보장하기 위해 가장 다양한 종류의 지침, 지시, 사실상의(*de facto*) 기준, 그리고 기대를 집행하는 초국가적 체제의 고유한 언어(idiolect)'로 대체되었다.[64] 코스켄니에미에 따르면, 세계의 복잡다단함이 기술적 문제의 관리로 축소될 수 있다는 발상은 학제성(學際性)과 정치학이 국제법에 행사하는 영향력에 일부 원인이 있다고 볼 수 있다. 특히, 법 기술(legal craft)이 반드시 준수(compliance), 정당성(legitimacy), 규제(regulation)라는 정치학적 용어로 대체되어야 한다는 인식은 법의 중요성을 훼손하고 법의 본질적인 정치성을 거세한다. 이 접근법의 문제는 권력과 권위를 향한 투쟁이 기술적 전문성과 과학적 방법의 중립성 및 객관성으로 위장되어 있다는 것이다. 그러나 관리주의는 자신만의 (숨겨진) 규범성을 가지고 있는데, '국제기구에서 지배적인 위치를 점하고 있는 가치 및 행위자들에게 특권을 부여하고, 따라서 그들은 그 기관에 비판적인 태도를 취할 이유가 없다. 분배와 선호에 대한 문제는 이미 다른 곳에서 결정되었기 때문에 남은 것은 기술적인 질문, 다시 말해 왕자의 길을 어떻게 평탄하게 만들 것인가에 대한 질문뿐임을 공고히 하는

---

62 Martti Koskenniemi, 'The Politics of International Law-20 Years Later', above n 12, 15.

63 Andrew Land and Susan Marks, 'People with Projects', above n 37, 438.

64 Martti Koskenniemi, 'Constitutionalism as Mindset: Reflections on Kantian Themes about International Law and Globalisation (2007) 8 *Theoretical Inquiries in Law* 9, 13-14.

것이다.[65] 이런 방식으로 관리주의는 '권력이 작동하는 방식을 모호하게 하고 특정한 지적 또는 사회적 계층 구조가 우리 삶의 자연스러운 측면으로 보이게 한다.'[66]

코스켄니에미에게 이러한 접근법의 한계는 분명해 보였다. 특정 집단은 이슈와 문제가 어떻게 정의되는가에 따라 다른 집단과 비교되는 권한을 부여받는다. 유해 화학 물질의 운송과 같은 문제를 해결하기 위해 무역, 인권, 또는 환경법이라는 어휘를 사용하는 것은 다른 해결책 보다는 특정 해결책을, 다른 행위자나 이익보다는 특정 행위자나 이익을 우선하는 것과 마찬가지이다.[67] 관리주의는 국제법을 단순히 '기술적'으로 인식함으로써 전문 용어를 통일해 '필요하거나 중립적'으로 보이는 것으로 변형시켜 효과적인 논쟁과 반대를 차단한다.[68] 전문가 시스템은 '법 못지않게 불확정적이며', 관리주의는 '반정치적이고 기술적인 사고방식을 제도화한 것'에 불과하다.[69] 실제로 '기술적 어휘들이 전 세계를 아우르고 있을 때, 그들은 성직자의 지배와 다름없는 종교처럼 보이기 시작한다.'[70]

관리주의에 대한 코스켄니에미의 적대감은 국제법의 기술적인 개념 측면에서 제기된 문제들을 다루기 위해서라기보다는, '다수의 법 체제의 출현에 대한 추상적인 대응'에 불과한 법다원주의(legal pluralism)와 입헌주의(constitutionalism)에 대한 그의 비판과 관련되어 있다.[71] 법다원주의와 입헌

---

65 Martti Koskenniemi, 'The Politics of International Law-20 Years Later', above n 12, 16.

66 Ibid.

67 Ibid, 11.

68 Ibid, 12.

69 Martti Koskenniemi, 'Constitutionalism as Mindset', above n 64, 30.

70 Martti Koskenniemi, 'The Fate of Public International Law: Between Technique and Politics' (2007) 70 *Modern Law Review* 1, 29.

71 Ibid, 24.

주의는 서로 다른 두 개의 프로젝트이면서 '방식'이기도 하다. 이들은 둘 다 '양가적인 정치적 중요성을 가진 독트린을 일반화시키는 것'처럼 보이며,[72] 끊임없는 이 이분법적인 상호 작용에서 통합과 분열의 서사를 지지하면서 동시에 그에 도전하는 데 사용될 수 있다. 코스켄니에미에 따르면, 법다원주의 스타일은 초국가적 법률 체제를 국가가 아닌 국제법의 주인공으로 만든다. 또한 법률가를 '효율성과 적법성 사이의 균형'을 찾기 위해 고군분투하는 '체제 관리자'로 바꾼다.[73] 법다원주의의 주요 장점은 다른 체제의 제도적 편향에 대한 인식을 제고하는 데 있다. 그리고 그것의 약점은 '세계에 대한 요구를 중단하는 방식에 있다.'[74] 입헌주의는 법의 통일성과 가치의 중요성 및 위계를 특히 중시하는 국내법 모델에 의존하고 있다. 그러나 코스켄니에미에게 있어서 '비공식화가 국제법의 집에 불을 붙였다면, 가치를 붙잡는 것은 불꽃에 가스를 던지는 일이다.'[75] 어떤 가치와 규칙이 다른 것보다 우선시 되는지에 대한 합의가 이뤄지지 않고 있기 때문이다. 이러한 상황에서 만약에 헌법이 있다면 그것은 패권을 가진 국가에 의해 제정될 것이며, 곧 제국의 강요를 의미할 것이다.[76] 동일한 현실에 대한 복잡성을 감소시키고 두 개의 대안적 방향성을 제시하고자 하는 의도에서 입헌주의와 법다원주의의 어휘는 '직업적 소신으로서의 법'이라는 현실과 동떨어져 있다.[77]

종교만큼이나 '대양과 같이 무한한 감성'[78]에 영감을 받고 수태된 세계질서에 대해 많은 비전을 생산한 학문이 거의 없음을 인식한 코스켄니에

---

72 Ibid.

73 Ibid.

74 Ibid, 23.

75 Ibid, 16.

76 Ibid, 19.

77 Ibid, 24.

미는 칸트가 예견하고, 유럽이 주도한 세계 공동체 프로젝트에 대하여 비판적인 입장을 취한다.[79] 유럽에서 고안된 '특정' 내지 '주관적인' 프로젝트를 전 세계의 보편적인 모델로 사용하려는 열망 그 자체가 정당하지 못한 열망은 아니다. 절대로 용납될 수 없는 것은 계몽시키려는 태도, 도덕적 우월성, 그리고 숨겨지지 않는 제국주의적 팽창주의이다. 코스켄니에미는 자신들의 선호와 이익을 보편적 가치로 착각하고 국제법에 '키치(kitsch)'적 요소를 과도하게 가미한 유럽의 국제법 프로젝트들을 비판했다.[80] 키치는 주로 강행규범(*jus cogens*)과 대세적 의무(obligations *erga omnes*) 등의 사법적 범주에 대한 믿음, 국제연합헌장에 명시되어 있는 것과 같은 인권의 보편성과 일부 가치들의 우월적 지위, 그리고 국제재판소가 국내법과 유사한 방식으로 정의를 구현하기 위해 존재한다는 관념에서 찾을 수 있다. 이러한 '키치'적 아이디어는 세계 공동체가 아니라 유럽 제국을 건설하는 데 너무나 자주 쓰였다.

이러한 프로젝트와 방식이 국제법을 제대로 설명하지 못한 실패와 그 직역에서 지배적인 관리주의적 자세는 코스켄니에미로 하여금 국제법률가들에게 관리주의적 '행정문화에 완전히 몰입'하는 태도와 반대되는

---

78 지그문트 프로이트의 종교에 관한 연구에 대하여 알베르트 아인슈타인은 종교적 믿음이 솟구치는 것이 거의 바다처럼 무한한 느낌이라고 언급한 것으로 알려져 있다. Martti Koskenniemi, 'The Subjective Dangers of Projects of World Community' in Antonio Cassese (ed), *Realizing Utopia: The Future of International Law* (OUP 2012) 3 참조.

79 Ibid, 8.

80 Martti Koskenniemi, 'International Law in Europe: Between Tradition and Renewal' (2005) 16 *European Journal of International Law* 113, 121. 코스켄니에미는 '키치'의 개념을 Milan Kundera, *The Unbearable Lightness of Being* (Harper Collins 1999)에서 가져왔다. **강행규범**과 **대세적 의무**는 이 세상에 명확한 언급이 없지만, 그 언급에 대한 갈망을 불러일으키고, 그러한 갈망으로 공동체를 만드는 '이미 사망한 유럽식 언어로 표현되어 있는 두 개념'이기 때문에 '키치'한 것으로 묘사되어 있다. 의미 대신에 그들은 그러한 의미를 가지고 있거나, 여전히 그러한 의미가 있다고 우리가 믿고 있는 전통에 대한 향수를 불러일으킨다. 같은 책 122쪽 참조.

'전략적 민감성(strategic sensitivity)을 발휘하고 비판적 거리 두기를 실행'하도록 요구하게 만들었다.[81] 동시에 코스켄니에미는 '도덕과 관계없는, 비도덕적인, 또는 도덕주의처럼 보이는 관리주의'의 세이렌의 노래와 달리, '책임 있는 도덕적 기관의 회복에 관여하는' 프로젝트인 국제법을 재구성하고 쇄신하는 프로젝트에 전념하고 있다.[82]

불가지론의 도덕성

그가 '키치'라고 여기는 강행규범 및 대세적 의무와 같은 규범적 범주에서 인스턴트화하는 가치에 대한 그의 불가지론(不可知論)을 고려하면, 코스켄니에미를 국제법조계[international legal profession]의 도덕 회복 프로젝트의 열렬한 후원자라고 부르기는 이상할 수 있다. 코소보 군사 개입을 인도주의적 사유로 정당화하기 위해 도덕적 우위를 취한 서방의 사례로 입증된 국제법의 '윤리로의 전환'을 그가 얼마나 격렬하게 비판했는지를 돌이켜 보자. 코스켄니에미가 도덕적 사고를 하는 사람이라고 생각하기 위해서는 상상력의 확장이 필요할 수 있다. 그러나 여기에는 모순이 거의 없다. 도덕적 원칙이 스스로 행동과 신념에 영감을 줄 수 있으려면 신을 믿어야만 한다고 누가 그러는가? 불가지론자도 도덕성을 가질 수 있다.[83]

『변명에서 유토피아로』를 시작으로 코스켄니에미는 국제법률가들에게 이론의 실천을 포함한 실무에 대한 가이드를 제공할 수 있는 공유된

81 Martti Koskenniemi, 'The Politics of International Law-20 Years Later', above n 12, 14.

82 Andrew Land and Susan Marks, 'People with Projects', above n 37, 439, 453.

83 나는 이 섹션의 제목 및 이 논평 뒤에 숨겨진 직관력과 관련하여 메리 피카드(Mary Picard)에게 감사의 뜻을 전한다.

감수성에 기반한 실무 연구에 지속적으로 관심을 표명해 왔다. 1990년대 중반부터 코스켄니에미는 국제법 실무의 지적 구조를 재구성할 필요성을 강조해 왔다.[84] 현시대는 국제법률가가 '현대 국제법을 특징짓는 보편적인 수사법과 확고한 근거 모색'을 포기하고, '진실과 상대주의 간의 대립'에서 벗어날 것을 요구하고 있다.[85] 이러한 배경에서, 국제법은 '관념적인 것, 유토피아적 프로젝트, 또는 국가 관행의 반영이 아니라 문화와 관습으로서, 심지어는 언어를 공유하고 종종 직업적인 소신도 공유하는 공동체'로 이해되어야 한다.[86] 국제법은 '국제법률가들이 하는 일과 그들이 하는 일에 대해 어떻게 생각하는지, 특정 상황에서 해야 할 옳은 일에 대한 대화'에 불과하다.[87]

코스켄니에미는 코소보와 관련하여 서구가 취한 도덕적 입장의 허위를 거침없이 비난하며 국제법에서 '윤리로의 전환'이라는 정치적 도덕주의와 자신의 입장을 구분하였다.[88] 윤리로의 전환은 위선적으로 어떤 상황을 '예외적' 또는 '위기'라고 규정함으로써, '부의 세계적 분배 시스템의 극단적 부당함을 보이지 않게' 만든다. 이는 사적, 비정치적, 자연적, 역사적으로 결정된 영역으로 그것을 축소하는[89], '다른 모든 이들에 대한 통제를 강화하는 수단'을 가진 자들의 나쁜 정치(bad politics)이다.[90] 논객들이 코소보 개입의 불법성과 합법성을 구분하게 만든 국제법의 탈형식화(deformalization)에 대한 코스켄니에미의 완강한 반발은 형식주의 문화를

84 Martti Koskenniemi, 'International Law in a Post-Realist Era', above n 11, 13.

85 Ibid, 17-18.

86 Ibid, 16.

87 Ibid, 17.

88 Martti Koskenniemi, 'The Lady Doth Protest Too Much', above n 50.

89 Ibid, 172.

90 Ibid, 173.

'저항과 민주적 희망의 전략'으로 (처음으로) 옹호하는 기폭제가 되었다.[91] 다른 상황들을 외면하면서 코소보 개입을 허용하는 윤리적 결정의 특수주의에 맞서, 형식주의는 '자제의 문화, 타인의 주장을 경청하고 이를 고려하려는 신념에 내재되어 있는 보편성의 지평'이 된다.[92] 이러한 형식주의 문화에 대한 개념은 위에서 논의한 바와 같이 『국가의 친절한 문명인』에서 더욱 발전되었으며, 피할 수 없는 '상황성'에서 국제법이 특정성을 초월하기 위한 수단이자 진보적 선택의 한 유형으로 제시되었다.[93] 실제로 이러한 선택의 요소, 법률 업무와 법조계에 선택이 필요하다는 확신은[94] 도덕적 판단으로 내린 결정을 전문성에서 바탕해야 할 기술적인 문제로 위장하는 관리주의적 태도에 대한 코스켄니에미의 신랄한 비판을 이해하는 데 기본이 된다.

몇 년 후, 코스켄니에미는 얀 클라버스(Jan Klabbers)가 '권력을 가진 위치에 있는 개인에 대한 윤리적 요구'라고 설명한[95] 국제법(국제법률가)을 위한 도덕 회복 프로젝트를 분명하게 개진했다. 모든 사람이 좋아하는 것은 아니지만, 코스켄니에미는 칸트의 『순수이성비판 (Critique of Pure Reason)』에 대한 현대적 해석을 제안하면서[96] 주어진 맥락에서 규칙이 무엇을 의미

91 Ibid, 174.

92 Ibid.

93 Martti Koskenniemi, *From Apology to Utopia*, above n 7, 616. 상황성에 대해서는 Outi Korhonen, *International Law Situated: An Analysis of the Lawyer's Stance Towards Culture, History and Community* (Kluwer 2000) 참조.

94 Ibid.

95 Jan Klabbers, 'Towards a Culture of Formalism? Martti Koskenniemi and the Virtues' (2013) 27 *Temple International and Comparative Law Journal* 417, 420.

96 Anthony Carty, 'Review Essay—Language Games of International Law: Koskenniemi as the Discipline's Wittgenstein' (2012) 13 *Melbourne Journal of International Law* 859, 877 참조. (코스켄니에미가 칸트를 그의 반토대적 실존주의 및 포스트-모던 어휘와 양립하게 하려는 시도를 일축하고 있다).

해야 하는지, 규칙을 적용하는 것과 예외를 적용하는 것 중 어느 것이 나을지를 결정하는 순간에 항상 일어나는 권위의 개입(*interpositio auctoritatis*)을 강조했다.[97] '법률가의 정신, 혹은 더 나은 **사고방식**'의 중심에 있는 것은 법을 적용하는 사람의 정치적 판단이다.[98] 법적 사고방식은 실증주의의 고정된 문언적 제약, 자연주의의 선험적 목표, 그리고 결정주의의 임기응변(*ad hocery*)으로부터 동일한 거리를 두고, 그러한 프레임과 심리적 반사에 제약받지 않는 윤리적인 공간 안에서 움직여야 한다. 코스켄니에미는 국제법률가라는 직업에는 '특정 전문가 담론 내의 구조적 편향에 대한 무분별한 지지'만 제공할 수 있는 관리주의적 사고방식이 아닌, '헌법적 사고방식'이 요구된다고 보았다.[99] 코스켄니에미의 헌법적 사고방식은 특정 제도적 구조와 항상 연관되어 있는 다른 헌법적 프로젝트와는 달리, 그 주체가 '보편성을 향해 확장'될 수 있도록 하는[100] '도덕적, 정치적 회복 프로그램'이다.[101] 코스켄니에미에게 입헌주의라는 어휘는 도덕의 회복을 의미하기도 한다. '자기 계발, **교양**(*Bildung*), 그리고 영적 완벽함을 위한 경건주의적(Pietist) 탐구는 보편성, 공정성, 그리고 "법의 내적 도덕성"의 모든 덕목인 정직, 공정, 타인에 대한 배려, 사기·상해·강요 금지를 지향하는 방식으로 세계를 판단하는 입헌주의적 사고방식을 갖추게 한다.[102] 비록 '형식주의 문화'와 '덕 윤리(virtue ethics)'의 연관성을 알아차리고는 클라버스에게 동의하지 않기 어려웠겠지만,[103] 코스켄니에

97 Martti Koskenniemi, 'Constitutionalism as Mindset', above n 64, 9-10.

98 Ibid, 12. (원문에서 강조)

99 Ibid, 17.

100 Ibid, 33. 유사한 용어를 사용하고 있음에도 불구하고, '헌법적 사고방식'의 개념은 이 책 제3장에서 살펴본 입헌주의 이론과는 극적인 차이가 있다.

101 Ibid, 18.

102 Ibid.

미의 프로젝트는 도덕 정치와 법적 관행이 불가분의 관계라는 점을 들어 조금 더 넓은 견해를 취했다.[104] 고결한 국제법률가, 도덕적인 정치가, 그리고 '완벽한 신사'는 모두 코스켄니에미의 생각의 틀에서 받은 영감의 투영이다.[105] 이 투영들은 함께 또는 각각 헌법적 사고방식을 가진 국제법률가의 그럴듯한 직업 프로필에 기여하고 있다.

코스켄니에미는 자신이 위원장을 맡은 연구반(研究班)이 수행한 국제법의 파편화에 관한 국제법위원회(International Law Commission)의 보고서를 가지고 헌법적 사고방식이 '작동하는' 예시로 제시하였다.[106] 그는 비록 국제법이 파편화 문제를 다룰 수 있는 자원을 가진 시스템이라고 주장하고 있지만, 해당 보고서는 '규칙은 스스로의 적용 조건을 규정하지 않는다'는 이유로 이 문제를 어떻게 해결해야 할지에 대해서 침묵하고 있다.[107] 이것은 우리로 하여금 칸트의 권위의 개입(*interpositio auctoritatis*)에 대한 코스켄니에미의 논점으로 되돌아가게 만든다. 국제법위원회 보고서는 규범의 어떠한 위계도 지지하지 않는다. 서로 다른 맥락 속에서 위계가 어떻게 작동해 왔는지에 대한 예시만 제공하고 있다. 국제법위원회 보고서가 헌법적 사고방식의 적절한 예시인지, 아니면 코스켄니에미가 이 보고

103 Jan Klabbers, 'Towards a Culture of Formalism?', above n 95, 22.

104 Martti Koskenniemi, 'Constitutionalism as Mindset', above n 64, 31. '법은 도덕-정치적 프로젝트를 관리하는 외부 기관의 이름에 불과하다.'

105 '완벽한 신사'라는 표현은 정치적, 윤리적으로 민감한 국제법률가를 암시하기 위해 사용되고 있다. Sahib Singh, 'The Potential of International Law: Fragmentation and Ethics' (2011) 24 *Leiden Journal of International Law* 23, 40.

106 Martti Koskenniemi, 'Constitutionalism as Mindset', above n 64, 21. 코스켄니에미가 완결한 다음의 국제법위원회 보고서 참조: 'Fragmentation of International Law: Difficulties Arising from the Diversification and Expansion of International Law', Report of the Study Group of the International Law Commission (UN Doc A/CN.4/L.682 (13 April 2006)).

107 Ibid.

서를 자신의 칸트적 전제와 일치시키려는 진정한 시도를 한 것이지 분간하기는 어렵다.[108] 전반적으로 국제법위원회 회원자격이 일부 국제법률가들 사이에서 뚜렷한 성취로 여겨졌기 때문에, 코스켄니에미의 국제법위원회 활동은 주류 국제법률가들의 눈에 그의 업적에 대한 정당성을 더 부여했다. 그러나 내 직감에 코스켄니에미가 국제법위원회에서 보낸 시간은 모든 면에서, 특히 그가 파편화로 인한 문제를 '실질적(practically)'으로 해결하고, 그와 관련된 이론적 불안을 달래줄 것이라는 높은 기대 때문에 힘들었을 것이다.

코스켄니에미는 관리주의에 대해 격렬한 반응을 보이면서 '정치적 프로젝트'로서 국제법의 회복 또한 명시적으로 요구하고 있다.[109] 이는 '모든 체제에서 집에 있다'고 느낄 수 있지만 '어느 곳에도 갇혀 있지 않을 수 있는' 전문적인 감성의 개발을 의미한다.[110] 이 새로운 형태의 세계주의(cosmopolitanism)는 결정이 기술적인 전문지식에 근거해 내려진 척하는 것이 아니라, 권력이 발생하는 다양한 장소에 잘 배치된 남성과 여성에 의해' 내려지는 책임 있는 선택을 응시하는 것이다.[111] 반면, 그 직업은 국제법이 요구하는 기준에 반드시 부응해야 한다.[112] 국제법은 '정의와 선, 연대, 책임과 믿음의 어휘를 위한 자리를 잡아두는 역할'을 하는 것처럼 보이도록 요구받는다.[113] 자신의 신념과 헌신을 증명하는 놀라울

---

108 Sahib Singh, 'The Potential of International Law', above n 105, 42. 국제법위원회 보고서를 '기술적 전문성의 언어를 말하자마자 행하는 개인적 가치와 미덕의 희생'의 증거로 보는 것을 일축하고 있다.

109 Martti Koskenniemi, 'The Fate of Public International Law', above n 70, 29.

110 Ibid.

111 Ibid.

112 Ibid, 30.

113 Ibid.

정도로 거창하고 훈계적인 어조로 코스켄니에미는 '국제법의 운명은 비용 효과가 더욱 높은 업무를 위해 제한된 수의 전문가들을 재고용하는 문제가 아니라 인류에 대한 희망을 다시 확립하는 것'이라고 결론을 짓는다.[114]

시간순으로 나열된 이러한 산발적인 발언들은 마치 명료하고 정돈된 지적 프로젝트의 개선과 완성을 향한 의식적 진화를 증명하는 것처럼, 결코 코스켄니에미의 지적 궤적을 선형적으로 표현하기 위한 것이 아니다. 그것은 단지 그의 사고방식의 연속성이 잘 드러나게끔 다양한 생각의 갈래들을 표현하는 편리한 방법일 뿐이었으며, 그 연속성은 이질성과 분열이라는 첫인상을 극복하기 위해 어느 정도의 체계적인 사고가 필요한 것이었다. 공유된 직업적 감수성, 형식주의 문화, 사고방식으로서의 입헌주의, 세속적 신념, 그리고 비판적 이성 프로젝트는 과하게 활동적이면서 상상력이 풍부한 사고방식의 무질서한 메들리가 아니다. 이것들은 국제 법률가로서의 직무를 '이해하기 위한' 것[115]뿐만 아니라, 이를 도덕정치의 실천으로 변화시키고자 하는 욕망과 끈질긴 노력이 다른 형태로 표현된 것이다.

내 생각에 윤리 프로젝트를 정확하게 정의하려는 코스켄니에미의 시도는 진정으로 공유되는 전문적 경험이 되려는 열망을 위태롭게 만들 수 있다. 즉, 이 프로젝트는 그것이 다루고자 하는 직업적 환경에서 기준점으로 쓰이기에는 너무 모호하다고 비판받을 수 있다. 더욱이, 이러한 윤리적 감수성을 함양할 필요성에 대한 단순한 자각만으로는 그 자체로 의도된 결과를 만들어 내지 못할 수도 있다. 데보라 카스(Deborah Cass)는 '우

114 Ibid.

115 Emmanuelle Jouannet, 'Koskenniemi: A Critical Introduction', above 4, 7.

리가 누구인지 아는 것이 우리가 하는 일을 바꿀 수 있다는 가능성에 끌리는 무언가가 있지만, 그것을 성취하기 위해서는 욕망 그 이상의 것이 필요한 것 같다'고 주장한다.[116] 비슷한 맥락에서, 싱(Singh)은 코스켄니에미가 오직 자의식만 생산할 뿐 담론적 실천의 전복이 아니기 때문에 '윤리적 프로젝트를 위해 설정한 높은 목표를 달성할 수 없다'고 주장했다.[117] 코스켄니에미의 저술에서 윤리적 감수성이 다소 모호하게 다루어진다는 점을 고려할 때 국제법률가들은 이러한 윤리적 감수성을 어떻게 발전시켜야 하는지, 어떤 영감과 지침을 이끌어 내야 하는지 의문을 가질 수 있다. 아마도 국제법률가들이 선택해야 할 때는 그들이 정의에 대한 신념을 공유하는 전문가로서 옳은 일을 하거나 옳은 말을 할 것이라는 환상을 간직한 채, 이 프로젝트를 운영의 측면에서 생각하지 않는 것이 바람직하다.[118] 최소한 이것은 가져야 할 좋은 감정이거나 불안감을 없애주는 믿음이며, 부수적으로 비판에 대한 억누를 수 없는 갈증에 지치고, 결국에는 약간 지루해질 수 있는 '비판적 주체'[119]의 엄격함을 완화하는 효과가 있다.

---

116 Deborah Z. Cass, 'Navigating the Newstream: Recent Critical Scholarship in International Law' (1996) 65 *Nordic Journal of International Law* 341, 348.

117 Sahib Singh, 'The Potential of International Law', above n 105, 41.

118 구조적 편향에 대응하고 변혁적인 조치를 취할 필요성을 논의하면서, 코스켄니에미는 선택의 순간을 우리가 어떻게 우리가 선호하게 되었는지, 우리가 세계에 대해 무엇을 알고 있는지, 그리고 그것과의 관계에 대해 무엇을 알고 있는지에 대한 역사보다 더 큰 역사 속에 "기초하고 있다[gounded in]"고 설명한다: *From Apology to Utopia*, above n 7, 615.

119 '비판적 주체'에 관한 코스켄니에미의 연구에 대한 평가로는 Sahib Singh, 'The Critical Subject' in Wouter Werner et al (eds), *The Law of International Lawyers: Reading Martti Koskenniemi* (CUP 2018) 참조.

역사로의 회귀

코스켄니에미는 많은 논문을 써왔으며, 근래에도 다양한 국제법 논쟁에 참여하는 데 변함없이 전념하고 있다.[120] 그의 학문적 결과물은 매우 다양하며 그의 공헌은 언제나 그랬듯이 흥미롭고 시사하는 바가 많다. 지난 몇 년 동안 코스켄니에미는 국제법의 역사로 돌아왔는데, 아마도 그것은 그가 가장 열정을 가지고 있는 프로젝트이기 때문일 것이다. 그는 최근 『국가의 친절한 문명인』의 속편과 같은 책을 출간했는데, 이 책은 법의 공적 측면과 사적 측면(주권과 소유권)의 상호 구성 관계는 물론, 권력 행사와 지배에 있어서 법의 중심적 역할을 밝히고 있다.[121] 그는 최근 한 인터뷰에서 자본주의를 '주권과 소유권이 협력하여 특정 형태의 글로벌 지배력을 뒷받침하는 방식'이라고 설명한 바 있다.[122] 동시에 그는 글로벌 통치에서 법의 역할에 대한 자신의 관심은 법을 제거하려는 충동이 아니라, 법을 '더 잘 이해하고 운용하는 것'의 필요성에 의한 것이라는 점을 분명하게 밝혔다.[123]

국제법의 역사에 대한 코스켄니에미의 지속적인 관여는 '우리가 어떻

---

120 예를 들어, Martti Koskenniemi, 'Miserable Comforters: International Relations as New Natural Law' (2009) 15 *European Journal of International Relations* 395; Martti Koskenniemi, 'Law, Teleology and International Relations: An Essay in Counterdisciplinarity' (2012) 26 *International Relations* 3; Martti Koskenniemi, 'The Subjective Dangers of Projects of World Community', above n 78, 3; Martti Koskenniemi, 'The Mystery of Legal Obligation' (2011) 3 *International Theory* 319; Martti Koskenniemi, 'What Use for Sovereignty Today?' (2011) 1 *Asian Journal of International Law* 61 참조.

121 Martti Koskenniemi, *To the Uttermost Parts of the Earth-Legal Imagination and International Power 1300-1870* (CUP 2021).

122 Alexandra Kemmerer, '"We do not need to always look to Westphalia ...", above n 57, 14.

123 Ibid.

게 지금 여기까지 오게 되었는지, 국제법과 제도의 역사에 대한 보다 완전하고 현실적인 설명'을 이해하려는 진정한 필요성에서 비롯된 것이다.[124] 코스켄니에미는 다른 국제법률가들이 국제법의 역사를 칭찬 일색으로 저술한 것과 달리, 비판적인 입장으로 역사에 접근하면서 법이 항상 지니고 있는 '유토피아적이고 맥락 파괴적인 측면'을 전면에 배치하였다.[125]

두 가지 주요 역사적 전통, 즉 위대한 사상과 원칙을 통한 역사 서술(이상주의적 전통)[126]과 역사는 서로 다른 시대와 제국의 승계를 수반한다는 견해(현실주의적 전통)[127]에 직면한 코스켄니에미는 곧 두 가지 접근 방식 모두가 '역사가의 눈앞에서' 사건이 전개되고 일반적인 개념의 범주로 포착할 수 있는 '의미의 단일 궤도'를 따르는 선형 진화를 전제하고 있음을 발견하였다.[128] 코스켄니에미는 역사적 흐름의 기저에는 하나의 목적론(teleology)이 있다는 칸트적 개념을 거부하고,[129] 자신이 『국가의 친절한 문명인』에서 개발한 프로젝트로 사람들을 바라보는 기술로 돌아간다. 인류를 바라보고 개인을 그들의 맥락에 따라 프레임을 형성함으로써, 코스켄니에미는 보편적 서술과 개념적 추상화로부터 국제법을 끌어내렸다. 국제법은 추상적이면서 세속적인 개념이나 사상이 아니라 계획, 이해관계, 야망을 품은 개인들에 의해 만들어진다.

---

124 Martti Koskenniemi, 'Histories of International Law: Significance and Problems for a Critical View' (2013) 27(2) *Temple International and Comparative Law Journal* 215, 216.

125 Ibid.

126 예를 들어, Immanuelle Jouannet, *The Liberal-Welfarist Law of Nations: A History of International Law* (CUP 2012) 참조.

127 예를 들어, Wilhelm G. Grewe, *The Epochs of International Law* (De Gruyter 2000) 참조.

128 Martti Koskenniemi, 'Histories of International Law', above n 124, 219.

129 Immanuel Kant, 'Idea for a Universal History with a Cosmopolitan Purpose', in *Kant: Political Writings* ((1784) CUP 1991) 41.

코스켄니에미의 연구를 특징짓는 비판적 자세는 그가 역사 연구의 방법론에 도전할 때 구체화된다. 첫 번째는 맥락주의(contextualism)와의 관계 및 국제법의 역사에 대한 시대착오적 문제이다. 퀜틴 스키너(Quentin Skinner)의 저서들로 대표되는 맥락주의는 역사적 문헌, 인물, 그리고 사건들을 그들의 맥락에서 검토하고, 당시의 사회적, 언어적 구조에 비추어 글이나 저자가 실제로 무엇을 하거나 전달하고자 했는지를 묻는다. 이러한 관점에서, 비토리아를 국제법의 아버지로 간주하는 것은 터무니없거니와 매우 기만적이다. 살라망카에 기반을 둔 신학자인 비토리아는 '우리가 아니라 그의 관점에서' 이해해야 한다.[130] 비토리아의 신학적 어휘는 인디언에 대한 억압적인 유럽의 지배 문화를 만드는 데 크게 기여하였다. 역사 연구에 종사하는 비판적 학자들은 어떤 맥락을 고려해야 하는지, 여러 개의 맥락은 어떻게 다루어야 하는지, 어떤 근거를 희생시키거나 우선해야 하는지 등의 문제를 반드시 고려해야 한다. 역사의 범위와 규모를 선택하고, 연구 범위를 한정하고, 쓰려는 역사의 유형(예를 들어, 사상의 지적 역사, 관행의 사회학적 역사, 법률 제도의 역사 내지 전기)을 결정하는 것은 국제법에서 사료 편찬 작업을 수행할 때 겪는 추가적 도전이다.[131] 문제는 이러한 선택 중 어느 것도 명백하지 않다는 점이다. 모든 역사가는 선호, 성향, 그리고 직업적 관심사에 근거해 선택한다. 다시 말해, '우리가 말하는 과거의 이야기는 항상 우리의 현재 고민을 반영한다… 모든 역사는 **현재**(*present*)의 역사이다.'[132]

현재 코스켄니에미의 연구는 국제법의 역사와 국제법률가에 관한 방

---

130 Martti Koskenniemi, 'Histories of International Law', above n 124, 227; Martti Koskenniemi, 'Vitoria and Us: Thoughts on Critical Histories of International Law' (2014) 22 *Rechtsgeschichte* 119.

131 Martti Koskenniemi, 'Histories of International Law', above n 124, 232.

132 Ibid.(원문에서 강조)

법론적 문제들에 초점을 두고 있는 것으로 보인다. 그는 국제법의 역사를 다루기 위한 방법론적 도구로서 시대착오적 편견에 대한 포기와 맥락주의의 부상을 호의적으로 바라보면서도, 비판적 방법은 역사가가 맥락이 형성된 방식과 그 맥락이 '세상을 현재의 모습으로 만들기 위해 어떻게 지속되어 왔는지'를 고려하도록 강요한다고 강조했다.[133]

코스켄니에미의 '역사로의 회귀'는 현재의 국제법과 거리를 두려는 시도가 아니다. 오히려 정반대이다! 코스켄니에미의 역사주의는 그가 절대 저버리지 않을 비판적인 정신이 담긴 그의 초기 저술에 기반하였으며, 이는 관리주의에 대항하는 건전한 해독제 역할을 하고 있다.[134] 『국가의 친절한 문명인』에 자극받고 소수의 생각이 비슷한 학자들에 의해 수정된 '역사로의 귀환'은 현대 국제법 이론의 수명이 짧은 일시적인 연구와는 거리가 멀다. 「국제법사저널(Journal of the History of International Law)」, 『옥스퍼드 국제법사 핸드북(Oxford Handbook of the History of International Law)』[135] 및 흥미로운 여러 단행본[136] 등의 출판물은 국제법 학자들 사이에서 역사에 대한 관심이 높아지고 있음을 여실히 보여준다. 코스켄니에미에 따르면 '역사는 인생의 스승이다(Historia magistra vitae)'라는 옛 격언을 인용하는 것은 '역사의 중요성을 강조하는 방법론으로는 불확실한 근거일 수도 있다. 그러나 하나의 집필 방식으로서, 역사 서술은 거짓 필요성과 거짓 우연성을 밝힘으로써 대안적 선택의 세계에서 더 자유롭게 움직이고자 하는 정

---

133 Ibid, 238.

134 Martti Koskenniemi, 'The Politics of International Law-20 Years Later', above n 12, 17.

135 Bardo Fassbender and Anne Peters (eds), *The Oxford Handbook of the History of International Law* (OUP 2012).

136 예를 들면, Arnulf Becker Lorca, *Mestizo Internatianal Law: A Global Intellectual History 1842-1933* (CUP 2014); Monica Garcia-Salmones Rovira, *The Project of Positivism in International Law* (OUP 2013) 참조.

치적 상상력을 해방시킨다.'[137] 실제로 이것이 바로 국제법 학자들이 역사 문제에 관심을 갖게 된 까닭일 것이다. 역사를 살펴보는 것은 현재에 관여하는 수단이다.

참고 문헌

Jouannet, Emmanuelle, 'Koskenniemi: A Critical Introduction' in *Martti Koskenniemi, The Politics of Internatianal Law* (Hart 2011) 1.

Koskenniemi, Martti, *From Apology to Utopia: The Structure of International Legal Argument* (새로운 에필로그와 함께 재발행, CUP 2005).

Koskenniemi, Martti, 'Constitutionalism as Mindset: Reflections on Kantian Themes about International Law and Globalization' (2007) 8 *Theoretical Inquiries in Law* 9.

Koskenniemi, Martti, 'Histories of International Law: Significance and Problems for a Critical View' (2013) 27 *Temple International and Comparative Law Journal* 215.

Koskenniemi, Martti, 'The Fate of Public International Law: Between Technique and Politics' (2007) 70 *Modern Law Review* 1.

Koskenniemi, Martti, *The Gentle Civilizer of Nations: The Rise and Fall of International Law* 1870-1960 (CUP 2002).

Koskenniemi, Martti, '"The Lady Doth Protest Too Much"-Kosovo, and the Turn to Ethics in International Law' (2002) 65 *Modern Law Review* 159.

Koskenniemi, Martti, 'the Politics of International Law-20 Years Later' (2009) 20 *European Journal of International Law* 7.

Koskenniemi, Martti, *To the Uttermost Parts of the Earth-Legal Imagination*

137 Martti Koskenniemi, 'The Politics of International Law-20 Years Later', above n 12, 18.

and International Power 1300-1870 (CUP 2021).

Lang, Andrew, and Marks, Susan, 'People with Projects: Writing the Lives of International Lawyers' (2014) 27 *Temple International and Comparative Law Journal* 437.

Werner, Wouter et al (eds), *The Law of International lawyers: Reading Martti Koskenniemi* (CUP 2018).

9장
페미니즘

계보

사회에서 여성이 처한 상황, 법이 그들의 지위와 대우에 미치는 효과 및 정치적·법적 절차에서 여성의 역할에 대한 지적 분석은 매우 광범위한 페미니즘 법학 연구의 대상이다. 다른 운동이나 학파와는 달리, 페미니즘의 계보에 대해서는 엇갈리는 시각이 있을 수 있기에 이를 정확하게 추적하기는 상당히 어렵다. 예를 들어 페미니즘을 정치적, 사회적 운동으로 본다면 19세기 후반 및 20세기 초반의 여성 참정권 운동이 여성으로 하여금 향상된 정치적 인식과 역량을 획득하는 길을 열었다고 할 수 있다.[1] 1897년 밀리센트 포셋(Millicent Fawcett)이 설립한 전국여성참정

1 이를 비롯한 여러 부분에서 나는 다이앤 오토(Dianne Otto)의 통찰력에 빚을 지고 있다. 또한 나는 자신의 에세이를 미리 읽을 수 있도록 허락해 준 그녀에게 감사의 뜻을 전한다. Dianne Otto, 'Feminist Approaches to International Law' in Anne Orford and Florian Hoffmann (eds), *The Oxford Handbook of the Theory of International Law* (OUP 2016) 488.

권연합(National Union of Women's Suffrage)에 의해 조성된 여성 투표권 요구는 1903년 에멀린 팽크허스트(Emmeline Pankhurst)와 그녀의 딸들이 이끄는 더욱 급진적인 조직, 여성사회정치연합(Women's Social and Political Union)이 출현하는 계기를 제공했다. 이 여성 참정권 운동가들은 그들의 대의를 증진하고 대중의 관심을 끌기 위해 공공재산에 대한 폭력 행사, 가두시위, 단식 투쟁을 활용하였다. 영국에서뿐만 아니라 다른 지역에서도 이들의 헌신과 눈에 띄는 활동이 여성의 정치적 권리 획득에 크게 기여했음에는 의심의 여지가 없다.[2]

한편 법과 정치에 있어서 국제적인 페미니즘 운동의 기원은 제1차 세계대전 당시의 여성 평화 운동에 있다는 주장도 가능하다.[3] 1915년 항구적 평화를 위한 국제여성대회(International Congress of Women for a Permanent Peace)는 여성 운동의 연합이 평화를 위해 강력한 국제적 활동을 하게 되는 중요 시발점이 되었다.[4] 1919년에는 취리히에서 열린 평화와 자유를 위한 국제여성연맹(Women's International League for Peace and Freedom, International Committee of Women for Peace and Freedom의 후신) 회의에서 여성헌장(Woman's Charter)이 채택되었다. 이 헌장은 고용에서의 평등한 임금, 남녀의 평등한 교육 기회, 평등한 참정권, 어머니에 대한 경제적 지원 등 베르사유 평화회의에서 제기되었어야 할 여러 의제를 한데 모은 것이다. 국제 관계에서 여성 의제는 1937년 국제연맹(League of Nations) 내에서 여성법적지위연구위원회(Committee to Study the Legal Status of Women)가 설립되

---

2 여성참정권운동이 현대 페미니즘의 근간이라는 견해에 대한 비판적 관점으로는 Nancy F. Cott, *The Grounding of Modern Feminism* (Yale University Press 1987) 참조.

3 Anne Wiltsher, *Most Dangerous Women: Feminist Peace Campaigners of the Great War* (Pandora 1985) 참조.

4 Lela B. Costin, 'Feminism, Pacifism, Internationalism and the 1915 International Congress of Women' (1982) 5 *Women's Studies Internatianal Forum* 301 참조.

고, 국제연합(United Nations)이 창설된 이후 1946년 국제연합 경제사회이사회(UN Economic and Social Council)가 설립한 국제연합 여성권리위원회(UN Commission on the Rights of Women)가 만들어지면서 진전되었다.[5]

여러분이 위에서 개략적으로 제시된 역사적 발전의 연속성과 규칙성을 보기를 원하는지와 상관없이, 여성들의 초국가적 정치적 행동주의와 국제기구를 통한 평화에 대한 지지가 국제법 체계에 대한 변함없는 믿음으로 입증되었다는 것은 부인할 수 없다. 국제법에 따라 권리를 주장할 필요성은 국제연합이 창설된 지 한참 후인 20세기 초부터 페미니스트적 접근법으로써 발전했고, 국내 인권운동이 시작된 게 특징이다. 나아가, 정치 운동과 시민사회에서 초기 페미니즘 운동의 뿌리를 찾는 경향도 지금까지 이어져 내려오고 있다. 그러나 극적으로 변화한 것은 여성과 국제법 및 국내법에서 여성의 조건에 대한 담론이다.

낸시 프레이저(Nancy Fraser)는 이른바 '제2물결 페미니즘' 연구의 서로 다른 시기와 분파를 연결하면서,[6] 페미니즘 운동의 전통적이고 선형적인 진보를 서술하는 데에서 벗어나, 페미니즘적 이상을 세 가지 단계로 구분했다.[7] 첫 번째 시기인 1960년대에 페미니즘은 다른 사회 운동과 연대하여 '자본주의 사회의 남성중심주의'와 사회민주주의를 공격했다.[8] 이 첫 번째 시기는 국가, 특히 서구 민주주의에 대한 양가적인 태도를 특징으로 한다. 한편으로는 서구 사회민주주의의 경제적, 정치적 구조가 키우고 공

---

5 Jaci Eisenberg, 'The Status ofWomen: A Bridge from the League of Nations to the United Nations' (2013) 4 *Journal of International Organizations Studies* 8.

6 제1물결 페미니즘은 여성의 정치적, 시민적 권리를 주장하는 여성들을 포함했다. 제2물결 페미니즘은 페미니즘 연구 범위가 젠더와 성별에 기반한 공식적이고 실질적인 불평등을 모두 포함하는 방향으로 확장된 1960년대부터 1980년대 사이를 가리킨다.

7 Nancy Fraser, 'Mapping the Feminist Imagination: From Redistribution to Recognition to Representation' (2005) 12 *Constellatians* 295.

8 Ibid, 298.

고히 한 남성의 지배에 책임을 물었다. 다른 한편으로는, 그러한 국가들이 변화해야 하며, 페미니즘을 포함한 새로운 사회 운동에 의해 사회-경제적 재분배가 이루어져야 한다고 주장했다. 1980년대 말까지 이어진 두 번째 단계에서는 차이를 인식하는 것으로 관점이 이동했다. 사회·정치적인 여성에 대한 폭력인지, 젠더 불평등에 대한 폭력 여부를 불문하고 평등을 촉진하는 것보다는 정체성의 차이를 강조하는 게 우선순위에 올랐다.[9] 마지막으로, 1990년대 이후로 이어진 세 번째 단계에서 페미니즘은 국가라는 좁은 영역 안에서만 주장하는 것을 멈추고, 기존의 프레임과 정책에 의문을 제기하며 초국가적인 공간 내에서의 '여정'을 시작했다. 오늘날 페미니즘은 초국가적인 공간에서의 재분배적이고 성인지적(gender-sensitive)인 정책에 대한 주장들을 통합하는 도전 과제에까지 그 경계가 확장되었다.[10] 국가는 더 이상 젠더 정의를 위한 투쟁이 이루어지는 배타적인 구조가 아니다.

사실 페미니스트 정치 운동의 역사가 아니라 페미니즘 법학의 역사적 계보를 엄밀하게 들여다보면 확연히 다른 그림을 볼 수 있다. 그러한 측면에서는 자유주의적, 문화적, 급진적 또는 포스트모던 페미니즘 등 서로 다른 페미니즘 이론들이 다른 지적 운동들과 교차하고, 서로 다른 시기에 걸쳐 확산됨으로써 시간적 구분에 저항하고 있다.[11]

국제법 학문에 관한 한, 1991년 「미국국제법저널(American Journal of

---

9 Ibid.

10 Ibid, 305.

11 페미니즘 및 페미니스트 연구의 모든 학문적 분파에 대해서 간결하지만 매우 명확한 설명을 위해 Nicola Lacey, 'Feminist Legal Theories and the Rights of Women' in Karen Knop (ed), *Gender and Human Rights* (OUP 2004) 13; Hilary Charlesworth and Christine Chinkin, *The Boundaries of International Law: A Feminist Analysis* (Manchester Unicersity Press 2000) 38 참조.

International Law)」에 실린 힐러리 찰스워스(Hilary Charlesworth), 크리스틴 친킨(Christine Chinkin), 그리고 셸리 라이트(Shelley Wright)의 중요한 에세이가 이 학문 분야에 있어 획기적인 사건이라는 점에는 의심의 여지가 없다.[12] 이후 페미니즘적 관점에서 생산된 학술 서적의 급증은 현장에서 나타난 다양한 감성을 증명한다. 예를 들어, 제3세계 또는 탈식민지 페미니즘은 전통적인 서구 기반 페미니즘 학문과 함께 등장했다. 진실은 '단일한 페미니즘 법학은 없다'는 것과 '"하나의 진실한 이야기"는 있을 수 없다'는 것이다.[13] 학문에 대한 페미니즘적 접근 방식은 '흔히 설명되는 것처럼 일련의 비교적 자율적이면서 경쟁적인 세대의 페미니즘적 사고라기보다는 이론, 방법, 실천에 대한 순환적 사고의 네트워크'로 더욱 잘 이해된다.[14] 이질성(heterogeneity)은 이 운동의 불가피한 특성으로 보인다.

어떠한 역사적 혈통이나 지적 계보를 선택해도 학문으로서의 국제법은 성(sex)과 젠더(gender),[15] 그리고 개인과 집단의 일원으로서의 여성에 대한 연구[16]를 수반한다. 또한 그러한 연구는 학자로 하여금 국제법의 가부장적 구조를 밝혀내는 데 있어서 모든 것에 의문을 제기하게 한다.[17] 그것은

12 Hilary Charlesworth, Christine Chinkin, and Shelley Wright, 'Feminist Approaches to International Law' (1991) 85 *American Journal of International Law* 613.

13 Ibid.

14 Dianne Otto, 'Feminist Approaches to International Law', above n 1, 490.

15 페미니즘 연구에서 성(sex)과 젠더(gender)의 구분은 복잡하다. 일반적으로 젠더는 정신과 문화에 중점을 둔 사회적으로 구성된 관계적 개념으로 여겨진다. 한편, 성은 일반적으로 남성과 여성 사이의 생물학적 차이를 지칭하는 데 사용되며 신체 및 **본질**과 관련된 것이라고 여겨진다. 그러나 일부는 '성'이라는 용어의 사용이 부적절하며 일종의 생물학적 결정론을 의미한다고 여긴다. 이러한 논의에 대해서는 Hilary Charlesworth and Christine Chinkin, *The Boundaries of International Law*, above n 11, 3-4 참조.

16 Hilary Charlesworth, Christine Chinkin, and Shelley Wright, 'Feminist Approaches to International Law', above n 12, 634.

17 Heather Ruth Wishik, 'To Question Everything: the Inquiries of Feminist Jurisprudence' (1985) 1 *Berkeley Women's Law Journal* 64.

종종 형식적일 뿐만 아니라 사회적, 경제적, 문화적 측면에서 양성평등을 촉진한다. 이러한 목표가 국제법의 현행 정치적·제도적 구조의 개혁에 의해 달성되든, 전복에 의해 달성되든 페미니즘적 접근 방식은 '법을 실행하고, 이야기하고, 배우는 대안적 방법'이다.[18] 서로 다른 페미니즘적 관점과 학문의 비판적 가닥을 이용하고,[19] 젠더를 자율적이고 '중심적인 분석 카테고리'로 사용함으로써,[20] 페미니즘적 접근 방식은 남성 위주인 국제법 세계의 불평등과 부당함에 대해 질문을 던지는 다소 독특한 수단이 된다.

객관성에 대항하여: 젠더 편향의 구조를 파헤치다

국제법이 젠더를 가지고 있을 수도 있다는 생각은 많은 국제법률가의 눈살을 찌푸리게 할 것이다. 그러나 이것은 국제법에 대한 페미니즘적 접근 방식의 주요 원칙 중 하나이다.[21] 국제법에 뚜렷한 편향이 있다는 생각은 페미니즘적 국제법 이론의 기초가 되며, 국제법 전체 구조에 대한 전면적이면서 때로는 포괄적인 비판을 하기 위한 전제 조건을 구성한다. 남성들이 권력과 가시적인 지위 대부분을 차지하고 있다고 해서 국제법이 남성만으로 구성되어 있다는 게 아니다. 국제법은 남성에 의해, 남성만을

---

18 Hilary Charlesworth, Christine Chinkin, and Shelley Wright, 'Feminist Approaches to International Law', above n 12, 634.

19 국제법과 관련된 다양한 페미니즘 이론에 대해서는 Hilary Charlesworth and Christine Chinkin, *The Boundaries of Internatianal Law*, above n 11, 23 참조.

20 Dianne Otto, 'Feminist Approaches to International Law', above n 1, 492.

21 Hilary Charlesworth, 'Feminists Critiques of International Law and Their Critics' (1994-1995) 13 *Third Warld Legal Studies* 2.

위해 만들어진 법이다. 여성은 자기 권리의 주체가 아니며, 그들의 목소리는 거의 들리지 않는다.

성폭력을 여성에 대한 신체적, 심리적 폭력 행위라기보다는 그가 속한 공동체의 명예에 대한 공격으로 간주하는 경향이 있는 국제인도법 조항처럼, 일부 국제법 규칙만 편향된 것은 아니다.[22] 이처럼 국제법 질서의 근본적인 구조는 젠더 균형의 부족으로 인해 돌이킬 수 없을 정도로 결함이 있다. 예를 들어, 국제법의 법원(法源)이 계층적 추상 모델(hierarchical abstract model)로 잉태되고 제시된다는 생각은 젠더 기반의 행동 모델을 토대로 기호화(coding)하는 페미니즘적 관행에 따라 남성으로 기호화된다. 같은 이유로, 잘 알려진 '경성'법과 '연성'법의 구분은 명백히 젠더적 특성을 가지고 있다. 경성법은 '남성'이고, 반대로 연성법은 '여성'이 될 것이다. 그렇다면 국제법이 연성법보다 경성법에 따른다는 우선순위는 그 시스템에서 젠더 중립성이 부족하다는 명백한 증거가 된다. 유사한 맥락에서, 페미니즘 학자들은 동의를 기반으로 하는 전통적인 국제 의무 모델이 본질적으로는 남성적인 행동 모델을 반영하는 특징을 갖는다고 보았다. '의무는 개인의 자유로운 의사 표현에 의해서만 성립할 수 있다'는 전제는 사회적, 젠더적 구조에 따른 의무 부과로 흔히 고통받는 여성의 경험을 부정한다.[23]

---

22 'Interview-"Favourite Footnote"?: Hilary Charlesworth on Feminism and International Law' (2006) 12 *Limina* 1 참조. 전시에 있어서 민간인 보호에 관한 제4 제네바협약 제27조와 국제적 무력 충돌의 피해자 보호와 관련된 제네바협약 제1 추가의정서 제76조를 예로 들 수 있다. 여성의 명예에 대한 남성의 소유 이미지와 여성을 보호하는 태도, 그리고 두 조항의 젠더 편향에 대해 찰스워스는 다음의 논문에서 자세히 다루고 있다. Hilary Charlesworth, Christine Chinkin, and Shelley Wright, 'Feminist Approaches to International Law', above n 12, 386.

23 Hilary Charlesworth and Christine Chinkin, *The Boundaries of International Law*, above n 11, 70.

동시에 이렇게 노골적으로 젠더 편향적인 국제법의 세계는 경제, 정치, 도덕과 구별된다는 측면에서 항상 독자적인 것으로 여겨진다. 게다가 국제법은 그 자체로 객관적이고, 중립적이며, 공정하고, 다른 외부적인 요인으로부터 독립적으로 작동하는 시스템으로 여겨진다. '여성의 목소리를 효과적으로 배제하는 시스템'에서 페미니즘적 방법론은 국제법의 독자성, 객관성, 중립성, 그리고 보편성에 의문을 제기해 왔다.[24] 실제로, 국제법의 권위는 객관성 및 보편성에 크게 의존하고 있다. 페미니즘적 접근방식은 국제법 체계의 가장 핵심에 있는 젠더 편향을 밝혀냄으로써 국가 및 국제법의 전통적인 실증주의적 모델을 약화시키는 다른 비판법학의 흐름과 일치한다.

국제법의 어휘는 젠더 차별에 기반한 이분법으로 가득하며, 남성적 용어와 여성적 용어가 구분되어 있다. 법과 정치, 객관성과 주관성, 공과 사처럼 서로 대립하는 개념들은 젠더에 기반한 기호화(gender coding)가 법률 개념과 범주의 차별적 성격을 판독해 낼 수 있는 적절한 열쇠임을 명백하게 보여주고 있다.[25] 나아가, '국가', '안보', '질서', 그리고 '분쟁'과 같은 국제법의 공통 용어는 남성적인 행동 모델의 우월성을 분명히 드러낸다. 더욱이, 국제법은 남성중심적일 뿐만 아니라 그 기원에 있어서는 유럽 중심적이기 때문에, 사회관계 속에서 법의 위치에 관한 많은 일반적 가정에 동화되어 있다.[26] 특히 국내적으로나 국제적으로나 지배 엘리트와 의사

24 Hilary Charlesworth, 'Feminist Methods in International Law' (1999) 93 *American Journal of International Law* 379, 392.

25 이성 대 감성 또는 가치, 지식 대 존재, 그리고 자신 대 타인과 같이 과학 및 인식론과 관련된 다른 이분법에 있어서도 마찬가지다. Sandra G. Harding, *The Science Question in Feminism* (Cornell University Press 1986) 165 참조.

26 Hilary Charlesworth, Christine Chinkin, and Shelley Wright, 'Feminist Approaches to International Law', above n 12, 644.

결정권자들이 주로, 때로는 독점적으로 남성들로 구성되어 있다는 점을 고려하면, 국내외 제도들이 가부장적 구조로 되어 있다는 점은 따로 설명할 필요가 없다. 영토에 대한 주권이라는 개념과 그 영토 내에서의 배타적인 권력의 행사는 사회 조직에서 가부장제의 발현이다.[27] 국제적 차원에서 이러한 가부장제는 남성 중심의 국내 권력 구조를 유지하는 규칙과 원칙(주권평등, 정치적 독립, 영토 보전 등)에 의해 강화된다. 국가의 '권한(long arm)' 또는 기능적 확장으로서 국제기구는 각각의 권한과 전문 분야에서 남성 지배라는 유사한 논리를 종종 모방한다. 다시 말해, '가부장제'는 적절한 시스템에서의 일시적인 결함이 아니다. 그것은 시스템 구조의 일부이며, 끊임없이 강화된다.[28]

근본 구조부터 지적 범주와 용어에 이르기까지 국제법에 관한 모든 것이 여성을 보이지 않게 하고, 그들의 목소리를 들리지 않게 하기 위해 공모한다. 이러한 노골적인 부당함의 명백한 징후는 여성들이 오랫동안 중요한 국제법 관련 직책에서 눈에 띄게 부재해 왔다는 사실이다. 지금도 여성의 대표성이 부족하다. 남성 지배적인 제도와 젠더 편향적인 문화적, 사회적 관행은 여성이 국내외적으로 책임과 영향력을 갖는 자리를 획득하는 것을 방해한다. 여성은 국제법 절차에 영향을 미칠 수 있는 의사 결정 과정에 거의 관여하지 않는다. 그리고 여성의 부재는 페미니즘과 페미니즘적 접근 방식의 관점에서뿐만 아니라, 사회 전반적인 관점에서도 국제법에 유해하다. 무엇보다도 여성은 남성과는 다른 관점이나 사고방식을 가지고 있을 수 있다. 특히 입법 및 사법과 관련하여, 그 과정에서 여성의 적극적인 참여는 다른 결과를 낳을 수도 있다. 더욱이 니엔케 그로스

27 Ibid, 622.

28 Hilary Charlesworth, 'Feminists Critiques of International Law and Their Critics', above n 21, 9.

만(Nienke Grossman)이 언급한 바와 같이, 국제 사법 기관에서 강화된 여성의 존재는 국제 법원 및 재판소의 정당성에 대한 대중의 인식에 크게 기여할 수 있다.[29] 국제 사법 기관의 활동이 기하급수적으로 성장해 사람들의 일상생활에 영향을 미치는 시점에서 정당성은 고려해야 할 중요한 요소가 된다. 나아가, 보다 균형 잡힌 젠더 대표성은 국제 사법 기관이 추구해야 할 중요한 민주적 가치이다.[30]

가부장제와 남성성에 대한 페미니즘적 비판의 목표는[31] 최근까지 거의 탐구되지 않았던 국제법의 감춰진 구조를 폭로하고, 국제 정치 및 법적 과정에 대한 그들의 통제권 행사를 막는 것이다. 이는 남성 지배적인 모델을 지우고, 그를 '더 이상 생존할 수 없게 만드는 것'을 목적으로 한다.[32] 비판은 페미니즘 법학에서 이러한 목적을 수행하기 위한 도구이다.[33] 국가 등 무형의 실체를 바탕으로 오랫동안 젠더 중립적인 시스템이라 보았는데, 갑자기 법을 통한 남성의 지배에 이의를 제기하는 현장이 된 것이다. 사실, 그 모든 다양성에 페미니즘의 본질적인 요소가 있다면 그것은 '국제법에서 젠더의 중요성'을 인정하는 것이다.[34] 여성의 목소리를 배제

---

29 Nienke Grossman, 'Sex on the Bench: Do Women Judges Matter to the Legitimacy of International Courts?' (2012) 12 *Chicago Journal of International Law* 647.

30 Ibid, 668.

31 Martha Albertson Fineman and Michael Thomson (eds), *Exploring Masculinities: Feminist Legal Theory Reflections* (Ashgate 2013) 참조.

32 Elizabeth Gross, 'What is Feminist Theory?' in C. Pateman and E. Gross (eds), *Feminist Challenges: Social and Political Ibeory* (Northeastern University Press 1986) 197.

33 Dianne Otto, 'Feminist Approaches to International Law', above n 1, 493. '[비판]은 객관성과 보편성이라는 주장에도 불구하고 불평등의 구조가 어떻게 귀속되어 특정 주체는 특권화되고, 그 외의 주체는 소외 내지 배제되는가를 이해하기 위해 법적 담론의 개념 및 구조의 토대를 가시화하는 것을 목적으로 하는 참여 방식이다.'

34 Hilary Charlesworth, Christine Chinkin, and Shelley Wright, 'Feminist Approaches to International Law', above n 12, 621.

하는 국제법의 심층 구조와 원칙들에 이의를 제기하는 것이 페미니즘적 접근법의 사명이자 존재 이유(*raison d'être*)이다.[35]

페미니스트 학자들의 비판은 국제법에서 작동하는 정치와 권력 구조에 이의를 제기하는 데 그치지 않는다. 그들은 특히 여성에게 타격을 준 경제의 세계화로 인한 불평등에도 주의를 기울인다. 국제법 시스템이 중립적이고 객관적이며, 국제 관계의 합리적인 규제방식으로 제시되는 것과 유사하게 세계화는 불가피하고 저항할 수 없는 것으로 묘사된다. 앤 오포드(Anne Orford)는 이것이 '저항을 위한 전략'을 제한하고 글로벌 경제로 번창한 다국적 기업과 같은 전능한 행위자들(all-powerful actors)에게 수혜를 준다고 주장한다.[36] 이러한 정상성과 보편성의 내러티브는 국제법에 관한 것이든 세계화에 관한 것이든 간에 페미니즘적 접근 방식의 비판 대상이 되었다. 이러한 접근 방식에 의하면 젠더 불평등과 남성의 지배가 존재하는 한 객관성은 존재하지 않는다.

페미니즘적 관점 및 감수성

페미니즘적 국제법학 내의 다양한 입장에도 불구하고, 관점이나 특정 감수성적 측면에서는 일부 공통점을 항상 발견할 수 있다. 페미니즘 학자들은 자신들이 완벽하게 인식하고 동일시하고 있는 '관점' 내지 '관찰적 견지'에서 글을 쓴다. 그리고 이러한 관점은 국제법 내의 젠더 이슈에 대한 민감성(sensitivity)을 포함한다. 뉴헤이븐 학파와 달리, '관찰적 견지'는

35 Hilary Charlesworth, 'Feminist Methods in International Law', above n 24, 392.

36 Anne Orford, 'Contesting Globalization: A Feminist Perspective on the Future of Human Rights' (1998) 8 *Transnational Law and Contemporary Problems* 171, 195.

인류의 공공선을 위한 과학적 관점이 아니라,[37] 국제법 시스템에서 남성 지배체제가 해체되고, 여성의 상태와 경험이 가시화되어야 하며, 여성의 목소리에 귀 기울여야 한다는 노골적이고 편파적인 관점이다. 이것은 성찰적 차원에서, 또는 특정 주제에 대해 말할 때 자신의 위치를 어디에 두고 비판적으로 생각하는 것이 반드시 객관성이나 중립성을 전제로 하는 것은 아니라는 점에서 흥미롭다. 페미니즘 학자들은 자신의 일이 자신이 속한 집단과 여성이라는 바로 그 조건에 의해 이해되고 정의된다는 점을 알고 있다. 동시에 그들은 자신이 속한 집단과 자신이 대변한다고 주장하는 사람들을 대표하고, 목소리를 낸다.

국제법에 대한 페미니즘적 분석의 주요 관점은 배제이다. 여성은 남성의 지배를 전형적으로 보여주는 시스템에 의해 배제되며, 남성은 국제법 구조를 독점하고 있다. 이 구조는 남성에 의해 만들어졌고, 남성의 사고방식을 반영하고 있다. 이것이 바로 여성과 여성의 경험을 가시화하고 젠더 이슈가 고려된 의무를 부여하기 위해 국제법을 재고안하고 재창조해야 하는 이유이다. 국제법과 제도에서 적절한 젠더 대표성의 부족은 시스템의 근본적인 카테고리와 제도에만 영향을 미치는 것이 아니다. 국제법의 특정 규칙들도 영향을 받을 수 있다. 국제연합헌장과 국제법의 규범적 기반 중 하나인 자결의 원칙을 떠올려 보면 충분히 알 수 있다. 이 원칙은 식민주의의 족쇄로부터 사람들을 해방하기 위해 이용되었으며 결과는 성공적이었지만, 이로 인해 새롭게 형성된 국가 내에서는 여성에 대한 억압에 철저히 무관심하다. 자결의 원칙은 소위 '사람들' 내의 사회적 관계와 사회의 한 섹터가 다른 섹터에 가하는 지배에는 전혀 관심을 기울이지 않는다. 다시 한번 여성들은 국제법 규칙에 의해 비가시화된다.[38]

---

37 이 책 제5장 '관찰적 관점' 참조.

캐서린 맥키넌(Cathartine Mackinnon)은 페미니즘 법학 이론을 발전시키기 위해 남성 지배 패러다임을 이론화한 것으로 유명하다.[39] 맥키넌은 매우 구조적이고 계층적인 방식으로 사회적 관계를 결정하고 명령하는 요인으로 '페미니즘에 있어 섹슈얼리티는 마르크스주의에 있어 노동'이라는 입장을 고수하고 있다.[40] 마르크스주의와 페미니즘은 모두 권력에 대한 이론으로서 개인들로 구성된 사회 집단 내에서의 권력분배 구조에 대해 비판한다. 마르크스주의와의 이러한 유사점은 사회적 불평등과 인간관계의 불평등이 주로 섹슈얼리티에 근거한다는 맥키넌의 주장을 뒷받침한다. 맥키넌에 따르면, 섹슈얼리티는 '권력의 한 형태'이며, 사회적으로 형성된 젠더는 그 권력을 구현한 것이지 그 반대는 아니다.[41] 그녀는 '여성과 남성은 남성의 성적 지배와 여성의 성적 복종을 제도화하는 이성애라는 사회적 요건에 의해 우리가 알고 있는 성별(sexes)로 만들어진 젠더에 의해 구분된다. 만약 이것이 진실이라면, 섹슈얼리티는 젠더 불평등의 핵심이다.'[42]

여성은 남성에 의해 그들의 성욕의 대상이 되어 왔다. 동시에, 여성은 '주관적인 열망에 의해 지배당하는 것으로 낙인찍혔다.'[43] 모든 세상은 남성이 상상하는 모습으로 만들어져 있다.[44] 그들의 관점은 세상이 어떻게

38 Hilary Charlesworth, Christine Chinkin, and Shelley Wright, 'Feminist Approaches to International Law', above n 12, 642.

39 Catharine MacKinnon, 'Feminism, Marxism, Method, and the State: An Agenda for Theory' (1982) 7 *Feminist Theory* 515; Catharine MacKinnon, 'Feminism, Marxism, Method, and the State: Toward Feminist Jurisprudence' (1983) 8 *Signs* 635.

40 Catherine MacKinnon, 'Feminism, Marxism, Method, and the State: An Agenda for Theory', above n 39, 515.

41 Ibid, 533.

42 Ibid.

43 Ibid, 536.

해석되어야 하는지를 규정하고, 정상성과 객관성이라는 비전으로 전환된다. 맥키넌에 따르면, 스스로가 창조한 세계의 비전과 일관되게 남성의 인식론적 자세는 특정한 위치에서 바라보는 관점이 아닌 객관적이며, 감정적이지 않고 비개입적인 '현실을 완전히 투명하게 바라보는 관점이다. 남성들은 자신의 관점을 이해하지 못하고, 자신이 보는 것을 스스로와 같은 주체로 인식하지 못하며, 자신의 세계를 이해하는 방식이 정복의 한 형태이자 정복을 전제로 하고 있다는 것도 인식하지 못한다.'[45] 남성 지배에 대한 전제를 밝혀내는 것은 전능하고 배타적인 남성 권력의 신화를 불식시키는 것과 마찬가지이다.[46]

이러한 급진적 페미니즘 관점에서, 남성의 관점은 항상 '체계적이고 패권주의적'인 것으로 간주된다.[47] 남성의 지배는 성 불평등을 침묵시키고, 현재 상황을 객관적이고 보편적이라고 제시하는 능력이 '형이상학적으로 거의 완벽하다'. 남성에 의해 건설된 이 세계에서 소위 객관성이란 '현실을 이해하는 방법을 통해 스스로가 창조한 현실을 지식이라 정의하고 이해하는 현실을 창조하는 것'이다.[48] 국가의 조직(그리고 아마도 국제법)을 특징짓는 이러한 권력 시스템은 그 자체를 자연스럽고 보편적인 것으로 묘사할 수 있는 능력적인 면에서 파급력이 있으며 효율적이다. 젠더 기호학

---

44 Simone de Beauvoir, *The Second Sex* (Vintage 1972) 161. '세계를 대표하는 것은 세계 그 자체와 마찬가지로 남성의 일이다. 그들은 그것을 자신의 관점으로 묘사하는데, 그 과정에서 이를 절대적인 진실과 혼동한다.'

45 Catharine MacKinnon, 'Feminism, Marxism, Method, and the State: An Agenda for Theory', above n 39, 558.

46 Ibid, 542. '남성의 권력은 현실이다. 그것은 그들이 주장하는 바와 같은 유일한 현실이 아니다. 남성의 권력은 그 자체를 진실로 만드는 신화이다.'

47 Catharine MacKinnon, 'Feminism, Marxism, Method, and the State: Toward Feminist Jurisprudence', above n 39, 636.

48 Ibid.

(gender coding)적 측면에서 '국가는 객관성이 자기 자신의 규범이라는 점에서 남성이다.'[49] 맥키넌에 따르면, 객관성은 '자유주의적 법치주의 개념 그 자체이다. 그것은 기존의 사회가 만들었고 만들고 있는 사회의 관점을 반영하는데, 그러한 관점과 관계를 실용적 합리성이라 부름으로써 자신을 정당화한다.'[50]

이러한 권력 체계의 관점은 '관점 없음을 위한 기준이며, 그것의 특수성은 보편성을 의미한다. 그것의 힘은 동의로서, 권위는 참여로서, 우월성은 질서의 패러다임으로서, 통제는 정당성의 정의(定義)로서 행사된다.'[51] 여성들은 배제되고 소외된다. 그들은 '부족하다'고 인식되고, 그들의 목소리는 지워진다. 급진적인 학자들에게 이것이 바로 페미니즘이 열망하는 '혁명적'인 이유이다.[52] 남성이 평등을 판단하는 기준이고 '만물의 척도가 되었다'는 사실은 폭로되어야 하는 현실이다.[53] 그러한 구조를 밝힘으로써 그 구조의 '근간이 논쟁의 대상이 되고 재정립되어 법—많은 비판적 상상 속의 아주 다른 유형의 법—이 더욱 해방적인 결말에 관여할 수 있기'를 희망한다.[54]

젠더 불균형과 사회적 불평등이 법적 권리와 자격을 원용함으로써 해결될 수 있는지에 대한 문제는 페미니즘 운동에서 논쟁의 중심이 되어왔다. 실제로, 권리에 대한 비판은 현대 페미니즘에서 널리 사용되는 분

---

49 Ibid, 644.

50 Ibid, 644-5.

51 Catharine MacKinnon, *Toward a Feminist Theory of the State* (Harvard University Press 1989), 116-7.

52 Ibid, 639.

53 Catharine MacKinnon, *Feminism Unmodified: Discourses on Life and Law* (Harvard University Press 1987) 34.

54 Dianne Otto, 'Feminist Approaches to International Law', above n 1, 494.

석적 관점이다. 다른 비판적인 학문에 영향을 받았을 가능성이 매우 높은[55] 이 특정한 접근 방식은 여성이 자신의 법적 권리 획득을 주장하는 것이 바람직한지 질문한다. 법적 권리는 그 권리가 포함된 법률 문서의 작성뿐만 아니라 법원에 의한 해석의 영향력이 매우 클 수 있다는 점에서 '불안정(unstable)'할 수 있다. 때로 법적 권리의 관점에서 바라보는 것은 그 문제를 지나치게 단순화할 위험이 있다. 젠더 평등에 대한 권리 부여는 대부분의 경우 젠더 불평등과 부당함을 야기하는 문화적 관행, 정치적 여건(political contingencies), 그리고 경제적 상황에 대해 다루지 않는다. 유사한 맥락에서, 법적 권리의 언어는 그것에 기초한 청구가 거의 항상 개별적으로 이루어진다. 만약 의무가 이행된다면, 그것은 하나의 특정한 경우에 영향을 미칠 수는 있겠지만 문제의 근본적인 원인을 효과적으로 해결하기는 어려울 것이다. 이는 그 문제가 사회에 고착된 경우에 더욱 그러하다. 마지막으로, 특정 인권의 강화는 여성들에게 오히려 역효과를 미칠 수도 있다. 예를 들어, 종교의 자유에 따른 특정 사회 관습의 유지는 여성들에게 유해할 수 있다. 마찬가지로 특정 국제 인권 조약이 가족의 삶에 부여한 보호 체계는 여성에게 가족에 의한, 정확하게는 남성에 의한 학대가 발생하는 장소가 될 수 있다. 모든 사회 현실에서 특정 인권의 강화는 여성에게 악영향을 미칠 수 있다. 법적 권리라는 강력한 언어에도 불구하고, 때로 권리에 대한 비판은 권리에 관한 담론의 단순한 성질을 밝히는 데 도움이 되며, 다른 관점과 접근 방식이 침투할 수 있는 길을 열어준다.[56]

---

55 특히, Mark Tushnet, An Essay on Rights' (1984) 62 *Texas Law Review* 1363 참조.

56 이른바 '권리에 대한 비판'에 관한 자세한 논의는 다음 참조. Hilary Charlesworth, Christine Chinkin, and Shelley Wright, 'Feminist Approaches to International Law', above n 12, 634; Elizabeth Gross, 'What is Feminist Theory?', above n 32, 192.

현대 페미니즘 연구의 또 다른 특징적인 감수성은 페미니즘 학자들이 인식론과 방법론에 기울이는 관심이다.[57] 그들의 선택에 대한 끊임없는 질문, 여성을 위한 대의를 강화하기 위한 지적 태도와 전략에 대한 비판적 평가는 페미니즘 연구를 고도로 자기성찰적인 운동으로 만든다. 대부분의 페미니즘 학자는 운동에 의한 지식의 생산에 관심이 있으며, 이에 대해 성찰한다. '우리는 누구인가?', '우리는 누구의 이름으로 말하는가?', 그리고 '극단적으로 다른 맥락의 타국에서 고통받고 학대당하는 여성들을 대변할 정당성이 나에게 있는가?'와 같은 질문은 페미니즘 학자들의 저술에서 많이 등장하며, 이러한 질문은 인식론적·방법론적 문제에 대해 어느 정도 인식하고 있음을 증명한다. 이러한 맥락에서 특히 주목할 것은, 이사벨 구닝(Isabelle Gunning)이 동료 페미니즘 학자들에게 여성이 위치한 역사적·사회적 맥락을 염두에 두면서 '중복되는 영역과 공유되는 관심사 및 가치'를 탐색하기 위해 다문화적 공간을 탐험할 것을 제안한, 소위 '세계 여행(world travelling)' 기법이다.[58] '여성 억압에 대한 거대 이론을 생성하는 것'이 아닌, '가정(assumptions)에 대해 질문을 던지고 도전하기 위한' 노력을 전달한다는 점에서 여행에 비유한 것은 매우 적절하다고 여겨진다.[59]

남성에 의해 지배되는 사회 구조를 폭로하는 페미니즘 학자들의 기술을 생각해 보면, 페미니즘적 접근 방식이 법체계가 객관성과 정상성을 가장하여 젠더 위계를 재생산하되 눈에 보이지 않는 이러한 영역들을 연구하는 데 있어서 매우 뛰어나다는 점은 놀랍지 않다. 그들은 불편한 진실

---

57 Hilary Charlesworth, 'Feminist Methods in International Law', above n 24, 380.

58 Isabelle Gunning, 'Arrogant Perception, World-Travelling and Multicultural Feminism: The Case of Female Genital Surgeries' (1991-1992) 23 *Columbia Human Rights Law* 189, 191.

59 Hilary Charlesworth, 'Feminist Methods in International Law', above n 24, 384.

을 드러낼 수 있는 침묵, 또는 공개할 수 없으면서 대중의 감시도 받을 수 없는 것을 숨길 수 있는 침묵을 탐색한다.[60] 이러한 연구를 수행한 페미니즘 학자들은 자기 주장의 타당성을 독자들에게 설득하기 위한 변증법적 방법에 정통하다. 이 연구 방법은 보통 냉철하면서 도발적이며, 급진적 페미니즘의 경우에는 때때로 언어적 공격성이 도를 지나치기도 한다. 찰스워스의 말을 빌리면, 페미니즘 국제법의 특정한 '광기(狂氣, madness)'는 페미니즘 학자들이 종종 자신들이 연구하는 위해의 위험으로부터 자유롭기 때문에 가능한 것이다.[61] 그러나 연구 방법은 또 다른 유형의 족쇄가 될 수 있다. 메리 조 프루그(Mary Joe Frug)의 사후에 증명된 바와 같이, 포스트모던 페미니스트들에게 연구 방법은 중요하며, '흔히 포스트모더니즘을 특징짓는 뒤집기(flip), 거들먹거리거나(condescending) 조롱하는 어조(mocking tones)로는 페미니즘 법학 연구에 동기를 유발하는 치열함과 시급성을 포착하지 못할 수도 있다.'[62] 그러나 '포스트모더니즘 방법론의 대립적인 성격은 페미니즘의 대립적인 정신과 거의 일치하며,' 연구방법론적 기법으로서 반어법과 비유적 표현은 지배적인 의미와 해석에 적절한 방식으로 도전할 수 있는 수단이다.[63]

---

60 Hilary Charlesworth, 'Feminists Critiques of International Law and Their Critics', above n 21, 1.

61 Hilary Charlesworth, 'Feminist Methods in International Law', above n 24, 380-1. '무력 충돌시 인권 유린에 관한 법에 대해 페미니즘적 관점의 글을 쓰면서, 나는 이러한 해악의 일상적인 위험에 처해 있지 않기 때문에 정확히 그렇게 할 수 있다는 점을 인식하고 있다. 다시 말해, 국제법에서 페미니즘적 광기는 우리의 삶이 혼란스럽지 않고 미치지도 않았기 때문에 가능한 것이다.'

62 Mary Joe Frug, 'A Postmodern Feminist Legal Manifesto (An Unfinished Draft)' (1992) 105 *Harvard Law Review* 1045, 1047.

63 Ibid, 1047-8.

되풀이되는 이분법과 전통적 주제

젠더 편향을 폭로하고 남성의 지배를 설명하는 분석 도구를 제공하는 이분법은 페미니즘 법학에서 매우 중요하다. 범주 간의 고정된 경계를 그려냄으로써 이분법은 젠더에 기반한 구별을 생성하고 여성을 열등한 조건으로 강등시키는 데 도움이 된다. 국제법은 담론과 질서의 관계, 그리고 위계를 구성하는 많은 이분법을 그 시스템 내에 가지고 있다. 여기에는 국제/국내, 공(公)/사(私), 구속/비구속, 개입/비개입, 법/정치, 질서/무정부가 포함된다. 이미 언급한 바와 같이, 페미니즘 학자들은 이러한 대립을 젠더에 따라 전자의 요소는 남성으로, 그리고 후자의 요소는 여성으로 기호화했다.[64] 이 중에 '남성적'인 요소들은 일반적으로 합리성, 객관성, 논리성을 시사하며, 반대쪽인 '여성적'인 요소보다 더 가치 있게 여겨진다. 법과 그 상징 체계 및 문화는 뚜렷한 젠더 편향을 지니고 있다.

공과 사의 대립은 페미니즘적 분석과 특히 관련이 있다. 전형적으로 공적인 영역은 국가, 정책, 공공 거버넌스와 같이 '남성적인' 것들을 포함한다면, 사적인 영역은 여성들이 폭력과 학대로 고통받는 전형적인 공간인 가정과 가족이 될 것이다. 페미니즘의 비판에 따르면, 국제법은 공적 측면과만 연관이 있으며, 따라서 공적 영역을 통제하고 있는 남성들에게 유리하게 편향되어 있다. 한 가지 예를 들자면, 국제적 차원의 고문 금지는 국제법과 관련이 있으며 제재를 위해서는 공무원이나 권위에 따라 행동하는 사람의 개입이 필요하다.[65] 공적 영역을 벗어나 여성이 학대의 피해자가 될 가능성이 높은 사적 영역의 친밀감 속에서 행해지는 고문은 국제

64 Carol Cohn, 'Wars, wimps and women: talking gender and thinking war' in Miriam Cooke and Angela Woollacott (eds), *Gendering War Talk* (Princeton University Press 1993) 227, 231 참조.

법상 금지의 대상이 아니다. 보다 일반적으로, 인간의 삶과 현실을 이 두 개의 범주로 깔끔하게 구분할 수 있는 것처럼 보이는 공적 영역과 사적 영역 구분의 인위성은 '권력의 원천에서부터 여성의 배제를 합리화하는 이념적 구조'를 드러낸다.[66] 인권의 영역에서 공과 사의 구분은 '중립적이고 객관적인 요건'이 아니다.[67] 일반적으로 남성은 공적 영역(정치 및 정부)을 통제하고 있는 한편, 여성은 전통적으로 사적인 영역(가족 및 가정)과 연관되어 있다는 점을 고려한다면 그러한 구분의 효과는 '국제법에서 많은 여성의 경험을 지우고 그들의 목소리를 침묵하게 만든다.'[68]

여성의 목소리와 요구를 드러내기 위해 국제인권법을 개선하려는 열망을 샬럿 번치(Charlotte Bunch)는 자신의 여성 인권 에세이를 통해 분명하게 드러냈다.[69] 1933년 비엔나 세계인권회의(Vienna World Conference on Human Rights)는 최종 문서에서 젠더에 기반한 문제의 중요성을 인정하고, 국제적 차원에서 공식적으로 여성 인권이 인권으로 인정받을 수 있는 길을 열었다.[70] 이 문제를 구체적으로 다룬 수많은 국제 법률 문서들이 채택됨으로써 국제 인권, 특히 여성에 대한 폭력 문제에 집중한 시도가 성공하였다.

---

65 고문 및 그 밖의 잔혹한·비인도적인 또는 굴욕적인 대우나 처벌의 방지에 관한 협약(United Nations Convention against Torture and Other Cruel, Inhuman or Degrading Treatment or Punishment) 제1조 참조.

66 Hilary Charlesworth, Christine Chinkin, and Shelley Wright, 'Feminist Approaches to International Law', above n 12, 629. 더욱이, 인권 보장 및 감독 메커니즘은 공적 영역에서만 작동하기 때문에 여성에 대한 이 억압적인 시스템의 운영에는 영향을 미치지 않을 것이다.

67 Hilary Charlesworth, 'Feminist Methods in International Law', above n 24, 383.

68 Ibid.

69 Charlotte Bunch, 'Women's Rights as Human Rights: Toward a Re-Vision of Human Rights' (1990) 12(4) *Human Rights Quarterly* 486.

70 United Nations World Conference on Human Rights, *Vienna Declaration and Programme of Action*, UN Doc. A/CONF/157/23 (1993) 참조.

거의 확실히, 여성에 대한 폭력을 국가가 반드시 예방하고 구제해야 할 인권 침해로 개념화한 것은 페미니즘의 주요 성과라 볼 수 있다.

그러나, 이 운동의 특징인 자기 성찰성과 일관되게 페미니즘 학자들은 여성의 피해자성(victimization)을 강조하는 방식에 대해 의문을 제기해 왔다. 라트나 카푸르(Ratna Kapur)는 피해자 논의와 이로 인해 창조되는 '허구적 동질성과 자매애(fictitious homogeneity and sisterhood)'라는 서사를 부각하는 위험에 주목했다.[71] 사실, 피해자성이라는 수사는 특히 제3세계 여성들과 관련하여 '여성은 약하고, 취약하고, 무력하다는 식민지주의적 억측'과 같은 결론을 초래할 위험을 안고 있다.[72] 이러한 수사법은 여성에게 힘을 실어주기보다는 오히려 보호주의자들을 강화하는, 만족과는 거리가 먼 결과를 초래한다. 국가는 사회 내에서 여성의 지위와 처우를 개선하기 위해 사회개혁 정책을 사용하기보다는 여성에 대한 폭력을 억제하고 처벌하기 위해 형법을 사용할 것이 권장된다. 여성 인권 담론을 '사회관계의 구조, 주체의 위치, 문화의 변화' 속에 위치시키는 카푸르의 탈식민지적 감수성은 캐서린 맥키넌이 여성이 남성에게 예속되게 된 근거로 제시한 성 착취 이론과 충돌한다.[73] 카푸르는 맥키넌이 거의 전적으로 강간, 낙태, 포르노그라피 문제에만 집중함으로써 여성에 대한 인권 침해에 좁은 시각을 제공하고 여성의 삶과 경험이 인종·종교·계급·성별에 의해 매개되는 방식의 복합성을 파악하지 못하고 있다고 보았다.[74]

유사한 논쟁은 국제형사법에서도 있었다. 특히 특별(*ad hoc*) 형사재판소

---

71 Ratna Kapur, 'The Tragedy of Victimization Rhetoric: Resurrecting the "Native" Subject in International/Post-Colonial Feminist Legal Politics' (2002) 15 *Harvard Human Rights Journal* 1, 37.

72 Ibid, 36

73 Ibid, 37.

74 Ibid, 10.

의 법리에서 강간이 범죄화되었으며, 보다 일반적으로는 여성을 대상으로 한 심각한 성범죄가 전쟁법상의 범죄로 인정되었다.[75] 강간이 여성에 대한 폭력 행위임을 분명히 한 이러한 법리가 여성을 위한 주요 성취로 칭송받아 왔음에도 불구하고, 카렌 엥글(Karen Engle)은 구유고슬라비아국제형사재판소가 보스니아-헤르체고비나 전쟁에서 전시 강간을 범죄화함으로써 일부 의도하지 않은 결과들이 발생했다고 주장한다.[76] 무엇보다도 이 법리는 결국 그 지역의 인종적 차이를 더욱 강화했다. 판례를 보면, 민족과 종교를 성폭력의 원동력이자 차별 요인으로 보는 입장이 지배적이었다. 둘째, '보스니아 무슬림 여성의 압도적인 피해자성'을 부각하고,[77] 전쟁에서 여성의 정치적·군사적 역할을 부정 내지 경시함으로써 여성의 성적, 정치적 주체성(sexual and political agency)을 다소 위축시켰다. 마지막으로, 남성 대 여성 성폭력에 주로 초점을 맞춰 성폭력을 탈젠더화시킴으로써, 다른 형태의 폭력과 젠더 억압에 대한 관심을 차단한다.[78]

국제법상 강간의 범죄화라는 진전에 대해 문제를 제기하고, '집단살해적 강간(genocidal rape)'이라는 범주의 범죄를 인정하는 것의 적절성에 대한 논쟁을 활발하게 함으로써,[79] 엥글을 비롯한 학자들은 국제법의 특히 민감한 영역에 대한 그들의 비판적 페미니즘의 관점을 가져온다. 실제로,

---

75 이에 관한 주요 판례로는 르완다국제형사재판소의 '아카예수(Akayesu)' 사건(ICTR-96-4-T, Trial Chamber 2, 2 September 1998)과 구유고슬라비아국제형사재판소의 '쿠나락(Kunarac et al)' 사건(IT-96-23-T & IT-96-23/1-T, Trial Chamber, 22 February 2001) 참조. 또한 Vesna Nikolic-Ristanovic, 'Sexual Violence, International Law and Restorative Justice', in Doris Buss and Ambreena Manji (eds), *International Law: Modern Feminist Approaches* (Hart 2005), 273 참조.

76 Karen Engle, 'Feminism and Its (Dis)contents: Criminalizing Wartime Rape in Bosnia and Herzegovina' (2005) 99 *American Journal of International Law* 778.

77 Ibid, 810.

78 Ibid, 814.

국제형사법은 판결과 법정 관행의 맥락에서 의미를 창출하고, 일부 이야기에 특권을 부여하면서 다른 것들은 침묵시키는 재판소의 권능을 평가하는 흥미로운 실험실이다.[80] 국제형사재판소 규정(International Criminal Court's statute)에 성범죄가 포함된 후에도[81] 절차, 수사, 증거 메커니즘과 관련된 여러 젠더 이슈는 물론[82] 법원이 자신의 법리에서 관련 규칙을 어떻게 적용하고 어떤 원칙을 유지해야 하는지에 대한 논의가 계속되었다.[83]

비록 역사적으로 페미니즘은 다른 분야보다는 특정한 법률 영역에서 융성했지만, 국제법에서 페미니즘은 이제 상당히 포괄적인 영역을 다루고 있다. 예를 들어, 무력 사용에 관한 국제법적 규제에 지속적인 관심을 기울였다.[84] 페미니즘 운동은 여성에 대한 인권 침해와 폭력을 중단시키기 위한 무력 사용의 확대 문제를 두고 내부적인 계급(ranks)에 따라 입장

---

79 집단살해적 강간의 범죄화를 지지하는 캐서린 맥키넌의 잘 알려진 입장에 대해서는 이하 참조: Catharine MacKinnon, 'Rape, Genocide, and Women's Human Rights' in Alexandra Stiglmayer (ed), Mass Rape. *The War against Women in Bosnia-Herzegovina* (University of Nebreaska Press 1994) 183, 190: '모든 강간과 마찬가지로 집단살해적 강간은 특수하면서도 일반성을 가지며, 그 특수성이 중요하다. 이것은 정치적 통제를 위한 집단살해 작전에서 공식적인 전쟁 정책의 일부로 행해진 특정 인종에 대한 강간이다.'

80 Doris E. Buss, 'Knowing Women: Translating Patriarchy in International Criminal Law' (2014) 23 *Social & Legal Studies* 73; Nicola Henry, 'The Fixation on Wartime Rape: Feminist Critique and International Criminal Law' (2014) 23 *Social & Legal Studies* 93.

81 강간은 전쟁범죄(ICC규정 제8조), 인도에 반한 죄(ICC규정 제7조) 내지 집단살해죄(ICC규정 제6조나호)에 해당할 수 있다. 범죄구성요건에 대해서는 제7조 제1항 사호-1, 제8조 제2항 나호(12)목, 제8조 제2항 마호 (6)목-1 참조.

82 키란 그레왈(Kiran Grewal)은 국제형사재판소가 강간죄의 보호법익의 핵심으로 성적 자기결정권을 인정할 것을 요구하였다: Kiran Grewal, 'The Protection of Sexual Autonomy under International Criminal Law' (2012) 10 *Journal of International Criminal Justice* 373. 한편, 국제형사재판소 제2재판부는 '카탕가(Prosecutor v. Germain Katanga)' 사건(ICC-01/04-01/ 07, Judgment of 7 March 2014)에서 관련 성범죄 혐의에 대해 무죄를 선고하면서 강간과 성적 노예화의 요건에 대해 광범위하게 논의하였다.

83 Barbara Bedont and Katherine Hall Martinez, 'Ending Impunity For Gender Crimes Under the International Criminal Court' (1999) 6 *Brown Journal of World Affairs* 65.

이 나뉜 것으로 보인다. 맥키넌은 여성에 대한 폭력을 억제하고 처벌하기 위해서는 필요시 군사력을 동원할 수도 있다는 점진적인 국제법 개혁에 공감했지만,[85] 엥글 등 다른 학자들은 그러한 무력 사용에 관한 국제법 규칙의 확장적 해석에 대해 경고했다.[86] 결국, 앤 오포드(Anne Orford)는 무력 사용에 의한 보호의 행사가 필연적으로 수반된다는 주장을 파헤침으로써 인도적 개입과 보호 의무의 이념적 토대를 비판적으로 평가했다.[87]

페미니즘적 관점에서 다뤄질 수 없는 국제법의 영역이란 궁극적으로 존재하지 않는다. '유럽공동체-호르몬(EC – Hormones)' 사건[88] 등 국내 조치가 무역협정에 합치하는지를 판단하기 위해 과학적 증거와 기준을 이용한 세계무역기구(WTO) 상소기구의 결정마저도 '의사 결정의 근거로서 과학에 특권을 부여하는 것 자체가 젠더화되고 인종차별화된 지식의 위계를 전제로 하고 있다'는 이유로 비판받아 왔다.[89] 이는 '서양 과학은 가치중립적이며, 객관적이고, 공정하며, 합리적인 것으로 대우받는 반면, 다른 형태의 지식은 감정적이고, 편파적이며, 주관적이고 비합리적인 것이라

---

84 Gina Heathcote, *The Law on the Use of Force: A Feminist Analysis* (Routledge 2011) 참조.

85 Catharine MacKinnon, 'Women's September 11th: Rethinking the International Law of Conflict' (2006) 47 *Harvard International Law Journal* 1.

86 Karen Engle, '"Calling in the Troops": The Uneasy Relationship Among Women's Rights, Human Rights, and Humanitarian Intervention' (2007) 20 *Harvard Human Rights Journal* 189; Karen Engle, 'Liberal Internationalism, Feminism, and the Suppression of Critique: Contemporary Approaches to Global Order in the United States' (2005) 46 *Harvard International Law Journal* 427 참조.

87 Anne Orford, *Reading Humanitarian Interventian: Human Rights and the Use of Force in International Law* (CUP 2008).

88 *European Communities-Measures Concerning Meat and Meat Products (Hormones)*, Appellate Body Report, adopted 16 January 1998, WT/DS26/AB/R; WT/DS48/AB/R.

89 Anne Orford, 'Contesting Globalization: A Feminist Perspective on the Future of Human Rights', above n 36, 188.

고 치부되기' 때문일 것이다.[90] 국제법 및 그 다양한 체제의 거짓된 객관성·중립성·보편성을 밝혀내는 분석 도구로서 젠더를 사용하는 것은 사실상 국제법의 모든 '분야와 하위 영역'을 아우르는 지적 작업이다.[91]

페미니스트 패러독스: 차이의 재입증

특히 국제법과 제도 내에서 여성의 처우를 개선하기 위해 추구하는 방법 중 하나가 소위 '젠더 주류화(gender mainstreaming)'의 실천이었다.[92] 이 개념은 젠더 문제를 제도적 활동과 규범적 정책의 '주류'로 만드는 것을 의미한다. 특별한 또는 임시(*ad hoc*)적인 조치를 필요로 하는 젠더 개념과 배치되는 젠더 주류화는 젠더 차이와 '젠더 비주류화(sidestreaming)'라는 매우 분열적인 논리를 극복하는 효과적인 개혁 전략으로 여겨진다.[93] '장애를 가진 학생과 그렇지 않은 학생이 함께 배우는 곳'이라는 교육 정책에 근거하여,[94] 주류화 개념은 잠재적으로 민감한 문제들을 제도의 정상적인 활동 과정이나 특정한 사회 집단의 일반적인 규범 정책에 통합시키

90 Ibid.

91 Dianne Otto, 'Feminist Approaches to International Law', above n 1, 496. 국제 안보에 관한 최근 페미니즘적 접근 방식의 예로는 Jayne Huckerby, 'Feminism and International Law in the Post-9/11 Era (2016) 39 *Fordham International Law Journal* 533 참조.

92 이에 관한 전반적인 내용은 Sari Kouvo, *Making Just Rights? Mainstreaming Women's Human Rights and a Gender Perspective* (Lustu Forlag 2004); Sari Kouvo, 'The United Nations and Gender Mainstreaming: Limits and Possibilities', in Doris Buss and Ambreena Manji (eds), *International Law: Modern Feminist Approaches*, above n 75, 237.

93 Hilary Charlesworth, 'Not Waving but Drowning: Gender Mainstreaming and Human Rights in the United Nations' (2005) 18 *Harvard Human Rights Journal* 1.

94 Ibid, 2.

는 중화적인(non-antagonizing) 접근법을 취한다.

특히 인권과 관련하여, 1995년 베이징에서 개최된 국제연합 제4차 세계여성회의(UN World Conference on Women)에서 사회·경제적 발전의 모든 영역에서 달성해야 할 글로벌 정책목표로 젠더 주류화가 최초로 제시되었다는 점에 주목해야 한다.[95] 경제사회이사회는 1997년 국제연합 산하의 많은 기관과 단체들을 비롯한 기타 많은 곳에서 젠더 주류화 정책 이행을 위한 근거로 사용될 젠더 주류화의 정의(定義)를 제공했다.[96] 경제사회이사회가 채택한 상당히 포괄적인 정의는 젠더 주류화를 '모든 영역과 수준에서 입법, 정책 또는 프로그램을 포함한 모든 계획된 활동이 여성과 남성에게 미치는 영향을 평가하는 과정'이라 설명하고 있다.[97] 또한, 경제사회이사회는 젠더 주류화 정책 이행에 사용될 여러 원칙과 제도적 요구 사항을 명시했다. '젠더 주류화라는 말이 국제 무대에 편재한다'는 사실에도 불구하고 페미니즘 학자들은 그 영향이 미미하다고 여긴다.[98] 이 개념이 급속도로 확산되고 이와 관련된 수사법이 여전히 국제사회에서 인기 있다는 사실은 이 개념의 '모호성, 취약성, 그리고 설득력 부족'을 방증한다.[99] 이 개념이 진정으로 젠더 불균형과 불평등을 시정할 수 있는 효과적인 정책 수단이었다면 훨씬 더 논란이 되었을 것이다. 사

---

95 *Beijing Declaration and Platform for Action*, adopted at the 16th Plenary of the Fourth UN World Conference on Women on 15 September 1995, UN Doc. A/CONF.177/20/REV.

96 *Report ofthe Economic and Social Council to the UeneralAssembly for the Year 1997*, UN Doc. A/52/3/Rev.1 (1997), 27 참조.

97 Ibid. 나아가 이 정의는 젠더 주류화가 '여성과 남성 모두의 관심사와 경험이 모든 정치적, 경제적, 사회적 영역에서의 정책 및 프로그램의 설계, 이행, 감시, 평가의 필수적인 요소가 되도록 만들어, 여성과 남성이 평등하게 수혜받고 불평등이 영구화되지 않도록 하기 위한 전략임을 명시하고 있다. 궁극적인 목표는 젠더 평등을 이루는 것이다.'

98 Hilary Charlesworth, 'Not Waving but Drowning', above n 93, 5.

99 Ibid, 16.

실, '주류화'는 페미니스트들의 급진적인 정치적 잠재력을 박탈하는 상당히 보수적이고 관습적인 개념인 것으로 드러났다.[100] 게다가, 그 이행은 종종 젠더 정책적 관점에서 더 이상 나아가지 않고, 특정 조직의 여성 수장의 머릿수를 세는 것이 되어버렸다. 힐러리 찰스워스에게 있어서 씁쓸하면서 불가피한 결론은 '국제 무대의 가장자리에 있는 여성들은 조류에 맞춰 헤엄치지 않는 한 주류에 합류하기보다는 익사할 가능성이 더 높다'는 것이다.[101]

심리학자 캐럴 길리건(Carol Gilligan)은 아동과 도덕 발달에 관한 연구에서 사물을 바라보고, 문제를 제기하고, 그 해법을 제공하는 자신만의 특이한 방식을 가질 수 있다는 점에서 여성이 '뚜렷한 목소리(distinct voice)'를 가질 가능성을 탐구해 왔다.[102] 이러한 연구는 도덕 및 기타 문제와 관련된 다양한 사고방식뿐만 아니라 소년과 소녀의 서로 다른 발달 과정을 탐구한다. 법적 추론은 주로 옳고 그름, 합법과 불법에 반대되는, 예를 들어 마니교적 기준(Manichean basis)에 따라 작동하는 제한된 범주에 따라 문제를 판단하는 남성적인 논리와 합리성에 따라 형성된다. 여성은 문맥, 감정, 의사소통을 고려하는 보다 관계적인 유형의 추론을 사용하는 경향이 있다. 그러나 이러한 접근 방식은 남성의 접근 방식보다 덜 발달된 것

---

100 Ibid. 경제사회이사회는 젠더를 생물학과 연결하고, 사회적으로 형성된 특성을 무시하고, 젠더를 본질적으로 여성에 관한 것으로 이해함으로써 '여성/남성 정체성의 "자연스러움"을 재확인하고 젠더의 관계성 성질, 권력관계의 역할, 그리고 종속적인 구조가 재현되는 방식을 포착하지 못했다.' Hilary Charlesworth, 'Talking to Ourselves? Feminist Scholarship in International Law' in Sari Kouvo and Zoe Pearson (eds), *Feminist Perspectives on Contemporary International Law: Between Resistance and Compliance?* (Hart 2011) 17, 31.

101 Hilary Charlesworth, 'Not Waving but Drowning', above n 93, 18.

102 Carol Gilligan, *In a Different Voice: Psychological Theory and Womens Development* (Harvard University Press 1982).

으로 평가 절하되는 경향이 있다.[103] 여성이 입법부터, 사법, 집행에 이르기까지의 법적 절차에서 요구되는 서로 다른 감수성을 가져다주어 다양한 규범적 결과를 도출할 수 있기에 여성의 목소리를 법에 반영하지 못한 결과는 매우 끔찍할 수 있다.

국제법과 국제 사회에서 여성이 뚜렷한 목소리를 내는지에 대해 의문을 제기하는 것과 사회적, 문화적, 심지어는 생물학적 결정 요인에 의해 '여성다움(womanhood)'이라는 범주를 식별하고 구체적인 예시를 요구하는 것은 전혀 다른 문제이다. 후자의 질문은 오랫동안 페미니즘 운동을 특징짓고 분열시켜 온 '본질주의(essentialism)'에 대한 논쟁을 야기한다. 이 논쟁의 기본적인 전제는 여성이 자연적이든, 생물학적이든, 문화적이든, 또는 정신적이든 특정한 속성을 갖는 것으로 대표될 수 있는지에 대해 정립할 필요가 없다는 것이다. 예를 들어, 맥키넌의 남성 지배 패러다임은 여성이 젠더 사회화를 통해 스스로를 남성을 위한 성적 대상으로 인식한다고 주장한다. 이성애 모델은 여성이 성적으로 순종적이고, 사회적으로 예속될 것을 요구한다. 따라서 지배는 섹슈얼리티라는 매개를 통해 제도화된다. 남성의 지배와 억압은 여성들 간에 공유된 경험이다.[104]

본질주의적 설명은 종종 다른 페미니즘 학파로부터의 지적 적대감(intellectual hostility)을 마주하는 메타 내러티브(meta narratives)이다. 가장 눈에 띄는 이들은 포스트모더니즘과 탈식민지주의 지지자들로 그 정의(定義)상 여성의 젠더 정체성 인식에 영향을 미치는 인종, 종교, 계급 내지 성적 지

---

103 Hilary Charlesworth, Christine Chinkin, and Shelley Wright 'Feminist Approaches to International Law', above n 12, 615.

104 Catharine MacKinnon, *Feminism Unmodified: Discourses on Life and Law* (Harvard University Press 1987); Catharine MacKinnon, *Toward a Feminist Theory of the State* (Harvard University Press 1989).

향을 고려하지 못하는 것으로 인식되는 이론들을 받아들이기 어렵다.[105] 주디스 버틀러(Judith Butler)는 젠더 정체성이 사회적으로 형성되고, 변화하며, 관계적 특성을 가진다는 점을 강조하면서 성 정체성(sexual identity)에 기반한 본질주의적 내러티브를 반박했다. 버틀러는 정체성이 어떠한 본질적인 요소와 연결되어 있다는 아이디어를 거부하고, 젠더 정체성이 우리의 수행에 의해 형성된다는 다소 혁명적인 명제를 제시하였다. '젠더 표현 뒤의 젠더 정체성이란 없을 것이다. 그 정체성은 그 결과라고 일컬어지는 바로 그 "표현(expressions)"의 수행에 의해 형성된 것이다'.[106] 어떤 사람이 누구인지는 그가 어떤 행동을 하는가에 따라 결정된다. 젠더 정체성을 구성하는 것은 행위이며, 그것은 젠더 정체성에 대한 믿음과 관행을 구현하는 수행의 반복이다. 여성이 가지고 있을지도 모르는 '고정된 본질'의 부재는 보다 공정한 젠더 정책에 따라 사회를 재구성한다는 관점에서 생물학적 기능이나 심리적 특성이라는 제약을 멀리 넘어서는 전략 수립과 이행을 할 수 있게.[107] 실제로 엘리자베스 그로스(Elizabeth Grosz)에게 '본질주의란 고정된 특성, 주어진 속성, 그리고 변화와 그에 따른 사회 재편의 가능성을 제한하는 반역사적(ahistorical) 기능의 존재를 의미한다.'[108]

본질주의에 대한 논쟁에도 불구하고, 여성을 집단으로 개념화하는 것이 가능할지에 대한 페미니즘 학자들의 불안감은 여전하다. 여성이 본질주의의 주요 논리를 반드시 취하지 않고도, 그들의 정치적 행동의 효율성

---

105 Ratna Kapur, 'The Tragedy of Victimization Rhetoric', above n 71, 7.

106 Judith Butler, *Gender Trouble: Feminism and the Subversion of Identity* (Routledge 1990) 25.

107 Hilary Charlesworth, 'Feminists Critiques of International Law and Their Critics', above n 21, 9.

108 Elizabeth Grosz, 'Sexual Difference and the Problem of Essentialism' in Naomi Schor and Elizabeth Weed (eds), *The Essential Difference* (Indiana University Press 1994) 82, 84.

을 제고하기 위해 본질주의의 수사법과 이데올로기를 채택할 수 있도록 하는 전략을 포함한 다양한 본질주의의 변주들이 고안되었다. 다시 말해, 비록 여성들의 삶의 다양성을 고려하면 여성 간의 공통성을 주장할 수 있는 여지가 거의 없지만, 여성을 여성성에 대한 기존의 문화적 해석을 끊임없이 재해석 하는 계보를 공유하는 존재로 볼 수 있어야 그들을 사회적 집단으로 식별할 수 있다.[109] 아이리스 매리언 영(Iris Marion Young)은 젠더 집단성(gender collectivity)과 여성의 공통성(women's commonality)에 대한 이론을 전개하기 위해 장 폴 사르트르(Jean-Paul Sartre)의 '집합태(social series)' 개념을 차용했다.[110] 사르트르의 집합태 개념은 강한 공동체적 소속감이 부재한 경우라도 여성은 하나의 집단에 속한다는 것을 설명하기 위해 사용된다.[111] 집단 내에서 더 강한 유대감과 결속력을 발전시킬 가능성과 함께 다소 느슨한 연결은 공유된 정체성이나 고정된 속성이라는 전제 없이도 여성이 사회적 집단으로 여겨질 수 있도록 만들어 준다.

사회적 집단으로서 여성의 특징인 너무나도 공허하고 불확정적인 유대에 만족하지 못한 다른 학자들은 여성을 사회 집단으로 개념화하기 위해 루트비히 비트겐슈타인(Ludwig Wittgenstein)의 '가족 유사성'이라는 개념에 의지하게 되었다. 여러 세대에 걸쳐 서로 닮은 가족 구성원들처럼, 여성도 이와 비슷하게 '엄격한 유사성보다는 상대적으로 상호 연결된' 사회적 집단이라 표현될 수 있다.[112] 따라서 본질주의 논쟁을 넘어 여성의 단

---

109 Alison Stone, 'Essentialism and Anti-Essentialism in Feminist Philosophy' (2004) 1 *Journal of Moral Philosophy* 135, 137.

110 Iris Marion Young, 'Gender as Seriality: Thinking about Women as a Social Collective' (1994) 19 *Signs* 713.

111 Jean-Paul Sartre, *Critique of Dialectical Reason I: Theory of Practical Ensembles* (New Left Books 1976).

112 Vanessa E. Munro, 'Resemblances of Identity: Ludwig Wittgenstein and Contemporary Feminist Legal Theory' (2006) 12 *Res Publica* 137, 157.

일성(unity)을 개념화하려는 시도는 여전히 활발하다.

이러한 배경에서 여성의 특수성(special character)을 주장하려고 시도할 때마다 이른바 '페미니스트 패러독스(feminist paradox)'라는 피할 수 없는 특성이 자명해지고 있다는 것을 깨닫게 된다. 남성과의 젠더 평등을 달성하기 위해 젠더 문제를 주류화할 때, 여성이 도덕 이슈를 비롯한 기타 복합적인 문제와 관련하여 뚜렷한 목소리와 특정한 추론 방식을 가지고 있다고 주장하거나, 본질적인 정체성을 식별할 목적으로 몇몇 구별되는 특성을 '여성'의 범주에 귀속시킴으로써 그러한 차이가 회복된다. 그 역설은 마치 젠더 불평등을 주장함으로써 페미니즘이 제거하려 했던 성적 차이(sexual difference)를 재생산할 운명이었던 것처럼 그 차이를 불가피한 것으로 만드는 것처럼 보인다. 정체성을 주장하는 것은 차이를 재확인하는 것과 같다. 스스로의 '자아'를 구성하기 위해 여성은 그것을 '타인', 다시 말해 남성의 자아와 대조할 필요가 있다.

흥미롭게도 이 역설은 긴 역사를 지니고 있으며, 18세기에 이미 프랑스 혁명 중 1789년에 채택된 인간과 시민의 권리 선언(Declaration of the Rights of the Man and the Citizen)에 대응하여 1791년 여성과 여성 시민의 권리 선언(Declaration of the Rights of Woman and the Female Citizen)을 만든 올랭프 드 구즈(Olympe de Gouges)의 저술에서 강조되어 있다.[113] 여성이 개혁을 촉진하는 전략으로서 자신들에게만 적용될 수 있는 구체적인 규범을 주장해야 할지 아니면 일반적인 규범을 주장할지에 대한 딜레마는 페미니스트 역설의 핵심이다.[114] '게토(ghetto)'는 '주류'와 대립하고, '구체성'은 '일반성'

113 프랑스인 페미니스트 올랭프 드 구즈와 '페미니스트 패러독스'에 대해서는 Joan Wallach Scott, *Only Paradoxes to Offer: French Feminists and the Rights of Man* (Harvard University Press 1996) 참조.

114 Sari Kouvo, *Making Just Rights?*, above n 92, 219.

과 대립하며, '거부'는 의존과 대립한다. 차이를 주장하기 위해 남성이 필요하다는 역설과 남성 세계의 허구의 객관성과 보편성에 흡수되어 결국엔 말살되는 것에 저항해야 한다는 역설 사이에서 여성은 자신들의 의제를 추구하기 위한 적절한 전략을 찾기 위해 분투한다.

운동movement, 비판, 그리고 유효성에 대한 탐구

사리 쿠보(Sari Kouvo)와 조 피어슨(Zoe Pearson)이 국제법의 페미니즘적 관점에 대해 편집한 책은 그 제목에서부터 국제법의 공식적이고, 젠더 편향적인 담론에 격렬히 저항하는 한편 순응의 그늘에서 끊임없이 움직이는 페미니즘적 관점의 모호성을 지적하고 있다.[115] 마치 끊임없는 진자(振子)의 움직임처럼, 한편으로는 '기존 구조와 체계 안에 포함'되기를 추구하면서 다른 한편으로는 '경계 밖'에서 활동함으로써 그 구조에 반대하는 것이 최근 페미니즘 학문의 특징인 것 같다.[116] 광범위한 페미니즘 운동의 일환으로서 페미니즘적 접근 방식은 정치적 의식을 가진 학문이며, '페미니즘은 행동주의와 비판, 권력과 위험의 교차지점에서만 번성할 것이기에 '페미니즘적 행동주의와 비판'은 상호 이익인 것으로 여겨진다.[117]

115 Sari Kouvo and Zoe Pearson (eds), *Feminist Perspectives on Contemporary International Law*, above n 100.

116 Alice Edwards, 'From the Margins to the Mainstream and Back Again: Problems and Paradoxes of Feminist Engagement in Global and Local Justice', in Sari Kouvo and Zoe Pearson (eds), *Feminist Perspectives on Contemporary International Law*, above n 100, 133.

117 Dianne Otto, 'Power and Danger: Feminist Engagement with International Law Through the UN Security Council' (2010) 32 *Australian Feminist Law Journal* 97, 120.

급진적 페미니즘부터 카푸르가 설명한 '페미니즘 라이트(feminism lite)'[118]에 이르기까지, 운동과 그 표현의 다양성은 일부 학자들이 페미니즘적 접근 방식에 이론적 모순이 있다고 지적하는 원인이 되었다.[119] 테손(Tesón)은 페미니즘적 접근 방식을 객관성과 과학적 엄격성이 부족하다고 비판함으로써, 주류 국제법률가들의 젠더 편향에 대한 지적을 간접적으로 강화했다.[120] 상대적으로 정치에 덜 관여하는 법, 학문의 객관성에 개입하는 사회적·정치적 요인에 영향을 받지 않는 법을 옹호한 그의 주장은 국제법에 대한 전통적인 접근 방식의 특징인 법률적인 고려 사항과 비법률적인 고려 사항에 대한 구분을 재확인하는 것에 지나지 않는다. 테손의 비판에 대해 찰스워스는 일관성이 결여되어 있다는 비판을 거부하면서 다른 페미니스트들의 글에서 영감을 받아,[121] 페미니스트 프로젝트를 '각각의 발굴 단계에서 다른 방법이 적합한 일종의 고고학적 발굴 작업이라기보다는 일련의 경쟁적 해석이 덜한 프로젝트'라고 제시한다.[122]

그럼에도 불구하고, 정치 운동, 비판적 학문 담론, 그리고 정치적·사회적 가치에 대한 헌신의 공존은 페미니즘 이론가들로 하여금 페미니즘이 현행 국제법 제도에 어느 정도까지 관여해야 하는지에 대해 의문이 들게 했다. 국제기구의 흐린 물속을 모험하는 것은 위험과 저항할 수 없는 권력의 유혹에 노출된다는 것이 거의 확실하지만, 국제법과 제도에 페미니

118 Ratna Kapur, 'Pink Chaddis and Slut Walk Couture: The Postcolonial Politics of Feminism Lite' (2012) 20 *Feminist Legal Studies* 1.

119 Fernando Tesón, 'Feminism and International Law: A Reply' (1993) 33 *Virginia Journal of International Law* 647.

120 Elizabeth Grosz, 'A Note on Essentialism and Difference' in Sneja Gunew (ed), *Feminist Knowledge: Critique and Construct* (Routledge 1990) 332.

121 Ngaire Naffine, *Law and the Sexes* (Allen & Unwin 1990).

122 Hilary Charlesworth, 'Feminists Critiques of International Law and Their Critics', above n 21, 5-6.

즘적 정치를 주입하는 것은 남성 중심적인 현재 법적 상태의 변화를 목표로 하는 모든 개혁 프로젝트의 필수적 요소이다.[123] 이 딜레마는 모든 비판법학자가 직면한 문제, 즉 비판이론이 고발하고자 하는 바로 그 제도적 질서를 정당화할 위험이 있는 개혁 프로젝트에 참여할 것인지 아닌지에 대한 문제를 그대로 반영한다. 다이앤 오토(Dianne Otto)는 안전보장이사회(Security Council)와 같은 권력 기관(hegemonic institution)에 참여하려는 시도에 대한 논의에서 헌신적인 비판적 페미니즘 학자가 페미니즘적 관점에서 여성·평화·안보에 관한 결의(Res. 1325/2000), 무력 충돌 시 성폭력 금지 결의(Res. 1820/2008)라는 업적에 감사해야 하는지 의문을 제기한다. 페미니즘 사상에 대한 선택적 참여, 효과적인 책임추궁 메커니즘의 부재, 여성에 대한 특정한 보호적 고정관념의 재활성화에도 불구하고, 특정 페미니즘 사상이 '안전보장이사회 문건에 진출했다'는 것을 부인할 수는 없다.[124] 페미니즘 사상의 내용이 국제기구의 관행에 편입되면 그것이 제도화되는 것은 불가피하지만, 이러한 과정은 '페미니즘 사상의 생산적인 발판'을 만들어 주는 역할을 하며, '페미니즘의 성과로 조심스럽게' 축하받을 수 있을 것이다.[125]

또한 페미니즘 학자들은 그들 활동의 유효성과 국제법의 현실에 영향을 미치는 역량을 주제로 토론해 왔다. 정치 참여에 대한 강한 추진력을 고려하면, 페미니즘 운동은 법과 사회에 변화를 가져오겠다는 열망을 절대 외면하지 않았다. 실제로, 사회적 관계 및 권력 구조에 영향을 미칠 필요성은 젠더 평등을 달성하기 위한 모든 법적 전략의 기본적인 요소로 보인다. 그러나 국제법에서 평등을 증진시키고 젠더 문제에 대한 논의를 촉

123 Dianne Otto, 'Power and Danger', above n 117, 113.

124 Ibid, 118.

125 Ibid, 120-1.

진한다는 측면에서 어느 정도까지 페미니즘이 구체적인 성과를 거둘 수 있었을까?

이 논쟁은 운동 내부에 상당히 확산되어 있는 인식과는 반대로 페미니스트가 마침내 '권력의 전당을 걷게 되었다'고 선언한 자넷 할리(Janet Halley)에 의해 촉발했다.[126] 할리는 상당히 도발적인 방식으로 '어떤 중요한 의미에서 페미니즘… 규칙들. 거버넌스 페미니즘(Governance feminism) 뿐만 아니라 그것은 통치하기를 **원한다**. 그것은 권력에 대한 의지가 있다.'고 썼다.[127] 페미니즘이 남성 지배, 여성의 예속과 성적 종속, 여성의 소외 및 침묵을 다루는 운동으로 대표되고 있음에도 불구하고, 할리는 '정치적 약자'라는 페미니즘의 통일된 수사적 전선에 균열을 가져왔고, 운동 내의 논쟁을 촉발했다. 국제법 학계에서 페미니스트들은 다소 비관적인 태도를 취했다. 예를 들어, 찰스워스는 포용(inclusion)이라는 페미니즘적 언어가 국제법 어휘에 잘 포함되었을 수도 있다고 인정하지만, 한편으로는 젠더 권력의 근본적인 계층 구조는 영향을 받지 않았다는 점 또한 인정한다.[128] 분쟁 이후 국가의 건설과 민주화 과정을 자세히 살펴보면서 찰스워스는 페미니즘적 메시지의 수사적 성공이 현장의 메시지에 생명을 불어넣을 방법으로 이해될 필요가 있다고 강조했다. '세계 여행'은 서로 다른 맥락에서 여성의 삶을 경험하는 방법으로서 '페미니즘적 정치 프로젝트를 지원'하기 위해 이러한 다양한 현실을 수용할 수 있어야 한다.[129] 국제법에서 페미니즘 프로젝트가 '많은 사람이 승리를 축하하고 있음에도 불

---

126 Janet Halley, *Split Decisions: How and Why to Take a Break from Feminism* (Princeton University Press 2006) 21.

127 Ibid, 22. (원문에서 강조)

128 Hilary Charlesworth, 'Talking to Ourselves?', above n 100, 23.

129 Ibid, 32.

구하고, 설 자리를 잃어가고 있다'고 본 다이앤 오토는 이러한 언어와 성취 사이의 간극을 지적했다.[130] 동시에 오토는 '오랜 역사, 많은 계보, 그리고 혼란스러운 난제들과 함께 국제법에서의 페미니즘 프로젝트의 급성장은 이제 겨우 시작되었다'고 강조했다.[131] 독자는 이러한 '희망과 절망 사이의 롤러코스터'에서 벗어날 방법이 있는지 궁금해할 수 있겠다.[132] 아마도 이러한 이중성이 바로 국제법에서 페미니즘 운동의 메시지이자 그 대의를 추진하기 위한 전략일 것이다.

참고 문헌

Buss, Doris, and Manji, Amhreena, (eds), *International Law: Modern Feminist Approaches* (Hart Publishing 2005).

Charlesworth, Hilary, Chinkin, Christine, and Wright, Shelley, 'Feminist Approaches to International Law' (1991) 85 *American Jounrnal of International Law* 613.

Charlesworth, Hilary, 'Feminist Methods in International Law' (1999) 93 *American Journal of International Law* 379.

Charlesworth, Hilary, and Chinkin, Christine, *The Boundaries of International Law: A Feminist Analysis* (Manchester University Press 2000).

---

130 Dianne Otto, 'The Exile of Inclusion: Reflections on Gender Issues in International Law over the Last Decade' (2009) 10 *Melbourne Journal of International Law* 11, 25.

131 Dianne Otto, 'Feminist Approaches to International Law', above n 1, 504.

132 Ibid, 17. Sari Kouvo and Zoe Pearson (eds), *Feminist Perspectives on Cantemparary International Law*, above n 100에 대한 서평에서, 리키 홀트마트(Rikki Holtmaat)는 '희망과 절망 사이에서 끊임없이 흔들리는 느낌'이 들었다고 말했다. Rikki Holtmaat, 'Hovering Between Resistance and Compliance, or Time to Take a Break from International Law? (2014) 27 *Leiden Journal of International Law* 283.

Chinkin, Christine, 'Rape and Sexual Abuse of Women in International Law' (1994) 5 *European Journal of International Law* 326.

Kapur, Ratna, 'Tragedy of Victimization Rhetoric: Resurrecting the "Native" Subject in International/Post-Colonial Feminist Legal Politics' (2002) 15 *Harvard Human Rights Journal* 1.

Knop, Karen, *Gender and Human Rights* (OUP 2004).

Kouvo, Sari, and Pearson, Zoe, (eds), *Feminist Perspectives on Contemporary International Law: Between Resistance and Compliance?* (Hart 2011).

Orford, Anne, 'Contesting Globalization: A Feminist Perspective on the Future of Human Rights' (1998) 8 *Transnational Law and Contemporary Problems* 171.

Otto, Dianne, 'Feminist Approaches to International Law' in Anne Orford and Florian Hoffmann (eds), *Oxford Handbook of International Legal theory* (OUP 2016) 488.

10장
제3세계식 접근법

국제법의 계층적 성격을 폭로하다

애초에 '제3세계'라는 개념이 잘못된 것일 수도 있다. 비록 이것이 지리적 공간이나 존재를 전제로 하는 지정학적 실체에 대한 적절한 유형화라고 해도, 많은 사람이 이를 시대착오적이거나 부정확하다고 볼 것이다. 사실 이 표현은 '개발 도상국(developing countries)', 혹 일반적으로는 '남반구(the Global South)'와 '세계의 주변부(the periphery of the world)'를 가리키는 용도로 매우 다양하게 사용되고 있는데, 그렇게 정확하거나 신뢰할 만한 개념은 아니다. 제3세계를 지칭하기 위해 경제 성장과 발전 지표를 이용하든, 몇몇 국가를 하나로 묶을 수 있는 정치적 관련성 내지 일시적 연합(contingent coalition)을 이용하든 간에 대부분의 사람들은 그 정의에 만족하지 못할 것이다. 만약 오늘날 제3세계, 남반구, 주변부가 사실 사회 변두리에서 가난과 소외 속에 살아가는 인구의 증가 추세를 보이는 선진국, 즉 북반구 '내'에서 발견되는 경우가 흔함을 알게 된다면 더욱 그러하다.

지구상에서 재산을 빼앗긴 사람과 재산이 없는 사람을 찾기 위해 산업화된 국가들에 있는 크고 부유한 여러 도시의 변두리나 빈민가 외의 다른 곳을 굳이 더 탐색할 필요가 없다.

'국제법에 대한 제3세계식 접근법(Third World Approaches to International Law, 이하 'TWAIL')'으로 폭넓게 특징지어지는 학문 분야에도 이와 유사한 고려 사항이 적용된다.[1] 학술적인 글들은 그 목적과 범위가 각각 다르고, TWAIL 학자들 역시 유사한 입장을 가진 동질적인 지식인 집단이 아니다.[2] 추가적인 어려움은 제3세계를 대변하는 목소리의 정당성에 관한 것이다. 제3세계 학자들이 누구를 위해 말하는지, 그리고 어떤 자격으로 말하는지에 대해 분명히 해야 한다는 지적이 있었다.[3] 비록 많은 학자들이 자신은 억압받는 사람들과 소위 '무산자(無産者)'라 불리는 가지지 못한 사람들, 자신의 국적국이 아닌 제3세계의 사람들을 위해 말한다고 답하겠지만, TWAIL 학술 담론이 누구의 목소리를 대변하는지에 대해서는 여전히 확실하지 않다. 더욱이, TWAIL 담론을 형성하는 학계 엘리트들은 제3세계와 거의 관련이 없는 경우가 많은데, 이는 그들이 대변한다고 주장하는 현실과는 거리가 먼 서구의 대학에서 교육받았거나 가르치는 입장이기 때문이다.[4] 게다가 이들의 신비롭고 세련된 스타일은 이들이 옹

---

1 Makau Mutua, 'What is TWAIL?' (2000) 94 *ASIL Proceedings* 31.

2 Karin Mickelson, 'Rhetoric and Rage: Third World Voices in International Legal Discourse' (1998) 16(2) *Wisconsin International Law Journal* 353. '국제법에 대해 일관되고 차별화된 "제3세계식 접근법"은 없다고 보는 견해는 국제법 학자들 사이에서 통상적인 것으로 보인다. 학자 중 소위 제3세계 국가들이 특정 이슈에 대해 유사한 반응을 보였다는 것은 누구도 부인할 수 없겠지만, 이러한 이질적인 요소들이 특정한 유형의 패턴으로 엮이지 않는다고 보는 것이 일반적이다. 편의상 그들을 "제3세계"라고 묶을 수 있지만, 이는 개별적인 문제에 대한 일련의 임시적인 대응에 불과하다. 설령 여기서 패턴의 존재를 인정하는 사람들조차도 그 패턴의 특수성을 부정하는 경향이 있다.'

3 Philip Alston, 'Remarks on Professor B.S. Chimni's *A Just World Under Law: A View from the South*' (2007) 22 *American University International Law Review* 221, 224.

호한다고 주장하는 사회적·정치적 대의의 상대적으로 직설적인 성격과는 극명한 대조를 이룬다.

흥미롭게도, TWAIL은 1999년 미국국제법학회(ASIL)가 개최한 국제법 방법론에 대한 심포지엄에는 포함되지 않았다.[5] 안토니 앵기(Antony Anghie)와 B.S. 침니(B.S. Chimni)가 잘 지적한 바와 같이, 법이 무엇인지 판단하는 차별화된 방식이라는 측면에서 볼 때 TWAIL은 '방법론'이 아니라는 이유로 이렇듯 배제하는 것은 정당하다고 보기 어렵다.[6] 만약 정말로 이 기준이 적용되었다면, 페미니즘이나 비판법학운동 등 심포지엄에 포함된 다른 운동과 학파들 역시 자격 미달이었을 것이다. 그럼에도 불구하고, TWAIL은 완전히 일관적이지는 않더라도 서로 다른 분야의 학문을 모으면서 상당히 진화하고 있는 광범위한 운동임은 분명하다. TWAIL의 뚜렷한 저항적인 특성뿐만 아니라 국제 관계의 불평등과 불의, 그리고 국제무대에서 사회적·정치적 지배 세력의 헤게모니를 규탄하겠다는 무조건적인 헌신은 명확한 정치적 의제를 내세우고, 법의 중립성과 객관성에 대한 실증주의적 관념을 폐기한다는 점에서 국제법의 다른 접근법들과 매우 유사하다.[7]

견해 및 지적 영감의 원천에서 비롯된 차이에도 불구하고, TWAIL 학자

---

4 Richard Falk가 쓴 B.S. Chimni, *International Law and World Order: A Critique of Contemporary Approaches* (Sage 1993) 서문 9쪽 참조.

5 (1999) 93 *American Journal of International Law* 291.

6 Antony Anghie and B.S. Chimni, 'Third World Approaches to International Law and Individual Responsibility in Internal Conflicts' (2003) 2 *Chinese Journal of International Law* 78. 이 논문은 이후 다음의 책에 게재되었다: Steven Ratner and Anne-Marie Slaughter, *The Methods of International Law* (American Society of International Law 2004).

7 Makau Mutua, 'What is TWAIL?', above n 1, 38. 'TWAIL은 단순히 지적 경향이나 학문적 추구가 아니다. 그것은 특정 견해에 대한 정치적·이념적 헌신이다.'

들이 '감수성과 정치적 성향을 모두 공유한다'는 생각에는 충분한 근거가 있다.[8] 루이스 에슬라바(Luis Eslava)와 선디아 파후자(Sundhya Pahuja)가 말한 바와 같이, 'TWAIL은 공통의 관심사에 의해 정의되는 방법론이라기보다 정치적 그룹이나 국제법에 대한 전략적인 관여이다. 이러한 관심사는 전통적으로 "국제법의 타자(others of international law)"의 위치에 있는 현장과 주제에 맞춰 국제법의 운용을 조율하려는 시도에 중점을 두고 있다.'[9] 이러한 점에서, TWAIL은 국제법 질서와 그 규칙 및 관행의 근본적인 불의에 강력하고 때로는 맹렬하게 반대하는 다양한 접근법을 의미하는 적절한 표시자(signifier)로서 남아있다. 카린 미켈슨(Karin Mickelson)은 제3세계의, 그리고 제3세계로부터의 목소리가 '항상 조화롭지는 않지만, 공동의 관심사를 들려주려는 목소리의 합창'으로 표현될 수 있다고 주장했다.[10]

한편 국가의 정치적 동맹이나 사회 운동, 또는 유사한 입장을 가진 학자들의 집단을 지칭하기 위해 '제3세계'라 하는 것의 적절성에 의문을 제기하는 것이야말로 잘못된 질문일 수 있다. 오카포(Okafor)에 따르면, 중요한 건 국가, 민족, 그리고 학자들이 우발적이면서 역사적으로 확립된 방식으로 스스로의 정체를 형성하기 위해 이 '제3세계'라는 깃발 아래에 모이는 것이 편리하다고 생각했다는 점이다.[11] 시간의 흐름에 따른 운동 내에서의 다양한 입장을 설명하기 적합한 어떤 포괄적인 틀을 구성할 때, 자기 정체화(Self-identification)는 중요한 개념이다. 이러한 맥락에서 제3세계와 자기 정체화는 국제 관계 전체를 재고하려는 시각이자, 권력과 자원의 분

---

8 Luis Eslava and Sundhya Pahuja, 'Between Resistance and Reform: TWAIL and the Universality of International Law' (2011) 3 *Trade, Law & Development* 103, 104.

9 Ibid.

10 Karin Mickelson, 'Rhetoric and Rage', above n 2, 360.

11 Obiora Chinedu Okafor, 'Newness, Imperialism, and International Legal Reform in Our Time: A TWAIL Perspective' (2005) 43 *Osgoode Hall Law Journal* 171, 174-5.

배를 비판적으로 바라보는 필연적인 한쪽 편들기를 의미한다.[12] 물리적 경계나 특정 지리적 공간과는 관계없이, 종속(subordination)이라는 공동 유산(common legacy)은 TWAIL 학자들에게 통일적인 자기 정체성을 확립하는 요소를 제공하는데, 이는 그들의 목소리가 조화롭게 어우러지는지와는 무관하다.[13] TWAIL 학자들이 공유하는 일련의 관심사는 그들을 '일반적으로 불평등, 불공정, 또는 부당한 세계 질서를 만들거나 유지하는 데 도움되는 국제법 체제의 특징을 폭로, 개혁, 심지어는 제거하기 위한 지적(知的)이고 실질적인 투쟁을 위해 공유된 윤리적 신념으로 견고하게 결속된' 집단으로 만든다.[14]

TWAIL은 그 독특한 연구 방식과 특정 감성적 측면에서도 그 정체성을 찾을 수 있다. 우선 TWAIL은 오랜 기간 서방 세계가 제3세계를 종속시키고 지배하기 위해 사용한 메커니즘을 비난하면서, 보편적이고 객관적이라는 국제법의 기만적인 서사를 드러내기 위한 역사적 연구를 수행한다.[15] 제3세계에 피해 입히는 공식적인 식민지 체제, 또는 현대 신식민지주의(neocolonialism)에 기반한 서방 세계 식민지 구조의 지배 형태 및 그 지속적인 재생산에 대한 분석은 TWAIL 학자들의 공통 주제이다. 서구 학자들에 의해 대표되는 국제법의 본질, 다시 말해 유럽 중심적인 성격 또한

---

12 Karin Mickelson, 'Rhetoric and Rage', above n 2, 360.

13 Ibid.

14 Obiora Chinedu Okafor, 'Newness, Imperialism, and International Legal Reform in Our Time', above n 11, 176-7.

15 Antony Anghie, Imperialism, *Sovereignty and the Making of International Law* (CUP 2004). 앤 오포드(Anne Orford)의 흥미로운 관점에 대해서는 'The Past as Law or History? The Relevance of Imperialism for Modern International Law', *IILJ Working Paper 2012/2 (History and Theory of International Law Series)* 참조. 국제법의 운용방식 개선을 위해 역사적 관점에서 국제법을 바라봐야 할 필요성에 대해서는 R.P. Anand, *New States and International Law* (2nd edn, Hope India Publications 2008) 4-5 참조.

비판의 대상이다.[16] 실제로 TWAIL의 핵심 전략 중 하나는 국제법의 발전 서사가 틀렸음을 밝혀내는 것이다. TWAIL의 많은 학자들은 제3세계의 종속을 목적으로 하는 국제법 내 헤게모니적 권력 형태가 끊임없이 존재함을 전면에 내세우기 위해 역사적 연구의 재평가를 절대적인 우선순위에 두고 있다. 식민지 시대가 시작된 이래로 유럽 국가들이 어떻게 신대륙 주민들과 지배 관계를 구축할 수 있었는지를 밝히는 것은 보편성과 객관성을 추구한다는 국제법 체제의 정당성을 뺏는 방법이다.

TWAIL의 또 다른 특징은 세계의 불의에 대한 문제점이자 해결책으로 여겨지는 국제법에 대한 양면적인 태도이다.[17] TWAIL의 추는 이러한 양극단 사이를 거침없이 오간다. 먼저, 다름은 배려하고 역사적 불의는 물론 현재의 사회·경제·정치적 불의를 바로잡으려는 의지가 있는 공정한 국제법을 만듦으로써 제도를 개선하고 이를 잘 활용하려는 강한 욕망이 있다. 다른 한편으로는, 현재 국제법 질서의 근간을 이루는 권력 구조에 저항해야 한다는 의무감도 강하게 느껴진다. 이것은 종종 TWAIL 학자들이 능숙하게 사용하는 학술 담론에 수반된 수사적 장치의 중요한 부분이다. 학자 개개인 및 시대별 지적 경향에 따라 어느 한쪽이 다소 두드러질 수는 있겠지만, TWAIL은 이런 양면성을 자주 드러낸다.[18]

분석 도구와 관련하여, TWAIL 학자들은 그들의 학문에 특별한 정취

16 Antony Anghie, 'Francisco de Vitoria and the Colonial Origins of International law' (1996) 5 *Social & Legal Studies* 321; Antony Anghie, 'Finding the Peripheries: Sovereignty and Colonialism in Nineteenth-Century International Law' (1999) 40 *Harvard International Law Journal* 1.

17 Antony Anghie, *Imperialism, Sovereignty and the Making of International Law* (CUP 2004) 318. '나는 성별, 인종, 빈곤을 이유로 사람들을 배제하고 종속시키기 위해 작동해 온 많은 방식을 인식하고 있기 때문에, 정확히 국제법을 재구성하기 위해 일하고 있는 많은 학자와 함께 국제법이 소외된 사람들이 힘을 얻을 수 있는 수단으로 변화될 수 있기를 계속 희망한다.'

와 강화된 수사적 효능을 부여하는 변증법, 이분법, 또는 대립법을 종종 사용한다. '종속'은 '지배', '중심'은 '주변', '정치'는 '경제', '세계'는 '지역', '보편'은 '특수'와 대조되는 것처럼, 남반구(the South)는 문자 그대로나 은유적으로나 거의 예외 없이 북반구(the North)와 대조된다. 이러한 대조를 형성하면 대립감이 고조되고, 비난의 수사학이 더 효과적이게 된다.[19] 국제법에 있어 보편성은 국제법 체제가 관심을 두지 않는 하위 계층 사람들의 특정한 현실로부터 주의를 돌리는 신화이다. 명백한 정의의 결여와 법의 도구적 사용은 현재의 권력 구조를 영속화하고, 그것이 번영하게 만든다. 국제법에 대한 다른 접근법을 분명히 연상시키는 방식으로, TWAIL은 종종 국제법에 대한 비판적 담론을 뒷받침하기 위해 변증법을 사용하기도 한다.[20]

우리가 이미 살펴본 다른 운동들과 마찬가지로, TWAIL 학자들이 가끔 그들이 연구한다고 주장하는 사회적 현실과는 동떨어진 언어와 논쟁에 빠져 매우 이해하기 어려워지는 걸 보면 안타깝다. 고도로 정교하지만 거의 이해하기 어려운 글의 독자가 과연 누구인지에 대해 의문을 품게 되는 것이다. 논증의 방식과 밀도로 본다면 독자가 동료 TWAIL 학자로 상정되어 있어, 담론이 국제적 차원의 의사 결정 과정에 영향을 미칠 가능성이 크게 제한되고 있음을 추측할 수 있다.[21] 그 결과 수혜자로 추정되는 사람들, 재산을 빼앗기고 세상에서 가장 소외된 사람들이 이 학문을 이해하지 못할 부수적인 위험이 있다.

---

18 이러한 양면성을 잘 요약해 놓은 논문은 다음과 같다. Luis Eslava and Sundhya Pahuja, 'Between Resistance and Reform', above n 8; Karin Mickelson, 'Rhetoric and Rage', above n 2, 413.

19 Karin Mickelson, 'Rhetoric and Rage', above n 2, 417: '수사학은 대안을 형성할 공간을 만들어 낸다.'

20 이 책 제4장 '마르크스주의 분석: 도구 모음' 및 제7장 '국제법에서의 비판이론: 뉴스트림' 참조.

TWAIL의 주된 의도는 국제법의 계층적 성격과 근본적인 권력 구조를 밝히는 것이지만, 다른 세대의 TWAIL 학자들은 국제법을 다르게 보기도 했다.[22] 나는 어떤 식의 일반화도 피상적일 수밖에 없으며 TWAIL 학자들의 접근법을 특징짓는 모든 뉘앙스를 제대로 다루기가 어려움에도 불구하고, 이 운동을 다양한 단계로 구분하는 것이 어느 정도 의미가 있다고 본다. 시간의 흐름에 따라 각각의 모든 단계를 찾아내는 것은 사회 환경 속에 이 운동이 내재되어 있음을 더 잘 이해하고, 입장을 표명하는 데 유용한 배경을 제공할 수 있다. 그리고 TWAIL 학자들이 제도의 부당함을 폭로하고 개선이나 급진적인 변화를 도출하기 위해 사용한 전략은 그들의 집필 시기와 역사적 우발성에 따라 크게 달라지기도 한다는 점에서 이런 서술 방식은 의미가 있다.

운동의 첫 번째 단계는 탈식민지화를 위한 투쟁과 동시에 일어났다. 1950년대 중반부터 1980년대 중반까지 제3세계는 과거 식민지주의의 족쇄에서 벗어나 신생 독립국가들의 자율성과 주권 평등의 정당성을 입증하는 데 집중했다.[23] 이 첫 번째 단계에서 국가 주권은 제3세계의 궁극적인 목표로 보였다. 그래서 국제법은 신생 독립 국가들의 이익을 위해 보다 공정한 규칙을 위한 싸움이 수행되어야 하는 전쟁터로 간주되었다.

---

21 만약 우펜드라 박시(Upendra Baxi)가 처음으로 쓴 표현인 아감벤(Agamben)부터 지젝(Žižek)까지를 일컫는 'A-To-Z 클럽'을 그 대상으로 제한한다면 독자는 더욱더 줄어든다. Upendra Baxi, 'Reinventing Human Rights in the Era of Hyper-globalization: A Few Wayside Remarks', in Conor Gearty and Costas Douzinas (eds), *The Cambridge Companion to Human Rights Law* (CUP 2012), 169 참조.

22 TWAIL 학자들을 1세대와 2세대로 나누는 것에 관해서는 Anghie and B.S. Chimni, 'Third World Approaches to International Law and Individual Responsibility in Internal Conflicts', above n 6 참조.

23 참고로 1955년 반둥에서 개최된 아시아·아프리카회의(Asian and African Conference)와 1986년 채택된 국제연합 개발권선언(UN Declaration on the Right to Development, GA Res 41/128, 4 December 1986) 사이의 기간을 들 수 있다.

두 번째 단계는 제3세계 출신의 신진 학자들이 점령한 1990년대로, 이때는 국제법의 계층적 성격에 대한 새로운 비판적 통찰이 있었다. 이 학자들은 새로운 형태의 헤게모니에 대해 조사했으며, 현행 국제법 체제를 변화시키기 위한 연구에 착수했다. 그 결과 이들은 냉전 이후 등장한 이른바 자유주의적 세계 질서를 비판했으며, 유럽 중심적이며 자기 편향적(self-serving)인 기존 국제법의 역사에 대하여 문제를 제기했다. 나아가 그들은 억압받고 가지지 못한 사람들을 착취하는 식민지 방식의 재생산을 조명했다. 이 단계에서는 비판법학 이론과 그의 불확정성 비판에 강하게 영향받은 부류[24]와 제언을 통한 국제법 체계 개선에 적극적으로 관여하고자 한 부류가 공존했기 때문에, 그 특징을 일반화하기 어렵다. 다만, 두 번째 단계에서는 TWAIL 학자들의 프로필에 뚜렷한 변화가 있었다. 첫 번째 단계의 학자들은 국제법 기구들의 활동에 관여한 학자이자 실무자들이었던 반면, 두 번째 단계는 학술적이고 지식인 유형인 학자들로만 배타적으로 구성되었다.

마지막으로 학문적이고 지적인 분석을 우선한 2세대의 연장선상에 있다고 볼 수 있는 TWAIL 3세대가 뒤늦게 등장했다. 현세대는 과거의 TWAIL 학자들이 담당한 역할에 대하여 비판적으로 성찰하려는 의지가 더 강한 것 같다. 다양한 감성을 가진 3세대 TWAIL 학자들의 특징을 하나로 축약해서 설명하기는 어렵다. 아딜 칸(Adil Khan)은 동시대의 TWAIL 학자들이 반드시 다루어야 할 '비극적 유산(tragic inheritance)'의 개념을 환기시켰다.[25] 다시 말해, 모호성, 실패, 비극적 투쟁을 수반하는 험난한 과

---

24 이 책 제7장 '불확정성 테제의 적용: "변명에서 유토피아로"' 참조.

25 Adil Hasan Khan, *Inheriting Persona: Narrating the Conduct of Third World International Lawyers* (PhD Thesis No. 1137, Graduate Institute of International and Development Studies 2016), 263.

거의 짐을 다루는 어려움은 공동의 대의명분을 중심으로 스스로를 재구성하는 것에 점점 더 어려움을 느끼고 있는 이 운동을 이해하기 위한 동시대 학술 활동의 틀로 사용된다. 궁극적으로는 국제법의 재정치화(re-politicization)에 관여하려는 시도와 새로운 기반에서 국제법 체제를 재구성하겠다는 야망이 현재 TWAIL 학계의 관심사임을 확인할 수 있다. 내가 방금 간략히 그려낸 이 긴 여정의 모든 단계에 대해서는 추가적인 설명이 필요하며, 이하에서 그에 대해 상술하겠다.

권능으로서의 주권

1세대 TWAIL 학자들은 단순 학자일 뿐이 아닌 사람들의 집단이었다. 그들 중 많은 이들이 자국 정부와 함께 또는 국제법의 제도적 장치 가까이에서[or in close proximity to the institutional machinery of international law] 다양한 자격으로 국제법 실무에 관여했다. 적어도 이 운동 초기의 선두 주자로 모하메드 베자우이(Mohammed Bedjaoui), 푸와드 암몬(Fouad Ammoun), 왕티야(Wang Tiya), 조르주 아비-사브(Georges Abi-Saab), 그리고 크리스토퍼 위라만트리(Christopher Weeramantry)를 꼽을 수 있다. 국제법의 현실을 잘 알고 있는 그들은 탈식민지화 직후 이 운동을 주도했고, 비록 제3세계의 국제법에 대한 접근법이 이후로 많이 변했지만, 이들은 오늘날에도 여전히 제3세계의 대변자(champion)로 존경받고 있다. 제네바국제대학원의 교수였던 조르주 아비-사브의 뒤를 이은 나는 국제연합, 세계무역기구, 또는 다른 어느 곳에서든지 제3세계 국가의 대표단들이 경외와 감탄 속에 조르주를 바라보거나 그의 등장에 박수갈채를 쏟는 장면을 몇 차례 본 적이 있다. 현재에 비해 국제법 세계의 인구밀도가 낮았던 운동 초기에는 이러한 개인적인 요소가 큰 역할을 했다고도 할 수 있다.

초창기 운동의 주요 특징은 식민지주의와 제3세계의 천연자원 약탈을 낳은 국제법 체제에 대한 비판 표출이었다. 식민지 열강이 피식민지 주민들을 직접 정치적으로 통제하는 식민지주의는 독립과 자치권 획득을 위해 싸워야 할 적이었다.[26] 그래서 주권은 제3세계가 추구한 야심 찬 목표였으며, 이는 곧 과거 식민지 열강들과 대등하게 자유·독립 국가들의 클럽에 가입함으로써 권한을 획득하는 것을 의미했다. 자유로 가는 길의 방해물은 식민지주의였으며, 민족자결주의라는 이름 아래 기존의 식민지주의 체제는 해체되어야 했다.

흥미롭게도, 그러한 국제법 체제에는 이의가 제기되지 않았으며, 식민지주의를 없애는 과정은 국제연합의 후원하에 이루어질 예정이었다. 실제로 1세대 TWAIL 학자들은 제2차 세계대전 이후 국제연합헌장에 규정된 게임의 기본 규칙에서 벗어나길 원치 않았다.[27] 국제연합헌장은 자결의 원칙, 불간섭의 원칙, 주권평등의 원칙과 같이 공정하고 평등한 국제법 질서를 이룩하기 위해 필요한 결정적인 기본 원칙들을 담고 있다.[28] 여기서 국제법의 양면성이 다시 수면 위로 떠 오른다. 한편으로 국제법은 식민지 제도를 만든 문제의 일부다. 다른 한편으로 국제법은 변화를 가져오기 위해 필요한 모든 수단을 내포하고 있는 해결책이기도 하다. 국제법이 가진 해방의 힘(emancipatory force)은 어떠한 모호함이나 모순도 없는 것

---

26 S.K. Agarwala, 'The Emerging International Economic Order' in Frederick E. Snyder and Surakiart Sathirathai (eds), *Third World Attitudes towards International Law* (Martinus Nijholf 1987) 379.

27 R.P. Anand, 'Attitude of the Asian-African States Toward Certain Problems of International Law' (1966) 15 *International & Comparative Law Quarterly* 55.

28 David P. Fidler, 'Revolt Against or From Within the West?: TWAIL, the Developing World, and the Future Direction of International Law' (2003) 2 *Chinese Journal of International Law* 29, 39-40.

처럼 강조되곤 한다. 더 나은 세상을 만들 수 있는 변화와 가능성에 대한 약속으로 낭만화 되기도 한다.[29]

국가는 국제법 체제가 돌아가는 조직의 정치적 형태이기 때문에, 국제법이 국가중심적 시스템을 절대적으로 수용한다는 점은 명백하다. 따라서 국가성(statehood)에 부여되는 주권은 오랫동안 예속되어 온 제3세계 사람들의 궁극적인 목표이다. 일단 식민지주의의 방해물이 제거되면 모든 것이 좋아지고, 사람들의 존엄성도 회복될 수 있을 것이다. 민족자결권을 위한 국제연합 내부에서의 투쟁과 탈식민지화 과정을 촉진하기 위한 총회의 적극적인 역할은 독립을 완수하고 탈식민지화된 국가들이 주권 국가 클럽에 가입할 수 있도록 지원하는 장으로서 국제연합의 중심적 위치를 증명해 보이고 있다.

탈식민지화 과정의 성공에도 불구하고, 이내 독립과 주권만으로는 제3세계를 의존과 종속의 족쇄로부터 자유롭게 하기에는 부족함이 분명해졌다.[30] 주권의 공식적인 획득과 식민지 체제의 종식은 자율성 및 자치성 보장을 위한 필요조건이지만, 충분조건은 아니었다. 신생 독립국들과 아직 경험이 부족한 그 지배 엘리트들은 서구 국가들에 의한 간접적인 식민

29 David Scott, Conscripts of Modernity: *The Tragedy of Colonial Enlightenment* (Duke University Press 2004) 7-8. '과거, 현재, 그리고 미래에 대한 반식민지주의적 이야기는 전형적으로 독특한 서사의 형태로 서술되어 왔다. 차별화된 이야기의 전개를 가진, 마치 **로맨스** *(Romance)*처럼. 그 이야기들은 극복의 서사이자 종종 옹호의 서사인 경향을 보였으며, 특유의 리듬과 속도, 방향성을 가지고 모든 종류의 구제와 구원을 행하려는 경향이 있었다. 또한, 해방주의자의 역사가 이동하고 있는 것으로 상상되는 특정 (유토피아적인) 지평선에 크게 의존해 왔다.'(원문에 강조)

30 Ratna Kapur, *Erotic Justice: Law and the New Politics of Postcolonialism* (Glass House Press 2005) 22. '과거를 잊고 미래를 바라보려는 독립의 순간에도 불구하고, 제국과의 단절은 그것이 식민지 이후의 세상에 미친 문화적, 경제적, 정치적, 법적 영향력을 불식시키지는 못했다. 비록 다른 형태이지만 과거는 현재로 남아 있으며, 제국과의 역사적 관계는 지배와 종속, 포함과 배제의 관계가 동시대에 전개되는 방식을 계속해서 알려주고 있다.'

지배의 함정에 빠지지 않기 위해 주의를 기울여야만 했다. 서구 국가가 침략적인 원조 및 개발 정책을 통해, 혹은 과거 식민지 열강들이 지속적으로 고취했던 경외심과 존경심에 기대어 착취하는 방식을 통해 과거의 피식민지에 대한 통제를 되찾으려 시도할 수도 있기 때문이다.[31] '국제기구가 탈식민지화된 세계에서의 삶을 인도주의적으로 관리'하는 것도 식민지 지배나 제국의 새로운 발현으로 볼 수 있다.[32] 서구에 기반을 둔 다국적 기업의 권력이 전면에 등장하자, 이는 논란의 대상이 되었다. 제3세계는 서구 기반의 대형 초국적 기업들을 신생 독립국들에게 경제적, 정치적 통제를 행사하려는 서구 국가들의 하수인으로 보기 시작했다.[33]

중요한 것은 식민지주의와의 유대 제거가 식민지 열강으로부터 독립한 국가들 대부분의 경제적 저개발 문제를 해결하지는 못했다는 것이다. 국제법의 몇몇 규칙들은 많은 성장의 방해물들 사이에서 두각을 보였다. 이에 1970년대 국제연합 총회 내의 신생 독립국들은 제3세계 학자들의 지원하에 국제경제법 분야를 중심으로 국제법 규칙의 일부를 개선하는 체계적인 캠페인을 전개하였다. 새로운 국제 경제 질서(New International Economic Order, NIEO)는 주로 서구 국가들의 동의와 관행을 통해 발전된 국제법의 일부 규칙과 원칙을 변경하는 것에 대한 기대치를 도출하기 위해 사용된 선언문이었다.[34] 서구 세계가 강력하게 반대한 이 계획은 외국인 직접 투자와 같은 핵심 분야, 특히 국유화 또는 수용에 대한 규칙과 보

---

31 아프리카의 신생 독립국들에 부과된 유럽 중심적 가치에 관해서는 Obiora Chinedu Okafor, 'After Martyrdom: International Law, Sub-State Groups, and the Construction of Legitimate Statehood in Africa' (2000) 41 *Harvard International Law Journal* 503 참조.

32 Anne Orford, 'The Past as Law or History?', above n 15, 15.

33 모하메드 베자우이는 현대의 "특허 회사(chartered companies: 식민지주의 시절 국왕의 특허장에 의해 설립된 회사)"인 '다국적 기업의 파우스트적 힘'에 대해 이야기한다: Mohammed Bedjaoui, *Towards a New International Order* (Holmes & Meier Publishers 1979) 36.

상액 산정에 사용되는 기준 개선뿐만 아니라, 관련된 분쟁 해결을 위한 장소 역시 제3세계 국가들의 주장대로 투자유치국의 국내 법원으로 변경하고자 한다. 이와 유사한 맥락에서, 제3세계는 국제 무역에서 개발 도상국을 우대하는 조치가 취해져야 함과 동시에 국제신용공여제도에 대한 접근이 용이해져야 한다고 주장했다. 식민지주의를 가능하게 만들었던 '방임의 국제법(international law of indifference)'은 신생 독립국들이 형성하는 새롭고 공정한 국제법 질서의 틀인 '참여의 국제법(international law of participation)'에 자리를 내주어야 했다.[35]

이쯤에서 국제법을 향한 양면성을 다시금 조명할 필요가 있다. 국제법은 제3세계를 고려하지 않고 그 국민들과 자원을 착취하는 데 사용된 규칙들을 개발했다는 점에서 일부 책임이 있다. 동시에 영토주권, 불간섭 등의 국제법 원칙은 서구 국가의 남용이나 간섭을 막는 방패로 변함없이 원용되고 있다.[36] 이를 종합하면 국제법은 선과 악의 힘을 지닌 야누스의 얼굴을 하고 있거나, 필요한 모든 규범적인 요소들로 채워질 수 있는 빈 껍데기일 것이다. 평등과 차이의 수사법은 유사한 방식으로 전개된다. 모든 국가의 주권은 평등하다는 원칙에 대한 주장과 무역, 개발, 환경 보호와 관련하여 차별적 대우와 우대를 받을 권리가 있다는 주장은 극명한 대조를 이룬다. 피식민지였던 과거와 관련하여 일부 형태의 보상적 대우가 보장되므로 공식적으로는 다른 국가들과 평등한 위치에 있다는 게

---

34 *Charter of Economic Rights and Duties of States*, GA Res. 3281/1974 (reproduced in (1975) 14 International Legal Materials 251). NIEO에 대해서는 the Special Issue of *Humanity* (Issue 1, 19 March 2015): 'Toward a History of the New International Economic Order'와 Nils Gilman, 'The New International Economic Order: A Reintroduction' (2015) 6 *Humanity* 1 참조.

35 Mohammed Bedjaoui, Towards a New International Economic Order, above n 33, 23.

36 Georges Abi-Saab, 'The Newly Independent States and the Scope of Domestic Jurisdiction' (1960) 54 *ASIL Proceedings* 84.

동일한 법체계에 속해 있음을 의미하지는 않는다. 이러한 태도는 이후 TWAIL 학자들로부터 서구 국가에 대한 종속과 의존이라는 식민지 논리를 영속시켜 온 제3세계의 후진성 내지 열등성을 간접적으로 인정한 것이라고 비판받아 왔다. 이는 도움 및 특별한 대우가 필요함을 인정하는 것은 평등하지 않은 것이며, 그 차이를 인정하고 메우지 않으면 동등한 자격은 주어질 수 없다는 것을 인정하는 것과 마찬가지이다. 이후로 지속 가능한 발전이라는 개념에 의해 보완된 개발권은 이러한 논리를 요약하여 1980년대 전반에 걸쳐 1기 TWAIL의 마지막 시기의 원동력으로써 두각을 나타내고 있다. 국제법의 변화 가능성에 대한 믿음에는 변함이 없다. 국제법은 제3세계의 새로운 요구에 맞춰 재구성될 것이며, TWAIL은 그 시스템을 지원한다. 이 지배적 서사는 선형적 진보 중 하나이다. 서구를 따라잡는 것은 제3세계의 열망이다.[37] 독립, 성장, 그리고 완전한 발전에 대한 걸림돌은 그야말로 제거 대상일 뿐이다. 변화 가능성은 국제법에 내재되어 있기 때문에, 그 체제의 파열은 필요하지 않다. 갈망하는 변화가 시간이 흐름에 따라 실현될 수 있도록 법의 내용을 수정하는 것으로 충분하다.[38]

이 시기에 제3세계가 국제법의 제정 과정 역시 변화시키기를 열망했다는 점에 주목할 필요가 있다. 가장 급진적인 주장이었던 국제연합 총회의

---

37 신국제경제질서 선언의 이념적 토대에 대한 비판적인 견해로는 Gilbert Rist, *The History of Development: From Western Origins to Global Faith* (Zedbooks 1997) 147 참조. '"격차의 확대"에 관한 몇몇 언급은 빈자들이 부자들을 "따라잡는"다는 진화론적 관점을 시사한다. 그러한 관점에서는 항상 부가 아니라 가난을 부끄러운 것으로 여기기 때문에 평화와 정의를 확보하기 위해서는 반드시 개발이 "가속화"되어야만 한다.'

38 Mohammed Bedjaoui, *Towards a New Internatianal Economic Order*, above n 33, 63. '그러나 가난한 국가들을 돕는 데 아무것도 한 것이 없는 이 법(즉, 국제법)은 그럼에도 불구하고 그들 덕분에 개선될 수 있었다. 이것을 국제법을 마비시키는 형식주의와 무거운 위선의 갑옷으로부터 해방시키고, 보다 숭고하고 인도적이며 본질적인 목표인 발전의 약속을 향해 나아가기 위해 개발 도상국들에 주어진 과업이었다.'

입법 기구화에 실패한 후,[39] 연성법(soft law)과 특정 결의의 규범형성적 성격에 대한 강조는 법적 구속력이 있는 규범과 그렇지 않은 규범에 대한 전통적인 구분에서 훗날 연성법 강화의 길을 열어줄 규범성에 대한 상대적인 시각으로의 전환을 가져왔다.[40] 다시 한번, 제3세계 학자들은 이러한 노력을 뒷받침하고 국제법을 크게 혁신한 규범적 프로젝트에 전념했다. 규범적 선언이 엄격한 구속력이 없는 법적 효과를 만들어 낼 수 있다는 생각을 도입함으로써, 연성법은 국가의 공식적인 동의로서의 조약 또는 관습으로서의 국가 관행 및 법적 확신의 증거가 있어야 하는 공식 입법 과정을 우회하려는 전략적 목적하에 고안되었으며 종종 원용되었다. 1970년대와 1980년대 국제연합 총회에서 채택된(그리고 제3세계에 의해 통제된) 법률 용어로 쓰인 결의와 선언의 과잉은 국제법적 규범성과 관련하여

---

39 Oscar M. Garibaldi, 'The Legal Status of General Assembly Resolutions: Some Conceptual Observations' (1979) 73 *ASIL Proceedings* 324, 325. '이 전통적인 견해와 제3세계가 제시한 새로운 관점 사이에서 실제로 근본적인 의견 불일치가 발생한다. 대략적으로 말하자면, 제3세계의 관점은 (내부 운영 및 절차 관련 결의를 제외한) 일부 유형의 총회 결의가 어떤 점에서는 그 자체로(*per se*) 법적 의무의 원천이라고 본다. 더 정확히 설명하자면, 우리는 여기서 서로 다른 두 가지의 주장을 확인할 수 있다. 강한 주장과 약한 주장이 그것인데, 강한 주장은 일부 유형의 총회 결의가 관습이나 조약에 의해 확립된 다른 규범과 일치하는지와는 상관없이 그 자체로 맹목적이라는 것이다. 이와는 대조적으로, 약한 주장은 일부 유형의 총회 결의가 국제법의 전통적인 법원(法源) 중 일부와 가지고 있는 어떠한 특별한 관계로 인해 구속력을 가진다고 본다. 강한 주장은 국제 시스템의 유효성 기준의 확대에 대한 주장, 즉 일부 유형의 총회 결의에 포함된 규범을 시스템의 일원으로 인정한다는 점에서 그러한 기준이 변화되었거나, 변화 중이거나 또는 변화되어야만 한다는 주장에 불과함을 쉽게 알 수 있다. 따라서, 이 강한 주장은 단지 국제법의 또 다른 문제에 대한 또 다른 견해일 뿐만 아니라 그 시스템 차제의 구조에 혁명적인 변화가 있다는 주장이다.' 또한 R.P. Anand, 'Confrontation or Cooperation? The General Assembly at Crossroads' in Robert J. Akkerman et al (eds), *Declarations on Principlcs: A Quest for Universal Peace* (A.W. Sijthoff 1977) 10 참조.

40 Richard Baxter, 'International Law in "Her Infinite Variety"' (1980) 29 *International Comparative Law Quarterly* 549; Christine Chinkin, 'The Challenge of Soft Law: Development and Change in International Law' (1989) 38 *International Comparative Law Quarterly* 850.

이러한 문서들을 고려할 필요성에 대한 풍부한 논쟁을 국제법 학계 내에 가져다주었다.

마지막으로, 자기 편향적인(self-serving) 방식일지라도 분명하게 도덕적·윤리적 고려를 핵심 단계에 둠으로써 제도와 규칙의 공정성에 의문을 제기한 이 운동의 영향력을 과소평가해서는 안 된다. 제3세계의 접근법은 국제법의 중립성 결핍을 비판함으로써 법과 도덕을 분리하는 경향의 공식 담론과 전통적인 접근 방식으로부터의 탈피다.[41] 공동의 가치관을 공유하는 동질적인 사회적 조직이라는 표현보다 국제법이 객관성과 보편성을 가지고 있다는 주장이 오히려 서구 세계의 헤게모니적 경향을 감추지 못한다. 이러한 맥락에서 TWAIL은 제3세계의 '타자성'과 국제법이 근본적으로 다른 다원적이고 다양한 문화들로 이루어져 있다는 생각을 강조함으로써,[42] 국제법이 세계 모든 민족과 국가들에 걸쳐 유효한 보편적 가치를 가지고 있다는 전통적인 관점에서 탈피한 운동이다.

TWAIL 2세대의 등장

흔히 TWAIL 2세대라고 불리는 새로운 세대의 제3세계 학자들이 TWAIL 1세대의 잿더미에서 나왔다고 말하는 건 터무니없다.[43] 그러나 더 비판적

---

41 Dianne Otto, 'Subalternity and International Law: The Problems of Global Community and the Incommensurability of Difference' (1996) 5 *Social & Legal Studies* 337, 346.

42 예를 들어, 레오폴 세다르 상고르(Leopold Sedar Senghor)가 설명한 아프리카 민족의 세계관(*Weltanschauung*)의 차이에 대해서는 'Negritude: A Humanism of the Twentieth Century' in Patrick Williams and Laura Chrisman (eds), *Colonial Discourse and Postcolonial Theory* (Longman 1993) 27, 30 참조.

인 세대인 제3세계 학자들이 1990년대에 등장한 것은 사실이다. 이 학자들은 국제법을 역사적, 정치적, 제도적 측면에서 비판적으로 접근하지 못한 것에 대해 반성하기 시작했다. 제3세계에서 수십 년 동안 성공적이지 못한 국가건설 시도 후, 많은 TWAIL 1세대 학자들이 기대했던 주권 및 국제 사회에의 가입이 만병통치약이 아님을 깨닫자, 제3세계의 오래된 문제들에 대한 새로운 접근법이 정당화되었다. 종종 서구 최고의 대학에서 교육받은 남반구 출신 학자들은 제3세계 및 그 문제를 새로운 방식으로 바라보기 위해 상당히 다양한 지적 도구를 제공하는 새로운 사고방식과 비판적 기준에 노출되었다.

의심할 여지 없이, 이 새로운 세대의 제3세계 학자들은 뚜렷한 관점의 변화를 가져왔다. 20세기 후반 국제연합에 의해 역사적으로 종식된 형식적 식민지주의 체제에만 국한되지 않고 더 넓은 의미로 이해되는 식민지주의의 현상은 더 이상 체제 외부의 사고, 불행한 일탈 또는 역사적 예외로 여겨지지 않는다.[44] 국제법과 식민지주의는 후자가 국제법 체제에 의해 정당화되고 합법화되었다는 점에서 상호구성적(mutually constitutive)이라고 여겨진다. 제3세계의 '타자성(Otherness)'은 노골적으로 유럽 중심적이며 '타자'의 배제를 목적으로 설계된 국제법의 '자아(Self)'를 해석하는 데 있어 항상 중요한 역할을 해 왔다. 이는 국제법 체제에 대해 다소 자비롭고 때때로 비판적이었던 TWAIL 1세대 학자들의 인식과 비교하면 극단적으로 다른 관점이다. 보편성에 대한 국제법 체제의 주장은 서구 세계가 체계적으로 추구하고 냉소적으로 육성한 헤게모니 설계의 산물에 불과하다.[45]

---

43 TWAIL 1세대 및 TWAIL 2세대에 대한 구분은 Antony Anghie and B.S. Chimni in 'Third World Approaches to International Law and Individual Responsibility in Internal Conflicts', above n 6, 79 참조.

44 Antony Anghie, 'The Evolution of International Law: Colonial and Postcolonial Realities' (2006) 27 *Third World Quarterly* 739, 740.

또한 이 세대의 TWAIL 학자들은 지적 분석에 더 집중하는 경향이 있었다. 그들은 제3세계 국가의 정부에서든, 국제기구에서든 국제법 실무에는 관여하지 않았다. 대신, 그들은 제3세계의 과거와 현재의 현실을 다루고자 하는 열망으로 뭉친 학자들을 위주로 구성된 집단이었다. 그들은 대부분 서구의 일류 대학에서 수학했으며 비판법학운동, 탈식민지주의 연구 등과 같은 지적 운동을 접했기 때문에 종종 학제적 성격의 새로운 지적 도구를 이용하여 오래된 문제에 접근하는 관심을 유발했다.[46] 비록 대화가 종종 고도로 정교해져서 때로는 너무 모호한 바람에 전문성이 없는 독자들은 따라가기 어려운 새로운 형태의 지적 엘리트주의가 등장하는 것처럼 보이지만, 1세대 TWAIL 학자들의 엘리트주의는 식민지주의 열강들과의 권력 공유의 한 형태라는 비판을 받으며 이미 퇴장했다.[47]

TWAIL 2세대를 특징짓는 특정 감성 몇 가지를 살펴볼 가치가 있다.[48] 첫째, 지식 형성의 메커니즘, 더 일반적으로는 인식론적 문제에 대한 관심이 두드러진다. 이들은 국제법 분야의 지식이 어떻게 생산되는지, 그리고 어떻게 내러티브가 형성되고 전략적으로 활용되는지의 중요성을 인식하고 있는 학자들이다. 또한 국제적 차원에서 내려진 정치 관련 의사

---

45 Antony Anghie, 'Finding the Peripheries', above n 16, 1; Antony Anghie, *Imperialism, Sovereignty and the Making of International Law*, above n 17, 3 참조. '나는 독립된 주권 국가로서의 피식민지 사회의 출현을 초래한 탈식민지화의 역사적 발단을 통해 오랫동안 극복되어 온 불행한 사건인 식민지주의를 지엽적인 것으로 치부하는 이 학문의 전통적 역사에 이의를 제기하고자 한다.'

46 비판법학과 이른바 국제법에 대한 새로운 접근이라 불리는 하버드 로스쿨 교수들의 영향에 대해서는 David Kennedy, 'When Renewal Repeats: Thinking against the Box' (2000) 32 *New York University Journal of International Law and Politics* 335 참조.

47 Balakrishnan Rajagopal, *International Law from Below: Development, Social Movements and Third World Resistance* (CUP 2003) 41, 295 참조.

48 TWAIL의 분석 기법과 감성에 대해서는 Obiora Chinedu Okafor, 'Newness, Imperialism, and International Legal Reform in Our Time', above n 11, 176 참조.

결정에 국한하지 않은 채 어떤 유형의 학문이 권위 있다고 여겨지는지, 의사 결정 과정을 담당하는 자는 누구인지, 그리고 결정권자는 누구인지에 대한 질문에도 관심을 보였다. 권력과 권위는 연구의 핵심 대상으로 부각된다. 그러나 또 다른 독특한 감성은 역사 및 역사적 방법론에 대한 두드러진 관심이다.[49] 국제법의 역사에 대한 전통적인 연구는 주로 현재의 필연성을 보여주고 현재 국제기구의 선택이나 형태를 정당화하는 과거로부터 합법성을 도출해 온 반면, TWAIL 2세대 학자들은 신비화를 해체하는 관점에서 역사적으로 구성된 과거를 바라보고 계보 연구를 통해 현재의 우연성을 강조함으로써[50] 이런 전통적 통념에 이의를 제기했다.[51]

이전 세대와는 달리 TWAIL 2세대 학자들은 '제3세계 국가'로 이해되는 제3세계에만 초점을 두지 않았다. 이주 노동자, 소수 민족, 토착민 등 전 세계의 '무산자(無產者)'와 빼앗긴 사람들, 그리고 풍요로운 사회의 주변부와 변두리에서 살고 있는 사람들에게 관심을 집중한 것이다. 특히 지배와 억압의 패턴 및 종속과 예속의 조건을 밝히는 게 가장 중시됐다.[52] 제3세계는 반드시 국경에 따라 설정된 공간은 아니었다. 사회적 투쟁과 소외 및 배제의 조건이 주요 서사가 되었으며, 때로는 국가 중심의 전통적인 설명과 중복되기도 했다. TWAIL 1세대 학자들과 TWAIL 2세대 학자들 모두 식민지 위계질서와 국제법의 부당한 구조에 반대하고 맞서 싸웠다는 점을 제외하면, 이들에게서 TWAIL 1세대 학자들과의 투쟁 연속

---

49 R.P. Anand, *New States and Internatianal Law*, above n 15, 4-5 참조.

50 Partha Chatterjee, Tte Black Hole of Empire: History of a Global Practice of Power (Princeton University Press 2012); Mark Mazower, (Princeton University Press 2009) 참조.

51 '시대착오(anachronism)', 즉 역사적 탐구 과정에 오늘날의 관심사가 개입하는 것에 대한 앤 오포드(Anne Orford)의 흥미로운 통찰에 대해서는 Anne Orford, 'The Past as Law or History?', above n 15, 6-7 참조.

52 Dianne Otto, 'Subalternity and International Law' above n 41.

성과 불연속성을 파악하기는 어렵다.

마지막으로 TWIAL 1세대 학자들의 다소 전통적인 국제법적 관점과 그 후계자인 TWAIL 2세대 학자들의 국제법적 관점의 극명한 차이를 강조할 필요가 있다. TWAIL 2세대 학자들은 법을 사회에 깊이 내재된 절차로 보고 있는 것 같다. 법의 현저한 정치적인 성질은 부정되는 것이 아니라 직접적으로 인정되고 다루어진다. 그들은 정치적 영역의 우위를 인식하고 있으며, 이전 세대의 제3세계 학자들이 결국 인질로 잡혀버린 발전의 경제적 측면보다 정치적 측면을 우선시하는 경향이 있다.

역사적 논쟁: 제국으로서의 국제법

앞서 언급한 바와 같이, 제3세계 학자들은 과거를 직시해야 하는 피할 수 없는 상황에 내몰렸다. 그중 많은 이들이 비판적인 맥락에서 식민지주의의 역사와 유산을 연구했다. J.H.W. 버질(J.H.W. Verzijl)의 글에 잘 표현되어 있듯이, 많은 서구 학자가 가지고 있는 가부장주의적인 역사관은[53] 국제법이 전적으로 유럽 밖의 사람들과 실체들이 유럽 문명과 '접촉'했을 때 전자에게 전달되는 '유럽 정신의 의식적인 활동의 산물'이라고 본다.[54]

53 예를 들면, T.J. Lawrence, *The Principles af International Law* (7th edn, Macmillan & Co 1923) 14 참조. '우리가 알고 있는 국제법은 문명화된 열강에게 길잡이 역할을 하는 규칙 체계이다. 국제법은 원래 유럽에서 탄생했고, 유럽 문명에 적응해 온 것처럼 유럽 국경 밖의 국가들에까지도 그 권위를 확장해 왔다.'

54 J.H.W Verzijl, *International Law in Historical Perspective* (Sijthoff 1968) 435-6; B.V.A. Röling, *International Law in an Expanded World* (Djambatan 1960) 10; Josef L. Kunz, 'Pluralism of Legal and Value Systems in International Law' (1955) 49 *American Journal of International Law* 371. 이러한 유럽식 접근법에 비판적인 입장으로는 R.P. Anand, *New States and International Law*, above n 15, 6 참조.

국제법을 포함한 서구 문명의 선물은 비유럽인들에게 주어졌다. 버질은 '자국 역사의 데이터 속에서 다른 실행 가능한 국제법 원칙을 도출하거나 현존하는 국제법의 전통적인 기본 원칙을 대체할 수 있는 독자적인 법 원칙을 개발할 수 없는' 비서구 국가들에 대한 경멸을 숨기지 않았다.[55] 버질의 글과 이념적으로 고취된 신념은 괴짜 국제법학자의 공상에 그치지 않고, 유럽의 문명이 전파해야 할 사명이라는 뚜렷한 유럽적 전통과 러디어드 키플링(Rudyard Kipling)이 전파한 '백인의 짐(white man's burden)'이라는 인종차별적이고 독단적인 신화를 토대로 번성하여 쉽게 사라지지 않고 깊이 뿌리 내렸다.[56]

처음에 이러한 주장은 국제법의 발전에 대한 비유럽 국가들의 기여를 강조하고, 아시아와 아프리카 국가들의 문화, 사고방식, 역사를 대수롭지 않게 무시해 버린 일부 서구 학계의 무지를 문제 삼은 R.P. 아난드(R.P. Anand)와 T.O. 엘리아스(T.O. Elias)와 같은 학자들에 의해 반박되었다.[57] 그러나 1990년대가 되어서야 제3세계 학자들은 많은 오류, 편견, 그리고 부정확성을 드러내기 위해 의식적이고 정교한 방식으로 서구판 국제법의 역사에 진정으로 참여하고 도전했다. 예를 들어, 안토니 앵기는 국제법이 매우 초기부터 어떻게 유럽 국가들에 의해, 그리고 나중에는 서구 세계에 의해 제국주의 및 헤게모니의 논리에 복종해 왔는지를 보여줬다.[58] 소위 국제법의 아버지라고 불리는 비토리아의 업적과 아메리칸 인디언에

---

55 J.H.W. Verzijl, *International Law in Historical Perspective*, above n 54, 444-5.

56 Rudyard Kipling, *The White Man's Burden: The United States and the Philippine Island* (원래는 1899년 2월 *McClures Magazine*에 게재되었으나, 나중에 *Rudyard Kipling' Verse: Definitive Edition* (Doubleday 1929)에 발행).

57 T.O. Elias, *Africa and the Development of International Law* (Sijthoff 1972); R.P Anand, *Origin and Development of the Law of the Sea* (Nijhoff 1983).

58 Antony Anghie, *Imperialism, Sovereignty and the Making of International Law*, above n 15.

대한 그의 태도를 비판적으로 검토함으로써, 앵기는 초기 국제법 학계의 제국주의적 경향을 폭로했다. 스페인인은 마치 보호자가 필요한 아이들처럼 '후견인을 필요로 하는 미개인'이라는 범주를 만듦으로써 자신들이 소유권(*dominium*)을 행사할 자격을 만들었다. 인디언이 반발한다면, 스페인인은 자기 방어를 위한 무력 사용을 정당화할 것이다. 이때, 폭력은 인도적 개입의 형태로 보호적이거나 타인의 무력 사용에 대한 정당한 자기 방어적 대응으로 표현된다. 이러한 서술은 강력해서 국제법 이론과 원칙을 그 학문의 초기 형성 단계에 빠르고 침투적으로 알릴 것이다. 이는 인디언을 유럽적 합리성의 질서 내에 포용하는 자비로운 성격이 인디언을 변화시키고, 인디언이 문명 세계의 사람들처럼 행동하고 보이도록 만들기 위한 통제의 폭력적인 주장일 뿐이다.[59]

마찬가지로, 19세기 동안 실증주의 이론과 그 주요 규범적·개념적 기둥인 주권 개념은 비문명화된 민족이 정주하는 무주지(*terrae nullins*) 정복을 정당화함으로써, 그리고 주권과 정부를 문명화의 최종적인 관문으로 만듦으로써 문명 국가와 비문명 국가 사이의 추가적인 차별화에 기여했다. 비서구인은 '부족하다'는 생각은 지배적인 인식이 되었고, 그들과 관련된 문화적 설정의 기본값이 되었다. 앵기에 따르면 19세기 말까지 '유럽의 확장은 유럽식 국제법이 모든 사회에 적용되는 하나의 단일 시스템으로서 세계적으로 확립될 수 있도록 보장하였다. 이런 방식으로 유럽식 국제법이 보편화되었다.'[60]

국제연맹(League of Nations)하의 위임 통치 체제는 본질적으로 서구가 의도한 성과 도출을 목적으로 하는 법적 행정 통제 제도적 장치를 출범시켰다.

---

59 비토리아의 *On the Indians Lately Discovered*에 대한 비평으로는 Antony Anghie, 'The Evolution of International Law', above n 44, 742 참조.

60 Ibid, 746.

미셸 푸코(Michel Foucault)가 주장한 '통치성(governmentality)'—중립성과 객관성을 주장하는 합리적인 제도와 정부의 대의 제도가 구축될 수 있는 측정 기술을 사용하여 인구에 대한 복합적인 형태의 권력 행사[61]—의 도입은 비서구 사회에 대한 통제·관리 메커니즘 강화에 도움이 되었다.[62] 역설적으로 훗날 국제연합 체제 내에서 달성된 자치(self-government)와 국가성의 창조는 서구에서 개발된 관리·통제 기술의 산물이었다. '권위의 신비한 토대'라는 데리다(Derrida)의 개념처럼,[63] 주권은 '법을 만들고 유지하기 위한 폭력이 소급하여 정당화되고 침묵'하는 방식으로 신생 독립국들에게 부여되

---

61 Michel Foucault, *Security, Territory, Population: Lectures at the Collége de France 1977-1978* (Palgrave Macmillan 2007), 108. 통치성이라는 '추한(ugly) 단어'는 그 자체로 정부의 관행과 그것에 대해 생각하는 방식에 대한 언급을 압축하기 위한 것이다.(Ibid, 115) '통치성'이라는 개념에 대해서는 Thomas Lemke, *Foucault, Governmentality, and Critique* (Routledge 2012); Tania Murray Li, 'Governmentality' 49 *Anthropalogica* 275 참조.

62 Dipesh Chakrabarty, 'Modernity and Ethnicity in India' in David Bennett (ed), *Multicultural States: Rethinking Difference and Identity* (Routledge 1998) 91-110 참조. 또한 Partha Chatterjee, 'Empire and Nation Revisited: 50 Years after Bandung' (2005) 6 *Inter-Asia Cultural Studies* 487, 495 참조. '흥미롭게도, 다양한 기준에 따라 민족국가(nation-state)들을 비교할 수 있는 공통의 척도를 제공한 것은 바로 민족국가의 보편적 평등의 다양한 형태이다. 따라서, 우리 모두는 오늘날 국민총생산, 경제성장, 인간개발, 삶의 질, 부패 수준 등 과 같은 지표별로 국가들을 통계적으로 비교하는 것에 익숙하다. 이것들은 국가 간의 차이를 통계적으로 측정한 것이다. 그러나 통계적 측정은 규범을 창설하고 질적인 의미에서뿐만 아니라 도덕적 판단의 귀속도 허용한다. 그러므로 규범은 예를 들면 국가들의 문맹률 또는 영아사망률에 대한 경험적 분포의 평균값을 나타낼 수 있다. 그러나 규범은 또한 달성해야 할 목표로 설정된 바람직한 기준을 나타낼 수도 있다. 이는 그러한 윤리적 기준 관련하여 국가의 역량, 의지, 그리고 실제 수행에 대하여 일정한 도덕적 판단이 가능하도록 허락한다. 따라서, 인간의 정치 조직의 보편적 형태로서의 민족국가의 정상화가 그 자체로 문화적 차이를 측정하고, 그 차이에 도덕적 의미를 부여하는 메커니즘을 가지고 있다는 것은 놀라운 일이 아니다. 또한 정상화의 과정은 시간이 흐름에 따라 차이를 추적할 수 있게 만들어 주어 다른 국가들이 뒤처지는 것처럼 보일 수 있는 것과 같이 예전에 뒤처졌던 국가들이 개선되고 있는 것처럼 보일 수도 있다.'

63 Jacques Derrida, 'Force of Law: The "Mystical Foundation of Authority"' (1990) 11 *Cardozo Law Review* 919.

었다.[64] 민족국가(nation-state) 패러다임은 서구가 이해하고 실천하는 것처럼, 문명이라는 이름으로 무수히 많은 타 공동체에 적용되었다. 차이를 포기하는 대가로는 포용과 통합이 이루어졌다.[65] 동화(assimilation)는 제3세계 국가들이 국가성의 공식적인 요건들을 갖추었음에도 불구하고, 그들 자신이 여전히 '부족하다'고 여기는 방식으로 일어났다. 앵기의 '차이의 역학' 개념은 하위 개체가 항상 스스로를 후진성과 저개발 상태를 개선하거나 문명과 비문명, 개발과 저개발의 이분법이 만들어 낸 '간극'을 메울 필요가 있다고 여기게 하는 냉혹한 논리를 드러낸다.[66]

선디아 파후자는 최근 '충돌의 법칙(laws of encounter)'의 형성과 작동에 대해 설명하면서 국제법 형성 과정에서 보이는 유사한 원리를 제시하였다.[67] 파후자는 국제법의 발전을 서로 경쟁 관계에 있는 관할권(유럽 v. 타자) 간의 충돌로 보았다.[68] 제국주의 시기에 일어난 이른바 '국제법의 보편화'를 통한 경쟁법의 이동은 유럽 공법(*jus publicium Europaeum*)의 적용 대상인 영토국가에 확산되어 있는 특징적인 방법으로 이루어졌다. 파후자에게 이러한 확산은 '특정 관할권 형태의 이동'이라 특징지을 수 있다.[69]

국가가 보호받는 '형태'(보편적으로 이상적인 형태는 아니더라도, 적어도 어디서나 '사실로 이해할 수 있는' 일반적인 형태)가 된 것은 국제연합헌장의 채택을 통해서였

---

64 Dianne Otto, 'Subalternity and International Law', above n 41, 342.

65 Sundhya Pahuja, *Decolonising International Law: Development, Economic Growth and the Politics of Universality* (CUP 2013) 5-6. '일반적으로 제2차 세계대전 이후 발생하였다고 이야기되는 국제법의 "보편화"는 국제법 질서 내에 모든 사람들을 중립적으로 포함시키는 것이 아니라 비록 겉보기에는 국제 사회가 차이를 수용한 것처럼 보일지라도 특정 형태의 사회정치조직이 표준화되는 과정이었다.'

66 Antony Anghie, *Imperialism, Sovereignty and the Making of International Law*, above n 17, 4.

67 Sundhya Pahuja, 'Laws of Encounter: A Jurisdictional Account of International Law' (2013) 1 *London Review of International Law* 63.

다.[70] 이후 '국내총생산 체계와 국가 회계 및 계획 실행을 통한 경제 성장은 모두에게 평등을 약속하는 수단이 되었다.[71] 이러한 관점에서 개발은 경쟁 관할권을 낙후된 것으로, 민족국가를 '사회관계의 궁극적인 형태'로 재규정하는 방향으로 진행되었다.[72]

그 수사(修辭)적 힘에도 불구하고 제국주의가 과거에 속한 것, 역사적으로 우발적인 변칙이나 사고라는 명제는 불편한 진실을 잘못 표현한 것에 불과하다. 식민지주의는 국제법에 내재되어 있다. 사실 이 둘은 상호 구성적이다. 국제법은 항상 헤게모니적이었다. 제3세계의 실패 중 한 가지

---

68 '타자(Other)'로서의 '제3세계'를 해석하기 위해서 에드워드 W. 사이드(Edward W. Said)의 중요한 저서 『오리엔탈리즘(Orientalism)』(Vintage 1979)을 되짚어 보는 것은 언제나 고무적이다. 그는 오리엔탈리즘을 '문화, 학문, 또는 제도에 의해 수동적으로 반영되는 단순한 정치적 주제나 분야도 아니고, 동양에 관한 방대하고 산만한 텍스트의 모음도 아니며, 동양 세계를 억압하려는 어떤 사악한 "서구" 제국주의의 음모를 대표하고 표현하는 것도 아니다. 그것은 오히려 지정학적 인식을 미학적, 학술적, 경제적, 사회학적, 역사적, 그리고 철학적 텍스트로 구분하는 것이며, 기본적인 지리적 구분(세계는 동양과 서양이라는 두 개의 불평등한 반쪽들로 구성되어 있다)뿐만 아니라, 학문적 발견, 문헌학적 재구성(philological reconstruction), 심리적 분석, 지형 및 사회학적 분석과 같은 수단을 통해 생성될 뿐만 아니라 유지되는 일련의 "이해관계"에 대한 정교화이다. 그것은 표현하기보다는 명백히 다른(또는 대안적이고 새로운) 세계를 이해하려는, 일부 경우에는 그 세계를 통제, 조작, 심지어는 통합하려는 의지 내지 의도이다. 무엇보다도 그것은 결코 날것의 상태에서 직접적으로 정치권력에 상응하는 관계의 담론이 아니라, 오히려 (식민지나 제국주의 체제와 같은) 권력 정치, (비교언어학, 해부학, 또는 현재 정책과학 등 지배적인 과학과 같은) 권력 지식, (취향, 텍스트, 가치의 정통성 및 규범성과 같은) 권력 문화, ("우리"가 하는 것과 "그들이" "우리"가 하는 것과 같이할 수 없거나 그것을 이해할 수 없는 생각과 같은) 권력 도덕과 같은 다양한 종류의 권력과의 불공정한 교환 속에서 생산되고 존재하는 담론이다. 사실, 나의 진짜 주장은 오리엔탈리즘이 현대의 정치적-지적 문화의 상당한 측면을 차지하고 있는 것이지 단순히 대표하는 것이 아니며, 따라서 "우리의" 세계보다 동양과 덜 관련이 있다는 것이다.'라고 정의했다.(Ibid, 12)

69 Sundhya Pahuja, 'Laws of Encounter', above n 67, 76. '국가는 관행, 직무, 관용어 및 행정 기술을 포함한 기술을 통해 공간을 여행한다. 18세기와 19세기 주권 영토국가를 만드는 프로젝트는 관할권 형태의 이동에 정확히 영향을 받았다.'

70 Ibid, 77.

71 Ibid, 78-9.

72 Ibid, 80.

는 체제 내에서 싸우느라 급진적인 비판을 거부해서 '유럽의 헤게모니를 더욱 공고히 하는 데' 도움을 주었다는 것이다.[73] 국제법은 그 자체로 제국과 다를바 없었다.

새로운 식민지주의 질서

만약 사고나 방해물로서의 식민지주의 역사에 대한 '폐기학습의 도전(challenge of unlearning)'이 어렵다고 판명되었다면, 식민지주의의 종식이 과거와 큰 단절을 초래하지 않았음을 깨닫기는 더욱 어려웠을 것이다.[74] 새롭고 다른 형태의 식민지주의는 서구에 의한 식민 통치의 형식적인 유대를 단순히 대체한 것에 불과했다. 비서구인들 및 그 국가들의 종속적인 상황은 주권 및 독립의 획득이 광범위하게 일어났음에도 불구하고 여전히 변하지 않았다. 실제로 정치 조직의 정상적인 형태로서 국가성 및 그 속성의 부여, 그리고 '국가적 관점에서 공동체를 이해하기 위한' 국민 교육은 차이를 제거하고 서구의 정치적, 제도적 모델을 전 세계로 확산시키기 위한 것이었다.[75] 국가성과 주권은 국제법 체제가 돌아가는 기둥을 구성하기 때문에 국제법 이론의 대부분을 형성한다. 따라서 이 둘 없이 관할권, 영토, 개발, 전환기적 정의(transitional justice), 그리고 인도적 개입과

---

73 Dianne Otto, 'Subalternity and International Law', above n 41, 354.

74 '폐기학습의 도전(challenge of unlearning)'이라는 표현은 다이앤 오토(Dianne Otto)의 'Subalternity and International Law', above n 41, 360-1에서 영감을 얻었다. '다양성은 질서와 비교할 수 없으며, 질서는 힘과 규율에 달려있다는 생각은 폐기되어야 한다(must be unlearned).' 나는 '폐기학습'이라는 생각이 선입견, 뿌리 깊은 문화적 편향, 그리고 자기 편향적인 역사적 설명에 적용될 때 특히 도움이 된다는 것을 발견했다.

75 Sundhya Pahuja, 'Laws of Encounter', above n 67, 94.

같은 개념을 구축하는 것은 불가능했을 것이다. 앤 오포드가 최근 강조한 바와 같이, 주권이 취한 노선과 그 행사의 실패로 인해 등장한 보호책임(responsibility to protect)과 같은 개념조차도 권력자가 보호가 필요한 사람들에게 가지고 있는 시혜적이고 가부장적인 태도를 드러낸다.[76] 의존과 통제의 논리에서 벗어날 방법은 없다.

이미 언급한 바와 같이, 개발이라는 바로 그 개념은 문명국가 클럽에서 한 자리를 얻기 위한 방법으로 접근하는 선형 진보의 서사에 반대하면서 부적절성과 종속성에 대한 인식을 형성한다. 표현은 바뀌었을지 몰라도, 문제의 본질은 그대로이다. 경제 성장과 발전 지표는 한 국가의 위상을 평가하는 기준이 된다. 개발과 경제 성장은 "진실", "역사적으로 운명인", 그리고/또는 "기술적"으로 인식되는 매개 변수로 가장함으로써 서구의 이미지에서 국제법을 보편화하는 새로운 수단이다.[77] 국제 금융 기구 및 기타 국제기구들의 조건부 정책은 성장 및 경제성과 지표, 인권 및 민주적 제도에 대한 존중 등 경제적, 정치적 자유주의의 보편적인 기준이라 여겨지는 것들이 존중받고 좋은 지위를 유지하며, 이른바 '국제 사회'의 기대를 저버리지 않도록 보장한다.[78]

TWAIL 2세대 학자들의 분석은 식민지주의의 재현과 그 함의적 측면

---

76 Anne Orford, *International Authority and the Responsibility to Protect* (CUP 2011).

77 Sundhya Pahuja, *Decolonising International Law*, above n 65, 39.

78 Antony Anghie, 'Time Present and Time Past: Globalization, International Financial Institutions and the Third World' (2000) 32 *New Work University Journal of International Law and Politics* 243; Sundhya Pahuja, 'Technologies of Empire: IMF Conditionality and the Reinscription of the North/South Divide' (2000) 13 *Leiden Journal of International Law* 749; David Kennedy, 'The "Rule of Law", Political Choices and Development Common Sense' in David Trubek and Alvaro Santos (eds), *The New Law and Economic Development: A Critical Appraisal* (CUP 2006) 95, 130-1 참조.

에서 이전 세대의 제3세계 접근 방식과 현저한 차이를 보인다. 형식적인 탈식민지화는 필연적으로 단절이 아니라, 단순히 지배 논리의 재구성으로 이루어진다. 세월에 걸친 식민지주의의 연속성은 서구 통치 방식의 특징이라고 강조된다. 처음에는 위계와 차이의 어휘가 인종적 관점에서 사용되었고, 피식민지 민족의 열등함은 자연의 이치로 여겨졌다. 그리고 국제연맹의 위임 통치 제도는 식민지 열강의 직접적인 정치적 통제를 위한 공식적이고 제도화된 형태였다. 이후, 발전의 범주는 종종 저개발을 극복하려는 노력을 원동력으로 하여 신생 독립국들의 보호자 내지 관리자로서 역할 하는 국제기구와 함께 국제 사회의 위계질서가 함축되어 있는 지표가 되는 수순을 밟았다. 이러한 통치 방식을 국제기구와 그 전문성에 의존하는 것은 현대의 통치 모델로서 푸코의 생명권력(biopower) 개념을 선명히 연상시킨다.[79] 새로운 글로벌 식민 통치 체제에서 권력은 더 이상 영토에 국한되는 것이 아니라, 경제 및 기술 발전의 정교한 내러티브를 통해 작동한다. 테러리즘의 '새로움(newness)'이라는 수사조차 서구 헤게모니의 도구로 전락할 수 있다. 라자고팔(Rajagopal)이 정확히 관찰한 바와 같이, 헤게모니는 아마도 선진국이 최근 세계에 대한 지배력을 행사하기 위해 배치하고 있는 영향력과 통제의 현재 모습을 설명하기에 더욱 적절한 용어일 것이다.[80] 안토니오 그람시(Antonio Gramsci)가 설명한 바와 같이,[81] 헤게모니라는 개념은 현재 서구의 문화적, 정치적 지배 형태의 근간

---

79 Michel Foucault, *History of Sexuality, Volume 1: An Introduction* (Vintage 1990), 140; Ann Laura Stoler, *Race and the Education of Desire: Foucault's History of Sexuality and the Colonial Order of Things* (Duke University Press 1995); 이 책 제7장, 각주 35 및 본문 참조.

80 Balakrishnan Rajagopal, *International Law from Below*, above n 47, 16.

81 Antonio Gramsci, *Selections from the Prison Notebooks of Antonio Gramsci* (International Publishers 1971).

인 폭력과 동의 사이의 변증법을 더 잘 포착한다. 라자고팔에 따르면, 그람시에게 헤게모니란 '그것을 장악하고 사용하는 모든 "지배 집단"이 구축할 수 있는 대중 동의의 생산, 재생산, 그리고 동원을 수반하는 적극적인 과정'이다.[82] 현대의 통치는 그 효율성을 위해 힘과 도덕을 모두 필요로 하기 때문에, 헤게모니는 더 이상 무력 사용과 동일시될 수 없다.[83]

서구가 다양한 형태로 행사하는 통제와 의존의 유산과 함께 여전히 남겨진 채 식민지주의와의 유대를 끊으려는 제3세계 국가들의 어려움을 라트나 카푸르(Ratna Kapur)는 '과거는 비록 다른 형태이지만 현재로 남아있으며, 제국과의 역사적 관계는 지배와 종속, 포용과 배제의 관계가 현재 어떻게 진행되고 있는지를 끊임없이 알려준다.'고 표현했다.[84] 동일한 맥락에서, 파후자는 탈식민지화 과정이 어떻게 '둘 중 하나(either/or)의 순간이 아니라 둘 다(both/and)의 순간인지를 강조했다. 다시 말해, 국제법은 제국주의적이지도 않으면서 새롭게 해방된 것도 아니었다. 그러나 그것은 둘 다였다.'[85] 공식적인 주권은 이전의 식민지에까지 확대되었지만, 새로운 보편적인 국제법은 평등을 가져오지 않았다. 사실, 오래된 형태의 권력은 '정확히 국제법의 새로운 보편성과 새로운 제도를 약속하는 방식으로 작동하는 새로운 합리성'으로 대체되었다.[86]

형식적인 탈식민지화가 제3세계를 비롯한 다른 곳들의 빼앗긴 자들(dispossessed)의 상태를 보상할 수 있는 만병통치약이 아니라는 깨달음은 이 운동에 부담스러운 유산을 남겼다.[87] 사회 정의를 위한 주장을 효과적

---

82 Balakrishnan Rajagopal, *International Law from Below*, above n 47, 18.

83 Ibid.

84 Ratna Kapur, *Erotic Justice*, above n 30, 22.

85 Sundhya Pahuja, *Decolonising International Law*, above n 65, 4.

86 Ibid.

87 Adil Hasan Khan, *Inheriting Persona*, above n 25 참조.

으로 개진하고, 문화적·정치적 차이에 대한 존중을 보장하며, 궁극적으로는 더욱 공정한 국제법 질서를 설계하고 실현하는 방법은 국제법에 대한 제3세계식 접근법의 지속적인 도전 과제이다.

세계의 구성: 국제법의 재정치화와 참여

현세대의 제3세계 학자들은 다양한 학문 분야에서 영감을 얻는 상당히 이질적인 집단이다. 그들 연구의 공통적인 특징은 국제법에서 널리 이해되는 제3세계의 위치에 대한 비판적 태도이다.[88] 예를 들어, 파후자는 '현재 국제법 제도를 통해 행해지고 있는 변형적인 폭력에 차별적으로 노출된 사람들을 위해 국제법 및 그 제도에 전략적으로 관여할 수 있는 방법을 재고해야 할 필요성'이 제3세계 학자들이 직면한 도전 과제라고 보고 있다.[89] 일단 '세상을 구하려는 욕망과 "제국의 자비(benevolence)"의 연속으로 볼 수 있는 그 욕망의 아바타'에서 해방되면,[90] 제3세계 학자들은 '라이벌 형태의 권위'를 두고 경쟁하는 분야로 이해되는 국제법의 정치(politics of international law)에 관여하기를 원할 수도 있다.[91] 국제법과 관련 비평에 대한 유럽 중심적인 시각에서 벗어나 '다른 사람들의 법의 존엄성'을 충분히 인식하는 한편, 이 전통으로 하여금 다른 전통을 개방하고 만나도록 추

---

88 예를 들어, D.S. Chimni, 'Third World Approaches to International Law: A Manifesto' (2006) 8 *International Community Law Review* 3 참조.

89 Sundhya Pahuja, *Decolonising International Law*, above n 65, 8.

90 Sundhya Pahuja, 'Laws of Encounter', above n 67, 96. ('제국의 자비(benevolence of Empire)'라는 표현은 다음의 논문에서 가져왔다. N. Shaikh, 'Interrogating Charity and the Benevolence of Empire' (2007) 50 Development 83).

91 Ibid.

진하는 것은 제3세계 학자들에게 주어진 가장 강력한 도전 과제이다.[92] 국제법의 정치에 관여하면서 가난한 사람들의 저항과 행동 전략을 어떻게 재해석할 것인지는 제3세계 학자의 지적 역량에 남겨져 있다.

저항과 개혁 사이에서, 그리고 혁명을 이끌어 내고자 하는 욕망과 국제법의 공정성 및 형평성을 강화하기 위한 개혁 전략은 실질적으로 실현가능해야 한다는 인식 사이에서 끊임없이 오가는 것이 제3세계식 접근법의 특징이 된 지 오래다.[93] 이행되지 못한 국제법의 약속으로 인한 실망감은 부정과 냉소에서부터 국제법을 떠나거나 일체의 관여도 거부하는 것에 이르기까지 다양한 반응을 낳았다.[94] 그러나 현대 TWAIL 학자들 대부분은 국제법의 어두운 면에 대한 반감과 국제 규범 체계의 개혁 및 개선을 위한 의제를 제시하려는 열망을 조화시키는 식의 저항과 포용 전략을 택한 것으로 보인다. 심지어 국제법 및 그 역사적 발전에 가장 비판적인 사람들조차도 국제법에 대한 믿음을 포기하는 이는 거의 없다.[95] 국제법의 정치화를 공개적으로 다루고, 그것을 어떻게 그리고 어디에 관여해야 할지를 확립하는 것이 도전 과제이다.[96]

바람직하다고 여겨지는 사회적, 정치적 변화를 실제로 불러올 수 있는 학문의 비전은 스스로에게 힘을 실어준다. 최근 논문에서 루이스 에슬라바는 사진에 비유하며, 어떻게 '국제법과 사진 모두 종종 일반적이거나 일상적으로 여겨지는 것들은 제쳐두고 예외적인 사건과 현장으

92 Ibid, 97.

93 Luis Eslava and Sundhya Pahuja, 'Between Resistance and Reform', above n 8 참조.

94 Ibid, 116.

95 예를 들어, Antony Anghie, *Imperialism, Sovereignty and the Making of International Law*, above n 17, 318 참조. '나는 사실상 모든 국제적인 사건의 해석에 있어서 법이 공적 영역에서 매우 중요한 역할을 현재 하고 있기 때문에 제3세계가 국제법을 포기할 수 없다고 본다.'

96 Luis Eslava and Sundhya Pahuja, 'Between Resistance and Reform', above n 8, 122.

로 우리의 시선을 끄는 경향이 있는가'를 설명하기 위해 '프레임 만들기(enframing)'라는 개념을 소개한다.[97] 이 비유는 다양한 통찰을 제공한다. 특정 사물, 사람, 또는 사건의 스냅샷을 찍는 각도가 세상에 대한 사람들의 인식을 결정한다. 사진과 국제법 모두 '우리의 주변 현실에 중첩되어 있는 매개 변수에 따라 세상을 보고, 이해하고, 구성하는 메커니즘으로 볼 수 있다. 그렇게 함으로써, 그들은 세계와 그것에 대한 우리의 정치적 반응을 만들어 낸다.'[98] 따라서 '프레임 만들기'는 특정한 세계관을 결정하고, 다른 것들보다 특정한 사건이나 사물을 강조하는 방식이라 볼 수 있다. 프레임 만들기는 심지어 통치 기술이 될 수도 있다.

이 프레임 만들기를 통해 '세계 전반에 대한 규범적 권리를 제정하는' 국제법의 능력은 특히 '대부분의 국제 규범과 제도적 활동이 사람들의 일상생활 및 생활 영역을 형성하는 것을 목표로 하는' 현시점에서 매우 시사하는 바가 크다.[99] 국제법은 단순히 '규범적 흡수(normative assimilation)'를 통해 국내법적 효력을 갖게 되는 것이 아니다.[100] 국제적인 권위는 오늘날 '국가 내에서, 그리고 점점 더 많은 지역 규범, 대상, 공간, 인공물, 절차 내에서 재구현되고 있다. 이러한 재구현 과정을 통해 국내 기관과 공무원은 물론 명백히 일상적인 공간, 주관적인 형성 과정, 행정적이고 사적인 행동, 일반적인 인공물(헤어 스카프, 카피예keffiyehs, 시간대, 환율) 등이 국제의 위장 수단이 된다.'[101]

국제적이면서 동시에 현지적인 세계에서 국제법이 준수될 수 있는 장

97 Luis Eslava, 'Istanbul Vignettes: Observing the Everyday Operation of International Law (2014) 2 *London Review of International Law* 3.

98 Ibid, 3-4.

99 Ibid, 6.

100 Ibid, 39.

101 Ibid, 39-40.

소가 반드시 화려하거나 국제적인 이목을 끄는 것은 아니다. 대신, 그 현장은 우리 일상에 있을 수도 있다.[102] 따라서 '다른 사람들이 우리의 연구 목적을 어떻게 이해하고, 우리는 그것을 어떻게 이해하는지, 그리고 결과적으로 우리의 목적에 대해 어떻게 (다시) 설명할 것인가와 같은 질문'들을 반영한 방법에 주목할 필요가 있다.[103]

이에 대해 나는 우리가 세상을 바라보는 방식이 바로 세상이라는 것을 알아야 한다는 의미로 받아들인다. 국제법을 바라보는 서로 다른 '관점(ways of seeing)'에 대한 이 에세이를 집필하는 데 영감을 준 정신과 일관되게, 나는 에슬라바의 연구를 학계에 더 많은 성찰을 요구하는 강력한 요청으로 이해하고 싶다. 국제법은 항상 세계 질서의 '구성(constituting)'에 관여해 왔으며, 항상 그러한 질서가 형성되는 양식을 제공하는 해석의 방법론을 제공해 왔다. 이 과정은 '세계를 구성하고 형성하는 특정한 방식'을 제공하기 때문에 이데올로기는 중요한 역할을 한다.[104] 아마도 이것이 오늘날 제3세계식 접근법이 직면하고 있는 도전일 것이다. 국제법에 대한 비판적인 생각 그 자체는 더 이상 목표가 될 수 없으며, 특히 국제법의 틀을 짜는 어떠한 방식도 필연적으로 수반되는 무거운 이념적 부담을 인식한다면 더욱 그러하다. 국제법이 우리 일상에 미치는 만연한 영향력을 깨닫고, 민족지학자(ethnographer)의 감수성을 가지고, 국제법이 만들어지는 국제 현장과 국제법이 재구현되어 사람들의 삶에 영향을 미치는 지역 현장을 탐구하는 것은 세계에서 재구성되고 국제적인 재고의 필요가 있는 부분은 어디인지를 알아내는 데 도움이 될 것이다.

---

102 또한 Luis Eslava, *Local Space, Global Life. The Everyday Operation of International Law and Development* (CUP 2015) 참조.

103 Luis Eslava, 'Istanbul Vignettes: Observing the Everyday Operation of International Law', above n 97, 46.

104 Ibid.

참고 문헌

Anand, R.P., 'Attitude of the Asian-African States toward Certain Problems of International Law' (1966) 15 *International and Comparative Lain Quarterly* 55.

Anghie, Antony, and Chimni, B.S., 'Third World Approaches to International Law and Individual Responsibility in Internal Conflicts' (2003) 2 *Chinese Journal of International Law* 77.

Anghie, Antony, *Imperialism, Sovereignty and the Making of International Law* (CUP 2004).

Baxi, Upendra, 'What May the "Third World" Expect from International Law?' (2006) 27 *Third World Quarterly* 713.

Chimni, B.S., 'Third World Approaches to International Law: A Manifesto' (2006) 8 *International Community Law Review* 3.

Eslava, Luis, and Puhuja, Sundhya, 'Between Resistance and Reform: TWAIL and the Universality of International Law' (2011) 3 *Trade, Law and Development* 103.

Mickelson, Karin, 'Rhetoric and Rage: Third World Voices in International Legal Discourse' (1997-1998) 16 *Wisconsin International Law Journal* 353.

Mutua, Makau W., 'What is TWAIL?' (2000) 94 *ASIL Proceedings* 31.

Pahuja, Sundhya, *Decolonising International Law. Development, Economic Growth and the Politics of Universality* (CUP 2011).

Pahuja, Sundhya, 'Laws of Encounter: A Jurisdictional Account of International Law' (2013) 1 *London Review of International Law* 63.

11장
법다원주의

파편

법다원주의(legal pluralism)가 포스트모던 시대에 상당한 인기를 얻은 지적 관점이라는 점은 그리 놀랄만한 일은 아니다. 결국 많은 사람들은 법을 만들고 집행하는 과정에서 국가가 가지는 독점적 권한에 대해 회의적인 시각을 가지고 있으며, 심지어는 경멸적인 시각을 가지고 있기도 하다. 현대 사회에 다른 법이 존재할 수 있다는 생각, 더 나아가 비국가법(non-state law)도 존재할 수 있다는 생각은 새로운 분야를 개척하거나 새로운 희망에 불을 지피고, 변신과 변화에 대한 잠재력을 일깨운다. 포스트모더니즘 시각에서 가장 흥미로운 주제는 지역적이고 다원주의적이며 비공식적인 것이다. 그리고 이 주제는 법과 사회에 대한 대안들과 매우 잘 조화를 이룬다. 법과 사회 이 두 가지는 세상을 법다원주의적 시각으로 바라보는 사람들에게는 피할 수 없는 용어이다.

많은 저명한 사회학자들은 법다원주의에 대한 지지를 표명했다. 법다원주의는 '법과 사회의 관계에 대한 개념을 재정립하는 데 있어서 핵심 주제'로 다루어지고 있으며,[1] '법에 대한 포스트모더니즘 시각에서 핵심 개념'으로 여겨진다.[2] 법다원주의는 야누스의 얼굴을 가지고 있다. '사회적 규범과 법률 규칙 즉, 법과 사회, 공식적인 것과 비공식적인 것, 규칙에서 비롯된 것과 자연 발생적인 것' 모두와 관련된 양면성을 가지기 때문이다.[3] 이러한 포스트모더니즘적 시각에서 보아벤투라 드 소자 산투스(Boaventura de Sousa Santos)는 법다원주의를 '단조롭고 지루한 일상뿐만 아니라 우리 인생 전체의 여정에 질적인 도약이 일어나거나 위기가 휘몰아치는 순간에도 우리의 행위뿐만 아니라 마음속에도 중첩되어 존재하고 스며들어 있으며 서로 뒤섞여 있는 다양한 법적 영역'으로 이해하였다.[4] '합법성에 많은 빈틈(porous legality)이 존재하거나 법적인 공백이 많은(legal porosity)' 시대에 우리 삶의 법적인 영역은 '상호합법성(interlegality)', 즉 '서로 다른 법질서 간의 교차점(the intersection of different legal orders)'으로 구성된다.[5]

물론 법다원주의가 시작된 방식은 다양하다. 1970년대에 인류학자들이 주장한 법다원주의는 주로 독립적인 법질서가 동일한 정치적 영역 안에 공존한다는 생각과 관련되어 있었다. 그래서 초기에는 다원주의가 국가의 법(state law)을 통해 관습법을 승인하거나 국가의 법과 나란히 토착민의 규범이나 제도의 독립성을 승인하는 것과 관련된 이슈에서 논의되었

---

1 Sally Engle Merry, 'Legal Pluralism' (1988) 22(5) *Law & Society Review* 869.

2 Boaventura de Sousa Santos, 'Law: A Map of Misreading. Toward a Postmodern Conception of Law' (1987) 14(3) *Journal of Law and Society* 279, 297.

3 Gunther Teubner, 'The Two Faces of Janus: Rethinking Legal Pluralism' (1992) 13 *Cardozo Law Review* 1443

4 Boaventura de Sousa Santos, 'Law: A Map of Misreading', above n 2, 297-8.

5 Ibid.

으나,[6] 그 후 1980년대에는 사회과학자들의 탐구 대상이 되었다. 그 이후로 법다원주의는 접근 방식의 다양성과 다양한 관점을 가진 여러 학문 분야의 학자들의 연구 뒤에 존재하는 동기의 다양성 때문에 골치 아픈 개념으로 여겨져 왔다.[7]

사실 역사적인 관점에서 봤을 때 여러 개의 법질서가 공존할 수도 있다는 생각은 사실인 것으로 드러났다. 우리는 법과 국가는 불가분의 관계에 있다는 생각, 그리고 법체계는 국가에 의해 운영되는 단일의 법에 기반한다는 생각으로 인해 법다원주의의 오랜 역사를 잊어버리곤 한다.[8] 중세 시대에는 사회를 규율하는 여러 개의 법질서가 공존하는 게 정상이었다. 법제사 책을 통해 이 시기에는 게르만 롬바르드족 법, 봉건법과 함께 교회가 관할하던 교회법, 대학의 법 전문가들이 다루던 로마법, 상인들이 거래에 활용하던 상관습법(*lex mercatoria*), 지역 관습이 다양한 제도적 장치와 함께 자체적으로 작동하는 법체계를 형성하고 있었다는 것을 알 수 있다.[9] 다양한 유형의 법원이 존재했고, 각 법원은 그들이 가지는 관할권 내에 해당하는 문제에 판결을 내렸을 것이다. 관할권과 관련된 규칙은 관련된 사람 또는 사건의 내용에 의해 결정되거나 둘 다에 의해 결정된다. 중세법과 사회적 규정들의 다원적인 특징은 유럽의 특정 지역에서 로마법과 교회법을 혼합한 보통법(*jus commune*)이 등장해 적용되는 상황에도 불구하고 살아남았으나[10], 평범한 형태로 조직화된 정치적 생명체이자 법

---

6 Leopold Pospisil, *The Anthropology of Law: A Comparative Theory* (Harper and Row 1971).

7 Brian Tamanaha, 'Understanding Legal Pluralism: Past to Present, Local to Global' (2008) 30 *Sydney Law Review* 375, 390.

8 Ibid, 376.

9 Walter Ullmann, *The Medieval Idea of Law* (Barnes and Noble 1969).

10 Jean-Louis Halpérin, 'L'approche historique et la problématique du jus commune' (2000) 52 *Revue internationale de droit comparé* 717.

적 제도로서의 국가 출현에는 굴복했다.[11] 국가라는 제도는 시간이 지남에 따라 지속적으로 강화되었고, 이는 법에 대한 눈에 띄는 인식의 변화를 가져왔다. 특히 법과 정부는 오랫동안 '관습 또는 자연적 이치에 따른 영속적 질서'로 여겨져 왔었으나… 이제 사회적 목표를 달성하기 위한 도구로 여겨지고 활용되기에 이르렀다.[12]

식민주의는 법다원주의가 생산적인 방식으로 활용된 또 다른 예이다. 법다원주의는 서로 다른 법적·규범적 질서 간의 상호 작용에 대한 틀을 제공하고 그 상호 작용을 설명하기 위한 방식으로 활용되었다. 유럽 식민지 열강들이 그들의 법을 비유럽 지역 사람들에게 적용한 방법과 그 지역의 관습법을 훼손하면서 자신들의 법체계를 심기 위해 사용한 전략은 폭넓게 연구되고 설명되어 왔다.[13] 지방 정부 또는 법원을 통한 '간접적 지배'에서부터 지역 관습과 사회를 규율하는 다른 메커니즘을 식민 지배하에 두기 위한 더 적극적인 시도까지, 두 개 또는 그 이상의 법체계가 종종 불평등하긴 했지만 중복되거나 공존하는 것은 상당히 일반적이었다. 식민 지배 국가의 법이 우위에 있고 지배적인 권한을 가지고 있었음에도 불구하고, 지역 법과 관습 간의 상호 작용은 자주 일어났다.[14] 마지막으로, 세계화로 일컬어지는 현시대에는 법다원주의가 상호 연관성이 높아지고 있는 세상을 연구하는 데 활용할 수 있는 유용한 렌즈가 된다. 국가가 입법 절차, 초국가적 민간 규제 네트워크의 형성, 상관습법에서부터 인터넷 규제에 이르는 다양한 성격의 비공식적 법질서의 등장에 대해 독점적 권

---

11 유럽 법제사에 대한 간략한 연구는 R.C. Van Caenegem, *European Law in the Past and Future: Unity and Diversity over Two Millennia* (CUP 2012) 참조.

12 Brian Tamanaha, 'Understanding Legal Pluralism', above n 7, 381.

13 Sally Engle Merry, 'Law and Colonialism' (1991) 25 *Law & Society Review* 889.

14 이런 취지의 다양한 주장들에 대해서는 Lauren Benton, *Law and Colonial Culture: Legal Regimes in World History 1400-1900* (CUP 2002) 참조.

한을 계속해서 잃어가고 있는 현상은 때때로 서로 교차하거나 상호 작용하는 법체계의 종류가 급격히 증가하고 있음을 설명한다. 그리고 현대의 법다원주의자들은 이러한 교류와 상호 작용을 설명하기 위해 다양한 이론을 제시하고 있다.[15]

법다원주의 이론의 창립자 중 한 명인 동시에 가장 저명한 주창자는 법다원주의에 대해 '국가법 중심주의(legal centralism)' 또는 '국가법을 국가기관이 모든 사람에게 적용할 수 있는 유일무이하고 배타적인 것으로 생각하는 잘못된 이념에 대항하는 싸움'으로 묘사했다.[16] 법다원주의는 '법이란 무엇인가?'라는 근본적인 질문을 가지고 투쟁을 계속해 왔다. 존 그리피스(John Griffiths)는 샐리 폴크 무어(Sally Falk Moore)의 법에 대한 정의를 지지한 인물이다. 무어는 법은 '반자치적 사회 영역(semi-autonomous social field)'으로서 규칙을 만들고 집행할 수 있는 다양한 사회 영역 중 하나라고 설명한 바 있다.[17] 그러나 이 정의는 우리가 어떻게 법을 사회적 규범이나 다른 규칙과 구분할 수 있는지에 대해 질문하게 만든다. 메리(Merry)가 '우리는 언제 법에 대해 이야기하기를 멈추는가?' 그리고 '단순히 사회생활을 이야기하는 때는 언제인가?'라고 던진 질문은 세상에 잘 알려져 있다.[18] 이런 입장의 초창기 지지자들이 지금은 이 정의를 포기한 것으로 보인다. 그리피스는 현재 자신의 입장을 '법다원주의' 보다는 '규범적 다원주의'의 하나로 재구성하였다. 그러나 우리를 둘러싸고 있는 규범적, 법

---

15 그 예로 Brian Tamanaha's six systems of normative ordering in social arenas, and their potential for clashes: 'Understanding Legal Pluralism', above n 7, 397 ff 참조.

16 John Griffiths, 'What is Legal Pluralism?' (1986) 24 *Journal of Legal Pluralism and Unofficial Law* 1, 4.

17 Ibid, 57 (Sally Falk Moore, 'Law and Social Change: The Semi-Autonomous Social Field as an Appropriate Subject of Study' (1973) 7 *Law & Society Review* 719 인용.

18 Sally Engle Merry, 'Legal Pluralism', above n 1,869, 878.

적 질서는 셀 수 없이 많아서 서로 종종 겹치기도 하고 부딪치기도 한다. 그런 점에서 국가가 만들지 않은 다양한 규범적 체계를 설명할 수 있는 매력적 이론 체계인 법다원주의는 지지자들의 지속적인 지원을 받는 듯하다.

'무엇이 법인가'를 정의하는 것은 거의 불가능한 과제인 것 같고, 학자들도 이를 오랫동안 들여다보지 않았다. 이 정의는 두 가지 범주로 나누어 생각해 볼 수 있다. '구체적인 행동양식'의 관점에서 법을 바라보는 정의와 '제도화된 규범 집행'의 측면에서 법을 바라보는 정의가 그것이다. 법을 행동양식에 기반한 질서로 바라보는 경우 그 정의 안에 다양한 종류의 사회 규범을 포용할 수 있을 것이다.[19] 반면, 법을 단순히 집행의 측면에서만 바라보는 정의는 국내법에서 차용된 패러다임에 기반하는 것이며, 법이 수행할 수 있는 다양한 기능을 간과하게 만든다. 보아벤투라 드 소자 산투스는 위 두 가지 정의의 조화를 시도한 다소 복잡한 정의를 제안했다. 이 정의에서 법은 어떤 공동체 안에서도 정당하게 여겨질 수 있는 합법적인 절차, 규범적 기준이며, 무력 위협과 결합되면 분쟁의 양산, 방지뿐만 아니라 논쟁을 통한 분쟁의 해결에도 기여한다.[20] 그러나 이 정의는 지나치게 광의적이다. 이 정의는 단일의 정의를 제공하고 있지만, 법은 모든 곳에 존재하며 이를 통해 세상이 정당화된다고 보고 있다는 점에서 비판받을 수 있다.[21] 타마나하(Tamanaha)는 법다원주의를 목적으로 법이 마치 과학적 목적을 위해 정확한 용어로 정의되고 개념화될

---

19 두 유형에서의 법에 대한 다양한 정의에 대한 자세한 설명은 Brian Tamanaha, 'A Non-Essentialist Version of Legal Pluralism' (2000) 27 *Journal of Law and Society* 296, 300 참조.

20 Boaventura de Sousa Santos, *Toward a New Common Sense: Law, Science and Politics in the Paradigmatic Transition* (2nd edn, CUP 2002).

21 Brian Tamanaha, 'A Non-Essentialist Version of Legal Pluralism', above n 19, 303.

수 있는 것처럼 본질주의적 용어로 법을 정의하려는 생각을 포기하자고 제안했다. 타마나하의 제안에 따르면, 법은 '철저히 문화적인 구조물'이며 그 자신의 어떤 본질을 가지고 있지 않다.[22] 법은 사람들이 그들의 사회적 관행 속에서 법이라고 여기고, 다루는 것이다. 그러나 이는 법다원주의에 대한 또 다른 접근법이 된다. 왜냐하면 이 또한 서로 다른 하위 체계나 법질서로 쪼개질 수 있는 단일의 법 개념을 전제로 하지 않기 때문이다. 다원주의에 대한 이러한 관점에서는 사람들이 법이라고 명명하는 현상들이 매우 다양하게 존재할 수 있다. 타마나하의 다원주의는 하나의 법과 많은 법질서보다는 많은 법 또는 법에 대한 많은 생각으로 구성되어 있다. 궁극적으로 사람들이 무엇을 법으로 결정하느냐는 사회 관행, 사회 관습이다.[23]

법다원주의의 부활은 다양한 모습으로 이루어지고 있다. 이는 아마 오랫동안 법적 절차의 중심에 있었던 국가가 한때는 거의 절대적이었던 규범적 권위를 최근에는 상실하고 있기 때문일 것이다. 현재는 다양한 성격의 조직들이 수많은 정치적이고 법적인 환경에서 규범적 권한을 행사하고 있다. 법의 정의에 대해서는 다양한 관점이 존재하고, 이러한 정의에 무엇을 넣고 뺄지를 결정하는 문제는 상당히 어렵기 때문에, 논쟁은 '흥미롭고 중요해 보이는 것을 분석'하는 방향으로 나아가고 있다.[24] 서로 다른 체계 간의 관계, 그 체계 간의 교류 및 상호 작용, 그들 간의 충돌, 그 체계에 소속되어 자신의 이익과 목적을 추구하는 사람들의 전략까지, 이 모든 것들은 그런 복잡한 상황과 규범적 중첩을 이해하기 위한 목적으로 연

22 Ibid, 313.

23 개괄적인 내용은 Brian Tamanaha, 'Socio-Legal Positivism and a General Jurisprudence' (2001) 21 *Oxford Journal of Legal Studies* 1 참조.

24 Brian Tamanaha, 'Understanding Legal Pluralism', above n 7, 411.

구된다. 당연하게도 이러한 이슈에 대한 학자들의 견해는 매우 다양하게 나뉜다. 그리고 다양한 체계 간의 상호 작용과 관련된 위 질문의 대답도 상이하다.

사실, 이 장에서는 파편화에 대해 설명할 것이다. 법다원주의는 스스로를 매우 다양한 모습으로 소개한다. 법이 무엇인지, 무엇을 위해 존재하는지와 관련된 이슈에 대해서는 다양한 관점이 있다. 형용사 '국제적(international)'을 통해 '법'을 수식할지는 망설여진다. 위에서 살펴본 많은 관점 중에서 내가 택한 관점은 '글로벌(global)' 법의 관점이기 때문이다. 이 관점에서는 존재하지 않는 것이 아닌 이상 모든 것이 국제적인 것과 국내적인 것, 공적인 것과 사적인 것에 대한 전통적 경계가 상당히 모호하다. 다원주의가 여전히 이 모든 다양한 관점을 포괄할 수 있는 일반적인 용어로 사용될 수 있다면, 반드시 범주와 어휘가 가지는 이질성도 함께 인식해야 한다. 종합하면, 우리가 보는 그림은 놀랍게도… 다원적이다.

파편화로 인한 불안의 해결책

법다원주의는 파편화 이슈에 대응하기 위한 가장 효과적인 수사법 중 한 가지를 제공한다. 파편화는 많은 부분에 있어서 국제법 통일의 재앙, 또는 적어도 바로잡을 필요가 있는 매우 중요한 결점으로 여겨진다. '국제법적 다원주의(international legal pluralism)'는 하나의 법체계가 다른 법체계의 우위에서 계층적 우월성을 가지는 것을 전제로 하고 있다는 점에서 존 그리피스가 '법다원주의의 약한 형태'로 설명한 것[25]과 일치하는 측면이 있다.

---

25 John Griffiths, 'What is Legal Pluralism ?', above n 16, 8.

일부 학자들은 이러한 '국제법적 다원주의'를 현재의 국제법 모습을 정확하게 설명하는 이론적 모델로 생각하였다.[26] 특히 다원주의적 모델은 현재 국제법에 작용하고 있는 서로 다른 두 개의 힘 간의 상호 작용을 설명할 수 있을지도 모른다. 하나는 파편화를 향한 분명한 흐름이며, 다른 하나는 이와 동등하게 강렬한 상호 관련성과 일관성을 향한 흐름이다.

버크 화이트(Burke-White)는 수많은 발전이 동시에 일어나고 있는 현상을 비판적으로 관찰한 끝에 이런 반대되는 두 가지 힘의 존재를 인정했다.[27] 이에 대한 구체적인 예시를 열거하면, 다음 7가지를 생각해 볼 수 있다. 국제법 규칙을 적용하는 국제재판소 및 국내재판소의 다양화, 과거보다 훨씬 많아진 법 규범의 증가 및 충돌 가능성, 국제적 판결에 대한 비국가 행위자의 접근성 향상, 기능적으로 구별된 국제재판소가 일반법 규정을 계속 적용하고 있다는 사실, 국제재판소 및 국내재판소 내의 재판부 간 대화의 급속한 증가, 법원과 법체계 전반에 걸친 절차 및 전통의 혼합, 마지막으로 혼합적 방식의 국제법 집행에 기여하며 국내적 요소와 국제적 요소를 모두 가지는 혼합 법원의 발전. 이처럼 중심을 향하면서도 중심으로부터 멀어지려는 경향으로 인해 국제법 체계는 다원주의적인 것으로 묘사된다. 한 국가의 정부 또는 국제기구와 국제재판소의 관련 행위자들에게서도 규범적 결론은 다르게 도출될 수도 있겠으나, 그럼에도 불구하고 그 결과는 단일의 보편적인 체계 안에서 일어난다.

이에 대한 비유와 의미는 다양할 수 있다. 그러나 국제법적 다원주의라는 특정 학문적 흐름의 핵심에 있는 생각은 동일하다. 법다원주의는 스스로가 속해 있는 보편적인 틀에서 발생하며 무정부 상태와 반복되는 충

---

26 William W. Burke-White, 'International Legal Pluralism' (2004) 24 *Michigan Journal of International Law* 963.

27 Ibid, 977.

돌이 야기할 수 있는 위험을 피하고자 한다. 이를 '상호 연결된 섬들의 세상'이라고 명명할 수 있을 것이다. 그 세상에서는 반드시 파편화와 통일성을 연결하기 위해 노력해야 한다.[28] 이러한 특징은 '정당한 차이'라고 표현할 수도 있을 것이며, 특정한 수준으로 수렴하는 틀 안에서 다양성을 보존하는 원칙으로 설명된다.[29] 이러한 다원주의 개념은 파편화가 초래한 불안과 통일성 및 일관성의 이상을 포기할 가능성에 대항하는 강력한 해결책으로 작용한다. 다원주의와 다양성은 긍정적인 가치이며 그 안에서 국제법 체계는 번성할 수 있다. 파편화는 불안을 완화하고 현재 상황을 정당화하는 방식으로 바뀐다.

'의식적으로 국제법 체계 전반의 일관성을 유지하기 위해 애쓰는 건설적이고 자기 성찰적인 대화에 참여해 온' 기존의 국제법 시스템을 구체적으로 살펴보면, 오래전부터 확립된 전문적 이미지와 지적 산물을 확인할 수 있다.[30] 그러나 버크 화이트는 이 견해를 한 단계 더 진척시켰다. 화이트는 다원주의와 정당한 차이에 대한 존중이 국제법의 효율성 및 정당성을 증대시킬 수 있는 또 다른 방법이라고 주장하였다.[31] 차이와 특수성이 다양한 규범적 배경에서 역할할 수 있도록 하면 국제법상 해결책의 정당성을 향상시킬 뿐만 아니라, 준수 수준도 끌어올릴 수 있다.[32] 같은 맥락에서 혼합 재판소도 좋은 예시인데, 혼합 재판소의 결정은 순수하게 국제

---

28 Joost Pauwelyn, 'Bridging Fragmentation and Unity: International Law as a Universe of Inter-Connected Islands' (2004) 25 *Michigan Journal of International Law* 903

29 Anne-Marie Slaughter, *A New World Order* (Princeton University Press 2004) 248-9.

30 William W. Burke-White, 'International Legal Pluralism', above n 26, 978.

31 Ibid, 978-9.

32 잘 알려져 있는 것처럼, 합리적이라고 여겨지는 규칙이 가지는 준수율 향상의 힘을 근거로 한 정당성(legitimacy)과 효과성(effectiveness) 간의 연결고리는 Thomas Franck에 의해 주장되었다. Thomas Franck, 'Legitimacy in the International System' (1988) 82 *American Journal of International Law* 705.

적인 재판소의 결정보다 해당 지역 주민들에게 받아들여질 가능성이 더 높다. 버크 화이트는 국제법률가, 법관, 의사결정권자들에게 국제법 체계를 다원주의적인 것으로 바라보길 요청하면서도 동시에 규정을 입안하거나, 절차를 발전시키거나, 기관을 설립하거나, 판결을 내리는 데 있어서 통일성이 중요함을 상기시킨다.[33] 법체계를 단일한 것이면서도 다원주의적인 것으로 개념화하는 것은 파편화의 위험을 감소시킨다. 그리고 차이를 포용하면서도 일관성을 보장함으로써 국제법 체계는 더 정당하고 효과적일 수 있다.[34]

그러나 파편화를 법다원주의와 일치하는 것으로 바라보는 일부의 견해와 달리, 다른 이들은 파편화가 제도적인 형태로 표현된 정치적 다원주의의 일례에 불과하다고 생각한다. 예를 들어, 국제사법재판소(International Court of Justice)의 소장 두 명이 국제재판소 간의 법리 충돌과 국제법 체계의 통일성 및 일관성과 관련된 '끔찍한' 결과에 대한 우려를 표명한 적이 있었다. 코스켄니에미(Koskenniemi)와 레이노(Leino)는 이러한 우려를 그릇된 포스트모던적 불안으로 일축했다.[35] 파편화 논쟁에 대해 코스켄니에미와 레이노는 국제법 체계의 일관성에 대한 관념적 집착보다는 강력한 기관 행위자들의 서로 다른 선호를 나타내는 '관할권 긴장(jurisdictional tensions)'에 가깝다고 주장하였다. 각 기구가 자신의 전문적인 언어로 이야기하고, 자신들의 특별한 관심사가 모든 사람의 당연한 관심사로 보이게 하기 위해 국제 공용어(global Esperanto)로 번역하기 때문에[36], 긴장은 있는 그대로

33 William W. Burke-White, 'International Legal Pluralism', above n 26 979.

34 Ibid.

35 Martti Koskenniemi and Päivi Leino, 'Fragmentation of International Law? Postmodern Anxieties' (2002) 15 *Leiden Journal of International Law* 553.

36 Ibid, 578.

인정되어야 한다. 예를 들어, 다른 선호를 가진 기구 간의 실질적인 충돌로 인정할 수도 있을 것이다. 코스켄니에미는 주권 평등이라는 보호막과 국제사법재판소의 합의에 의한 형식주의가 언젠가 관용과 다원주의의 정치로 보여질 가능성을 제기했고, 이 가능성은 제도적인 파편화와 양립 가능할 뿐만 아니라 파편화를 정당화할 가장 좋은 명분이라고 하였다.[37]

코스켄니에미가 법다원주의와 법다원주의가 국제법을 변형시키는 효과에 대해 뿌리 깊고 노골적인 반감을 가지고 있지 않다면,[38] 국제법의 파편화에 대한 국제법위원회 보고서(International Law Commission Report)를 법다원주의의 렌즈를 통해 파편화를 다뤄보려는 또 하나의 시도로 설명하고 싶은 유혹을 느낄 수도 있다.[39] 이 보고서는 파편화와 함께 규범의 충돌에 직면하였을 때 일반적으로 활용되는 추정(presumptions), 법률 해석의 원칙(rules of statutory construction), 비교형량 기준(balancing criteria), 규범적 위계(normative hierarchies)와 같은 기술을 사용하는 다양한 제도를 다루고 있다. 사실 이 보고서는 하나의 체계로서 국제법 질서의 통일성을 명백히 언급하였는데,[40] 나중에 코스켄니에미는 이 보고서를 그의 입헌주의적 사고방식을 적용한 것으로 설명하였다.[41] 더욱이 이 보고서는 다원주의는 해당 체계를 구성하고 있는 가치로서 일관성 있게 이해되어야 한다는 점을

37 Ibid, 579.

38 Martti Koskenniemi, 'The Fate of Public International Law: Between Technique and Politics' (2007) 70 *Modern Law Review* 1.

39 'Fragmentation of International Law: Difficulties Arising from the Diversification and Expansion of International Law', Report of the Study Group of the International Law Commission, Finalised by Martti Koskenniemi (UN Doc A/CN.4/L.682 (13 April 2006)).

40 the Draft Conclusions of the Work of the Study Group (UN Doc A/CN.4/L.682 /Add. 1 (2 May 2006) 4와 이에 대한 부록(Appendix)을 함께 참조. 국제법에서 통일성을 바라보는 다양한 방식을 비판적으로 평가한 것으로는, Mario Prost, *The Concept of Unity in International Law* (Hart 2012) 참조.

41 이 책 제8장 '불가지론의 도덕성' 참조.

인정하고 있다.[42]

랄프 마이클스(Ralf Michaels)와 파우엘린(Pauwelyn)은 체계 내의 규범들이 아닌 법체계 자체의 충돌을 설명하기에 부적절하다는 이유로 이 관점을 비판했다.[43] 이들은 국제법이 하나의 체계인지 아닌지를 사전에 상정하는 것을 거부하고 오히려 어떤 기술이 가장 효율적으로 법체계 간의 충돌을 설명하는지를 탐구하는 작업에 착수한다. 규범 간 계층적 관계를 설정하거나, 해석적 추정을 하거나, 비교형량을 하는 등의 체계 내 규범 간 충돌을 해결하는 기법이 조약 체제와 일반 국제법 간의 상호 작용에 적합할 수도 있다는 점을 인정한다면, 국내에서 규칙 간 충돌을 해결하기 위해 활용되는 유형의 기법이 환경, 무역, 인권 등 전문화된 조약 체제 간의 상호 작용을 다루는 데 더 적합할 수도 있다. 후자의 범위는 전통적인 유럽식 국제 사법 방법론[44]에서부터 정부 이익 분석 이론(government interest analysis), 비교손상론(comparative impairment), 법률관계를 규율하기에 가장 적절한 법에 이른다.[45] 국제법은 '다양하고 비체계적인 체계나 체제'로 더 잘 설명되기도 하지만, 자기 완비적(self-contained)이지 않기 때문에 무정부 상태와 혼란에 이를 운명은 아니며, 오히려 법 선택 원칙의 적절한 정교화를 통해 살아남아 번영할 수 있다.[46] 국제법을 독특한 혼합적 특징을 지

---

42 Ibid, § 491.

43 Ralf Michaels and Joost Pauwelyn, 'Conflict of Norms or Conflict of Laws?: Different Techniques in the Fragmentation of Public International Law' (2012) 22 *Duke Journal of Comparative and International Law* 349.

44 초국가적 방법론은 주어진 일련의 사실들의 법적 성격이 법적 범주(결혼, 계약, 불법행위 등) 안에 포함되는 것으로 상정하고 저촉하는 법에 열거된 관련 요소들을 통해 적용 가능한 법을 확인한다.

45 국제사법에 대한 미국의 접근법에 대해서는, Symeon C. Symeonides, *The American Choice-of-Law Revolution: Past, Present and Future* (Nijhoff 2006) 참조.

46 Ralf Michaels and Joost Pauwelyn, 'Conflict of Norms or Conflict of Laws?', above n 43, 375.

닌 '특별한(*sui generis*) 유형의 법질서'라 생각하는 것으로 충분할 것이다.[47] 다시 말하지만, 다원주의는 어느 정도 국제법의 파편화가 초래한 불안에 대한 미묘한 응답이다.

글로벌 법Global Law에 대한 관점

규범적 복잡성을 설명하기 위한 지적 틀로서의 법다원주의에 관심이 증가한 것은 분명히 세계화에 의한 것이다. 법질서의 다원성, 국가법 중심주의에 대한 비판, 국가의 법질서와 다른 법질서의 불가피한 공존, 공존하는 법질서 간 명확한 위계의 부재에 대한 법다원주의의 초기 통찰은 세계화된 세계에서 규범의 여러 계층 및 권위를 다양하게 설명할 수 있는 매력적인 틀을 제공하였다. 인간 및 기술의 상호 작용, 강화된 세계 경제의 통합으로 인해 국내법 아니면 국제법이라는 전통적 범주로는 쉽게 구분되지 않는 초국가적 규제 활동이 급격하게 증가하였다. 혼합적 특성을 가지는 일부 유형의 규정, 세계화 또는 초국가적인 공간에서 무엇이 법인지에 대한 불확실성, 다양한 형태의 문화와 감수성의 융합, 세계화된 세계에 존재하는 다양한 권위가 가지는 복합적인 근원[48]은 전 학문 분야에 걸친 수많은 이론적 접근법을 양산했는데, 이러한 현상은 특히 법조인들 사이에

47 Ibid, 375-6.

48 Nicole Roughan, *Authorities. Conflicts, Cooperation, and Transnational Legal Theory* (OUP 2013). 로건(Roughan)은 요즘 다양한 단체들은 사람들에 대한 정당한 권위(기관이나 정부기관이 그들의 권한 하에 있는 대상들을 통제할 수 있는 권리를 갖기 위한 조건으로 이해된다)를 주장할 수 있다고 주장한다. 정당한 권위(legitimate authority)에 대한 전통적 설명은 실질적으로도 절차적으로도 현대의 권위가 가지는 다원적인 성격을 정확히 포착하지 못한다. 로건은 권위에 대한 다양한 주장들이 공존하고 권위 간의 관계가 발전하는 것을 허용하는 '상대적 권위(relative authority)'라는 관념을 제안하고 있다.

서 두드러졌다. 국제법은 중심에 국가가 있는 정치적 프로젝트와 너무 얽혀있어서 세계화로 인한 새로운 현실에 초점을 맞추는 데 어려움을 겪고 있다. 그러나 일부 국제법 학자들은 일반적으로 글로벌 법이라고 일컬어지는 것에 관심을 가지고, 어떻게 법다원주의가 이처럼 새로운 사회적, 규범적 배경에서 역할을 할 수 있을지 다양한 관점을 제시하고 있다.

예를 들어, 폴 쉬프 버만(Paul Schiff Berman)은 '다양한 규범 공동체의 법 생성적(jurisgenerative) 상호 작용'이라는 개념에 초점을 맞출 필요가 있다고 주장했다. 여기서의 규범 공동체는 국경을 초월하여 존재하면서 관행을 통해 그들 스스로 규범을 만들어 낸다.[49] 이 관점은 분명히 강요, 권위, 정당성에 의존하는 이론을 경시하고 있다. 이런 점은 국제적이고 초국가적인 법 영역을 이해하는 데 중요한 요소이긴 하지만, 더 큰 그림의 일부에 불과하다. 버만은 우리 세상처럼 다원주의적인 세상에서 '법은 정교화, 적응, 재정교화, 흡수, 저항, 배치 등이 계속되는 과정이라고 주장했다. 이 과정은 끊임없이 이루어진다.'[50] 그래서 국제법률가들은 이런 과정에 관심을 가져야 하며, '현장이 가지고 있는 놀라울 정도의 다양성'을 설명하지 못하는 하향식(top-down)의 지적 해석을 중단해야 한다.[51] 학문을 혁신하고 전통적 국제법보다는 '법과 세계화'를 직시해야 한다는 버만의 요청은 분석적 변화를 만들어 내고자 하는 의도에서 비롯되었다. 다른 무엇보다도, 이런 변화는 '무엇을 법이라고 여기는지에 대한 우리 자신의

49 Paul Schiff Berman, *Global Legal Pluralism: A Jurisprudence of Law Beyond Borders* (CUP 2012); Paul Schiff Berman, 'Global Legal Pluralism' (2007) 80 *Southern California Law Review* 1155; Paul Schiff Berman, 'A Pluralist Approach to International Law' (2007) 32 *Yale Journal of International Law* 301; Paul Schiff Berman, 'From International Law to Law and Globalization' (2005) 43 *Columbia Journal of Transnational Law* 485.

50 Paul Schiff Berman, 'A Pluralist Approach to International Law', above n 49, 329.

51 Ibid.

이해를 확장'시키는 데 기여할 것이다. 또한 법적 규범성과 국제법의 시작과 끝으로 여겨지는 민족국가의 주권에 대한 집착을 떨쳐버리는 데 기여할 것이다.[52] 게다가 '법과 세계화'에 관심을 가진다는 것은 다른 학문도 함께 고려하되, 그 다른 학문이 공간, 시간, 소속 공동체 같은 개념과 맺는 관계까지도 다룰 것을 요구한다. 마지막으로 이러한 변화는 공공 영역과 민간 영역 간의 엄격한 구분을 극복할 수 있도록 도울 것이다.[53]

버만은 '법과 세계화'라는 새로운 공간에서 국제법을 '대개의 경우 국가와 관련이 없는 다양한 목소리의 국제적 상호 작용으로서' 다시 검토해 볼 필요가 있다는 데는 의문의 여지가 없다고 보았다.[54] 분석의 초점은 매우 다양한 공동체가 주장한 규범이 실무에 중요한 영향을 미치게 되는 방식에 맞춰져야 하며, 이는 이 공동체가 행사하는 강압적인 힘의 정도와는 관계없이 이루어져야 한다.[55] 이를 배경으로 했을 때 중요한 것은 전 지구적인 법적 절차를 일련의 '법 생성 과정(jurisgenerative process)'으로 보는 것이다. 로버트 커버(Robert Cover)는 이 과정에서 다양한 해석 공동체는 '법을 만들고… 그들의 이야기와 그들이 지각한 것을 통해 법에 의미를 부여한다고 하였다.'[56] 실제로 버만의 저서는 크게 두 가지에서 영감을 얻었다. 첫째는 각 공동체의 믿음과 신념에 의해 구별되며, '"법"이란 단어에 대해 동등한 권리'를 주장하는 공동체에 대한 커버의 다원주의적 견해이다.[57] 커버

---

52 Paul Schiff Berman, 'From International Law to Law and Globalization', above n 49, 491.

53 Ibid.

54 Paul Schiff Berman, 'A Pluralist Approach to International Law', above n 49, 308.

55 Ibid.

56 Robert M. Cover, 'The Supreme Court 1982 Term – Foreword: Nomos and Narrative' (1983) 97 *Harvard Law Review* 4, 40.

57 Robert M. Cover, 'Folktales of Justice: Tales of Jurisdiction' (1985) 14 *Capital University Law Review* 179, 181.

의 다원주의는 주로 미국의 연방주의를 배경으로 발전되었으며[58] '복수의 관할권 주장의 중요성'을 강조하기 위한 근거로 활용된다. 그리고 우리가 '국가나 비국가 단체가 어떤 배경에서 성립되었는지를 불문하고 그들이 주장하는 복수의 중첩되는 관할권에 내재하는 창설적 가능성'을 받아들이게 한다.[59] 버만의 저서에 영감을 준 다른 하나는 뉴헤이븐 학파(New Haven School)다. 특히, 법을 과정으로 이해하는 뉴헤이븐 학파의 법에 대한 관념과 '세계를 구성하는 과정'을 만들어 가는 데 복수의 행위자들이 관여하고 있다는 생각이 중요한 역할을 했다.[60]

버만에게 있어 법다원주의 연구는 몇 가지 세부 연구 영역에 대한 탐구를 수반한다. 그 세부 영역은 서로 다른 규범적 수준(지구적, 지역적, 국내적, 지방적)에서의 다양한 규범 간 상호 작용을 포함한다. 예를 들어, 비국가 행위자의 입법/비국가 입법 메커니즘(mechanism of non-state lawmaking), 국가의 해체, 그리고 중요하게는 혼합 법적 영역을 관리하기 위한 절차적 메커니즘을 식별하는 것인데 여기에는 국제 사법 체계가 포함된다. 실제로, 이러한 절차적 메커니즘은 버만이 주장하는 바의 핵심 그 자체이다. 법다원주의가 어떤 규정이 상위에 있는지, 또는 누가 민감한 이슈에 대한 결정권을 가지는지에 대해 정확히 결정 내릴 수는 없다고 하더라도 규범 간 충돌을 막거나 관리할 수 있는 절차적 메커니즘과 제도는 밝혀낼지도 모른다.[61] 이 부분이 바로 버만이 법관은 결정하는 것, 그리고 결과적으로는

---

58 Robert M. Cover, 'The Uses of Jurisdictional Redundancy: Interest, Ideology, and Innovation' (1981) 22 *William and Mary Law Review* 639.

59 Paul Schiff Berman, 'A Pluralist Approach to International Law', above n 49, 308.

60 이 책 제5장 참조. 국제법의 탈형식화 또는 적어도 뉴헤이븐 학파에 의한 형식주의자 및 국제법에 대한 권력 기반의 설명에 대한 적은 관심 또한 초국가적 법절차에 대한 해럴드 고의 작업이 가능하게 하는 데 있어 중요한 역할을 하였다. Harold Hongju Koh, 'Transnational Legal Process' (1996) 75 *Nebraska Law Review* 181. 이는 대체로 다양한 계층의 법적 권위 간의 사법적 상호 작용에 대한 생각을 기반으로 한다.

나머지 하나를 버리고 다른 하나를 택하는 행위를 통해 '법 파괴적인' 기능을 수행하는 사람이라고 주장한 커버와 다른 길을 가기 시작한 지점이다.[62] 다시 말해, 커버는 법관이 다른 공동체가 주장하는 법적 의견을 '배척하기 위해' 국가의 강제적인 도구를 사용한다고 생각했다. 버만에게 있어서 다원주의는 논쟁을 위한 공간을 수반하며, 커버의 견해와 반대로 이 공간에서 법관의 폭력이나 강요는 당연한 결과가 아니었다. '사람들이 결코 **규범**에 대한 합의에 이르지 못한다면 적어도 그들은 다원주의를 진지하게 받아들이는 **절차**를 묵인하고 있는 것일 수도 있다.'[63]

버만은 스스로 '코스모폴리탄 다원주의 학파'라고 명명한 토대를 마련한 다음,[64] 세계화에 기인한 법적 혼합성이 가져온 난제를 효과적으로 다루기 위해 담론적 실천(discursive practices)뿐만 아니라 일련의 절차적, 제도적 설계 메커니즘을 상세히 설명한다.[65] 이 설명은 국제법적 권위와 국내법적 권위 간의 변증법적 상호 작용, 판단의 재량 이론(margin of appreciation doctrine)과 보충성 원칙(principle of subsidiarity) 같은 조정적 메커니즘(유럽법에서 적극적으로 활용되고 있다), 복수의 중첩되는 관할권 주장의 상호 작용(커버는 이를 '관할권의 중복'으로 보았다),[66] 혼합형사재판소(hybrid criminal courts) 같은 혼합적 참여 합의, 제품의 기술표준 같은 제도에 대한 상호인정, 법의 충돌에 대한 새로운 다원주의적 접근법(관할권에 관한 전통적 이론, 준거법 선택, 판결의 수용은

---

61 Paul Schiff Berman, 'A Pluralist Approach to International Law', above n 49, 327.

62 Robert Cover, 'Nomos and Narrative', above n 56. 커버는 그의 저서 전체에 걸쳐 미국의 연방제적 구조를 염두에 두고 있고 그의 통찰력이 일반화에 적합하긴 하지만 주로 그 국내법적 시나리오에 의해 촉발되었다는 점은 강조할 만한 가치가 있을 것이다.

63 Paul Schiff Berman, 'A Pluralist Approach to International Law', above n 49, 321.

64 Paul Schiff Berman, *Global Legal Pluralism*, above n 49, 141.

65 Ibid, 152.

66 Robert M. Cover, 'The Uses of Jurisdictional Redundancy', above n 58.

코스모폴리탄 관점을 고려한 새로운 시각으로 검토된다)을 포함한다. 예를 들어, 이런 새로운 관점은 소속 영토보다는 소속 공동체를 고려한다. 더 일반적으로 말하자면 그 공동체가 국가에서 비롯된 것인지는 불문하고, 법을 제정하는 공동체에 주의를 기울인다. 그리고 혼합성, 관할권의 중복 그리고 단 하나의 법보다는 복수의 법 적용 가능성을 수용한다.

유사하게 국제사법에서 얻은 영감을 통해 글로벌 법다원주의(global legal pluralism)를 바라보는 방식은 마이클스가 주장한 것이다.[67] 마이클스는 다양한 법질서가 상호 승인(recognition)을 통해 상호 존립을 허용한다고 봤다. 전통적으로 법다원주의 학계에서 승인은 패권주의적 행위와 직접적으로 관련되는 것으로 인식될 우려가 있어, 부정적인 의미를 가진다. 패권주의적 행위는 국가법이 비국가법을 승인할 때 쓰는 방식이다. 그러나 마이클스에게 승인은 '복수의 법이 실제로 작동되는 방법'이다.[68] 승인은 다양한 형태로 행해질 수 있다. 예를 들어, 국가와 국가의 법 제도 간의 관계처럼 대칭적일 수도 있고, 국가법과 비국가법의 상호 승인과 관련되어 있을 때는 비대칭적일 수도 있다. 또한 비국가법이 국가법을 승인할 때는 한쪽으로 치우칠 수도 있으나, 반대의 경우에는 그렇지 않다. 마이클스는 법 제도가 승인을 통해 다른 법 제도를 만들어 내고, 시간이 흐름에 따라 안정성을 만들어 낸다고 보았다. 따라서 승인은 더 이상 '승인된 법의 타당성에 대한 보편적 기준' 즉, 승인받기 위해 얻어야 하는 기준이 아닌 것으로 이해된다. 승인은 오히려 법 제도가 다른 법 제도와 협력할 수 있도록 기여하는 관행이다.

니코 크리쉬(Nico Krisch) 또한 그가 '다원주의적 탈국가법'이라고 부르는

---

67 Ralph Michaels, 'Global Legal Pluralism' (2009) 5 *Annual Review of Law and Social Science* 243.

68 Ibid, 255.

것에서 법다원주의에 대한 지지를 표했다.[69] 크리쉬는 법적·정치적 국가 중심주의의 상징인 베스트팔렌 모델(Westphalian model)을 버려야 할 필요성을 강조하면서, 탈국가법 질서(postnational legal order)의 개념화를 위해 입헌주의와 법다원주의를 나란히 두고 대조했다. 크리쉬는 다원주의적 견해가 세계 질서에 대한 전통적 관점의 '틈(break)'을 드러내고, 위계질서를 기반으로 한 핵심적 규범 구조를 가정하거나 추구하는 입헌주의자의 관점으로부터 탈피하는 것을 가능케 한다고 생각하였다. 다원주의는 당국과 다양한 하위 제도의, 서로 다른 계층 사이에서의, 이질적인 위계 조직의 상호 작용을 설명하는 데도 적합해 보인다.[70] 심지어 크리쉬는 법다원주의 관점이 민주적 거버넌스와 법치주의를 지지하는 쪽일 수도 있다고 주장한다. 국제기구들이 어떠한 민주적 정당성도 가지고 있지 않다는 점을 고려하면, 법치주의가 무엇인지를 말할 자격이 있는 자가 누구인지 결정하려 애쓰는 법질서가 다양하게 있는 게 낫다는 것이다. 다원주의는 한 번 더 거버넌스 현장의 다양성, 유권자의 다양성, 민주주의가 가지는 다차원적 특성을 배경으로 한 논쟁의 장을 제공하는 기능을 수행한다.[71] 법다원주의의 개방성은 '위협보다는 견고한 권력의 지위에 대해 이의를 제기하여, 그 지위를 불안정하게 하고 비합법화할 기회 그리고 헌법적 해결 방식 외에 다른 방식을 통해 진보적인 동기를 추구할 수 있는 기회로 조명되고 있다.'[72]

---

69 Nico Krisch, *Beyond Constitutionalism: The Pluralist Structure of Postnational Law* (OUP 2010).

70 크리쉬는 그의 주장을 설명하기 위해 유럽인권협약(European Convention on Human rights), 국제연합 안보리의 테러 방지 결의안, 그 결의안이 인권에 미친 영향에 대한 세 가지 사례 연구와 유전자 변형 생물 규제를 둘러싼 분쟁을 활용하고 있다.(Ibid, 제4장-제6장)

71 Ibid, 263.

72 Ibid, 307.

몇몇은 크리쉬의 분석에 미묘하게 깔려 있는 유럽인의 선입견을 비판하기도 했다. 이 선입견은 크리쉬가 다양한 하위 법체계를 연결하는 데 활용할 수 있는 '접점 규범(interface norm)'을 설명할 때 유럽 인권법을 매우 빈번히 언급하는 점에서 드러난다.[73] 또한 법다원주의와 입헌주의를 나란히 배치하기로 한 그의 선택[74]과 함께, 그가 연구 대상으로 선택한 사례들[75]에서도 드러난다. 입헌주의의 약점과 대조하여 법다원주의의 장점을 잘 설명하는 기법은 크리쉬의 저서에 깊게 뿌리 내리고 있는 방법론이다. 이처럼 그는 입헌주의의 약점을 다원주의의 이점을 강조하기 위한 수단으로써 지속적으로 활용한다. '다원주의적 탈국가법'의 개념을 더 자세히 설명하거나, 개인의 공적 자율성까지 거슬러 추적해 그 개념의 근본적 토대를 개인의 사회적 태도와 정체성이 글로벌 정치에서의 다양한 소속감과 충성심에 반대하는 데 있는 것으로 정의할 때도 그렇다.[76] 그렇대도 크리쉬가 국제법의 범주를 활용한 것이 놀랄 일은 아니다. 국제법률가로서 크리쉬는 글로벌 법다원주의를 논의하기 위해 그의 독특한 학문적 관점을 활용했다. 같은 맥락에서 사법, 상법 등 다양한 출신의 학자들은 무엇이 논의되어야 하는지(소비자 계약, 회사 내부 규정, 인터넷 규제와 같은 민간 규율체계)에 대해 그들 자신의 관점을 적용하고 글로벌 법(초국가적 합법성, 민간 규제, 상관습법

73 Ibid, 285.

74 알렉 스톤 스위트(Alec Stone Sweet)는 잘못된 이분법에 대해 이야기하고 있으며 특히 '권리가 문제 되고 있고 권리를 보호하고자 하는 법원이 주요 행위자일 때는' 크리쉬가 제공한 데이터가 헌법적 다원주의 패러다임에 더 잘 맞는다고 여긴다. Alec Stone Sweet, 'The Structure of Constitutional Pluralism: Review of Nico Krisch, Beyond Constitutionalism: The Pluralist Structure of Post-National Law' (2013) 11 *International Journal of Constitutional Law* 491, 500.

75 Gregory Shaffer, 'A Transnational Take on Krisch's Pluralist Postnational Law' (2010) 23 *European Journal of International Law* 565, 575 참조.

76 Nico Krisch, 'The case for pluralism in postnational law' in Grainne de Burca and Joseph H.H. Weiler, *The Worlds of European Constitutionalism* (CUP 2011) 203.

같은 국가가 개입하지 않는 법, 상사중재와 같은 사적분쟁해결 메커니즘)을 분석하기 위해 독특한 개념과 범주를 활용하였다.[77] 다음 파트에서 소개할 관점은 글로벌 법 분석에 중요한 역할을 하고 있는 다양한 학문 분야(국제법, 상사법, 사회법)의 감수성에 대한 예시들을 포함하고 있다.

사회적 이성의 다양성

법다원주의에 대한 다른 접근법이 하나 더 있는데 이 접근법은 권터 퇴브너(Gunther Teubner)의 '사회적 이성의 다양성'을 전제로 한다. 초기 독일 사회학자 니클라스 루만(Niklas Luhmann)에게 영감을 받아[78] 권터 퇴브너와 안드레아스 피셔 레스카노(Andreas Fischer-Lescano)는 국제 사회에서 글로벌 법은 '영토의 경계가 아닌 사회적 영역의 경계에 따라 급진적인 파편화' 과정에 진입했다고 주장한다.[79] 글로벌 사회의 안착을 향한 전환기적 단계에서 '규범적 기대(정치, 도덕, 법)에서 인식론적 기대(경제, 사회, 기술)로의 변화가 있을 수 있다.' 인식론적 기대는 그 기대가 확인한 사회적 영역의 파편화를 근거로 한다. 글로벌 법에서 파편화와 잠재적 충돌은 더 이상 충

---

77 예를 들어, Thomas Schultz, *Transnational Legality: Stateless Law and International Arbitration* (OUP 2012); Fabrizio Cafaggi, Colin Scott and Linda Senden (eds), *The Challenge of Transnational Private Regulation: Conceptual and Constitutional Debates* (Wiley-Blackwell 2011); Gralf-Peter Calliess and Peer Zumbansen, *Rough Consensus and Running Code: A Theory of Transnational Private Law* (Hart 2010); Peer Zumbansen, 'Transnational Legal Pluralism' (2010) 10 *Transnational Legal Theory* 141 참조.

78 Niklas Luhmann, *Law As A Social System* (OUP 2004).

79 Andreas Fischer-Lescano and Gunther Teubner, 'Regime Collisions: The Vain Search for Legal Unity in the Fragmentation of Global Law' (2004) 25 *Michigan Journal of International Law* 999, 1000.

돌하는 규정, 다양한 정책과 관련된 것이 아니다. 파편화와 잠재적 충돌의 기저에는 '법으로 해결할 수 없으며 충돌하는 규범에 대한 새로운 법적 접근법을 필요로 하는 사회 보편적으로 제도화된 이성 간의 모순'이 존재하기 때문이다.[80]

퇴브너는 '세계화의 다중심적 형태'를 이론화하였다. 이 이론에 따르면 사회는 스스로를 자율적인 사회 체계로 쪼개고, 그 사회 체계들은 국경을 초월하여 잘 운영되며 스스로를 법률화하는 경향이 있다. 이는 결코 법에만 국한돼서 나타나는 경향이 아니다. 이러한 경향은 과학, 문화, 보건, 기술에서부터 여행, 스포츠, 운송에 이르기까지 사회 체계에 영향을 미치고 있다. 모든 사회 체계는 각 체계 자체의 이성을 가지고 있으며 그 이성은 다른 사회 체계의 이성과 충돌할 수도 있다.[81] 퇴브너와 피셔 레스카노는 루만의 '차별죄는 절대로 없던 일이 될 수 없다. 낙원을 잃었다'라는 훌륭한 견해를 인용하면서 단일의 법질서에 대한 오래된 신화는 회복될 수 없다고 주장한다. 각자의 이성에 근거한 특성을 가지고 국경보다는 구체적 이슈에 따라 구성되는 초국가적 법체계는 '그들 스스로 글로벌 타당성을 주장한다.'[82] 특히, 민간의 비국가법 체제의 양산은 '국가 없는 글로벌 법'[83] 발전의 계기가 되었으며, 이는 글로벌 법다원주의가 가지는 다차원성의 많은 부분을 설명한다. 상관습법, 건설 분야의 상관습법(*lex constructionis*), 인터넷 디지털 분야의 상관습법(*lex digitalis of Internet*) 등을 예로 들 수 있는 이러한 법 체제는 종종 그들 자신의 법을 만들고 그들 자신의 연원을 가진다.

---

80 Ibid, 1004.

81 Ibid, 1007, Niklas Luhmann, *Die Wirtschaft der Gesellschaft* (Suhrkamp 1994) 344 인용.

82 Ibid, 1009.

83 Gunther Teubner (ed), *Global Law Without a State* (Dartmouth 1997).

전통적인 국내 또는 국제 입법 절차는 이런 체제를 구성하는 '표준 계약서, 전문직 협회의 합의문, 공식 조직의 루틴, 기술적 및 과학적 표준화, 행동의 정상화, NGO들의 비공식적 합의, 미디어와 사회 공론의 장'을 설명하지 못한다.[84] 충돌은 규정들 사이에서만 생기는 것이 아니다. 각 체제는 그 체제가 규율하는 사회 영역의 내부 독립적 타당성과 '구조적으로 결부되어' 있기 때문에,[85] 충돌은 그 사회 체계에 중요한 영향을 미치는 다른 이성 간에도 일어나며 그 사회 체계 내에서 충돌하는 규범은 규범적 표현이다. 피셔 레스카노와 퇴브너는 이와 관련하여 더 구체적인 예시를 들었다. 상관습법상의 표준계약서는 세계보건기구(World Health Organization)의 규범과 충돌하게 된다. 건설 분야에서의 상관습법과 전 세계의 건설 기술자들의 전문가 규칙은 국제환경법 규범과 충돌한다. 퇴브너는 가장 최근의 저서에서 충돌하는 이성에 대한 더 자세한 예시를 들었다. 이 예는 사이버스쿼팅의 경우에 일어나는 국내법과 초국가적 민간 네트워크 규제의 충돌, 국제재산권법 규정과 전통지식 보호에 관한 토착민의 규범과의 충돌과 관련된 생물자원 수탈의 경우를 포함한다.[86]

이를 배경으로는 법의 조직적이고 이론적인 단일화 회복에 대한 열망은 불가능한 것이다.[87] 법적 위계질서가 법 체제에 존재하지 않거나 작동하지

84 Andreas Fischer-Lescano and Gunther Teubner, 'Regime Collisions', above n 79, 1013.

85 '구조적 결합'은 자기생산 이론(autopoietic theory)의 핵심 개념이다(아래 각주와 텍스트 참조). 이는 체계 그 체계의 환경 간의 관계에 대한 것이다.

86 Gunther Teubner and Peter Korth, 'Two Kinds of Legal Pluralism: Collision of Transnational Regimes in the Double Fragmentation of World Society' in Margaret A. Young, *Regime Interaction in International Law: Facing Fragmentation* (CUP 2010) 23.

87 Andreas Fischer-Lescano and Gunther Teubner, 'Regime Collisions', above n 79,1017.

않는다는 점을 고려하면, 유일한 법에 대한 희망은 법의 파편 조각 간에 어느 정도 안정적인 관계를 정립시키는 것이다.[88] 단일법 신화는 반드시 규범적 일관성에서 '상호합법성(inter-legality)'이 작동되는 방향으로 재검토되어야 한다.[89] 포스트모던 상호합법성의 개념에서 특이한 것은 '구조적으로 폐쇄된 다양한 법체계'가 공존하고 이 법체계는 각 체계의 고유한 사회 영역에 적용된다는 것이다. 어떠한 계층적 구조, 기본 규범, 또는 다른 기존의 질서도 이러한 계층적 체계들을 함께 유지시킬 수 없다.[90]

퇴브너의 글로벌 법을 법 체제의 탈중앙집권적 네트워크로 보는 견해는 분명히 '국제사법(conflicts law)을 급진적인 방식으로 재고찰'하는 것을 필요로 한다.[91] 퇴브너는 국제사법의 핵심 체계 또는 체제가 동의하기 어려운 절차적 메커니즘보다는 혼합 실체법 규정을 지지했다. 이 혼합적·실체적 규정은 법원 또는 다른 초국가적 분쟁 해결 기구에 의해 만들어질 것이며, 대체로 관련 체제에 속하는 규정들을 혼합하여 적용한 결과가 될 것이다. 단, 이때 다른 법질서의 법도 고려되어야 한다.[92] 그러나 법은 규정 간의 충돌 외에도 사회 체계의 근본 이성들이 어느 정도 양립할 수 있도록 그 이성 간 충돌에도 관심을 기울여야 한다. 만약 법적 수단이 다양한 사회적 이성 간의 모순을 극복할 수 없다면, 법은 퇴브너가 '파편 조각들의 약한 [규범적] 양립가능성'이라고 칭한 것이라도 시도할지 모른다.[93] 다양한 체제들이 스스로를 네트워크의 일부로 생각하는 성찰 능력은 그

88 Ibid.

89 Ibid, 1008.

90 Gunther Teubner , and Peter Korth, 'Two Kinds of Legal Pluralism', above n 86, 29.

91 Andreas Fischer-Lescano and Gunther Teubner, 'Regime Collisions', above n 79, 1002.

92 Ibid, 1022. 다음 문헌도 참조. Gunther Teubner, 'Altera Pars Audiatur: Law in the Collision of Discourses' in Richard Rawlings (ed), *Law, Society and Economy* (OUP 1997) 149.

들 간의 상호 작용을 강화시킬 수도 있으며, 시간이 지남에 따라 초국가적 공공질서(*ordre public transnational*), 즉 초국가적 공공정책의 발전을 지지할 수도 있다. 각 체제는 '임의적이지 않은 규범(*jus non dispositivum*)'이나 '세계 헌법(world constitution)'에 대한 고유의 생각을 반영하는 동시에 체제 고유의 이성에 한계를 설정하고, 다른 관점에 기반한 다른 체제의 주장을 판단하는 데 활용할 기준을 발전시킬 것이다.[94]

퇴브너는 글로벌 법을 자율적이고, 자기 생산적이며, 자기 성찰적인 법 체제, 그리고 그 체제의 기저를 이루는 사회 체계를 반영하는 법 체제의 관점에서 이해하는 방식을 통해 자기 생산적 이론(autopoietic theory)을 법 다원주의에 적용하였다.[95] 퇴브너는 논의를 포스트모던 법리와 해체론적 방법론 너머로 진전시키려 시도하면서, 자기 생산(autopoiesis)은 분석이 회복적 실천으로 나아가게 한다고 주장했다. 퇴브너는 구다원주의(하위 규범 질서에 대한 국가법의 승인이 중요)에서 1980년대 사회과학자들이 환영하며 받아들인 신다원주의(법적이지도 계층적이지도 제도적이지도 않은 것… 한 사회 영역 안에서 다양한 법질서 간 활발한 상호 작용에 초점을 둠)로의 이동을 지지하면서 법에 대한 자신

---

93 Andreas Fischer Lescano and Gunther Teubner, 'Regime Collisions', above n 79, 1045.

94 Gunther Teubner, *Constitutional Fragments: Societal Constitutionalism and Globalization* (OUP 2012), 157-8.

95 Gunther Teubner, *Autopietic Law: A New Approach to Law and Society* (de Gruyter 1988). 칠레의 생물학자들이 특정 생태계의 번식을 설명하기 위해 사용한 것이 시초가 되었다. (Humberto Maturana, Francisco Varela and Gabriela Uribe, 'Autopoiesis: the Organization of Living Systems, its Characteristics and a Model' (1974) 5 *BioSystems 187; Humberto Maturana and Francisco Varela, Autopoiesis and Cognition: the Realization of the Living* (Reidel 1980)), 자기생산성(autopoiesis)은 나중에 니클라스 루만에 의해 사회과학과 법에 적용되었다: Niklas Luhmann, *Social Systems* (Stanford University Press 1996); Niklas Luhmann, *A Sociological Theory of Law* (Routledge 1985). 요약하면, 어떤 체계가 그 자체의 내부적 요소를 활용하여 스스로를 재생산하고 지켜낼 때 자기생산적이다. 사회 체계는 주로 의사소통에 기반하여 스스로를 재생산하고, 그 체계 내에서 반복적으로 복제된다.

의 견해를 제시하였는데, 이 견해가 사회적인 것과 법적인 것을 잘 구별할 수 있도록 돕는다고 설명하였다.[96]

퇴브너는 법을 합법/불법 규칙하에서 사회적 행동을 관찰하는 의사소통의 과정으로 정의함으로써 법에 대한 명확한 설명이 가능하다고 보았다. 그는 구조에서 과정으로, 규범에서 행위로, 통일성에서 다양성으로, 법적인 면에서 가장 중요한 것으로, 기능에서 규칙으로 전환하는 것의 필요성을 강조했다.[97] 나아가 법다원주의를 두고 '더 이상 특정 사회 영역에서 충돌하는 사회 규범의 집합체가 아니며, 합법/불법의 이분법적 코드(binary code) 하에서 사회적 행위를 관찰하는 다양한 의사소통적 과정'으로 정의했다.[98] 이 정의는 국가법만 언급하는 것과는 달리, '다양한 법 분야의 계층적 이미지'를 포함하여 언급하고자 한다.[99] 법이 무엇인지를 결정하는 것, 법학의 경계를 결정하는 것은 더 이상 국가와 국가가 제정한 공식 법률이 아니고 합법/불법 코드의 렌즈를 통해 사회적 행위를 관찰하는 의사소통 과정이다.[100]

이처럼 법을 의사소통 과정의 측면에서 확인하고 그 경계를 설정하는 것과 이원적 코드는 다양한 이유로 비판받아 왔다. 몇몇 논평가들은 국가

---

96 Gunther Teubner, 'The Two Faces of Janus', above n 3, 1448-9.

97 Niklas Luhmann, 'Operational Closure and Structural Coupling: the Differentiation of the Legal System' (1992) 13 *Cardozo Law Review* 1419

98 Gunther Teubner, ''Global Bukowina': Legal Pluralism in the World Society' in Gunther Teubner (ed), *Global Law Without A State* (Dartmouth 1997) 3, 14; Gunther Teubner, 'The Two Faces of Janus', above n 3, 1450-1.

99 Gunther Teubner, ''Global Bukowina', above n 98, 14; Gunther Teubner, 'The Two Faces of Janus', above n 3, 1451.

100 Gunther Teubner, 'Global Bukowina', above n 98, 15; Gunther Teubner, 'The Two Faces of Janus', above n 3, 1452. 국제인권법에 이 이론을 적용하는 것과 관련해서는, Andrea Bianchi, 'Globalization of Human Rights: The Role of Non-State Actors' in Gunther Teubner (ed), *Global Law Without a State* (Dartmouth 1997) 179 참조.

는 늘 '정치적 결정이 타당성을 가지는 주된 근거'이기 때문에 중요하다는 점을 강조하였고, 이러한 이유로 법률 내지 관할권이 경합하는 경우 '정치에 무관심한 기능주의자들이 법질서 간의 가치 충돌에 대해 내놓는 해결책'에 의존해야 한다고 주장하는 관점과는 거리를 두었다.[101] 공공연한 비판은 다원주의 학파에서도 나왔는데, 이들은 법을 의사소통 과정으로 보는 자기 생산적 견해는 명백하게 제재가 '힘을 잃어가는' 결과를 초래하고, '법에 내재되어 있는 원초적인 물리적 힘도 제거한다'고 주장하였다.[102] 의사소통 코딩(communication coding)을 가지고 법을 확인하는 기준으로 활용함으로써—일반적으로 법이라 불리는 것과 관련하여 지나치게 포괄적인 경향이 있는 기준[103]—많은 사람이 중요하다고 여길 수 있는 법의 일부 측면은 결국 무시되거나 간과될 수 있다.

전문가의 기회로서의 다원주의

아무리 세계화와 상호 참조가 어렵다고 해도 지금까지 분석한 학문의 모든 분과는 다양한 법질서나 공동체의 동시적 존재를 언급했다. 이 다양한 법질서나 공동체를 지탱하는 이성은 서로 조화를 이루는 데서 종종 어

101 Andreas L. Paulus, 'Commentary to Andreas Fischer-Lescano and Gunther Teubner, The Legitimacy of International Law and the Role of the State' (2004) 25 *Michigan Journal of International Law* 1047, 1056-7.

102 Brian Tamanaha, 'A Non-Essentialist Version of Legal Pluralism', above n 19, 311.

103 브라이언 타마나하는 이 점을 입증하기 위해 미카엘 킹(Michael King)을 인용한다. 'The Truth About Autopoiesis' (1993) 20 *Journal of Law and Society* 218, 223-4. '합법적/비합법적이라는 이분법적 규칙에 따른 사회적 행위를 성문화하는 어떤 행위나 발언은 그것이 어디서, 누구에 의해 형성되든 법 제도의 일부로 여겨질 수 있다. 이런 맥락에서 결과적으로 법 제도는 공식적인 법적 기관의 행위로 제한되지 않는다.'(원문에서 강조)

려움을 겪는다. 데이비드 케네디(David Kennedy)는 특별히 혁신적이고 시사하는 바가 큰 방식으로 우리가 다원주의를 볼 수 있다고 주장했다.[104] 그러면서 지금까지 검토된 교리주의적이고 사회학적인 관점과 자신을 구별하면서 법다원주의의 '관점주의적인(perspectival)' 형태를 제안했다. 이 제안은 전문가 관점의 다원주의에 초점을 두고 있다. 케네디는 사회의 분열, 체제의 증대, 파편화에 대한 우려, 글로벌 관점, 초국가적 규칙을 깊이 들여다보기보다는 법다원주의가 의미하는 바가 무엇일지를 전문가의 임무와 오늘날 전문가의 정체성 측면에서 성찰해 보라고 권했다.

케네디의 제안 배경에는 법다원주의로는 '우리가 어떤 방식으로 지배되는가'라는 질문에 답하기 어렵다는 생각이 자리하고 있다. 법다원주의는 국제법에 대한 근본적 우려를 떠올리게 하고, 전통적인 '규범적·인본주의적 보편주의(normative humanist universalism)' 비전에 대해서는 반복적인 약속 불이행의 대가로 그 자리를 내어줄 것을 요구한다. 다원주의적 설명 대부분이 다원주의를 실제 세상이라 전제하고 받아들이는 반면, 케네디는 다원주의가 실제임을 부인하고 전문가의 경험에 비추어 이해하기를 선호한다. 케네디 설명의 핵심은 이렇다. 전문가로서 우리는 무엇이 법인지를 이야기하며 다원주의에 부딪히는데, 만약 이때 다른 누군가가 완전히 다른 반응을 보인다면 우리는 그들의 반응이 옳을 가능성을 염두에 두게 된다는 것이다. 법은 우리가 생각하는 것 외에 다른 것일 수 있으며, 법적 주장은 이런 다양한 개념을 수용할 만큼 충분히 유연하지 않다. 우리가 아무리 노력해도 보완될 수 없는 충돌, 틈, 모호함이 존재할 수 있다는 것을 인식하게 되는 것은 당황스러울 수 있다. 법률가는 본능적으로 이

---

104 David Kennedy, 'One, Two, Three, Many Legal Orders: Legal Pluralism and the Cosmopolitan Dream' (2007) 3 *New York University Review of Law and Social Change* 641.

상황을 혐오하며 자연스럽게 위계질서 속에서 상위의 원칙 또는 규칙을 이용해 질서를 확립하거나 절차적 대안이나 집행 메커니즘에 의존하는 것을 제안하는 경향이 있다. 그러나 다원주의를 경험하는 순간은 정확히 "무지(unknowing)"와 "결정(deciding)"이 교집합을 이루는 순간이며 자유와 도덕적 책임이 손잡는 순간이다.[105] 우리는 선택지 중 하나를 고를 수 있다는 것을 인식하고, 이에 대한 재량을 가지고 있다는 점을 깨달으면서, 케네디가 '현기증을 느끼는 순간'이라고 표현한 것을 경험한다. 다른 선택지가 맞을 수도 있다는 것을 깨달을 때가 직업적 자유를 느끼는 순간인 것이다. 법다원주의는 그 경험에 이르는 길이다.[106]

'무지(unknowing)'와 '현기증(vertigo)'에 대한 케네디의 직관은 매우 흥미롭고 '우리가 국제법적 전문지식을 통해 코스모폴리탄 드림이라는 용어에 접근할 수 있다'는 자신감의 상실과 직접적으로 관련된다. 또한 우리가 국제법률가로서 발언할 때 우리는 정치가 아닌 법을 이야기한다는 자신감, 즉 특수한 것이 아닌 보편적인 것을 이야기한다는 자신감의 상실과도 관련된다.[107] 케네디에게 있어 '코스모폴리탄 드림'은 일련의 '광범위하게 공유되어 있는 약속'인데, 과거 십수 년간 국제법에서 등장해 온 것이며 '구체적인 법적 체제이자 정책적 구상'으로 변모되어 온 것이다.[108] 이러한 약속은 코스모폴리탄 관용이라는 이름으로 세상을 개혁하려는 욕망을 포함하며, 힘의 정치를 배제하고 다자주의와 국제기구를 지지한다.

법다원주의는 통치자의 불안을 거의 숨기지 않는다. 우리가 재량권을 가지고 있고, 선택할 수 있다는 점을 인정하면서 우리가 지배할 수 있다

---

105 Ibid, 644.

106 Ibid.

107 Ibid, 645.

108 Ibid, 644.

는 것도 인정한다. 이런 점은 의사결정권자에게 무엇이 법인지 이야기하면서도 옆으로 비켜서서 겸손한 자세를 유지하는 통치자의 조언자에 대한 전문가들의 자아상과는 조금 거리가 있다. 우리는 권력자에게 진실을 말하고 있으며 외교 정책 수립에 존재하는 어두운 면에 인간다움을 불어넣기 위해 싸우고 있다고 생각한다. 그러나 막상 우리도 책임이 있으며, 그런 결정에 참여하고 있다는 생각은 피하려 한다. 다원주의에 대한 반대는 종종 '전문가의 도피, 대리행위의 거부, 거부된 통치권에 대한 사과로 이해되는 데 이는 우리가 지배하게 된 세상에서 책임지지 않으려는 전문가의 의지를 가리킨다.'[109]

이런 의미에서 법다원주의를 포용하는 것은 전문가에게 기회이다. 법다원주의는 법질서의 추상적 성격보다는 전문가의 태도에 초점을 맞춤으로써 우리에게 현재 흩어져 있는 직역의 '파편에서 어두운 면과 사각지대'를 볼 수 있는 '창'을 제공할 수 있다.[110] 전문가에게 기회로 여겨지는 법다원주의는 특정 영역에서의 직업적 관행의 세부 사항과 그것들을 용인하는 전문가의 사고방식과 생각으로 관심을 끌어와 전문지식에 의한 통치 효과를 완화시킬 수 있다. 또한 오늘날 실무에 존재하는 어마어마한 다양성을 포괄하는 데 기여할지도 모른다. 더불어 다른 접근법, 관점, 심지어 다른 학문 분야가 세상을 이해하는 데 있어 우리와 동등하게 잘 준비되어 있을 수 있다는 점을 깨닫는 것과도 관련된다. '하나로 통합되고 보편적이며 윤리적이고 정치적이며 궁극적으로 법적인 어휘의 꿈'이 실현되는 것을 보기 위한 매우 헛된 노력은 오랫동안 길을 잃고 헤매게 했다.[111] 국제법률가들은 이 헛된 열망을 버리고 관점주의적 다원주의

109 Ibid, 646.

110 Ibid, 641.

111 Ibid, 654.

를 받아들여야 한다.

케네디가 전문가의 기회로 여기는 것이 다른 이들에게는 배척의 대상이 될 수도 있다. 예를 들어, 코스켄니에미는 법다원주의가 다양한 법률 언어에 담겨있는 편견들을 찾는 데 도움이 될 수 있다는 점은 인정하면서도, 법다원주의를 정치학자가 탈형식화 하기 위한 일종의 학문적 포기로 치부하였다.[112] 앞에서 말했듯이 코스켄니에미에게 있어 법다원주의의 주된 문제는 법다원주의가 세상에 대한 요구를 중단하는 방식에 있다.[113] 법과 규제 간의 차이점을 분해하고 법이 홀로 설명하기 어려운 사회학적인 복잡성을 다룰 수 있는 법의 범위를 넓힘으로써 국제법은 기술적인 원인에 기한 프로젝트에 굴복한다. 편견과 선택을 인식하고 있고, 통치에 대한 책임을 질 의지가 있는 성찰적인 국제법률가는 끊임없이 정당성과 효율성의 균형을 추구하는 '체제 관리자(regime-manager)'에 의해 대체된다.[114]

국제법 학계에서의 다원주의는 충돌하는 이미지를 반영하고 있다. 직업에 대한 묘사조차도 다원주의적이고, 케네디와 코스켄니에미가 묘사하는 것과 같은 서로 다른 이미지는 조화되기 어렵다. 모호한 상황에서 전문가의 기회는 위험 요소가 되며, 현기증 나는 순간은 탈형식화와 학문적 힘의 상실로 이어진다. 법다원주의는 국제법 및 글로벌 법에 하나의 통일된 관점을 제공하기 어려워 보인다. 그러나 이러한 점이 실제로는 이 이론의 흠결이기보다는 주된 존재 이유 및 설득력을 뒷받침하는 결정적인 증거가 될 수도 있다.

---

112 Martti Koskenniemi, 'The Fate of Public International Law', above n 38.

113 Ibid, 23.

114 Ibid, 24.

참고 문헌

Berman, Paul Schiff, *Global Legal Pluralism: A Jurisprudence of Law Beyond Borders* (CUP 2012).

Burke-White, William W., 'International Legal Pluralism' (2004) 24 *Michigan Journal of International Law* 963.

Fischer-Lescano, Andreas and Teubner, Gunther, 'Regime-Collisions: The Vain Search for Legal Unity in the Fragmentation of Global Law' (2004) 25 *Michigan Journal of International Law* 999.

Griffiths, John, 'What is Legal Pluralism?' (1986) 24 *Journal of Legal Pluralism and Unofficial Law* 1.

Kennedy, David, 'One, Two, Three, Many Legal Orders: Legal Pluralism and the Cosmopolitan Dream' (2007) *New York University Review of Law and Social Change* 641.

Krisch, Nico, *Beyond Constitutionalism: The Pluralist Structure of Postnational Law* (OUP 2010).

Merry, Sally Engle, 'Legal Pluralism' (1988) 22 *Law & Society Review* 869.

Michaels, Ralph, 'Global Legal Pluralism' (2009) 5 *Annual Review of Law and Social Science* 243.

Tamanaha, Brian Z., 'A Non-Essentialist Version of Legal Pluralism' (2000) 27 *Journal of Law and Society* 296.

Teubner, Gunther, ''Global Bukowina': Legal Pluralism in the World Society' in Gunther Teubner (ed), *Global Law Without A State* (Dartmouth 1997) 3.

12장
사회적 이상주의

전통과 단절

국제법을 국가들이 상호 작용하는 공동체를 포함하는 정치적 프로젝트로 개념화하는 것은 국제법 질서에 대한 표준화된 설명이다. 조약법에 관한 비엔나 협약(Vienna Convention on the Law of Treaties) 제53조에 언급된 '국가들로 구성된 국제 공동체(international community of States)'와 국제법위원회의 국제적 위법 행위에 대한 국가 책임에 관한 초안(International Law Commission's Draft Articles on Responsibility of States for Internationally Wrongful Acts)에 언급된 '국제 공동체(international community)'가 동일선상에 있는 개념인지는 불분명할 수 있으나, 국제법은 항상 국가 중심의 관점을 대변하고 적극적으로 지지해 왔다는 점에 의문을 제기하는 사람은 거의 없을 것이다. 그러나 국제법 학계에는 국가들의 공동체에서 개인의 공동체로 초점을 옮기는 이질적이면서도 독특한 관점이 있다. 여기서 개인의 공동체는 개개인이 중심이 되고 국제법의 주요 주체로 여겨지는 국제 사회를 의미한다. 이 관점은 국가의 관점에 우위를 두기보다는 인간 개인의 목표와 가치가 국가의 이익보다 중요하게 여겨져야 한다는 주장, 열망, 기대에 집중한다. 허쉬 라우터파흐트(Hersch Lauterpacht)는 '개인은 법의 궁극적 구성 단위이자 목표'이며 모든 법의 주체로서 개인을 중심에 두는 것은 '국제 공동체가 연합적 통합이라는 목표로 진보해 가는 과정에서의 핵심적인 단계'라는 점을 강조했다.[1]

이러한 관점의 핵심 인물은 윌프레드 젠크스(C. Wilfred Jenks)이다. 젠크스는 인생의 대부분을 국제법률가로 보냈으며, 제네바에 있는 국제노동기구(International Labour Organization)의 사무총장을 역임했다. 젠크스가 제네바국제대학원에서 강의했던 내용을 엮은 모음집을 살펴보면, 그는 국제법을 인류의 보편법으로 설명하며 국제 공동체가 여전히 국가 기반으로 구성되어 있지만 '그 공동체의 기능을 점차 국제기구와 지역기구를 통해 수행하고 있으며 개인의 권리와 의무를 인정하는 경우가 늘고 있다'고 하였다.[2] 그에게 국제법률가와 법학자의 임무는 국제법을 이런 방향으로 이끌어나가고 세상이 정치 도덕의 원칙에 의해 운영될 수 있도록 기여하는 것이다. 정치 도덕의 원칙은 인류 단결의 원칙, 임의적 무력 사용의 비도덕성, 법에 의한 주권 제한, 제3자에 의한 재판, 선의, 공정 거래, 상호 원조, 인간의 존엄성 존중을 포함한다.[3] 제네바의 다문화 및 다국어를 배경으로 한 엘리트들이 젠크스의 생각에 영향을 주었을 것으로 추측해 볼 수도 있을 것이다. 하지만 젠크스는 전 세계로의 국제법의 확장, 세계 경제의 상호의존성, 제2차 세계대전 이후 자력구제에 대한 제한 등의 상황에

---

1 Hersch Lauterpacht, 'The Subjects of International Law' in Eli Lauterpacht (ed), *International Law: Being the Collected Papers of Hersch Lauterpacht, Volume I: The General Works* (CUP 1970) 136, 149.

2 C. Wilfred Jenks, *The Common Law of Mankind* (Praeger 1958) 7.

3 C. Wilfred Jenks, *A New World of Law?* (Longmans, Green & Co 1969) 292-8.

서 인류의 보편법 발전의 초기 단계와 '진정한 보편적 법질서의 구성요소'를 발견하였음에도 불구하고, 국가 주권과 국가 상호 간의 체제에 대해서는 여전히 신뢰하고 있었다.

줄리어스 스톤(Julius Stone)은 젠크스의 연구에 담긴 '법적 재건의 독창성'이 국제법 제도에서 효과적으로 변화를 이끌어 낼 수 있을지 의문을 가졌다.[4] 스톤은 '전 세계적 정의에 대한 열망'을 실현하기 위해 '가능한 풀뿌리 수준에서의 의식변화는 어떤 게' 있을지 질문을 던지며 주권이 그 과정에서의 주된 방해물이 될 것이라고 하였다.[5] 리처드 폴크(Richard Falk)의 세계 질서에 대한 관점은 인류의 요구에 더 적극적으로 반응하는 것으로, 국제법을 지구 인류 공동체를 위한 기능적 질서이자 사실상 국가 주권을 대체하는 것으로 여겼다.[6] 스톤은 이러한 폴크의 관점을 지지하면서도, 이런 유형의 변화는 국내의 유권자와 그들의 지도자가 가져올 수 있을 것이라는 회의적인 태도를 표현했다.[7] 스톤은 '지구촌의 의식 수준을 향상시키는 것'으로는 불충분할 수 있으며, 국가 주권은 여전히 더 정의롭고 동등한 세계 질서로 나아가는 데 방해물이 되고 있음을 확신했다.[8]

국가와의 관계에 있어서 개인을 전통적 실증주의자들이 말하는 국제법

---

4 Julius Stone, 'A Sociological Perspective on International Law' in Ronald St J MacDonald and Douglas M Johnston (eds), *The Structure and Process of International Law: Essays in Legal Philosophy, Doctrine, and Theory* (Martinus Nijhoff 1983) 263, 284.

5 Ibid, 281.

6 Richard A. Falk, *Statecraft in an Era of World Order, Decay, and Renewal* (Australian National University 1975). 국제법 분야에서의 이상주의에 리처드 폴크가 기여한 바를 설명하기는 어렵다. 이에 대한 개괄적인 내용은 Martin Griffiths, *Fifty Key Thinkers in International Relations* (Routledge 1999) 119를 참고하면 유익할 것이다.

7 Julius Stone, 'A Sociological Perspective on International Law', above n 4, 281.

8 Ibid, 284 Julius Stone, *Visions of World Legal Order: Between State Power and Human Justice* (Johns Hopkins University Press 1984)도 참조.

의 주체로서가 아니라, 모든 법의 주체인 국제 사회의 일원으로서 중시하려는 시도는 사회적 이상주의(social idealism) 관점의 핵심이다. 필립 알로트(Philip Allott)는 개인들로 구성된 다소 이상적 국제 사회의 재건에 영감을 주었던 전통적 패러다임에서 출발하여 국제법 학문의 근본 질서를 혁신하는 급진적인 사회적 이상주의 이론을 주장하였다. 알로트는 영국 외교부(UK Foreign and Commonwealth Office) 법률자문관이었으며, 그 후에는 케임브리지대학 교수로 재직하면서 학계에서 내용이나 전달 방식 등 모든 면에서 이견 없이 독창적인 것으로 여길 만한 국제법 이론을 만들었다.

알로트는 그의 출세작인 『에우노미아(Eunomia)』[9]를 비롯하여 논문 모음집 『국가의 안녕(The Health of Nations)』[10], 그리고 법학 학술지에 기고한 많은 글에서 경전을 떠올리게 하는 작문 스타일로 독자들에게 감동을 주었다. 안토니 앵기(Antony Anghie)가 언급한 것처럼, 알로트는 16세기 신학자들과 유사한 방식으로 문단마다 번호를 매겼다.[11] 알로트의 저서가 '신성한 경전'처럼 정밀한 분석이 가능하다는 점을 고려하면 경전에 비유하는 것이 부적절하지는 않다.[12] 많은 학자가 알로트의 생각을 해석하여 잇따라 발표했고,[13] 종종 그의 저서에 대한 논쟁은 성서 해석을 두고 펼치는 신학자들 간의 논쟁과 매우 유사한 양상을 보였다.

하지만 알로트의 저서를 철학적이라거나 신학적이라고 평가하기는

---

9 Philip Allott, *Eunomia: New Order for a New World* (OUP 1990) (2001년에 새로운 서문과 함께 재출판됨).

10 Philip Allott, *The Health of Nations: Society and Law beyond the State* (CUP 2002).

11 Philip Allott의 은퇴를 기념하여 열린 학술 토론회를 참조. 'Review Essay Symposium: Philip Allott's Eunomia and The Health of Nations. Thinking Another World: "This Cannot be How the World Was Meant To Be". An event to mark the retirement of Professor Philip Allott, Professor of International Public Law, University of Cambridge, 28-29 May 2004' (2005) 16(2) *European Journal of International Law* 255, 277 ('Symposium').

어려울뿐더러 아마 불필요할 것이다.[14] 스코비(Scobbie)는 알로트의 저서를 '비판적 사회 철학'이라고 설명하며, 알로트가 행동 인식론과 행동 심리학을 끌어들여 개인의 사회적 삶에 영향을 미치는 근본적인 철학적 질문을 다루는 방식을 조명했다. 알로트 자신은 사회철학 및 법철학에 대한 기존의 해석을 재해석하는 학문 공장(academic mills)과 연관되기를 거부했다.[15] 알로트는 『에우노미아』의 서두에서 이 책은 하나의 이론을 다루고 있으므로 이론에 관한 책이 아니며,[16] 이 책은 순수하게 사회적 이상주의 이론만을 다루고 있다고 밝히고 있다.[17] 더 나아가 알로트는 『에우노미아』를 『국가의 안녕』과 구분하기도 했다. 전자는 새로운 국제 사회를 철학적으로 설명하는 초월적이고도 순수한 이론을 제공하기 위한 작업이고, 후자는 인류애의 사회적 자기 구성을 실현하기 위한 실용적 이론의 기초 작업이라는 것이다.[18]

---

12 로버트 제닝스(Robert Jennings)가 국제사법재판소의 판결에 대해 비평하는 국제법률가들의 태도를 설명하기 위해 사용한 비유를 빌린 것이다. Robert Jennings, 'The Role of the International Court of Justice' (1997) 68 *British Yearbook of International Law* 1, 41-42; Robert Jennings, 'The Judicial Function and the Rule of Law in International Relations' in *International Law at the Time of its Codification: Essays in Honour of Roberto Ago* (Giuffrè 1987) 142-143 .

13 그 예로 Iain Scobbie, 'Slouching towards the Holy City: Some Weeds for Philip Allott' (2005) 16 *European Journal of International Law* 299; Iain Scobbie, '"The Holiness of the Heart's Affection": Philip Allott's Theory of Social Idealism' in Alexander Orakhelashvili (ed), *Research Handbook on the Theory and History of International Law* (Edward Elgar 2011) 168; Euan MacDonald, *International Law and Ethics after the Critical Challenge. Framing the Law within the Post-Foundational* (Nijhoff 2011) 327.

14 국제법의 철학과 이론에 대한 구분의 어려움에 대해서는 Andrea Bianchi, 'On Asking Questions – Philosophy and Theory of International Law' in Andrea Bianchi (ed), *Research Collection on the Philosophy and Theory of International Law (Edward* Elgar 2017) 참조.

15 Philip Allott, *Eunomia*, above n 9, l-li.

16 Ibid.

17 Ibid, 410.

생각의 혁명

알로트의 이야기는 인류애가 탐욕, 이기주의, 악으로 구성된 '비사회(unsociety)'에 굴복해 왔다는 지점에서 시작한다.[19] 이는 주로 국가 지배층 엘리트의 잘못에 기인하는데, 이들은 국내 질서와 국제 질서 사이의 단절을 조장해 왔으며[20] 풍족한 삶만큼이나 빈곤한 삶을 양산해 내는 민주주의-자본주의 모델을 전 세계에 퍼트려 왔다.[21] 가장 최악의 인간 본성은 사람들이 점차적으로 불행해지고 이기적으로 변해가는 사회에서 그 모습을 드러낸다. 결국 국제 시스템은 '일종의 광기'를 띤다. 이는 비유적이거나 수사적인 표현이 아니라, 말 그대로 스스로를 해하고 파괴하며 인류 문명에 종말을 가져올 수도 있는 정신적 질병이다.[22] 국가 내에서 허락되지 않는 것이 국제적으로는 허용된다. 예를 들어 전쟁, 빈곤, 억압, 고통, '인격적 모멸'의 상황에서 살해 행위가 용인되는 것을 떠올릴 수 있다.[23] 국제적 비사회는 '스스로를 주권자라고 여기는 자들의 집단에 의해 운영되는 정부에게 적합한 세상이며, 이러한 자칭 주권자들의 권력은 국제 사회 전체나 국민들에 의해 부여된 것이 아니고 국가 간의 중재 시스템에 의해 부여된 것이다.'[24] 쉽게 말하면 국제법은 이 상황을 변화시키는 데는

---

18 Philip Allott, *The Health of Nations*, above n 10, xi; Philip Allott, *Eunomia*, above n 9, 2.49-2.64.

19 Martti Koskenniemi, 'International Law as Therapy: Reading The Health of Nations' (2005) 16 *European Journal of International Law*, 329, 334.

20 Philip Allott, *Eunomia*, above n 9, '민주화도 사회화도 되지 않은' 사회(at 240)로서의 국제적 비사회는 국내의 민주사회와 대조된다. 이는 '사회 구성원 개개인이 사회의 안녕(well-being)을 추구하는 과정에서 그들의 안녕을 추구'하게 하고 '사회가 사회 구성원 개개인의 안녕을 추구하는 과정에서 사회의 안녕을 추구'하게 한다.(at 217)

21 Philip Allott, 'Symposium', above n 11, 259-60.

22 Iain Scobbie, 'The Holiness of the Heart's Affection', above n 13, 169.

23 Philip Allott, *Eunomia*, above n 9, 248.

그다지 효과적이지 않으며 '정부가 듣고 싶어 하는 말을 해줄 뿐이다.'[25]

알로트는 자신의 16번째 생일에 깨달음의 순간이 있었다고 고백했다. 그는 그때의 경험으로 인해 '이것은 세상이 의미하는 바가 아니다'라는 한 편의 글을 쓰게 된 듯하다.[26] 알로트 스스로가 인정한 바에 따르면, 이유를 이해하는 것과 무엇을 해야 할지를 파악하는 것은 그의 인생의 목표가 되었다.[27] 우리가 사는 세상을 근본적으로 변화시키는 것이 알로트가 선언한 그의 열망이고, 그가 표현한 바람이며, 지적 도전이다. 변화는 인류 그 자체로 구성된 사회 조직에 대한 새로운 생각을 떠올리는 과정에서 일어날 것이다. 알로트는 '스스로 지배하는 사회에 대한 훌륭한 질서'[28]이자, 궁극적으로는 '자기 창조적 인류의 이상적인 질서'[29]인 에우노미아(*eunomia*)를 만들어 내기 위해 인류가 스스로를 새로운 기초에 근거하여 다시 세워야 한다고 강력히 호소했다. 이를 위해 요구되는 것은 스스로의 의지가 뒷받침된 인간의 인식 변화이다. 즉 '길의 혁명이 아닌 생각의 혁명'인 것이다.[30]

인류에 대한 정치적 포부이자 신념에 기반한 행위로 볼 수 있는 이 다소 모호한 설명은 사회가 '그 자체의 이론을 가지고 있으며'[31] '스스로가 만들어 낸 이론 안에서 작동한다'[32]는 사실에 근거하고 있다. 다시 말해, 사회는 스스로에 대한 관념과 이미지를 구축하며, 그 관념과 이미지는 사

24 Ibid, 249.
25 Ibid, 296.
26 Philip Allott, 'Symposium', above n 11, 260.
27 Ibid.
28 Philip Allott, *Eunomia*, above n 9, 404.
29 Ibid, 411.
30 Ibid, 257.
31 Philip Allott, 'Symposium', above n 11, 257.(상호 참조 Philip Allott, *Eunomia*, above n 9, 30)

회적 목표와 원칙에 대한 이론들에 의해 형성된다. 인간은 새로운 인간 세상을 상상하고, 이성을 통해 그 세상을 실현함으로써 의식 속에서 사회의 관념과 이미지를 형성하고 그 형성 과정에 영향을 미칠 수 있다. 이게 바로 생각의 혁명이다! 사회는 생각(ideas), 그리고 가장 중요하게는 인간이 좋은 것과 나쁜 것 그리고 사회가 추구해야 하는 것을 분별할 수 있도록 하는 이상(ideals)으로 구성된다. 실제로 이아인 스코비(Iain Scobbie)는 이상을 향한 절대 끝나지 않는 탐구, 즉 열망의 추구야말로 알로트가 말한 사회적 이상주의의 핵심 메시지라고 하였다.[33]

인간의 의식은 더 나은 미래를 위한 선택을 생각하게 하지만, 그 이상을 추구하기 위해서는 도덕적 선택에 의한 실천 의지가 필요하다.[34] 실천 의지와 도덕적 선택은 '인류의 재건'이라는 완전한 프로젝트를 촉발하기 위해서도 반드시 필요하다.[35] 그리고 미래에 대한 희망을 키우고 세상을 변화시키고자 하는 의지를 촉발하는 것은 다름 아닌 과거의 인정과 현재의 실패이다. '이상은 현실의 완벽한 버전'이고[36], 그 이상은 반드시 인류의 자기 인식과 세상의 사회적 조직을 변화시키는 방식으로 이루어져야 한다.

---

32 Philip Allott, *Eunomia*, above n 9, 38. '사회는 스스로가 만든 이론 속에서 움직인다. 한 사회는 이론으로 채워진 현실을 만들어 내고 그 현실은 사회가 의지가 담긴 행위를 형성하고, 그 행위는 그 사회의 실제 일상을 형성한다.'

33 Iain Scobbie, 'The Holiness of the Heart's Affection', above n 13, 175.

34 Philip Allott, *The Health of Nations*, above n 10, 81.

35 Ibid, 33. '도덕적으로 민감한 사람이라면 20세기에 일어난 일을 알고 21세기의 관점을 보고도 어떻게 누구도 인간의 현실을 향상시키기 위해서라면 무엇이라도 하는 것에 대한 무거운 도덕적 책임감을 인식하지 못하는가? 우리는 반드시 인간 세상을 위협하는 사회악에 대한 정당한 분노의 감정과 공권력을 가진 자의 작위와 부작위가 초래한 측량할 수 없는 고통에 대한 연민의 감정과 더 나은 인간 세상이 가능할 것이라는 꺾을 수 없는 희망의 감정을 거부해야 하는 걸까?'(원문에서 강조)

36 Ibid 156.

처음에는 터무니없는 이상주의 이론처럼 보일 수 있는 것도 자세히 들여다보면 명확한 전제에서 출발하여 숙고를 거친 추론 과정이다.[37] 에우노미아를 만들고 싶어 할 수도 있는 자기 구성적(self-constituting) 인류에 대한 발상은 자기 자신의 의식으로 주변 세상을 형성하는 자기 지각적(self-conceived) 인류에 대한 발상에서 비롯되었다. 의식은 상상과 추론으로 구성되며, 이 두 가지는 인간이 상상을 통해 현실을 창조하고, 합리성을 통해 그 현실에 질서를 부여하게 한다. 합리성에 의해 질서가 부여되는 이러한 패턴은 기억과 언어를 통해 처리되는 사고 과정이다. 의식은 이론이라 불리는 거대한 구조물로 가장하여 사회적 산물을 형성하는 방식으로 사회 현실을 만드는 것이다.[38] 변증법적 발전 과정에서 이론은 항상 생겨나고 지속적으로 변경되는 과정을 반복한다. 여기서 사회가 공간적, 시간적으로 스스로를 구성할 때마다 활용하는 이론의 세 가지 구성 요소를 확인할 수 있다. 첫째, 법적 요소는 늘 그래왔듯 사회를 필수적이고 의무적인 것으로 바라본다. 둘째, 사회적 요소는 사회를 현실에 존재하는 그대로 여긴다. 셋째, 이상적 요소에서 사회는 스스로를 미래의 가능성으로 바라본다.[39] 법적 요소의 기능은 사회의 구조 체계를 과거에서 미래로 옮겨오는 것이다. 사회적 요소의 기능은 일상의 현실에서 사회적 목표를 실현하는 것이다. 그리고 이상적 요소의 기능은 사회에 미래 사회의 청사진과 열망을 제공하는 것이다. 사회는 지속적으로 딜레마에 빠지고 국제 사회 역시 예외가 아니지만,[40] 이 세 가지 요소로부터 일반적 목표 또는 원

---

37 그 과정은 Philip Allott, 'Reconstituting Humanity – New International Law' (1992) 3 *European Journal of International Law* 219에 잘 설명되어 있다.

38 Ibid, 224.

39 Ibid, 225.

40 이런 딜레마는 국제법이 중대한 불일치를 보여주는 것과 관련하여 정체성, 권력, 의지, 질서, 생성과 관련이 있다. Ibid, 227-227, 247-250.

칙을 도출할 수 있다. 그중 가장 중요한 것은 '공익(public interest)'이며, 공익이 '사회적 체계에서 가지는 의미는 물리적 체계에서 중력이 가지는 의미'와 같다.[41]

이 지점에서 혹자는 이러한 자기 계몽 및 자기 구성의 과정을 촉발시키는 것은 누구의 역할인지, 그리고 누가 이 과정을 진행해 나가야 하는지에 대해 의문을 제기할 수 있다. 그 변화의 과정을 촉발시키고 인류의 재건을 실현하는 데 '의식'의 잠재력을 인식하는 것만으로 충분할까? 알로트는 생각하는 것은 모든 인간의 특권이며, 사고는 '존재 구조의 한 부분'이라는 점을 인정했지만[42] 생각의 혁명이라는 주제의 연구에서는 주로 철학자들과 법률가들을 대상으로 하는 것 같다.[43] 이는 '자기 완성적 인간의 대리인'으로서 행동하는 새로운 유형의 철학자 및 국제법률가로 이해되어야 할 것이다.[44] 이 새로운 전문가 유형은 합리성의 힘을 개인의 의식에서 사회적, 자연적 세계에 이르는 인간사 모든 영역에 적용하는 역할을 해야 하고(철학자), 개인의 자기 창조적 능력이 과거와 현재를 다른 미래로 변화시키는 것이 가능한 진정으로 보편적인 인간 세상을 만들어야 한다(국제법률가).[45] 알로트는 저서 『국가의 안녕』에서 인류의 자기의식을 자극하는 역할을 하는 사람들의 유형을 조금 확장시키고 '미래의 인간 세상'을 향한 변화의 길을 안내하고 있는 것 같다.[46] 알로트는 지배 계

41 Ibid, 228.

42 Philip Allott, 'Symposium', above n 11, 265. '우리는 생각하는 사람이 특별한 사람인 것은 아니며 생각하는 것도 특별한 기술이 아닌 존재의 구조 자체의 일부라는 생각을 회복해야 한다.'

43 Philip Allott, 'Reconstituting Humanity', above n 37, 252.

44 Ibid.

45 Ibid, 251-2.

46 Philip Allott, *The Health of Nations*, above n 10, 5.

층, 특히 종교, 정치, 행정, 상업, 법, 수학, 자연과학, 문학, 순수 예술, 정보 매체, 엔터테인먼트 같은 정신노동 산업군에서 책임 있는 지위를 가지고 있는 사람들의 책임감을 언급하였다.[47] 이러한 이론은 철학자와 법률가를 대상으로 하든, 지배 계층 엘리트라는 더 넓은 개념을 대상으로 하든 어렴풋이 플라톤의 철인왕(哲人王, philosopher king)을 떠올리게 한다.[48] 알로트의 생각 혁명 아이디어는 전 세계 인구 대다수에 의한 진정한 저항 행위보다는 '토리 혁명(Tory's revolution)'[49]이나 '보수적 혁명'[50]과 더 유사할지도 모른다.

시민 사회가 국제 사회의 변화에 일정한 역할을 한다는 견해를 알로트가 혐오한다는 것은 잘 알려져 있다. 알로트는 국제적인 시민 사회의 조직이나 그 기능이 대의제에 의한 정부를 요구하는 자유 민주주의 원칙과 극명한 모순관계에 있다고 생각한다. 그는 시민 사회를 '어느 정도의 제도화를 기반으로 자기 스스로 임명하고 스스로를 정당화하며 개인들의 이익, 특수한 이익, 공익을 대변하는 무작위로 구성된 집단'이라고 설명하며[51] 경계한다. 알로트가 바라는 혁명 즉, 새로운 기반의 인류 재건을 이룰 주체는 시민 사회가 아니다.

---

47 Ibid.

48 이 문제는 Philip Allott, 'Symposium', above n 11, 279에서 다루고 있다.

49 알로트에 따르면, 이것은 로버트 제닝스가 그를 언급한 방식이다. Ibid, 271.

50 Martti Koskenniemi, 'International Law as Therapy', above n 19, 335. 코스켄니에미는 알로트의 혁명이 가지는 보수적 성격을 '국제 사회는 미쳤다는 그의 진단에서 감지하고 있다… 이 모든 것에서 보수주의는 그 여행은 오랜 광기의 시간을 보내고 그 치료를 위해 '이상주의 철학의 기본 명제'를 적용함으로써 고향으로 돌아오게 되는 여정 중 하나라는 부분에 암시되어 있다.

51 Philip Allott, *Eunomia*, above n 9, xxi.

법의 초자연적 존재와 그 기능

알로트의 사회적 이상주의에 대한 설계 전반에서 법의 역할을 생각해 보는 것은 흥미롭다. 알로트에 따르면 법은 오직 초자연적으로만 존재한다. 즉, '사회와 법은 인간의 마음 외에 어디에도 존재하지 않는다.'[52] 개인적 의식과 사회적 의식 간, 인간 심리의 개인적 차원과 집단적 차원 간의 삼투압적 관계는 법을 통한 사회의 자기 구성에 기여한다. 이러한 통찰은 실제로 매우 흥미로운데, 알로트는 법이 초자연적으로 존재함을 주장함으로써 법은 우리가 생각하는 그 것, 즉 우리가 개인으로서 그리고 사회집단으로서 가지는 의식의 산물이라는 점을 강조했다. 법은 우리가 존재한다고 생각하는 그것 즉, 의식의 산물이라는 것이다. 법은 우리가 지속적으로 법의 실재를 고안하고 구성하는 영역인 정신적 과정과 독립된 별개의 존재가 아니다. 이는 결국 법과 법률가에 대한 자기 권위부여적 사고방식을 의미하며 법에 더 나은 미래가 허락되길 희망한다. 동시에 법은 법이 만들어 내는 사회적 의식보다 더 나을 수 없으며, 사회적 체계는 결국 그 시기에 지배적인 사회적 의식에 의해 구성된다. 법은 법률 규정의 집합체로 이해되지 않으며, 오히려 법률관계들이 연결되어 있는 집합체로 이해된다. 이 집합체는 사회적 현실과 구별되는 법적 현실을 구성하는 네트워크를 만들며, 여기서의 의미, 지위, 사건은 법의 특별한 시각과 언어로 검토된다.[53]

알로트의 관점에서 법은 근본적인 부분을 차지한다. 왜냐하면 법은 사회의 자기 구성 과정에 참여하기 때문이다. 사회는 '생각, 관행, 법 세 가지 다른 차원에서 동시에' 스스로를 구성한다.[54] 법은 생각을 관행으로 변

---

52 Philip Allott, 'The Concept of International Law' (1999) 10 *European Journal of International Law* 31, 32.

53 Ibid, 36.

화시키고, 사회적 목표와 가치의 실현에 있어서 지속성과 변화 모두를 보장한다. 법이 오랜 시간 존속해 왔고 앞으로도 지속 가능하다는 점은 법을 근본적인 사회 제도로 만든다. 알로트는 큰 영감을 주는 이미지를 사용하여 법은 '현재를 과거에서 미래로' 운반한다고 설명했다.[55] 과거로부터 유래하는 법은 현재를 규율하고, 현재의 관점에서 해석되고 적용되는 것은 사회의 미래를 형성하는 데 기여한다.[56] 법에 대한 이러한 생각은 두 가지 특징을 가진다. 하나는 법의 역동적이며 변화무쌍한 성격이고, 다른 하나는 법이 사회적 목적을 실현하고 실행하기 위해 존재한다는 의미에서 사회적 목적에 대한 종속적인 성격이다.[57] 후자의 측면에서, 알로트가 법이 정치와 긴밀한 관계를 맺고 있다고 보고 있다는 점은 주목할 만하다. 사회가 법을 통해 실현해 가야 할 사회의 가치 및 목표를 확인하는 것은 정치적 과정을 통해서 이루어진다. 이런 의미에서 알로트는 법과 입법과정은 항상 정치의 부산물이라고 말했다.[58]

법은 주로 세 가지 사회적 기능을 수행하기 위한 것으로 생각된다. 법은 과거에서 현재를 거쳐 미래로 향하는 시간의 흐름 속에서 사회적 구조를 지탱하는 것 외에도 '사회의 공통 관심사를 사회 구성원의 행동에 끼워 넣는다.' 그리고 법은 실현 가능한 사회의 미래를 '사회의 이론, 가치, 목적에 부합하게 구축한다.'[59] 일반적으로 국제법은 마치 법처럼 국제 사회에서 중요한 역할을 한다. 사실 국제법은 모든 인류의 법을 통한 자기 구성이다.[60] 하지만 국내법과 달리 국제법은 향후 법이 지지하고 실현할 수

54 Philip Allott, *The Health of Nations*, above n 10, 79.

55 Ibid, 134.

56 Ibid.

57 Philip Allott, 'Reconstituting Humanity', above n 37, 224.

58 Philip Allott, *The Health of Nations*, above n 10, 309.

59 Philip Allott, 'The Concept of International Law', above n 52, 31.

있는 이상과 가치를 확인하거나 장려하는 정치적 과정을 아직 발전시키지 못했다.[61] 법은 중요한 내용을 거의 다 담을 수 있는, 하지만 비어 있는 틀과 같다.[62] 그래서 법은 긍정적이거나 부정적인 의미를 내재하고 있지 않다. 법은 아름답지만 충분히 연구되지 않은 인간의 발명품이라고 한 알로트의 말은 아마 옳을 것이다.[63] 하지만 법이 법의 기능을 수행할 수 있으려면 국제 사회가 반드시 새로운 의식을 발전시켜야 한다.[64]

국내적 차원에서 법과 정의의 관계는 입헌주의 과정을 통해 발전되어 왔고, 이 발전은 법 자체에 대해 일정한 제한을 설정하였다.[65] 자발적이고 행동하는 사회적 활동으로서의 법은 도덕적 선택 및 책임감과 연결되므로 공익을 위해서는 공권력의 행사가 요구된다.[66] 안타깝게도 국제적 차원에서는 그렇지 못하다. 국제 사회는 헌법으로부터도, 도덕으로부터도 자유로운 영역으로 남아있다. 도덕적인 고려 사항이나 국제 사회의 공익에 의해 제한받지 않는 정부 고위 엘리트들은 법과 정의가 존재하지 않는 비사회에서 계속 살아가고 번성한다. 그리고 이 비사회에는 '가장 흥미로운 종류의 자연 상태, 즉 적자생존이 도시 외교(urban diplomacy)와 대량 학살(mass murder)이 뒤섞인 중독상태에 의해 결정되는 상태가 존재하는 것 같다.'[67]

---

60 Philip Allott, *The Health of Nations*, above n 10, 297.

61 Ibid, 153. 데이비드 케네디(David Kennedy)는 알로트의 이상한 관점의 전환이 흔히 주장되는 바와 같이 국제법에는 너무 많은 법과 너무 적은 정치가 있으며 그 반대는 아니라는 점을 믿게 만드는 데 그 목적이 있다고 본다. Philip Allott, 'Symposium', above n 11, 272.

62 Ibid, 52.

63 Ibid, 134.

64 알로트는 법과 '법률주의'를 대조하였다. Philip Allott, *The Health of Nations*, above n 10, 68. 이 부분에 대해서는 Iain Scobbie, 'The Holiness of the Heart's Affection', above n 13, 185-6 참조.

65 Philip Allott, 'The Concept of International Law', above n 52, 35 참조.

66 Ibid.

67 Ibid.

알로트는 현대의 국제 비사회에 존재하는 이런 악의 근본적인 원인은 에메르 드 바텔(Emer de Vattel)에게 있다고 주장하였다. 바텔이 18세기에 쓴 그의 저서는 국제법의 기원과 미래에 엄청난 영향을 미쳤다. 특히, 바텔의 대표작 『만민법(*Droit des gens*)』[68]은 외교관과 학자들의 국제법 분야 대표적인 참고 서적이 되었다.[69] 알로트는 바텔이 국제 관계를 주권 국가에만 초점을 맞춰 바라보는 시각을 제공하였다며 비난한 바 있다. 바텔의 이 관점에 대해서는 '국제 비사회의 철학적 토대'를 제공했다는 주장도 제기되었다.[70] 이 국제 비사회는 국가에 의해, 그리고 국가를 위해 만들어진 세상이며 여기서 국가의 지배 엘리트층(알로트는 호프마피아(*hofmafia*)라고 부르기도 한다[71])은 인류 공동의 이익보다는 그들 자신의 이익을 위하여 행동한다.

사회계약 이론은 국가에 국가의 공적인 영역 내에서 국민을 대신할 배타적 권리를 부여했으며, 외국과의 관계에서는 국민을 대외적으로 대신할 권한을 부여했다.[72] 이로 인해 주권 이론은 표면화되고, '국가는 장갑

68 Emer de Vattel, *Le droit des gens, ou Principes de la loi naturelle appliqués à la conduite des nations et des souverains* (London 1758). 영어 번역본으로는, *The Law of Nations, Or, Principles of the Law of Nature, Applied to the Conduct and Affairs of Nations and Sovereigns* (CUP 2011) 참조.

69 미국에서 바텔이 인기 있는 이유에 대한 흥미로운 연구에 대해서는, Vincent Chetail, 'Vattel and the American Dream: An Inquiry into the Reception of the Law of Nations in the United States' in Vincent Chetail and Pierre-Marie Dupuy (eds), *The Roots of International Law: Liber Amicorum Peter Haggenmacher* (Martinus Nijhoff 2013) 251 참조.

70 Iain Scobbie, 'The Holiness of the Heart's Affection', above n 13, 180.

71 알로트는 '호프마피아(hofmafia)'라는 용어를 다음 저서에서 차용하였다. Andrew Wheatcroft, *The Habsburgs: Embodying Empire* (Penguin 1995) 248 in Philip Allot, *The Health of Nations*, above n 10, 380.

72 Ibid, 413-14.

처럼 속이 보이도록 뒤집어졌다.'[73] 주권 개념은 국제법 및 국제 관계에서 난공불락의 보루가 되었고, 사회를 망각하게 했다. 주권 국가들로 이루어진 국제 사회에는 개인들의 사회를 위한 공간이 없다. 바텔은 효과적인 방식으로써 이 명제를 '국제 사회 전체의 성격을 설명하는 순수 이론, 더 나아가 인간 사회 전체의 성격을 설명하는 순수 이론'으로 만들었다.[74] 사회 계약은 인간 사회를 특징짓는 자연 상태에 해결책을 제공했고, 그 결과 개인들로 구성된 자연 사회에 대한 생각을 '국제 사회의 의식에서' 배제하였다.[75] 바텔은 '자연 상태의 미신을 국가들의 법에 대한 형이상학으로' 변환시켰으며,[76] 국가 주권을 국제법의 자명한 이치로 만들었다.

이것은 바로 국제법이 주권 국가의 '비사회'가 된 방식이다. '전 세계의 사회적 현실은 국가의 사회적 현실이다.'[77] 개인의 안녕(well-being)은 각자 자신의 현실을 구축하고 그 현실에 부합하게 자신을 만드는 '자기 완비적(self-contained) 사회에서' 추구되고 있다.[78] 주권 국가는 신기하게도 이론적 측면에서는 동등하고, 개별 국가의 성격 및 잠재력 측면에서는 우스꽝스럽게 불평등하며, 인류의 생존과 번영을 위협하는 불평등과 불안정을 초래한다. 개인은 소외되고 시민은 국제 사회로부터 단절된다. 사회적 삶의 국내적 차원과 국가들의 국제적 비사회 간의 단절은 더 이상 심화할 수 없을 정도에 이르렀다. 소외되어 있고 자아를 초월할 능력이 없는 국제 비사회에게, '모든 세상은 서부 황야(Wild West) 같은 것일까?'[79]

---

73 Philip Allott, *Eunomia*, above n 9, 143.

74 Ibid, 243.

75 Philip Allott, *The Health of Nations*, above n 10, 329.

76 Ibid, 58.

77 Philip Allott, 'Reconstituting Humanity', above n 37, 245.

78 Ibid.

79 Philip Allott, *Eunomia*, above n 9, 383.

하지만 알로트는 무형의 존재인 국가에 책임이 있는지, 국가나 국가의 주권이 사라질 운명에 있는지에 대해서 확실히 답하지 않는다. 그는 '국가를 재정립하는 것'과 '권력을 포위하고 통제하는 것은 사회라는 우리의 오래된 생각을 회복시키는 데' 헌신하고자 한다.[80] 악은 국가 지배층 엘리트들에게 존재하며, 이 엘리트들에는 국제법률가들도 포함된다.[81] 이들은 국제 비사회에서 번영을 누린다. 민주주의-자본주의 제도하에서 다수는 소수의 만족스러운 삶의 가능성을 위해서 불만족스러운 삶을 영위한다.[82] 알로트는 인간 사회의 역사에서 절대 변치 않을 유일한 것은 사회 특권층의 가혹한 자기 보호이며, 보편적으로 적용되는 유일한 인간의 권리는 부유한 사람들이 더 부유해질 권리라고 씁쓸한 어조로 결론지었다.[83]

이것이 사실이라면, 알로트가 촉구하는 생각의 혁명이 실제로 일어날 수 있는 일인지 당연히 궁금할 것이다. 누구의 생각에서 혁명이 일어나야 하는 걸까? 인류의 압도적인 다수가 갑자기 스스로를 재구성해야 할 필요성을 깨닫는 상황이 가능할까? 특권층 엘리트가 국제 비사회를 통제하고 있다면 그들을 어떻게 제거할 수 있으며, 누가 그럴 수 있을 것인가? 이 질문에 대해서는 구체적인 대답이 필요하지 않을지도 모른다. 결국 알로트조차 그의 이론이 이상적이라는 점을 선뜻 인정하기 때문이다.[84] 그러나 악의 본성과 그 영역에 대해 진지하게 성찰한 것은 바람직하다. 마치 집단적 광기에서 비롯된 행위가 초래한 것처럼 뭔가 잘못된 것일 수도

---

80 Philip Allott, 'Symposium', above n 11, 264.

81 '국가 제도의 체계(the system of state-systems)도 현실에서의 규범적 권력에 기인한다. 국제법률가를 포함한 법률가들의 도움으로 현실은 의무적으로 보이도록 만들어지고, 그 의무적인 것은 필요한 것으로 보이게 되며, 이는 단순히 의식 속에서의 필요한 것을 의미하지 않는다.' Philip Allott, 'Reconstituting Humanity', above n 37, 246.

82 Philip Allott, *The Health of Nations*, above n 10, 92.

83 Ibid.

84 Philip Allott, 'Symposium', above n 11, 264.

있기 때문이다. 개인들로 구성된 사회에 대한 관념은 어떤 면에서는 역사에 걸쳐 소외되어 왔는데, 이는 몇몇 사상가들의 영향 때문이었다. 인류가 이 불만족스러운 현상이 '정상'이라고 설명되고 여겨지는 것을 받아들인 이래로 줄곧. 어떤 사건들 때문에 자제력을 잃을 정도로 흥분해 본 적이 있는가? 국제 비사회가 불가피하다고 생각하도록 조종당한 적이 있는가? 만약 그렇다면 누구에 의한 것이었나? 지배 엘리트층? 생각의 혁명은 그런 엘리트들 사이에서만 추구되면 되는가, 아니면 인류 대부분이 그 혁명의 필요성을 반드시 확신해야 하는가? 스코비가 강조한 것처럼, 알로트는 악이 인간 조건의 일부일 수도 있다는 점을 확신하지 못했다. 자유 의지의 고유 성격을 고려한다면 인간의 의식을 뒤집는 것이 본인 생각보다 좀 더 복잡할 수도 있겠다는 점도 미처 고려하지 못한 것 같다.[85] 알로트가 합리성에 대해 확고한 믿음을 가지고, 사람들이 악행을 저지르기 위해 심술궂게 행동할 수도 있음을 혐오한 것은 그가 문제를 미화하며 인류의 어두운 부분을 경시하고 있는 것은 아닌지 의구심을 품게 만든다.[86] (사람들의) '분별력' 또는 (국가들의) '안녕'에 대한 단순한 요청이 악을 치유하고 인류를 자아실현 및 번영이 가능한 사회적 수준으로 회복시키는 데 기여할 수 있을까?

구원의 길

그러므로 신계몽주의(New Enlightenment)는 국제 사회를 모든 사회의 사

85 Iain Scobbie, 'Slouching Towards the Holy City', above n 13, 309-10.

86 Martti Koskenniemi, 'International Law as Therapy', above n 19, 338-9. '사회 문제를 미화하고 실제 불일치의 중요성을 경시'한 것에 대해 알로트를 비판하였다.

회로 재현하는 '에우노미아 프로젝트(eunomian project)'를 추진해야 한다. 이 국제 사회는 인류 전체를 위한 사회이며 더 이상 '단순히 국가로 불리는 정부가 운영하는 사회의 집합체'가 아니다.[87] 동시에 이 국제 사회에서 실현할 '에우토피아 프로젝트(eutopian project)'도 존재한다.[88] 이 계획은 우리가 우리의 생각, 가치, 목표를 구성해 가는 방식을 새로이 생각해 볼 필요성을 담고 있다.[89] 인간이 스스로를 변화시키고 '인간의 이상적 미래'를 생각하도록 하려면 새로운 철학이 필요하다.[90] 자연과학이 '훌륭한 예측 능력, 고도의 이론적 정합성 수준, 수학적인 낯선 합리성과의 일치라는 세 가지 측면에서 가지는 특별한 합리성에 의해' 아무리 강력해졌더라도[91] 자연과학 혼자서는 현재의 광기 속에서 인류를 구원해 낼 수 없다. '자연과학은 우리가 어떤 존재인지 말해줄 수 있을지도 모른다. 하지만 우리가 무엇이 되기로 결정해야 할지는 말해주지 못한다… 생각의 역량은 뇌의 역량을 무한대로 초월한다.'[92] 새로운 사회는 새로운 생각으로부터만 나올 수 있으며, 그 생각은 바로 혁명이 일어나야 하는 영역이다.

구원의 길은 반드시 최종 목적지가 있는 여정이 아니다. 스코비가 지적한 것처럼 '이러한 시각은 절대로 실현되지 못하며 오히려 인류가 얻고자 애써야 할 이상, 열망으로 여겨질 가능성이 높다. 신국(Holy City)과 같은 이상적 정부를 발견하는 것, 언덕 위의 도성(City upon a Hill)을 건설하는 것

87 Philip Allott, *The Health of Nations*, above n 10, 152.

88 알로트는 '유토피아(존재하지 않는 곳)' 프로젝트가 아닌 '에우토피아(좋은 곳)' 프로젝트에 대해 이야기하면서 그리스어 뿌리를 가진 신조어를 만들었다. Iain Scobbie, 'Slouching towards the Holy City', above n 13, 308 n 62.

89 Ibid, 153-4

90 Ibid, 156.

91 Philip Allott, 'Reconstituting Humanity', above n 37, 239.

92 Philip Allott, *The Health of Nations*, above n 10, 155 (각주 생략).

은 사회적 성배(social Holy Grail)를 찾아가는 과정이다.'[93] 그러나 알로트의 견해는 흐릿하거나 애매하지 않다. 오히려 놀라울 정도로 명료하다. '모든 인류에게는 자기 초월적(self-transcending) 인류에 대한 긴박하고 압도적인 필요성을 의식'하는 순간이 찾아올 것이다.[94] 철학자와 법률가들은 그 길을 안내하고 '자기 완성적 인간의 대리인' 역할을 하는 특별한 임무를 맡게 될 것이다.[95] 이를 통해 스스로를 인간 사회로 구성하고자 하는 인류의 이상을 실현할 수 있을 것이다. 더불어 국제법에 대한 '새로운 패러다임'도 따라올 것이다.[96] 국제법은 새로운 국제 사회의 법이 될 것이며, 국내 영역과 국제적 영역 간의 차이를 극복하고 새로운 국제 사회를 구성하는 인류 공동의 이익의 이상향을 실현해 갈 것이다. 국제 사회와 함께 스스로를 형성해 가는 과정에서의 국제법은 '국제법이 법체계를 구성하는 사회에 대한 관념 그리고 자신의 의식, 이론, 가치, 목적 더 나아가 자신의 미래를 결정하기 위한 체계(정치 체제 포함)를 가지고 있는 사회를 의미하며 필요로 한다.[97]

알로트는 이 과정을 필연적이고 당연한 것으로 여기지 않았다. 그렇기에 이상적인 국제 사회를 만들어 가는 데 맞닥뜨릴 주요 방해물 몇 가지를 들었다. 그 방해물 중 가장 강력한 것은 다음과 같다. 첫째, 제2차 세계대전 후 나타난 보편적 가치의 격하이다. 보편적 가치는 자신의 잠재력이 진정으로 공유되는 가치로 실현되기 전에 합리화되고, 합법화되고, 제도화되고, 관료화되어 활용하기 어렵게 되었다. 둘째, 경제적 패권이 점차

93 Iain Scobbie, 'Slouching towards the Holy City', above n 13, 308.

94 Philip Allott, 'Reconstituting Humanity', above n 37, 251.

95 Ibid.

96 Philip Allott, 'The Concept of International Law', above n 52, 50.

97 Ibid.

중요해지면서 사회적 삶의 핵심 기능을 담당하는 사회정치적 요소를 대체하고 있다는 점이다. 경제의 우세는 국제적 차원에서의 정치의 빈곤과 함께 나타나고 있다. 국가의 엘리트들이 휘두르는 정치로부터 자유로운 권력은 국제 사회의 공익이 드러나지 못하게 막아왔다. 마지막으로 철학의 빈곤과 현실의 폭정 즉, 우리가 현재의 국제 비사회에서 경험하는 것이 정상적이며 불가피한 것이라는 믿음도 신계몽주의의 방해물이 되고 있다. 이 모든 방해물은 새로운 의식에 의해 제거되어야 한다. 이때 새로운 의식은 경제의 중요성을 내려놓고, 정치가 국제 사회를 위한 생각, 가치, 관행을 만들어 내는 핵심적이면서도 고귀한 기능을 하도록 회복시키려 하며, 철학에 현재의 국제적 상황을 초월할 수 있는 권한과 권위를 부여하고, 현실은 필수적인 것도 피할 수 없는 것도 아니라는 점을 설명하면서 새로운 미래를 꿈꾸는 것을 말한다.

필연적 서술 방식 Apodictic Style

알로트의 독특한 저서에는 그냥 지나칠 만한 것이 거의 없다. 특히 그의 집필 방식이 유독 눈에 띈다… 이런 측면에서 독자는 자신의 감수성 및 선호에 따라 형용사에 대한 광범위한 선택권을 가진다. 서술 방식은 '최면을 거는 듯한 방식'[98]에서부터 예배식 또는 종교적인 방식[99]에 이르기까지 매우 다양하며, 이는 16세기 신학자들의 집필 방식과 유사하다.[100]

98 Iain Scobbie, 'The Holiness of the Heart's Affection', above n 13, 171.

99 Ronald St John Macdonald's review of Eunomia: (1991) 70 *Canadian Bar Review* 822, 823. Martti Koskenniemi concludes his review of *Eunomia* with 'Amen': Martti Koskenniemi, (1993) 87 *American Journal of International Law* 160, 164.

100 위 각주 11 및 본문 참조.

나는 혼자 정의 내리기 게임을 시도해볼 것이며, 이런 서술 방식을 '필연적 서술 방식(apodictic style)'이라고 부르려 한다. 알로트의 설명이 반박의 여지가 없는 진실에서 보이는 자명한 성격을 가지기 때문이다. 알로트의 방식은 우리가 일종의 깨달음의 과정에 참여하고 있으며, 이 깨달음 후에 인간의 운명은 영원히 바뀔 것임을 전달한다. 알로트의 저서를 읽다 보면 '마치 역사가 그의 저서에서 스스로 말하고 있는 것과 같은' 코스켄니에미의 "역사 효과(*effet d'histoire*)"를 경험하게 된다.[101] 그 경험은 매우 강력하다. 독자는 '단순히 저자가 의미하는 것보다 더 큰 무언가가 전달되고 있으며, 텍스트 자체가 독자가 초대된 역사적 서사의 흐름의 일부를 구성하고 있다'고 믿게 되기 때문이다.[102] 맥도널드(MacDonald)는 알로트가 에우노미아에 쓴 글이 거의 시에 가깝다고 표현하였다. 내적 리듬과 순환적이면서도 진전되는 느낌이 있기 때문이다. 반복과 중첩적 장치는 매우 예배적인 효과를 낸다.[103]

알로트가 수사적 도구 및 기법을 섭렵했음은 명백하다.[104] 알로트는 종종 개념을 분석하기 위해서 3자 관계법(고전 수사법에서의 삼중콜론)을, 주장을 뒷받침하기 위해서 이분법적인 대립법(실질적인 것 v. 이상적인 것)을 사용했다.[105] 알로트는 토마스 프랑크(Thomas Franck)가 '허구적이며 끊임없이 하이픈으로 연결한 독일식 복합 이름'이라고 묘사한 것을 매우 좋아한다.[106]

---

101 Martti Koskenniemi, 'International Law as Therapy', above n 19, 333.

102 Ibid.

103 Ronald St John Macdonald, above n 99, 823.

104 에우노미아의 수사적 구조에 대해 깊이 다룬 저서로는 Euan MacDonald, *International Law and Ethics After the Critical Challenge*, above n 13, 327 참조

105 Iain Scobbie, 'The Holiness of the Heart's Affection', above n 13, 174-5.

106 Thomas Franck, 'The Fervent Imagination and the School of Hard Knocks' (2005) 16 *European Journal of International Law* 343, 346. 프랑크는 농담으로 알로트를 '우리의 완벽한 미래를 창조적인 기법으로 그려내는 최고의 변호사'라고 언급했다.

그는 문단마다 다의어를 사용함으로써 독자의 관심을 사로잡았으며,[107] 음의 유사성을 활용한 자장가 효과로 독자들을 매료시키고 가장 중요한 단어를 이탤릭체로 표시함으로써 독자들의 관심을 끌었다. 이 방식은 독자들이 텍스트를 거의 소리 내어 읽게 한다.[108] 이 모든 '서술 방식'과 '심한 어지럼증을 유발할 정도의 리듬'이 '바로크 양식의 미적 수준'에 이르는지 여부에 대해서는 답을 찾지 못했는데, 이는 단지 개인적인 취향의 문제일 수도 있다.[109]

그럼에도 불구하고 그 서술 방식은 알로트의 저서가 가지고 있는 '의도한 특징(intentional feature)'이라는 스코비의 주장은 타당하다.[110] 알로트 본인도 그가 쓰고자 한 것은 확실히 문학적인 것임을 인정했다.[111] 그는 저서에서 본인이 알고 있고 의도한 것 보다 코스켄니에미가 더 많은 전략들을 찾아내려 애쓰는 것을 비난하면서도,[112] 문학의 역동적인 특징이 그의 저서에 영감을 주었다고 밝히기도 했다. 또한 학문적 글쓰기에 있어 비효과적인 방식의 일반적 특징도 언급했다. 알로트에게 있어서 세상에서 가장 영향력 있는 책들은… 학문적 논쟁과 관련이 없는 것들이었다. 그러한 책들은 독자가 상상력을 가지고 참여하도록 촉발하는 역동성을 가지고 있다.[113] 어떤 것이 독자층에게 호소력이 있고 그들을 움직일 수 있을 것인지는 깊이 고민해 볼 만한 가치가 있다. 학술서적이 실제 세상에 큰 영

---

107 '헌법'이라는 단어가 『국가의 안녕』에서 다양한 의미로 사용되는 방식의 예시로 above n 10, 79-80; Iain Scobbie, 'The Holiness of the Hearts's Affection', above n 13, 174 참조

108 Martti Koskenniemi, 'International Law as Therapy', above n 19, 331.

109 Ibid.

110 Iain Scobbie, 'The Holiness of the Heart's Affection', above n 13, 171.

111 Philip Allott, 'Symposium', above n 11, 271.

112 Ibid.

113 Ibid.

향을 미치지 못하고 있는 것은 사실이며, 학술적인 글을 쓰는 사람들도 이미 이를 잘 알고 있다. 다만 만약 많은 각주가 달린 글을 쓰는 것이 장려되지 않고, 독자는 비전문가인 대중으로 한다면 알로트의 정교한 저서가 그 글을 실제로 이해할 수 있고 처음부터 끝까지 읽을 준비가 되어 있는 엘리트들을 넘어설 수 있는지는 의문이다.

이에 대해서는 알로트가 1인칭 복수 대명사를 사용한 것과 관련이 있다.[114] 알로트가 대변하고 있는 '우리'는 누구이며, 알로트는 누구의 대의명분을 대변하고 발전시켜 나가고자 하는가? 호프마피아와 미쳐버린 국가 엘리트들을 표현하는 3인칭 복수 대명사인 '그들(they, them)'과의 수사적 병치에도 불구하고 독자는 여기서 '우리가 실제로 누구인가?'라는 의문을 갖게 된다. 알로트를 본인의 메시지를 길거리로 들고나오는 포퓰리스트 지도자로 상상하는 건 어렵지만, 그를 지적인 의미에서 세상의 엘리트들에게 인류가 잘못된 방향으로 가고 있으며 구원이 필요하다고 경고하는 귀족으로 보는 것은 꽤 그럴듯하다.

이 논의에서의 마지막 교훈은 서술 방식이 굉장히 중요하다는 점이다. 서술 방식은 상황을 악화시킬 수도 있고, 흥미를 북돋을 수도 있으며, 싫증 나게 할 수도 있고, 매력을 느끼게 할 수도 있으며, 유혹할 수도 있고, 크게 눈에 띄지 않을 수도 있다. 저자가 선택한 서술 방식은 그가 전달하고자 하는 메시지와 주제를 독자가 받아들이는 방식에 상당한 영향을 미친다. 알로트는 이 부분에 대해 잘 알고 있었고, 서술 방식이 형식이면서 동시에 실질이기도 하다는 점 또한 인식하고 있었다. 이런 점에서 그는 독특한 의사소통 방식을 발전시키는 데 기여하였다. 사람들이 그의 방식을 좋아하든 싫어하든, 알로트의 서술 방식이 내용만큼이나 상당한 부분

114 Martti Koskenniemi, 'International Law as Therapy', above n 19, 337.

을 차지한다는 것은 부인할 수 없다. 그리고 맥도널드(MacDonald)가 언급한 것처럼 독자는… 그의 이론이 다루는 범위, 어리둥절하게 만드는 형식상의 복잡함과 새로움, 매우 권위주의적인 어조에 현혹되고, 긴장하고 겁을 먹게 된다.[115]

그렇지만 알로트는 그의 방식을 그의 메시지와 맥락에 맞춰 잘 조절하였다. 그는 '핵심' 텍스트에서 사용한 필연적 서술 방식을 다른 저서에서는 사용하지 않았다. 예를 들어, 해석에 관한 책에 기고한 글에서 알로트는 예배적이고 최면을 거는 듯한 방식과는 거리를 두었고, 해석을 제약 내에서의 자유의 행사로 설명할 때는 효과적이면서도 때로는 당김음으로 구성된 리듬을 사용하였다.[116] 그 텍스트는 창의적이고 다른 학문 분야와 지적 전통의 영향에 대해 수용적이다. 더 나아가 각주로부터 자유로우며 설득력 있는 구조를 취하고 있다. 다시 한번 말하지만, 형식과 내용은 불가분의 관계로 연결되어 있다. 인간 세상이 언어로 이루어진 세상이라는 점을 고려한다면 이는 그리 놀라운 일도 아니다.[117]

생각해 보지 않은 것에 대해 생각하는 것: 대상과 목적

스코비는 알로트의 사회적 이상주의 이론에 대한 주요 비평가 중 한 사람으로 평가받는다.[118] 그에 따르면 '이상주의는 생각할 수 없는 것에 대해 생각하는 것이 아니고, 생각해 보지 않은 것에 대해 생각하는 것이

115 Euan MacDonald, *International Law and Ethics After the Critical Challnge*, above n 13, 351.

116 Philip Allott, 'Interpretation – An Exact Art', in Andrea Bianchi, Daniel Peat and Matthew Windsor (eds), *Interpretation in International Law* (OUP 2015) 373, 382.

117 Philip Allott, *The Health of Nations*, above n 10, 78.

다'.[119] 특별히 알로트의 사회적 이상주의 이론 또는 철학에 대해 내려볼 수 있는 최종적 결론 몇 가지를 설명하기 위해 스코비의 이 표현이 주는 영감을 활용해 보자. 코스켄니에미가 언급했듯, 알로트의 연구는 여전히 매우 읽기 어려운 것으로 남겨져 있고 그건 그의 이론에 흥미를 가진 사람들에게조차 그렇다.[120] 알로트의 저서가 가지는 매우 아리송한 성격은 누구도 그것을 비판하기 어렵게 만들지만,[121] 그렇기에 저서의 메시지를 어떻게 이해해야 할지 질문하는 것은 여전히 타당하다. 한 가지 확실한 것은 이 저서를 단지 '현대성에 대한 매우 일반적 표현'이 된 폭로로만 볼 수는 없다는 것이다.[122] 만약 알로트의 목표가 현대 국제 비사회에서의 흐름을 폄하하고자 하는 것이었다면 그의 저서는 기존의 비판적 연구에 조금의 기여도 하지 못했을 것이다. 알로트의 이론에는 정체를 밝히거나 폭로하는 것보다 더 많은 것들이 담겨 있다.

아마 개인들로 구성된 국제 사회를 매우 아름답게 만드는 것은 그 자체로 가치 있는 활동일 것이다. 이상적 사회를 그려보고 다른 세상을 상상하는 건 그 세상을 우리의 의식에 의해 가능하도록 만들어진 평행 현실 속에 가지고 들어오는 것이다. 프랑크는 상상의 진실에 대한 존 키츠(John Keats)의 시를 인용하여 절차의 가치를 효과적으로 표현했다. 키츠는 '상상의 진실, 즉 상상이 아름다운 것으로 여기는 것은 분명 진실이며 그것이 그 전에 존재했는지 여부는 상관없다'고 믿는다.[123] 알로트는 '진실

---

118 나는 '사회적 이상주의(social idealism)'에 대문자를 사용하지 않았는데, 알로트와 스코비도 그렇다. 나는 그 이유가 문법적인 측면이나 그렇게 해야 할 것 같은 의무감에 있는 게 아니라고 생각한다. 어떤 공격이나 축소도 의도하지 않았다는 것만은 매우 분명하다.

119 Iain Scobbie, 'Slouching towards the Holy City', above n 13, 313.

120 Martti Koskenniemi, 'International Law as Therapy', above n 19, 329.

121 Iain Scobbie, 'The Holiness of the Heart's Affection', above n 13, 171.

122 Martti Koskenniemi, 'International Law as Therapy', above n 19, 330 (Peter Sloterdijk, *Critique of Cynical Reason* (University of Minnesota Press 1988) 인용).

이 그것을 상상하는 과정에서 실제로 실현될 수도 있지만', '실전에서 수많은 어려움을 겪는 실무가'들이 그 결과를 이해하기는 어려울 수 있다고 하였다.[124] 두 접근법 사이에 어느 정도의 상대주의적인 면이 있긴 하지만 알로트의 관점이 제안해 볼 만한 가치가 있다는 점은 분명하다.

토마스 모어(Thomas Mores)의 『유토피아(Utopia)』 이후 문학과 정치사 영역에서는 유토피아적 이념에 대한 독특한 전통이 생겼다. 안타깝게도 이 단어는 가끔 부정적인 의미를 띠었던 결과, 찬양이 아니라 비판을 위해 사용된다. 알로트의 저서 역시 유토피아적이라는 이유로 비난받아 왔다. 이에 대해 알로트는 '이상의 힘은 더 나은 것에 대한 생각이 그것이 가능하다는 생각과 그것을 바라는 마음, 모두를 포함한다는 사실에서 나온다'라고 하며 반박했다. 이상은 우리가 그것을 실현하기 위해 애쓰게 하는 강력하고 매력적인 힘을 만든다.[125] 스코비가 정확하게 지적했듯이, 가능하다는 생각은 유토피아적인 것과 반대된다.[126]

그럼에도 불구하고 알로트의 이론은 이론이 어떤 유형으로 분류되는지(또는 분류가 존재하지 않는지)와는 상관없이 강렬한 통찰을 제공한다. 무엇보다도 이 이론은 사람들이 이상과 권력의 관계에 대해 생각하게 한다. 사람들은 이상의 강력한 힘이 인류 역사에서의 변화를 이끌어 온 주된 요인이라고 생각할 수도 있다. 사회 철학자들의 이론이 사회 변화를 야기하지 못한다는 게 맞을 수도 있지만, 철학자들의 이상은 행동 양식을 제공하거나 개인과 사회의 의식 수준을 높일 수도 있다. 동시에 '이상이 권력에 대

---

123 John Keats, Letter to Benjamin Bailey, 22 November 1817, in Thomas Franck, 'The Fervent Imagination and the School of Hard Knocks', above n 106, 343.

124 Ibid, 344-5.

125 Philip Allott, *The Health of Nations*, above n 10, 83.

126 Iain Scobbie, 'The Holiness of the Heart's Affection', above n 13, 190.

항하기 위해 활용되는 경우 그 권력도 이상에 대한 권력, 즉 반대되는 이상의 권력이다.'[127] 전투를 인류의 선한 힘과 호프마피아의 악 사이의 무엇으로 묘사하거나 이상과 권력 간의 싸움으로 묘사하는 것은 지나친 단순화이다. 왜냐하면 '스스로를 선한 것, 옳은 것, 유용한 것 등에 대한 이상으로 포장할 수 있는 권력은 존재하지 않기 때문이다.'[128]

또 다른 흥미로운 통찰은 이론과 현실의 관계에 관한 것이다. 알로트는 이론은 현실이며 '현실의 가장 고도의 모습'이라는 헤겔(Hegel)의 유명한 말을 인용하면서 이 둘에 대해 어떠한 분명하고 명확한 구분도 거부했다.[129] 알로트는 법률 보좌관으로서의 자신의 실무 경험을 언급하면서 실무자는 자주 생각과 이론을 그들의 일상에 적용한다고 밝혔다. 알로트의 실무 경험 덕에 그와 그의 이론에는 '학자들이 법률 실무에서 겪는 어려움을 충분히 고려하지 않는다'는 실무가들의 일반적인 생각이 적용되지 않는다. 이러한 점을 고려한다면 알로트의 이론을 어떻게 활용할 수 있을 것인가는 잘못된 질문인 것 같다.

국제법이 가진 현재의 한계를 이처럼 강력한 수사법과 흥미로운 지적 방법으로 강조하는 것 또한 국제법이 가진 문제를 더욱 뚜렷하게 드러낼 수 있는 효과적인 방식이다. 국제법상의 일상적이고 부드러운 어휘보다는 호프마피아, 비사회, 그리고 악과 같은 용어들은 확실히 독자가 이 체계에서 무엇이 문제인지에 관심을 가지게 만든다. 오히려 전자와 같은 어휘들은 국제법의 어두운 면을 모호하게 만드는 경향이 있다. 같은 맥락에서, 생각의 혁명에서 비롯되어 스스로를 구성하는 사회의 모습을 예술적으로 묘사한다면, 알로트가 말하는 새로운 의식을 개인들에게 촉발할 수

127 Martti Koskenniemi, 'International Law as Therapy', above n 19, 340.

128 Ibid.

129 Philip Allott, 'Symposium', above n 11, 277-8.

있는 잠재력을 가진 움직임으로 묘사할 수 있을 것이다. 알로트의 이론은 우리가 다른 시나리오를 상상할 수 있도록 돕기도 한다. 감히 학문 분야에서 이미 받아들여진 지식의 경계를 넘어보라는 초청인 것이다. 이것은 심지어 현실적인 불안과 전문가들의 불안 모두를 포함하는 세상의 불안에 대해 효과적인 치료 방법이 될 수도 있다. 한마디로 말하면, 알로트의 저서는 우리에게 다양한 방식으로 생각해 볼 수 있는 놀라운 기회를 제공한다. 우리는 비판적으로 사고하면서 세상을 둘러싼 환경을 조금 더 알게 되고, 이로써 우리의 생각과 의식은 깨어나게 된다. 세상을 구하거나 바꾸는 것으로 충분할까? 아마도 이 질문은 초점을 살짝 벗어난 것일 수도 있겠다.

스코비가 지적했듯이, '알로트의 이론에서 명확한 종착지(end-point)는 확인되지 않는다. 왜냐하면 그 과정은 이상을 추구하며 끝없이 계속되는 것이기 때문이다.'[130] 이상은 그 정의에서 알 수 있듯이 얻기 어려운 것이다. 그렇지 않으면 이상은 '이상적이다'라는 것 그 자체의 고유한 의미를 잃게 될 것이다. 알로트도 '이상은 항상 미래에 존재할 수 있고 현재에는 존재하지 않는 것이다'라고 정의하며 실러(Schiller)를 인용한 것을 보면 스스로도 이런 의견을 지지하는 것으로 보인다.[131] 알로트는 언어유희적이며 청중을 놀리는 듯한 어조로 '이러한 생각들은 말하자면 결코 존재하지 않을 것이지만, 항상 존재하는 이상에 대한 생각을 국제 사회에 심는 것'이라고 말을 이었다.[132] 이에 대해서는 프레드릭 제임슨(Fredric Jameson)을 인용한 카렌 놉(Karen Knop)의 설명이 더 설득력이 있을 수도 있다. 프레드릭 제임슨은 유토피아 담론을 '신비롭고 다양한 전통에 대한 수수께끼

---

130 Iain Scobbie, 'The Holiness of the Heart's Affection', above n 13, 189.

131 Philip Allott, 'Symposium', above n 11, 278.

132 Ibid.

나 선문답(*koan*, 禪問答) 또는 고전 철학의 아포리아와 유사한 명상의 대상으로 여겼고, 그 대상들의 기능은 생각을 그 자체의 힘, 역할, 목표, 구조적 한계에 대한 고도화된 그렇지만 개념화할 수 없는 의식에 몰아넣는 것'으로 보았다.[133] 우리가 이상과 '생각해 보지 않은 것'에 대해 생각하는 힘을 인정한다면 사회적 이상주의의 해방 동력은 수많은 프로젝트에서 중요한 역할을 하게 될 것이다.

참고 문헌

Allott, Philip, *Eunomia: New Order for a New World* (OUP 1990).

Allott, Philip, 'Reconstituting Humanity – New International Law' (1992) 3 *European Journal of International Law* 219.

Allott, Philip, 'The Concept of International Law' (1999) 10 *European Journal of International Law* 31.

Allott, Philip, *The Health of Nations: Society and Law beyond the State* (CUP 2002).

Allott, Philip, *Eutopia. New Philosophy and New Law for a Troubled World* (Edward Elgar 2016).

Jenks, C. Wilfred, *The Common Law of Mankind* (Stevens & Sons 1958).

Koskenniemi, Martti, 'International Law as Therapy: Reading The Health of Nations' (2005) 16 *European Journal of International Law* 329.

Scobbie, Iain, 'Slouching Towards the Holy City: Some Weeds for Philip Allott' (2005) 16 *European Journal of International Law* 299.

---

133 Fredric Jameson, 'Of Islands and Trenches: Naturalization and the Production of Utopian Discourse' (1977) 7 *Diacritics* 2, 11 (Karen Knop, 'Eunomia is a Woman: Philip Allott and Feminism' (2005) 16 European Journal of International Law 315, 328에 인용됨).

Scobbie, Iain, '"The Holiness of the Heart's Affection": Philip Allott's Theory of Social Idealism' in Alexander Orakhelashvili (ed), *Research Handbook on the Theory and History of International Law* (Edward Elgar 2011) 168.

Stone, Julius, *Visions of World Legal Order: Between State Power and Human Justice* (Johns Hopkins University Press 1984).

13장

법경제학

법은 효율적이다

오웬 피스(Owen Fiss)는 '법의 죽음?'이라는 제목의 글에서 '법은 죽었는가?'라는 다소 수사적인 질문을 던졌다.[1] 이 질문은 법의 궁극적인 운명에 대해 긴장감을 조성한다. 하지만 이 글은 만약 정말 법이 실제로 죽임을 당한다면 우리가 어디서 그 범인을 찾아야 할지에 대해서는 의문의 여지를 남기지 않았다. 피스는 비판법학운동(ciritial legal studies)과 법경제학(Law and Economics)이라는 두 방법론이 발전함에 따라 법의 생명은 위험에 빠지게 되었다고 하였다.[2] 그렇기에 그 두 방법론 각각이 가지는 의미 즉, 법은 '정치적'이고 '효율적'이라는 의미가 필연적으로 '공중도덕으로서의 법을 거부하는 것'으로 이어진다고 보았다.[3] 더 나아가 '영혼 없는 법', 궁극적으로는 우리가 역사를 통해 배우고 인정해 왔듯이 '법의 죽음'으로 이

1 Owen M. Fiss, 'The Death of the Law ?' (1986) 72 *Cornell Law Review* 1.

어진다고 보았다.[4] 피스가 제기한 다소 불편한 질문으로 이 장을 시작하는 것은 시작부터 법경제학에 대한 부정적인 인상을 주기 위해서가 아니다. 오히려 반대로 이는 법경제학이 지니는 지적 중요성과 실용적 효과를 인정하는 방식이다.

피스가 선택한 법경제학의 모토인 '법은 효율적이다'를 통해 국제법률가들 사이에서 법경제학이 비교적 성공을 거두고 있음을 설명할 수 있을 것이다. 대체로 국제법 학계는 국제법이 비효율적이라는 인식에 기반한 열등감에 오랫동안 시달려 왔다. 집행 메커니즘의 부재와 국제법 규칙들을 도덕적 사회적 규범으로부터 분리하며 겪게 되는 어려움은 익히 잘 알려져 있다. 이는 환영받지 못하는 단점인 동시에 종종 법과대학의 동료들에 의해, 더 일반적으로는 대중들에 의해 놀림의 대상이 되기도 한다. 이런 회의적인 시각을 가진 상대방에게 국제법도 효율적일 수 있으며, 경제학에서 활용하는 신뢰할 만한 과학적 방법론으로써 증명이 가능하다고 설명할 수 있다는 가정은 국제법률가들에게 거부하기 어려운 유혹이 될 것이다. 그러나 이처럼 고도로 기술적이고 전문적인 지식에 대한 경의는 가치로부터 자유로운 이론이나 방법론 같은 것은 없다는 사실을 우리가 의식하지 못하게 만들 수 있다. 이 논의의 반대쪽에는 자신의 학문 분야와 상당히 거리가 있다고 느껴지는 경제학 같은 다른 지적 분야로부터 기준을 빌리는 것에 대해 신중한 태도를 취하거나 저항하는 학자, 전문가

---

2 몇 년 후, 피스는 법은 회복되었다고 선언했다: Owen M. Fiss, 'Law Regained' (1989) 74 *Cornell Law Review* 245-6. (피스는 다음과 같이 주장했다. '[법경제학의] 마법은 이미 깨진 것으로 여겨진다… 나의 예감에 따르면, 경제학적 방법론은 법의 기능이나 목적을 보편적인 양식으로 재정의하려는 시도보다는 법의 내용이 명시적으로 시장을 보완하거나 보호하기 위한 것(독점 금지)인 경우에 적절한 판단을 제시하기 위해 사용될 것이다. 또는 체계적으로 잘 조직된 시장(보험 산업)에서 활동하는 행위자의 행위를 설명하기 위해 사용될 것이다.') 피스의 예측 두 개는 모두 어긋났다고 봐도 무방하다.'

3 Owen M. Fiss, 'The Death of the Law ?', above n 1, 14.

4 Owen M. Fiss, 'The Death of the Law ?', above n 1, 16.

도 있다. 그리고 그 사이에는 비록 어떤 가정을 전제로 하지만, 국제법이 진정한 힘을 가지고 있다는 점을 외부 세계에 보여주기에는 법경제학이 이론적으로 타당하고 방법론적으로 유용하다는 점을 지지하는 사람들도 존재한다. 국제거래법이라는 제한된 범위에서 논의를 시작해 보면,[5] 법경제학은 1990년대 국제법에서 탄력을 얻었으며[6] 매우 빠른 속도로 국제법상 가장 영향력 있는 이론 중 하나로서 그 지위를 공고히 하였다.

경제학에서 빌려온 핵심적 가정은 제한된 자원이라는 조건에서의 합리적 선택에 대한 가정이다. 이 가정은 개인은 그들의 선호를 극대화하려 하며, 그렇게 하는 과정에서 합리적으로 예측 가능한 방식으로 행동함을 의미한다.[7] 합리적 선택이론 지지자들에 따르면, 경제학 분석 도구의 활용은 관련 변수들에 기초하여 가정을 구성할 수 있게 한다. 이는 인간 행동의 원인과 결과에 대한 평가를 목적으로 한다. 더불어 개별법이나 개별 제도의 효과성처럼 규범적 선택의 효율성을 평가하는 데도 활용될 수 있다. 사실 경제인(*homo economicus*) 또는 합리적인 인간이 중심이 되는 것은 논쟁의 여지가 없어 보인다.[8] 합리성의 정도에 관해서는 이견이 있다 하더라도, 이 가정은 개인이 항상 그들의 행동을 비용편익 분석의 방식으로 장단점을 저울질하다가 결국 최대의 순이익을 가져다주는

---

5 Eric A. Posner and Alan O. Sykes, *Economic Foundations of International Law* (Harvard University Press 2013) 3, 4.

6 국제 법경제학의 체계적인 특성에 관한 최초의 연구 중 하나로 Jagdeep S. Bhandari and Alan O. Sykes (eds), *Economic Dimensions in International Law: Comparative and Empirical Perspectives* (CUP 1997) 참조.

7 Jeffrey L. Dunoff and Joel P. Trachtman, 'The Law and Economics of Humanitarian Law Violations in Internal Conflict' (1999) 93 *American Journal of International Law* 394, 395.

8 Keith N. Hylton, 'Calabresi and the Intellectual History of Law and Economics' (2005) 64 *Maryland Law Review* 85, 98.

쪽으로 무수히 많은 선택(즉 이익이 비용을 초과하는 행동)이 이루어짐을 의미한다. 이 논리에 따르면, 합리적으로 행동하는 개인은 그들이 고려하고 있는 이익이 비용을 초과할 때 성실해질 수밖에 없다. 계약을 위반해서 발생하는 이익이 계약 이행에 드는 비용을 초과하는 경우에 한해서는 계약을 위반할 수도 있다. 또한 그들은 예상되는 처벌이 범죄 행위로부터 얻을 수 있는 이득을 초과하는 경우에만 범죄를 삼갈 것이다. 이는 보통 화폐로 환산하여 계산되기 때문에 합리적인 개인은 실제로 비용과 이익을 쉽게 비교할 수 있다.[9]

법경제학의 기원을 확인해보는 것은 흔히 그렇듯이 개인의 지적 선호와 우선순위의 문제이다. 우리가 법경제학을 사회 문제를 해결해가는 과정에서의 기능적 관점으로 본다면, 법경제학의 기원은 제러미 벤담(Jeremy Bentham)의 저서와 체사레 베카리아(Cesare Beccaria)의 저서에서 찾을 수 있을 것이다.[10] 처벌의 수위는 범죄자가 범죄 행위로 인해 얻을 것으로 예상되는 이득을 상쇄하는 정도에 그쳐야 한다는 베카리아의 이론은 도구주의(instrumentalism)의 초기 사례로 볼 수 있다. 또한 이 이론은 법적 제도 및 절차의 분석에 대한 경제적 추론이 침묵했던 사례로도 볼 수 있다. 이와 유사하게 벤담은 범행을 저질렀을 때 범죄자가 지불해야 하는 비용을 확인하기 위해 처벌의 가혹함과 처벌이 가해질 가능성이라는 척도를 사용했다.[11] 벤담은 인간 행동을 분석하기 위한 적절한 틀로써 합리성과 개인 효용(utility)의 극대화를 주장한 초기 사상가 중 한 명이었고, 벤담의 이런 생각은 고통과 쾌락을 핵심으로 하는 것이었다.

---

9 Ibid.

10 Cesare Beccaria, *On Crimes and Punishments* (Prentice Hall 1963).

11 Jeremy Bentham, *Introduction to the Principles of Morals and Legislation* (Prometheus Books 1988) 1.(1789년에 처음 출판됨)

그럼에도 불구하고, 우리가 현재 알고 있듯이 법경제학의 뿌리는 1950년 후반과 1960년대의 많은 경제학자와 법학자의 저서에서 찾을 수 있다. 경제학자인 게리 베커(Gary Becker)의 인종 차별에 대한 연구와 형사 처벌에 대한 연구도 이런 선구적인 기여에 포함된다. 베커의 1957년 논문은 독자들에게 인종 차별을 경제학적 분석의 대상이 될 수 있는 영역으로 설명함으로써 새로운 영역을 개척했다.[12] 균형에 초점을 둔 시장 중심의 효용성 극대화 모델에 영감을 받은 베커에 따르면, 차별하지 않는 고용주는 그들의 이익을 증대시키기 위해 저임금 흑인 노동자를 고용할 수 있는 인센티브를 얻었다. 만약 경쟁 환경에서 차별하지 않는 고용주들이 충분히 시장에 참여한다면 인종에 따른 임금 격차는 시간이 지남에 따라 급속도로 줄어들 것이다. 베커는 이후에 쓴 저서에서 범죄 행위를 최대한으로 막을 수 있는 처벌 시스템을 만들기 위해 비용 내면화(cost-internalization)에 기반한 형사 처벌 이론을 제안했다.[13] 그가 제시한 한 가지 예시는 목적지와 가까운 불법 주차 구역에 주차할지 아니면 멀지만 주차 허용 구역에 주차할지의 딜레마와 관련된 일화였다. 불법 주차로 딱지를 떼일 가능성과 합법적으로 주차하는 데 드는 비용 등 여러 가지 요소를 고려한 후 베커는 그가 박사 과정 학생을 지도하기 위해 가야 하는 컬럼비아 대학 근처에 불법 주차하기로 결정했다. 여기서 그는 불법 행위에 대한 비용을 정확하게 계산하기 위해서는 범죄자에게 높은 벌금을 부과하는 것까지 고려해야 한다고 주장했다. 합리적인 행위자로서의 범죄자는 그 벌금을 예측하는 과정에서 범죄를 저지르기를 멈출 것이다. 매우 극심한 논쟁을 일으켰다는 사실에도 불구하고, 그의 저서가 법에 대한 경제학적 분석의 길을 열었다는

12 Gary S. Becker, *The Economics of Discrimination (University of Chicago Press* (1957).

13 Gary S. Becker, 'Crime and Punishment: An Economic Approach' (1968) 76 *Journal of Political Economy* 169.

점에 대해서는 의심의 여지가 없다.

1960년 시카고 경제학자인 로널드 코스(Ronald Coase)가 쓴 사회적 비용에 대한 글은 법경제학 관점의 시금석이다.[14] 그의 저서에서 코스는 거래 비용에 대한 그의 이론을 발전시켰고, 법경제학 관점의 발전에 있어 중대한 역할을 하는 이론을 만들었다. 단순화해 보면, 코스의 정리(Coase theorem)는 거래 비용이 없다면[15] 어떤 법적 권한이 부여되는지와 상관없이 효율적인 경제적 이익을 얻을 수 있다는 것이다. 예를 들어, 오염 물질을 발생시키는 공장이 있어 그 주변의 마을이 영향을 받는다고 하자. 여기서 코스의 정리는 거래 비용이 없다면 그 마을이 깨끗한 환경을 누릴 권리가 있는지 또는 공장이 오염시킬 권리를 가지는지는 중요하지 않다고 전제한다. 경제적으로 효율적인 해결책은 누구에게 법적 권리가 부여되는지와 상관없이 도출되며, 이는 심지어 누가 비용을 지불했느냐에 따라 수익 배분이 달라진다고 하더라도 그렇다. 코스의 정리에 조금 더 복잡한 변화를 가해보면, 적극적인 거래 비용이 존재하는 경우의 효율적인 결과는 법적 규칙에 따라 달라진다는 결론이 나온다. 경제적으로 효율적인 해결책을 만들어 내기 위해서는 법적 규칙이 거래 비용을 최소화하는 것이어야 한다. 여기서 핵심은 자원의 할당에 대한 재산 및 책임 원칙(property and liability rules)의 효과가 거래 비용에 좌우된다는 점이고, 이는 추후 법경제학자들의 폭넓은 지지를 받았다. 이 모델의 복잡성과 관련 없이, 코스의 정리는 학자들이 법학 영역과 관련된 많은 문제들을 해결하는데 기여하였다. 그 사례로 파레토 효율(Pareto efficiency)을 찾기 위한 생활방해법(nuisance law), 계약법, 제조물책임, 환경법 등의 영역을 들 수 있다.[16]

---

14 Ronald H. Coase, 'The Problem of Social Cost' (1960) 3 *Journal of Law and Economics* 1.

15 거래 비용은 협상 과정 및 그 집행과 관련된 비용뿐만 아니라 협상을 위해 당사자들을 확정하여 함께 모이게 하는데 발생하는 비용이다.

불법행위법을 개혁하고 더욱 효율적으로 개선하기 위한 의도에서 이탈리아계 미국 학자 귀도 칼라브레시(Guido Calabresi)는 1970년 사고 비용에 관한 교과서라고 할 만한 책을 펴냈다. 후에 그는 미국 연방 판사직을 맡았다. 칼라브레시의 분석은 불법행위에 대한 법이 비효율적인 결과를 양산하고 있음을 밝혔다. 결론적으로는 과실 기준을 엄격한 책임 기준으로 교체하는 게 효율적인 결과를 만들며, 이는 특히 위험하고 잠재적으로 신체 손상을 야기할 수 있는 행위에 더욱 그렇다는 것이다. 칼라브레시에 따르면 사고에 대한 최선의 규제는 최소비용회피자(the best or cheapest cost-avoider)에게 책임을 부과하는 것이다.[17]

1973년, 리처드 포스너(Richard Posner)의 교과서 『법의 경제학적 분석(Economic Analysis of Law)』의 초판이 출판되었다.[18] 포스너의 저서는 주로 신고전파 경제학의 영향을 받았는데, 미시경제학과 시장 메커니즘이 법과 법의 효율성을 분석하는 데 활용될 수 있는 다양한 방식을 보여주고자 하였다. 포스너는 가격, 비용, 결과, 수요에 가중치를 두면서 자원의 효율적인 사용을 극대화하기 위한 수단으로서의 합리적인 의사 결정을 신뢰하였다. 포스너는 이 믿음에 근거하여 시장 메커니즘을 장려하고 국가 개입은 가능한 자제해야 한다고 주장하였다. 따라서 그는 법의 기능에 대해 최소주의 견해를 견지하였으며, 법은 경제적으로 효율적인 결과를 얻기 위한 부차적인 역할을 한다고 보았다. 심지어 형사법이나 불법행위법에서조차 법

---

16 파레토 효율(Pareto efficiency)은 이탈리아 경제학자 빌프레도 파레토(Vilfredo Pareto)의 이름을 딴 것으로, 자원이 최적의 상태로 배분되고 적어도 한 당사자에게 손해를 끼치지 않고서는 아무도 더 나은 상황이 될 수 없을 때 일어난다.

17 Guido Calabresi, *The Costs of Accidents: A Legal and Economic Analysis* (Yale University Press 1970); Guido Calabresi, 'Some Thoughts on Risk Distribution and the Law of Torts' (1961) 70 *Yale Law Journal* 499.

18 Richard A. Posner, *Economic Analysis of Law* (Little, Brown 1973).

은 주로 시장 메커니즘을 개선하기 위한 것으로 평가되었다. 계약법에서 법의 역할은 거래 비용이 최소한으로 유지되도록 하고 거래에서의 효율적인 행위에 대한 인센티브를 제공하는 정도에 그쳐야 한다.[19] 사실 보통법(common law)은 '대상 행위와 관련된 당사자들 사이에 반드시 책임을 분배해야 하며, 그 분배는 공동의 가치 또는 그에 상응하는 것을 극대화하고 공동 행위 비용을 최소화하는 방식을 따라야 한다.'[20] 이러한 배경에서 재산권은 최초로 권리를 배분하는 중요한 역할을 하며, 이 권리는 당사자 간의 합의에 의해 이전되거나 불법행위법 또는 형법을 통해 보호받을 수 있다. 포스너가 이 책을 썼을 때조차도 일부 비평가들은 '법적, 사회적 의사 결정에 필수적인 정치경제학'으로 옮겨가지 않는 그를 비난했다. 현재는 분배의 문제가 법적, 사회적 과제의 핵심에 해당하지만, 그 당시에는 이 분배의 문제에 대한 포스너의 주장이 받아들여지지 않았음을 알 수 있다.[21]

법경제학은 대체로 경제적 분석에서 차용된, 다방면에 활용 가능한 도구를 사용함으로써 법이 작동하는 방식과 법이 특정 목표를 성취하기 위해 작동하도록 만들어진 방식에 대해 더 깊은 이해를 촉진하고자 한다. 이 두 가지 임무는 법경제학에 대한 실증주의적(positive)인 접근법과 규범적(normative)인 접근법에 대한 전통적인 구분과 대체로 일치하며, 각각 시카고 로스쿨과 예일 로스쿨에서 지지받았다. 실증경제학은 시카고 로스쿨과 관련되는데, 세상을 있는 그대로 설명하기 위해 현재(what is), 과거(what has been), 미래(what will be)를 설명하는 경제적 분석을 활용한다.[22] 반

19 Ibid, 44.

20 Ibid, 58.

21 Donald H.J. Hermann, 'Book Review of Richard A. Posner, Economic Analysis of Law' (1974) *Washington University Law Quarterly* 354, 374.

22 Richard A. Posner, 'Some Uses and Abuses of Economics in Law' (1979) 46 *University of Chicago Law Review* 281, 285.

면, 예일 로스쿨의 규범경제학은 법이 무엇이어야 하는지를 설명하고자 한다. 규범경제학은 법을 사회적 행동을 규율하는 더 효율적인 도구로 만듦으로써 세상을 변화시키려 한다. 이러한 구분은 포스너의 불법행위법에 대한 분석과 칼라브레시의 『사고의 비용(The Costs of Accidents)』 간의 대조를 통해 드러난다. 포스너의 분석은 주로 보통법상 규칙 및 제도들이 경제적 효율성을 촉진하는 경향이 있는지를 입증하는 것과 관련되었고,[23] 칼라브레시의 저서는 명백하게 경제적 효율성 향상을 위한 불법행위법의 개혁에 방점이 있었다. 시카고와 예일 접근법의 병존은 우연히도 위에서 언급한 두 인물을 통해 완벽한 예시를 찾아볼 수 있다. 두 인물은 법경제학의 창시자이자 대가였으며, 그들이 판사로 임명됨에 따라 실무에 끼치는 영향력은 더 커졌다.[24]

두 접근법 모두 경제학적 방법론이 (국제)법에 '더 적절한 이론적 관점'을 제공하며 전통적 법학의 '교조적 설명(doctrinal description)' 및 '근거 없는 규정(unfounded prescription)'과 극명하게 대조된다는 점을 가치 있게 여긴다.[25] 더 나아가 이 두 접근법은 경제적 분석의 고도로 정교화되고 형식화된 기술은 매우 분석적일 뿐만 아니라, 교육적이고 수사적인 장치로서 국제법상 이슈들을 조명하여 국제법 학문의 발전에 기여할 것이라는 확신에서 영감을 받았다.[26]

---

23 Richard A. Posner, 'A Theory of Negligence' (1972) 1 *Journal of Legal Studies* 29.

24 리처드 포스너는 미국 시카고의 제7항소 법원 판사이고, 귀도 칼라브레시는 미국 뉴욕 제2항소 법원 판사이다. 포스너는 시카고 로스쿨의 부교수이고, 칼라브레시는 예일 로스쿨의 명예교수이자 학장을 역임했었다. 실제로 법경제학 분석법은 국내법의 많은 영역에서 활용되었다. Richard A. Posner, 'Some Uses and Abuses of Economics in Law', above n 22, 282-4 참조.

25 Jeffrey L. Dunoff and Joel P. Trachtman, 'The Law and Economics of Humanitarian Law Violations in Internal Conflict', above n 7, 409.

26 Ibid.

개념, 기술, 그리고 비유

모순되게도 법경제학은 종종 너무 복잡하면서도 너무 간단한 것으로 인식되거나, 너무 난해하면서도 너무 피상적인 것으로 여겨지곤 한다. 이런 다양한 인식은 '난해한 전문 용어(impenetrable jargon)'와 '범접하기 어려운 수학 방정식의 집합(forbidding array of mathematical equations)'의 영향 때문일 수 있다.[27] 혹은 법경제학이 광범위하면서도 종종 경험적으로 검증되지 않은 가정을 한다는 것에 대해 빈번하게 받는 비판이 영향을 주었을 수도 있다. 이 특징 없이는 법경제학 이론의 설득력이 현저히 떨어질 것이다. 사실, 법경제학은 경제학에서 차용해 온 개념, 기술, 비유에 의존하기 때문에 사람들이 그것들에 익숙해지지 않는 한, 법경제학은 단호한 거부까지는 아니더라도 불안을 초래할 가능성이 높다. 법경제학 이론의 핵심 내용에 대해 살피기를 권하지만, 그중에서도 계량경제학 기술이 필요하지 않은 것들에 초점을 맞추고자 한다.[28]

경제학은 전통적으로 자신의 이익을 위하여 행동함으로써 그 이익을 극대화하고자 하는 개인을 다룬다. 경제학은 수중에 한정된 자원을 가진 개인이 선호하는 것을 얻기 위해 합리적으로 행동한다는 가정하에, 대가를 반드시 지불해야 하는 상품과 용역을 교환하는 시장에서 개인이 행동하는 방식을 분석한다. 법경제학의 기저에 깔려 있는 핵심적인 생각은 법이 특정 행동의 비용에 변화를 주는 방식을 통해 시장에서 일어나는 거래에 영향을 미친다는 것이다. 경제학자들이 법률 규정이나 법적 제도의 효

27 Eric A. Posner and Alan O. Sykes, *Economic Foundations of International Law*, above n 5, 12.

28 약간의 수학과 그래프가 포함된 개괄적인 내용을 파악하기 위해서는, Robert Cooter and Thomas Ulen, *Law & Economics* (6th edn, Prentice Hall 2011) 참조.

율성을 파레토 최적의 원칙(principle of Pareto optimality)이나 칼도-힉스 기준(Kaldor-Hicks criterion)을 기반으로 평가하는 것이 전형적인 예시이다. 파레토 최적의 원칙에서는 누군가에게 손해를 끼치지 않으면서 아무도 더 이익을 얻을 수 없을 때 법이 효율적이다. 칼도-힉스 기준에서는 법이 승자와 패자를 초래하더라도 승자가 패자가 잃은 것보다 더 많이 얻는다면 바람직한 것으로 본다.[29]

「미국국제법저널(American Journal of International Law)」이 국제법의 방법론을 주제로 개최한 심포지엄에서 제프리 더노프(Jeffrey Dunoff)와 조엘 트라흐트만(Joel Trachtman)은 법 관련 경제학 분석에서 쓰이는 4가지 주요 이론 또는 기술을 설명했다. 첫째, '가격 이론(price theory)'은 개인이 각자 원하는 것을 최대로 충족시키고자 시도하는 상호 작용을 평가한다. 이때 경제학은 수학적 도구를 이용해 공급과 수요의 균형을 분석한다. 또 파레토나 칼도-힉스 기준에 근거해 그것의 효율성을 분석한다. 둘째, '거래 비용 경제학(transaction cost economics)'은 자연스럽게 당사자를 확인하고, 그와 흥정하고, 최종적으로는 도달한 합의를 집행하는 데 드는 비용에 초점을 맞춤으로써 가격 이론을 보완한다. 거래 비용이 매우 높으면 계약 결과는 사라질 수도 있다. 셋째, '게임 이론(game theory)'은 전략적 상호 작용의 분석과 관련된다. 게임 이론의 예측에 따르면, 개인의 행동이 다른 사람의 행동에 좌우될 때 게임 참가자들은 공동의 이익을 증대시키려는 목적으로 협력하는 데 실패할 것이다. 마지막으로, '공공 선택(public choice)' 이론은 경제학적 분석을 비시장 기반 의사 결정 과정에 적용한다. 나아가 정치적 행동에도 적용한다. 국제법에서의 공공 선택은 조약뿐만 아니라 국제기구의 설립 또는 기구 간 상호 작용을 분석하기 위해서도 활용된다.[30]

---

29 Eric A. Posner and Alan O. Sykes, *Economic Foundations of International Law*, above n 5, 13.

이런 유형의 분석에서 국제법은 어느 위치에 있는 걸까? 우리는 어떻게 국내법 영역에서 주로 활용해 온 분석을 국제적인 영역으로 전환시킬 수 있을까? 위에서 나열했던 개념과 기술은 국제관계에서 어떤 역할을 할 수 있을까? 국제법에서의 법경제학 학문은 개인의 시장을 국제 관계의 시장에 비유한다. 국제 관계의 시장에서 국가들은 거래하고 합의에 이르며, 국제기구 안에서 협력한다. 이 모든 행위는 항상 그들의 이익과 선호하는 바를 극대화하기 위한 목적으로 이루어지는 것이다. 유일한 차이라면 국가가 거래하는 자산은 권력과 그 권력을 구성하는 요소들이라는 점이다.[31]

국가는 거래에서 이익을 얻기 위해 시장에 참여하고 거래를 한다. 이익의 극대화 효과와 외부 효과(한 국가의 행위가 다른 국가에 미치는 긍정적 또는 부정적 효과)를 살펴보기 위해서는 '재산권(property rights)'이 반드시 성립되어야 한다. 경제학에서 재산권은 자원의 이용 방법을 결정할 수 있는 배타적인 권리를 의미한다. 경제학자들은 법적 권리나 재산권의 부여를 당연한 것으로 가정하는 경향이 있지만, 거래 비용이 존재하는 경우에는 재산권의 부여 및 권리의 보호가 관련성을 갖게 된다. 재산권 및 책임 원칙(property rights and liability rules)에 대한 경제학자들의 세미나에서 귀도 칼라브레시와 더글라스 멜라메드(Douglas Melamed)는 거래 비용이 낮을 때 거래의 효율성을 증대시키기 위해 재산 원칙(property rules)이 효과적으로 활용될 수 있는 반면, 책임 원칙(liability rules, 'take-and-pay' principle)은 거래 비용이 높을 때의 효율성 달성에 더 적합하다고 주장했다.[32] 이 주장 이후 요스트 파우엘

30 Jeffrey L. Dunoff and Joel P. Trachtman, 'The Law and Economics of Humanitarian Law Violations in Internal Conflict', above n 7, 396.

31 Jeffrey L. Dunoff and Joel P. Trachtman, 'Economic Analysis of International Law' (1999) 24 *Yale Journal of International Law* 1, 13.

린(Joost Pauwelyn)은 국제법 체계는 '집단적 개입 없이 동의에 기반하여 규범이 만들어지고 권리가 이전되는 것이 기본 원칙(default rule)'이라는 측면에서 재산권 제도의 '대표적인 예'로 볼 수 있다고 하였다.[33] 국제법은 법적 권리를 다양한 방식으로 보호한다.[34] 대부분의 법적 권리는 보상 및 상호 보복을 내용으로 하는 기본 원칙에 의해 보호될 수 있으나, 책임 제도는 제3자에 의한 판단과 같은 집단적 평가 체계를 요구하기 때문에 필연적으로 보다 더 국제법을 필요로 하게 된다. 마지막으로, 법적 권리의 이전이 허용되지 않는 경우는 그 권리의 이전에 중대한 외부 요인이 관련되어 있거나 비교 불가능한 가치가 관련되어 있는 경우로 제한되어야 한다. 비교 불가능한 가치를 화폐로 환산하여 이전하는 것은 '그 자체로서 불가능하고 부적절'하기 때문이다.[35]

비유도 완전히 딱 들어맞는 것은 아니다. 사실 법경제학 학자들은 필수적으로 현금 시장인 사적 상품 시장과 달리, 국제 관계 시장은 물물교환 시장과 더 유사함을 인정한다.[36] 게다가 실체가 없는 국가를 합리적인 효

---

32 Guido Calabresi and A. Douglas Melamed, 'Property Rights, Liability Rules, and Inalienability: One View of the Cathedral' (1972) 85 *Harvard Law Review* 1089. 국내법 영역에서의 책임 원칙(liability rules)은 법원에 의해 집행되며, 소유자가 수용해야 할 거래비용도 법원이 책정한다는 점을 명확히 할 필요가 있다. 더노프와 트라흐트만이 강조하고 있듯이, '재산과 책임 간의 선택은 관련 자산의 거래가 이루어지게 하는 제도로 시장을 활용하느냐 국가를 활용하느냐에 대한 부분적 선택의 문제이다.' Jeffrey L. Dunoff and Joel P. Trachtman, 'Economic Analysis of International Law', above n 31, 25.

33 Joost Pauwelyn, *Optimal Protection of International Law: Navigating between European Absolutism and American Voluntarism* (CUP 2008) 198.

34 Ibid, 199.

35 Ibid, 54. 파우엘린은 노예제, 집단살해죄, 인도에 반한 죄가 이런 경우에 해당한다고 주장한다. 어떤 권리의 가치를 측정하는 것이 완전히 불가능한 것은 아니더라도 매우 어려울 때는 언제나 그러한 권리의 양도를 금지하는 쉬운 방법을 선호하게 된다.

36 Jeffrey L. Dunoff and Joel P. Trachtman, 'Economic Analysis of International Law', above n 31, 19. 제도경제학은 법을 '의사소통과 약속을 위한 제도적 메커니즘'을 만들기 위한 수단으로 생각함으로써 개인 선호 패러다임에 기반한 신고전학파 시장을 넘어선다.(Ibid, 44)

용 극대화 단체로 여기는 것은 그 비유를 그 한계치까지 확장시키는 것이다. 국가의 선호는 외부의 요인에 의한 것이며 당연하게 여겨진다는 사실은 차치하고라도 말이다. 국제적 차원에서의 선호는 불확실하고 문맥의 영향을 받으며, 그러한 선호들을 반영하고 정당화하도록 설계된 법적 규칙과 제도의 변수로 작용한다. 그럼에도 불구하고 전통적인 경제학 분석은 국제법 전체를 하나의 계약으로 묘사하는 경향이 있다. 예를 들어, 에릭 포스너(Eric Posner)와 사익스(Sykes)는 국제법은 하나의 불완전한 계약이며, 그 최적의 모습이 국내법 계약의 모습과 매우 다를 필요는 없다고 주장했다.[37] 불완전한 계약은 계약서에 명백히 언급되지 않은 행위를 규율하기 위한 '임의 규정'에 의존한다. 조약법에 관한 비엔나협약(The Vienna Convention on the Law of Treaties)상의 규정들은 임의규정으로서 조약에 대한 규율을 적절히 보완한다. 조약 위반은 그 위반이 효과적인 경우에 정당화될 수 있다. 위반이 효과적인 경우는 위반의 결과로써 위반국이 얻는 이익이 그 조약을 준수하는 모든 국가들의 비용을 초과하는 경우이다. 국제법에서 집행이 문제될 수 있다는 점을 고려한다면, 합의는 그 자체로 집행할 수 있어야 할 것이다. 즉 제3의 심판관에 구애받지 않고 합의 자체의 집행을 보장할 수 있는 '상호 간의 불이행 협박' 같은 메커니즘을 가져야 할 것이다.[38]

게임 이론은 외부적 요소가 있는 사회적 환경에서 행위자들이 상대방과의 협력 여부를 결정하기 위해 상호 작용하는 과정에서 활용하는 전략을 소개한다.[39] 활용할 수 있는 게임과 전략들은 매우 다양하지만, 고전적

---

37 Eric A. Posner and Alan O. Sykes, *Economic Foundations of International Law*, above n 5, 24.

38 Ibid, 27.

39 Drew Fudenberg and Jean Tirole, *Game Theory* (MIT Press 1991).

인 '죄수의 딜레마'가 상대적으로 단순하여 그 중요성을 잘 보여준다. 기본적인 버전의 '죄수의 딜레마'에서 경찰은 범죄 행위 후 체포된 죄수들을 두 개의 다른 방에 들어가게 해서 죄수들이 서로 소통할 수 없게 한다. 검사는 죄수들을 기소하기 위한 충분한 증거를 확보하지 못했고, 그들이 유죄 판결을 받게 하기 위해서는 자백이 필요한 상황이다. 그래서 검사는 두 죄수에게 자백할 기회를 제안한다. 만약 아무도 자백하지 않고 서로 협력하면, 죄수 둘 다 유죄 판결을 선고받겠지만 형량은 가벼울 것이다. 만약 둘 중 한 명이 자백하고 상대방에게 불리한 증언을 하는 한편 나머지 한 명은 자백하지 않는다면, 자백한 죄수만 풀려나고 자백하지 않은 죄수는 더 높은 형량을 선고받을 것이다(9년 정도로 가정해 보자). 만약 둘 다 자백한다면 두 죄수 모두 범죄 행위에 대해 같은 형량을 선고받을 것이다(6년 정도로 가정하자). 만약 두 죄수가 서로 소통하도록 허락된다면, 둘은 자백하지 않고 가벼운 형량을 선고받는 게 가장 좋다는 걸 알게 된다. 하지만 이 이론에 따르면 두 죄수는 모두 상대방이 어떤 결정을 하는지와 상관없이 자신의 이익을 위해서 자백할 것이다. 그리고 둘 다 자백하지 않았을 때보다 더 높은 형량을 받게 될 것이다.[40] 이 결과는 경제적인 관점에서는 결국 비효율적이다. 죄수의 딜레마 이론의 보상 체계를 고려하면, 죄수들이 서로 협력하기를 원하지 않는 비협력적인 게임에서 게임 참가자들이 활용하는 전략은 오히려 비효율적인 결과를 낳을 수 있다. 그러므로 국제법이 당면한 도전은 효과적인 결과를 만들어 내기 위해 죄수의 딜레마 이론을 수정하는 것이다.

---

40 죄수들은 각자 다음과 같이 추론할 것이다. 다른 죄수가 자백해도 나는 자백하지 않고 9년을 복역할지, 아니면 나도 자백하고 6년을 복역할지를 선택할 수 있다. 반대로 다른 죄수가 자백하지 않으면, 나는 2년만 복역하거나 석방된다!

검증된 합리적 선택

대체로 법에 대한 경제학적 분석의 기저를 이루는 가장 중요한 개념은 합리적 선택이다. 경제학적 추론의 중심을 이루는 전제는 합리적인 개인(그리고 국가)은 그들이 가지는 일련의 선호를 바탕으로 각자의 이익을 극대화하기 위해 전략적으로 행동하리라는 것이다. 합리적 선택은 정치학, 국제관계학, 그 외 사회과학에서 널리 활용되는 이론이며 법경제학의 방법론에서도 중요한 부분을 차지한다.

합리적 선택이론의 장단점은 상대적으로 찾기 쉽다. 장점은 이 이론이 가지는 다양성 그리고 대부분의 행위자와 행위들에 적용할 수 있다는 점이다.[41] 반면 이 이론이 가지는 위험 요소도 많다. 첫째, 선호의 형성 과정은 법경제학의 약점이다. 왜냐하면 선호가 어떻게 형성되는지에 대해서는 거의 어떤 설명도 존재하지 않기 때문이다.[42] 둘째, 이 이론이 국가나 국제기구 같은 집합체로서의 행위자를 개별적인 결정 및 선택을 하는 '단일의 행위자(unitary actors)'로 보는 게 늘 적절한 것은 아니다. 집단은 그 정의상 다양한 믿음, 목표, 선호를 가지고 있으며, 개별적인 의사 결정 패러다임의 협소한 범주 내에 이 모든 것이 포함되기는 어렵다. 마지막으로, 특정 상황에서의 행동을 설명하기 위해 고안된 모델이어도 동일한 의미의 전혀 다른 상황에서는 적용되지 않을 수 있다. 예를 들어, 국내 계약이론이 조약의 체결에 쉽게 적용되지 않을 수도 있다.

더 나아가 로버트 코헤인(Robert Keohane)의 주장처럼, 합리적 선택 모델을

41 Alexander Thompson, 'Applying Rational Choice Theory to International Law: The Promise and Pitfalls' (2002) 31 *Journal of Legal Studies* 285, 287.

42 Niels Petersen, 'How Rational Is International Law?' (2009) 20 *European Journal of International Law* 1247, 1258.

액면 그대로 받아들여서는 안 된다.[43] 합리성은 반드시 조심스럽게 정의되어야 하며, 물질적 욕망과 동일시되어서는 안 된다. 합리적 선택이론을 현명하게 활용한다면 인과적 메커니즘이 작동하는 방식을 조명할 수 있을 것이다. 이처럼 합리적 선택이론을 통해서는 퍼즐을 푸는 것뿐만 아니라 퍼즐을 만드는 것도 가능하다. 특히 합리적 선택이론은 질문 및 대화를 통해 도출된 답의 지위를 약화시키는 것에 능하다. 코헤인의 주장이 가지는 약점은 '자만한 죄(*sin of hubris*)'이고,[44] 이것은 그리스 비극 작품의 영웅이 가졌던 치명적인 결점이다. 자만심은 기술적으로 능력 있는 분석가에게는 결점으로 작용할 수 있다. 수학적으로 어려운 기술을 다루는 그들의 능력이 사회 현실의 본성을 이해할 수 있는 특별한 통로를 제공한다고 믿는다거나, 합리적 선택 기술은 답을 제공하는 것보다 가설을 세우는 데 더 뛰어나다는 점을 잊어버리는 분석가에게 특히 그렇다.[45] 다시 말해서 합리적 선택 이론가는 역사적 배경을 무시하지 않아야 하고, 가치가 수행하는 역할을 경시하지 않아야 하며, 선호의 변화를 중요하게 고려해야 한다.[46]

사실 많은 경제학자가 합리적 선택 모델의 설득력을 무조건적으로 신뢰하는 것을 경고하고 있다. 아마르티아 센(Amartya Sen)은 사람의 관심을 넓은 의미에서 정의하는 것은 상대적으로 쉽기에, 무엇을 하든 그 사람은 모든 개별 행위들을 통해 자기의 이익을 발전시키고 있는 것으로 보일 수도 있다는 점을 강조했다.[47] 달리 말하면, '당신이 가진 전부가 망치라면

---

43 Robert O. Keohane, 'Rational Choice Theory and International Law: Insights and Limitations' (2002) 31 *Journal of Legal Studies* S307.

44 Ibid, S318.

45 Ibid.

46 Ibid, S319.

47 Amartya K. Sen, 'Rational Fools: A Critique of the Behavioral Foundations of Economic Theory' (1977) 6(4) *Philosophy & Public Affairs* 317, 322.

모든 것이 못으로 보인다!'[48]

최근 행동학적 관점에서 제기한 것 외에 합리적 선택이론에 대한 비판은 개인이 스스로의 이익을 극대화하는 것을 허용함으로써 이론 자체의 목표를 성취하려 한다는 것을 주된 내용으로 한다. 그러나 합리적 이론은 '우리의 목표가 무엇이어야 하는지를 우리에게 알려주지는 않는다. 이 이론은 목표가 아닌 수단에만 초점을 맞추고 있기 때문이다.'[49] 알랭 쉬피오(Alain Supiot)는 법경제학의 반역사적 성격을 강하게 비난하면서, 이행 또는 위반 여부의 판단에 가치를 고려하는 계약법의 윤리적 기초를 검토했다.[50] 그에 따르면 법경제학이 추구해 온 방향은 세상을 편의가 약속을 어기는 곳, 자원의 효율적 배분에 대한 요청으로 인해 신뢰가 빈 강정이 되어버리는 곳으로 변화시킬 수 있는 위험이 있다.[51] 토르 크레버(Tor Krever)는 전 세계의 법학전문대학원에서 보이는 법경제학의 인기 상승은 점점 더 많은 학생들로 하여금 '정의는 사실상 최적의 시장 분배와 동의어가 되어왔다'고 믿게 한다고 주장했다.[52] 이 주장은 다음과 같은 피스의 말을 상기시킨다. '법의 역할은 시장을 완전하게 하는 것도 복제하는 것도 아니며, 오히려 법 지지자와 경제학적 주장이 단지 "임의적인(arbitrary)" 것이라는 판단을 하는 것이다. 다시 말하면 단순히 분배의 문제로 만드는 것이다. 판사의 역할은 시장에 봉사하는 것이 아니라, 시장이 우위에 있어

48 Abraham Maslow, *The Psychology of Science: A Reconnaissance* (Martin Bassett 1966) 15.

49 Alexander Thompson, 'Applying Rational Choice Theory to International Law', above n 41, 287.

50 Alain Supiot, *Homo Juridicus: On the Anthropological Function of the Law* (Verso 2007).

51 Philip G. Ziegler, Book Reivew of Alain Supiot's Homo Juridicus: On the Anthropological Function of the Law 24 *Journal of Law and Religion* 769 (2008-2009), 771.

52 Tor Krever, 'Calling Power to Reason?' (2010) 65 *New Left Review* 141.

야 하는지를 결정하는 것이다.'[53]

연원과 형성과정: 관습과 조약을 설명하다

잭 골드스미스(Jack Goldsmith)와 에릭 포스너는 국가가 법적 의무로서 국제법을 준수한다는 보편적 믿음에 반박하기 위해 게임 이론을 국제관습법에 적용하였다.[54] 이 둘에 따르면 국가는 다른 국가와의 관계에서 단지 그들의 이익을 기반으로 행동하며, 법적 확신(*opinio juris*)과 같은 외부적인 요소는 전혀 영향을 미치지 않는다. 국제관습법의 핵심인 일반적이고 지속적인 관행의 형성에 기여하는 국가 행위의 규칙성은 추적될 수 없다는 것이다.

골드스미스와 포스너는 국제법을 보편적이고 일원화된 것으로 생각하는 전통적 시각에 허점이 있다고 주장하였다. 왜냐하면 행위의 패턴과 규칙성은 특정한 전략적 배경에서 움직이는 국가들이 자기 이익에 기반한 상호 작용을 할 때만 나타나기 때문이다. 이 규칙성은 다음과 같은 4가지 구체적인 상황에서 관찰된다. (a) 우연히 각자의 이익이 일치하여 모든 국가가 특정 행위의 결과로 이익을 얻는 경우(*coincidence*), (b) 한 국가가 자국의 이익을 위하여 다른 국가에게 어떤 행위를 하도록 강요하는 경우(*coerces*), (c) 한 국가에게 최선인 행위가 다른 국가의 행위에 의존적이어서 협조가 이루어질 수 있는 경우(*coordination*),[55] (d) 국가들이 반복되

53 Owen Fiss, 'The Death of the Law?', above n 1, 7.

54 Jack L. Goldsmith and Eric A. Posner, 'A Theory of Customary International Law' (1999) 66 *University of Chicago Law Review* 1113; Jack L. Goldsmith and Eric A. Posner, 'Understanding the Resemblance Between Modern and Traditional Customary International Law' (2000) 40 *Virginia Journal of International Law* 639.

는 쌍방 간 죄수의 딜레마 상황에 놓여 있는 상황을 인식하여 협력하게 될 경우(*cooperation*). 게임이 단 한 번만 진행되는 경우에는 협력하지 않으면 혜택이 존재한다는 점이 쌍방 간 죄수의 딜레마가 가지는 특징이지만, 이런 상황이 반복된다면 결과는 달라질 수도 있다. 다만 협력하는 경우의 혜택은 당사자가 미래를 고려하고 있고, 미래에도 이 게임이 반복될 가능성이 있으며, 협력하여 얻을 보상이 그렇지 않은 경우의 보상보다 더 큰 경우에만 존재하는 것으로 간주된다.

골드스미스와 포스너는 국제 정치에서 협력과 협조가 이루어지는 경우는 드물다고 주장했다. 국가들이 위반 또는 무임승차를 통해 얻을 수 있는 이익이 존재한다는 사실뿐만 아니라 많은 수의 국가들이 참가자라는 사실은 우연히 이익과 강요가 일치하는 상황이 국가들의 행위가 가지는 규칙성을 설명할 수 있는 보다 그럴듯한 이유가 되게 한다. 두 저자는 이러한 현상의 증거를 중립법(law of neutrality), 해양 관할권(maritime jurisdiction), 외교적 면제(diplomatic immunities)와 같은 국제법 이슈에서 살펴보았다.[56]

관습은 국가들의 행위가 가지는 규칙성과 관련 있는 반면, 조약은 국가들의 선언이다. 조약은 국가 간의 의사소통과 협력을 촉진하도록 기능하는데, 특히 '공통의 합의점(focal point)'을 만들어 이 역할을 수행한다. 게임이론은 복수의 균형(multiple equilibria)이 존재하는 게임에서 공통의 합의점이나 공통의 균형점(focal equilibrium)을 다음과 같이 설명한다. '일반적으로 인정되는 방식으로, 특정한 하나의 균형에 게임 참가자들의 관심을 집중시키는 경향이 있는 것은 무엇이든 그 하나의 균형을 게임 참가자들이 기대하고 결국 실현하게 하는 경향이 있다.'[57] 국가들은 단지 다른 국가의

---

55 Jack L. Goldsmith and Eric A. Posner, 'A Theory of Customary International Law', above n 54, 1122-8.

56 Ibid, 1139-67.

보복 또는 협력관계가 깨지는 상황을 두려워하기에 조약상의 의무를 준수한다. 그러나 거기에 반드시 어떤 의무감이 작용하고 있다고 보기는 어렵다.[58] 골드스미스와 포스너에게 있어서 법은 법적인 합의의 이행을 설명하는 데 반드시 필요한 것은 아니다.[59]

법적이든 아니든 그 합의의 이행은 보복이나 명예 훼손에 대한 두려움만을 근거로 설명된다. 상황에 따라 두 유형의 합의에는 차이가 있을 수 있다. 가장 명백한 차이는 공식적 합의의 특징인 입법 참여와 관련된다. 입법 과정에 참여함으로써 선호하는 정책과 관련된 가용 정보를 확보할 수 있다. 또한 공식적 합의가 국내 법원을 통해 집행되게 할 수 있을 뿐만 아니라 상대국에 대한 책임감 및 신뢰성을 강화할 수도 있다. 반면 그 외에 행정적인 합의는 의향서(the letter of intent)가 악수 정도를 의미하는 것처럼, 법적 효력을 가지지 않는 국제적 합의 정도의 의미가 있다. 이처럼 두 유형의 합의는 서로 다른 단계의 약속을 의미하지, 외부적인 효력이나 합의의 이행을 담보하는 규범적 힘의 존재 또는 부재를 의미하지는 않는

57 Roger B. Myerson, *Game Theory: Analysis of Conflict* (Harvard University Press 1991) 371. 초점(focal point)에 대한 훌륭한 예시로 Thomas C. Schelling, *The Strategy of Conflict* (Harvard University Press 1960) 57 참조. 이 저서에 제시된 예는 시간이나 장소에 대한 안내가 없는 상황에서 사람들이 뉴욕에서 누군가를 만날 수 있는지와 관련이 있다. 셸링(Schelling)은 사람들 대부분이 '정오에 그랜드센트럴역(Grand Central Station) 안내소에서'라고 답한다는 것을 알게 되었다. 정오나 그랜드센트럴역이 좋은 시간이나 장소가 될 만한 어떤 특별한 이유가 없음에도 불구하고, 공통의 습관 및 관습은 정오와 그랜드센트럴역의 중요성을 증대시켜 자연스럽게 '공통의 합의점(focal point)'으로 만든다. 셸링의 설명에 따르면, '사람들은 종종 서로가 상대방이 자신과 동일한 것을 하려고 시도하고 있다는 것을 아는 경우 자신의 의도와 기대에 대해 상대방과 협의한다. 대부분의 상황은… 행동을 협의하기 위한 몇 가지 단서, 즉 상대방이 자신에게 기대하는 행동에 대한 각자의 기대에 대한 몇 가지 공통의 합의점을 제공한다.'(Ibid)

58 Jack L. Goldsmith and Eric A. Posner, 'A Theory of Customary International Law', above n 54, 1171.

59 Jack L. Goldsmith and Eric A. Posner, 'International Agreements: A Rational Choice Approach' (2003) 44(1) *Virginia Journal of International Law* 113 참조.

다.[60] 다시 말해 법은 국가들이 합의하고 협력하는 이유에 대해 어떤 것도 설명하지 않고 더하지도 않는다. 국가들이 수사적이고 도덕적인 주장을 그들의 언어로 사용한 것은 단지 그들의 관심사가 그런 언어로 표현된 것일 뿐, 그 이상의 의미는 없다.[61] 이런 표현은 그들의 진짜 의도를 숨기기 위한 것이거나 복잡한 상호 작용을 조율하기 위한 것인데, 이는 '자신들의 행위를 명확히 하거나 다른 국가에 항의하기 위해 과거의 발언과 관행에' 호소하는 방식을 통해 이루어진다.[62]

이러한 골드스미스와 포스너의 이론은 많은 분야로부터 공격받았다. 특히 국제관습법에 대한 태도와 관련하여 더욱 그러했다. 그중 어떤 비판은 더 정교한 게임 이론으로는 같은 결론이 도출되지 않을 것이라고 주장하였다. 예를 들어, 마크 시넨(Mark Chinen)은 '공공재 게임(public goods game)'과 '공유자원 게임(common pool resource game)'은 게임 참가자들이 반드시 더 기초적인 게임 이론에 의해 예측되는 대로 행동하는 것은 아님을 밝히고 있다고 강조했다.[63] 시넨은 허버트 긴티스(Herbert Gintis)의 연구 결과[64]를 근거로 하여, 특정 행위자들은 공동체 내에서 친사회적인 행동을 보여서 죄수의 딜레마 이론과 그 변형 이론으로 설명될 수 없다고 언급했

60 Ibid, 132.

61 Jack L. Goldsmith and Eric A. Posner, 'Moral and Legal Rhetoric in International Relations: A Rational Choice Perspective' (2002) 31 *Journal of Legal Studies* 115, 137.

62 Ibid, 19.

63 Mark A. Chinen, 'Game Theory and Customary International Law: A Response to Professors Goldsmith and Posner' (2001) 23 *Michigan Journal of International Law* 143, 181. '공공재 게임(Public goods games)'과 '공유자원 게임(common pool resource games)'은 공공재(국가 방위, 텔레비전 방송 등)에 대한 기여와 공유자원(어족 자원, 삼림, 담수)의 지속 가능한 사용을 다루는 개인의 행위를 분석하기 위해 활용된다. 두 게임 유형은 각각 참여의 결핍 및 무임승차 문제와 관련되며 공유 자원의 과다한 사용과 고갈 관련 이슈와도 관련이 있다.

64 Herbert Gintis, *Game Theory Evolving: A Problem-Centered Introduction to Modeling Strategic Interaction* (Princeton University Press 2000).

다. '상호주의적인 사람(strong reciprocator)'은 어떤 위기 상황에도 사회적 그룹을 유지하고자 하는 부류이다. 이들은 더 이상 자신의 관심사와 관련이 없더라도 지속적으로 협력하며, 개인적인 비용이 상당히 들더라도 배신자에게 불이익을 줄 준비가 되어 있다.[65]

더 전통적인 관점에서 데틀레프 박츠(Detlev Vagts)는 확립된 관습 규칙에 대한 몇몇 '중대한 위반(significant defections)'에도 불구하고 관행은 관습에 대한 '엄격한 준수(significant adherences)'를 보여준다는 사실을 강조했다.[66] 박츠는 골드스미스와 포스너가 국가들이 종종 분열되고 항상 일체로서 행동하는 것은 아니라는 점을 인정하지 않고 있음을 비판했다. 더 나아가 골드스미스와 포스너가 생각하는 것보다 훨씬 많은 행위자가 관습법 규칙들이 원용되는 의사소통 과정에 참여한다. 거기에는 학문적 연구자, 법관, 대중평론가를 포함할 수 있을 것이다. 이들의 선호를 극대화하는 것이 야기할 결과에 대해서는 골드스미스와 포스너의 분석이 불명확한 채로 남겨져 있다. 박츠는 국제관습법이 힘과 관심사에 대한 고려와 분리될 수 없다는 점을 인정하면서도 '국가의 행위 패턴이 법으로 자리 잡고 있다는 것에 대한 인식은 이 상황에 새로운 요소를 도입하며, 그 행위 패턴을 더 안정적이고 신뢰할 만하게 만드는 경향이 있다'고 주장했다.[67]

한편 조지 노먼(George Norman)과 조엘 트라흐트만은 관습법 규칙을 존중하려는 동기를 기술적인 관점인 법경제학에서의 국익과 구분하는 것은

---

65 Herbert Gintis, 'Strong Reciprocity and Human Sociality' (2000) 206 *Journal of Theoretical Biology* 169; Samuel Bowles and Herbert Gintis, 'The Moral Economy of Communities: Structured Populations and the Evolution of Pro-Social Norms' (1998) 19 *Evolution & Human Behavior* 3 참조.

66 Detlev F. Vagts, 'International Relations Looks at Customary International Law: A Traditionalist's Defence' (2004) 15 *European Journal of International Law* 1031, 1039.

67 Ibid, 1040.

잘못된 이분법이라고 비판했다.[68] 특히 국제관습법이 국가의 행위에 영향을 미치지 않는다는 주장은 경험칙으로도, 이론적으로도 사실무근이라고 하였다. 이들은 국제관습법에 의해 '잠재적으로 효율적인 균형'이 성취될 수 있음을 설명하기 위해 반복되는 다자간의 죄수의 딜레마 모델을 제시하였다. 이 모델은 이들의 논문 부록에서도 형식적이고 수학적인 방식으로 설명되고 있다. 이 논문은 국가의 국제관습법 준수를 결정하는 척도를 설명하면서 그 척도를 독립적인 변수로써 이 모델에 포함하고 있다.[69]

이 반복되는 다자간의 죄수의 딜레마 모델에서 '기본적인 보상 구조는 외부적 요인이 존재하는 수평적인 사회를 배경으로 이루어지는 협력의 본질적 문제를 설명한다. 당사자들은 준수와 위반 중에서 선택할 수 있는데, 위반을 선택하고 자기 자신만을 부유하게 할 수도 있고 준수를 선택해 사회 전체(그리고 예상되는 다른 행위자들의 행위를 감안하였을 때 자기 자신도)를 부유하게 할 수도 있다.'[70] 노먼과 트라흐트만의 이론은 비협력적 게임 이론의 가정에 약간의 수정이 가해진 것이다. 첫째, 게임 참가자들은 상대방과 의사소통할 수 있으며 실제로 소통한다. 둘째, 상대방과 무한한 횟수의 게임을 하며 국가들은 이전 게임에서 했던 것에 대해 미래의 어떤 시점에 적절한 조치를 취할 수 있다. 셋째, 게임은 '빽빽한 구조의 관계 속에 끼워 넣어져 있다.'[71] 넷째, 준수와 관련된 정보에 쉽게 접근할 수 있다.[72] 마지

---

68 George Norman and Joel P. Trachtman, 'The Customary International Law Game' (2005) 99 *American Journal of International Law* 541.

69 Ibid, 542. 이 척도가 포함하는 것은 다음과 같다. 협력과 탈퇴 간의 상대적 가치, 관련 국가의 수와 그 수의 증가가 협력으로 인한 이득이나 탈퇴로 인한 손해를 증가시키는 정도, 준수와 탈퇴와 관련된 가용 정보, 단기적 탈퇴로 인한 이득 대비 장기적인 협력이 주는 이익에 대한 평가에 있어서 국가의 인내심, 상호 작용의 기대 기간과 빈도, 관련 국가들 간의 다른 관계의 존재.

70 Ibid, 548.(각주 생략)

71 Ibid, 550.

막으로, 행위자들이 활용하기 가장 적당한 두 가지 전략은 '무자비한 방아쇠(grim trigger)' 전략과 '속죄(penance)' 전략이다.[73]

미래에 무한대로 반복되는 죄수의 딜레마에 기반한 이 모델은 협력에 대한 미래의 보상을 포함하고 있어, 국가들이 특정 조건에서의 효율성을 확인하도록 한다. 그리고 국가들이 준수하는지 여부는 '상호 작용의 빈도, … 미래 보상에 대한 인내심, 다른 국가의 위반을 간파할 수 있는 국가의 역량'에 좌우된다.[74] 제한적인 주권 면제 제도, 국경을 초월한 환경 오염의 방지, 영토 관할에 대한 규범, 무력을 통한 영토 취득의 금지가 위의 모델을 설명할 수 있는 가능한 예시로 제시되었다.[75]

노먼과 트라흐트만이 제안한 모델은 국제관습법이 다양한 범위에서 국가의 행동에 영향을 줄 수 있으며, 실제로 많은 요소의 영향을 받음을 보여주려는 데 목적이 있다. 이들의 주장이 의미하는 바는 '규범적 제도 설계'와 관련이 있으며, 이를 통해 국가들은 '국제관습법의 성립과 작동을 촉진할 목적으로 특정 제도를 재구성'할 수 있다.[76] 이 논문을 쓰던 시점에 노먼과 트라흐트만은 그들의 모델을 기반으로 관찰한 내용을 경험적으로 테스트하는 새로운 프로젝트가 시작될 것으로 생각했다. 우연히도

---

72 Ibid.

73 Ibid, 551-2. '속죄(penance)' 전략의 논리가 '규칙으로부터 이탈한 국가는 일정 기간 벌칙을 받아들여야만 그 규정을 다시 적용받을 수 있는 지위로 돌아올 수 있고, 이 국가는 다른 국가가 그 규정을 위반하더라도 협력한다'는 것인 반면, '무자비 방아쇠(grim trigger)' 전략은 '국가들은 한 번 이탈한 국가를 영원히 이탈시킬 수도 있다'고 규정한다. 두 전략하에서 '만약 두 국가가 모두 충분히 인내한다면 즉, 미래 보상에 대해 충분히 가치 부여를 한다면 두 국가 모두 전체 기간동안 협력할 것이다.'(Ibid 566)

74 Ibid, 553.

75 예를 들어, 이 모델은 제한적 외국주권면제 이론을 수용해서 국가 간의 무역과 외국을 상대로 한 상사 청구권 행사의 빈도가 증가한 것을 두고 미래에 얻을 가능성이 있는 이익을 강조함으로써, 절대적 외국주권면제에서 제한적 외국주권면제로의 변화의 수용을 설명할 것이다.

76 George Norman and Joel P. Trachtman, 'The Customary International Law Game', above n 68, 542.

그들의 이론적 모델은 사회적 규범과 법률 규칙에 동일하게 적용할 수 있는 일반적인 모델(generic one)로 생각되었다. 이들의 글은 국제법이 부수적이라는 주장을 반박하는 것으로 여겨졌으며, 국제법 전체를 '일련의 연결된 게임 또는 하나의 광범위한 게임'으로 생각해 볼 수 있음을 언급하면서 끝맺었다.[77]

월드비전: 법경제학 '아류'

법경제학이 특정 법률 문제를 해결하기 위해 선택적으로 활용되는 것을 넘어 국제법 제도 전체에 대해 종합적인 이해를 제공할 수 있을지도 모른다는 주장이 최근에 탄력을 받고 있다. 이 주장은 국제법 분야의 한 흐름으로서, 법경제학의 중요성이 커지는 것과 관련이 있다. 이러한 움직임은 다양한 의미를 가지며 법경제학 학자들은 매우 다양한 연구 결과물을 쏟아내고 있다. 국제법의 최적의 보호에 대한 파우엘린의 책(위에서 간략히 설명함)에서부터 세계 정부를 국제법의 운명으로 보는 제도적 경제학 및 사회과학 기능주의자의 관점을 다룬 트라흐트만의 저서에 이르기까지 그 범위는 다양하다. 파우엘린의 저서는 다양한 유형의 법적 권리가 어떻게 더 잘 보호될 수 있는지를 설명하기 위해 재산권 제도를 분석했다.[78] 트라흐트만은 국제법이 규모의 경제효과가 끝날 때까지 계속 성장하여 제도적 구조를 만들어낼 것으로 예측했다. 이러한 성장은 세계 정부로 이어져서, 현재의 분권화되고 분산된 거버넌스의 제도적 패러다임을 극복

77 Ibid, 574.

78 Joel P. Trachtman, *The Future of International Law: Global Government* (CUP 2013).

하게 할 것이다.[79] 트라흐트만의 분석 도구와 방법론은 법경제학에서 빌려온 것인데 가격 이론, 거래 비용 경제학, 게임 이론을 포함한다. 이런 도구들은 국제법적 협력을 통한 시민의 경제적 복지 극대화를 목표로 한다. 그리고 이 도구들은 협력 전략의 개발과 국제법 및 국제기구의 제도적 발전을 목적으로 하여 국제법의 다양한 영역에 활용된다.

국제법의 세계 정부로의 진보에 대한 트라흐트만의 독특한 규범적 관점은 에릭 포스너와 알란 사익스가 『국제법의 경제적 기초(Economic Foundation of International Law)』라는 저서에서 채택한 전통적인 관점과 극명하게 대조된다.[80] 포스너와 사익스는 국제법의 집행 및 국제법이 효율적일 수 있는 조건에 주된 초점을 두고 있지만 국제법의 연원, 국제기구, 국제적 구제 방법을 포함한 국제법의 특정 영역에 법에 대한 경제학적 분석을 적용하는 것과 관련된 넓은 시각을 제공하였다. 이 책은 자신의 이익을 극대화하고자 하는 합리적 행위자가 효율적인 해결책을 찾을 때 경제적 분석을 사용하는 일종의 문제-해결 사례를 활용하였으며, 이로써 국제법이 법경제학 학자들에게 어떻게 보이는지에 대한 일반적인 연구 결과를 제공하고 있다. 흥미롭게도 포스너와 사익스는 국제법에 대해 매우 전통적이며 거의 배타적일 정도의 국가 중심적 관점을 채택하고 있고, 국제적 규범성과 법원(法源)에 대한 이론과의 관계에서 비국가 행위자가 하는 역할과 연성법(soft law)이 수행하는 기능에 대해서는 거의 관심을 기울

---

79 트라흐트만은 정부에 대해 매우 광의적인 개념을 가지고 있으며, 정부를 구성하는 요소를 국제법의 모든 규정 안에서 찾는다: '이 책에서 나는 정부를 무한히 확장 가능하며, 각각의 국제법 규정이 세계 정부를 구성하는 요소라고 본다. 우리가 올바른 유형 및 규모의 정부를 가지고 있는가는 흥미로운 질문이다.'(Ibid 9) 하지만 그는 우리에게 필요한 제도는 결국 '조약 이상의 것으로서 연방 정부의 형태'와 유사할 것이라고 설명한다.(Ibid 296)

80 Eric A. Posner and Alan O. Sykes, *Economic Foundations of International Law*, above n 5.

이지 않았다. 다시 말해 이들은 국제법의 구조를 당연한 것으로 보고, 법이 더 효율적으로 만들어질 수 있는 경우를 설명하기 위해 경제적 분석법을 이용하려 한 것 같다.

합리적 선택이론이 영감을 준 다른 이론들도 법경제학의 '아류'로 설명될 수 있다. 이 이론들도 선택적으로 경제적 분석을 활용하고 기호를 활용한 수학적 추론은 최소한으로 사용하는 특징을 가지고 있기 때문이다. 이에 대한 일례로 국제법이 작동하는 방식에 대한 앤드류 구즈만(Andrew Guzman)의 이론을 들 수 있다.[81] 구즈만은 국제법에 대한 합리적 선택에 근거한 이론을 설명하면서, 국가는 고정된 외생 선호와 함수관계에 있는 이익을 추구하는 이기적인 단체라고 가정했다. 구즈만은 효율성과 준수라는 문제에 집중하며, 법경제학적 분석을 바탕으로 했을 때 법은 법이 국가의 행위에 영향을 미치는 범위 내에서만 중요하다고 주장하였다. 이를 경제학 용어로 바꿔 말하면 법은 법이 '준수되는 정도에 근소한 증가를 만들어 내는 범위 내에서만' 의미가 있다.[82]

준수는 구즈만이 '세 개의 R'로 명명한 것에 의해서 확보되며, 여기서 세 개의 R은 평판(reputation), 호혜(reciprocity), 보복(retaliation)을 의미한다.[83] 만약 국가가 본래 의무 위반으로 인한 비용을 피하려는 경향이 있다면 국가의 행위를 강제하는 집행 메커니즘이 반드시 필요하지는 않다. 만약 한 국가가 국제법을 준수하지 않는다면 그 국가는 평판에 대한 비용을 지불해야 할 것이고, 신뢰할 만한 약속을 하거나 국제법을 통한 협력의 혜택을 얻는 것이 점차 어려워진다는 것을 알게 될 것이다(평판). 이 국가는 결

81 Andrew T. Guzman, *How International Law Works: A Rational Choice Theory* (OUP 2008).

82 Ibid, 22-3.

83 Ibid, 33.

국 다른 국가의 법적 의무 불이행을 초래할 수 있다(호혜). 아니면 이 국가를 응징하는 데 비용이 들더라도 다른 국가들이 응징하려 할 수 있다(보복). '세 개의 R'은 각각 위반 비용을 증가시킬 수 있기 때문에 국가들은 국제법을 준수함으로써 혜택을 얻는다. 이와 관련하여 전통적으로 '법'(관습과 조약)으로 여겨지는 것과 '법이 아닌 것'(연성법과 규범)으로 여겨지는 것 사이에 차이는 없다. 준수로 인한 혜택 구조는 두 범주 모두에서 작동하기 때문이다. 이 규범적 형태 간의 차이는 정도의 문제일 뿐이며, 조약과 연성법(soft law)은 약속의 영역에 따라 선택된다. 종합하면 구즈만이 설명한 합리적 선택이론은 국가가 왜 국제법을 준수하는지에 대한 설명을 제공하며, 이를 예측할 수 있도록 함으로써[84] 국제법의 효율성을 증대시키고자 한다.

한편, 가장 뜨겁게 논쟁이 벌어진 이론은 국제법의 한계에 대한 골드스미스와 포스너의 분석에 대한 것이다.[85] 기존 연구를 바탕으로, 골드스미스와 포스너 국가가 자국의 이익을 극대화하기 위해 합리적으로 행동하며 국가들에게 국제법을 준수해야 할 도덕적 의무는 존재하지 않는 세상을 설명했다. 이들은 이러한 접근법을 '신국제법학파(New International Law Scholarship)'라고 하였으며,[86] 이 접근법은 국제법에 대한 더 엄격한 이론적 태도의 발전이 필요하다는 생각에 기반하고 있다. 국제법이 너무 오랫동안 견고한 학문적 기초가 결여된 교조주의적 분석과 합리화의 인질로 잡혀 있었다는 것이다. 후자는 간접적으로 사회과학 방법론 그리고 특히 합

---

84 Ibid, 215.

85 Jack L. Goldsmith and Eric A. Posner, *The Limits of International Law* (OUP 2005).

86 Jack L. Goldsmith and Eric A. Posner, 'The New International Law Scholarship' (2006) 34 *Georgia Journal of International and Comparative Law* 463, 482-3 참조. '사회과학의 가치'는 '방법론적 자의식, 경험주의, 이론적 정밀함'과 밀접하게 관련되어 있다'.(Ibid 465).

리적 선택이론을 통해 확인된다.

골드스미스와 포스너는 국가들이 소통과 협상을 통해 협력으로 얻을 수 있는 미래 공동 이익의 기회를 구체화할 수 있는 경우, 국제법이 그 조정을 위한 공통의 합의점을 제공할 수 있으리라 생각한다. 국가가 국제법의 어떤 규칙을 준수하는지 여부에는 보복, 협력의 실패, 명예 실추에 대한 두려움이 상당한 영향을 미친다. 국제법은 자국의 이익을 위해 행동하는 국가의 산물이며, 국제법은 국가의 이익을 반영하는 한 국가의 지지를 얻는다. 국제법의 구조적 한계는 국가들의 충돌하는 이익과 그들 간의 불평등한 힘의 분배로 인해 일부 국제적인 문제들을 국제법으로 해결할 수 없다는 점이다. 골드스미스와 포스너는 국제법이 국가들에게 전혀 중요하지 않은 것은 아니라고 하면서도, 핵심은 국제법이 국가들의 행위에 외부적인 제약으로서 영향을 미치지 않는다는 점에 있음을 명확히 했다.

최근 젠스 데이비드 올린(Jens David Ohlin)은 골드스미스와 포스너가 제시한 국제법의 한계에 대한 이론을 비평했다.[87] 올린은 합리성에 대한 골드스미스와 포스너의 이해를 언급하면서 그들이 합리적 선택 이론을 왜곡하고 있다고 주장하였다. 올린은 일명 신현실주의자들(New Realists)이 의도적으로 이기심(self-interest)과 법적 의무(legal obligation)의 차이를 과장하고 있으며, 이러한 이분법은 사실 잘못된 것이라 말하였다.[88] 그러면서 국

---

87 Jens David Ohlin, *The Assault on International Law* (OUP 2015). Anne van Aaken, 'To Do Away with International Law? Some Limits to The Limits of International Law' (2006) 17 *European Journal of International Law* 289, 307-8도 참조: '사람들은 골드스미스와 포스너가 강력하게 규범적 목표 즉, 패권 국가를 국제적 의무에서 해방시키는 것을 추구한다는 인상을 가질 수밖에 없다.'

88 Jens David Ohlin, *The Assault on International Law*, above n 87. 올린이 쓴 책의 첫 부분은 다음과 같이 서술하고 있다. 골드스미스, 포스터, 아드리안 베르뮬, 존 유 같은 신현실주의자들은 국제법의 정당성에 의문을 제기하는 국제법에 공격을 가했으며, 미국 행정부가 이를 무시하는 것을 정당화하였고, 나아가 일부 미국 외교 정책에 대한 학문적 신뢰성과 책임감을 제공함으로써 미국 행정부가 그 정책을 추구하는 것을 용이하게 만들었다.

제법은 반복되는 죄수의 딜레마보다는 다른 국가가 선택한 전략을 고려하여 합리적으로 자신의 전략을 결정하려 할 때 택하는 공통의 합의점, 즉 내시 균형(Nash equilibrium)과 오히려 더 유사하다고 보았다.[89] 게임 이론에서 내시 균형은 한 게임 참가자가 일방적으로 자신의 전략을 바꾸려 하는데, 다른 참가자들이 모두 그들의 전략을 고수한다면 자신은 아무런 이익도 얻지 못할 것으로 판단할 때 이루어진다. 국제법에서 합리적인 참가자는 특정 규범에 동의한 다른 모든 참가자가 그들의 전략대로 규범 준수를 선택하면 자신이 전략을 바꿔도 어떤 이익도 얻지 못할 것으로 판단하고, 규범 준수를 선택할 것이다.

다비드 고티에(David Gauthier)의 연구[90]를 기반으로 올린은 합리적 선택 또는 자기 이익에 의해 요구될 수 있는 행동에 대한 도덕적 수용의 의미를 담아 '제한적 극대화(constrained maximization)'라는 개념을 설명하였다. 자신들의 이익을 극대화하고자 하는 합리적 행위자들은 도덕성이 집단적 노력인 한 도덕적 제약을 수용할 것이다.[91] 집단 공동체를 이루고 살아가는 행위자의 합리적 행동 계획은 제한적 극대화 추구자(a constrained maximizer)의 계획이다. 이는 다른 모든 행위자를 무시하고 협력의 기회를 통해 이익을 취하기보다는 자신의 이익만을 극대화하는 직접적 극대화 추구자(a straightforward maximizer)와 반대된다. 올린은 '제한적 극대화 추구자가 상당한 비율을 차지하는 세상에서 이 전략은 분명히 중요한 의미가 있음을 언급했다. 아마도 제한적 극대화 전략이 합리적인 것이 되는 경험적 임계점이 존재할 것이다. 그 전략은 내시 균형이 된다.'[92] 이것이 바로

89 Ibid, 97.

90 David Gauthier, *Morals by Agreement* (OUP 1986). 고티에는 그의 책에서 '도덕성이라는 사회계약을 수용하는 이성적이고 이기적인 개인'이라는 모델을 제공하였다.

91 Jens David Ohlin, *The Assault on International Law*, above n 87, 103.

제한적 극대화 추구자가 '합리성을 중요한 가치로 여긴다면 규범 준수를 자신의 전략으로 추구'해야 하는 이유이다.[93]

올린에 따르면, 인간과 국가 모두를 포함하는 합리적 행위자는 계획하는 행위자로,[94] 장기적인 목표를 추구하고 그에 따라 전략을 수립한다. 그런데 골드스미스와 포스너가 이 점을 이해하지 못했다는 것이다. 어떤 행위가 국가를 더 나아지게 만드는 계획의 일부라면, 그 행위는 합리적으로 정당한 것으로 여겨진다. 국가는 제약을 제한된 극대화 전략의 일부로 받아들인다. 따라서 설령 약속을 어기고 싶은 유혹이 있는 경우에도, 국제법에 따라 행동하는 것은 합리적인 선택인 동시에 법적 의무감에 의한 준수 행위가 될 수 있다. 이 두 가지는 상호 배타적인 것이 아니다.[95]

올린은 국가가 합리성에 대한 장기적인 시각을 가질 수 있도록 함으로써 법의 가치가 높아진다고 설명했다.[96] 국제법은 국가에게 국제법의 '협력적 파트너들이 그들의 약속을 이행할 것이라는 확신을 준다. 그리고 국제법은 그 반대로 국가들이 근시안적인 위반을 피하도록 돕고, 그 사실을 잠재적 파트너들에게 알리는 자기 구속적 도구로서도 기능한다.'[97] 올린은 그의 도덕적 합리성 이론을 케이스 연구를 통해 검증하였으며, 합리적 선택은 전쟁법 준수를 유도하고 국제기구의 참여를 독려해야 한다는 결론을 도출하였다. 올린이 국제법에 대한 공격을 반박한 것인지는 의문의 여지가 있다. 한 가지 확실한 것은 합리적 선택에 대해서는 여전히 논쟁의 여지가 많다는 것이다.

---

92 Ibid, 104.

93 Ibid, 111.

94 Ibid, 119.

95 Ibid, 220.

96 Ibid, 153.

97 Ibid.

도전받는 합리성: 행동 법경제학

행동 법경제학의 출현은 합리적 선택에 대한 급진적인 도전이 되었으며,[98] 행동경제학, 인지심리학[99], 정치심리학[100]의 지속적인 발전을 보여주었다. 이 접근법은 『상식 밖의 경제학(Predictably Irrational)』,[101] 『생각에 관한 생각(Thinking, Fast and Slow)』[102]과 같은 베스트셀러에 의해 널리 알려졌다. 행동경제학과 인지심리학은 경제학자와 정치학자가 활용하는 합리성 모델의 문제점을 지적하였으며, 이들은 인간의 행동을 설명하는 더욱 현실적인 모델을 만드는 작업에 착수하였다. 그리고 합리적 선택이론의 가정과 모순되는 어림짐작(heuristics)과 편향에 세심한 주의를 기울였

---

98 예로 Russell B. Korobkin & Thomas S. Ulen, 'Law and Behavioral Science: Removing the Rationality Assumption From Law and Economics' (2000) 88 *California Law Review* 1051 참조. 개괄적인 설명은, Cass R. Sunstein (ed), *Behavioral Law and Economics* (CUP 2000) 참조.

99 경제인(homo economicus)에 대한 초기 비판에 대해서는, Herbert A. Simon, 'A Behavioral Model of Rational Choice' (1955) 69 *Quarterly Journal of Economics* 99 참조. 행동경제학과 심리학에 대해서는, Daniel Kahneman and Amos Tversky, 'Prospect Theory: An Analysis of Decisions Under Risk' (1979) 47 *Econometrica* 263; Amos Tversky and Daniel Kahneman, 'Judgment Under Uncertainty: Heuristics and Biases' (1974) 185 *Science* 1124; Gerd Gigenzer, Peter M. Todd and the ABC Research Group, *Simple Heuristics That Make Us Smart* (OUP 2000); Gerd Gigerenzer and Reinhard Selten (eds), *Bounded Rationality: The Adaptive Toolbox* (MIT Press, 2002) 참조.

100 Robert Jervis, *Perception and Misperception in International Politics* (Princeton University Press 1976). 이에 관한 개괄적인 정보는, James Goldgeier and Philip Tetlock, 'Psychological Approaches' in Christian Reus-Smit and Duncan Snidal (eds), *Oxford Handbook of International Relations* (OUP 2008), 462 참조. 이러한 관점이 가지는 특징 중 하나는 의사 결정 과정에 있는 개인과 의사 결정이 이루어지는 상황의 특별한 상황에 초점을 둔다는 것이다.

101 Dan Ariely, *Predictably Irrational: The Hidden Forces That Shape Our Decisions* (HarperCollins 2008); Dan Ariely, *The Upside of Irrationality: The Unexpected Benefits of Defying Logic at Work and at Home* (HarperCollins 2010).

102 Daniel Kahneman, *Thinking, Fast and Slow* (Farrar, Straus and Giroux 2011).

다. 더 일반론적으로 행동 연구는 다양한 상황에서의 다양한 행위자들의 의사 결정 과정을 설명하기 위한 것이다. 최근에 앤 반 아켄(Anne van Aaken)과 토머 브루드(Tomer Broude)는 행동 법경제학을 국제법 학계에 소개하며, 이 이론이 가지는 몇 가지 통찰이 국제법의 연구 및 분석에 흥미로운 길을 제시할지도 모른다고 하였다.[103]

표준적 합리적 선택이론은 개인의 선호가 상황과 독립적으로 존재한다고 가정한다. 그러나 행동 연구는 정보, 시간, 인식 틀에 의한 제약을 받는 제한된 합리성(bounded rationality)이라는 개념을 소개하였다. 이런 제약은 궁극적으로 결정에 영향을 미치는 많은 편견을 유도한다. 개인을 대상으로 수행된 실험에 기반한 전망 이론(prospect theory)은 사람들이 위험을 수반하는 대안들에 대해 수많은 편견으로 인해 서로 다른 결정을 내릴 수 있음을 보여준다. 개인들은 '손실을 피하려 하며' 실제 이익보다 이미 피한 손실을 더 중요하게 생각한다. 일명 '프레이밍 효과(framing effect)'는 이익과 손실에 대한 인식에 결정적인 영향을 미친다. 사람들은 질문이 어떻게 쓰여 있는지, 상황이 어떻게 제시되는지에 따라 다르게 결정하는 것이다. 게다가 이익과 손실은 항상 추상적인 방식보다는 '하나의 판단 기준(a reference point)'과의 관계에서 검토된다. 개인들은 보통 현상 유지의 관점에서 결정하고, 현상을 유지하기 위해 결정을 미루는 경향이 있다('현상 유지 편견'). 사람들이 그러한 경향에서 탈피하기를 꺼린다는 점을 고려하면, 이런 경향은 기본값(default option)을 매우 중요하게 만든다. 관련된 다른 편견으로는 '소유 효과(endowment effect)'와 '가용성 편향(availability bias)'이 있다. 전자는 이미 자신이 소유하고 있는 것을 매우 가치 있게 여기는 것이

103 Anne van Aaken, 'Behavioral International Law and Economics' (2014) 55 *Harvard International Law Journal* 421; Tomer Broude, 'Behavioral International Law' (2015) 163 *University of Pennsylvania Law Review* 1099.

고, 후자는 어떤 사건을 떠올릴 때 위험이 더 크다고 생각하는 경향을 말한다. 이렇게 경험적으로 테스트된 모든 인지반사는 경제학자와 다른 사회학자들이 사용한 합리적 선택 모델의 한계를 보여준다.

합리성에는 한계가 있다. '인간이 정보를 처리하고 특정 상황에 반응하는 방식을 고려하면 개인은 합리적 효용 극대화(rational utility maximization)를 할 수 없기 때문이다.'[104] 인간의 의지도 수많은 실험에서 증명되었듯이 제한적이다.[105] 사람들은 나약한 의지 등의 다양한 이유로 인해 일관되지 않은 행동을 하며 실수하곤 한다. 같은 맥락에서 자기 이익도 개별적인 선호의 내용을 변경하기 위해 제한된다. 합리적 선택이론은 행위자가 항상 그들의 물질적 이익의 극대화에 따라 행동한다고 가정한다. 반면 행동경제학은 사람들이 종종 다른 사람의 복지에 대한 관심뿐만 아니라 이타적인 사회적 선호에 의해서도 영향을 받는다고 주장한다.[106] 게다가 사람들은 인간의 합리성에 공정함이 내포되어 있다는 점에서 다른 사람들로부터 공정하게 대우받기를 기대한다. 의도 또한 중요하며, 신뢰와 명예는 결과뿐만 아니라 의도에 의해 좌우된다. 행동 법경제학은 의도, 생각, 믿음 등 이 모든 요소를 경제적 분석에 포함하고, 행동에 대한 위와 같은 통찰에 따라 게임 이론을 수정함으로써 전략적 행동에 대한 생각을 고수하려 한다.[107]

---

104 Tomer Broude, 'Behavioral International Law', above n 103, 1117

105 제한된 합리성, 의지력, 사익 추구 같은 용어는 문헌에서 광범위하게 활용되고, 다음의 저서에서 제안된 분류 체계에서 빌려온 것이다. Christine Jolls, Cass R. Sunstein, and Richard Thaler, 'A Behavioral Approach to Law and Economics', in Cass R. Sunstein (eds), *Behavioral Law and Economics*, above n 99 13.

106 Ernst Fehr and Klaus M. Schmidt, 'The Economics of Fairness, Reciprocity and Altruism – Experimental Evidence and New Theories' in Serge-Christophe Kolm and Jean Mercier Ythier (eds), *Handbook of the Economics of Giving, Altruism and Reciprocity Vol. 1* (Elsevier 2006) 615.

107 Colin F. Camerer, *Behavioral Game Theory: Experiments in Strategic Interaction* (Princeton University Press 2003).

국제법 제정 과정에서의 효율성 또는 효율성 결여는 합리적 선택과 행동 법경제학 방법론이 동일한 연구 대상에 대해 제시할 수 있는 다양한 분석을 흥미롭게 설명한다. 구즈만은 전 세계적인 문제를 규율하는 데 있어서 국제법이 비효율적인 건 조약의 성립에 동의가 요구되기 때문이라는 점을 지적하였다.[108] 동의는 파레토 효율 최적화(Pareto-efficient optimisation)의 방향으로 나아가는 것을 방해한다. 파레토 효율 최적화에서 조약을 새로이 체결하거나 개정하기 위한 협상은 어느 누군가의 상황을 악화시키지 않으면서도 다수의 당사국에게 혜택을 제공한다. 반면 브루드는 국가들이 조약을 체결하거나 개정하기를 회피하는 이유는 현상유지 성향 때문이라고 주장하였다. 소유 효과(endowment effect) 또한 이러한 국가의 소극적인 태도를 설명하는 데 도움이 된다. 브루드는 '구즈만이 동의 요건을 국제 조약법에서의 현상 유지 성향(*status quo bias*)의 원인으로 보는 경우, 구즈만이 설명하는 "동의에 대한 과도한 요구"가 사실 행동학적 현상유지 성향의 형식적 결과일 수도 있다'고 하였다.[109]

또 다른 예는 몇몇 개발 도상국들이 종종 자본 수출국들과 개별적인 협상을 통해 투자자 국가에게 상당히 유리한 양자 투자협정을 체결하는 이유와 관련이 있다. 개발 도상국이 집단행동을 하고 블록 단위로 위와 같은 조약 체결 협상을 한다면 개발 도상국들은 명백히 유리한 조건을 확보할 수 있을지도 모른다. 합리적 선택이론은 개발 도상국이 자국의 이익을 증대하기 위해 외국인 직접 투자에 매력적인 조건을 제시함으로써, 결국 다른 개발 도상국들에게 피해를 끼친다고 설명한다. 하지만 행동 법경제학은 그 이유가 '낮은 확률에 대한 무시(low probability neglect)'와 관련된다

108 Andrew T. Guzman, 'Against Consent' (2012) 52 *Virginia Journal of International Law* 747.

109 Tomer Broude, 'Behavioral International Law', above n 103, 1141.(원문에서 강조)

고 반박한다. 낮은 확률에 대한 무시는 인지심리학에서 연구된 효과인데, 법률 분쟁 리스크와 같이 낮은 확률을 가진 경우를 개인이 체계적으로 무시하는 것을 말한다.[110]

행동 법경제학에는 해결해야 할 과제가 있는데, 이 과제는 행동 법경제학의 한계로도 지적될 수 있는 부분이다. 그중 일부는 합리적 선택이론에도 존재하는 한계이고, 다른 것은 합리적 선택이론에만 존재하는 것이다. 무엇보다 가장 중요한 것은 누구의 합리성이 관련이 있는지와 어떤 행동이 평가 대상이 되어야 하는가이다. 국제법에서 누가 어떤 권한으로 행위를 하는가는 매우 복잡한 문제이다. 국가 내부에 누구의 행동이 분석 대상인가와 관련된 이슈도 있다. 국가의 지배 계층 엘리트들은 어림짐작(heuristics)과 편향의 측면에서 다른 개인과는 다르게 행동할 수 있다는 추가적인 문제도 있다. 그리고 마지막으로, 종종 접근이 제한되거나 불가능한 사람에 대한 실험을 수행하는 것과 같이 극복하기 어려운 방해물도 존재한다. 또 다른 어려움은 법원, 정부, 입법 기관처럼 집단적 의사 결정을 다루는 것이다. 집단은 종종 개인과는 다른 인지 편향을 가지고 있기 때문이다.[111]

행동 법경제학의 핵심은 행동 법경제학이 실제 행동에 초점을 둔다는 것이다. 인간의 행위는 추상적인 경제적 제약에 의해 결정될 뿐만 아니라, '사람들의 내적 선호, 지식, 기술, 자질 등 다양한 심리적, 물리적 제약의 영향을 매우 많이 받는다.'[112] 방법론적 측면에서 이것은 경험적 증거에 근거한다. 즉, 전통적인 합리적 선택이론과 비교했을 때 간결성

110 Anne van Aaken, 'Behavioral International Law and Economics', above n 10, 458-9.

111 Ibid, 445-9.

112 Francesco Parisi and Vernon Smith, 'Introduction' in Francesco Parisi and Vernon L. Smith (eds), *The Law and Economics of Irrational Behavior* (Stanford University Press 2005) 1, 1-2.

(parsimony)은 결여되어 있지만 정확성은 높다.[113] 입증력을 가지는 경험주의는 종종 전통적 법경제학에서는 빠져있다. 경험주의는 대체로 사실에 근거하는 편이지만, 행동 법경제학은 국제법 체계를 이해하고 설계하는 데 규범적으로 활용될 수도 있다.[114] 그러나 행동 법경제학을 지지하는 입장에서는 행동 법경제학이 전통 법경제학과 합리적 선택이론을 대체하기보다는 보충하기 위한 것으로 이해한다.[115] 국제법 분야에서의 행동 법경제학의 향후 적용 범위는 굉장히 넓지만, 브루드는 지나친 열정과 '국제법에 대한 포괄적 주장'에 대해 경고하며 방법론적인 정교함과 지적 겸손을 강조했다.[116] 일부 합리적 선택이론 학자들이 제시한 세계관에 대한 주장과 비교했을 때 브루드의 주장은 확실히 다른 사고방식에 기반하고 있다.

통조림 따개를 넘어: 현안과 전망

나는 1990년대에 우연히 법경제학을 만나게 되었다. 당시는 환경 오염에 대한 유럽연합 및 국제법 차원에서의 민사 책임에 관한 문제를 연구하고 있을 때였다. 나는 환경 책임에 대한 유럽의 법적 체계를 설계하고, 국제법에서 위험한 행위에 대한 기존 민사 책임 제도를 평가하는 데 법경

113 Tomer Broude, 'Behavioral International Law', above n 103, 1136.

114 브루드가 국제인도법의 목표물 설정의 법칙(the law of targeting)과 관련하여 발전시킨 흥미로운 프레임워크와 국제재판소 안의 소규모 의사 결정 단체에 대한 브루드의 분석을 참조.(Ibid, 1143)

115 Tomer Broude, 'Behavioral International Law', above n 103, 1118; Anne van Aaken, 'Behavioral International Law and Economics', above n 103, 480.

116 Tomer Broude, 'Behavioral International Law', above n 103, 1157.

제학이 매우 유용한 분석 도구를 제공할 것으로 판단했다. 그래서 무과실 책임이 야기할 수 있는 효과를 판단하는 데 법경제학을 이용하고자 하였다. 단순한 경제적 이익 극대화 논리를 통해 무과실 책임 기준이 경제 행위자들에게 환경 오염 방지법 준수를 유인할 인센티브를 제공할 수도 있음을 발견한 것은 큰 깨달음이었다. 나는 이런 의미에서 입법자들이 무과실 책임 기준을 채택하도록 설득하는 데 법경제학을 활용할 수 있으리라 생각한 것이었다.

하지만 막상 법경제학 관련 서적의 서문을 읽으면서 나에게 가장 크게 충격을 준 것은 법에 대한 경제적 분석과 관련된 다양한 개념과 기술들이 아니었다. 오히려 경제학자들과 그들이 사고하는 방식에 대한 이야기였다. 배가 조난을 당해 물리학자, 화학자, 경제학자가 음식도 없이 무인도에 남겨지게 되었다. 며칠이 지난 후 콩 통조림 한 개가 뭍으로 떠밀려 왔다. 물리학자는 이 캔을 열기 위한 방법을 다음과 같이 제안했다. '내가 이 캔의 무게와 같은 1파운드 물체가 20피트 높이에서 던져졌을 때 종단 속도(terminal velocity)를 계산해 보았는데, 초당 183피트이다. 우리가 이 캔을 바위 위로 떨어뜨리면 콩은 흘러나오지 않으면서 캔의 접합선을 파열시킬 수 있을 것이다.' 화학자는 이렇게 대답했다. '그건 위험하다. 왜냐하면 우리가 캔을 정확히 원하는 높이에서 던질 수 있으리라 확신할 수 없기 때문이다. 나에게 더 좋은 생각이 있다. 불을 지펴서 캔을 1분 37초간 가열하자. 내가 계산했을 때는 이 시간이 캔의 접합선을 파열하기에 적당한 시간이다. 캔이 곧 파열될 것 같을 때 언제든 불에서 꺼낼 수 있다는 점을 고려하면 이 방법이 덜 위험하다.' 이에 대해 경제학자는 이렇게 답했다. '당신들의 방법은 모두 효과가 있을 수도 있다. 하지만 너무 복잡하다. 내 생각은 훨씬 더 간단하다. 여기에 통조림 따개가 있다고 가정해 보자'[117]

이 이야기는 나에게 웃음을 주는 데 그치지 않고 지금까지도 머릿속에 남아 있다. 이 짧은 이야기는 분명히 경제학의 진정한 일면을 보여준다. 가정은 경제학적 분석과 추론에서 중요한 역할을 하는데, 이는 법률 규정과 제도에 대한 경제적 분석의 실용적 적용 방법론인 법경제학에서도 예외는 아니다. 법경제학에서 통조림 따개 가정을 강조함으로써 모든 방법론은 가정을 설정하고 전제에 의존함을 인식하게 된다. 법경제학은 가정에 상당히 많이 의존하지만, 적어도 그 가정은 공개적으로 인정되고 설명된다.[118] 법경제학 학자들은 행동에 대해 충분히 일반적인 설명을 제공할 수 있는 모델을 설정해야 할 필요성에 근거하여 가정에 의존하는 것을 정당화한다.[119] 그러나 법의 구체적인 맥락 및 구체적인 영역으로부터 멀어지면 멀어질수록 국제법 체계 전반에 적용 가능한 일반 모델을 개발하는 데 사용되는 포괄적 가정의 설득력을 받아들이기가 어려워진다. 수학적인 모델 구성과 계량경제학에 대한 지식은 반드시 필수적인 것은 아니며, 이는 학제간 연구를 전문으로 하는 소수의 학자들만이 가지고 있다. 많은 독자들에게 있어 이 학자들의 논증 방식과 경제학적 추론은 호감을 얻기 어려울 것이다. 올린이 주장한 바와 같이, '전문 용어는 비판을 막는다.'[120] 이는 많은 국제법률가들이 여전히 법경제학을 받아들이기 어려워하는 이유이기도 하다.

---

117 A. Mitchell Polinski, *An Introduction to Law and Economics* (2nd edn, Little Brown 1989) 1.

118 예로 Andrew T. Guzman, *How International Law Works*, above n 81, 216 참조. '이론적 정밀함의 이점과 사실에 이론을 실용적으로 적용하는 것 간에 균형을 맞출 수 있는 진정한 방법은 절대로 존재하지 않는다. 여기서의 희망은 접근법을 명확히 하고 가정을 가능한 투명하게 하면 이 책이 담고 있는 주장이 관찰된 국가의 행위와 비교하여 검증되고 더 나아가 추가적인 이론적 탐구에 활용되게 될 것이라는 점이다.'

119 Steven Shavell, *Foundations of Economic Analysis of Law* (Harvard University Press 2004) 1: 모델을 사용하는 것의 장점은 '기술적이고 규범적인 질문에 명확한 방식으로 답하는 것이 가능하다'는 점이다.

120 Jens David Ohlin, *The Assault on International Law*, above n 87, 89.

법경제학은 사회과학 방법론에 기반을 둔 다른 접근법과 함께 그 시대의 정신과 일치하는 듯 하다. 과학만능주의로 향하는 획기적인 문화적 유행과 더 객관적이고 과학적인 것으로 인식되는 방법론에 호의적인 경향은 법경제학이 국제법 학계에서 매우 널리 활용되는 데 기여하였다. 흥미롭게도 법경제학 행동학적 관점의 출현은 합리적 선택이론의 지적 독점을 깨고 이 분야에서 더 경험적(실증적)인 연구가 수행되어야 할 필요성을 드러냈다.[121] 과학적 가정은 반드시 경험적으로 입증되어야 하며, 이론이 신뢰를 얻기 위해서는 반드시 경험적으로 확립된 사실에 기반을 두어야 한다는 주장은 행동 법경제학에 대한 최근 저서들에 영감을 주었다. 사실 행동 법경제학은 경험주의에 대해 본능적인 호감을 가지고 있다. 경험주의는 사회과학 방법론이 가능하게 한 요인일 수 있으며, 미래의 새로운 연구 영역에 대한 법경제학의 접근법일 수도 있다. 이는 우연하게도 일부 법경제학 지지자들의 바람과 일치하였을 것이다. 이 지지자들은 단일한 하나의 지식체계를 국제법 학계가 추구해야 하는 목표라고 여긴다.[122]

마지막으로 이론이 그 이론의 지지자들이 관심을 가지는 지적, 학문적 연구 영역을 결정하는 경우가 빈번하다는 점을 상기할 필요가 있다. 법경제학 학자들은 행동에 관심을 가지는 경향이 있으니, 법이 인간의 행동에 미치는 영향에도 집중하는 것은 당연하다. 연구 주제와 주제 선택에 미치는 영향도 상당하다. 법경제학 연구는 주로 국제 규범의 실효성과 국제

---

121 이 책의 제6장 '경험적 연구로의 전환' 참조.

122 Anne van Aaken, 'Behavioral International Law and Economics', above n 103, 481. 생물학자 에드워드 O. 윌슨(Edward O. Wilson)의 유명한 저서 『통섭: 지식의 대통합(*Consilience: The Unity of Knowledge*)』(Little Brown 1998)을 언급하고 있다. 이 저서가 모든 지식은 일련의 자연적이고 과학적으로 발견 가능한 법에 근거할 수 있고, 이를 기반으로 설명되고 정당화될 수 있다고 주장한 것은 유명하다. 기초 과학을 근거로 모든 학문 분야에서의 배움을 통합시키는 이러한 주장에 대한 비판적 견해로, Jerry Fodor, 'Look!' (1998) 21 *London Review of Books* 3 참조.

규범의 준수에 대해 이루어진다. 국제법이 어떤 조건에서 효율적일지 그리고 그 이유는 무엇인지를 탐구하는 것은 여전히 법경제학 학자들의 주요 관심사 중 하나이다. 법경제학 방법론의 적용 범위는 매우 다양해서, 국제법의 모든 영역을 아우르는 연구와 특정 영역으로 제한하여 이루어지는 분석이 공존한다.[123] 법경제학을 순수하게 기술적인 학파와 규범적인 학파로 구분하는 것은 설득력이 떨어진다. 설명 모델(explicatory models)을 제안하는 것은 기대하는 결과를 얻기 위해 무엇이 어떻게 행해져야 하는가에 대한 규범적 주장을 내세우는 하나의 방법이 된다. 어떤 규범적 결과를 뒷받침하기 위해 설명 모델의 제안이 명시적으로 이루어지든, 규범적 결과가 명백한 행동 모델을 설명하는 방식을 통해 묵시적으로 이루어지든 큰 차이는 없다.[124] 가장 중요한 것은 법이 효율적인 게 증명될 수 있다는 것이다.

---

123 Alan O. Sykes, *Economics of International Trade Law Vol 1* (Edward Elgar 2012) 참조.

124 Richard A. Posner, 'Some Uses and Abuses of Economics in Law', above n 22, 286-7 참조: '더 무거운 처벌이 부과될 때 범죄자는 인센티브에 반응하고, 그 결과 범죄를 덜 저지른다는 것을 입증한 경제학자는 규범적 분석을 활용하지 않았다. 이 경제학자의 설명이 규범적 의미를 가지는 경우는 형사 처벌을 규범적으로 생각하는 사람이 정당한 처벌 제도를 설계하는 데 있어 형사 처벌이 야기하는 행동 효과를 고려하는 경우로 한정된다. 이 경제학자는 경제적 비용과 편익을 측정할 뿐, 정책 입안자에게 경제적 요소들에 어느 정도의 가중치를 할당해야 하는지를 설명하는 일에는 경제학자로서(*qua economist*) 관여하지 않는다.'

참고 문헌

Broude, Tomer, 'Behavioral International Law' (2015) 163 *University of Pennsylvania Law Review* 1099.

Dunoff, Jeffrey L. and Trachtman, Joel P., 'The Law and Economics of Humanitarian Law Violations in Internal Conflict' (1999) 93 *American Journal of International Law* 394.

Dunoff, Jeffrey L. and Trachtman, Joel P., 'Economic Analysis of International Law' (1999) 24 *Yale Journal of International Law* 1.

Goldsmith, Jack L., and Posner, Eric A., The Limits of International Law (CUP 2005).

Guzman, Andrew T., *How International Law Works: A Rational Choice Theory* (OUP 2008).

Ohlin, Jens David, *The Assault on International Law* (OUP 2015).

Pauwelyn, Joost, *Optimal Protection of International Law: Navigating between European Absolutism and American Voluntarism* (CUP 2008).

Posner, Eric A. and Sykes, Alan O., *Economic Foundations of International Law* (Harvard University Press 2013).

Trachtman, Joel P., *The Economic Structure of International Law* (Harvard University Press 2008).

van Aaken, Anne, 'Behavioral International Law and Economics' (2014) 55 *Harvard International Law Journal* 421.

14장
법문학

언어의 공통성과 텍스트의 중요성

법과 문학은 서로를 엄격하게 구별되는 것으로 표현하는 경향이 있지만, 두 분야는 분명 서로 관련이 있다. 두 분야는 모두 텍스트의 해석과 관련되어 있다. 그리고 둘 다 상징과 신화를 만들어 내고 그것들에 의존하며 언어를 통해 현실을 구성해 낸다. 제임스 보이드 화이트(James Boyd White)는 법이 하나의 언어라고 말했다. '법은 읽고 쓰고 말하는 하나의 방식이고, 그렇게 함으로써 그 자체의 고유한 특징을 지닌 논증 방식을 유지하기 때문이다.'[1] 또한 문자를 말하고 쓰고 해석하는 공동체가 항상 존재하며, 그 공동체가 용어에 의미를 부여하고 관계와 사회 구조를 형성한다는 점을 고려하면 법과 문학은 둘 다 '본질적으로 공동체와 관련되어 있다.'[2]

---

1 James Boyd White, 'Law as Language: Reading Law and Reading Literature' (1981-1982) 60 *Texas Law Review* 415.

2 Ibid.

이른바 '법문학(law and literature)'이라 불리는 관점은 '공동체의 도덕적·사회적 삶의 형태와 내용에 있어서 텍스트가 가지는 중요성'을 강조함으로써 법률가에게 법을 언어적, 문화적 관습으로 바라볼 수 있는 기회를 제공한다.[3] 그리고 이 관점은 공동체 안에 공유되는 가치를 만들어 내는 데 중요한 역할을 한다. 문학적이고 법적인 텍스트는 우리가 사는 공동체를 '형성하고' 그 공동체의 윤리적 문화적 전통을 전달하는 데 핵심적인 역할을 한다.[4] 보이드 화이트는 '모든 텍스트는 언어로 쓰여지고, 그 언어는 항상 세상을 바라보는 관점에 대한 지지를 내포하고 있다'고 말하며 이러한 다양한 요소들을 설득력 있게 연결 지었다.[5] 텍스트는 '화자와 청자, 그리고 그들 간의 관계를 전제하고 정의한다'는 측면에서 본질적으로 사회적이기도 하다.[6] 결국 텍스트는 공동체를 만들고 그 공동체에 대해 책임이 있다. 따라서 '모든 텍스트는 그 텍스트를 쓰는 사람이 인식하든 못하든 윤리적이면서 문화적인 결과물이며, 그렇게 여겨질 수 있다.'[7]

로널드 드워킨(Ronald Dworkin), 오웬 피스(Owen Fiss)와 같은 법철학자들에게만 국한되는 것은 아니지만, 이들이 해석이라는 프리즘을 통해 이따금 관심을 드러내곤 했음에도 불구하고[8] 문학에 대한 법률가들의 관심은 그리 크지 않다. 법률가들이 문학에 관심을 가지는 것을 방해하는 몇 가지 요소들이 존재하기 때문이다. 하나는 문학이 법과 거의 또는 전혀 관련이 없는 분야라는 생각이고, 또 다른 요소는 과학적 방법론에 우위를

3 Robin West, 'Community, Texts, and the Law: Reflections on the Law and Literature Movement' (1988-1989) 1 *Yale Journal of Law and the Humanities* 129, 131.

4 Ibid, 154.

5 James Boyd White, 'Law and Literature: No Manifesto' (1988) 39 *Mercer Law Review* 739, 745 n 14.

6 Ibid.

7 Ibid.

두는 현대 문화의 경향이다. 후자는 인간애 전반에 대한, 그리고 특히 미사여구에 대한 비난이 증가하는 현상과 궤를 같이한다. 마지막 요소는 법 영역 밖의 이론적 영감에 관심을 갖는 게 법학 분야 자체의 독자성을 훼손할 수 있다는 두려움이다.

인간의 삶에서처럼 학문적 흐름에서도 혈통과 관련된 주제가 논쟁의 대상이 될 수 있으나, 일반적으로 보이드 화이트는 법문학 관점에 기반을 두어 왔던 것으로 여겨진다. 20세기 초반 법사상에 많은 영향을 끼친 존 위그모어(John Wigmore), 벤자민 카도조(Benjamin Cardozo) 같은 인물들의 감수성에도 불구하고[9] 보이드 화이트가 1973년에 펴낸 『법적 상상(The legal imagination)』이라는 책은 새로운 학문 분야의 시작을 알렸다.[10] 그래서 법학과 학생들을 대상으로 하는 교과서로 여겨지기도 했다. 이 책은 법을 일련의 규칙들이 아닌 하나의 언어로, 용어 및 표현보다는 '사고방식과 기대'의 총체로 보는 관점을 제시하고 있다.[11] 법이 권력 행사와 관련되어

---

8 Owen M. Fiss, 'Objectivity and Interpretation' (1982) 34 *Stanford Law Review* 739; Ronald Dworkin, *A Matter of Principle* (Harvard University Press 1985) 146 ff. 드워킨은 사법적 판단을 소설에, 판사를 '법의 통합성(law as integrity)'이라는 개념을 따르는 공동의 소설가에 각각 비유한 바 있다. 스탠리 피시(Stanley Fish)는 드워킨의 해석 이론 및 그의 사법적 판단과 판사에 대한 비유를 비판하였다. 이 비판은 피시와 드워킨은 물론 제3자들까지 가세한 일련의 광범위한 논쟁을 불러일으켰다. 피시-드워킨의 논쟁에 대한 압축적이고 핵심적인 요약은 Andrei Marmor, *Interpretation and Legal Theory* (Hart 2005) 55 참조.

9 예로 John Wigmore, 'A List of One Hundred Legal Novels' (1922) 17 *Illinois Law Review* 27; Benjamin N. Cardozo, 'Law and Literature' (1925) 14 *Yale Law Review* 699 참조. 이러한 움직임의 시초에 대해서는, Richard H. Weisberg, 'Coming of Age Some More: 'Law and Literature' Beyond the Cradle' (1988-1989) 13 *Nova Law Review* 107 참조.

10 James Boyd White, *The Legal Imagination* (University of Chicago Press 1973). 로빈 웨스트(Robin West)는 '법문학 관점의 핵심적이고도 독특하며 대체 불가능한 기여'는 '경제적인 인간(economic man)으로 상정된 사람'이 되는 것을 피한 것이라고 주장하였다: 'Economic Man and Literary Woman: One Contrast' (1987) 39 *Mercer Law Review* 867, 874-5.

11 James Boyd White, *The Legal Imagination*, above n 10, xiii.

있다는 점을 부인하지 않으면서 보이드 화이트는 법을 말하기 및 쓰기 기술로 보았고,[12] 여기서 법적 사고와 표현의 구조는 수사학의 한 형태를 구성한다.[13]

전통적으로 법과 문학의 관계는 두 가지 유형으로 구분된다. 첫째 유형은 문학에서의 법으로 표현할 수 있다. 이는 작가가 법적인 문제를 언급하거나 표현하는 방식에 대한 연구를 말한다. 여기서의 초점은 법과 관련된 문학 작품이 어떻게 전개되는지에 있다. 그리고 이 유형은 법률가들이 문학을 통해 인간사에 대한 무언가를 배울 수 있을지도 모른다는 가정을 전제로 한다. 법률가들이 그런 문학 작품들을 알게 된다면 그들의 분야에 대해 더욱 깊이 있는 인간적 이해를 갖게 될 수도 있을 것이다. 주요 고전 문학 작품을 통해 법을 이해하는 것은 문학에서의 법이 가지는 주된 목적이다.

둘째 유형인 문학으로서의 법은 법률 문서에 대한 연구를 문학 작품 분석과 유사한 것으로 본다. 이 유형은 법적 분석과 텍스트 해석에 있어서 문학적 방법론 및 해석, 분석법, 비평법을 활용하는 것을 장려한다. 텍스트의 의미 파악 문제, 저자의 의도와 관련된 이슈, 수사적인 논증법의 사용, 법률 문서의 내러티브 구조와 문학적 구성요소의 분석은 문학으로서의 법 관점이 가지는 장점 중 일부에 불과하다.

---

12 Ibid, xiv.

13 Ibid, xiii. 보이드 화이트에 의하면, 법은 '개개인의 사고에 의해 배우고, 익히고, 수정되거나 보존될 수 있는 대단히 다채롭고 복잡한 사고 및 표현 체계이자 사회적 정의(定義) 및 관행 체계이다. 법은 세상을 구성한다. 그리고 다른 의미에서 우리가 가르치고, 배우고, 수행하는 직업으로서의 법은 일종의 문화적 기술이다. 즉, 특별한 법률 문헌을 읽는 기술과 그 언어로 그 문헌 자체를 구성하는 말하기와 쓰기 기술인 것이다.'

문학에서의 법

법학전문대학원 커리큘럼에서 거의 찾아보기 어려운 법문학 수업은 허먼 멜빌(Herman Melville), 표도르 도스토옙스키(Fyodor Dostoyevsky), 찰스 디킨스(Charles Dickens), 윌리엄 셰익스피어(William Shakespeare), 알베르 카뮈(Albert Camus), 프란츠 카프카(Franz Kafka)와 같은 저자들의 고전 문학 작품들로 가득 채워져 있다. 법적인 주제를 허구적으로 다룬 것만 살펴봐도 엄청난 양의 문학 작품들이 존재하며, 이 작품들은 법을 비판적으로 고찰하는 데 유용하다.

멜빌의 『선원, 빌리 버드(Billy Budd, Sailor)』는 법문학 주요 문헌 중에서도 가장 많이 분석된 작품으로 여겨진다.[14] 이 책은 멜빌이 사망하고 거의 35년 후인 1920년대에 출판되었는데, 법과 정의의 관계를 주제로 하고 있다. 외모가 준수하고 인기가 많은 빌리 버드는 영국 선박에서 일하는 선원인데, 하사관 존 클라가트(John Claggart)에 의해 반란을 일으켰다는 모함을 받게 된다. 빌리는 언어 장애 때문에 스스로를 변호할 수 없자 클라가트를 때려죽이는 방식으로 반응한다. 빌리는 그로 인해 군사재판을 받고 즉결 처형된다. 이 군사재판에서 선장 비어(Vere)는 빌리가 유죄 선고를 받도록 배심원들에게 자신의 영향력을 행사한다. 이 중편소설은 법적인 주제들에 관심이 있는 누구에게나 충분한 생각할 거리를 제공한다. 법은 정의와 어떤 관계에 있는가? 빌리에게 유죄판결을 선고하는 것은 정의롭거나 합법적인가? 이 두 질문에 존재하는 차이는 무엇인가? 정의를 실현하지 못한 군사법원의 역할과 유무죄 간의 관계는 이 책에서 살펴볼 수 있는 많은 주제 중 일부에 불과하다. 영국함대가 정박한 템스강

---

14 Herman Melville, *Billy Budd, Sailor* (Simon &Schuster 2006).

어귀 모래언덕인 노어(Nore)에서의 대반란(the Great Mutiny) 이후 짧은 시간을 생각해 보자. 멜빌의 소설은 불안했던 그 당시의 안전과 관련된 주제들도 떠오르게 한다. 현대의 행정부와 사법부 간의 권력 분립이 비상사태와 어떤 관련이 있는지, 그리고 공동체에 대한 잠재적 위협의 유무에 따라 법이 달리 해석되어야 하는지를 탐구하면서 빌리 버드에 대한 분석을 반테러 관련 법, 정책, 실무에 대한 고민까지 포함하는 것으로 확장시킬 수도 있을 것이다.

셰익스피어는 법문학 분야에서 독보적인 지위를 가지고 있다. 그의 연극은 법적인 주제에 미치는 영향력의 측면에서 집중적으로 분석되어 왔다.[15] 한 가지 예로 『베니스의 상인(The Merchant of Venice)』을 생각해 보자. 이 연극은 법과 공정함 간의 긴장과 법에서의 복수 및 신뢰와 관련된 주제를 상당히 강력하게 드러낸다. 샤일록(Shylock)이 엄격한 계약조건에 기반한 자신의 주장을 강화하기 위해 법정에 나섰을 때, 그는 형식주의적 논리에 근거하여 선처를 구하는 포셔(Portia)의 항소에 반대한다. 포셔의 주장을 공정함을 호소하는 것으로 해석하는 사람도 있을 수 있다. 하지만 법원은 샤일록에 불리한 그 형식주의의 손을 들어주며, 재판에서 패한 샤일록은 경멸받는다.[16]

최근의 논문들에서 퀜틴 스키너(Quentin Skinner)는 셰익스피어가 당대의 문법학교에서 가르치던 법수사학의 영향을 받았을 수도 있다고 주장하

15 예로 Ian Ward, *Shakespeare and the Legal Imagination* (Butterworths 1999); Paul Raffield and Gary Watt (eds), *Shakespeare and the Law* (Hart 2008); Paul Raffield, *Shakespeare's Imaginary Constitution: Late Elizabethan Politics and the Theatre of Law* (Hart 2010); Kenji Yoshino, *A Thousand Times More Fair: What Shakespeare's Plays Teach Us About Justice* (Ecco 2011); François Ost, *Shakespeare: la comédie de la loi* (Michalon 2012) 참조.

16 the symposium on Shakespeare's The Merchant of Venice: (1993) 5 *Cardozo Studies in Law and Literature* 1-136 참조.

였다.[17] 셰익스피어의 연극이 가지는 구조적 특징을 설명하고자 하는 열망이 있었던 스키너는 셰익스피어가 연극을 쓰는 방법이 법수사학에 대한 고전, 르네상스 문헌의 영향을 받았다는 혁신적인 주장을 하였다.[18] 스키너의 관점에 따르면 이것은 셰익스피어의 연극이 가지는 핵심적 특징을 설명하는 것이며, 그 특징에는 화법, 장면의 순서, 그리고 수사적 침묵까지도 포함된다. 스키너는 셰익스피어 시대에 사용했던 수사적 도구를 조사함으로써 특정 작문 기법에 영감을 준 근원뿐만 아니라 어휘나 문체의 선택까지도 설명할 수 있었으며, 그의 설명은 법정에서의 수사법에 대한 것도 포함한다.[19]

카프카의 우화 『법 앞에서(Before the Law)』는 사람들이 법에 대해 성찰하기 위해 문학 작품을 어떻게 사용하는지 보여주는 또 다른 예시이다.[20] '법 앞에 문지기가 앉아 있다…' 시골 출신의 한 남자가 문지기에게 다가가서 법에 다가가도 되는지 물어본다. 이 법의 문은 그 남자가 틈새로 들여다볼 수 있게 열려 있다. 하지만 문지기는 지금은 법에 들어갈 수 없다고 말하고 평생 기다리도록 한다. 그 남자는 궁금했지만, 법 안의 또 다른 방 옆에는 자신보다 더 무서운 문지기가 서 있다고 말하는 이 문지기가 무섭다. 이 불쌍한 시골 남자는 막 죽을 때 쯤에야 문지기에게 손짓한 뒤 왜 지금까지 저 법에 들어가길 애원하는 사람이 없냐고 묻는다. 문지기가 답한다. '어느 누구도 여기에 들어갈 수 없다. 왜냐하면 이 문은 당신만을 위

---

17 Quentin Skinner, *Forensic Shakespeare* (OUP 2014).

18 Ibid, 1.

19 Ibid, 2. 다른 흥미로운 저서로 Christopher N. Warren, *Literature and the Law of Nations*, 1580-1680 (OUP 2015) 참조. 워렌은 국가들의 법(law of nations)인 국제법에 대한 현대의 관념을 조명하기 위해 17세기 문학 텍스트를 활용했다. 문학을 통해 국제법의 역사를 바라보는 것은 분명히 연구와 학제간 분석으로서 전도유망한 분야이다.

20 Franz Kafka, *The Complete Short Stories* (Vintage 2008), 3-4.

해 존재하기 때문이다. 이제 나는 이 문을 닫아야겠다.'[21] 이에 대해 대부분의 독자가 보이는 즉각적인 반응은 '법이 그런 것이어서는 안 된다'는 것이다. 사실 법에 대한 접근성과 명료성은 실무에서 가장 중요한 가치로 여겨진다. 설령 우리가 원하는 것처럼 그 안이 말끔하게 정돈되어 있지 않더라도, 누구나 입장이 허락되어야 한다. 문지기가 가진 권력이 약화될 수 있다 할지라도 사람들이 들어가서 안을 볼 수 있도록 하는 것은 문지기의 의무이다. 하지만 문지기는 물리적으로 그 시골 남자가 법에 들어가지 못하도록 막았다. 법에 접근하기 어려움은 단지 물리적인 문제에 그치지 않는다. '법은 부재하며 시간적으로도 공간적으로도 유예된 상태다.'[22]

『국제법의 미학(The Aesthetics of International Law)』이라는 책에서 에드윈 모건(Ed Morgan)은 국제법 관련 이론, 분야, 개념을 설명하기 위해 문학 작품 속 인물에 대한 비유법을 사용한다.[23] 이 책은 모건이 그전에 출판했던 저서들을 기반으로 하는데, 각 문학 작품 속 인물은 "거울의 방 효과(hall of mirrors effect)"를 활용하여 일련의 국제법 주제들을 투영하고 있다.[24] 이 책은 국제법과 관련된 정치학, 경제학, 도덕 분야보다는 국제법의 자기표현 방식 자체에 초점을 맞추는 방식을 통해[25] 국제법의 내용보다는 국제법의 형식의 미학에 초점을 둔 관점의 출현을 주장한다.[26] 또 널리 알려진 국제법 관련 사건들을 문학 작품을 통해 바라보고 해석하고 있다.[27] 구 유고슬라비아에서의 분쟁과 관련된 사건 중 일부가 가지는 의미는 국제

21 Ibid, 4.

22 Costas Douzinas and Adam Gearey, *Critical Jurisprudence: The Political Philosophy of Justice* (Hart 2005) 354-7.

23 Ed Morgan, *The Aesthetics of International Law* (University of Toronto Press 2007).

24 Ibid, 6.

25 Ibid, 3.

26 Ibid, 169.

법은 스스로 형성된다는 주장의 일부를 모건이 비판적으로 평가하는 근거로써 활용된다. 한편 국제법이 유고슬라비아 갈등을 성공적으로 다루어 냈다는 주장은 호르헤 루이스 보르헤스(Jorge Luis Borges)가 쓴 짧은 이야기들을 통해서도 해석된다. 보르헤스의 이야기는 국제법이 자기 자신에 대해 투영한 왜곡된 이미지를 보여주는 거울로 역할을 한다. 보르헤스의 작품 『또 다른 죽음(The Other Death)』[28]의 주인공인 페드로 다미안(Pedro Damián)처럼, 국제법에 대한 진실과 국제법의 다양한 면을 밝히는 것은 어려운 일이다. 유고슬라비아에 대한 개입은 국제 사회의 성공에 대한 꿈을 보여주는 동시에 그 종말도 보여준다. 모건은 테러의 본성을 탐구하기 위해 에드거 앨런 포(Edgar Allan Poe)도 활용하였는데, 포의 작품 『아무것도 남지 않은 남자(The Man Who Was Used Up)』는 수명이 다한 국제법을 보여주는 거울이 되었다.[29] 이와 마찬가지로 조지프 콘래드(Joseph Conrad)의 작품 『어둠의 심연(Heart of Darkness)』도 국제법의 법원(法源)에 대한 국제법 이론의 탐구를 풍자한 작품이다.[30]

스토리텔링과 내러티브

국제법과 관련된 사람이라면 누구나 이야기를 전달하는 상황에 맞닥뜨

27 Ed Morgan, 'The Other Death of International Law' (2001) 14 *Leiden Journal of International Law* 3; Ed Morgan, 'New Evidence: The Aesthetics of International Law' (2005) 18 *Leiden Journal of International Law* 163. 전범 재판의 드라마를 분석하고 기술하기 위해 입센(Ibsen)과 브레히트(Brecht)를 이용하고 있다.

28 Jorge Luis Borges, *Collected Fictions* (Viking Press 1998) 223.

29 Ed Morgan, 'The Aesthetics of International Law', above n 27, 7.

30 Ibid, 29.

리게 된다. 국제재판소 앞에서 의뢰인을 위해 변론하는 변호사를 생각해 볼 수 있다. 이 변호사는 의뢰인의 주장을 잘 뒷받침하는 주장들을 선택하고 순서를 배치하여 재판관들을 설득하고자 할 것이다. 재판 결과를 듣고 있는 방청객에게 자신의 논리를 설명해야 하는 재판관도 생각해 볼 수 있다. 이 재판관은 필시 자신이 작성한 판결문의 논리적 구조에 심혈을 기울일 것이며 그 주장의 순서를 잘 배열하여 가능한 결론이 설득력 있도록 노력할 것이다. 판결문이 사실관계, 관련된 사람, 적용 가능한 법을 포함하여 일종의 줄거리를 가진 이야기를 말하기란 거의 불가피하다.

국제법 학자들은 늘 이야기를 말한다. 사실 학자들이 연구에 들인 노력은 종종 전문적인 스토리텔링 활동을 통해 평가된다. 우리는 법적 절차와 법률 문서를 분석하고, 법과 규정의 성격에 대해 질문하고, 다른 이들의 주장의 타당성, 실현 가능성, 정당성, 권위에 의문을 제기한다. 그 다른 이들이 우리의 동료인지, 결정권자인지, 재판관인지는 상관없다. 이러한 활동을 하는 과정에서 우리는 주장을 뒷받침하고 그 분야에 대해 이야기할 권위를 자신에게 부여하며, 어떤 조치를 취할지 결정하는 결정권자들을 설득하기 위한 이야기를 구성한다.[31] 따라서 스토리텔링은 우리가 하는 활동의 매우 중요한 부분을 차지하고 있다. 스토리텔링을 통해서 우리는 직업상 요구되는 다양한 일들을 수행한다. 그리고 이는 우리가 이 분야에서 성공하느냐, 마느냐를 결정하는 핵심 요소이기도 하다. 그러므로 우리는 스토리텔링을 직업으로 하는 작가들에게 상당한 관심을 기울여야 한다. 문학은 스토리텔링 기법과 기술이 가장 분명하게 드러나는 영역이기 때문이다.

---

31 유사한 맥락에서, 잉고 벤즈케(Ingo Venzke)는 이에 대해 '의미론적 권위를 위한 싸움'이라고 말했다.' Ingo Venzke, *How Interpretation Makes International Law. On Semantic Change and Normative Twists* (OUP 2012), 62.

이야기에는 항상 전하는 자의 관점이 존재한다. 이 관점은 절대로 중립적이지 않다. 우리가 사물을 바라보는 관점은 우리가 무엇을 보는지를 결정한다. 다시 말해 누군가의 관점은 그 사람이 경험하는 삶을 결정한다.[32] 관점이라는 것은 그 의미상으로도 항상 어떠한 하나의 시각을 의미한다. 이야기를 전할 때 '어느 곳에서도 오지 않은 의견'은 존재하지 않는다.[33] 이언 피어스(Iain Pears)의 작품 『핑거포스트(An Instance of the Fingerpost)』에서는 17세기 옥스퍼드에서의 살인사건으로 이어진 여러 사건이 4명의 다른 인물들에 의해서 설명된다.[34] 이 인물들의 설명은 서로 상당히 다르다. 그들이 설명한 사건들과 순서는 종종 서로 모순된다. 이 소설의 이야기가 진행됨에 따라 독자는 무심코 이야기하는 인물들 각자의 입장이 되어보게 되고, 그 이야기가 유일한 진실인 것처럼 믿게 된다. 피어스의 소설은 내러티브와 내레이터의 개념에 대한 이해를 돕는 입문서이다. 이 부분은 나중에 다시 다뤄보기로 하자.

내러티브는 하나의 이야기가 전해지거나, 하나의 담화가 구성되는 방식을 말한다. 하나의 이야기가 어떻게 설계되고, 사건들은 어떻게 이야기되고 쓰여지거나 생각되는지가 내러티브의 특징으로 설명될 수 있다. 내러티브는 이야기가 심겨지는 구조, 또는 이야기가 전달되는 배경을 의미한다. 내러티브는 스토리텔링이 법적 논리만큼의 논증적 힘을 가지도록 하는 틀을 제공한다.[35] 내러티브는 여러 가지 요소 중 어떤 요소를 강조할

---

32 Peter Brooks, 'Narrative Transactions – Does the Law Need a Narratology?' (2006) 18 *Yale Journal of Law & the Humanities* 1, 28.

33 심리철학에서의 주관적이고 객관적인 관점들, 그 관점들 간의 상호 작용에 대한 흥미로운 논쟁에 대해서는, Thomas Nagel, *The View from Nowhere* (OUP 1986) 참조.

34 Iain Pears, *An Instance of the Fingerpost* (Vintage 1999).

35 Greig Henderson, *Creating Legal Worlds: Story and Style in a Culture of Argument* (University of Toronto Press 2016) 3.

지 그리고 표현되지 않은 내용이나 진실에 대해서는 침묵할지의 여부를 결정하는데, 이런 특징은 학문적 전통 아래 감추어져 있거나 기득권을 위해 무시된다. 국제법률가들의 문화나 개인적 선호는 내러티브를 구성하고 이 분야에 대한 우리의 인식을 구성하는 데 기여한다.

내러티브에 대한 이러한 정의가 너무 추상적으로 들린다면 국제법에 대한 내러티브와 '서사성(narrativity)'에 대한 몇 가지 사례를 살펴보는 것이 도움될 것이다. 국제법을 단일의 시스템으로 보는 담론을 예로 들어보자. 이 예는 내러티브적인 방식으로 생각해 보기에 상당히 적합하다.[36] 여기서 단일성이란 긍정적 가치로 여겨지고 실무에서 적극적으로 추구하며 지키고자 하는 것이다.[37] 어떠한 모순도 받아들여지지 않는다. 또는 국제법이거나 국제법이어야 하는 것으로부터 벗어난 것으로서 비난받는다. 또한 파편화에 대한 반대의 내러티브는 지난 25여 년 동안 국제법학 담론의 형성에 상당한 영향을 끼쳐왔다.[38] 파편화는 상당한 불안을 조성해 왔으며,[39] 성문화되지는 않았지만 국제법위원회의 연구 대상이 되어 왔다.[40] 국제재판소의 양적 증가, 법리 충돌 리스크, 국제법의 전문화 및

36 단일성(unity)이라는 개념에 대한 비판적 평가로는, Mario Prost, *The Concept of Unity in Public International Law* (Hart 2012) 참조.

37 Pierre-Marie Dupuy, 'L'unité de l'ordre juridique international: cours général du droit international public' (2000) 147 *Recueil des Cours* 9-490.

38 이 우려에 대한 초기 현상에 대해서는 Ian Brownlie, 'Problems Concerning the Unity of International Law' in *Le droit international à l'heure de sa codification: Études en l'honneur de Roberto Ago* (Giuffrè 1987) 153 참조.

39 Martti Koskenniemi and Päivi Leino, 'Fragmentation of International Law? Postmodern Anxieties' (2002) 15 *Leiden Journal of International Law* 553.

40 International Law Commission, *Fragmentation of International Law: Difficulties Arising from the Diversification and Expansion of International Law* – Report of the Study Group of the International Law Commission, UN Doc. A/CN.4/L.682 (13 April 2006), as corrected by UN Doc. A/CN.4/L.682/Corr.1 (11 August 2006) (finalized by Martti Koskenniemi).

자기 완비적(self-contained) 체제의 형성 흐름에 초점을 둔 연구는 대학원생들의 논문 주제로는 말할 것도 없고 학자들의 저술 활동에서도 인기 있는 지적 영역이 되어 왔다. 일단 내러티브가 주어진 현상을 바라보는 일반적인 방식이 되면 내러티브는 하나의 기준, 즉 이 분야의 모든 이들이 알고 더 이상 의문을 제기하지 않는 이야기가 된다.

내러티브는 기본적으로 국제법의 다양한 분야에 대한 우리의 인식을 구성한다. 환경보호 분야 정책 결정에서의 지속 가능한 개발의 영향, 안보와 인권 내러티브 사이에서 지속적인 괴로움을 주는 대테러 담론 등과 같은 분야들을 예로 들 수 있다. 국가면제에 대한 절대주의 이론도 일부 국내법원의 사법적극주의 덕에 결국 상대주의 이론에 자리를 내어주긴 했지만, 또 하나 논쟁의 여지가 없다고 알려진 건 국제법적 내러티브이다. 이 내러티브는 일반원칙/예외 패러다임의 대표적인 예시이고, 거의 보편적으로 국제적 및 국내적 차원에서의 국가면제를 논의 틀을 형성하는 방식으로 받아들여진다.[41] 국가면제이론의 발전에 대한 대안적 해석에 대해서는 침묵되어 왔고, '스쿠너 익스체인지호(The Schooner Exchange v McFaddon)'[42] 사건에 대한 일부 오해가 지속됨에 따라 확고한 믿음이 형성되었다.[43] 당신이 국가면제에 대해 법원에서 주장하고 싶거나 학문적 글

---

41 Andrea Bianchi, 'Denying State Immunity to Violators of Human Rights' (1994) 46 *Austrian Journal of Public and International Law* 195.

42 The Schooner Exchange v McFaddon 111 US 116 (1812).

43 Gamal Moursi Badr, *State Immunity: An Analytical and Prognostic View* (Nijhoff, 1986) 13: '스쿠너 익스체인지호(the Schooner Exchange) 사건이 영토 관할권에 대한 절대적 면제가 외국에 유리하게 인정되어야 한다고 요구하는 국제법상의 강행규범(peremptory rule)이 존재한다는 명제를 인정하지 않음은… 명백하다. 문제가 된 이 선박에게 부여된 면제는 영토 관할권을 가진 국가의 묵시적인 관할권 행사 포기에 기반한 것이었다. … 스쿠너 익스체인지호는 일반적으로 주장되듯, 절대적 면제 이론의 시발점이라기보다는 제한적 면제 이론의 전조(harbinger)였다고 말하는 것이 정확할 것이다.'

을 쓴다면 당신의 주장은 이 내러티브를 전제 조건으로 할 가능성이 매우 높다. 이 내러티브는 국제법이 국가면제를 바라보는 방식을 제한한다.

더욱이 국제법 자체는 메타 내러티브에 의해 형성되며 '보편성'과 '진보' 같은 문제와 관련 있는 분야로 이해될 수 있다.[44] 사실 이 책에서 논의되는 많은 이론과 접근법은 내러티브로 이해할 수 있다. 코스켄니에미(Koskenniemi)는 법다원주의와 입헌주의를 명백하게 내러티브 방식으로 논의하였다.[45] 이런 내러티브는 같은 연구 대상에 대해서도 판이한 견해를 만들어 낼 수 있으며 종종 설득력에서의 우위를 차지하기 위해 서로 경쟁할 수도 있다. 국제법 체계가 헌법적 궤도를 따라 점진적으로 진보하고 있다고 보는 견해와 국제법은 권위와 정당성에 대한 독특한 근원을 가진 다양한 제도들의 묶음으로 이해하는 것이 적절하다는 견해를 같은 선상에 놓고 비교하기는 어렵다.

누군가는 국제법을 내러티브 방식으로 이해함으로써 얻을 수 있는 것이 무엇인지 물을 수도 있다.[46] 우리는 원칙, 규칙, 개념을 언급하면서 국제법을 더욱 쉽게 연구할 수 있을지도 모른다. 국가면제, 통일성, 파편화는 국제법 체계의 합리화에 기여하는 개념으로 여겨질 수도 있는 반면, 지속 가능한 개발은 국제환경법의 일반 원칙 중 하나로 이해될 수도 있다. 그러나 이 이슈를 내러티브 방식으로 표현하면 국제법 연구의 담론적이고 관점론

---

44 Thomas Skouteris, *The Notion of Progress in International Law Discourse* (Asser Press 2010); Tilmann Altwicker and Oliver Diggelmann, 'How is Progress Constructed in International Legal Discourse?' (2014) 25 *European Journal of International Law* 425.

45 Martti Koskenniemi, 'The Fate of Public International Law: Between Technique and Politics' in *The Politics of International Law* (Hart 2011) 331, 355.

46 피터 브룩스(Peter Brooks)는 내러티브를 활용하는 것에 이점이 있다고 보았는데, 그 이유는 '내러티브의 분석이 어느 정도 추상적으로 정형화될 수 있기 때문이다. 내러티브 분석은 내러티브의 형식적 특징, 단위, 결합된 원리가 드러나게 하며, 이에 따라 형태를 가지므로 비교도 가능하게 한다.'(Peter Brooks, 'Narrativity of the Law' (2002) 14 *Law and Literature* 1, 2).

적인 성격이 분명하게 드러나게 된다. 또한 내러티브를 통해 사회 집단에 깊이 뿌리 내리고 있는 믿음과 지배적인 문화적 트렌드를 깊이 탐구할 수 있기도 하다. 사람들은 법의 진정한 의미를 오직 법의 '서술적 맥락(narrative thread)'을 고려함으로써 이해할 수 있다. 로버트 커버(Robert Cover)가 한 유명한 말이 있다. '어떤 법적 제도나 규정도 그 자체를 존재하게 하고 의미를 갖게 하는 내러티브와 동떨어져 존재하지 않는다. 모든 헌법에는 서사시가 존재하며 각 규율에는 경전이 존재한다.'[47] 만약 사람들이 법에 의미를 부여하는 내러티브 맥락에서 법을 이해한다면 법은 단지 준수되어야 하는 규칙 체계가 아니라 우리가 살아가는 세상이 된다.[48]

커버가 언급한 것처럼 내러티브는 의미를 형성하는 것 외에 다른 중요한 기능을 수행할 수도 있다. 내러티브는 정체성과 제도 같은 추상적 단체를 등장인물 또는 영웅으로 바꿔 의인화할 수도 있다.[49] 이에 대한 예로 국제법 담론에 만연해 있는 '국제적 공동체'를 생각하는 것으로 충분하다. 국제적 공동체는 집단안보, 인도적 개입, 환경 규제, 인권과 관련된 다양한 내러티브의 주요 '등장인물' 중 하나다. 내러티브는 가치 판단적이다. 즉, 내러티브는 다른 목소리를 침묵시키고 등장인물을 무시한다. 가장 중요하게는 말할 필요도 없이 당연한 것이 무엇인지에 대해 권위를 제공하는 방식을 통해 다른 것들을 희생시킨 뒤 하나의 이야기를 전달한다. 시간이 지날수록 내러티브는 내면화되고 그 권위와 설득력은 당연하게 여겨진다.

---

47 Robert Cover, 'The Supreme Court 1982 Term – Foreword: Nomos and Narrative' (1983) 97 *Harvard Law Review* 4, 4-5: '이러한 규범적 세상에서 법과 내러티브는 불가분의 관계에 있다. 모든 규칙(prescription)은 역사와 운명, 시작과 끝, 설명과 목적을 제공받기 위해 담론의 안에 위치하길 요구한다.'

48 Ibid.

49 Anthony G. Amsterdam and Jerome Bruner, *Minding the Law* (Harvard University Press 2000) 117. '주인공은 영웅에 대한 그리스의 관념에 기반을 둔다.'

내러티브를 분석하는 것은 우리의 문화적, 사회적 환경에 법이 어떻게 뿌리 내리게 되었는지를 설명할 수 있게 한다. 법의 내러티브 구조를 살펴봄으로써 사람들은 주변 현실이 어떻게 정신적으로 구성되고 서로 어울리게 되는지를 이해할 수 있다.[50] 프리드리히 크라토치윌(Friedrich Kratochwil)은 그의 최근 저서에서 세계 사회의 단결을 유지하는 것은 확립된 관행의 집합이 아니라 오히려 내러티브, 비유, 개념구성이라고 주장했다.[51]

문학과 법 각각의 내러티브 구조 간 관련성에 대해서는 조셉 슬로터(Joseph Slaughter)가 명확하게 설명하고 있다.[52] 슬로터는 국제인권법과 성장소설(*Bildungsroman*)류의 문학 장르를 비교하면서 내레이션이 어떻게 국제인권법을 정당화시키며 당연하고도 설득력 있어 보이게 하는지를 설명한다. 성장소설의 유래는 보통 괴테(Goethe)의 『빌헬름 마이스터의 수업시대(*Wilhelm Meister's Apprenticeship*)』와 관련이 있다. 이 소설은 결국 사회 규범에 순응하고 사회에 받아들여지면서 성숙해지는 (보통은 예민한) 젊은이의 성장 및 자아실현과 관련된 소설의 전형이다.[53] 진화에 대한 생각, 즉 성숙함과 성취가 사회와 관련될 때 가장 잘 실현될 수 있다는 믿음

---

50 Jerome Bruner, 'The Narrative Construction of Reality' (1991) 18 *Critical Inquiry* 1.

51 Friedrich Kratochwil, *The Status of Law in World Society: Meditations on the Role and Rule of Law* (CUP 2014) 167. 'The power of metaphors and narratives: systems, teleology, evolution, and the issue of "global community"'. 그의 견해에 따르면, 사회참여적 법학자들은 그들의 세계관이 가지는 '규범적 영향력'을 정당화하는 프레임으로 내러티브를 주장한다: 21.

52 Joseph R. Slaughter, 'Enabling Fictions and Novel Subjects: The "Bildungsroman" and International Human Rights Law' (2006) 121 *PMLA* 1405; Joseph R. Slaughter, *Human Rights, Inc: The World Novel, Narrative Form and International Law* (Fordham University Press 2007).

53 괴테의 『빌헬름 마이스터의 수업시대(Princeton University Press 1995)』의 주인공이 계속 개인적인 성향, 욕망, 사회적 의무 사이에서 괴로워하다가 결국에는 삶과 사회에서 자신의 역할을 인정하고 받아들이게 되면서, 사회가 잘못된 이상이라고 여기는 것을 더 이상 추구하지 않게 된 것을 상기해 볼 수 있을 것이다.

은 유사한 방식으로 국제 인권 이론의 기저를 구성한다. 개인과 사회의 관계에 대한 시각은 세계인권선언(Universal Declaration of Human Rights)의 제29조 제1항에 자세히 언급되어 있다. '모든 사람은 그 안에서만 자신의 인격이 자유롭고 완전하게 발전할 수 있는 공동체에 대하여 의무를 가진다.' 슬로터는 인권과 성장소설 모두 '상호 보완적 허구(mutually enabling fiction)'라고 생각한다. '왜냐하면 인권과 성장소설 모두 각각 인간과 사회의 적절한 관계에 대한 상호 간의 이상적 견해와 자유롭고 완전한 인격의 발전에 대한 규범적 진전을 지지하는 인간상을 보여주기 때문이다.'[54] 이 내러티브가 다른 목소리와 다른 견해를 희미하게 만들거나 침묵하게 하고, 다른 것들을 희생시켜 특정 주제 및 문화적 모델을 확립시키는 것은 불가피하다.[55]

어떤 이들은 내러티브가 잠재적으로 풍부한 통찰력을 가지고 있음에도 불구하고 국제법 학계가 왜 내러티브와 서사성에 더 많은 관심을 갖지 않는지 의문을 제기한다.[56] 최근 매튜 윈저(Matthew Windsor)는 국제법 이론에서 '내러티브로의 전환' 필요성을 주장하였다.[57] 사실 국제법에서 '믿을 수 없는 내레이션(unreliable narration)'이라는 개념에 대한 그의 최근 분석은 위 질문에 답하는 것에 중요한 통찰을 준다. 법에서 서사학(narratology)이 등한시되는 것이 '특정 학문의 고지식함 때문인지, 아니면 적극적인 탄압 때문인지'에 대한 윈저의 검토는 내러티브 관점과 기존 화자의 특성

54 Joseph R. Slaughter, *Human Rights*, Inc, above n 52, 4.

55 Ibid, 5.

56 특히 서사학(narratology)과 서사학의 본질적으로 시간적인 차원(essentially temporal dimension)에 대해 영향력 있는 저서로는, Paul Ricoeur, *Time and Narrative* (University of Chicago Press 1990) 참조.

57 Matthew Windsor, 'Narrative Kill or Capture: Unreliable Narration in International Law' (2015) 28 *Leiden Journal of International Law* 743.

을 숨기려는 경향을 반복적으로 보이는 학문 분야의 매우 뻔한 답을 정당화하는 것 같다.[58] 만약 안소니 앰스터댐(Anthony Amsterdam)과 제롬 브루너(Jerome Bruner)가 '법은 내러티브를 먹고 산다'라고 한 말이 맞다면[59] 왜 내러티브에 대해 이야기하는 것이 여전히 '법의 세상에서는 이단적인 것인가?'[60] 이에 대해 마리아 아리스토데무(Maria Aristodemou)는 다음과 같이 말했다. '법의 내러티브는 그 자체의 체계적인 구성과 재량성을 받아들일 여력이 없다. 즉, 법의 내러티브는 혼란 속에 질서를 부여하기 위해 만들어진 많은 내러티브 중 하나에 불과하다는 것을 고백할 형편이 안 된다. 법적인 내러티브가 도덕과 정치적 권력 모두를 끌어모으는 것은 인간의 기원 또는 실수 가능성 때문에 허락되지 않는다.'[61] 이 견해에 따르면 내러티브 분석을 기피하는 것은 그 분야의 독자성 및 그 분야의 조건을 자체적으로 설정하는 능력에 대해 질문 제기하기를 꺼리는 학문 분야의 필연적 결과이다.[62]

『핑거포스트(An Instance of the Fingerpost)』[63]로 돌아가자. 네 명의 서술자 모두 각자의 관점을 제시하는 점에서 알 수 있듯이, 피어스는 다양한 수준의 내러티브 구조를 제안하고 있으며 이 구조에서 네 명의 서술자 모두는 '신뢰하기 어려워' 보인다. 그들은 기득권을 가지고 있을 수도 있으며, 한쪽으로 치우쳐져 있는 것만큼은 확실해 보인다. 심지어 그들은 그 사건의 범인일지도 모른다. 이처럼 국제법에서도 이야기가 전달될 수도 있고

58 Ibid, 747.

59 Anthony G. Amsterdam and Jerome Bruner, *Minding the Law*, above n 49, 110.

60 Peter Brooks, 'Narrativity of the Law', above n 46, 1.

61 Maria Aristodemou, *Law and Literature: Journeys from Her to Eternity* (OUP 2000) 140.

62 Peter Brooks, 'Narrativity of the Law', above n 46, 2.

63 Iain Pears, *An Instance of the Fingerpost*, above n 34.

내러티브가 신뢰할 만하지 않은 서술자에 의해 구성될 수도 있다. 윈저는 드론에 의한 타깃 살해 기저의 다양한 내러티브에 대해 살펴보면서 신뢰할 수 없는 서술자에 대해 경고하고 있으며, 더 나아가 국제법 학자들이 '다양한 관점에 기반한 내레이션'을 '다른 목소리를 묵살하거나 무시하지 않으면서 이야기를 전달하기 위한 단호한 노력'으로 발전시키기를 권유하고 있다.[64]

청자와 화자

보이드 화이트는 '항상 법이 정하는 상황에 존재하는 화자와 청자를 가정한다. 이것이 바로 법이 세상을 만들고 법 스스로를 현실로 만드는 방법'이라고 주장했다.[65] 위와 같이 말하면서 보이드 화이트는 법은 매우 실용적이고 사회적인 프로젝트이며, 법적인 문제가 특정 청자를 대상으로 어딘가의 누군가에 의해 제기되는 것은 당연하다는 점을 강조하고자 했다. 수사법의 부활과 현대 수사적 이론의 발전 또한 청자와 화자의 관계를 강조한다.

말을 하는(또는 쓰는) 누구든 보통은 청자를 염두에 둔다. 그 청자는 오직 한 사람일 수도 있고 많은 사람으로 구성된 하나의 단체일 수도 있다. 말하는 사람은 청자의 범위가 넓든지 좁든지 다양한 방식과 의사소통 수단을 통해 청자에게 말을 걸 수 있다. 중요한 것은 구두로 또는 서면으로 전

64 Matthew Windsor, 'Narrative Kill or Capture: Unreliable Narration in International Law', above n 57, 768.

65 James Boyd White, 'Law as Language: Reading Law and Reading Literature', above n 1, 441.

달되는 의사를 듣거나 읽는 누군가가 항상 존재한다는 것이다. 챔 페렐만(Chaïm Perelman)은 화자가 주장을 통해 영향을 미치고 싶어 하는 사람들의 집합이 청자라고 정의한다.[66] 이 정의는 화자와 청자 간의 전형적인 상호 관련성을 보여준다. 페렐만은 수사법이라는 특별한 영역을 청자가 화자의 주장에 관심을 가지게 하는 기술의 집합으로 정의하였는데, 이 수사법 영역은 화자와 청자의 관계에 매우 많은 관심을 집중시킨다.[67] 어떤 화자든 그가 가진 목적은 청자가 자신의 주장에 관심을 갖게 하여, 청자가 가진 믿음에 영향을 끼칠 뿐만 아니라 행동에까지 영향을 미치는 것이다.

청자와 화자의 관계는 '국가관할권 면제(Jurisdictional Immunities of the State)' 사건에서의 국제사법재판소(International Court of Justice) 판결을 살펴볼 때도 활용할 수 있다.[68] 나는 예전에 쓴 글에서[69] 국제사법재판소를 화자의 위치에 놓고 국제사법재판소가 판결문에서 의도하는 청자를 파악하기 위한 시도를 한 적이 있다. 국가를 단지 기술적인 의미에서의 국제사법재판소의 '고객'이라고만 볼 수는 없다.[70] 국가는 국제사법재판소가 내린 판결의 주요 청자이며 국제사법재판소가 영향을 미치고자 하는 대중의 주요 구성원이다. 누군가는 형식주의적인 추론에 근거하여 이를 반박할 수도 있다. 분쟁의 당사자만이 합법적으로 판결의 청자의 위치에 있

---

66 Chaïm Perelman and Lucie Olbrechts-Tyteca, *The New Rhetoric: A Treatise on Argumentation* (University of Notre Dame Press 1969) 19.

67 Ibid.

68 *Jurisdictional Immunities of the State (Germany v Italy: Greece intervening)*, Judgment, 3 February 2012.

69 이에 대해서는 Andrea Bianchi, 'Gazing at the Crystal Ball (Again): State Immunity and Jus Cogens beyond Germany v Italy' (2013) 4 *Journal of International Dispute Settlement* 457 참조.

70 국제사법재판소 규정(ICJ Statute) 제34조는 국가 간의 쟁송 사건에 한해서만 국제사법재판소의 관할권 행사를 허용한다. 국제사법재판소의 권고적 권한도 국제연합 기관들이 이용할 수 있어서, 결과적으로는 국제연합 회원국들이 이용할 수 있다(제65조).

을 수 있기 때문이다. 하지만 열렬한 형식주의 지지자조차 다른 국가들도 국제사법재판소가 하는 모든 말에 귀 기울이고 있다는 점을 부인하지는 않을 것이다.[71]

'국가', '국제기구' 또는 '국제사법재판소'를 이야기할 때는 언제나 그 집단을 구성하고 있는 개인에게 관심을 기울여야 한다. 청자는 항상 전문적인 영역에서 특별한 인식 능력을 가지고 일하는 개개인으로 구성된다. 국제사법재판소의 청자가 누구인지를 확인하기 위해 '국가'나 '국제법체계'를 언급할 때 우리는 한 국가를 구성하는 조직(예를 들어, 고위 공무원, 외교관, 법원, 입법부), 국제공무원, 국제재판소의 재판관만 고려해서는 안 되고 자신들의 전문적인 능력을 활용해 그 체계의 일부를 구성하는 개개인들(예를 들어, 변호사, 컨설턴트, 전문가, 학자)도 반드시 함께 생각해야 한다. 자신의 전문적 영역에서 활동하는 이 모든 개개인들은 국가 간의 체계에 상당히 의존하고 있다.

위에서 언급한 개개인들과 국제사법재판소와의 관계는 매우 다양할 수 있으나 그들 모두 국제사법재판소의 말에 귀 기울이고 있고, 그것을 활용하는 데 관심이 있음은 분명하다. 국제사법재판소는 자신의 판결이 청자에게 미치는 영향을 매우 잘 알고 있으며, 그 청자를 설득할 수 있는 논거를 구성한다. 국제사법재판소와 그 청자 간의 의사소통은 구체적인 분야(국제법)에서 일어나고 그 분야의 구성원들은 그 분야의 일반적 정체성을 구성하는 많은 믿음과 전통을 공유한다.[72] 어느 정도는 이미 국제사법재판소가 활용하는 논증법을 원칙적으로 고수하는 경향이 존재하며 이 논

---

71 Rosalyn Higgins, *Problems and Process: International Law and How We Use It* (OUP 1994) 202-3. '국제사법재판소에서 다투고 있지 않은 국가들은 국제사법재판소의 판결을 따른다. 왜냐하면 모든 판결이 법에 대하여 즉각적으로 권위 있는 선언이며 그들이 만약 동일한 법적 쟁점이 제기되는 분쟁의 당사자가 되는 경우, 국제사법재판소는 일관되게 판단하고 자신의 법리에 기반하려는 경향이 있어 동일한 결론에 도달하리라는 점을 알기 때문이다.'

증법은 대체로 국제법 학계와 실무에서 받아들여지고 활용되고 있는 것들을 반영한다.

설득, 방식 그리고 발견의 방법Ars Inveniendi

화자와 청자는 매우 상호의존적이다. 화자가 청자를 설득하기 위해 활용하는 논증 방식은 청자의 구체적인 요구에 맞춰진다. 수사법의 주된 목적은 청자의 마음을 얻는 것이고, 이 청자들의 생각과 행동은 주어진 상황에서의 주장이 가지는 설득력에 상응하는 만큼 영향을 받을 것이다. 그 주장의 무게와 설득력에는 의사소통의 맥락과 수단, 청자의 특성, 화자의 역할이 영향을 미칠 것이다. 법에서 일반적으로 활용되는 논증법은 귀납 논리학에 의존하는 것, 일반적으로 받아들여지는 합리성을 판결의 기준으로 또는 설득을 목적으로 한 추론의 근거로 원용하는 것을 포함한다. 특별히 가치를 인정받는 법적 주장은 말할 필요도 없이 당연하게 여겨져서, 이미 받아들여진 학문적 또는 전문적 기준에 부합하는지 여부를 반복하여 증명할 필요가 없는 것을 말한다. 입증 책임 전환을 위해 법률적 추정에 의존하는 것과 원칙/예외 패러다임을 이용하는 것은 빈번히 활용되는 수사적 기법의 또 다른 예시이다. 법관을 포함한 법률가들은 이러한 수사적 설득 기법들을 활용하는 것에 훈련되어 있다. 그들의 능력은 이러한 기법을 전문 영역에서 활용하는 방식을 통해 평가될 수 있다.

72 Chaïm Perelman and Lucie Olbrechts-Tyteca, *The New Rhetoric*, above n 66, 99. '특정 분야의 구성원들에게는 그 분야가 과학적이든 기술적이든 법률적이든 신학적이든 특유의 합의가 존재한다. 이러한 합의는 그 학문 또는 기술의 본체를 구성한다. 이런 합의는 특정 협약이나 특정 텍스트를 지지한 결과일 수 있으며 구체적인 청자를 특징짓는다.'

'국가관할권 면제' 사건 예시로 돌아가 보자. 독자들은 이 사건에 대한 국제사법재판소의 판결이 매끄럽고 조리 있으며, 논리적 일관성을 갖추었다는 첫인상을 가질 수도 있다. 외국의 관할권 면제와 관련된 학문적, 실무적 복잡성을 잘 알지 못하는 사람들은 이 판결이 명료하고 추가적인 분석 또는 정당화가 필요하지 않다고 볼 수 있다. 피상적으로 이 판결의 논증 구조에 대해서만 살펴보면, 이 판결은 정확하고 수사적으로도 정교하다. 국제사법재판소는 판결문 초반에 법적인 이슈의 범위를 외국의 관할권 면제와 심각한 인권 침해의 충돌로 한정하고, 판결문 전체를 통해 그들의 결론을 정당화해 나가는 현명한 논리적 접근법을 보여준다.[73]

여기서 주목할 만한 부분은 국제사법재판소가 국제법 위반으로 주장된 내용의 심각성 및 몇몇 인권 규정의 강행규범(*jus cogens*)적 성격과 관련된 이탈리아의 주장을 다룬 방식이다. 국제사법재판소는 판결문의 초반에 이 사건과 관련된 법적 이슈가 무엇인지 언급하고, 그 내용에 의존하여 이탈리아의 주장도 검토하였다.[74] 국제사법재판소는 독자들이 판결의 결론을 설득력 있는 추론의 당연한 귀결로 받아들일 준비를 시키면서 이미 이탈리아의 주장을 배척할 길을 열어놓았다. 수사법적 관점에서 글의 초반에 '타당하다거나', '합리적이라거나', '옳다'는 취지로 설명된 어떤 주장이 그 글에서 나중에 당면한 사건에 원용되거나 적용되는 경우 그

---

73 *Jurisdictional Immunities of the State*, above n 68, §§ 52-61. 나는 특별히 아래 세 가지를 생각하였다. i) 국제사법재판소가 국제관습법에 면제에 대한 일반적 규칙이 존재한다는 점을 추정하고, 국제연합헌장에 담겨 있으면서 국제법의 기본 원칙 중 하나로 설명되는 주권 평등의 기본 원칙에서 연역적으로 도출해 내는 방식, ii) 관련 행위에 대한 주권적 행위(*acts jure imperii*)로서의 평가, iii) 절차적 문제로서의 면제와 일련의 실체적 행위 규칙으로서의 인권 간의 구분

74 Ibid, § 58 (debating an intertemporal law question). '게다가 국제사법재판소는 (국제법이 외국의 외교부 장관에게 부여하는 인적 면제 관련 언급에서) 면제의 법칙은 본질적으로 절차적 성격을 가진다⋯ 이 법칙은 특정 행위에 대한 관할권 행사를 규제한다. 그 결과, 그 행위가 합법적인지 불법적인지를 판단하는 실체법과는 완전히 구별된다.'

주장의 설득력은 강화된다. 그 주장이 구체적 상황에 적용되면 청자는 그 주장이 가지는 일반적 타당성을 이미 신뢰하는 상태에서 그 주장에 설득당하게 된다. 국제사법재판소가 친숙한 국제법적 근거, 일반적 원칙/예외 패러다임, 청자에게 매우 익숙한 해석 규범을 기반으로 이후 추론을 이어감에 따라 그 주장의 설득력은 더 강화된다.

판결문에 대한 수사법적 논증 구조를 분석하는 과정에서 국가면제 규칙의 법적 지위와 적용 범위는 논의 대상이 아니다. 오히려 내가 여기서 논의하고자 하는 바는 국제사법재판소의 판결이 충분히 그럴듯한지, 그리고 이 판결에 이용된 논증이 청자를 설득할 만큼 신뢰할 만한지에 관한 것이다. 만약 국제사법재판소의 판단이 설득력 있게 들린다면 그것은 그 판단이 청자에게 매우 익숙한 방식을 취하고 있기 때문이다. 그 청자는 이미 특정 유형의 논증 방식을 받아들이려는 경향이 있으며, 특히 그 논증 방식이 권위 있는 사법기관에서 나온 것이라면 더욱 그렇다. 국제사법재판소와 그 청자가 전문적 영역에서 가지는 밀접한 관계는 성직자와 신전에서 의식을 수행하는 사람들 간에 공유되는 무의식적 습관(habitus) 같은 것을 반영하고 있으며,[75] 이는 결국 다른 이들보다 더 효과적인 논증법이나 수사법으로 귀결된다. 이런 이유로 판결문에 포함된 일부 반대의견은 청자에게 영향을 미칠 기회를 거의 얻지 못했고 다수 의견을 바꾸는 것은 확실히 실패했다.[76] 반대의견을 낸 재판관들은 국제법상 정의의 추구, 손해배상 청구를 위한 피해자들의 재판받을 권리, 이러한 가치들이 국가 면제보다 우위에 있다고 보는 주장을 근거로 국가의 관할권 면제에 대한 견

---

75 나는 이 비유를 Andrea Bianchi 'Gazing at the Crystal Ball (Again)', above n 69, 475에서 사용하였다. 아비투스(habitus) 개념에 대해서는 Pierre Bourdieu, *The Logic of Practice* (CUP 1990) 53 참조.

76 *Jurisdictional Immunities of the State*, above n 68. 특히 재판관 Cançado Trindade의 반대의견과, 정도는 덜하지만 재판관 Yusuf의 반대의견 참조.

해를 밝혔으므로 국제사법재판소의 주요 청자인 국가들로부터 환영받지는 못했을 것이다. 반대의견을 낸 재판관들이 청자들의 이러한 성향을 간과하고 충돌하는 가치들 중 자신들의 가치가 가장 중요하다고 여기는 것에 대해 깊이 고민해보지 않은 것은 그들의 논증 전략의 효과에 대하여 충분한 관심을 기울이지 않았음을 의미한다. 그리고 법의 변화를 이끌어 내는 데 있어서는 청자들의 성향이 가장 중요한데도 불구하고 그들의 전략을 청자들에게 적절하게 맞추는 노력을 소홀히 한 것이라 볼 수 있다.[77]

방식 또한 자신의 입장을 고수하려는 청자를 설득하는 데 매우 중요한 요소이다. 재판관 카도조(Cardozo)가 1920년에 쓴 법문학에 대한 에세이는 많은 찬사를 받았는데, 그는 이 글에서 독자의 관심을 법관의 글쓰기와 그 방식으로 끌어오고자 했다.[78] 그는 법관의 글쓰기 방식을 다음과 같이 유형화했다. '위엄있는 유형, 강압적이거나 무게를 잡는 유형, 대화하는 것 같거나 담백한 유형, 점잖거나 완곡하게 표현하려 애쓴 것이 느껴지는 정제되거나 인위적인 유형, 설명하거나 설득하는 유형, 마지막으로 생략이 많거나 짜깁기하는 유형(type tonsorial or agglutinative)이다. 이 마지막 유형의 이름은 이 유형의 도구이자 상징인 가위와 풀 그릇에서 유래되었다.'[79] 법률적 추론과 해석에서 방식이 중요하다는 것은 거의 당연하게 받아들여진. 그렇기에 판결문의 설득력은 종종 수사법적인 기술을 활용하여 주장을 서술한 초안 작성자의 능력에 좌우된다. 사실 변호사가 카도조의 기준에 다다르기 위해 글쓰는 방식에 더 많은 노력을 기울인다면 그것

---

77 Chaïm Perelman and Lucie Olbrechts-Tyteca, *The New Rhetoric*, above n 66, 23. '훌륭한 연설가는 자신의 청자에 대해 파악한 사람으로, 청자의 의중에 좌우되는 것 같이 보인다. 자신이 중요하다고 생각하는 것만이 유일한 관심사인 이는 스스로가 중요하다고 여기는 것에 대해서만 유일하게 관심을 가지는 열렬한 광신자는 이 경우에 해당하지 않는다.'

78 Benjamin N. Cardozo, 'Law and Literature', above n 9.

79 Ibid.

은 매우 훌륭한 일일 것이다. 카도조 자신의 방식도 평가의 대상이 되었다. 그의 방식을 평가했던 한 사람은 다음과 같이 말했다. '미사여구로 너무 가득 차 있지 않으면서도 시적인 힘이 없지도 않다. 즉, 저자의 취향이 너무 도드라지지 않으면서도 매우 균형 잡힌 어휘를 선택하고 있다.'[80]

방식이 실무에서 많은 관심을 받는 건 아니다. 방식 그 자체가 논의의 대상으로 여겨지는 일도 드물다. 장 다스프레몽(Jean d'Aspremong)은 '학문적 주장에 미적인 요소'를 가미하는 것에 대해 부정적인 의견을 표현했는데, 그는 아마 실질적인 내용의 부족함을 감추기 위해 애매한 방식으로 글을 쓰는 일부 법학자를 떠올렸던 것 같다.[81] 다시 말하자면, 형식과 내용의 구분은 유의미하며 문체는 거의 항상 형식과 연결된다. 법적 추론에 대한 수사법적인 접근법은 이러한 엄격한 구분을 지지하지 않는다. 형식과 내용은 밀접하게 관련되어 있다고 여기기 때문이다. 그렇기는 하지만 개인의 성향과 선호하는 방식은 오늘날 이 직역에서 매우 다양하다. 카도조와 유사한 분류를 제안하는 것은 정직하지 못하며 쓸모없는 연구라고 여겨질 가능성이 높지만, 형식과 방식의 문제가 우리가 말하고자 하는 실체, 내용과 연결되어 있다는 점은 반드시 알아둘 필요가 있다.

문학의 고무적인 역할에 대한 감수성과 수사법에 대한 관심은 단어와 개념을 실험하는 호기심을 자극할지도 모른다.[82] 나는 예전에 머릿속으로 교차배열법(chiasmus)을 떠올리면서 국가의 국내 행위 이론(the municipal act of state doctrine)과 국가책임 성립을 위한 국가의 행위(an act of state) 간의 연결고리를 연구한 내용을 글로 쓴 적이 있다.[83] 내가 전달하고자 하는 이

---

80 Daniel James, 'Review of Law and Literature, by Benjamin N. Cardozo' (1931) 6 *Indiana Law Journal* 579.

81 Jean d'Aspremont, *Epistemic Forces in International Law* (Edward Elgar 2015) 228.

82 교차배열법(chiasmus)은 두 개의(또는 그 이상의) 단어 또는 조항이 반대의 순서로 반복되는 수사적 표현법이다.

야기를 더 일반화하자면 이는 목적론적 해석과 관련된다. 나는 법관들이 국가책임의 범위를 넓히려는 의도를 가지고 국가책임법에서의 국가의 행위에 대해 광의적인 해석을 하고 있다는 점에 주목했다. 같은 목적을 가지고 국내 법원 법관들은 사법자제 이론(doctrine of judicial self-restraint)인 국가의 국내 행위 이론의 적용 가능성을 피하기 위해 국가의 행위를 좁게 해석해야 했다. 수사법적 표현을 면밀히 관찰하며 사법적 해석 방법이라는 렌즈를 통해 두 이론을 분석한다면 구별되는 이 두 이론의 공통점을 파악할 수 있다.

topoi 또는 *loci*(topics of invention)는 각각 고대 그리스와 로마의 수사학에서 어떤 수사 사법적 논증에서도 말할 거리(또는 쓸 거리)를 제공할 수 있는 범주를 말한다. 어떤 의미에서 이것은 설득력 있는 주장을 발견하는 기능을 하였다.[84] 일반 원칙(topic)은 엄격한 규칙의 적용 대상이 될 수도 있으나, 정신적인 연관성을 만드는 분석적 도구로써, 찾기 어려울 수도 있는 관련성을 확립하는 데 사용할 수 있다. 발견의 방법(*ars inveniendi finding*)은 이미 확립된 고전적 수사학의 법칙을 엄격하게 고수할 필요가 없었다. 창의성을 고취시키는 데 활용될 수도 있었으며, 관심을 얻기 어려운 규칙, 원칙, 이론 간의 유추, 유사성, 차이 또는 다른 상호 관련성을 발견하는 데 활용할 수도 있었다. 이것은 수사법에 대해 특별하면서도 더 일반적인 고찰의 길을 여는 것이다.

---

83 Andrea Bianchi, 'The Act of State, the State of the Act: Judicial Interpretation and Human Rights Enforcement' in Marcelo Kohen (ed), *Promoting Justice, Human Rights and Conflict Resolution through International Law: Liber Amicorum Lucius Caflisch* (Martinus Nijhoff 2007) 129.

84 개괄적인 내용은 Manfred Kienpointner, 'On the Art of Finding Arguments: What Ancient and Modern Masters of Invention Have to Tell Us about the 'Ars Inveniendi'' (1997) 11 *Argumentation* 225 참조.

수사법

현대 서양 문화에서 수사법은 대단히 훌륭한 명성을 누리지는 못하고 있으며 종종 비난받아 왔다. 오늘날의 표현에서 '수사적인'이라는 형용사는 부정적인 의미를 내포하는 것으로 느껴질 수 있으며, 불필요할 정도로 지나치게 정교하고 겉만 번지르르한 것 또는 깊이 있는 내용보다는 얕은 형식과 더 관련 있는 것을 의미하기도 한다. 그러나 수사법은 시간과 공간을 뛰어넘어 전해지는 훌륭한 전통을 간직한 고대 예술이다. 수사법은 고대 그리스의 소피스트들(Sopists)에 의해 발전되기 시작했으며 나중에는 플라톤(Plato)과 아리스토텔레스(Aristotle)에 의해 발전을 거듭하였다. 많은 사람 중에서도 키케로(Cicero)와 퀸틸리아누스(Quintilian)의 작품 덕에 수사법은 로마 시대에 하나의 품위 있는 예술로서 번영을 누렸다.[85] 문화사의 관점에서 계몽주의 시대에 데카르트(Descartes)가 설명한 편견 때문에 수사학이 엄청난 고초를 겪었던 것은 부인할 수 없는 사실이다. 데카르트는 수사학을 생각과 지식 자체이기보다는 생각과 지식을 표현하는 얕은 형태의 기술이라며 비난한 바 있다.

20세기 수사학의 부활은 롤랑 바르트(Roland Barthes)에서 웨인 부스(Wayne Booth)에 이르기까지 지성인과 학자로 이루어진 매우 다차원적인 집단의 작품들뿐만 아니라 새로운 철학적 문화적 유행의 필연적인 결과로 이해될 수 있다.[86] 그러나 실용적 동기에서 비롯된 수사학에 대한 관심은 특히 법과 관련되어 있으며, 이 관심은 1950년대의 챔 페렐만과 루시 올브렉츠 타이테카(Lucie Olbrechts-Tyteca), 스티븐 툴민(Stephen Toulmin), 테오

85 수사학의 역사에 대해서는 Lynée Lewis Gaillet with Winifred Bryan Horner (eds), *The Present State of Scholarship in the History of Rhetoric* (University of Missouri Press 2010) 참조.

도어 비에베그(Theodor Viehweg)의 작품들로 거슬러 올라간다.[87] 이아인 스코비(Iain Scobbie)는 수사학에 대한 소피스트의 개념과 아리스토텔레스의 개념을 구분함으로써 '수사학의 목적은 설득이고, 수사법적 논증은 주로 실용적인 동기에 의한 활동과 같은 특수한 형태를 띤다'는 점을 강조하였다.[88] 수사학이라는 특별한 형식으로서의 법적 논증은 실용적인 결과를 목표로 한다. 이 논증은 주장하는 명제가 진실임을 설명하려는 의도를 가지고 있지 않다. 단지 이 논증은 명제 또는 주장의 전달 대상인 상대방으로부터 지지를 확보하고자 할 뿐이다.[89]

스탠리 피시(Stanley Fish)에 따르면 서양 사상사는 진지한 인간과 수사적 인간의 대립으로 설명될 수 있다.[90] 진지한 인간(*homo seriosus*)은 '더 이상 축소할 수 없는 정체성을 의미하는 중심 자아(central self)'를 가지고, 인간과는 독립적으로 "존재하는" 단일의 사회 및 그 물리적 세상에서 살아가는 인간[91]이다. 수사적 인간(*homo rhetoricus*)은 '단일의 세상에서 살아가

---

86 Roland Barthes, *The Pleasure of the Text* (tr Richard Miller, Hill and Wang 1975); Roland Barthes and Lionel Duisit, 'An Introduction to the Structural Analysis of Narratives' (1975) 6 *New Literary History* 237. Wayne Booth, *The Rhetoric of Fiction* (2nd edn, University of Chicago Press 1983).(문헌에 대한 수사학적 분석에 타당성을 제공함)

87 Iain Scobbie, 'Rhetoric, Interpretation and Persuasion in International Law' in Andrea Bianchi, Daniel Peat and Matthew Windsor (eds), *Interpretation in International Law* (OUP 2015) 61, 63. Chaïm Perelman and Lucie Olbrechts-Tyteca, *The New Rhetoric*, above n 66; Stephen Toulmin, *The Uses of Argument* (CUP 1958); Theodor Viehweg, *Topics and the Law: A Contribution to Basic Research in Law* (WC Durham trans, 5th edn, Peter Lang 1993).

88 Iain Scobbie, 'Rhetoric, Interpretation and Persuasion in International Law', above n 87, 66.

89 Ibid, 64.

90 Stanley Fish, *Doing What Comes Naturally: Change, Rhetoric and the Practice of Theory in Literary and Legal Studies* (Duke University Press 1989) 484.

91 Richard A. Lanham, *The Motives of Eloquence: Literay Rhetoric in the Renaissance* (Yale University Press 1976) 1.

지 않으며' '현실을 탐구하기보다는 현실을 조종하도록 훈련된 인간'[92]으로 설명할 수 있다. 진지한 인간의 세상에서는 '우연한 사건에 의해 그 세상의 본질적 요소를 둘러싸고 있는 요새가 침략당하는 것'이 두려움의 대상인 반면, 수사적 인간의 세상에서는 '수사학이 형태이자 내용이며 설명하는 방법이자 설명하는 내용'[93]이다. '"수사학자의 즉흥적인 능력"은 모든 것을 창조하면서도 그 창조가 영구적이지 않음을 보장하는 데 있다.'[94] 피시는 이 끊임없는 대립에 대해서는 리처드 로티(Richard Rorty)가 잘 설명하고 있다고 말한다. 리처드 로티는 진실을 설명하는 두 가지 방식을 대조하였다. 진실은 한편으론 설명 자체와 설명 대상 간의 관계를 의미하고, 다른 한편으로 진실은 '우리 선조들이 그들의 선조들이 했던 재해석을 재해석하고, 그것을 우리가 다시 재해석하는, 일종의 계속되는 재해석'으로 이해할 수도 있다.[95] 다시 말해 이는 '진실, 선함, 아름다움을 우리가 찾아 밝히려 하는 영원한 대상으로 여기는 태도와 그것들을 그 근본적 설계를 우리가 종종 바꾸어야 하는 인공물로 여기는 태도 간의 차이를 말한다.'[96]

법은 이처럼 이원화된 렌즈를 통해 손쉽게 해석할 수 있다. 피시는 법이 수사학적 시스템이라고 강력하게 주장했다.[97] 피시의 저서에서 수사학이 갖는 중요성을 부인하기는 상당히 어려울 것이다. 수사학은 종종 우리의

---

92 Ibid, 4.

93 Stanley Fish, *Doing What Comes Naturally*, above n 90, 482.(원문에서 강조)

94 Ibid.

95 Richard Rorty, *Consequences of Pragmatism* (University of Minnesota Press 1982) 92 (Stanley Fish, *Doing What Comes Naturally*, above n 90, 501-2에 인용됨).

96 Stanley Fish, *Doing What Comes Naturally*, above n 90, 2

97 스탠리 피시의 연구에 대해서는, Michael Robertson, *Stanley Fish on Philosophy, Politics and Law: How Fish Works* (CUP 2014) 참조.

믿음을 정당화하는데, 피시는 이 믿음이 '의식의 구성 요소'라고 생각한다. 즉 '우리는 우리가 믿는 것이다'라고 생각하는 것이다.[98] 독자성과 형식적인 실체를 가질 수 없고, 스스로가 객관적이라는 주장에 기초한 정체성도 가질 수 없다고 하여 법의 역할이 위험에 빠지는 것은 아니다.[99] 그것은 단지 '형식주의자들을 씁쓸하게 할 뿐이다.'[100] 사실 다른 사람들에게 법의 실패로 여겨질 수 있는 것이 피시에게는 엄청난 성공으로 여겨졌다. '법이 중립적인 원칙보다는 우발적인 상황 및 특별히 긴급한 상황을 기반으로 해서 수사적으로만 역할 할 수 있다는 사실'은 법에게 인간의 필요를 해결할 수 있는 능력이 있다는 증거이다.[101] 해석은 늘 수사학적인 경쟁이며 그 과정에서 종종 이데올로기와 당파적 관점이 만들어 낸 내러티브가 경쟁하며 영향을 미친다는 점을 고려하면, 해석은 법이 형식적 실체를 가지지 못하게 방해하는 요인이다. 따라서 법은 '행위자의 욕망, 윤리적 신념, 정치적 신념, 개인적 가치, 이념적 성향 같은 법이 거부하기로 맹세한 강력한 동기로부터 영원히 자기 자신을 창조하고 재창조하면서 지속적인 자기 창조의 과정'에 있게 된다.[102] 비판적 법학자들과 달리, 피시는 법의 수사적 특징에 의존하여 법의 기만적 성격과 신뢰할 수 없음을 증명하려 하지 않는다. 피시에게 있어서 법은 철학이 아니며 절대적인 일관성을 요구하지도 않는다. 사실 법이 구체적인 상황에서 작동할 수 있는 것은 바로 법이 일관되지 않기 때문이다. 법은 실용적인 프로젝트이다.

---

98 Gary Olson, *Justifying Belief: Stanley Fish and the Work of Rhetoric* (State University of New York Press 2002) 3.

99 Stanley Fish, 'The Law Wishes to Have a Formal Existence' in Stanley Fish, *There's No Such Thing as Free Speech ... and it's a good thing too* (OUP 1994) 141.

100 Ibid, 144.

101 Gary Olson, *Justifying Belief*, above n 98, 69.

102 Ibid.

'수사적 법리는 시대를 초월한 질문을 하지 않으며, 설득을 위한 구체적 조건과 효과 있는 논리를 탐구한다.'[103]

보이드 화이트도 유사한 입장을 취했다. 그는 법을 단순히 일련의 규칙과 법리의 집합이 아닌 '논증의 문화'라고 표현했다.[104] 보이드 화이트에 따르면, 법은 '오랜 시간에 걸쳐 수사학적 공동체를 창조하는 방식이다. 법은 역할, 관계, 발언권, 발화할 수 있는 위치, 청자를 설정하고 화자인 우리에게 담론의 소재와 방법론을 제공하는 역할을 한다. 스스로가 창조한 사회적 맥락 속에서 작동하는 이 담론 즉, 그 맥락에 대한 가장 완전히 담고 있는 이 언어가 바로 법 그 자체인 것이다. 법은 우리를 공동 세계(a common world)의 구성원으로 만든다.'[105] 법은 수사적이고 문학적 내러티브로서, 1차적으로 사회를 규율하는 기능을 위해 만들어졌다. 그 기능을 수행하고자 하는 이상, 법은 법적 범주의 경직성이 변화하는 사회적 환경이 요청하는 긴급한 필요에 맞게 조정되거나 때로는 물러서야함을 우리가 더 잘 이해할 수 있도록 돕는다.[106]

---

103 Stanley Fish, 'The Law Wishes to Have a Formal Existence', above n 99, 171.

104 James Boyd White, 'Law as Language: Reading Law and Reading Literature' (1981-1982) 60 *Texas Law Review* 415, 441.

105 Ibid.

106 이는 특별히 법이 수사적이고 사회적인 시스템으로 여겨질 때 명백하다. James Boyd White, 'Law as Language: Reading Law and Reading Literature', above n 104, 444. '법을 우리가 공동체를 유지하고 서로 대화하기 위해 물려받은 언어를 사용하는 방법을 의미하는 수사적, 사회적 시스템으로 여기는 것은 우리가 항상 법이라고 알고 있던 그 것이 법의 핵심이라는 점을 새로운 방식으로 주장한다: 언어와 현실로 구성된 하나의 관점이 다른 관점과 비교하여 테스트 되는 청문회. 법이 허용하는 다양한 이해는 법의 약점이 아니라 법의 강점이다. 왜냐하면 다른 목소리를 위한 공간을 만들고 상황이 요구하는 바에 따라 문화가 변할 수 있게 하는 기회를 제공하기 때문이다.'

해석 공동체

'해석 공동체'라는 개념[107]은 지금의 국제법 학계에서 통용되는 개념이다. 이 개념은 법 해석 과정에서 특정 사회적 집단이 가지는 역할(그리고 권한)을 지칭할 때 사용된다.[108] 잘 알려진 것처럼, 스탠리 피시는 해석의 권위가 어디서 오는지 설명하기 위해 해석 공동체라는 개념을 문학 연구와 관련지어 발전시켰다.[109] 텍스트의 의미는 해당 텍스트가 가지고 있는 고유한 특징을 통해 그 텍스트 자체에 의해 결정되거나 독자에 의해 결정되기보다는 특정 해석 공동체가 가지고 있는 문화적 가정에 의해 결정된다. 피시의 해석 공동체에 대한 설명은 지나치게 복잡하다는 이유로 비난받아 왔다.[110] 사실 피시는 해석 공동체를 이야기할 때 이 공동체를 박식하고 문학에 능한 독자들로 구성된 집단으로 생각했다. 그런데 텍스트가 어떤 방향으로 해석되어야 하는지에 대한 인식과 판단은 특별하지 않고 사회적인 방식으로 형성된다. 해석과 관련된 모든 활동은 '공동체적 성격'을 가지고 있으며, 대체로 해석 공동체를 구성하는 집단이 공유하고 있는 문화적 가정의 영향을 받는다. 만약 해석 공동체가 텍스트에 기반한 의미

107 해석 공동체 개념에 대해서는, Stanley Fish, *Is There a Text in This Class? The Authority of Interpretive Communities* (Harvard University Press 1980); Stanley Fish, *Doing What Comes Naturally*, above n 90, 141 ff. 참조.

108 Michael Waibel, 'Demystifying the Art of Interpretation' (2011) 22 *European Journal of International Law* 571, 586-7 참조.

109 Stanley Fish, *Doing What Comes Naturally*, above n 90, 141.

110 피시는 '해석 공동체'를 '하나의 관점을 공유하는 개인들로 구성된 단체라기보다는 개개인이 공유하는 경험을 조직화하는 관점이나 방식이라고 정의한다. 해석 공동체가 가정하는 차이, 이해의 범주, 관련성의 유무에 대한 조건은 그 공동체 구성원의 의식을 구성한다. 해당 공동체의 구성원은 공동체의 자산이자 기업(基業)인 범위 내에서는 더 이상 개인이 아니기 때문이다. 비록 동일성이 텍스트의 자기 정체성에 기인하는 것이 아니라 해석 행위의 공동체적 성격에 기인하겠지만, 그러한 공동체를 구성하는 해석가들은 그들 차례가 오면 어느 정도 합의된 동일한 텍스트를 구성하게 될 것이다.'(Ibid)

에 동의한다면 해석에 대한 논란은 없을 것이다.

해석이라는 개념에 대해서는 상당한 논쟁이 있어 왔고, 특히 법학에서는 열띤 논쟁이 있어 왔다. 이에 대한 예는 오웬 피스가 국내 사법 해석과 관련하여 해석이라는 개념을 사용했던 것을 떠올리는 것으로 충분하다.[111] 국제법에서 해석이라는 개념은 최근에서야 도입되었는데 주로 조약 해석시 다양한 행위자들의 상호 작용을 설명하는 데 활용된다. 보다 일반적으로는 국제법에서의 해석 행위를 설명하는 데 사용된다.[112] 이안 존스톤(Ian Johnstone)에 따르면 해석 공동체는 '국제법 체계에서의 광범위한 상호 작용에서 출현하였고, 이 공동체는 다양한 제도들이 기반을 이루고 있는 규칙과 규범을 정의하는 데 도움을 제공한다.'[113] 해석 공동체는 '수용 가능한 논증에 대한 한도를 정한다. 그 한도에서 다양한 입장이 타자에게 설명되고, 방어되고, 무엇이 근본적으로 상호 인정할 수 있는 생각인지가 정당화된다.'[114] 간단하게 말하면 해석 공동체는 기준을 설정

---

111 Owen Fiss, 'Objectivity and Interpretation' (1982) 34 *Stanford Law Review* 739. Owen Fiss, 'Conventionalism' (1985) 58 *Southern California Law Review* 177 참조. 피스는 국내 법관들로 이루어진 해석 공동체의 권위는 해석 과정의 밖에 존재하며, 법적 제도가 '그들의 직책상' 그들에게 부여한 권위에서 나온다고 주장했다.(Ibid, 746) 피스는 해석과 관련하여 해석 공동체에 의해 권위를 가지는 것으로 합의되고 인정된 '규율 규칙(disciplining rules)'을 인정하는 것이 가능한 경우에는 '제한된 객관성(bounded objectivity)'이 받아들여질 수 있다고 주장한다. Stanley Fish, 'Fish v Fiss' (1985) 36 *Stanford Law Review* 1325 참조.

112 Ian Johnstone, 'Treaty Interpretation: The Authority of Interpretive Communities' (1990-1991) 12 *Michigan Journal of International Law* 371; Detlev Vagts, 'Treaty Interpretation and the New American Ways of Law Reading' (1993) 4 *European Journal of International Law* 472; Ian Johnstone, 'The Power of Interpretive Communities' in Michael Barnett and Raymond Duvall (eds), *Power in Global Governance* (CUP 2005) 185; Michael Waibel, 'Interpretive Communities in International Law' in Andrea Bianchi, Daniel Peat and Matthew Windsor (eds), *Interpretation in International Law* (OUP 2015) 147.

113 Ian Johnstone, 'The Power of Interpretive Commmunities', above n 112, 186.

114 Ibid.

하고 국제법의 해석 방향을 제시한다. 주로 사회적 산물로 설명하는 접근법[115]에 따르면, 해석 공동체의 역할과 의미를 찾아내기 위해 이들이 사용하는 전략은 중요한 의미가 있다. 이 접근법은 맥락, 특정 사회에서 단어의 전통적인 쓰임, 인식하고 결과를 결정하는 데 영향을 미치는 인식의 틀을 포함하여 복잡한 사회적 관계가 얽힌 망에 의해 만들어진 것이다. 의견을 같이하는 부분에 대한 해석 공동체 내의 합의가 결여되어 있으면 끔찍한 결과가 초래될 수도 있다. 다른 곳에서 주장한 것처럼 무력 사용에 대한 규제의 틀을 만드는 역할을 하는 해석 공동체에 대한 합의의 부재는 이런 중요한 국제법 체계의 불확실성에 대한 가장 그럴듯한 설명이다.[116]

해석 공동체라는 관념은 사회적인 산물이며, 해석에 대한 규칙이나 기본 규범을 제공하기 위한 것은 아니다. 대신 이 개념은 사회적 또는 공동체적 관행을 다루고 해석을 통해 규칙의 의미를 재구성하는 데 생산적으로 활용될 수 있다. 문학 비평은 해석의 권위가 텍스트의 자명하고도 불변하는 특성에 있는 것이 아니라 해석 공동체에 대한 사회적 합의에 있다는 점, 이 사회적 합의가 바로 해석에 권위를 부여한다는 점을 강조함으로써 법에 대해 영감과 통찰력을 제공할 수 있다.

---

115 Andrea Bianchi, 'Textual Interpretation and (International) Law Reading: the Myth of (In)determinacy and the Genealogy of Meaning' in Pieter Bekker, Rudolf Dolzer and Michael Waibel (eds), *Making International Law Work in the Global Economy: Essays in Honour of Detlev Vagts* (CUP 2010) 54.

116 Andrea Bianchi, 'The International Regulation of the Use of Force: the Politics of Interpretive Method' (2009) 22 *Leiden Journal of International Law* 651-76.

인간의 조건Human Condition에 대한 탐구

몇 년 전에 나는 제네바 국제인도법 및 인권 아카데미(Geneva Academy of International Humanitarian Law and Human Rights)에서 기조 강연을 요청받았다. 이 아카데미의 기획자는 나에게 테러리즘과 무력 충돌에 대한 강의를 요청하였다. 모두의 예측과 달리, 나는 법문학적 관점에서 통찰을 끌어오기로 했다. 이러한 시도는 한 동료의 이야기에 귀 기울였던 덕분이지 않을까 생각한다. 이 동료는 국제인도법의 전문가로서 무엇이 비례의 원칙에 부합하는 공격에 포함되는가를 설명하는 데 25분을 할애했다. 긴 시간의 강의에 대한 지루함 외에도 나에게 인상 깊었던 것이 두 가지 더 있다. 첫째, 이 주제의 전문가가 비전문가에게 비례의 원칙을 설명하는 데 이렇게 오랜 시간이 걸린다면 이 분야의 법에는 심각하게 잘못된 무언가가 있다는 생각이 들었다. 이런 결정은 시간을 충분히 할애해서 심사숙고하기보다는 몇 초 안에 결정해야 하는 현장의 지휘관에 의해 내려진다. 둘째, 나의 동료가 국제인도법 규칙들에 대해 설명하는 방식이 충격이었다. 규칙들은 적용되어야 할 현실과는 동떨어진 것처럼 느껴졌다. 나는 항상 국제인도법이 전쟁을 인도적이게 만든다고 믿어 왔었으나, 극단적 폭력의 상황에 놓여 있는 사람들에 대한 공감 없이는 그 목적을 달성하기 어려워 보였다.

우리는 가장 정교한 법적 분석을 통해서도 보거나 상상할 수 없는 것들을 문학을 통해서 인식할 수 있을지도 모른다. 나는 기조 강연에서 테러리즘과 무력 충돌이 법 기술과 규칙 이상의 의미를 가진다는 점을 상기시키기 위한 강력한 도구로 문학을 활용했다. 테러리즘과 무력 충돌은 죽음, 상처, 피, 불구가 되는 것, 가까운 사람의 죽음을 경험하는 것, 증오, 광기, 테러, 분노, 두려움, 불안, 토사물, 소변, 악취, 질병, 허무함 그리고 다시 죽음을 수반한다.[117] 문학이 법을 대체할 수는 없다. 문학은 단지 법이 적용되는 인간의 상황을 더 잘 이해할 수 있도록 도울 뿐이다. 법 기술만으로는 충분치 않기 때문이다. 문학은 전쟁의 극단적 폭력에서 가장 일상적인 측면에 대한 건강한 통찰력을 제공하고, 사람들이 그것을 개인의 미시적인 관점이나 인류 보편적인 관점에서 볼 수 있도록 도와준다. 어떤 관점에서 보든 문학은 인간의 조건을 분석의 중심에 놓이게 한다.[118]

문학은 개인 또는 집단의 구체적인 경험에 대해 관심을 불러일으킴으로써 어떤 관점을 표현하는 이야기를 제공할 수도 있고, 독자들에게 법률 규칙의 주체나 상대방 모두 개인이라는 점을 상기시킴으로써 독자에게 연민과 공감을 불러일으킬 수도 있다. 법의 추상적 합리화와 법적 규제의 복잡한 성격은 사실관계, 역사, 맥락, 사회를 더 많이 고려하여 법적 절차가 그 기초를 이루는 사회적 현실을 잘 반영하도록 하기 위한 관점에 의해 완화될 수 있다.[119] 이런 성찰을 장려하기 위해 문학에 의존하는 것은 법학 방법론의 적용보다는 일종의 감수성이 필요함을 보여준다.[120] 문학은 비

---

117 수정된 강의 내용은 Andrea Bianchi, 'Terrorism and Armed Conflict: Insights From a Law and Literature Perspective' (2011) 24 *Leiden Journal of International Law* 1로 출판되었다.

118 왜 판사가 시를 공부해야 하는가에 대한 잘 알려진 인용문 참조. '판사는 우리와 동일한 이유로 시를 공부해야 한다. 우리는 시로부터 진정한 인간이란 무엇인지를 배울 수 있기 때문이다.' W.T. Braithwaite, 'Why, and How, Judges Should Study Poetry' (1988) 19 *Loyola University of Chicago Law Journal* 809, 825 참조.

119 Paul Gewirtz, 'Narrative and Rhetoric in the Law' in Peter Brooks and Paul Gewirtz (eds), *Law's Stories: Narrative and Rhetoric in the Law* (Yale University Press 1996) 3. '법을 내러티브이자 수사적 도구로 다루는 것은 규칙보다는 사실을, 그리고 실질만큼이나 형식도 바라보는 것을 의미한다… 이는 단순히 법이 어떻게 발견되는가를 연구하는 것이 아닌, 법이 어떻게 만들어지는가에 대한 연구를 의미한다… 그리고 이런 방식은 규칙만큼이나 이야기에도 초점을 두고 있기 때문에 법의 주체 또는 객체인 인간 개개인의 삶에 대해 이해하는 것을 장려한다. 심지어 그 개별성이 법적 규제를 일반화하고자 하는 충동에 종속되는 경우에도 그렇다.'

판적 양심을 키울 수 있도록 도울 수 있으며, 법적 영역의 우발적이고 변하기 쉬운 성격을 강조할 수 있다. 이 접근법은 특정한 경험과 개인의 삶에 초점을 두고 있어 현실에 대한 중립적인 설명과는 거리가 멀지만[121], 합리화에 대한 열망으로 가득 찬 법에 대한 추상적 설명이 인간성이 상실된 상황에서 작동하도록 내버려 두어서는 안 된다는 점을 의식하게 한다. 그런 민감성이 즉각적으로 활용 가능한 도구는 아니지만, 국제법률가들이 더 신중하게 성찰할 수 있도록 하여 그들의 책임감을 향상시키는 데 기여할 수 있길 바란다.[122]

혹자는 인간의 조건에 대한 관심은 법률가의 일이 아니라며 이의를 제기할 수도 있다. 법경제학 관점의 창시자 중 한 사람인 리처드 포스너(Richard Posner)는 이제 제3판이 출간된 그의 저서와 몇 편의 소논문에서 반복적으로 법문학 관점에 대한 이의를 제기해 왔다.[123] 법학 분야에 대한 경쟁력 있는 비전을 제시하고 싶은 열망을 넘어[124] 포스너의 기본적인 입장은 법은 '통치 기술'이라는 것이다.[125] 대부분의 경우 법 해석과 사법 판

---

120 문학은 공감대를 확대시키고 서양 문화에 팽배한 도구적 합리성의 형태를 깨뜨리는 데 기여한다는 명제에 대해서는, James Boyd White, 'Law and Literature: No Manifesto' (1988) 39 *Mercer Law Review* 739, 741 참조.

121 Peter Brooks, 'Narrativity of the Law', above n 46, 1, 2. '내러티브는 사실상 더 훌륭한 동기뿐만 아니라 더 나쁜 동기를 지지하는 데에도 사용될 수 있는 카멜레온이다.'

122 '법을 작동시키고 바꿀 수 있는 것'으로서의 법의 '언어'를 공부하는데 전념하는 것은 법문학 관점의 지지자들에게 매우 중요한 것으로 여겨진다. Ian Ward, *Law and Literature: Possibilities and Perspectives* (CUP 1995) 26. 이는 특히 '담론 그 자체가 인간의 경험에 의해 색이 입혀지는 다원적 구조임을 인식'하지 못하는 법률가와 법학도들에게 그러하다. 사람들은 법이 '객관적 현실에 상응하는 안정적인 외연(外延)으로 이루어진 독립된 합리적 구조'로 이해되는 경향이 있다는 것을 깨닫곤 하기 때문이다. E. Perry Hodges, 'Writing in a Different Voice' (1988) 66 *Texas Law Review* 628, 638.

123 Richard Posner, *Law and Literature: A Misunderstood Relation* (Harvard University Press 1988); *Law and Literature* (3rd edn, Harvard University Press 2009).

124 Richard H. Weisberg, 'Entering With a Vengeance: Posner on Law and Literature' (1989) 41 *Stanford Law Review* 1597 참조.

단은 국회의원이나 법관 등 정치적으로 권한을 부여받은 자들에 의한 권위 있는 선언으로 여겨지며, 그것은 반드시 연역적 논리에 기반하여 분석되어야 한다.[126] 하지만 포스너조차 '해석, 법률 문서 작성에서의 문학적 기술의 사용, 법을 인간답게 하는 문학의 힘' 같은 법의 특정 영역을 가르치고 토론하는 것의 중요성을 인정하고 있다.[127] 포스너가 이와 같은 점을 인정하고 있다는 사실은 포스너와 법문학 관점 사이의 열띤 논쟁을 재구성하는 것이며, 더 나아가서는 법을 읽고 적용하는 데 있어 다른 감수성이 이 직역에 대한 반대편의 견해라기보다는 보완적인 도구가 될 수 있음을 보여준다. 법률가들이 그들의 일을 하고 법에 대해 생각하는 데 사회과학이나 인문학의 방법론이 가장 큰 도움을 제공할 수 있을지는 기본적으로 선호의 문제다.[128]

문학은 법률가 스스로 형식주의와 경직성의 족쇄에서 벗어나 너무나 빈번히 이성적이고 객관적이며 가치중립적인 전문가의 행위로 여겨지는 영역에 윤리적 가치를 주입하는 강력한 동력으로 이해될 수도 있다.[129] 이

---

125 Richard Posner, 'Law and Literature: A Relation Reargued' (1986) 72 *Virginia Law Review* 1351, 1392.

126 법문학 관점에 대한 그의 논리와 비판을 이해하기 위해서 나는 특별히 Richard Posner, 'The Jurisprudence of Skepticism' (1988) 86 *Michigan Law Review* 827를 읽는 것이 유용하다고 생각한다.

127 Richard, Posner, Law and Literature, above n 123, 548. 와이스버그는 해석학과 윤리를 가르치고 "'다른 나머지(the other)"에 대해 민감하게 만드는 것'을 통해 로스쿨 '커리큘럼에 문학적 감수성을 불어넣을' 필요가 있다는 점을 지지했다. Richard H. Weisberg, 'Three Lessons From Law and Literature' (1993) 27 *Loyola Law Review* 285, 287.

128 법률가들이 문학이 주는 교훈에 영감을 받아야 한다는 견해를 지지하는 저서로, J. Allen Smith, 'Law and Humanities: A Preface' (1976) 29 *Rutgers Law Review* 273 참조.

129 '약간의 훈련을 거친 법학 교수가 조심스럽게 수행한 문학적 비평은 인간의 행동이 가지는 비합리적 측면에 대한 교육적, 학문적 관심의 공백을 채울 수 있을 뿐만 아니라 채워야 한다.' Richard H. Weisberg, 'Family Feud: A Response to Robert Weisberg on Law and Literature' (1989) 1 *Yale Journal of Law and the Humanities* 69, 71.(원문에서 강조)

를 전제로 와이스버그(Weisberg)는 '자신의 분야에서 한발 한발 나아갈 때마다 윤리적으로 올바름에 대한 감각을 유지하고, 사려 깊은 의사소통의 미와 기술을 발휘하여 공동체 내에서 자신의 가치가 실현되도록 해야 한다'고 강조했다.[130] '시학(poethics)'에 대한 그의 생각은 '법의 윤리적 요소를 다시 활성화'해야 할 필요성을 보여주는 전형적인 예시이다.[131] 문학은 법을 단순히 기술로 생각하는 태도에 대한 해결책으로서도[132], 법학에 대한 경제학적 분석과 사회과학적 방법론의 적용 빈도가 증가하는 현상에 대한 대응책으로서도 가치를 가질 수 있다.[133] 마사 미노(Martha Minow)에 따르면 스토리텔링과 스토리는 '인간과 인간의 감정을 상기시킴으로써 합리화하고 일반화하는 분석 방식을 방해하며, 특이한 전개이면서도 짜임새 있는 생명력을 제공한다. 스토리는 일반적이고 보편적인 적용을 추구하는 지배적인 분석 방법에 대해서는 취약하지만 바로 그 약함이 추구할 만한 스토리의 장점이다.'[134]

비슷한 맥락에서 게리 심슨(Gerry Simpson)은 최근 국제법의 감성적인 영

---

130 Richard H. Weisberg, 'Three Lessons From Law and Literature', above n 127, 303.

131 Richard H. Weisberg, *Poethics and Other Strategies of Law and Literature* (Columbia University Press 1992) 46. 와이스버그의 견해에 따르면, '시학(poethics)'은 '법 사상과 법 실무에 존재하는 윤리적 공백을 채울 수도 있다. 우리는 현재 처한 환경에서 유사 경제 과학(economic pseudoscientism)과 포스트모던적 허무주의의 극단을 발견한다… 문학은 법을 윤리적인 방식으로 학습하기 위한 생동감 있고 활용하기 쉬운 도구를 제공한다.'(Ibid, 4-5) 와이스버그에 따르면, 이로써 '법에 대한 시적 방법론으로의 회귀 즉, 형식과 내용 그리고 소리와 감각은 정당한 법체계라는 표현 안에서 필연적으로 합쳐진다는 주장으로의 회귀가 이루어진다.'

132 요즘 국제법에 만연한 '관리(managerial)' 문화에 대한 통찰력 있는 설명에 대해서는, Martti Koskenniemi, 'The Fate of International Law: Between Technique and Politics', (2007) 70 *Modern Law Review* 1 참조.

133 Paul Gewirtz, 'Narrative and Rhetoric in the Law', above n 119, 13.

134 Martha Minow, 'Stories in Law' in Peter Brooks and Paul Gewirtz (eds), *Law's Stories: Narrative and Rhetoric in the Law* (Yale University Press 1996), 24, 35.

역을 호소하였다.[135] 심슨은 '국제법 자체의 감성적인 영역을 예의 주시하는 관점'의 등장을 지지하며 국제법은 메마르고 영혼이 없다는 비판을 반박하고자 했다. 국제법은 반드시 '눈물에 저항하면서도 눈물과 가까운 거리를 유지하는 삶의 방식을 발전시켜' 풍부한 표현력을 갖추고, 교훈적이면서도 상징적이며, 감성적일 수 있도록 노력해야 한다.[136] 심슨은 과한 도덕적 단순함, 감성적 유아론에 빠지기 쉬운 감상적 국제법(감성적 국제법과는 반대되는 의미)에 내재된 위험을 인정하면서도 '"감정이 북받치는" 시적인 국제법'을 호소하며 국제법률가들에게 시인처럼 하기를 요청했다. '거대한 인도주의적 계획을 완전히 꺾어버릴 수도 있는 미시정치적 수모를 종종 알아채곤 하는' 시인들처럼, 국제법률가들도 '보이지 않는 것과 들리지 않는 것… 일상과 권력의 비공식성'에 주의를 기울여야 하며 '방식, 사랑, 작은 것에 대한 국제법에' 헌신해야 한다는 것이다.[137]

법문학 관점은 다른 관점들처럼 정치적인 의제를 가지고 있고, 법문학 관점 지지자들의 구성원 일부가 이 의제를 인정한다. 이들은 인문학 교육을 잘 받은 '문학적인 법률가' 만들기를 꿈꾸며 문학적인 법률가가 가지는 인간의 조건에 대한 연민과 민감성이 스스로를 더 인간적인 방식으로 법률가의 일을 하도록 도울 것으로 여긴다.[138] 문학적인 변호사는 경제인(*homo economicus*) 및 어떤 다른 사회과학 방법론에 기초하여 이상화된 전문직의 모습과도 극명하게 대조된다. 법문학 관점은 다른 관점 및 감수성과 마찬가지로, 종종 통찰력과 영감을 제공할 수도 있다. 이 관점은 결과

---

135 Gerry Simpson, 'The sentimental life of international law' (2015) 3 *London Review of International Law* 3.

136 Ibid, 27.

137 Ibid, 26.

138 Robin West, 'The Literary Lawyer' (1995-1996) 27 *Pacific Law Journal* 1187.

를 추론하는 과정에 반드시 엄격한 방법론의 적용을 요구하지는 않는다. 결국 게위르츠(Gewirtz)의 말대로 장기간의 학제간 연구에 힘쓸 필요는 없는 것이다. 법을 대할 때 영감을 불러일으키는 특별한 방식으로부터 근본적인 통찰력을 얻을 수 있게 하는 간헐적 접촉만으로도 법과 문학이 세상을 바라보는, 양립할 수 있는 관점이라는 점을 깨닫기에는 충분하다.[139] 문학은 법이 중립적인 규칙들의 집합, 구체적인 맥락과 역사적 배경으로부터 엄격하게 독립된 것이 아니라는 점을 상기시키기에 충분하다. 그리고 인간 조건은 여전히 중요하며, 법적 규제는 인간 조건을 망각해서는 안 된다는 점을 상기하기에도 충분히 강력하다. 문학은 법과 법률가들에게 인간애를 탐구하는 길을 안내하는 보조 도구가 될 수 있을 것이다.

참고 문헌

Bianchi, Andrea, 'Terrorism and Armed Conflict: Insights from a Law and Literature Perspective' (2011) 24 *Leiden Journal of International Law* 1.

Boyd White, James, *The Legal Imagination* (University of Chicago Press 1973).

Brooks, Peter, and Gewirtz, Paul (eds), *Law's Stories: Narrative and Rhetoric in the Law* (Yale University Press 1996).

Fish, Stanley, *Is There a Text in This Class? The Authority of Interpretive Communities* (Harvard University Press 1980).

---

139 Paul Gewirtz, 'Narrative and Rhetoric in the Law', above n 119, 5. '사람들은 학제간 대립이 대단하고도 새로운 통합을 이루기 어려울 것이며, 그러한 접촉 이후로는 참여자 대부분이 그들의 독립적인 연구 프로젝트로 돌아간다는 점을 인정할 것이다. 하지만 그 접촉 때문에 무엇인가는 여전히 변할 수 있다. 더 이상의 학제간 협력을 추구하지 않는 사람조차도 몇 가지 새로운 도구와 영감, 유사점 등 적어도 그들의 홈 경기장에서 새로운 땅을 조금이라도 개척하기 위한 도구가 될 수 있는 것을 가지고 그들의 학문 분야로 돌아갈 것이다.'

Posner, Richard A, *Law and Literature* (3rd edn, Harvard University Press 2009).

Scobbie, Iain, 'Rhetoric, Persuasion, and Interpretation in International Law' in Andrea Bianchi, Daniel Peat and Matthew Windsor (eds), *Interpretation in International Law* (OUP 2015) 61.

Slaughter, Joseph R, *Human Rights Inc.: The World Novel, Narrative Form, and International Law* (Fordham University Press 2007).

Ward, Ian, *Law and Literature: Possibilities and Perspectives* (CUP 1995).

Weisberg, Richard, *Poethics and Other Strategies of Law and Literature* (Columbia University Press 1992).

Windsor, Matthew, 'Narrative Kill or Capture: Unreliable Narration in International Law' (2015) 28 *Leiden Journal of International Law* 743.

에필로그

우리는 모두 물에서 헤엄치고 있는 물고기이다.
물을 의식하는 것, 나에게 중요한 건 그뿐이다.
즐거운 헤엄이 되기를!

옮긴이의 말

이 책의 원서는 네덜란드 레이던대학교에서 국제법 석사과정 학생들에게 읽도록 권장하는 책이다. 옮긴이 윤정은 변호사도 레이던대학교에서 유학 중 이 책을 접했다. 레이던대학교에서 학생들은 이 책에서 설명하고 있는 국제법에 대한 여러 관점 중 하나를 선택해 특정 국제법 이슈에 대해 발표한다. 그리고 발표자는 자신이 택한 관점에 입각해 교수님이나 다른 학생들의 질문에 답변하는 훈련을 한다. 학생들은 선택한 관점을 정확하게 이해하기 위해 노력하고, 토론에서 제기되는 질문에 답을 하는 과정에서 끊임없이 이렇게 물었을 것이다. "이 관점을 취하는 사람들은 이 문제를 어떻게 바라볼까? 그들은 왜 그렇게 생각할까?"

옮긴이에게 이러한 경험은 곧 '나는 왜 이렇게 생각할까'라는 물음으로 이어졌다. 국제법을 공부하며 당연하게 생각하고 의문을 가지지 않았던 원칙, 이론 등을 굳건하게 지탱하고 있는 생각들이 무엇인지 궁금해지기 시작했다. 더 나아가 그것들을 당연하게 받아들였던 것은 옮긴이가 의식하지 못한 채 쓰고 있었던 안경의 영향이 컸다는 사실 또한 깨달았다. 독자들에게도 이 번역서가 각자의 여정 속에 활용할 수 있는 다양한 안경을 준비하는 데 도움이 되길 바라며, 이 번역서의 원저자인 안드레아 비앙키 교수님의 표현을 다시 한번 상기해본다.

> '우리가 보는 것은 착용한 안경 또는 내면에 가지고 있는 패러다임과 생각들에 의해 상당 부분 좌우된다.'

이 책의 번역은 옮긴이 세 명이 각자 맡은 장을 먼저 초역한 다음 번역의 통일성을 높이기 위해 여러 차례 함께 윤독하는 방식으로 진행되었다. 윤정은 변호사가 1장, 2장, 6장, 11장부터 14장까지, 김명우 박사가 7장부터 10장까지, 김가희 박사가 3장부터 5장까지를 맡아 번역하였다. 옮긴이들의 전공과 다소 거리가 있는 사회과학 일반이론 등과 관련된 용어에 대해서는 각 분야의 국내 연구를 참고하여 가능한 일반적으로 사용되고 있는 번역어를 선택하였다. 또한 원저자인 안드레아 비앙키 교수님의 요청에 따라 원서의 내용 중 최신화되어야 하는 일부를 수정하였으므로 출판된 원서와 일부 다른 내용이 있음을 미리 밝혀둔다.

이 책에서 다루고 있는 다양한 관점들이 생경한 독자들도 있을 것이다. 우리에게 익숙한 국제법은 2장 '전통적 관점'과 깊이 관련되어 있다. 이 책의 각 장은 독립적으로 각 관점을 설명하고 있기 때문에 반드시 순차적으로 읽어야 할 필요는 없으며, 독자들이 관심 있는 관점을 선택하여 읽는 방식을 취할 수 있을 것이다. 다만, 이 책이 각 관점을 설명하는 과정에서 종종 전통적 관점과 비교하여 서술하는 방식을 취하고 있어, 2장 '전통적 관점'을 먼저 간략히 살펴보고 다른 관점으로 옮겨 간다면 좀 더 수월하게 이해할 수 있을 것이다.

마지막으로, 옮긴이들이 학문의 길을 잘 걸어갈 수 있도록 늘 따뜻한 격려와 가르침을 주시고 이 책이 출판되기까지 아낌없는 응원을 해주신 이화여자대학교 법학전문대학원 김영석 교수님께 진심으로 감사드린다.

이 번역서가 독자에게 잘 읽히는 책이 될 수 있도록 원고에 대한 진심 어린 의견을 준 서한림 선생님, 김현진 선생님, 옥상철 선생님께도 감사드린다. 아울러 흔쾌히 이 책의 출판을 수락해주시고 이 번역서가 완성되기까지 끊임없는 격려와 배려를 보내주신 연암서가 권오상 대표님께도 감사드린다. 권 대표님의 혜안 덕분에 이 책이 빛을 볼 수 있었다.

역자 일동

찾아보기

ㄱ

가격 이론 477, 493
가정 21, 41, 50, 67, 100, 216, 233, 251, 256, 280, 298, 312, 338, 347, 422, 468, 469, 476, 478, 481, 490, 494, 499-501, 505-507, 513, 542
강행규범(jus cogens) 107, 114, 121, 316, 317, 522, 532
개인의 자율성 252, 253, 423
거래 비용 212, 472, 474, 477-479, 493
거짓 우연성 158-160, 328
거짓 의식 160, 264
거짓 필요성 264, 328
게위르츠, 폴 551
게임 이론 212, 477, 480, 485, 486, 488, 490, 493, 497, 501
경계 26, 39, 62, 63, 68-72, 93, 128, 135, 162, 164, 192, 193, 214, 264, 267, 293, 334, 349, 362, 372, 410, 424, 429, 464
경영주의(managerialism) 154
경제인(Homo economicus) 469, 499, 550
경험적 연구 132, 232, 233, 235, 237
경험주의 238, 239, 504, 507
고, 해럴드 180, 192, 419
고티에, 다이브 497,
골드스미스, 잭 485-489, 496, 498
공공 선택 477
공백 공포(Horror vacui) 290
공법 99, 100, 130, 133, 139-140, 152, 195, 207, 303, 308, 392
공식 담론 78, 81, 82, 268, 384
공정함 501, 515
공통의 합의점 486, 487, 496, 497
관점주의 50, 431, 433
관찰적 관점 187, 189
괴테, 요한 볼프강 폰 525
교육 28, 37, 39, 40, 43, 58, 60, 85, 99, 151, 154, 177, 178, 205, 217, 258-260, 262, 263, 332, 355, 369, 385, 475, 550
구겐하임, 파울 207

구성주의 209, 210, 217, 221
구조적 편향 300, 303, 304, 312, 320, 324
구즈만, 앤드류 494, 495, 502
국가법 중심주의 407, 416
국내법 58, 65, 102-104, 110, 127, 128, 133, 138, 139, 149, 168, 193, 194-196, 262, 174, 315, 333, 400, 408, 416, 426, 448, 478, 480
국제 공동체 106, 272, 295, 436, 437
국제 공동체 학파 106
국제 비사회 450, 452, 453, 456
국제관계학 39, 151, 199, 204-207, 209, 211-213, 215-217, 220, 221, 224-232, 237, 239-242, 244, 246, 247, 309
국제법 & 국제관계학 225, 226, 228, 230, 240, 246, 247
국제법에 대한 새로운 접근(또는 'NAILs') 278, 279, 281
국제법에 대한 제3세계식 접근법(또는 'TWAIL') 369-378, 382, 384-388, 395, 399
국제법의 독자성 42, 338
국제법의 역사 268, 278, 306, 325-328, 376, 387, 389
굿맨, 넬슨 47, 49
권력 지식 61
권위 21, 23, 28, 29, 35-39, 47, 51, 61, 69, 78, 80, 82, 92, 102, 113, 134, 139, 153, 177, 180-182, 187-189, 196, 198-201, 206, 210, 219, 228, 231, 232, 236, 243, 264, 276, 284, 313, 320, 321, 338, 345, 349, 387, 391, 398, 400, 409, 416-417, 420, 447, 456, 460, 519, 523-524, 533, 544
권위와 권력 181
규범 내재화 195
규범성 63, 90, 194, 221, 222, 231, 272, 273, 277, 313, 383, 393, 418, 493
규칙 기반 접근법 v 정책적 접근법 273
그람시, 안토니오 396
그로스, 엘리자베스 359
그로스만, 니엔케 339
그리피스, 존 407
글로벌 거버넌스 98, 101, 109, 112, 116, 125-128, 131, 133, 135-138, 220, 245, 281
글로벌 법 416, 417, 423-425, 427, 428, 434
글로벌 행정법 34, 125-131, 136-138
기호화(coding) 337, 338, 349
긴스버그, 톰 233
긴티스, 허버트 488
길리건, 캐럴 357
깎아내리기 기법(Trashing) 286

ㄴ

내러티브 110, 178, 198, 211, 341, 358, 359, 386, 396, 513, 518, 520-528, 546, 547
내시 균형 497
네그리, 안토니오 161, 162
노먼, 조지 489-491
논증 79, 85, 87, 131, 218, 258, 263, 272, 285, 289, 299, 300, 302, 304, 374, 506, 510, 513, 520, 530-534, 538, 541, 543
놉, 카렌 464
뉴스트럼 262-270, 275-281, 284, 285,

288-290, 294, 296
뉴헤이븐 학파 150, 173-202, 341, 419
니체, 프리드리히 25, 50, 257, 288

ㄷ

다스프레몽, 장 90-92, 535
담론 24, 35, 40-42, 69, 70, 73, 78-82, 89, 106, 110, 112, 115, 123, 140, 149, 189, 246, 247, 254, 257, 266-268, 278, 286, 292, 320, 324, 333, 346, 349, 351, 362, 363, 369, 373, 374, 384, 420, 465, 521-524, 541
대세적 의무 107, 316-317
더노프, 제프리 227, 230-232, 477
데리다, 자크 254, 256, 257, 265, 288, 290, 291, 391
데미우르고스 72, 73, 75
데살라이, 이브 80, 86, 89
도구주의 56, 219
도덕성 114, 129, 222, 317, 497
도덕적 합리성 498
도덕주의 317
독일식 학풍 98
동등한 보호 원칙 120
뒤르켐, 에밀 72
듀이, 존 175, 236
드 소쉬르, 페르디낭 265
드워킨, 로널드 511

ㄹ

라스웰, 해럴드 174, 176, 177, 182
라우터파흐트, 허쉬 183, 207, 308, 437
라이트, 셸리 335
라자고팔, 발라크리쉬난 396, 397
랭, 앤드류 236, 311
러시아 148, 149
레비-스트로스, 클로드 265
레이노, 페이비 413
로델, 프레드 83, 84, 289
로티, 리처드 32, 49, 539
루만, 니클라스 424
룩셈부르크, 로자 161
리베로, 장 75
리스먼, 마이클 180, 182

ㅁ

마르크스, 카를 142, 143
마르크스주의 45, 46, 142-144, 151, 154-163, 165-168, 170-172, 183, 250, 255, 277, 343
마크스, 수잔 158-161, 311
말크수, 로리 148, 149
맥두걸, 마이어스 173-180, 182, 184, 197, 198, 201, 202
맥코믹, 닐 292
맥키넌, 캐서린 343-345, 351, 353, 354, 358
메리, 샐리 엥글 407
멘델슨, 마우리스 65
멜라메드, 더글라스 478
멜빌, 허먼 514, 515
모겐소, 한스 99, 176, 205-209, 309
모라브칙, 앤드류 215

모어, 토마스 462
모텐슨, 줄리안 197
미국 실용주의 174,
미노, 마사 549
미에빌, 차이나 150-155, 165, 168, 169
미켈슨, 카린 371

ㅂ

바르트, 롤랑 256, 537
바텔, 에메르 드 219, 450, 451
박시, 우펜드라 375
박츠, 데틀레프 193, 489
반 아켄, 앤 450
발견의 방법(Ars inveniendi) 531, 536
배제 26, 30, 48, 62, 69, 71, 86, 87, 216, 217, 269, 277, 280, 302, 304, 338, 340, 342, 345, 350, 370, 385, 387, 397, 432, 451
버거, 존 50
버만, 폴 쉬프 417-420
버질, J.H.W. 388, 389
버크 화이트, 윌리엄 411-413
버틀러, 윌리엄 145
버틀러, 주디스 359
번치, 샬럿 350
법 생성 과정(jurisgenerative process) 418
법 외적 요소 58, 67, 145, 190
법 질서 104
법경제학 34, 45, 467-472, 474-476, 478, 479, 482, 484, 489, 492-494, 499-508, 547
법과 세계화 417, 418
법다원주의 34, 314, 315, 403-434, 523
법문학 46, 510-551
법사회학 71
법의 객관성과 중립성 251, 370, 391
법의 형태 152, 165, 170
법적 권위 113, 196, 420
법적 의무 495
법적 자유주의 253, 254, 258, 267,
법적 추론 258, 259, 261, 292, 293, 357, 535
법적 합리성 74, 75, 259
법철학 43, 44, 440, 511
법현실주의 99, 174, 175, 177, 184, 198, 235-238
베드자위, 모하메드 81
베르너, 바우터 110
베카리아, 체사레 470
베커, 게리 471
벤담, 제러미 470
벤베니스티, 에얄 137
변증법 156-158, 181, 256, 264, 266, 267, 374, 397, 420, 444
변증법적 방법론 156, 158, 256, 266, 348
보이드 화이트, 제임스 510-513, 528, 541
보충성 115, 116, 420
본질주의 93, 358-360, 409
부르디외, 피에르 24, 25, 32, 36-38, 42, 52, 291
부스, 도리스 352, 353, 355
부스, 웨인 537, 538
불사조 88, 89, 96
불확정성 155, 157, 166, 252, 270, 272-274, 287, 290-292, 299, 301, 302, 376

브루너, 제롬 524, 525, 527
브루드, 토머 500, 502, 504
브루스터, 킹맨 193
브룩스, 피터 523
브뤼네, 쥐타 221-224, 243
비극적 유산 376
비례성 / 비례의 원칙 118, 128, 130 / 545
비에베그, 테오도어 538
비토리아, 프란시스코 데 306
비트겐슈타인, 루트비히 360
비판법학운동 45, 46, 159, 249-296, 299, 300, 370, 386, 467
비판법학운동과 뉴스트림 285
비판이론 255, 257, 262, 264, 265, 270, 275, 277, 280, 293, 302, 364
비판적 사회 철학 440

ㅅ

사법심사 115, 119-123, 138
사실(확고한 사실 v 제도적 사실) 33
사익스, 알란 480, 493
사회과학 178, 182, 185, 198, 201, 204, 482, 492, 495, 507, 549, 550
사회과학 방법론 185, 218, 228, 233, 235, 237, 495, 507, 550
사회적 이상주의 436, 439, 440, 443, 447, 460, 461, 465
사회철학 440
상품 형태 152-155
상호 작용 국제법 이론 221-224
상호합법성 404, 427
색스, 알버트 189, 190
생명권력 162, 257
샤우어, 프레데릭 95
샤퍼, 그레고리 233-235, 237, 239
섀터, 오스카 42, 201
설, 존 33
성찰 23, 27, 30, 32, 53, 187, 265, 293, 295, 299, 300, 305, 312, 347, 351, 376, 401, 412, 427, 428, 431, 434, 452, 516, 546, 547
세계 공공질서 178, 181, 184, 187, 215
세계 여행 347, 365
섹슈얼리티 257, 288, 343, 358
센, 아마르티아 483
셰익스피어, 윌리엄 514, 516
소비에트 144, 145, 147, 148, 150, 151
쇼몽, 샤를 157, 158
수사법 39, 87, 88, 253, 265, 272, 274, 285, 287, 318, 351, 356, 360, 381, 410, 457, 463, 528, 529, 531-538
순수한 법 80, 81
슈미트, 카를 243, 309
슈뵈벨, 크리스틴 134
슈클라, 주디스 208
슐라크, 피에르 24, 30, 31, 42, 71, 75, 76, 79, 96, 259, 260,
슐츠, 토마스 13, 28-30
스코비, 이아인 21, 443, 453, 454, 458, 460-462, 464
스키너, 퀜틴 327
스타이너, 헨리 193
스토리텔링 518-520, 549

스톤, 줄리어스 438
스티븐스, 월리스 50
스펜더, 퍼시 183
슬로터, 앤마리 212
슬로터, 조셉 525, 526
승인 185, 276, 421, 428
시넨, 마크 488
시학 549
식민주의 342, 406
신식민지주의 372
신현실주의 496
실용주의 12, 56, 94, 174, 175, 262, 267, 307, 308, 238
실증주의 56, 65, 57, 70, 91, 93-95, 129, 165, 174, 230, 262, 320, 338, 370, 390, 474
실증주의자 93, 178, 438
실천 공동체 221, 223
심마, 브루노 88, 90
심슨, 게리 43, 549, 550
싱, 사히브 324

ㅇ

아난드, R.P. 389
아리스토데무, 마리아 527
아리스토텔레스 537, 538
악 292, 381, 441, 450, 452, 453, 463
알로트, 필립 34, 439-448, 450-452, 454-464
알트만, 앤드류 291, 292
암스렉, 폴 34
애들러, 엠마누엘 221
애보트, 케네스 211, 212, 228
앰스터댐, 안소니 527
앵기, 안토니 370, 389, 390, 392, 439
양적연구 233
에를리히, 토마스 189
에슬라바, 루이스 371, 401
엘리아스, T.O. 389
엥글, 카렌 352, 354
역사적 유물론 143, 155
영국 문언주의 전통 197, 198
오르딘, 누치오 53, 54
오이켄, 폴 287
오카포, 오비오라 371
오코넬, 메리 앨런 191, 192
오토, 다이앤 331, 364, 366, 394
오포드, 앤 354, 395
올린, 젠스 데이비드 496-498, 506
올브렉츠 타이테카, 루시 537
와스버그, 리차드 549
와일러, 조셉 110
외생적 요소 190
웅거, 로베르토 159, 249, 261, 286, 287
웬델 홈스 주니어 174
위계 36, 84, 104, 105, 107, 114, 121, 258-261
위계의 재생산 258
위그모어, 존 512
윈저, 매튜 526, 528
윈터, 스티븐 27
유토피아 170, 206, 270, 272, 278, 286, 290, 299-302, 305, 317, 326, 379, 454, 462, 465
의사결정 133, 183, 186, 200, 210

의사결정권자 111, 122, 177, 178, 183, 187-189, 191, 294, 413, 433
이념 109, 111, 150, 154, 160, 165, 233, 260, 266, 277, 303, 350, 354, 389, 401, 407, 462, 540
이론적 관점 21, 24, 30, 34, 52-54, 103, 182, 242, 276, 416, 475
이분법 63, 66, 199, 266, 269, 277, 285, 301, 315, 338, 349, 374, 392, 429, 457, 490, 496
이상 67, 85, 94, 134, 143, 208, 255, 272, 333, 412, 436-465, 525
이성 37, 72, 75-79, 85, 86, 138, 225, 252, 255, 280, 310, 319, 323, 338, 343, 358, 424-428, 430, 443, 548
이익 균형 118
인간애 512, 551
인간의 존엄성 116, 177-179, 184-187, 189, 199
인식론 31, 49, 56, 59, 84, 102, 123, 157, 187, 216, 227, 236, 257, 344, 347, 386, 424, 440
인지적 폐쇄(cognitive closure) 87, 88
일관성 42, 73-75, 81, 137, 256, 257, 263, 264, 285, 291, 363, 411-414, 427, 532
입헌주의 98-140, 314, 315, 320, 414, 422, 423, 449, 523
있어야 할 법(lex ferenda) 64-66

ㅈ

자기 생산(autopoiesis) 428, 430
자연주의 262, 320
자유주의 114, 200, 209, 211, 212, 215-217, 252-254, 269, 271-274, 277, 280, 286, 287, 290-292, 307, 395
적법 절차 132, 304
전망 이론 500
전문가 26, 28, 30, 37, 59, 61, 81, 82, 84, 101, 150, 187, 200, 209, 217, 219, 220, 223, 230, 271, 281-283, 293, 301-304, 309, 312-314, 320, 323, 324, 405, 426, 430, 431, 433, 434, 445, 464, 468, 530, 545, 548
전문지식 101, 432, 433
전통적 관점 22, 28, 36, 44, 45, 56, 57, 59, 61-64, 66, 67, 69, 70, 73, 75, 78, 79, 82, 86-90, 95, 422
정당성 37, 60, 70, 101, 107-109, 112-114, 123, 126, 128, 131, 134, 136, 137, 139, 207, 211, 220, 223, 242, 243, 261, 273, 284, 313, 322, 340, 345, 347, 369, 373, 375, 412, 417, 422, 434, 519, 523
정책 지향적 접근법 46, 174, 176, 178, 179, 184, 186, 262
정치학 206, 208, 217, 225, 230, 239, 240, 242, 313, 482, 517
제국 111, 162, 309, 315, 316, 326, 380, 388, 397, 398
제국주의 154, 161, 162, 167-169, 214, 307, 310, 316, 389, 390, 392, 393
제도주의 209, 210, 212, 217
젠더 333-338, 340-347, 349, 350, 352-365

젠더 정체성 358, 359
젠더 주류화 355, 356
젠더 편향 336-339, 349, 362, 363
젠더 평등 346, 361, 364
젠더에 기반한 기호화 338
젠크스, 윌프레드 437, 438
조건적 국제법 234
존스톤, 이안 543
죄수의 딜레마 480, 481, 486, 488, 490, 491, 497
주권 104, 107, 147, 149, 150, 152, 153, 162, 169, 176, 181, 185, 253, 268, 269, 271, 274, 277, 280, 302, 307, 325, 339, 375, 377-379, 381, 385, 386, 390, 391, 393-395, 397, 414, 418, 437, 438, 441, 450-452, 491, 532
주류 137, 145, 209, 242, 263, 267-269, 273, 275, 276, 280, 281, 286, 289, 292, 305, 322, 355
주아네, 에마뉘엘 157, 300
준수 244
중립성 67, 80, 85, 239, 338, 342, 355, 370, 384, 391
지식 공동체 40, 41
지젝, 슬라보예 160
질적연구 233

ㅊ

찰스워스, 힐러리 334-341, 343, 346-348, 350, 355-359, 363, 365
책임(accountability) 243, 244
책임(liability) 244
책임(responsibility) 244
철학적 실용주의 236
청자 239, 528-531, 533, 534, 541
체이즈, 아브람 189-191, 195, 245
체이즈, 안토니아 191, 245
초국가적 법절차(Transnational Legal Process) 192-196, 419
초국적 공법 소송 195
친킨, 크리스틴 334-338, 340, 343, 346, 350, 358, 383
침니, B.S. 165-168, 369, 370, 375, 385. 398

ㅋ

카도조, 벤자민 512, 534, 535
카스, 데보라 105, 268, 269, 323, 324
카츠, 밀턴 193
카티, 앤서니 162, 308, 319
카푸르, 라트나 351, 363, 397
카프카, 프란츠 514, 516
칸, 아딜 376
칸트, 이마누엘 99, 100, 142, 220, 310, 316, 319, 321, 322, 326
칼도-힉스 기준 478
칼라브레시, 귀도 473, 475, 478, 479
캄메르호퍼, 예르크 90, 91, 93
커버, 로버트 199, 418-420, 524
커틀러, 클레어 153, 154
케넌, 조지 176, 208, 311
케네디, 던컨 250, 253, 258-260
케네디, 데이비드 262-265, 267, 268, 270,

271, 275, 277-279, 281-284, 287, 288, 305, 431, 432, 434, 449
켈젠, 한스 90-93, 99, 208
코로빈, 예브게니 145
코르텐, 올리비에 68, 84
코스, 로널드 472
코스의 정리 472
코스켄니에미, 마르티 45, 98, 99, 114, 157, 170, 218-220, 224, 247, 265-268, 270-274, 277, 278, 288, 297-307, 309-328, 413, 414, 434, 458, 461, 523
코헤인, 로버트 482, 483
쿤, 토마스 26, 36, 40
퀸틸리아누스 537
크라이어, 로버트 55
크레버, 토르 484
크리쉬, 니코 136-137, 421-423
클라버스, 얀 63, 111, 114, 119, 216, 238, 239, 242, 275, 319, 320
키케로 537

ㅌ

타마나하, 브라이언 408, 409, 430
타자성 149, 385
탁상공론 31, 32
탈식민지화(decolonization) 375, 377, 379, 380, 386, 396, 397
탈형식화(deformalization) 92, 127, 318, 419, 434
테슨, 페르나도 363
토무샤트, 크리스찬 108
통치성 391
퇴브너, 귄터 88, 135, 424-429
투쉬넷, 마크 250, 254
툰킨, 그리고리 145, 146, 148
툴민, 스티븐 537
톱, 스티븐 221-224, 243
트라흐트만, 조엘 479

ㅍ

파레토 효율 472, 473, 477, 502
파슈카니스, 에브게니 151, 153, 155, 165, 168-170
파스벤더, 바르도 103, 104
파우엘린, 요스트 415, 478, 479, 492
파운드, 로스코 175
파울루스, 안드레아스 90
파편화 73, 76, 77, 81, 87, 101, 102, 113, 135, 225, 226, 244, 321, 322, 410-414, 416, 424, 425, 431, 521, 523
파후자, 선디아 397, 398
판단의 재량 이론 117, 420
패권 111, 167, 315, 421, 455, 496
퍼비스, 나이젤 267
퍼스, 찰스 샌더스 236
퍼트넘, 힐러리 290
페렐만, 챔 529, 537
페미니스트 333, 334, 341, 348, 355, 357, 361, 363, 365
페미니스트 패러독스 355, 361
페미니즘 258, 331-345, 347-349, 351-354, 356, 358, 359, 361-366, 370
페미니즘 라이트 362

페어드로스, 알프레드 99, 103
페터스, 앤 103, 108
펠리치아노, 플로렌티노 177
편견, 편향 21, 24-26, 50, 76, 78, 85, 93, 132, 133, 174, 201, 209, 233, 238, 268, 280, 292, 295, 300, 303, 304, 312, 315, 320, 328, 336-339, 349, 362, 363, 376, 384, 389, 394, 434, 499, 500, 503, 537
평화 공존 145, 146, 148, 150
포스너, 리처드 473-475, 547, 548
포스너, 에릭 480, 485-489, 493, 495, 496, 498
포스트모던 71, 89, 334, 403, 413, 427, 428, 549
포크, 리처드 198, 201
폴락, 마크 227, 230, 232
푸코, 미셸 41, 61, 73, 162, 238, 246, 254, 257, 265, 288, 391, 396
풀러, 론 43, 129, 221, 222
프랑크, 제롬 175
프랑크, 토마스 243, 457, 461
프랑크푸르트 학파 254-256, 264
프레이저, 낸시 333
프루그, 메리 조 348
플라톤 72, 446, 537
피셔-레스카노, 안드레아스 88, 424, 426
피스, 오웬 251, 290, 467, 468, 484, 511, 543
피시, 스탠리 24, 27, 39, 41, 51, 53, 70, 214, 246, 512, 538-540, 542
피어슨, 조 362
피츠모리스, 제랄드 66-68, 95, 183

ㅎ

하버드 법절차 학파 189
하버마스, 위르겐 100, 101
하위 계층(subaltern) 162, 166, 374
하트, 마이클 161, 162
하트, 하버트 라이오넬 아돌푸스 90-92
하트, 헨리 189, 190
학문 공동체 37, 41
학문 분야 7, 21, 23, 33, 35-37, 40-42, 48, 54, 60, 67-71, 81, 91, 204, 210, 214, 217-219, 225, 228, 230, 232, 237, 241, 244, 246, 247, 335, 369, 398, 416, 424, 433, 460, 464, 507, 512, 527, 551
학문적 권위 36-39
학문적 습관 37, 312
학제간 연구 39, 42, 93, 192, 199, 204, 212-214, 216-218, 220, 221, 224-226, 230, 238, 240, 246, 260, 281, 506, 551
할로, 캐롤 132
할리, 자넷 365
합리성 76, 87, 125, 128, 130, 131, 255, 256, 345, 349, 357, 390, 397, 444, 445, 453, 454, 469, 470, 483, 496, 498-501, 503, 531, 547
합리적 선택 212, 469, 482-484, 494-497
합법성 81, 89, 113, 119, 125, 129-131, 139, 219, 221-224, 243, 318, 387, 404, 423
해석 공동체 41, 42, 245, 418, 542-544
해석의 권위 544
해체주의 256, 290, 292, 293
행동 법경제학 499-504, 507

행위자 34, 36, 73, 77, 102, 113, 126, 152, 161, 167, 191, 193, 194, 210, 215, 221-223, 228, 237, 240, 242, 244, 284, 295, 312-315, 341, 411, 413, 419, 471, 480, 482, 488-491, 493, 497, 498, 500, 501, 540, 543
헌법적 사고방식 120, 320, 321
헨킨, 루이스 58
헬싱키 학파 45, 297-329
혁명 145, 170, 172, 361, 399, 441-443, 445, 446, 452-454, 463
현실주의 56, 205, 207, 208
현재의 법(lex lata) 64-66
형식주의 56, 92-95, 165, 208, 231, 291, 309, 310, 318-320, 323, 382, 414, 419, 515, 529, 530, 540, 548
형식주의 문화 309, 310, 318, 320, 323
호르크하이머, 막스 255, 256
화자 69, 219, 511, 526, 528, 529, 531, 541
회의적인 34, 59, 132, 403, 438, 468
히긴스, 로절린 179, 201